Dizionario enogastronomico italiano

▸ Italian Food-and-Wine and Wine-Making Dictionary
  ▸ Dictionnaire Oenologique-Gastronomique Italien
    ▸ Italienisches weingastronomisches Wörterbuch
      ▸ Diccionario Enológico-Gastronómico Italiano

Colophon

Edizione
Comunica
Casella Postale 175, 15100 Alessandria
e-mail: ed.comunica@tin.it

Con Paolo Massobrio hanno collaborato
Silvia Bologna, Elena Correggia, Francesca Montaldi, Ivan Pigino,
Raffaella Quartero, Maria Chiara Reale, Simona Robotti,
Giovanna Ruo Berchera, Gerardo Francesco Tiberi, Andrea Voltolini.

Traduzioni
Languages International, Genova.

Copertina, progetto grafico, elaborazione disegni
Studio Due, Alessandria
Giuseppe Perrone, art director,
Monica Deevasis, graphic designer.

Impaginazione
Edit 3000, Torino.

Stampa
L'Artistica, Savigliano.

Finito di stampare
gennaio, 2002

Indice

▶ Index
▶ Table des matières
▶ Inhalt
▶ Indice

Enit, Ente Nazionale Italiano per il Turismo
www.enit.it

Il valore dell'enogastronomia italiana

▸ The value of Italian oenology-gastronomy
▸ La valeur de l'œnogastonomie italienne
▸ Der Wert der Wein - und Esskultur in Italien
▸ El valor de la enología y gastronomía italiana

Amedeo Ottaviani Presidente Enit

L'evoluzione del gusto ha segnato senza dubbio il progresso delle civiltà. Quando l'uomo ha intuito che il cibo da genere di prima necessità per alimentarsi e soddisfare il suo bisogno fisiologico poteva diventare una risorsa inesauribile per il suo piacere, è nata una nuova dimensione della gastronomia che si è sviluppata fino ad arricchire la qualità della stessa vita. Lo confermano già nel mondo antico le testimonianze diffuse nelle culture più importanti dove l'arte e i reperti dei costumi di vita forniscono elementi a dovizia del rapporto sempre più sofisticato tra il piacere dell'uomo e l'uso variegato di cibi. Intorno al cibo s'è affermato un vero e proprio stile di vita come confermano i banchetti e i convegni, le tavole imbandite e i cenacoli, i locali adibiti alla ristorazione che hanno formato protagonisti della storia. La vita delle famiglie, il ruolo della donna, il mondo del lavoro, i costumi sociali, le attività del tempo libero, la letteratura, l'arte, la medicina hanno avuto sempre una correlazione con la cucina e persino le condizioni più intime di felicità e di dolore e sofferenza degli uomini sono state condizionate da questo fattore. Croce e delizia della mente, dei corpi e dei palati. Quando Brillat-Saverin, verso il finire del '700 decise di scrivere il suo celebre trattato sulla "Fisiologia del gusto", aveva ben chiaro che il piacere della tavola è di tutte le età, di tutte le condizioni, di tutti i paesi e di tutti i giorni. Un piacere che poteva associarsi a tutti gli altri piaceri e rimanere per ultimo e consolarci della loro perdita. Si dice che lui sia stato il primo filosofo della buona tavola, l'iniziativa della scienza della cucina. Ma i suoi aforismi e le sue citazioni sono un breviario emozionante per il buongustaio non meno che la descrizione delle cene di Trimalcione del latino Petronio o le raffinatezze delle descrizioni pittoriche orientali di convivi. Meditare sulla filosofia del gusto non può non condurre la mente al ruolo e al prestigio dell'enogastronomia italiana. Non basta una enciclopedia per descrivere la lunga storia della nostra cucina, l'evoluzione dei cibi, il catalogo dei menu regionali e locali, i testi che esaltano le virtù del cibo e dei prodotti della terra nostrani, l'infatuazione di letterati, poeti, registi, e artisti per la tavola. Un vero delirio che ha trascinato persone di ogni ceto, confermando che i piaceri della tavola sono il frutto di due protagonisti:

quello dei cuochi, dalle casalinghe, ai professionisti di ogni tempo, e quello dei buongustai e dei cultori della buona tavola. La gastronomia è diventata sinonimo d'arte. Ed oggi è oggetto di una scienza accurata ed è oggetto di un marketing ben pianificato. Vuol dire scienze dell'alimentazione ma anche marchio e prodotto da promuovere con precise regole. Non si identifica solo con le grandi tradizioni genuine di un popolo e di ogni comunità locale ma con una vera cultura, al pari di altre forme dell'impegno e della capacità dell'uomo di produrre benessere e ricchezza diffusa.

▷ The evolution of taste has without doubt played an important part in the progress of civilisation. When man discovered that food, being fundamentally necessary to nourish and satisfy physiological needs, could become an inexhaustible resource for his pleasure, it gave way to a new dimension of gastronomy which has developed to enrich the quality of life. An abundance of facts concerning the ever more complex relationship between man's pleasure and the varied use of food, is affirmed by art and archaeological evidence regarding customs and lifestyles. Banquets, eateries and abundantly laid tables confirm that since ancient times, a way of life has developed around food. Family life, the woman's role, work, customs, spare-time activities, literature, art and medicine have always been connected with cuisine; even moments of happiness, pain and the suffering of man have been conditioned by the art of good eating. Pain and pleasure of the mind, the body and the palate. When Brillat-Saverin, towards the end of 700AD decided to write his famous passage on the "Physiology of food", he acknowledged that the pleasures of food are for everyone, each and every day, regardless of age, race, religion and class. Food is a pleasure which can combine with all other pleasures, and can also be a consolation when no other pleasure remains. It is said that Brillat-Saverin was the first philosopher of gourmet, the initiator of the science of cuisine. His aphorisms and quotations are a moving summary for the connoisseur equalling the descriptions of the meals of Trimalcione by the Latin Petronio, or the exquisiteness of the oriental pictorial description of banquets. Examination of the philosophy of taste inevitably leads the mind to the role and prestige of the science of Italian wine and food. An encyclopaedia is inadequate to describe the long history of our cuisine, the evolution of our food, the catalogue of regional and local menus, the books which praise the virtues of the food and our agricultural produce; the infatuation which our writers, poets, movie-makers and artists have for food. A true passion which embraces everyone, regardless of class and social standing, confirming that the pleasures derived from food are the result of the work of two groups of people: the cooks, from housewives to professional chefs, and the gourmets and connoisseurs down the ages. Gastronomy has become a synonym of art. Today it is the subject of an accurate science and the object of well-planned marketing. Not only is gastronomy the science of nutrition, but also the quality and promotion of a product according to precise rules. It does not only identify with great traditions of a population and of every local community but also with a true culture, equalling other forms of commitment and the ability of man to produce widespread wellbeing and wealth.

▷ L'évolution du goût a marqué sans aucun doute le progrès de la civilisation. Quand l'homme a eut l'intuition que l'aliment, en général de première nécessité pour s'alimenter et satisfaire ses besoins physiologiques pouvait devenir une ressource inépuisable pour son plaisir, est née une nouvelle dimension de la gastronomie qui s'est développée jusqu'à améliorer la qualité de sa propre vie. Déjà dans l'Antiquité, ce phénomène est confirmé par les témoignages recueillis dans les cultures les plus importantes, où l'art et les recherches archéologiques des habitudes de vie fournissent des éléments à profusion du rapport toujours plus sophistiqué entre le plaisir de l'homme et l'usage diversifié des aliments. Autour de l'aliment s'est affirmé un réel et propre style de vie comme le peuvent confirmer les banquets et les meeting, les tables mises et les réunions de club, les endroits habilités à la restauration qui ont formé des acteurs de l'histoire. La vie familiale, le rôle de la femme, le monde du travail, les habitudes sociales, les activités du temps libre, la lecture, l'art, la médecine ont toujours eut une corrélation avec la cuisine et même les conditions plus profondes de bonheur et de souffrance de l'être humain ont été conditionnées de ce facteur. Calvaire et jouissance de l'esprit, des corps et des sens. Quand Brillat-Saverin, vers la fin du XVIIIème siècle décida d'écrire son célèbre traité sur la "physiologie du goût ", il lui était clair que le plaisir de la table touche des personnes de tous les âges, de toutes les conditions, de tous les pays et cela tous les jours. Un plaisir qui pouvait s'associer à tous les autres et même en restant le dernier de ceux-ci, il pourrait nous consoler de leur perte.Il est considéré comme le premier philosophe de la bonne cuisine, à l'initiative de la science gastronomique. Mais ses aphorismes et ses citations sont un condensé émotionnant pour le gourmet pas moins que la description du romancier latin Pétrone des repas de Trimalcione ou bien des raffinements contenus dans les descriptions orientales peintes des convives. Méditer sur la philosophie du goût peut seulement éclairer l'esprit sur le rôle et le prestige de l'œnogastronomie italienne. Une encyclopédie n'est pas suffisante pour décrire la longue histoire de notre cuisine, l'évolution des aliments, le catalogue des menus régionaux et locaux, les textes qui vantent les vertus des aliments et des produits du terroir, l'engouement des hommes de lettre, poètes, cinéastes et artistes pour la table. Une réelle frénésie qui a entraînée des personnes de toutes classes, confirmant que les plaisirs de la table sont le fruit de deux acteurs: celui des cuisiniers, à commencer des femmes au foyer jusqu'aux professionnels de tous temps et celui des gourmets et amateurs de la bonne cuisine. La gastronomie est devenue un synonyme d'art. Aujourd'hui, elle fait l'objet d'une science précise et d'un marketing bien planifié. Ce qui signifie science de l'alimentation mais aussi marque et produit à promouvoir avec des règles précises. Elle ne s'identifie pas uniquement aux grandes traditions naturelles d'un peuple et de chaque communauté locale mais bien à une culture réelle, au même niveau qu'autres formes de l'engagement et des capacités de l'homme à produire bien-être et richesse.

▷ Die Entwicklung des Geschmacks hat sicherlich den Fortschritt der Zuvilisation gezeichnet. Als der Mensch erahnt hat, dass die Lebensmittel von der ersten Notwendigkeit, sich zu ernähren und physiologische Bedürfnisse zu befriedigen zu einer unversiegbaren quelle des Angenehmen werden können, ist eine neue Dimension der Gastronomie entstanden, die sich so weit entwickelt hat, dass sie selbst die Lebensqualität bereichert. Dies bestätigen schon in der Antike die verbreiteten Zeugnisse der wichtigsten Kulturen, deren Kunst und Fundstücke der Lebensangewohnheiten hinreichend Elemente über die immer ausgetüfteltere Beziehung zwischen des Menschen Freuden und den unterschiedlichen Gebrauch der Speisen geben. Um die Speisen hat sich ein wirklicher Lebensstil durchgesetzt, wie die Bankette, Kongresse, geschmückte Tafeln und Speisesäale, und die zur Restauration umgestellten Lokale bestätigen, die Protagonisten aus der Geschichte haben. Das Familienleben, die Rolle der Frau, die Welt der Arbeit, die sozialen Bräuche, die Aktivitäten oder die Freizeit, die Literatur, die Kunst und die Medizin standen schon immer in engem Zusammenhang mit der Kochkunst und sogar die intimsten Bedingungen zu Freude und Schmerz und Leiden der Menschen sind von diesem Faktor der Gastronomie abhängig gewesen. Schmerz und Entzücken des Geistes, des Körpers und der Gaumen. Als Brillat-Saverin Ende des 17. Jhdt. die Entscheidung traf, seine berühmte Abhandlung über das " Wesen des Geschmacks" zu schreiben, war er sich sehr wohl darüber bewusst, dass die Freuden der Tafel jedes Alter, jeden Umstand, jedes Land und jeden Tag betreffen. Eine Freude, die sich jeder anderen Freude anschließen konnte und bis zuletzt blieb und auch noch über den Verlust einiger von ihnen hinwegtröstete. Man sagt, er sei der erste Philosoph der guten Tafel gewesen, der Anfang der Wissenschaft der Kochkunst. Doch sind seine Aphorismen und Zitate auch ein aufregendes Handbuch für den Feinschmecker. Genau so wie es auch die Beschreibungen der Abendessen des Trimalcione des Lateiners Petronius oder die Raffinatessen der figürlichen Darstellungen aus dem Orient der Zeitgenossen sind. Über die Philosophie des Geschmacks zu meditieren kann den Geist nur zur Rolle und dem Wert der italienischen Wein- und Esskultur führen. Keine Enzyklopedie könnte je die lange Geschichte unserer Küche beschreiben zusammen mit der Evolution der Speisen, dem Katalog der regionalen und lokalen Menüs, den Texten, die die Tugenden der Speisen und der Produkte unseres Landes loben, der Bezauberung der Literaten, Dichter, Regisseure und Künstler der Kochkunst. Es ist ein wahrhaftiges Delirium, das Personen aller Schichten mitgeschleift hat und nur bestätigt, dass die Freuden der Tafel Frucht zweier Protagonisten sind: einerseits die der Köche, von den Hausfrauen zu den Experten jedes Zeitabschnitts und andererseits die der Feinschmecker und der Personen, die gut zu tafeln pflegen. Die Gastronomie ist Synonym einer Kunst geworden. Heutzutage auch Gegenstand einer sorgfältigen Wissenschaft und eines gut geplanten Marketings. Das heißt Ernährungswissenschaft, aber auch Marke und Produkt, die nach präzisen Regeln vermarktet werden. Die Kochkunst identifiziert sich nicht nur mit den unverfälschten Traditionen eines Volks oder einer lokalen Gemeinschaft, sondern mit einer wirklichen Kultur, gleichgestellt mit anderen Formen des Engagements oder der Fähigkeit des Menschen, Wohlstand und verbreiteten Reichtum herzustellen.

▷ La evolución del gusto ha señalado sin duda el progreso de la civilización. Cuando el hombre ha intuido que la comida podía pasar de elemento de primera necesidad para alimentarse y satisfacer su necesidad fisiológica, a un recurso inagotable de placer, ha nacido una nueva dimensión de la gatronomía que se ha desarrollado hasta enriquecer la calidad de vida. Lo confirmaban ya en el mundo antiguo testimonios extendidos en las culturas más importantes donde el arte y los restos arqueológicos de las costumbres proporcionan elementos abundantes de la relación cada vez más sofisticada entre el placer del hombre y el uso variado de alimentos. Alrededor de la comida se ha afirmado un auténtico y propio estilo de vida como confirman los banquetes y los convenios, las mesas puestas y los cenáculos, los locales destinados a la restauración que tienen protagonistas de la historia. La vida de las familias, el rol de la mujer, el mundo del trabajo, las costumbres sociales, las actividades y el tiempo libre, la literatura, el arte, la medicina han tenido siempre una correlación con la cocina y hasta las condiciones más íntimas de felicidad y dolor y sufrimiento de los hombres han sido condicionadas por este factor, la gastronomía. Cruz y delicia de la mente, de los cuerpos y de los paladares. Cuando Brillat-Saverin, hacia finales de 1700 decidió escribir su célebre tratado sobre la "Fisiología del gusto", tenía bien claro que el placer de la mesa es de todas las edades, de todas las condiciones, de todos los países y de todos los días. Un placer que podía asociarse a todos los otros placeres y permanecer el último y consolarnos por la pérdida de los otros. Se dice que él haya sido el primer filósofo de la buena mesa, el precursor de la ciencia de la cocina. Pero sus aforismos y sus citaciones son un brevario emocionante para el gastrónomo no menos que la descripción de las cenas de Trimalcione del latino Petronio o las refinatezas de las descripciones pictóricas orientales de banquetes. Meditar sobre la filosofía del gusto no puede conducir la mente al rol y al prestigio de la enogastronomía italiana. No basta una enciclopedia para describir la larga historia de nuestra cocina, la evolución de los alimentos, el catálogo de los menús regionales y locales, los textos que exaltan las virtudes de los alimentos y de los productos del país, la infatuación de los literarios, poetas, directores y artistas por la mesa. Un auténtico delirio que ha arrastrado personas de todas las clases sociales, confirmando que los placeres de la mesa son el fruto de dos protagonistas: por un lado los cocineros, desde las amas de casa hasta los profesionales de todos los tiempos, por otro los gastrónomos y los estudiosos de la buena mesa. La gastronomía se ha convertido en sinónimo de arte. Y hoy es objeto de una ciencia precisa y es objeto de un marketing bien planificado. Significa ciencia de la alimentación pero también marca el producto que hay que promover con reglas precisas. No se identifica sólo con las grandes tradiciones genuinas de un pueblo y de cada comunidad local sino también con una auténtica cultura, al mismo nivel que otras formas del esfuerzo y de la capacidad del hombre de producir bienestar y riqueza extendida.

Dove, come, quando e perché
leggere un dizionario enogastronomico

▶ Where, how, when and why
to read a Food-and-Wine and Wine-Making Dictionary

▶ Ou, quand, comment et pourquoi
lire un dictionnaire œnogastronomique

▶ Wo, wie, wann und warum
ein Wein- und Esskulturwörterbuch lesen

▶ Donde, como, cuando y por que
leer un diccionario enogastronomico

L'obiettivo di questo dizionario enogastronomico italiano è semplice: permettere a chiunque si approcci coi piatti, i prodotti, i vini dell'artigianato alimentare italiano di saperne il significato. È dunque un dizionario che raccoglie i mille nomi da conoscere, le mille voci ricorrenti in un menu o in una carta dei vini di qualunque ristorante italiano. Ma il dizionario è anche utile per chi entra in un negozio di specialità alimentari oppure in un bar che si è attrezzato per offrire uno spaccato del gusto italiano a tavola. Sono luoghi, questi, molto diffusi sul territorio nazionale, in ogni paese e città che si visiti. Sono i punti di riferimento per quello stile del gusto che oramai si sta affermando, con crescente successo, in tutto il mondo. Buona permanenza e buona consultazione!

▶ The aim of this Italian oenological-gastronomic dictionary is simple: to enable anyone who is interested in dishes, foodstuffs, wines of the Italian food craft to understand their meaning. Consequently, this dictionary numbers about a thousand names to be known, a thousand of the most recurring terms in a menu or in a wine list of any Italian restaurant.
Besides the dictionary is even useful for people who go in a foodstuffs specialities shop or in a bar able to offer a clear outline of Italian food. These places are widespread on the national territory, popular in every village or city you can visit. They are a point of reference for the style of taste that is now growing of importance and of success all over the world. Enjoy your stay and your consultation!

▶ L'objectif de ce dictionnaire oenologique-gastronomique italien est simple: permettre a tous ceux qui s'approchent aux plats, aux produits, aux vins de l'"artisanat" alimentaire italien d'en savoir le signifié. C'est donc un dictionnaire qui rassemble mille mots qui se répètent dans un menu ou dans une carte des vins de n'importe quel restaurant italien. Ce dictionnaire est aussi utile pour qui entre dans une boutique de spécialités alimentaires ou bien dans un café, qui offre un profil du goût italien à la table. Ce sont des lieux très nombreux sur le territoire national, dans tous les villages ou les villes qu'on visite. Ce sont des points de repère pour ce style de goût qui, désormais, est en train de s'affirmer, avec un croissant succès, dans le monde. Je vous souhaite un bon séjour et une bonne consultation!

▷ Das Zweck dieses weingastronomischen Wörterbuchs ist simpel: es ermöglicht jedem, der sich den Gerichten, Produkten und Weinen der italienischen, lebensmitteltechnischen Handwerkskunst nähert, deren Bedeutung zu erfassen. Es ist also ein Wörterbuch, das die 1000 Bezeichnungen, die man kennen muss versammelt, die tausend immer wiederkehrenden Stichworte einer Speise-oder Weinkarte jedes beliebigen italienischen Restaurants. Aber das Wörterbuch ist auch hilfreich für denjenigen, der ein Spezialitätengeschäft betritt oder eine Bar, die dazu ausgerüstet ist, einen Querschnitt der italienischen Geschmäcker bei Tisch anzubieten. Dies sind Orte, die auf dem nationalen Gebiet sehr verbreitet sind, in jedem Ort oder Stadt, die man besucht. Sie sind die Bezugspunkte für diesen Geschmacksstil, der sich in der ganzen Welt mit wachsendem Erfolg immer mehr behauptet. Einen schönen Aufenthalt und seien Sie gut beraten!

▷ El objetivo de este diccionario italiano enologico-gastronómico es simple: consentir a quienquiera que se acerca a los platos, a los productos y a los vinos de la artesanía alimentaria italiana, de conocer su significado. Entonces es un diccionario que engloba los mil nombres que es necesario conocer, las mil palabras recurrentes en un menu o en una carta de vinos de cualquier restaurante italiano. El diccionario es provechoso tambien para quien entra en una tienda de especialidades alimenticias o en un bar que es capaz de ofrecer una vision de la buena mesa italiana. Estos son lugares muy difundidos por el territorio nacional, en cada pueblo y ciudad que es posible visitar. Estos son los puntos de referencia por el estilo del gusto que ya se está imponiendo, con un exito creciente en todo el mundo. Feliz estancia y feliz consulta!

Paolo Massobrio

Bibliografia

▸ bibliography
▸ bibliographie
▸ Bibliografie
▸ bibliografia

AA.VV
Il paese del vino
a cura di Enoteca Italiana
De Agostini
Novara, 2001

Silvia Merlini
Enciclopedia degli alimenti
ed. Calderini
Bologna, 2001

AA. VV.
Atlante dei prodotti tipici: i formaggi, i salumi
Franco Angeli editore
Milano, 1990

Atlante enogastronomico d'Italia
Istituto Geografico De Agostini
Novara, 2000

Paolo Massobrio
**Guida Critica & Golosa al Piemonte,
Valle d'Aosta, Liguria e Costa Azzurra**
ed. Comunica
Alessandria, 2001

Paolo Massobrio
Il Golosario, Guida alle mille e più cose buone d'Italia
ed. Comunica
Alessandria, 2001

AA. VV.
Grande enciclopedia illustrata della gastronomia
ed. Reader's Digest
Milano, 1990

Le voci

- ▸ the vocabulary
  - ▸ index
- ▸ Wortverzeichnis
  - ▸ vocabulario

JULIENNE

ZÚCCHERO

VINEGAR

GALLINA

EAU CUITE

AUFSCHNITT

COUPE-TRUFFE

MINERAL WATER

ABBACCHIO

TO SLICE

AGUARDIENTE

GEKOCHTES WASSER

MACCHERONI

A

ABBACCHIO *Termine laziale (v. Lazio) utilizzato per definire l'agnello macellato ancora lattante.*
▸ **ABBACCHIO** Term from Lazio (s. Lazio) used to describe slaughtered suckling lamb.
▸ **ABBACCHIO** Terme du Latium (v. Lazio) utilisé pour définir l'agneau abattu encore jeune.
▸ **ABBACCHIO** Ausdruck aus der Region Lazio (s.) für das geschlachtete noch säugende Lamm.
▸ **ABBACCHIO** Término proveniente del Lazio (ver Lazio) utilizado para definir el cordero todavía lactante (LECHAL).

ABBOCCATO *Vino con leggero sapore dolce.*
▸ **ABBOCCATO** Wine with a light sweet taste.
▸ **ABBOCCATO** Vin présentant un léger goût sucré.
▸ **ABBOCCATO** Wein mit leicht süssem Geschmack.
▸ **ABOCADO** Vino con ligero sabor dulce.

ABBRUSTOLIRE *Esporre a cottura intensa, su griglia o in forno, in modo che la superficie dell'alimento risulti colorita e l'interno parzialmente asciugato.*
▸ **TOAST** To expose to intense cooking, on a grill or in an oven, in order that the surface of the food is coloured and is partially dried on the inside.
▸ **GRILLER** Exposer à une cuisson intense, sur une grille ou dans le four, de sorte que la superficie de l'aliment soit colorée et l'intérieur partiellement sec.
▸ **RÖSTEN** Intensiver Garung auf dem Grill oder im Ofen aussetzen, so dass die Oberfläche des Lebensmittels gebräunt erscheint und das Innere leicht gegart.
▸ **TOSTAR** Exponer a cocción intensa, en la parrilla o en el horno, de modo que la superficie del alimento resulte colorada y el interno parcialmente seco.

ABRUZZO *Regione dell'Italia Centrale bagnata dal mare Adriatico (v. pag. 338)*
▸ **ABRUZZO** Region of Central Italy which lies on the Adriatic sea (s.pag. 338).
▸ **ABRUZZES** Région du centre de l'Italie baignée par la mer Adriatique (v. pag. 338).
▸ **ABRUZZEN** Region Zentralitaliens am Adriatischen Meer. (s. S. 338).
▸ **ABRUZZO** Región de Italia central bañada por el mar Adriático (ver pag. 338).

ACCIUGA *Piccolo pesce di mare, noto anche come alice. Può essere consumato fresco, marinato oppure conservato sotto sale e utilizzato anche come condimento e ingrediente di vari piatti della cucina italiana.*
▸ **ANCHOVY** Small salt water fish. Eaten fresh, marinated or preserved in salt. They are used as a condiment and ingredient in various Italian dishes.
▸ **ANCHOIS** Petit poisson de mer. Peut-être mangé frais, mariné ou conservé dans du sel ou encore utilisé comme assaisonnement ainsi qu'ingrédient dans différents plats de la cuisine italienne.
▸ **SARDELLE** Kleiner Meeresfisch, auch bekannt als "alice". Er kann frisch verzehrt oder mariniert oder unter Salz gesetzt konserviert werden und wird auch als Würze oder

Zutat in verschiedenen Gerichten der italienischen Küche benutzt.

▸ **ANCHOA** Pequeño pescado de agua salada, también conocido como boquerón. Puede consumirse fresco, en escabeche o conservado en sal y utilizado también como condimento e ingrediente de varios platos de la cocina italiana.

ACCOSTAMENTO *Termine utilizzato per definire le varie possibilità di combinazione tra alimenti di uno stesso pasto, oppure tra un cibo ed un vino.*

▸ **ACCOSTAMENTO** Term used to define the various combinations of food possible in a meal, or the combination of a certain wine with a particular dish.

▸ **COMBINAISON** Terme utilisé pour définir les diverses possibilités d'arrangement entre les aliments d'un même repas ou bien entre un plat et un vin.

▸ **HARMONIE** Ausdruck zur Definition der verschiedenen Möglichkeiten der Kombination zwischen Lebensmitteln des gleichen Gerichts oder zwischen Gericht und Wein.

▸ **ARMONIZACION** Término utilizado para definir las diferentes posibilidades de combinación entre los alimentos de una misma comida, o entre un alimento y un vino.

ACETO *Prodotto ottenuto dalla fermentazione del vino, della frutta, dei cereali. L'aceto più utilizzato in cucina è quello di vino.*

▸ **VINEGAR** Product obtained from the fermentation of wine, fruit and cereals. The vinegar most frequently used in the kitchen is that obtained from wine.

▸ **VINAIGRE** Produit obtenu de la fermentation du vin, de fruits, de céréales. Le vinaigre le plus utilisé en cuisine est celui issu du vin.

▸ **ESSIG** Produkt aus der Gärung von Wein, Früchten und Körnern. Der am meisten verwendete Essig in der Küche ist Weinessig.

▸ **VINAGRE** Producto obtenido de la fermentación del vino, de la fruta, de los cereales. El vinagre más utilizado en cocina es el de vino.

ACETO BALSAMICO *Prodotto ottenuto da mosto di uva cotto, fermentato e invecchiato per almeno 5 anni. Tipico delle zone di Modena e di Reggio Emilia in Emilia Romagna (v.), il prodotto più importante porta la dicitura di "tradizionale".*

▸ **BALSAMIC VINEGAR** Product obtained from the cooked must of grapes, fermented and aged for at least 5 years. Typical of the zones of Modena and Reggio Emilia in Emilia Romagna (s.), the most important product is labelled "tradizionale".

▸ **VINAIGRE BALSAMIQUE** Produit obtenu du moût de raisins cuits, fermenté et vieilli pour au moins 5 ans. Il est caractéristique de la zone de Modène et de Reggio Emilie en Emilie-Romagne (v. Emilia Romagna) et le plus important porte la déclaration de « traditionnel ».

▸ **BALSAMESSIG** Produkt aus gekochtem Traubenmost, gegärt und gereift für mindestens 5 Jahre. Typisch für die Gegend um Modena und Reggio Emilia in der Emilia Romagna (s.), das wichtigste Erzeugnis trägt den Namen " traditionell"

▸ **VINAGRE BALSÁMICO** Producto obtenido del mosto de la uva cocido, fermentado y envejecido durante al menos 5 años. Típico de las zonas de Módena y de Reggio Emilia en Emilia Romagna (ver), el producto más importante lleva la inscripción "tradicional".

ACIDO *Uno dei quattro sapori fondamentali, insieme a salato, dolce e amaro (v.).*

▸ **SOUR** One of the 4 basic tastes, together with sweet, salty and bitter (s).

▸ **ACIDE** Un des quatre goûts fondamentaux, avec le salé, le sucré et l'amer (v.).

▸ **SAUER** Einer der vier wesentlichen Geschmäcker, zusammen mit salzig, süss und bitter. (s.).

▸ **ACIDO** Uno de los cuatro sabores fundamentales, junto con salado, dulce y amargo (ver).

ACINO *Bacca che compone i grappoli dell'uva. Detto anche chicco.*

▶ **GRAPE** Berry which forms a bunch of grapes.

▶ **GRAIN** Baie qui compose les grappes de raisin.

▶ **WEINBEERE** Beere, die eine Weinrebe zusammensetzt. Auch Traube genannt.

▶ **GRANO DE UVA** Baya que compone los racimos de uva.

ACQUA
WATER
EAU
WASSER
AGUA

ACQUA COTTA *Minestra tipica della Maremma (zona della regione Toscana, v.), a base di verdure, acqua, olio, pane e uova.*

▶ **ACQUA COTTA** Soup typical of the Maremma (a zone in Tuscany, s. Toscana), consisting of vegetables, water, oil, bread and eggs.

▶ **EAU CUITE** Soupe typique de Maremma (zone de la Toscane, v. Toscana), à base de verdure, eau, huile, pain et œuf.

▶ **GEKOCHTES WASSER** Typische Suppe der Gegend "Maremma" (in der Toscana, s. Toscana) aus Gemüse, Wasser, Öl, Brot und Eiern.

▶ **AGUA COCIDA** Sopa típica de Maremma (zona de la región de Toscana, ver.), a base de verduras, agua, aceite, pan y huevos.

ACQUA MINERALE *Acqua sorgiva con definite caratteristiche chimico-fisiche. Può essere minerale, mediominerale o oligominerale, a seconda della quantità di residuo fisso disciolto. Le acque minerali possono inoltre essere distinte in naturali, effervescenti naturali ed effervescenti con aggiunta di anidride carbonica.*

▶ **MINERAL WATER** Spring water with particular chemical and physical characteristics. It can be mineral, medio-mineral, or oligo-mineral, depending on the amount of residue dissolved. Mineral water can also be classified as natural, natural sparkling, and sparkling with added carbon anhydride.

▶ **EAU MINERALE** Eau de source avec des caractéristiques physico-chimiques déterminées. Elle peut être minérale, medio-minérale ou oligominérale, selon la quantité de résidu sec dissous. Les eaux minérales peuvent être en outre différenciées en naturelles, effervescentes naturelles et effervescentes avec ajout de dioxyde de carbone.

▶ **MINERALWASSER** Quellwasser mit bestimmten chemisch- physikalischen Eigenschaften. Es kann Mineralwasser, mittleres Mineralwasser und olgomineralisches Wasser sein, je nach festen gelösten Substanzen. Die Mineralwässer unterscheiden sich ausserdem in natürlich, natürlich kohlenversetzt, und kohlensäurehaltig durch Zusatz.

▶ **AGUA MINERAL** Agua manantial con concretas características químico-físicas. Puede ser mineral, mediomineral u oligomineral, según la cantidad de residuo fijo disuelto. Las aguas minerales pueden además ser clasificadas en naturales, efervescentes naturales y efervescentes con anhídrido carbónico añadido.

ACQUAVITE *Bevanda ottenuta dalla distillazione alcolica di mosti fermentati di frutta o di cereali. Se ricavata dalle vinacce, è chiamata grappa.*

▶ **BRANDY** Beverage obtained through the distillation of the fermented must of fruit or cereal. If made from the dregs of pressed grapes it is called grappa.

▶ **EAU DE VIE** Boisson obtenue par la distillation alcoolique de moûts fermentés de fruits ou de céréales. Elle est appelée grappa, si elle provient du marc.

▶ **KLARER** Getränk durch alkoholische Destillaton von gegärtem Most aus Früchten oder Körnern. Erhalten mittels Traubenkernen nennt er sich "Grappa".

▶ **AGUARDIENTE** Bebida obtenida de la destilación alcohólica de mostos fermentados de fruta o de cereales. Si se extrae del orujo se llama grappa.

ACTINIDIA *Nome scientifico del kiwi (v.).*
▸ **ACTINIDIA** Scientific name of the kiwi (s.).
▸ **ACTINIDIA** Nom scientifique du kiwi (v.).
▸ **ACTINDIA** Wissenschaftlicher Name für die Kiwi (s.).
▸ **ACTINIDIA** Nombre científico del kiwi (ver).

AFFETTARE *Tagliare alimenti a fette regolari.*
▸ **SLICE** To cut food in to regular slices.
▸ **TRANCHER** Tailler les aliments en tranches régulières.
▸ **SCHNEIDEN** Lebensmittel zu ordentlichen Scheiben schneiden.
▸ **REBANAR** Cortar los alimentos en lonchas regulares.

AFFETTATARTUFI *Strumento in legno o acciaio per tagliare i tartufi.*
▸ **AFFETTATARTUFI** Wooden or steel instrument used for cutting truffles.
▸ **TRANCHE-TRUFFES** Appareil en bois ou en acier servant à tailler les truffes.
▸ **TRÜFFELSCHNEIDER** Instrument aus Holz oder Stahl, um Trüffel zu schneiden.
▸ **CORTATRUFAS** Instrumento de madera o de acero para cortar las trufas.

AFFETTATO *Termine generico usato per indicare un piatto di salumi misti servito come antipasto.*
▸ **AFFETTATO** General name given to a plate of mixed sliced, cold cuts of meat, served as a starter.
▸ **AFFETTATO** Terme générique employé pour designer un plat de charcuterie mixte servi comme hors-d'œuvre.
▸ **AUFSCHNITT** Ausdruck, der generell gemischte und als Vorspeise servierte Aufschnitte bezeichnet.
▸ **AFFETTATO (SURTIDO IBERICO)** Término genérico usado para indicar un plato de embutidos servido como entrante.

AFFOGATO *Gelato o semifreddo immersi in un liquore oppure caffè e cioccolata, caldo o freddo.*
▸ **AFFOGATO** Ice-cream or semifreddo covered with a generous serving of liqueur or coffee and hot chocolate, hot or cold.
▸ **AFFOGATO** Glace ou crème glacée plongée dans une liqueur ou bien du café et du chocolat, servie chaude ou froide.
▸ **ERTRÄNKTER** Eis oder Halbgefrorenes mit Liqueur oder Kaffee und Schokolade, heiss oder kalt.
▸ **AHOGADO** Helado sumergido en un licor o café y chocolate, caliente o frío.

AFFUMICARE *Operazione che consiste nel sottoporre un alimento al fumo, per diversi scopi: effetto conservante oppure sviluppo di un particolare aroma. Nella tradizione italiana vengono affumicati pesci, carni e formaggi.*
▸ **SMOKE** Operation involving the exposure of food to smoke, for various reasons: to preserve or to develop a particular flavour. Traditionally in Italy fish, meat and cheese are smoked.
▸ **FUMER** Opération qui consiste à soumettre un aliment à l'action de la fumée dans différents buts: pour l'effet conservateur ou bien pour le développement d'un arôme particulier. Dans la tradition italienne, poissons, viandes et fromages viennent fumés.
▸ **RÄUCHERN** Handlung, die darin besteht ein Lebensmittel dem Rauch auszusetzen zu unterschiedlichen Zwecken: konservierender Effekt oder zur Entwicklung eines bestimmten Aromas. In der italienischen Tradition werden Fische, Fleisch und Käse geräuchert.
▸ **AHUMAR** Operación que consiste en someter un alimento al humo por diversos motivos: efecto de conservación o desarrollo de un particular aroma.

AGLIATA *Salsa a base di aglio e olio, adatta a carni e pesci lessati oppure per condire una pasta.*

▷ **AGLIATA** A garlic and oil sauce, eaten with boiled meat and fish, or used as a sauce for pasta.

▷ **AGLIATA** Sauce à base d'ail et huile, indiquée pour viandes et poissons bouillis ou bien pour assaisonner les pâtes.

▷ **KNOBLAUCHWÜRZE** Soße, auf Knoblauch und Ölbasis, geeignet für gekochten Fisch oder gekochtes Fleisch und zur Würze einiger Nudelgerichte.

▷ **AJADA** Salsa a base de ajo y aceite, adecuada para carnes y pescados hervidos o para condimentar una pasta.

AGLIO *Ortaggio di cui si consuma il bulbo (o testa), dal sapore acre e piccante.*

▷ **GARLIC** Vegetable of which the bulb (or head) is used, it has a pungent and spicy aroma.

▷ **AIL** Légume duquel se mange le bulbe (ou tête), d'un goût acre et piquant.

▷ **KNOBLAUCH** Gemüse, dessen Zwiebel (oder Kopf) verzehrt wird, von beissendem und scharfem Geschmack.

▷ **AJO** Hortaliza de la que se consume la bulba (o cabeza), de sabor acre y picante.

AGNELLO *Ovino giovane dalla carne tenera e delicata.*

▷ **LAMB** Young sheep with delicate tender meat.

▷ **AGNEAU** Jeune ovin à la viande tendre et délicate.

▷ **LAMM** Junges Schaf mit zartem und delikatem Fleisch.

▷ **CORDERO** Ovino joven de carne tierna y delicada.

AGNELLONE *Ovino macellato tra il 6° e il 10° mese di età.*

▷ **AGNELLONE** Sheep slaughtered between the ages of 6 and 10 months.

▷ **VIEIL AIGNEAU** Ovin abattu entre le 6ème et le 10ème mois.

▷ **LAMM** Schaf geschlachtet zwischen dem 6. Und 10. Monat

▷ **CORDERO MAYOR** Ovino sacrificado entre el 6° y el 10° mes de edad.

AGNOLI *Antica minestra mantovana fatta di agnolini (v.) in brodo, cui si è soliti aggiunge una certa quantità di vino rosso.*

▷ **AGNOLI** Ancient soup from Mantova, consisting of agnolini (s.) in stock, a quantity of red wine is generally added.

▷ **AGNOLI** Ancienne soupe de Mantoue composée d'"agnolini" (v.) en bouillon, auxquels généralement on ajoute une certaine quantité de vin rouge.

▷ **AGNOLI** Traditionelle Suppe aus der Gegend um Mantova aus frisch gefüllten Nudeln in Fleischbrühe, der ein gewisses Maß Rotwein zugesetzt wird.

▷ **AGNOLI** Antigua sopa mantovana hecha de agnolini (ver) en caldo, a la que es costumbre añadir una cierta cantidad de vino tinto.

AGNOLINI *Specialità di Mantova (città della Lombardia) di pasta ripiena.*

▷ **AGNOLINI** Small filled cases of pasta, a speciality from Mantova (city in Lombardy).

▷ **AGNOLINI** Spécialité de Mantoue (ville de la Lombardie) composée de pâtes farcies.

▷ **AGNOLINI** Spezialität aus Mantova (Stadt in der Lombardei) von gefüllten frischen Nudeln.

▷ **AGNOLINI** Especialidad mantovana (ciudad de Lombardía) de pasta rellena.

AGNOLOTTI *Specialità tipica del Piemonte (v.) di pasta ripiena di carni miste cotte e verdure.*

▷ **AGNOLOTTI** Small cases of pasta containing a mixture of cooked meat and vegetables, a speciality from Piedmont (s. Piemonte).

▷ **AGNOLOTTI** Spécialité typique du Piémont (v. Piemonte) de pâtes farcies de verdure et de viandes cuites mixtes.

▷ **AGNOLOTTI** Typische Spezialität aus dem Piemont (s. Piemonte) von mit gemischtem Fleisch und Gemüse gefüllten frischen Nudeln.

▷ **AGNOLOTTI** Tipo de raviolis de mayor tamaño. Especialidad típica del Piamonte (ver Piemonte) de pasta rellena de carnes cocidas mixtas y verduras.

AGONE *Pesce di lago e specialità del lago di Como (città della Lombardia, v.) e dei laghi prealpini.*

▶ **TWITE SHAD** Fresh water fish, it is a speciality from the lake of Como (a city in Lombardy, s. Lombardia) and the pre-alpine lakes.

▶ **AGONE** Poisson d'eau douce et spécialité du lac de Côme (ville de la Lombardie, v. Lombardia) et des lacs préalpins.

▶ **AGONE** Süßwasserfisch und Spezialität des Comer Sees (in der Lombardei, s. Lombardia) und der Seen im Voralpengebiet.

▶ **AGONE** Pescado de lago y especialidad del lago de Como (ciudad de Lombardía, ver) y de los lagos prealpinos.

AGRETTO *Tipo di aceto ricavato dalla frutta oppure altro nome del crescione (v.).*

▶ **AGRETTO** A type of vinegar made from fruit, or another name for cress (s. crescione).

▶ **AGRETTO** C'est un type de vinaigre obtenu à base de fruits et c'est aussi l'autre nom italien du cresson (v. crescione).

▶ **AGRETTO** Essigart aus Früchten gewonnen oder ein anderer Name für Kresse. (s. crescione).

▶ **MASTUERZO** Tipo de vinagre obtenido de la fruta u otro nombre del berro (ver crescione).

AGRO *Aspro, sensazione percepita dal palato quando si assumono sostanze acide.*

▶ **SOUR** Bitter, sensation perceived by the palate when acidic substances are consumed.

▶ **AIGRE** Apre, sensation perçue par le palais quand viennent mangées des substances acides.

▶ **AGRO** Sauer, Gefühl, das der Gaumen bei der Einnahme von sauren Substanzen empfindet.

▶ **AGRIO** Aspero, sensación percibida por el paladar cuando se asumen sustancias ácidas.

AGRODOLCE *Gusto dato da una miscela di zucchero e aceto, che fa parte di un'antica tradizione gastronomica del Nord Italia.*

▶ **SWEET AND SOUR** Taste given by a mixture of sugar and vinegar which is part of the ancient gastronomic tradition of Northern Italy.

▶ **AIGRE-DOUX** Goût donné d'un mélange de sucre et de vinaigre, qui fait partie d'une antique tradition gastronomique de l'Italie du Nord.

▶ **SÜßSAUER** Geschmack, der aus einer Mischung von Essig und Zucker entsteht, Teil der gastronomischen Tradition aus Norditalien.

▶ **AGRIDULCE** Gusto dado a una mezcla de azúcar y vinagre, que forma parte de una antigua tradición gastronómica del norte de Italia.

AGRUME *Famiglia di frutti caratterizzati dal sapore aspro. I principali agrumi sono: il cedro, il limone, il pompelmo, l'arancia, il mandarino.*

▶ **CITRUS FRUIT** Family of fruits of which a bitter taste is characteristic. The main citrus fruits are citron, lemon, grapefruit, orange and mandarin.

▶ **AGRUME** Famille de fruits caractérisée par l'âpreté. Les principaux agrumes sont le cédrat, le citron, le pamplemousse, l'orange, la mandarine.

▶ **ZITRUSFRÜCHTE** Früchtefamilie, die durch einen sauren Geschmack ausgezeichnet ist. Die Hauptzitrusfrüchte sind: Zitrusfrucht, Zitrone, Pampelmuse, Apfelsine und Mandarine.

▶ **CÍTRICO** Familia de frutas caracterizadas por el sabor áspero. Los principales cítricos son: la cidra, el limón, el pomelo, la naranja, la mandarina.

ALA *Dalle iniziali: Antico Liquore Amarascato è un tipico vino liquoroso della Sicilia (v.), prodotto da uve leggermente passite.*

▶ **ALA** The initials A-L-A meaning: an antique liqueur with a slightly bitter taste. It is a traditional fortified wine from Sicily (s.), produced from slightly over ripened grapes.

▶ **ALA** Initiales de l'Antique Liqueur Amarascato. C'est un vin typique liquoreux de la Sicile (v. Sicilia), produit de raisins issus de vendanges tardives.

▶ **ALA** Von den Anfangsbuchstaben her: Antiker Liqueur Amaraskatisch. Das ist ein typischer liqueurartiger Wein aus Sizilien (s. Sicilia), hergestellt aus leicht angetrockneten Trauben.

▶ **ALA** De las iniciales: Antiguo Licor Aguindado y un vino típico licoroso de Sicilia (ver Sicilia), producido por uvas ligeramente pasas.

ALA DI SPALLA *Nome regionale di un taglio di carne.*

▶ **ALA DI SPALLA** The regional name for a cut of meat.

▶ **ALA DI SPALLA** Nom régional d'un morceau de viande.

▶ **ALA DI SPALLA** Regionelle Bezeichnung für einen Fleischschnitt.

▶ **ALA DE HOMBRO** Nombre regional de un corte de carne.

ALAMBICCO *Strumento usato nella distillazione.*

▶ **ALEMBIC** Instrument used in distillation.

▶ **ALAMBIC** Appareil utilisé pour la distillation.

▶ **DESTILLIERKOLBEN** Zur Destillation benutztes Gerät.

▶ **ALAMBIQUE** Instrumento usado en la destilación.

ALBARELLO *Nome toscano (v. Toscana) del fungo porcinello grigio.*

▶ **ALBARELLO** Tuscan name for the grey porcinello mushroom (s. Toscana).

▶ **ALBARELLO** Nom toscan (v. Toscana) du cèpe gris.

▶ **ALBARELLO** Toskanischer Name (s. Toscana) des grauen Pilzes "porcinello".

▶ **ALBARELO** Nombre toscano (ver Toscana) de un hongo porcino gris.

ALBESE *Zona del Piemonte (v.) al cui centro vi è la città di Alba, nota per il tar-*tufo bianco e i grandi vini rossi (Barolo, Barbaresco).

▶ **ALBESE** A zone in Piedmont (s. Piemonte) at the center of which is the city of Alba, known for the white truffle and fine red wines (Barolo, Barbaresco).

▶ **ALBAIS** Zone du Piémont (v. Piemonte) ayant en son centre la ville d'Alba connue pour la truffe blanche et les grands vins rouges (Barolo, Barbaresco).

▶ **ALBESE** Gegend des Piemonts (s. Piemonte), deren Zentrum die Stadt Alba ist, bekannt für den weissen Trüffel und die grossartigen Rotweine (Barolo, Barbaresco)

▶ **ALBESE** Zona del Piamonte (ver Piemonte) en cuyo centro está la ciudad de Alba, conocida por la trufa blanca y los grandes vinos tintos (Barolo, Barbaresco).

ALBICOCCA *Frutto ovoidale e gialloarancione dalla polpa carnosa e dal sapore dolce e acidulo.*

▶ **APRICOT** Egg shaped fruit, yellow-orange in colour, it has fleshy pulp and a sweet but slightly acidic taste.

▶ **ABRICOT** Fruit ovoïde, jaune-orangé à pulpe charnue ayant un goût sucré et acidulé.

▶ **APRIKOSE** Ovale, gelb orange Frucht mit fleischigem Fruchtfleisch und süß und leicht säuerlich.

▶ **ALBARICOQUE** Fruta ovoidal y amarillo-anaranjada de pulpa carnosa y de sabor dulce y acídulo.

ALBORELLA *Piccolo pesce d'acqua dolce.*

▶ **BLEAK** Small fresh water fish.

▶ **ABLETTE** Petit poisson d'eau douce.

▶ **ALBORELLA** Kleiner Süßwasserfisch

▶ **ALBURNO** Pequeño pescado de agua dulce.

ALBUME *Bianco dell'uovo detto anche chiara.*

▶ **ALBUMEN** Egg white.

▶ **ALBUMEN** Blanc de l'œuf.

▷ **EIWEISS** Das Weisse des Eis auch das "Klare" genannt.
▷ **ALBÚMEN** Blanco del huevo llamado también clara.

ALCOL *Alcol etilico o etanolo, che si ottiene attraverso la fermentazione degli zuccheri contenuti in certi frutti e vegetali.*
▷ **ALCOHOL** Ethyl alcohol or ethanol, obtained through fermentation of the sugar contained in certain fruit and vegetables.
▷ **ALCOOL** Alcool éthylique ou éthanol, qui s'obtient de la fermentation des sucres contenus dans certains fruits ou végétaux.
▷ **ALKOHOL** Äthyl- oder Äthanolalkohol, erhalten durch Fermentation von Zucker enthalten in Früchten oder Pflanzen.
▷ **ALCOHOL** Alcohol etílico o etanol, que se obtiene mediante la fermentación de los azúcares contenidos en ciertos frutos y vegetales.

ALE *Termine inglese per indicare una birra chiara, di elevata gradazione alcolica.*
▷ **ALE** English term used to indicate a pale beer, with a high alcohol content.
▷ **ALE** Terme anglais indiquant une bière blonde, de degré alcoolique élevé.
▷ **ALE** Englischer Ausdruck für helles Bier mit erhöhtem Alkoholgrad.
▷ **ALE** Término inglés para indicar una cerveza clara, de elevada gradación alcohólica.

ALETTE *Taglio di carne del pollame.*
▷ **WINGS** A portion of poultry.
▷ **AILE** Coupe de viande de volaille.
▷ **FLÜGELCHEN** Fleischschnitt für Geflügel.
▷ **ALITAS** Corte de carne de aves de corral.

ALEXANDER *Cocktail a base di Cognac.*
▷ **ALEXANDER** Cognac based cocktail.
▷ **ALEXANDER** Cocktail à base de Cognac.

▷ **ALEXANDER** Cocktail auf Cognacbasis.
▷ **ALEXANDER** Cóctel a base de Coñac.

ALGA *Organismo vegetale primitivo, che vive nell'acqua o in ambienti umidi.*
▷ **ALGA** Plant of very simple structure which if found in water and humid environments.
▷ **ALGUE** Organisme végétal primitif qui vit dans l'eau ou dans un environnement humide.
▷ **ALGE** primitiver pflanzlicher Organismus, der im Wasser oder in feuchter Umgebung lebt.
▷ **ALGA** Organismo vegetal primitivo, que vive en el agua o en ambientes húmedos.

ALI *Taglio di carne del pollame.*
▷ **WINGS** Portion of poultry.
▷ **AILE** Coupe de viande de volaille.
▷ **FLÜGEL** Fleischschnitt für Geflügel.
▷ **ALAS** Corte de carne de las aves de corral.

ALICE *Vedi Acciuga.*
▷ **ANCHOVY** See acciuga.
▷ **ANCHOIS** Petit poisson de mer (v. acciuga).
▷ **ALICE** Siehe acciuga.
▷ **BOQUERON** Ver acciuga.

ALIMENTAZIONE *Fase del processo della nutrizione attraverso il quale l'organismo assume alimenti.*
▷ **NOURISHMENT** A step in the process of nutrition through which the organism takes in food.
▷ **ALIMENTATION** Phase du processus de la nutrition au cours duquel l'organisme assimile les aliments.
▷ **ERNÄHRUNG** Phase der Nährung bei der der Organismus Lebensmittel aufnimmt.
▷ **ALIMENTACION** Fase del proceso de la nutrición mediante la cual el organismo asume alimentos.

ALLAPPANTE *Si dice di una sostanza che dà l'impressione di legare la bocca e i denti. Tipica dei vegetali, della frutta po-*

co matura, dei vini caratterizzata da una certa presenza di tannino.

▶ **ALLAPPANTE** It is said of a substance which gives the impression of binding the mouth and teeth. Typical of vegetables, unripe fruit and wines which contain a quantity of tannin.

▶ **AGGLUTINANT** C'est une substance qui donne l'impression de coller aux dents et au palais, typique des végétaux, des fruits peu mûrs, des vins – caractéristiques d'une certaine présence de tanin.

▶ **BETÄUBEND** Bezeichnung für eine Substanz, die den Eindruck erweckt, den Mund und die Zähne zu betäuben. Typisch für Pflanzen, unreife Früchte und Weine, die einen bestimmten Gehalt an Tanin aufweisen.

▶ **QUE DA DE ENTERA** Se dice de una sustancia que da la impresión de unir la boca con los dientes. Típica de los vegetales, de la fruta poco madura, de los vinos caracterizados de una cierta presencia de tanino.

ALLEVAMENTO *Insieme delle tecniche per riprodurre, indirizzare biologicamente e controllare animali, molluschi, pesci e piante utili all'uomo, specialmente sotto il profilo alimentare.*

▶ **BREEDING** Techniques used for the reproduction, biological development and control of the animals, shellfish, fish and plants to be used as food.

▶ **ELEVAGE** Ensemble des techniques pour reproduire, gérer biologiquement et contrôler les animaux, les mollusques, les poissons et les plantes utiles à l'homme, spécialement sous un aspect alimentaire.

▶ **ZUCHT** Zusammenwirken einiger Techniken zur Reproduktion, biologischen Richtung und Kontrolle von Tieren, Weichtieren, Fischen und Pflanzen, die dem Menschen hinsichtlich des Ernährungsprofils nützlich sind.

▶ **CRIANZA** Conjunto de técnicas para reproducir, dirigir biológica-

mente y controlar animales, moluscos, pescados y plantas útiles al hombre especialmente desde el punto de vista alimenticio.

ALLODOLA *Piccolo uccello, dalla carne apprezzabile, oggetto di caccia.*

▶ **LARK** Small bird, the meat of which is a delicacy, it is often hunted.

▶ **ALOUETTE** Petit oiseau à chair appréciée, sujet à la chasse.

▶ **LERCHE** Kleiner Vogel mit geschätztem Fleisch, Jagdobjekt.

▶ **ALONDRA** Pequeño pájaro, de carne apreciable, objeto de caza.

ALLORO *Arbusto con foglie aromatiche detto anche Lauro.*

▶ **BAY-LEAF** Evergreen shrub with aromatic leaves.

▶ **LAURIER** Arbuste à feuilles aromatiques.

▶ **LORBEER** Strauch mit aromatischen Blättern, auch "Lauro" genannt.

▶ **LAUREL** Arbusto con hojas aromáticas.

ALLUNGARE *Diluire, annacquare, in particolare un brodo o un vino.*

▶ **ALLUNGARE** Dilute or water down, particularly a stock or wine.

▶ **ALLONGER** Diluer, adoucir, en particulier un jus ou un vin.

▶ **VERLÄNGERN** verdünnen, verwässern, besonders eine Fleischbrühe oder Wein.

▶ **AGUAR** Diluir, bautizar, en particular un caldo o un vino.

ALOSA *Pesce di mare chiamato anche saracca. La varietà d'acqua dolce si chiama agone.*

▶ **ALLIS SHAD** Salt water fish also called salacca. If of the fresh water variety it is called twite shad.

▶ **ALOSE** Poisson de mer. La variété d'eau douce s'appelle aussi agone.

▶ **ALOSA** Seewasserfisch, der auch "Saracca" genannt wird, die Süßwasservariante hingegen heisst "Agone".

▶ **ALOSA** Pescado de mar llamado también arenque. La variedad de agua dulce se llama alosa lacustre.

ALPESTRE *Versione italiana dell'Arquebuse (v.). Nome commerciale di un liquore dalle proprietà digestive.*

▸ **ALPESTRE** Italian version of Arquebuse (s.). The commercial name of a liqueur with digestive properties.

▸ **ALPESTRE** Version italienne de l'Arquebuse (v.). Nom commercial d'une liqueur ayant des caractéristiques digestives.

▸ **ALPESTRE** Italienische Version des Arquebuse (s.). Kommerzieller Name eines Liqueurs mit verdauenden Eigenschaften.

▸ **ALPESTRE** Versión italiana del Arquebuse (ver). Nombre comercial de un licor de propiedades digestivas.

ALTERAZIONE *Processo di deterioramento che colpisce gli alimenti successivamente alla raccolta, alla pesca o alla macellazione.*

▸ **ALTERATION** Process of deterioration of food after being harvested, fished or slaughtered.

▸ **ALTERATION** Procédé de détérioration qui frappe les aliments après la récolte, la pêche ou l'abattage.

▸ **VERDERBLICHKEIT** Prozess der Verschlechterung, der Lebensmittel nach der Ernte, dem Fang oder der Schlachtung befällt.

▸ **ALTERACION** Proceso de deterioro que sufren los alimentos después de la recogida, la pesca o la matanza.

ALTO ADIGE *Territorio del Nord Est d'Italia al confine con l'Austria. (v. pag. 319)*

▸ **ALTO ADIGE** Area in North East Italy bordering Austria. (s. pag. 319)

▸ **HAUT-ADIGE** Territoire du Nord-Est de l'Italie à la frontière avec l'Autriche. (v. pag. 319)

▸ **SÜDTIROL** Zone in Nordostitalien an der Grenze zu Österreich. (s. S. 319)

▸ **ALTO ADIGE** Territorio del Noreste de Italia al confín con Austria. (ver pag. 319)

AMABILE *Termine che indica vino dal gusto leggermente dolce*

▸ **AMABILE** Term indicating a wine with a slightly sweet taste.

▸ **AIMABLE** Terme qui désigne un vin au goût légèrement sucré.

▸ **LIEBLICH** Ausdruck für einen leicht süßen Wein.

▸ **ABOCADO** Término que indica un vino del gusto ligeramente dulce.

AMARENA *Varietà di ciliegia particolarmente amarognola e acidula.*

▸ **EGRIOT CHERRY** A variety of cherry which is particularly acidic and slightly bitter.

▸ **GRIOTTE** Variété de cerise particulièrement amère et acidulé.

▸ **SAUERKIRSCHE** Kirschenart, die besonders herb und säuerlich ist.

▸ **GUINDA** Variedad de cereza particularmente amarga y acídula.

AMARETTO *Biscotto di forma semisferica schiacciata, a base di mandorle pestate (armelline di albicocca o pesca) albumi e zucchero. Lo stesso nome si riferisce anche ad un famoso liquore.*

▸ **AMARETTO** A biscuit, semispherical but slightly squashed in shape, made of ground almonds (apricot or peach kernel), egg white and sugar. There is also a famous liqueur or the same name.

▸ **AMARETTO** Biscuit de forme semi-sphérique écrasée, à base d'amandes pilées (noyau d'abricot ou de pêche), blancs d'œuf et sucre. La même désignation est utilisée pour une liqueur réputée.

▸ **AMARETTO** Keks, halbrund und auf einer Seite platt aus zerkleinerten Mandeln (Aprikosenkerne oder Pfirsischkerne), Eiweiss und Zucker. Gleicher Name bezieht sich auf einen berühmten Liqueur.

▸ **AMARETTO** Pastel de forma semiesférica aplastada, a base de almendras machacadas (semillas de albaricoque o melocotón) claras de huevo y azúcar. El mismo nombre se refiere también a un famoso licor.

AMARICANTE Liquore digestivo che nasce dall'infusione di circa trenta erbe in vino Marsala, alcol e zucchero.

▶ **AMARICANTE** A digestive liqueur made by the infusion of approximately thirty herbs with Marsala wine, alcohol and sugar.

▶ **AMARICANTE** Liqueur digestive qui provient de l'infusion dans du vin Marsala, de l'alcool et du sucre, d'environ trente herbes.

▶ **AMARICANTE** Liqueur zur Verdauung, der aus der Infusion von zirka dreissig Kräutern in Marsalawein, Alkohol und Zucker besteht.

▶ **AMARICANTE** Licor digestivo que nace de la infusión de unas treinta hierbas en vino Marsala, alcohol y azúcar.

AMARO È uno dei quattro sapori fondamentali (con il dolce, il salato e l'acido). Lo stesso nome è riferito ad un infuso di alcol, di gradazione alcolica fra i 27° e i 35°, prodotto con erbe medicinali, con spezie esotiche, con scorze di agrumi o mediante distillazione.

▶ **BITTER** One of the 4 basic tastes (together with sweet, sour and salty). It is also the name of an infusion of alcohol, which is between 27° and 35° proof, produced with medicinal herbs, exotic spices and the rind of citrus fruit, or by means of distillation.

▶ **AMER** C'est l'un des quatre goûts fondamentaux (avec le sucré, le salé et l'acide). Le même nom en italien («amaro») est utilisé pour une infusion d'alcool, de graduation alcoolique comprise entre 27 ° et 35 °, produite par distillation avec des herbes médicinales, des épices exotiques et des écorces d'agrumes.

▶ **BITTER** Einer der vier Hauptgeschmäcker zusammen mit süß, salzig und sauer). Der gleiche Name bezeichnet eine Alkoholinfusion, mit Alkoholgrad zwischen 27° und 35°, hergestellt aus Heilkräutern, exotischen Gewürzen, mit Zitrusschalen oder durch Destillation.

▶ **AMARGO** Es uno de los cuatro sabores fundamentales (junto a dulce, salado y ácido). El mismo nombre se refiere a una infusión de alcohol, de gradación alcohólica entre 27° y 35°, producido con hierbas medicinales, con especias exóticas, con cáscaras de cítricos o mediante destilación.

AMATRICIANA, ALL' Ricetta di una pasta (bucatini o spaghetti) tipica del Lazio (v.). Si tratta di un sugo a base di cipolla, guanciale di maiale, pomodoro, peperoncino e pecorino grattugiato.

▶ **AMATRICIANA, ALL'** The recipe for a pasta dish (bucatini or spaghetti) typical of Lazio (s.). It is a sauce of onion, bacon, tomatoes, chilli peppers and grated pecorino cheese.

▶ **AMATRICIANA, AU** Recette de pâtes ("bucatini" ou spaghetti) typiques du Latium (v. Lazio). Il s'agit d'une sauce à base d'oignon, mâchoire de porc, tomate, poivron et pecorino râpé.

▶ **AMATRICIANA, ALL'** Nudelrezept (Bucatini oder Spaghetti) typisch für das Gebiet Lazio (s.) Die Soße ist mit Zwiebeln, Schweinespeck, Tomaten, Pfefferschoten und geriebenem Pecorinokäse.

▶ **AMATRICIANA, A LA** Receta de una pasta (espaguetis) típica del Lazio (ver). Se trata de una salsa a base de cebolla, tocino de la carrillada del cerdo, tomate, guindilla y queso de oveja rallado.

AMERICANA, ALL' Classica preparazione per crostacei, in cui compaiono pomodoro, aglio, cipolla ed erbe aromatiche.

▶ **AMERICANA, ALL'** Recipe often used for shellfish, in which tomatoes, garlic, onion and aromatic herbs are used.

▶ **AMERICAINE, A L'** Préparation classique pour crustacés, qui contient tomates, ail, oignons et herbes aromatiques.

▶ **AMERIKANISCHE ART** Klassische Zubereitung für Schalentiere, bei der Tomaten, Knoblauch, Zwiebeln und Gewürzaromen auftreten.

▶ **AMERICANA, A LA** Clásica preparación para crustáceos, en la que aparecen tomate, ajo, cebolla e hierbas aromáticas.

AMERICAN BAR *Tipo di locale di ritrovo, che offre mescita di liquori e cocktail*
▶ **AMERICAN BAR** A meeting place where liqueurs and cocktails are served.
▶ **AMERICAN BAR** Local dans lequel est proposé des mélanges de liqueurs et des cocktails.
▶ **AMERICAN BAR** Art eines geselligen Lokals, das Mischungen von Liqueurs und Cocktails anbietet.
▶ **AMERICAN BAR** Tipo de local de encuentro, que ofrece escancia de licores y cócteles.

AMERICANO *Aperitivo preparato con l'infusione di numerose erbe aromatiche in vino bianco, cui si aggiungono zucchero e buccia d'arancia.*
▶ **AMERICANO** An aperitif prepared by the infusion of numerous aromatic herbs in white wine, to which sugar and orange rind are added.
▶ **AMERICAIN** Apéritif préparé avec l'infusion de nombreuses herbes aromatiques dans du vin blanc, à laquelle on ajoute du sucre et des écorces d'orange.
▶ **AMERIKANER** Aperitif, der mit in weissem Wein eingelegten zahlreichen Kräutern hergestellt wird, dem Zucker und Orangenschale zugefügt werden.
▶ **AMERICANO** Aperitivo preparado con la infusión de numerosas hierbas aromáticas en vino blanco, al que se añade azúcar y cáscara de naranja.

AMIDO *Sostanza comune nel regno vegetale, è il principale costituente delle farine dei cereali.*
▶ **STARCH** Substance found in many vegetables, it is the main constituent of cereal flours.
▶ **AMIDON** Substance commune dans le règne végétal qui est le principal constituant des farines de céréales.
▶ **STÄRKE** generell im Pflanzenbereich verbreitete Substanz, Hauptbestandteil der Körnermehle.

▶ **ALMIDON** Sustancia común en el reino vegetal, y principal constituyente de las harinas de los cereales.

AMMAZZACAFFÈ *Termine per definire la bevanda alcolica, bevuta dopo il caffè, al termine di un pranzo abbondante.*
▶ **AMMAZZACAFFÈ** Term used to define the alcoholic beverage consumed after coffee at the end of a large meal.
▶ **POUSSE-CAFE** Terme qui définit la boisson alcoolique, bue après le café, à la fin d'un repas abondant.
▶ **AMMAZZACAFFÈ** Der " Kaffeetöter", Begriff, der das alkoholische Getränk nach dem Kaffee eines ausgiebigen Mahls bezeichnet.
▶ **AMMAZZACAFFÈ** Término para definir la bebida alcohólica, bebida después del café, al final de una comida abundante.

AMMOLLARE *Mettere a bagno, quindi reidratare, gli alimenti precedentemente essiccati.*
▶ **AMMOLLARE** To soak in order to re-hydrate food which has been previously dried.
▶ **FAIRE TREMPER** Mettre au bain, c'est-à-dire réhydrater, les aliments précédemment séchés.
▶ **EINWEICHEN** In Wasser einlegen, also wieder mit Feuchtigkeit versehen nach einem vorangegangenen Trocknungsprozess.
▶ **REMOJAR** Meter en agua, por lo tanto rehidratar, los alimentos precedentemente disecados.

AMMOLLICARE *Termine di origine meridionale che significa cospargere (pesce, verdura o altro) di mollica grattugiata di pane raffermo o secco.*
▶ **AMMOLLICARE** To coat (fish, vegetables or anything else) with dried bread crumbs, a term originally from Southern Italy.
▶ **AMMOLLICARE (PANER)** Terme d'origine méridionale qui signifie recouvrir (poissons, verdures ou autres) de mie de pain dur ou sec.
▶ **BESTREUSELN** Ausdruck aus Süditalien, der den Vorgang des

Bestreuens mit geriebenem trockenem Brot von Fisch, Gemüse oder anderem bezeichnet.

▶ **AMMOLLICARE (EMPANAR)** Término con origen en el sur de Italia que significa espolvorear (pescado, verdura u otras cosas) con miga de pan duro o seco.

AMMORBIDIRE *Rendere più tenero un alimento.*

▶ **SOFTEN** To tenderise the food.

▶ **ATTENDRIR** Rendre plus tendre un aliment.

▶ **WEICH MACHEN** Ein Lebensmittel weicher machen.

▶ **ABLANDAR** Volver más tierno un alimento.

AMPELOGRAFIA *Branca della botanica che descrive e classifica la vite nelle sue specie e varietà coltivate.*

▶ **AMPELOGRAFIA** A branch of botany which describes and classifies vine specie and cultivated varieties.

▶ **AMPELOLOGIE** Branche de la botanique qui décrit et classifie la vigne dans ses espèces et variétés cultivées.

▶ **AMPELOGRAFIE** Zweig der Botanik, der die Reben beschreibt und klassifiziert nach Art und gezüchteter Variante.

▶ **AMPELOGRAFIA** Rama de la botánica que describe y clasifica la vida en especies y variedades cultivadas.

AMPELOTERAPIA *Cura alimentare disintossicante a base di uva.*

▶ **AMPELOTERAPIA** Detoxicating grape based diet.

▶ **AMPELOTHERAPIE** Traitement alimentaire désintoxiquant à base de raisin.

▶ **AMPELOTHERAPIE** Entgiftende Lebensmittelkur auf Traubenbasis.

▶ **AMPELOTERAPIA** Cura alimenticia desintoxicante a base de uva.

AMPOLLA *Recipiente di vetro, ceramica o cristallo usato come contenitore da tavola per olio e aceto.*

▶ **CRUET** Glass, pottery or crystal receptacle for vinegar and oil used at the table.

▶ **FIOLE** Récipient de verre, céramique ou cristal utilisé comme contenant de table pour l'huile ou le vinaigre.

▶ **AMPULLE** Gefäß aus Glas, Keramik oder Kristall als Behälter für den Tisch von Öl und Essig verwendet.

▶ **AMPOLLA** Recipiente de vidrio, cerámica o cristal usado como contenedor de mesa para el aceite y el vinagre.

ANALCOLICO *Bevanda solitamente a base di estratti di frutta e priva di alcol.*

▶ **SOFT DRINK** A beverage which is usually fruit based and does not contain alcohol.

▶ **ANALCOOLIQUE** Boisson en général à base d'extrait de fruits et privée d'alcool.

▶ **ALKOHOLFREIES GETRÄNK** Getränk gewöhnlich aus Fruchtauszügen gewonnen und ohne Alkohol.

▶ **ANALCOHOLICO** Bebida habitualmente a base de estractos de fruta y sin alcohol.

ANANAS *Frutto tropicale di forma cilindrica e polpa zuccherina e aromatica.*

▶ **PINEAPPLE** Tropical fruit, cylindrical in shape with sweet aromatic pulp.

▶ **ANANAS** Fruit tropical de forme cylindrique et à pulpe sucrée et aromatisée.

▶ **ANANAS** Tropische Frucht, zylinderförmig und mit aromatischem und süßem Fruchtfleisch.

▶ **PIÑA** Fruta tropical de forma cilíndrica y pulpa azucarada y aromática.

ANATRA *Tipo di uccelli acquatici selvatici e domestici. In cucina è apprezzata la carne, caratterizzata da una gradevole vena amarognola. Piatto celebre della cucina internazionale è l'anatra all'arancia.*

▶ **DUCK** Water-bird, both wild and domestic. The meat is considered a luxury, characterised by a pleasant, slightly bitter taste.Duck with orange sauce is an internationally famous dish.

▶ **CANARD** Type d'oiseau aquatique sauvage et domestique. En cuisine, est appréciée sa viande, qui est caractérisée d'une agréable saveur un peu amère. Un plat célèbre de la cuisine internationale est le canard à l'orange.

▶ **ENTE** Wasservogel, wild oder zahm. In der Küche ist das Fleisch besonders für den angenehm bitteren Geschmack geschätzt. Berühmtes Gericht der internationalen Küche ist die Ente mit Orangen.

▶ **PATO** Tipo de ave acuática salvaje y doméstico. En cocina es apreciada la carne, caracterizada de una agradable vena amarga.

ANDALUSA, ALL' *Particolare guarnizione per carni e uova, con pomodori, cipolle e peperoni alla griglia o in padella, e a volte una bordura di riso.*

▶ **ANDALUSA, ALL'** A particular garnish for meat and eggs, with tomatoes and onions, grilled or fried peppers, and occasionally a border of rice.

▶ **ANDALOUSE, A L'** Garniture particulière pour viandes et œufs, avec des tomates, oignons et poivrons grillés ou en poêle, et parfois un peu de riz.

▶ **ANDALUSISCHE ART** Besondere Garnierung für Fleisch und Eierspeisen, mit Tomaten, Zwiebeln und gegrillten oder gebratenen Paprikaschoten, manchmal auch mit Reisbordüre.

▶ **ANDALUZA, A LA** Particular guarnición para carne y huevos, con tomates, cebollas y guindillas a la parrilla o en sartén, y a veces un poco de arroz.

ANETO *Pianta erbacea aromatica, conosciuta anche con il termine di finocchio bastardo o selvatico.*

▶ **DILL** Aromatic herbaceous plant, also known as wild fennel.

▶ **ANETH** Plante herbacée aromatique, connue aussi sous le nom de fenouil sauvage.

▶ **FENCHEL** Aromatisches Gewürzkraut, bekannt unter der Bezeichnung wilder oder allgemeiner Fenchel.

▶ **ENELDO** Planta herbácea aromática, conocida también con el término de hinojo salvaje.

ÀNFORA *Recipiente panciuto a due manici e con il collo sottile, utilizzato anticamente per la conservazione e la mescita del vino e dell'olio.*

▶ **AMPHORA** An ancient bulging receptacle with two handles and a narrow neck, used for the conservation and pouring of wine and oil.

▶ **AMPHORE** Récipient bombé à deux anses, avec un col fin, utilisée dans l'Antiquité pour la conservation et le débit du vin et de l'huile.

▶ **AMPHORE** Gebauchtes Gefäß mit zwei Henkeln und schlankem Hals, in der Antike zur Konservierung und Mischung von Wein und Öl verwendet.

▶ **ANFORA** Recipiente panzudo a dos mangos y con el cuello sutil, utilizado antiguamente para la conservación y la escancia del vino y del aceite.

ANGÈLICA *Pianta erbacea, con gambi simili a quelli del sedano. Si utilizza in liquoreria, pasticceria ed erboristeria.*

▶ **ANGELIC HERB** Herbaceous plant, with stalks similar to those of celery. It is used in the production of liqueurs, confectionery and herbalist products.

▶ **ANGELIQUE** Plante herbacée, aux pieds similaires à celui du céleri. Elle est utilisée dans les liqueurs, en pâtisserie et en herboristerie.

▶ **ENGELWURZ** Krautgewächs mit dünnen dem Stangensellerie ähnlichen Stengeln. Gebraucht bei der Liqueurherstellung, der Feinbäckerei und in der Pflanzenkunde.

▶ **ANGELICA** Planta herbácea, con tallos parecidos a los del apio. Se utiliza en licorería, pastelería y herboristería.

ANGOSTURA *Arbusto originario del Venezuela da cui si ricava un infuso al rhum. Per determinati cocktail è un ingrediente fondamentale.*

▶ **ANGOSTURA** A Venezuelan shrub from which a rum infusion can be obtained. It is an important ingredient of certain cocktails.

▸ **ANGUSTURA** Arbuste originaire du Venezuela duquel on obtient une infusion au rhum. C'est un ingrédient fondamental pour certains cocktails.

▸ **ANGOSTURA** aus Venezuela stammender Busch, aus dem ein Rumaufguss gewonnen wird. Für bestimmte Cocktails ein wesentlicher Bestandteil.

▸ **ANGOSTURA** Arbusto originario de Venezuela del que se obtiene una infusión al ron. Para determinados cócteles es un ingrediente fundamental.

ANGUÍLLA *Pesce dal corpo simile ai serpenti che vive in acque dolci o salate secondo i periodi della sua vita.*

▸ **EEL** A fish with a body similar to that of a snake.It can be found in fresh of salt water depending on the stage of it's life.

▸ **ANGUILLE** Poisson au corps identique aux serpent qui vit en eaux douces ou de mer suivant les périodes de sa vie.

▸ **AAL** Schlangenähnlicher Fisch, der je nach Lebensabschnitt im Süß- oder Salzwasser lebt.

▸ **ANGUILA** Pescado de cuerpo parecido a las serpientes que vive en aguas dulces o saladas según los periodos de su vida.

ANGÚRIA *Detto anche Cocomero è un frutto estivo dalla bacca rotonda e ovoidale piuttosto grossa e dalla polpa rossa e dolce. Va consumato fresco.*

▸ **WATERMELON** A summer fruit with round and oval pips and sweet red pulp. It should be eaten cold.

▸ **MELON D'EAU** Dit aussi *cocomero* c'est un fruit estival rond et ovoïde, plutôt grand et à la pulpe rouge et sucrée. Il doit être mangé frais.

▸ **WASSERMELONE** Auch "Cocomero" genannt, eine sehr große, runde oder ovale Sommerfrucht und mit süßem rotem Fruchtfleisch. Sie wird kalt verzehrt.

▸ **SANDIA** Llamada también melón de agua es una fruta veraniega de baya redonda y ovoidal muy grande y de pulpa roja y dulce. Se consume fresca.

ÀNICE *Pianta erbacea aromatica molto usata in liquoreria, pasticceria e come aromatizzante in genere.*

▸ **ANISEED** Aromatic herbaceous plant often used in the production of liqueurs, confectionery and as a flavouring in general.

▸ **ANIS** Plante herbacée aromatique très utilisée dans les alcools, en pâtisserie et comme aromate généralement.

▸ **ANIS** Aromatisches Kraut oft benutzt in der Liqueurherstellung, der Feinbäckerei und generell als Aroma.

▸ **ANIS** Planta herbácea aromática muy usada en licorería, pastelería y como aromatizante en general.

ÀNICE STELLATO *Arbusto da cui si ricava la stessa essenza oleosa dell'anice.*

▸ **STAR ANICE** Shrub from which the same oily substance as from aniseed can be obtained.

▸ **ANIS ETOILE** .Arbuste duquel on obtient la même substance huileuse de l'anis.

▸ **STERNANIS** Strauch aus dem die gleichnamige ölige Essenz des Anis gewonnen wird.

▸ **ANIS ESTRELLADO** Arbusto del que se obtiene la misma esencia oleaginosa del anís.

ANICINI *Biscotti secchi aromatizzati all'anice.*

▸ **ANICINI** Dry biscuits flavoured with aniseed.

▸ **ANICINI** Biscuits secs aromatisés à l'anis.

▸ **ANICINI** Tockene Kekse mit Anis aromatisiert.

▸ **GALLETAS DE ANIS** Galletas secas aromatizadas con anís.

ANIMALI DA CORTILE *Si dice di: polli, tacchini, galline, faraone, oche e conigli.*

▸ **SMALL FARMYARD ANIMALS** This is said of: chickens, turkeys, guinea-fowl, geese and rabbits.

▸ **ANIMAUX DE BASSE-COUR** Désigne les poulets, les dindons, les poules, les pintades, les oies et les lapins.
▸ **HOFTIERE** So werden bezeichnet: Hähnchen, Truthähne, Hühner, Perlhühner, Gänse und Kaninchen.
▸ **ANIMALES DE CORRAL** Se dice de: pollos, pavos, gallinas, ocas y conejos.

ANIMELLA *Parte delle interiora della bestia macellata.*
▸ **SWEETBREAD** Part of the interiors of a slaughtered animal.
▸ **RIS** Entrailles de l'animal abattu.
▸ **GEKRÖSE** Teil der Innereien des geschlachteten Viehs.
▸ **MOLLEJAS** Parte del interior del animal.

ANISETTA *Liquore aromatizzato con anice.*
▸ **ANISETTA** Liqueur flavoured with aniseed.
▸ **ANISETTE** Liqueur aromatisée à l'anis.
▸ **ANISETTA** Anislikeur.
▸ **ANISETE** Licor aromatizado con anís.

ANNATA *Anno solare in cui è stata effettuata la vendemmia delle uve che compongono un vino.*
▸ **ANNATA** Solar year in which the grape harvest of a certain wine took place.
▸ **ANNEE** Année solaire dans laquelle on a effectué la vendange des raisins qui composent un vin.
▸ **JAHRGANG** Sonnenjahr, in der die Ernte der Trauben, die den Wein zusammensetzen, stattfand.
▸ **AÑADA** Año solar en el que se ha efectuado la vendimia de las uvas que componen un vino.

ANNURCA *Varietà di mela diffusa nel sud Italia.*
▸ **ANNURCA** A variety of apple common in Southern Italy.
▸ **ANNURCA** Variété de pomme répandue dans le sud de l'Italie.
▸ **ANNURCA** Apfelart in Süditalien verbreitet.

▸ **ANNURCA** Variedad de manzana difundida en el sur de Italia.

ANNÚTOLO *Il bufalo giovane.*
▸ **CALF-BUFFALO** A young buffalo.
▸ **ANNUTOLO** Désigne le jeune buffle.
▸ **ANNUTOLO** Junger Büffel.
▸ **ANNUTOLO** El búfalo joven.

ANOLINO *Pasta ripiena tradizionale di Parma (città dell'Emilia Romagna).*
▸ **ANOLINO** Filled pasta cases traditionally from Parma (city in Emilia Romagna).
▸ **ANOLINO** Pâtes farcies traditionnelles de Parme (ville de L'Emile-Romagne).
▸ **ANOLINO** Gefüllte Nudel, traditionsgemäß aus Parma (Stadt in der Emilia Romagna).
▸ **ANOLINO** Pasta rellena tradicional de Parma (ciudad de Emilia Romagna).

ANTIPASTO *Piatto freddo o caldo, servito all'inizio del pranzo, tale da stuzzicare l'appetito.*
▸ **STARTER** Served hot or cold at the beginning of a meal, in order to whet the appetite.
▸ **HORS-D'ŒUVRE** Plat froid ou chaud, servi en début de repas, de manière à aiguiser l'appétit.
▸ **VORSPEISE** Warme oder kalte Speise, zu Beginn des Essens serviert, um den Appetit anzuregen.
▸ **ENTREMES** Plato frío o caliente, servido al inicio de la comida, para estimular el apetito.

APERITIVO *Bevanda (anche vino) che si consuma prima del pasto per stimolare l'appetito.*
▸ **APERITIF** Beverage (also wine) which is drunk in order to stimulate the appetite before a meal.
▸ **APERITIF** Boisson consommée avant le repas pour aiguiser l'appétit.
▸ **APERITIF** Getränk (auch Wein), das vor dem Essen zur Appetitanregung eingenommen wird.
▸ **APERITIVO** Bebida (también vino) que se consume antes de la comida para estimular el apetito.

APERTURA Indica il periodo o l'orario in cui un locale svolge il proprio servizio.
▸ **OPENING** Indicates the period or time at which a place is open.
▸ **OUVERTURE** Cela indique la période ou l'horaire pendant lequel un local exerce son service.
▸ **ERÖFFNUNG** Bezeichnet den Zeitraum oder die Öffnungszeiten eines dienstleistenden Lokals.
▸ **APERTURA** Indica el periodo o el horario en el que un local lleva a cabo el propio servicio.

APPARECCHIATURA Disposizione degli oggetti che occorrono per un servizio a tavola.
▸ **SETTING** Arrangement of the objects required on a table.
▸ **PREPARATION** Disposition de tous les ustensiles qui servent au service à table.
▸ **GEDECK** Verteilung der Objekte, die für einen Tischservice nötig sind.
▸ **SERVICIO** Disposición de los objetos que son necesarios para poner la mesa.

APPASSIRE Perdita di freschezza dei vegetali, che comporta l'evaporazione dell'acqua e la concentrazione delle sostanze zuccherine.
▸ **PERISH** Loss of freshness of vegetables, involves the evaporation of water and a change in the sugar concentrations.
▸ **SE FANER** C'est la perte de fraîcheur des végétaux, qui se constate par l'évaporation de l'eau contenue dans les végétaux et par la concentration des substances sucrées.
▸ **TROCKNEN** Verlieren an Frische der Pflanzen, das zur Wasserverdunstung führt und zur Konzentration des Zuckergehalts.
▸ **MARCHITARSE** Pérdida de frescura de los vegetales, que conlleva la evaporación del agua y la concentración de sustancias azucaradas.

APPETITO Stimolo ad assumere cibo.
▸ **APETITE** Stimulus to eat.
▸ **APPETIT** Désir de nourriture.

▸ **APPETIT** Anregung, Nahrung aufzunehmen.
▸ **APETITO** Estímulo para ingerir alimentos.

APRIBOTTIGLIE Utensile per l'apertura delle bottiglie.
▸ **BOTTLE OPENER** Utensil for opening bottles.
▸ **OUVRE-BOUTEILLE** Instrument servant à ouvrir les bouteilles.
▸ **FLASCHENÖFFNER** Gerät zum Öffnen der Flaschen.
▸ **ABREBOTELLAS** Utensilio para la apertura de las botellas.

APRICOT Nome inglese di un liquore all'albicocca.
▸ **APRICOT** The English name for an apricot liqueur.
▸ **APRICOT** Nom anglais d'une liqueur à l'abricot.
▸ **APRICOT** Englischer Name eines Aprikosenliqueurs.
▸ **APRICOT** Nombre inglés de un licor de albaricoque.

APRIÒSTRICHE Strumento per aprire a forza le valve dei molluschi vivi.
▸ **OYSTER OPENER** An instrument used for opening oysters.
▸ **OUVRE-HUITRES** Instrument servant à ouvrir de force les coquilles des mollusques vivants.
▸ **AUSTERNÖFFNER** Gerät zur Öffnung von lebenden Schalentieren.
▸ **ABREOSTRAS** Instrumento para abrir los moluscos vivos.

APRISCÀTOLE Utensile da cucina per aprire scatole e barattoli.
▸ **TIN OPENER** A kitchen utensil used for open tins.
▸ **OUVRE-BOITE** Outil de cuisine pour ouvrir boites et pots.
▸ **DOSENÖFFNER** Küchengerät um Dosen zu öffnen.
▸ **ABRELATAS** Utensilio de cocina para abrir latas y botes.

ARABICA È il nome della varietà di caffè più pregiata al mondo.
▸ **ARABIC** The name of the most highly appreciated coffee in the world.

▶ **ARABICA** C'est le nom de la variété de café la plus appréciée au monde.

▶ **ARABISCH** Name der wertvollsten Kaffeeart der Welt.

▶ **ARABICA** Es el nombre de la variedad de café mas apreciada en el mundo.

ARACHIDE *Frutto di una pianta leguminosa originaria del Sudamerica, da cui si estrae principalmente olio.*

▶ **PEANUT** Fruit grown under the ground from which oil is extracted. The plant is from South America.

▶ **ARACHIDE** Fruit provenant d'une plante légumineuse originaire de l'Amérique du sud, duquel on extrait principalement de l'huile.

▶ **ERDNUSS** Frucht einer Hülsenpflanze aus Südamerika, aus der hauptsächlich Öl gewonnen wird.

▶ **CACAHUETE** Fruto de una planta leguminosa originaria de Sudamérica, del que se extrae principalmente aceite.

ARAGOSTA *Crostaceo dalle carni molto pregiate.*

▶ **SPINY-LOBSTER** Shellfish, the meat of which is considered a luxury.

▶ **LANGOUSTE** Crustacé à la viande très appréciée.

▶ **HUMMER** Schalentier mit sehr geschätztem Fleisch.

▶ **LANGOSTA** Crustáceo de carne muy preciada.

ARANCIA *Frutto della pianta di arancio della famiglia degli agrumi, diffuso nelle regioni mediterranee ed in particolare in Sicilia (v.)*

▶ **ORANGE** Fruit of an evergreen tree, it is a citrus fruit, common in Mediterranean regions and particularly in Sicily (s. Sicilia).

▶ **ORANGE** Fruit de la plante de l'oranger qui appartient à la famille des agrumes, répandu dans les régions méditerranéennes et, en particulier, en Sicile (v. Sicilia).

▶ **APFELSINE** Frucht des Orangenbaums der Familie der Zitrusfrüchte, verbreitet in den Mittelmeerge-

bieten und besonders in Sizilien (s. Sicilia).

▶ **NARANJA** Fruta de la planta del naranjo de la familia de los cítricos, difundida en las regiones mediterráneas y en particular en Sicilia (ver).

ARANCIATA *Bevanda a base di succo d'arancia, acqua e zucchero.*

▶ **ARANCIATA** Soft drink made from orange juice, water and sugar.

▶ **ORANGEADE** Boisson à base de jus d'orange, d'eau et de sucre.

▶ **ORANGENSAFT** Getränk aus Orangensaft, Wasser und Zucker.

▶ **NARANJADA** Bebida a base de zumo de naranja, agua y azúcar.

ARANCINO DI RISO *Ricetta a forma di palla da tennis impanata e fritta, contenente riso condito, servita calda o fredda. Tipico della Sicilia (v.).*

▶ **ARANCINO DI RISO A** ball of seasoned rice, the size of a tennis ball, coated with breadcrumbs and fried, served hot or cold. Typical of Sicily (s. Sicilia).

▶ **ARANCINO DI RISO** Croquette en forme de balle de tennis panée et frite, contenant du riz relevé, à servir chaude ou froide. C'est une spécialité sicilienne (v. Sicilia).

▶ **REISARANCINO** Rezept in Form eines Tennisballs, paniert und frittiert, enthält gewürzten Reis, wird warm oder kalt serviert. Typisch für Sizilien (s. Sicilia).

▶ **CROQUETA DE ARRROZ** Receta con forma de pelota de tenis empanada y frita que contiene arroz aderezado, servida caliente o fría. Típico de Sicilia (ver).

ARBORIO *Varietà pregiata di riso.*

▶ **ARBORIO** A high quality variety of rice.

▶ **ARBORIO** Variété appréciée de riz.

▶ **ARBORIO** Wertvolle Reissorte.

▶ **ARBORIO** Variedad apreciada de arroz.

ARINGA *Pesce di mare; viene spesso affumicato ed ha un sapore molto intenso.*

▸ **HERRING** Salt water fish; it is often smoked and has a very intense flavour.

▸ **HARENG** Poisson de mer souvent fumé ayant un goût très intense.

▸ **HERING** Meeresfisch; wird oft geräuchert und hat einen sehr intensiven Geschmack.

▸ **ARENQUE** Pescado de mar; viene frecuentemente ahumado y tiene un sabor muy intenso.

ÀRISTA *Nome del carrè di maiale.*

▸ **SADDLE OF PORK** Pork loin.

▸ **ARISTA** Nom du carré de porc.

▸ **SCHWEINSRÜCKEN** Bezeichnung für das Carrè des Schweins.

▸ **ARISTA** Nombre del lomo de cerdo.

ARMAGNAC *La più antica acquavite francese.*

▸ **ARMAGNAC** The most antique French Brandy.

▸ **ARMAGNAC** La plus vieille eau de vie française.

▸ **ARMAGNAC** Der älteste französische Branntwein.

▸ **ARMAÑAC** El más antiguo aguardiente francés.

ARNAD, LARDO D' *Lardo* (v.) *prodotto in un paese all'ingresso della Valle d'Aosta* (v.), *affinato in contenitori di legno con l'aggiunta di rosmarino e altre erbe aromatiche.*

▸ **ARNAD, LARDO D'** Lard (s. lardo) produced in a town in the Valle d'Aosta (s.), refined in wooden containers with rosemary and other aromatic herbs.

▸ **ARNAD, LARD D'** Lard (v. lardo) produit dans un village à l'entrée de la Vallée d'Aoste (v.), affiné dans des récipients de bois avec ajout de romarin et d'autres plantes aromatiques.

▸ **ARNARDSPECK** Speck (s. lardo) in einem Dorf am Eingang des Aostatals hergestellt, in Holzgestell gebunden mit Zusatz von Rosmarin und anderen Gewürzkräutern.

▸ **ARNAD, TOCINO DE** Tocino (ver lardo) producido en un pueblo a la entrada del Valle de Aosta (ver), re-

finado en contenedores de madera añadiendo romero y otras hierbas aromáticas.

AROMI *Nome collettivo di erbe e verdure aromatiche.*

▸ **AROMI** Collective name for herbs and aromatic vegetables.

▸ **AROMES** Nom regroupant différentes d'herbes et verdures aromatiques.

▸ **AROMEN** Sammelbegriff für Gewürzkräuter und –gemüse.

▸ **AROMAS** Nombre colectivo de hierbas y verduras aromáticas.

ARQUEBUSE *Infusione di numerose erbe in alcol e zucchero. In Italia prende il nome di Alpestre.*

▸ **ARQUEBUSE** An infusion of numerous herbs in alcohol and sugar. In Italy it is called Alpestre.

▸ **ARQUEBUSE** Infusion de nombreuses herbes dans de l'alcool et du sucre. En Italie, elle prend le nom d'Alpestre.

▸ **ARQUEBUSE** Infusion zahlreicher Kräuter in Alkohol und Zucker. In Italien Alpestre genannt.

▸ **ARQUEBUSE** Infusión de numerosas hierbas en alcohol y azúcar. En Italia toma el nombre de Alpestre.

ARRABBIÀTA, ALL' *Preparazione con condimento piccante (aggiunta di peperoncino), utilizzato per piatti a base di pasta*

▸ **ARRABBIÀTA, ALL'** Method of preparing spicy food (addition of chilli peppers), used for pasta dishes.

▸ **ARRABBIATA, ALL'** Préparation avec un assaisonnement piquant (ajout de piment), utilisée pour les plats à base de pâtes.

▸ **ARRABBIATA** Zubereitung mit sehr scharfer Soße (Zusatz von Pfefferschoten), für Nudelgerichte.

▸ **ARRABIATA, A LA** Preparación con condimento picante (añadiendo guindilla), utilizada para platos a base de pasta.

ARROSTO *Metodo di cottura ottenuta per esposizione diretta o indiretta a fonti di* *calore (allo spiedo, in forno, in tegame, te-glia o padella).*

▶ **ROAST** Cook by direct or indirect exposure to heat (on a spit, in the oven, sauce-pan, baking-tray or a frying-pan.

▶ **ROTI** Méthode de cuisson obtenue par exposition directe ou indirecte à la source de chaleur (à la broche, au four, à la poêle, ou à feu vif).

▶ **BRATEN** Art des Garens, erhalten durch direktes oder indirektes Aussetzen an Hitzequellen(am Spieß, im Ofen, im Topf, auf dem Blech oder in der Pfanne).

▶ **ASADO** Método de cocción obtenido por exposición directa o indirecta a una fuente de calor (al espetón, en horno o en sartén).

ARSELLA *Con lo stesso nome si identifica la Vongola.*

▶ **CLAM** Often called mussel.

▶ **PALOURDE** Avec le même non on identifie la clovisse.

▶ **ARSELLA** Mit dem gleichen Namen wird auch die "Vongolamuschel" bezeichnet.

▶ **BERBERECHO** Con el mismo nombre se identifca a la almeja.

ARTEMÍSIA *Genere botanico che comprende: amarella, genepì, assenzio, dragoncello.*

▶ **ARTEMÍSIA** Botanical family including, worm wood, absinthe, French tarragon, Russian tarragon.

▶ **ARMOISE** Espèce botanique qui compte la citronnelle, le genépi, l'absinthe, l'estragon.

▶ **BEIFUSS** Botanische Art, die Amarella, Genepì, Absinth und Estragon umfasst.

▶ **ARTEMISIA** Género botánico que comprende: amarilis, genepi, ajenjo, estragón.

ASCOLANA *Varietà di olive verdi da tavola, e nome di una ricetta a base di olive ripiene, impanate e fritte.*

▶ **ASCOLANA** Variety of green olive, also the name of a recipe for stuffed olives coated with breadcrumbs and fried.

▶ **ASCOLANA** Variété d'olives vertes de table et nom d'une recette à base d'olives farcies, panées et frites.

▶ **ASCOLANA** Varietät grüner Tischoliven und Name eines Rezepts mit gefüllten, panierten und frittierten Oliven.

▶ **ASCOLANA** Variedad de aceitunas verdes de mesa, y nombre de una receta a base de aceitunas rellenas, empanadas y fritas.

ASIÀGO *Formaggio originario del Veneto (v.).*

▶ **ASIÀGO** Cheese originating from Veneto (s.).

▶ **ASIAGO** Fromage originaire de la Vénétie (v. Veneto).

▶ **ASIAGO** Käse aus dem Gebiet um Venedig (s. Veneto).

▶ **ASIAGO** Queso originario de Veneto (ver).

ÀSINO *Animale di specie equina.*

▶ **DONKEY** Equine.

▶ **ANE** Animal d'espèce équine.

▶ **ESEL** Pferdeartiges Tier.

▶ **ASNO** Animal de especie equina.

ASPÀRAGO *Ortaggio di cui si consuma il germoglio squamoso, chiamato turione. In Italia matura in Primavera.*

▶ **ASPARAGUS** Vegetable of which the scaly shoot is used, called the asparagus shoot. In Italy it ripens in spring.

▶ **ASPERGE** Légume duquel se mange la tige charnue, appelée turion. Elle mûrit en Italie au printemps.

▶ **SPARGEL** Gemüse dessen geschuppter Keim verzehrt wird, der auch "Turione" genannt wird. In Italien reift er im Frühling.

▶ **ESPARRAGO** Hortaliza de la que se consume el brote escamoso, llamado turión. En Italia madura en primavera.

ASPIC *Nome francese di una preparazione (di carne, pesce, verdura o frutta) cotta, raffreddata e presentata in gelatina nell'apposito stampo.*

▶ **ASPIC** French name for meat,

fish, vegetables or fruit which have been cooked, cooled, arranged in a mould and set in gelatine.

▶ **ASPIC** Nom français d'une préparation (de viande, poisson, verdure ou fruit) cuite, refroidie et présentée en gélatine dans le moule.

▶ **ASPIK** Französischer Name einer Zubereitung (von Fleisch, Fisch, Gemüse oder Obst), die gekocht wird und nach dem Erkalten in der Gelatine in einer Form präsentiert wird.

▶ **ASPIC** Nombre francés de una preparación (de carne, pescado, verdura o fruta) cocida, enfriada y presentada en gelatina en el molde adecuado.

ASPRIGNO *Si dice di vino - solitamente giovane - con una caratteristica acida molto spiccata.*

▶ **ASPRIGNO** It is said of a wine - usually young - with a rather sour taste.

▶ **ASPRIGNO** On dit cela d'un vin - en général jeune - qui a une caractéristique acide très forte.

▶ **SÄUERLICH** Bezeichnung für einen - normalerweise jungen- Wein mit sehr deutlichen saueren Eigenschaften.

▶ **ASPERO** Se dice del vino - normalmente joven - con una característica ácida notable.

ASPRO *Sapore e odore acre, dovuto ad eccesso di acidità.*

▶ **BITTER** Sharp taste and odour due to excess acidity.

▶ **APRE** goût et odeur âcre, dus à un excès d'acidité.

▶ **HERBSAUER** herber Geschmack oder Geruch auf Übersäuerung zurückzuführen.

▶ **ASPERO** Sabor y olor acre, debido a un exceso de acidez.

ASSAGGIATORE *Specialista che valuta la qualità di una sostanza alimentare mediante l'assaggio.*

▶ **TASTER** Specialist who evaluates the quality of a substance through it's taste.

▶ **DEGUSTATEUR** Spécialiste qui

évalue la qualité d'un aliment à l'aide de la dégustation.

▶ **VORKOSTER** Spezialist, der die Qualität einer Lebensmittelsubstanz durch Kosten bewertet.

▶ **DEGUSTADOR** Especialista que valora la cualidad de una sustancia alimenticia mediante la degustación.

ASSAGGIO *Assunzione di piccole quantità di sostanza alimentare allo scopo di valutarne le caratteristiche (profumo e sapore)*

▶ **TASTE** To eat a small quantity of food in order to evaluate it (aroma and flavour).

▶ **DEGUSTATION** Prise de petites quantités d'aliments dans le but d'en évaluer les caractéristiques (parfum et saveur).

▶ **KOSTEN** Einnahme einer geringer Menge einer Lebensmittelsubstanz, um die Eigenschaften (Geruch und Geschmack) zu bewerten.

▶ **DEGUSTACIÓN** Asunción de pequeñas cantidades de sustancias alimenticias con el fin de valorar las características (aroma y sabor).

ASSEMBLAGGIO *Tecnica con la quale si mischiano vini di annate diverse oppure uve diverse. È un'operazione fondamentale per la composizione di una cuvée (v.)*

▶ **ASSEMBLAGGIO** Technique of mixing wines from different years or different grapes. It is necessary in creating a cuvée (s.).

▶ **ASSEMBLAGE** Technique de mélange de vins de diverses années ou bien de raisins différents. C'est une opération fondamentale pour la composition d'une cuvée (v.).

▶ **ASSEMBLAGE** Technik, bei der Weine mit verschiedenen Jahrgängen oder verschiedenen Trauben gemischt weden. Eine fondamentale Aktion für die Zusammenstellung eines cuvée (s.).

▶ **MEZCLA** Técnica con la que se unen vinos de añadas diversas o uvas diversas. Es una operación fundamental para la composición de un cava (ver cuvée).

ASSÈNZIO *Erba del genere* Artemisia. *Se ne ricava un olio essenziale, che ha vari impieghi, ma va assunto a piccole dosi a causa della sua tossicità.*

▸ **ABSINTHE/WORM WOOD** Plant belonging to the Artemisia family from which an essential oil can be obtained. The oil can be used in various ways but must be used in small quantities as it is poisonous.

▸ **ABSINTHE** Herbe de la variété de l'armoise. On en extrait une huile essentielle qui a différents rôles et qui vient employée à petite dose à cause de sa toxicité.

▸ **ABSINTH** Gewächs der Art Beifuss. Aus ihm wird ein essentielles Öl gewonnen mit unterschiedlicher Anwendung, doch nur in kleinen Mengen, da es giftig ist.

▸ **AJENJO** Hierba del género Artemisia. Se obtiene de él un aceite esencial, que tiene varios usos, pero se toma en pequeñas dosis a causa de su toxicidad.

ASTI *Città del Piemonte e nome di uno spumante dolce a base di uve moscato.*

▸ **ASTI** City in Piedmont, it is also the name of a sweet sparkling wine made from muscat grapes.

▸ **ASTI** Ville du Piémont et nom d'un mousseux doux à base de muscat.

▸ **ASTI** Stadt in Piemont und Name eines süßen Sekts auf Basis von Moskattrauben.

▸ **ASTI** Ciudad de Piamonte y nombre de un vino espumante dulce a base de uvas moscatel.

ÀSTICE *Crostaceo marino, dalla carne molto pregiata.*

▸ **LOBSTER** Shellfish, the meat is considered a luxury.

▸ **HOMARD** Crustacé de mer, à la viande très appréciée.

▸ **LANGUSTE** Meersschalentier mit sehr geschätztem Fleisch.

▸ **BOGAVANTE** Crustáceo marino, de carne muy preciada.

AURUM *Nome commerciale di liquore italiano, dal particolare sapore d'arancia.*

▸ **AURUM** Commercial name of an Italian liqueur which tastes of oranges.

▸ **AURUM** Nom commercial d'un alcool italien, au goût particulier d'orange.

▸ **AURUM** Kommerzieller Name eines italienischen Liqueurs mit besonderem Orangengeschmack.

▸ **AURUM** Nombre comercial de un licor italiano, de particular sabor de naranja.

AVANZI *Ciò che rimane non utilizzato alla fine di un pasto, o dopo la preparazione di un piatto.*

▸ **LEFT OVERS** The food remaining at the end of a meal, or after preparing a certain dish.

▸ **RESTES** Ce qui reste non utilisé à la fin d'un repas ou après la préparation d'un plat.

▸ **RESTE** Das was am Ende eines Mahls oder nach der Zubereitung eines Gerichts unverzehrt übrig bleibt.

▸ **SOBRAS** Lo que queda sin utilizar al final de una comida, o después de la preparación de un plato.

AVENA *Cereale tra i più diffusi, utilizzato spesso a colazione.*

▸ **OATS** One of the most common cereals, often eaten for breakfast.

▸ **AVOINE** Céréale, parmi les plus répandue, utilisée souvent pour le petit-déjeuner.

▸ **HAFER** Sehr verbreitetes Getreide, oft auch zum Frühstück verzehrt.

▸ **AVENA** Cereal entre los más difundidos, utilizado frecuentemente en el desayuno.

AVICOLTURA *Termine che riguarda l'attività di allevamento degli animali di bassa corte (avicunicoli) come anatre, conigli, faraone, oche, polli, tacchini, eccetera*

▸ **AVICOLTURA** Term regarding the breeding of small farm animals such as ducks, rabbits, guineafowl, geese, chickens, turkeys etc.

▸ **AVICULTURE** Terme qui définit l'élevage des animaux de basse-cour (avicoles) comme les canards, les pintades, les oies, les poules, les dindes, etc.

▶ **VOGELZUCHT** Ausdruck, der die Aktivitäten der Aufzucht von kleinen Hoftierenwie Enten, Kaninchen, Perlhühner, Gänse, Hühner, Truthähne etc. betrifft.

▶ **AVICULTURA** Término que se refiere a la actividad de crianza de animales de corral como patos, conejos, gallinas, ocas, pollos, pavos etc.

AVOCADO *Frutto di pianta originaria dell'America Centrale.*

▶ **AVOCADO** Fruit of a plant from Central America.

▶ **AVOCAT** Fruit d'une plante originaire de l'Amérique Centrale.

▶ **AVOCADO** Frucht einer Pflanze, die aus Zentralamerika stammt.

▶ **AGUACATE** Fruto de una planta originaria de Centro América.

AZZERUÒLA *Lazzeruola, piccolo frutto rosso, facilmente deperibile, dalla polpa dolce e profumata.*

▶ **AZEROLE** Small red fruit, easily damaged, it has a sweet aromatic pulp.

▶ **AZEROLE** Petit fruit rouge ou jaune, qui pourrit facilement, à la pulpe sucrée et parfumée.

▶ **AZZERUOLA** Kleine rote Frucht, leicht verderblich mit süssem und duftendem Fruchtfleisch.

▶ **ACEROLO** Pequeño fruto rojo, fácilmente deteriolable, de pulpa dulce y perfumada.

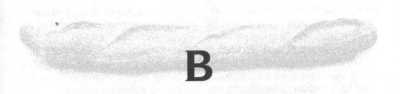

B

BABÀ *Dolce napoletano (da Napoli, città della Campania) dalla forma tipica di fungo, imbevuta di rhum o sciroppo.*
▶ **BABÀ** Neapolitan cake (from Naples, a city in Campania) shaped like a mushroom, saturated with rum or syrup.
▶ **BABA** Pâtisserie napolitaine (de Naples, ville de la "Campanie") à forme typique de champignon, imbibée de rhum ou de sirop.
▶ **BABA** Süßware aus Neapel (von Neapel, der Stadt in Kampanien) mit der typischen Pilzform, getränkt mit Rum oder Syrup.
▶ **BABÀ (BIZCOCHO BORRACHO)** Dulce napolitano (de Nápoles ciudad de la Campaña) de forma típica de seta, empapada de ron o jarabe.

BACCA *Il termine indica un frutto carnoso con polpa tenera e svariati semi, anche se impropriamente è usato per i frutti selvatici (es. ginepro).*
▶ **BERRY** The term indicates a fleshy fruit with tender pulp and several seeds, it is incorrectly used to describe wild fruit such as juniper.
▶ **BAIE** Ce terme indique un fruit charnu à pulpe tendre et ayant des pépins, même si ce terme est souvent utilisé mal à propos pour les fruits sauvages (ex. genièvre).
▶ **BEERE** Der Ausdruck bezeichnet eine fleischige Frucht mit zartem Fruchtleisch und verschiedenen Kernen, auch wenn sie für wilde Früchte wie Wachholder unrechtgemäss verwendet wird.
▶ **BAYA** El término indica un fruto carnoso o con pulpa tierna y muchas semillas aunque es usado impropiamente para frutos salvajes (ej. Enebro).

BACCALÀ *Indica il merluzzo atlantico conservato per salagione.*
▶ **DRIED COD/STOCKFISH** Cod from the Atlantic preserved in salt.
▶ **MORUE** Définit le colin atlantique conservé par salaison.
▶ **BACALA** Bezeichnet den Atlantikseebarsch, der eingesalzt erhalten wird.
▶ **BACALAO** Indica la merluza atlántica conservada en salazón.

BACI DI DAMA *Tipici dolcetti del Piemonte (v.), formati da due semisfere di pasta frolla, nocciole e burro tenute insieme da una farcia di cioccolato.*
▶ **BACI DI DAMA** Biscuits typical of Piedmont (s.), composed of two semi-spheres of shortbread, hazelnuts and butter, held together by a layer of chocolate.
▶ **BACI DI DAMA** Dessert typique du Piémont (v.) formé de deux hémisphères de pâte sablée, noisettes et beurre, tenues ensemble par une crème au chocolat.
▶ **DAMENKÜSSE** Typische Süßware des Piemont (s.), aus zwei Kreishälften zusammengesetzt, mit Schokolade gefüllt und aus Mürbeteig.
▶ **BESOS DE DAMA** Típicos dulces del Piamonte (ver), formados de dos semiesferas de una pasta tierna de avellanas y mantequilla sujetadas por un relleno de chocolate.

BACON *Pancetta di maiale affumicata.*
▶ **BACON** Smoked meat from the back or sides of a pig.
▶ **BACON** Filet de porc fumé.
▶ **BACON** durchwachsener geräucherter Schinkenspeck.
▶ **BACON** Paneta del cerdo ahumada.

BAGNA CAODA *Salsa tradizionale piemontese (v. Piemonte) a base di olio, aglio e acciughe, servita calda in appositi tegami in cui s'intingono verdure crude.*

▸ **BAGNA CAODA** A traditional sauce from Piedmont (s. Piemonte) made of oil, garlic and anchovies, served hot in special pans into which raw vegetables are dipped.

▸ **BAGNA CAODA** Sauce traditionnelle piémontaise (v. Piemonte) à base d'huile, d'ail et d'anchois, servie chaude dans des plats creux spécifiques dans lesquels se trempent de la verdure crue.

▸ **BAGNA CAODA** Traditionsgemäße Soße aus dem Piemont (s. Piemonte) auf Ölbasis, mit Knoblauch und Sardellen, heiß serviert in dafür vorgesehenen Schälchen, in die rohes Gemüse eingetunkt wird.

▸ **BAÑA CAODA** Salsa tradicional piamontese (ver Piemonte) a base de aceite, ajo y anchoas, servida caliente en adecuadas sartenes en las que se cuecen verduras crudas.

BAGNET *Parola piemontese (v. Piemonte) per definire una salsa molto gustosa che accompagna il bollito.*

▸ **BAGNET** A word from Piedmont (s. Piemonte) indicating a very tasty sauce which accompanies boiled meat.

▸ **BAGNET** Mot piémontais (v. Piemonte) qui définit une sauce très goûteuse qui accompagne le pot-au-feu.

▸ **BAGNET** Ausdruck aus dem Piemont (s. Piemonte) zur Bezeichnung einer sehr schmackhaften Soße, die Kochfleisch begleitet.

▸ **BAGNET** Palabra piamontesa (ver Piemonte) para definir una salsa muy sabrosa que acompaña el hervido.

BAGNOMARIA *Metodo di cottura dei cibi che si avvale di un recipiente contenente l'alimento da far cuocere immerso in un altro recipiente contenente acqua bollente.*

▸ **STEAM COOK** Method of cooking. The food is placed into a container which is immersed into a second container which contains boiling water.

▸ **BAIN-MARIE** Méthode de cuisson des aliments par immersion dans un récipient contenant de l'eau bouillante d'un autre récipient renfermant l'aliment•à cuire.

▸ **HEISSES WASSERBAD** Art der Zubereitung der Speisen mit Hilfe eines Behälters, der mit kochendem Wasser gefüllt einen anderen mit Speisen gar werden lässt

▸ **BAÑO MARIA** Método de cocción de los alimentos que se sirve de un recipiente que contiene el alimento que hay que cocer inmerso en otro recipiente que contiene el agua que hierve.

BAGOSS *Formaggio a pasta dura simile al Grana, dal gusto intenso, prodotto in provincia di Brescia (v. Lombardia).*

▸ **BAGOSS** A hard cheese similar to Grana cheese, with an strong flavour, produced in the province of Brescia (s. Lombardia).

▸ **BAGOSS** Fromage à pâte dure identique au Grana, au goût intense, produit dans la province de Brescia (v. Lombardia).

▸ **BAGOSSKÄSE** Hartkäse, dem Grana sehr ähnlich von intensivem Geschmack, der in der Provinz Brescia (s. Lombardia) hergestellt wird.

▸ **BAGOSS** Queso a pasta dura parecido al Grana, de gusto intenso producido en provincia de Brescia (ver Lombardia).

BAGUETTE *Forma di pane a bastone, tipica della Francia.*

▸ **FRENCH STICK** Bread, typical of France.

▸ **BAGUETTE** Pain à forme de bâton, typique de la France.

▸ **BAGUETTE** langes stabförmiges Brot aus Frankreich.

▸ **BARRA** Pan en forma de bastón.

BALLON *Bicchiere panciuto a gambo corto, utile per assaggiare vini rossi di elevato grado alcolico o liquori.*

▸ **BALLON** A wide glass with a short stem, useful for tasting red wines which have a high alcohol content, or liqueurs.

▸ **BALLON** Verre rond à pied court, utile pour déguster les liqueurs ou les vins rouges ayant un degré alcoolique élevé.

▸ **BALLON** bauchiges Glas mit kurzem Stiel zum Prbieren von Rotweinen erhöhten Alkoholgrades oder von Liqueuren.

▸ **BALON** Vaso panzudo con el pie corto, útil para catar vinos tintos de elevado grado alcohólico o licores.

BANANA *Frutto di forma allungata ed arcuata, dalla polpa soda e dolce.*

▸ **BANANA** Long arched fruit with firm sweet pulp.

▸ **BANANE** Fruit de forme allongée et courbe, à la pulpe ferme et sucrée.

▸ **BANANE** längliche gebogene Frucht mit festem süßem Fruchtfleisch.

▸ **PLATANO** Fruta de forma alargada y arqueada, de pulpa compacta y dulce.

BAR *Locale aperto al pubblico, dove vengono servite bevande, pasticceria, piccoli spuntini ed altro.*

▸ **BAR** A place open to the public, where drinks, confectionery and snacks are served.

▸ **BAR** Endroit ouvert au public, où boissons, pâtisserie, encas ou autre viennent servis.

▸ **BAR** Lokal, das der Öffentlichkeit zur Verfügung steht, in dem Getränke, Teigwaren und kleine Imbisse serviert werden.

▸ **BAR** Local abierto al público, donde vienen servidas bebidas, dulces, pequeños pinchos y otras cosas.

BARATTOLO *Recipiente per lo più di forma cilindrica di materiale vario, atto a contenere alimenti.*

▸ **JAR/TIN** Container which is usually cylindrical, made from various materials, used to store food.

▸ **CONSERVE** Récipient ayant une forme plus ou moins cylindrique, de matériau divers, apte à contenir des aliments.

▸ **DOSE** Hoher zylinderförmiger Behälter aus verschiedenen Materialien und für Lebensmittel bestimmt.

▸ **BOTE** Recipiente mayoritariamente de forma cilíndrica de material variado, adecuado para contener alimentos.

BARBA DI FRATE *Pianta erbacea, utilizzata per insalate cotte. Il suo nome scientifico è Salsola soda.*

▸ **GLASS WORT** Herbacious plant used in cooked salads. The scientific name is Salsola soda.

▸ **SALSEPAREILLE** Plante herbacée utilisée pour les salades chaudes. Son nom scientifique est Salsola soda.

▸ **BARBA DI FRATE** Kräuterpflanze für gekochte Salate benutzt. Der wissenschaftliche Name ist Salsola soda.

▸ **BARBA DE FRAILE** Planta herbácea, utilizada para ensaladas cocidas. Su nombre científico es Almarjo.

BARBABIETOLA *Pianta erbacea, di cui si utilizzano le radici per lo più cotte in forno, ma anche bollite. Ha colore bordeaux molto intenso e sapore dolce.*

▸ **BEETROOT** Herbaceous plant, of which the root is used. It is generally baked but can also be boiled. It is of a very intense claret colour and has a sweet flavour.

▸ **BETTERAVE** Plante herbacée, de laquelle se mangent les racines généralement cuites au four, mais aussi bouillies. Elle a une couleur bordeaux très intense et un goût sucré.

▸ **ROTE BEETE** Pflanze, deren Wurzel meist gekocht oder im Ofen gebacken benutzt wird. Von sehr intensivem bordeaux und leicht süßlich.

▸ **REMOLACHA** Planta herbácea, de la que se utilizan las raíces casi siempre cocidas en el horno pero también hervidas. Tiene color burdeos muy intenso y sabor dulce.

BARBATELLA *Piantina della vite.*

▶ **BARBATELLA** Young vine plant.
▶ **CEP** Plant de vigne.
▶ **BARBATELLA** Pflänzchen der Weinrebe.
▶ **MAJUELO** Planta de la vid.

BARBECUE *Parola americana di vario significato: attrezzo a griglia per cuocere carni e verdure all'aperto; metodo di cottura indiretta con brace di legno.*
▶ **BARBECUE** American word with various meanings: grilling equipment for cooking meat and vegetables outdoors; method of cooking undirectly over the embers of a wood fire.
▶ **BARBECUE** Mot américain de signification variée: appareil à grille servant à cuire viandes et verdures en plein air; méthode de cuisson indirecte par des braises de bois.
▶ **BARBECUE** Amerikanischer Ausdruck mit unterschiedlicher Bedeutung: Gitter zum Garen von Fleisch und Gemüse im Offenen; Art der Garung mit Holzkohle.
▶ **BARBACOA** Palabra americana de significados diversos: instrumento con parrilla para cocer carnes y verduras al aire libre; método de cocción indirecta con brasas de madera.

BARCHETTA *Formina di pasta frolla o brisée (v.) usata per antipasti o dolci, secondo il tipo di farcia con cui vengono riempite.*
▶ **BARCHETTA** A sweet or savoury short crust pastry, shaped to resemble a boat (s. brisée). This can be served as a starter or a dessert depending on the filling used.
▶ **BARQUETTE** Moule de pâte sablée ou brisée (v.) utilisé pour les entrées ou le dessert, suivant le type de garnissage avec lequel elle est remplie.
▶ **SCHIFFCHEN** Förmchen aus Mürbeteig oder aus brisée (s.) für Vorspeisen oder Süßes je nach Füllung.
▶ **BARQUITA** Molde de pastaflora o brisée (ver) usada para entremeses o postres segun el tipo de relleno con el que vengan rellenadas.

BARGIGLI *Insieme alla cresta ornano la testa di alcuni gallinacei.*
▶ **WATTLE** Together with the crest, it adorns the head of some birds.
▶ **FANONS** Avec la crête, ils ornent la tête de certains gallinacés.
▶ **KOLLER** Zusammen mit dem Kamm am Kopf einiger Huhnarten.
▶ **BARBAS** Junto con la cresta adornan la cabeza de algunas gallináceas.

BARRICATO *Termine utilizzato per indicare un vino affinato in piccole botti di legno (barrique). Il vino "barricato" subisce una cessione di tannini dal legno della botte.*
▶ **BARRICATO** Term used to indicate a wine which has been refined in small wooden barrels (barrique). A transfer of tannin from the wood of the barrel to the "barricaded" wine takes place.
▶ **MIS EN FUTS** Terme utilisé pour désigner un vin affiné dans de petits tonneaux de bois (barriques). Le vin « mis en fûts » recueille des tanins provenant du bois du tonneau.
▶ **BARRIQUIERT** Ausdruck um einen in kleine Holzfässer abgefüllten Wein zu bezeichnen, der einen Austausch der Tanine aus dem Holz des Fasses erlebt.
▶ **BARRICADO** Término utilizado para indicar un vino refinado en pequeños barriles de madera (barricas). El vino "barricado" sufre una cesión de taninos de la madera de los barriles.

BARRIQUE *Piccola botte di legno di rovere, della capacità di 220/250 litri, in cui vengono affinati i vini.*
▶ **BARRIQUE** Small oak barrel, with a capacity of 220/250 litres, in which wine is refined.
▶ **BARRIQUE** Petit tonneau de bois de chêne, de 220/250 litres de capacité, dans lequel est affiné le vin.
▶ **BARRIQUE** Kleines Sommereichenholzfass, das 220/250 Liter beinhaltet, in dem einige Weine verfeinert werden.

▹ **BARRICAS** Pequeños barriles de madera de roble, de capacidad de 220/250 litros en los que vienen refinados los vinos.

BASILICATA *Regione dell'Italia meridionale bagnata dal Mar Ionio e dal Mare Tirreno per un breve tratto (v. pag. 343).*
▹ **BASILICATA** Region of Southern Italy which lies on the Ionian Sea and for a short distance of coast, on the Tyrrhenian Sea (s. pag. 343).
▹ **BASILICATA** Région de l'Italie du Sud baignée sur une courte distance par la mer Ionienne et Tyrrhénienne (v. page 343).
▹ **BASILICATA** Region Süditaliens am Ionischen Meer und für einen kleinen Teil am Tirrenischen Meer (s. S. 343)
▹ **BASILICATA** Región de Italia meridional bañada por el Mar Jonio y por el Mar Tirreno en un breve trazo (ver pag. 343).

BASILICO *Pianta aromatica, utilizzata nella cucina mediterranea. Le foglie di basilico sono la base di una famosa salsa ligure (il pesto) ed un condimento diffuso per la pizza e la pasta al pomodoro.*
▹ **BASIL** Aromatic plant, used in Mediterranean cooking. Basil leaves are the basic ingredient of a famous sauce from Liguria (pesto) and a frequently used condiment for pizza and tomato sauces for pasta.
▹ **BASILIC** Plante aromatique utilisée dans la cuisine méditerranéenne. Les feuilles de basilic sont à la base d'une sauce ligure renommée (le pesto) et est un condiment diffusé pour la pizza et les pâtes aux tomates.
▹ **BASILIKUM** Aromatsiche Pflanze in der Mittelmeerküche verwendet. Die Blätter sind die Zutaten für die berühmte grüne Sosse (den Pesto) aus Ligurien und zur Würze für Pizza und Nudeln mit Tomatensoße.
▹ **ALBAHACA** Planta aromática, utilizada en la cocina mediterránea. Las hojas de albahaca son la base de una famosa salsa lígure (el pesto) y un condimento difundido para la pizza y la pasta con tomate.

BATSOÀ *Piedini di maiale prima lessati e poi fritti. È un piatto tradizionale piemontese (v. Piemonte).*
▹ **BATSOÀ** Pigs trotters, boiled and then fried. A traditional dish from Piedmont (s. Piemonte).
▹ **BATSOA** Pieds de porc bouillis puis frits. C'est un plat traditionnel piémontais (v. Piemonte).
▹ **BATSOA** Schweinefüsschen, die erst gekocht und dann frittiert werden. Traditionsgemäß aus dem Piemont. (s. Piemonte).
▹ **BATSOÀ** Patas de cerdo primero hervidas y después fritas. Es un plato tradicional piamontese (ver Piemonte).

BAVA, GNOCCHI ALLA *Gnocchi (v.) di patate conditi con formaggio filante.*
▹ **BAVA, GNOCCHI ALLA** Potato gnocchi (s.) with melted cheese.
▹ **BAVE, GNOCCHI A LA** Gnocchi (v.) de pommes de terre assaisonnés avec du fromage fondu.
▹ **BAVA, GNOCCHI ALLA** Gnocchi (s.) aus gewürzten Kartoffeln mit geschmolzenem Käse.
▹ **BABA, ÑOQUI A LA** Ñoqui (ver gnocchi) de patatas aderezadas con queso filamentoso.

BAVARESE *Dolce di tradizione francese, appartiene alla categoria dei "dolci al cucchiaio" (v. cucchiaio, al).*
▹ **BAVARESE** A traditional French dessert eaten with a spoon (s. cucchiaio, al).
▹ **BAVAROIS** Pâtisserie de tradition française, appartient à la catégorie des "gâteaux à manger avec la cuillère" (v. cucchiaio, al).
▹ **BAYRISCHE** Süßes nach französischer Tradition, gehört zu den "gelöffelten Süßigkeiten" (s. cucchiaio, al).
▹ **BAVARO** Dulce de tradición francesa, pertenece a la categoría de los "dulces con cuchara" (ver cucchiaio, al).

BAZZOTTO *È un uovo semi-sodo, con il tuorlo molle.*
▹ **SOFT BOILED EGG** The yolk of the egg is still runny and the white is firm.

▶ **ŒUF MOLLET** C'est un œuf quasiment dur avec le jaune coulant.
▶ **BAZZOTTO** Ein weichgekochtes Ei mit noch flüssigem Gelben.
▶ **PASADO POR AGUA** Es un huevo semi-cocido, con la yema blanda.

BECCACCIA *Uccello da cacciagione, tra i più pregiati nella cucina internazionale.*
▶ **WOODCOCK** Game, a meat which is highly valued in international cooking.
▶ **BECASSE** Oiseau échassier chassé pour sa chair estimée par la cuisine internationale.
▶ **SCHNEPFE** Gejagter Vogel, einer der wertvollsten in der internationalen Küche.
▶ **BECADA** Pájaro de caza, entre los más preciados en la cocina internacional.

BECCUTE *Panini dolci a base di farina di granoturco arricchita con pinoli e uvetta. Tipici delle Marche (v.).*
▶ **BECCUTE** Sweet bread buns made with corn enriched with pine nuts and rasins. Typical of Marche (s.).
▶ **BECCUTE** Sandwich sucré à base de farine de maïs enrichies avec des pignons et des raisins secs. Typique des Marches (v. Marche).
▶ **BECCUTE** Süße Brötchen aus Maismehl und angereichert mit Pinienkernen und Rosinen. Typisch für die Marken (s. Marche).
▶ **BECCUTE** Panecillos dulces a base de harina de maíz enriquecida con piñones y uvas pasas. Típicos de las Marcas (ver Marche).

BEFF *Nome regionale di un taglio di carne.*
▶ **BEFF** Regional name of a cut of meat.
▶ **BEFF** Nom régional d'une coupe de viande.
▶ **BEFF** Regionale Bezeichnung für einen Fleischschnitt.
▶ **BEFF** Nombre regional de un corte de carne.

BEL PAESE *Nome di marchio che in-dica un formaggio italiano a pasta molle, prodotto con latte di vacca.*
▶ **BEL PAESE** Trademark name of an Italian soft cheese, made from cows milk.
▶ **BEL PAESE** Marque qui indique un fromage italien à pâte molle, produit à base de lait de vache, type Vache Qui Rit.
▶ **BEL PAESE** Name einer italienischen Weichkäsemarke.
▶ **BEL PAESE** Nombre de marca que indica un queso italiano a pasta tierna, producido con leche de vaca.

BELLAVISTA, IN *Preparazione fredda di vivande ricoperte di gelatina e guarnite con verdure, maionese o altro.*
▶ **BELLAVISTA, IN** A preparation of cold choice food, covered with gelatine and garnished with vegetables, mayonnaise etc.
▶ **BELLAVISTA, EN** Préparation froide d'aliments recouverts de gélatine et garnis avec de la verdure, de la mayonnaise ou autre.
▶ **BELLAVISTA, IN** kalte Zubereitung in "schöner Ansicht", mit Gelatine bedeckt und mit Mayonnaise, Gemüse oder änlichem garniert.
▶ **BELLAVISTA, EN** Preparación fría de alimentos cubiertos de gelatina y acompañados con verduras, mayonesa u otras cosas.

BELLINI *Famoso cocktail composto da spumante secco e succo di pesca.*
▶ **BELLINI** Famous cocktail made from dry sparkling wine and peach juice.
▶ **BELLINI** Cocktail fameux composé de mousseux brut et de jus de pêche.
▶ **BELLINI** Berühmter Cocktail aus trockenem Sekt und frischem Pfirsichsaft.
▶ **BELLINI** Famoso cóctel compuesto de vino espumante seco y zumo de melocotón.

BENSONE O BENZONE *Focaccia dolce, rustica, tipica del modenese - da Modena, città dell'Emilia Romagna (v.).*

▶ **BENSONE O BENZONE** Sweet focaccia, rustic, typical of Modena, a city in Emilia Romagna (s.).

▶ **BENSONE ou BENZONE** Fougasse sucrée, rustique, typique de Modène, ville l'Emilie-Romagne (v. Emilia Romagna).

▶ **BENSONE ODER BENZONE** Süße Focaccia, ländlich und typisch aus der Gegend um Modena, Stadt in der Emilia Romagna (s.).

▶ **BENSONE O BENZONE** Pan dulce, rústico, típico de Módena, ciudad de Emilia Romagna (ver).

BERGAMOTTO *Agrume assai diffuso in Calabria (v.) e perlopiù usato per la preparazione di profumi. Si trova anche nella preparazione di liquori e canditi.*

▶ **BERGAMOT** Citrus fruit much diffused in Calabria (s.). It is used in the production of perfume and liqueurs and is also candied.

▶ **BERGAMOTE** Agrume très répandu en "Calabrie" (v. Calabria) et en général utilisé pour la préparation de parfum. Il se rencontre aussi dans la préparation de liqueurs et de fruits confits.

▶ **BERGAMOTTE** Zitrusfrucht, die in Kalabrien (s. Calabria) weit verbreitet ist und hauptsächlich für die Zubereitung von Parfüms dient. Teilweise auch zur Herstellung von Liqueuren oder kandierten Früchten.

▶ **BERGAMOTO** Cítrico muy difundido en Calabria (ver) y principalmente usado para la preparación de perfumes. Se encuentra también en la preparación de licores y confitados.

BESCIAMELLA *Salsa cremosa a base di latte, burro e farina.*

▶ **WHITE SAUCE** Creamy sauce made from milk, butter and flour.

▶ **BECHAMELLE** Sauce crémeuse à base de lait, beurre et farine.

▶ **MEHLSCHWITZE** Cremige Sosse auf Milchbasis, Butter und Mehl.

▶ **BESAMEL** Salsa cremosa a base de leche, mantequilla y harina.

BETTELMÀTT *Pregiato formaggio di latte di vacca a pasta semidura (simile alla Fontina) prodotto nei mesi di luglio e agosto in un alpeggio della Valle Formazza in Piemonte a quota 2000 metri.*

▶ **BETTELMÀTT** Famous cheese made from cows milk. It is a semi-hard cheese (similar to Fontina) produced in July and August in an Alpine pasture of the Valle Formazza , which is at 2000 meters above sea level.

▶ **BETTELMATT** Fromage apprécié de lait de vache à pâte semi-dure (semblable à la Fontina), produit au courant des mois de juillet et août en alpage de la Vallée Fromazza à 2000 m d'altitude.

▶ **BETTELMATT** Geschätzter Käse aus Kuhmilch und halbfest (etwa wie der Fontinakäse) hergestellt in den Monaten Juli/August in dem Formazzatal, Höhe 2000 Meter.

▶ **BETTELMÀTT** Preciado queso de leche de vaca de pasta semidura (similar a la Fontina) producido en los meses de julio y agosto en un pasto alpino del Valle Formazza a 2000 metros de altura.

BEVA *Termine che, associato ad un aggettivo (di pronta beva) indica le caratteristiche di immediata bevibilità di un vino.*

▶ **BEVA** Term which indicates that a wine is ready to be drunk.

▶ **BEVA** Terme qui, associé à un adjectif (prêt à boire) définit les caractéristiques d'immédiate consommation d'un vin.

▶ **BEVA** Ausdruck, der zusammen mit einem Adjektiv (zum fertigen Trunk) die Eigenschaften der sofortbaren Trinkbarkeit ausdrückt.

▶ **PUNTO** Término que, asociado a una expresión (vino en su punto) indica la característica de inmediato consumo de un vino.

BIANCHETTO' *Termine usato per definire i piccoli di alcune specie di pesci: sarde, alose, acciughe.*

▶ **BIANCHETTO** Term used to describe the young of certain species of fish: sardines, allis shad, anchovies.

▶ **BIANCHETTO** Terme utilisé pour désigner les petits de certaines espèces de poisson: sardines, aloses, anchois.

▶ **WEISSLINGE** Ausdruck zur Bezeichnung der Jungtierchen einiger Fischarten: Sardinen, Alose und Sardellen.
▶ **BLANQUETE** Término usado para definir las crías de algunas especies de pescado: sardinas, arenques, anchoas.

BIANCHETTO² *Tipo di tartufo bianco meno pregiato del tuber magnatum pico.*
▶ **BIANCHETTO** Type of white truffle, not as famous as the tuber magnatum pico.
▶ **BIANCHETTO** Type de truffe blanche moins estimée que le tuber magnatum pico.
▶ **WEISSLING** Art des weissen Trüffels, weniger wertvoll als der Tuber magnatum pico.
▶ **BLANQUETE** Tipo de trufa blanca menos preciada que el tuber magnatum pico.

BIANCO D'UOVO *Albume.*
▶ **EGG WHITE** Albumen.
▶ **BLANC D'ŒUF** Albumen.
▶ **WEISSES** Eiweiss.
▶ **BLANCO DEL HUEVO** Albúmen.

BIANCO-COSTATO *Taglio di carne bovina, usato in Veneto (v.).*
▶ **BIANCO-COSTATO** A cut of beef used in Veneto (s.).
▶ **BIANCO-COSTATO** Coupe de viande bovine, utilisée en Vénétie (v. Veneto).
▶ **BIANCO-COSTATO** Fleischschnitt in der Gegend um Venedig (s. Veneto) gebräuchlich.
▶ **BLANCO-COSTADO** Corte de carne bovina, usado en Véneto (ver).

BIANCOMANGIARE *Dolce a base di latte, panna e mandorle.*
▶ **BIANCOMANGIARE** Cake made from milk, cream and almonds.
▶ **BIANCOMANGIARE** Dessert à base de lait, de crème et d'amandes.
▶ **WEISSHÄPPCHEN** Süßes auf Milchbasis, mit Sahne und mit Mandeln.
▶ **BLANCOCOMER** Dulce a base de leche, nata y almendras.

BIBITA *Bevanda non alcolica per lo più dolce, a volte gassata.*
▶ **SOFT DRINK** Non-alcoholic beverage which is often sweet and fizzy.
▶ **BIBITA** Boisson non alcoolisée souvent sucrée, peut être gazeuse.
▶ **ERFRISCHUNGSGETRÄNK** Nicht alkoholisches Getränk, meistens süß und manchmal mit Kohlensäure versetzt.
▶ **BEBIDA** Líquido no alcohólico generalmente dulce, a veces con gas.

BICARBONATO *Sale formato da acido carbonico e sodio. È un antiacido utilizzato come digestivo.*
▶ **BICARBONATE OF SODA** A salt of carbonic acid and sodium. It is an antacid used to help digestion.
▶ **BICARBONATE** Sel formé d'acide carbonique et de sodium. C'est un anti-acide utilisé comme digestif.
▶ **BIKARBONAT** Salz aus Kohlensäure oder Natrium. Ein Antisäuremittel zur Verdauung.
▶ **BICARBONATO** Sal formada por ácido carbónico y sodio. Es un antiácido utilizado como digestivo.

BICCHIERE *Recipiente, generalmente di vetro o cristallo, usato per bere.*
▶ **GLASS** Receptacle, generally of glass of crystal, used for drinking.
▶ **VERRE** Récipient, généralement de verre ou de cristal, utilisé pour boire.
▶ **GLAS** Behälter, normalerweise aus Glas oder Kristall zum Trinken.
▶ **VASO** Recipiente, generalmente de vidrio o cristal, usado para beber.

BIETOLA, BIETA *Pianta erbacea a foglia larga e con costa commestibile.*
▶ **BEET** Herbacious plant with large leaves and an edible central vein.
▶ **BETTE, BLETTE** Plante potagère à large feuille et à côte comestible.
▶ **BIETOLA, BIETA** Pflanze, deren breite Blätter mit dicker Mittelrippe essbar sind.
▶ **ACELGA** Planta herbácea con hoja larga y con penca comestible.

BIGNÈ *Piccolo dolce ripieno di crema o panna e ricoperto di glassa.*
▷ **BIGNÈ** Small cake filled with custard or cream and covered with icing.
▷ **BIGNE** Petit gâteau rempli de crème ou de chantilly et recouvert par un glaçage.
▷ **BEIGNET** Kleine mit Creme oder Sahne gefüllte süße Teigtasche mit Glasierung überzogen.
▷ **PETISUS** Pequeño dulce relleno de crema o nata y cubierto de azúcar glas.

BIGOLI *Pasta originale del Veneto (v.) fatta con farina di grano tenero e passata in uno speciale torchio che rende la superficie ruvida atta a trattenere il sugo.*
▷ **BIGOLI** Pasta originally from Veneto (s.) made with soft grain flour. It is passed through a press which roughens the surface allowing sauce to cling to it more readily.
▷ **BIGOLI** Pâtes originaires de Vénétie (v. Veneto), faites avec de la farine de blé et passées dans une presse spéciale qui rend leur surface rugueuse de manière à s'imprégner de sauce.
▷ **BIGOLI** Nudelspezialität aus Venetien (s. Veneto) aus Weichmehl und mittels einer speziellen Presse mit rauher Oberfläche versehen, die die Soße aufnimmt.
▷ **BIGOLI** Pasta originaria del Véneto (ver) hecha con harina de trigo tierno y pasada por una prensa que hace la superficie áspera adecuada para retener la salsa.

BILANCIA *Strumento per misurare il peso.*
▷ **WEIGHING SCALES** Instrument for measuring weight.
▷ **BALANCE** Appareil servant à mesure le poids.
▷ **WAAGE** Instrument zum Messen des Gewichts.
▷ **BALANZA** Instrumento para medir el peso.

BIOVA *Tipo di pane di pasta dura.*
▷ **BIOVA** A type of hard grained bread.

▷ **BIOVA** Type de pain de pâte dure.
▷ **BIOVA** Brotart aus hartem Teig.
▷ **BIOVA** Pan redondo de miga esponjosa.

BIROLDO *Insaccato tipico della Lucchesia (da Lucca città della Toscana), a base di sangue di maiale con aggiunta di spezie, pinoli, uvetta.*
▷ **BIROLDO** A pigs blood sausage with pine nuts, raisins and spices which is typical of Lucca (a city in Tuscany).
▷ **BIROLDO** Boudin typique de Lucca (ville de Toscane) à base de sang de porc, épices, pignes de pin, raisin sec.
▷ **BIROLDO** Typische Wurst aus der Gegend um Lucca (Stadt in der Toskana) aus Schweineblut mit Kräuterzusatz, Pinienkernen und Rosinen.
▷ **BIROLDO** Embutido típico de Lucchesia (de Lucca ciudad de Toscana), a base de sangre de cerdo con especias, piñones, uvas pasas.

BIRRA *Bevanda moderatamente alcolica ottenuta dalla fermentazione di cereali e aromatizzata con luppolo.*
▷ **BEER** Moderately alcoholic beverage obtained through the fermentation of cereals and aromatised with hops.
▷ **BIERE** Boisson modérément alcoolisée obtenue par fermentation de céréales et aromatisée avec le houblon.
▷ **BIER** Mässig alkoholisches Getränk aus der Fermentation von Getreide und aromatisiert mit Hopfen.
▷ **CERVEZA** Bebida moderadamente alcohólica obtenida de la fermentación de cereales y aromatizada con lúpulo.

BISCIOLA *Dolce tipico della Valtellina in Lombardia (v.) costituito da una pasta arricchita con frutta secca e miele.*
▷ **BISCIOLA** Pastry enriched with dried fruit and honey, typical of Valtellina in Lombardy (s. Lombardia).
▷ **BISCIOLA** Dessert typique de la

Valtellina en Lombardie (v. Lombardia) constitué d'une pâte enrichie de fruits secs et de miel.

▶ **BISCIOLA** Süße Teigware aus Valtellina in der Lombardei (s. Lombardia), mit getrockneten Früchten und Honig angereichert.

▶ **BISCIOLA** Dulce típico de Valtelina en Lombardía (ver) constituido por una masa enriquecida con fruta seca y miel.

BISCOTTO¹ *Piccolo dolce formato con pasta da pane, zucchero, burro e variamente aromatizzato.*

▶ **BISCUIT** Made with bread dough, sugar, butter and various flavourings.

▶ **BISCUIT** Petit gâteau réalisé à partir de pâte à pain, de sucre, de beurre et diversement aromatisé.

▶ **KEKS** Kleine, süße Teigware mit Zucker, Butter und verschiedenen Aromen.

▶ **GALLETA** Pequeño dulce formado con pasta de pan, azúcar, mantequilla y aromatizado variadamente.

BISCOTTO² *Termine col quale si indica la particolare fragranza di un prosciutto cotto.*

▶ **BISCOTTO** Term which indicates the particular aroma of a cooked ham.

▶ **BISCOTTO** Terme avec lequel est désigné l'arôme particulier d'un jambon cuit.

▶ **BISCOTTO** Ausdruck mit dem die besondere Fragranz eines gekochten Schinkens bezeichnet wird.

▶ **BISCOTTO** Término con el que se indica la particular fragancia de un jamón cocido.

BISCOTTOPAN *Detto anche "galletta" è un pane a bassa lievitazione, utilizzabile solo dopo essere stato ammorbidito.*

▶ **BISCOTTOPAN** An type of bread which is only risen very slightly and can only be used after being softened.

▶ **BISCOTTOPAN** Appelé aussi "galette", c'est un pain peu levé, utili-

sable uniquement après avoir été ramolli.

▶ **BISCOTTOPAN** auch "Galletta" genannt ist ein hartes Brot mit niedrigem Hefegehalt, das nur eingeweicht verwendet werden kann.

▶ **BISCOTTOPAN** Llamado también "galleta" es un pan de baja levitación, utilizable solo después de haber sido reblandecido.

BISMARCK, ALLA *Preparazione comprendente una bistecca ricoperta da uova fritte.*

▶ **BISMARCK, ALLA** The name given to a steak topped with a fried egg.

▶ **BISMARCK, A LA** Préparation réalisée par l'ajout d'un œuf au plat sur un steak.

▶ **BISMARCK**, nach Bismarckart bedeutet ein Steak mit gebratenen Eiern bedeckt.

▶ **BISMARCK, A LA** Preparación que comprende un bistec cubierto de huevos fritos.

BISTECCA *Fetta di carne, indica anche un modo semplice di cottura su piastra o griglia di un taglio piuttosto spesso.*

▶ **STEAK** A thick slice of meat which is cooked in a griddle pan or on a grill.

▶ **BIFTECK** Tranche de viande, désigne aussi en italien une façon simple de cuisson sur pierre ou à la grille d'une tranche assez épaisse.

▶ **STEAK** ziemlich dicke Fleischscheibe, bezeichnet eine einfache Garung auf dem Eisen oder Grill.

▶ **BISTEC** Tajada de carne, indica también un modo simple de cocción sobre la plancha o parrilla, de un corte bastante espeso.

BITTER *Bibita amarognola usata come aperitivo semplice o quale ingrediente di cocktail.*

▶ **BITTER** Soft drink with a slightly bitter taste used as an aperitif or cocktail ingredient.

▶ **BITTER** Boisson légèrement amère utilisée comme apéritif seul ou comme ingrédient de cocktail.

▶ **BITTER** Bitteres Getränk als einfacher Aperitif oder Zutat zu einem Cocktail benutzt.

▶ **BITER** Bebida amarga usada como aperitivo simple o como ingrediente de un cóctel.

BITTO *Formaggio di latte vaccino prodotto nella provincia di Sondrio (in Lombardia), si può consumare sia fresco che stagionato (da grattugiare).*

▶ **BITTO** Cheese made from cow milk which can be eaten fresh or seasoned. It is produced in the province of Sondrio (in Lombardy).

▶ **BITTO** Fromage fait à partir de lait de vache, produit dans la province de Sondrio. Il peut se manger aussi bien frais que affiné (à râper).

▶ **BITTOKÄSE** Käse aus Kuhmilch hergestellt in der Provinz Sondrio, kann frisch oder gereift (gerieben) verzehrt werden.

▶ **BITTO** Queso obtenido de leche vacuna producido en la provincia de Sondrio, se puede consumir fresco o curado (para rallar).

BLEU *Termine francese che indica i formaggi caratterizzati dalla presenza di macchie verdi o blu, derivanti da una muffa appositamente provocata.*

▶ **BLEU** French term used to indicate cheeses marked with a blue or green mould which was caused intentionally.

▶ **BLEU** Terme français qui définit les fromages caractérisés par la présence de taches vertes ou bleues, dérivantes d'une moisissure provoquée intentionnellement.

▶ **BLEU** französische Bezeichnung für Käse mit grünen oder blauen Schimmelflecken, die absichtlich hervorgerufen werden.

▶ **BLEU (AZUL)** Término francés que indica los quesos caracterizados por la presencia de manchas verdes o azules, derivadas de un moho provocado adecuadamente.

BLINI *Crêpe salata, fatta con un misto di farina di frumento di grano saraceno e di lievito di birra.*

▶ **BLINI** Salted pancakes made with buck-wheat and yeast.

▶ **BLINI** Crêpe salée, faite avec un mélange de farine de blé, de sarrasin et le levure de bière.

▶ **BLINI** herzhaftes Crêpe aus einem Gemisch aus Roggen- und Weizenmehl und Hefe.

▶ **BLINI** Crepe salado, hecho con un mixto de harina de trigo de grano sarraceno y de levadura de cerveza.

BLOODY MARY *Cocktail a base di succo di pomodoro.*

▶ **BLOODY MARY** Tomato juice cocktail.

▶ **BLOODY MARY** Cocktail à base de jus de tomate.

▶ **BLOODY MARY** Cocktail auf Tomatensaftbasis.

▶ **BLOODY MARY** Cóctel a base de zumo de tomate.

BOCCONCINO *Termine che può avere vari significati: indica uno spezzatino di carne; palline di ricotta fritte; uno snack di fiordilatte.*

▶ **BOCCONCINO** Term with various meanings: indicates a meat stew; balls of fried ricotta cheese; a snack of fiordilatte cheese.

▶ **BOCCONCINO** Terme qui peut avoir diverses significations, un ragoût de viande, des boulettes frites de ricotta, un snack de fiordilatte.

▶ **HÄPPCHEN** Ausdruck mit unterschiedlicher Bedeutung: kleine Fleischstückchen, Klösschen aus frittiertem Ricottakäse, Imbiss aus Rahmkäse.

▶ **BOCADO** Término que puede tener significados diversos: indica un guiso de carne, albondiguillas de requesón fritas; un tentempié de queso fresco.

BOCCONOTTO *Piccolo dolce del Molise (v.) e della Calabria (v.), fatto di pasta frolla ripiena.*

▶ **BOCCONOTTO** Small filled cases of short crust pastry, from Molise (s.) and Calabria (s.).

▶ **BOCCONOTTO** Petit dessert de la Molise (v.) et de la Calabre (v. Calabria), fait de pâte sablée fourrée.

▶ **BOCCONOTTO** Kleine gefüllte

süße Teigware aus der Gegend Molise (s.) und Kalabrien (s. Calabria).

▶ **BOCCONOTTO** Pequeño dulce de Molise (ver) y de Calabria (ver), hecho de pastaflora rellena.

BOERO *Cioccolatino costituito da una ciliegia al liquore ricoperta da cioccolato fondente.*

▶ **BOERO** A chocolate, a cherry in liqueur, encased in dark chocolate.

▶ **BOERO** Petit chocolat constitué d'une cerise alcoolisée recouverte de chocolat noir.

▶ **BOERO** Praline aus einer Liqueurkirsche mit bitterer Schokolade überzogen.

▶ **BOERO** Chocolatina constituida por una cereza al licor recubierta de chocolate fondant.

BOLETO *Genere di funghi caratterizzati dall'aspetto spugnoso della superficie inferiore del cappello. Comprende anche la varietà dei porcini.*

▶ **BOLETUS** Type of mushroom which is spongy on the underside of it's cap. Porcini mushrooms are of this type.

▶ **BOLET** Espèce de champignon caractérisée par l'aspect spongieux de la superficie inférieure du chapeau. Cette appellation comprend aussi la variété des cèpes.

▶ **RÖHRENPILZ** Pilzart gekennzeichnet durch die schwammige Unterseite des Huts. Auch die Steinpilze gehören dazu.

▶ **BOLETUS** Clase de hongo caracterizado por el aspecto esponjoso de la superficie inferior del sombrero.

BOLLIRE *Metodo di cottura dei cibi attravervo l'ebollizione dell'acqua.*

▶ **BOIL** Method of cooking food in boiling water.

▶ **BOUILLIR** Méthode de cuisson des aliments par l'ébullition de l'eau.

▶ **KOCHEN** Art der Garung der Speisen in kochendem Wasser.

▶ **HERVIR** Método de cocción de los alimentos mediante ebullición del agua.

BOLLITO *Indica un piatto tipico a base di carni miste cotte in acqua aromatizzata da sedano, carota, cipolla, grani di pepe e sale. Tra i piatti della cucina italiana del nord Italia è celebre il bollito misto di carni.*

▶ **BOLLITO** A mixture of meats boiled in water with celery, carrots, onion, grains of pepper and salt. This dish is very famous in the North of Italy.

▶ **POT-AU-FEU** Désigne un plat typique à base de viandes mixtes cuites dans de l'eau aromatisée de céleri, de carottes, d'oignons, de poivre et sel. Parmi les plats de la cuisine du Nord de l'Italie, le pot-au-feu de viandes diverses est célèbre.

▶ **KOCHFLEISCH** Typisches Gericht aus gemischten Fleischstücken, gekocht mit Stangensellerie, Möhre, Zwiebel, Pfefferkörnern und Salz. Berühmt das gemischte Kochfleisch aus Norditalien.

▶ **HERVIDO** Indica un plato típico a base de carnes mixtas cocidas en agua aromatizada con apio, zanahoria, cebolla, granos de pimienta y sal. Entre los platos de la cocina italiana del norte de Italia es famoso el hervido mixto de carnes.

BOLOGNESE, ALLA *Con questo termine sono indicate alcune preparazioni tipiche non solo di Bologna ma anche della cucina emiliana (v. Emilia Romagna), come ragù, maccheroni, lasagne, tortellini, fritto misto, baccalà.*

▶ **BOLOGNESE, ALLA** This term indicates recipes from Bologna and from Emilia Romagna in general (s. Emilia Romagna), such as ragu sauce, macaroni, lasagne, tortellini, battered fried food, stockfish.

▶ **BOLOGNAISE, A LA** Définit des préparations typiques non seulement de Bologne mais aussi de la cuisine "émilienne" (v. Emilia Romagna), comme la sauce bolognaise, les macaronis, les lasagnes, les tortellinis, les fritures, la morue.

▶ **BOLOGNESER ART** Mit diesem Ausdruck werden einige Zubereitungen aus der Küche aus Bologna

und der Emilia Romagna bezeichnet (s. Emilia Romagna) wie z. B.
das Ragout, Makkeroni, Lasagne,
Tortellini, gemischt Frittiertes, Baccalà.

▶ **BOLOÑESA A LA** Con este término se indican algunas preparaciones típicas no solo de Boloña sino
también de la cocina emiliana (ver
Emilia Romagna), como ragú, macarrones, lasañas, tortelinis, frito
mixto, bacalao.

BOMBOLONI *Frittelle dolci toscane
(v. Toscana) simili ai krapfen.*
▶ **DOUGHNUT** Sweet fried dough
made with a recipe from Tuscany
(s. Toscana).
▶ **BOMBOLONI** Beignets sucrés
toscans (v. Toscana) similaires aux
Krapfen.
▶ **BERLINER** Süß Frittiertes aus
der Toskana (s. Toscana), den
"Krapfen" ähnlich.
▶ **BOMBOLONI** Bollos con crema o
mermelada típicos de Toscana (ver
Toscana) parecidos a los gofres.

BONBON *Piccola leccornia di pasticce-
ria.*
▶ **BONBON** Small confectionery
delicacy.
▶ **BONBON** Petites gourmandises
de pâtisserie.
▶ **BONBON** Kleine Leckerei der
Feinbäckerei.
▶ **BOMBON** Pequeña exquisitez de
pastelería.

BONDOLA *Insaccato tipico del Polesine (regione bagnata dal fiume Po) a base
di carne di maiale, pepe e vino rosso.*
▶ **BONDOLA** Pork sausage with
pepper and red wine, typical of a
region which lies on the river Po.
▶ **BONDOLA** Saucisson typique du
Polesine (région baignée par le Pô)
base de viande de porc, de poivre
et de vin rouge.
▶ **BONDOLA** Typische Wurst aus
der Polesine (Gegend um den Fluss
Po) aus Schweinefleisch, Pfeffer
und Rotwein.
▶ **BONDOLA** Embutido típico de
Polesine (regione bañada por el río

Po) a base de carne de cerdo, pimienta y vino tinto.

BONET *Dolce semifreddo tipico piemontese (v. Piemonte), a base di cioccolato, latte e uova.*
▶ **BONET** A soft ice-cream from
Piedmont (s. Piemonte) made with
chocolate, milk and eggs.
▶ **BONET** Crème glacée typique-
ment piémontaise (v. Piemonte), à
base de chocolat, de lait et d'œuf.
▶ **BONET** halbgefrorene Süßigkeit
typisch aus dem Piemont (s. Piemonte) aus Schokolade, Milch und
Eiern.
▶ **BONET** Postre típico piamontés
(ver Piemonte), a base de chocolate, leche y huevos.

BORDOLESE *Tipica bottiglia da vino
originaria della zona di Bordeaux.*
▶ **BORDOLESE** A typical wine bottle from the zone of Bordeaux.
▶ **BORDELAISE** Bouteille de vin typique originaire de la zone de Bordeaux.
▶ **BORDOLESE** Typische Weinflasche aus der Gegend um Bordeaux
stammend.
▶ **BORDOLESA** Típica botella de vino originaria de la zona de Burdeos.

BORLOTTO *Varietà di fagioli caratterizzata dal baccello color verde giallognolo
striato di rosso, mentre i semi ovoidali sono di color crema, screziati di rosso.*
▶ **BORLOTTO** Variety of bean with
a green-yellow pod with red mark-
ings. The beans are cream coloured
with red speckles and are oval.
▶ **BORLOTTO** Variété de haricots
caractérisée par la cosse couleur
vert-jaunâtre striée de rouge, tandis que les graines ovoïdes sont de
couleur crème, bigarrées de rouge.
▶ **BORLOTTO** Bohnenart mit gelb-
grüner rotgestreifter Hülse, die
Bohnen sind cremefarben und rot-
gestreift.
▶ **BORLOTTO** Variedad de alubias
caracterizadas por la vaina de color
verde amarillento estríada de rojo,
mientras las semillas ovoidales son
de color crema, veteadas de rojo.

BORRAGINE O BORAGINE *Pianta erbacea, completamente ricoperta da una peluria, impiegata specialmente in Liguria e Campania (v.) per i ripieni.*

▸ **BORAGE** Herbaceous plant which is completly covered in hair, it is often used in Liguria and Campania (s.) in fillings.

▸ **BOURRACHE** Plante herbacée, complètement recouverte d'un duvet, employée principalement en Ligurie et en Campanie (v. Liguria, Campania) pour les farces.

▸ **BORRAGINE ODER BORAGINE** Graspflanze, vollkommen mit kleinen Häarchen besetzt, hauptsächlich in Ligurien und Kampanien (s. Liguria, Campania) für Füllungen verwendet.

▸ **BORRAJA** Planta herbácea, completamente recubierta de pelusa, empleada especialmente en Liguria (ver) y Campaña (ver Campania), para los rellenos.

BOSCAIOLA, IN *Nome di fantasia che corrisponde solitamente a una preparazione a base di funghi.*

▸ **BOSCAIOLA, IN** Name given to many mushroom based dishes.

▸ **BOSCAIOLA EN** Nom de fantaisie qui correspond habituellement aux préparations à base de champignons.

▸ **WALDMANNSART** Fantasiename für Zubereitungen mit Pilzen.

▸ **BOSCAIOLA EN** Nombre de fantasía correspondiente habitualmente a preparaciones a base de setas.

BOTTAGGIO *Altro nome della casoeûla (v.).*

▸ **BOTTAGGIO** s. casoeûla.

▸ **BOTTAGGIO** Autre nom de la casoeûla (v.).

▸ **BOTTAGGIO** Anderer Name für die Casoeûla (s.).

▸ **BOTTAGGIO** Otro nombre de la casoeûla (ver).

BOTTARGA *Preparazione a base di uova di pesce, in particolare cefalo (muggine), tonno, ricciola e pesce spada, salate, pressate e stagionate per qualche mese.*

▸ **BOTTARGA** A condiment prepared from fish eggs, especially of grey mullet, tuna, amberjack and sword fish. They are salted, pressed and left to season for a few months.

▸ **POUTARGE** Préparation à base d'œufs de poisson, en particulier mulet (muge), thon, sériole et espadon, salée, pressée et affinée pendant quelques mois.

▸ **BOTTARGA** Zubereitung aus gesalzenen, gepressten und für einige Monate abgehangenen Fischeiern des Thunfischs, der Meeräsche, der Ricciola oder des Schwertfisches.

▸ **BOTTARGA** Preparación a base de huevos de pescado en particular céfalo, atún, róbalo, lubina y pez espada, sazonados, prensados y curados algunos meses.

BOTTE *Recipiente di legno per la conservazione e l'invecchiamento del vino.*

▸ **BARREL** Wooden receptacle for the conservation and ageing of wine.

▸ **TONNEAU** Récipient de bois servant à la conservation et au vieillissement du vin.

▸ **FASS** Behälter aus Holz zur Konservierung und Reifung des Weins.

▸ **TONEL** Recipiente de madera para la conservación y el envejecimiento del vino.

BOTTIGLIA *Recipiente per liquidi, di forma cilindrica e con uno collo stretto.*

▸ **BOTTLE** Container for liquid, cylindrical with a narrow neck.

▸ **BOUTEILLE** Récipient pour les liquides, de forme cylindrique et ayant un col étroit.

▸ **FLASCHE** Behälter für Flüssigkeiten, zylinderförmig und mit schmalem Hals.

▸ **BOTELLA** Recipiente para líquidos, de forma cilíndrica y con un cuello estrecho.

BOUDIN *Insaccato ottenuto dal sangue del maiale e dalla barbabietola rossa, tipico della Valle d'Aosta (v.).*

▸ **BOUDIN** Pork product consisting of pig's blood and beetroot in a natural or synthetic skin (intestine), typical of Valle d'Aosta (s.).

▶ **BOUDIN** Saucisse obtenue à partir du sang de cochon et de betterave rouge, typique de la Vallée d'Aoste (v. Valle d'Aosta).

▶ **BOUDIN** Blutwurst aus Schweineblut und der roten Beete, typisch für das Aostatal (s. Valle d'Aosta).

▶ **BOUDIN** Embutido obtenido de la sangre del cerdo y de la remolacha roja, típico del Valle de Aosta (ver Valle d'Aosta).

BOUQUET *Indica l'insieme dei profumi di un vino, significa letteralmente mazzo di fiori e si sviluppa nei vini non troppo giovani.*

▶ **BOUQUET** Indicates the intense aroma of a wine, literally meaning a bunch of flowers, it develops in wines which are not too young.

▶ **BOUQUET** Définit l'ensemble des parfums d'un vin et se développe pour des vins pas trop jeunes.

▶ **BOUQUET** Bezeichnet das Zusammenwirken des Dufts eines Weins, bedeutet wörtlich Blumenstrauss und entwickelt sich bei nicht zu jungen Weinen.

▶ **BUQUE** Indica el conjunto de aromas de un vino, significa literalmente ramo de flores y se desarrolla en los vinos no demasiado jóvenes.

BOURGUIGNONNE, FONDUE *Preparazione svizzera-francese di carne fritta direttamente dai commensali in un recipiente contenente olio o brodo bollente.*

▶ **BOURGUIGNONNE, FONDUE** Swiss-French method of frying meat at the table in a receptacle containing oil or boiling stock.

▶ **BOURGUIGNONNE, FONDUE** Préparation franco-suisse de viande frite directement par les convives dans un récipient contenant de l'huile bouillante et du jus de viande.

▶ **BOURGUIGNONNE, FONDUE** Schweizer- französische Zubereitung von direkt von den Speisenden gegarten Fleischstückchen in einem dafür vorgesehenen Behälter mit heisser Brühe oder heissem Öl.

▶ **BOURGUIGNONNE, FONDUE** Preparación suizo-francesa de carne frita directamente por los comensales en un recipiente que contiene aceite o caldo hirviendo.

BOVINO *Animale da macello della specie bovina.*

▶ **BOVINE** An animal of the bovine species, slaughtered for meat, cattle.

▶ **BOVIN** Animal d'abattage de l'espèce bovine.

▶ **RIND** Schlachtvieh der Rinderart.

▶ **BOVINO** Animal de matadero de la especie bovina.

BOVOLETO *Nome veneto (v. Veneto) della lumaca di mare.*

▶ **BOVOLETO** Name from Veneto (s. Veneto) of a sea snail.

▶ **BOVOLETO** Nom vénitien (v. Veneto) de l'escargot de mer.

▶ **BOVOLETO** Venetianischer Name für die Meeresschnecke (s. Veneto).

▶ **BOVOLETO** Nombre véneto (ver Veneto) de la babosa de mar.

BRA *Formaggio piemontese (v. Piemonte) di latte di vacca prodotto in due versioni: a pasta semidura (Bra tenero) e dura (Bra duro).*

▶ **BRA** Cheese from Piedmont (s. Piemonte) made with cows milk, produced in two versions: semi-hard (Bra tender) and hard (Bra hard).

▶ **BRA** Fromage piémontais (v. Piemonte) fait à partir de lait de vache produit en deux versions : pâte semi-dure (Bra tenero) et dure (Bra dur).

▶ **BRAKÄSE** Käse aus dem Piemont (s. Piemonte) aus Kuhmilch, hergestellt in zwei Versionen: halbweich (zarter Bra) und hart (harter Bra).

▶ **BRA** Queso piamontese (ver Piemonte) de leche de vaca producido en dos versiones: pasta semidura (Bra tierno) y dura (Bra duro).

BRACE *Residuo della combustione di legna o carbone.*

▶ **CINDERS** Residue from the combustion of wood or coal.
▶ **BRAISE** Résidu de la combustion du bois ou du charbon.
▶ **GLUT** Rest der Verbrennung von Holz oder Kohle.
▶ **BRASAS** Residuo de la combustión de la madera o del carbón.

BRACIOLA *Fetta di carne con osso, solitamente cucinata alla griglia.*
▶ **BRACIOLA** Slice of meat with bone, usually grilled.
▶ **BRACIOLA** Tranche de viande avec l'os, habituellement cuite à la grille.
▶ **KOTELETT** Fleischscheibe mit Knochen, meistens auf dem Grill
▶ **CHULETA** Tajada de carne con hueso, normalmente cocinada a la parrilla.

BRANDADE *Specialità della Liguria e Costa Azzurra a base di merluzzo salato bollito e poi mantecato a caldo con olio e latte.*
▶ **BRANDADE** Speciality from Liguria and the Riviera, boiled salted cod whisked together with oil or milk while hot.
▶ **BRANDADE** Spécialité de la Ligurie et de la Côte-d'Azur à base de morue salée bouillie et ensuite assaisonnée à chaud avec de l'huile et du lait.
▶ **BRANDADE** Spezialität aus Ligurien und der Côte d´Azur aus gekochtem gesalzenen Kabeljau und anschliessend heiss mantekiert in Öl und Milch.
▶ **BRANDADE** Especialidad de Liguria y Costa Azul a base de merluza salada hervida y después mantecado con aceite y leche.

BRANZINO *Altro nome del pesce spigola.*
▶ **BASS** Sea bass (s. spigola).
▶ **LOUP DE MER** Autre nom du bar.
▶ **SEEBARSCH** Anderer Name für "Spigola" (s.).
▶ **LUBINA** Tipo de pescado.

BRASARE *Metodo di cottura che consiste nel rosolare (v.) la carne nel grasso* caldo e poi aggiungere del liquido aromatizzante (un sugo o una salsa).
▶ **BRAISE** Method of cooking which involves browning (s. rosolare) the meat in hot fat and then adding a flavoured liquid (a sauce or gravy).
▶ **BRAISER** Méthode de cuisson qui consiste à rissoler (v. rosolare) la viande dans la graisse chaude et puis à ajouter un liquide aromatisant (un jus ou une sauce)
▶ **BRATEN** Zubereitungsart bei der das Fleisch in Fett angeröstet wird und dann heisse gewürzte Flüssigkeit (Soβe) zugegeben wird. (s. rosolare)
▶ **ESTOFAR** Método de cocción que consiste en dorar (ver rosolare) la carne en grasa caliente y luego añadir líquido aromatizado (un caldo o una salsa).

BRASATO *Carne cotta con il metodo della brasatura (v. brasare). Per lo più si tratta di bue, ma anche di maiale e di pesce.*
▶ **BRASATO** Braised meat (s. brasare), usually beef but also pork and fish.
▶ **BRAISE** Viande cuite en la braisant (v. brasare). Généralement, c'est du bœuf, mais se trouve aussi de porc et de poisson.
▶ **BRATEN** Gebratenes Fleisch (s. brasare). Meistens Ochse, aber auch Schwein oder Fisch.
▶ **ESTOFADO** Carne cocida con el método de estofar (ver brasare). Mayoritariamente se trata de buey, pero también de cerdo y pescado.

BRESAOLA *Carne di bovino adulto, magra, salata, marinata e stagionata.*
▶ **BRESAOLA** Lean beef which has been salted, aged and marinated.
▶ **BRESAOLA** Viande de bovin adulte, maigre, salée, marinée et laissée vieillie.
▶ **BRESAOLA** Fleisch des ausgewachsenen Rinds, mager, mariniert und gereift.
▶ **BRESAOLA** Carne de bovino adulto, magra, salada, en escabeche y madurada.

BRIGIDINI *Cialde tipiche della Toscana (v.).*
▸ **BRIGIDINI** Wafer biscuits typical of Tuscany (s. Toscana).
▸ **BRIGIDINI** Gaufrettes typiques de la Toscane (v. Toscana).
▸ **BRIGIDINI** Waffeln typisch für die Toskana (s. Toscana).
▸ **BRIGIDINI** Barquillos típicos de Toscana (ver).

BRINDISI *Invito a bere insieme per festeggiare qualcosa.*
▸ **A TOAST** Invitation to drink together in order to celebrate something.
▸ **BAN** Invitation à boire ensemble pour fêter quelque chose.
▸ **ANSTOSS** Einladung etwas zusammen zu trinken zur Feier eines Anlasses.
▸ **BRINDIS** Invitación a beber juntos para celebrar algo.

BRIOCHE *Piccolo dolce morbido, adatto alla colazione.*
▸ **BRIOCHE** A small, soft cake, suitable for breakfast.
▸ **BRIOCHE** Petite pâtisserie molle, adapté au petit-déjeuner.
▸ **BRIOCHE** Kleines weiches Hörnchen, zum Frühstück geeignet.
▸ **BOLLO** Pequeño dulce tierno, adecuado para el desayuno.

BRIOSO *Vino giovane, leggero, fresco.*
▸ **BRIOSO** A young, light, crisp wine.
▸ **BRIOSO** Vin jeune, léger, frais.
▸ **SPRITZIG** Junger, leichter, frischer Wein.
▸ **BRIOSO** Vino joven, ligero, fresco.

BROCCOLO *Pianta della famiglia dei cavoli, di cui si mangiano le inflorescenze.*
▸ **BROCCOLI** Plant from the cabbage family, of which the sprouts are eaten.
▸ **BROCOLI** Plante de la famille du chou, de laquelle se mangent les fleurs.
▸ **BROCCOLO** Pflanze aus der Familie des Kohls, dessen Blütenstand gegessen wird.

▸ **BRECOL** Planta de la familia de la col, de la que se comen las inflorescencias.

BRODETTO DI PESCE *Zuppa a base di varie qualità di pesce, principalmente molluschi e crostacei.*
▸ **FISH SOUP** Made from different types of fish, mainly molluscs and crustaceans.
▸ **BOUILLON DE POISSON** Soupe à base de diverses qualité de poissons, principalement des mollusques et des crustacés.
▸ **FISCHBRÜHE** Suppe mit verschiedenen Fischarten, hauptächlich Schalen- und Krustentiere.
▸ **GUISO DE PESCADO** Sopa a base de varios tipos de pescado principalmente moluscos y crustáceos.

BROS-BRÜS-BRUSSU *Preparazione a base di formaggio morbido con aggiunta di grappa, olio, aceto, pepe, peperoncino e lasciata fermentare in vasi di terracotta ermeticamente chiusi.*
▸ **BROS-BRÜS-BRUSSU** Soft cheese with grappa, oil, vinegar, pepper, and chilli pepper, which is left to ferment in air-tight terracotta vases.
▸ **BROS-BRÜS-BRUSSU** Préparation à base de fromage crémeux, de grappa, d'huile, de vinaigre, de poivre, de piment et laissée fermentée dans des pots de terre-cuite fermés hermétiquement.
▸ **BROS-BRÜS-BRUSSU** Zubereitung auf weicher Käsebasis mit Zusatz von Grappa, Öl, Essig, Pfeffer, Pfefferschoten und in hermetisch abgeschlossenen Tongefäßen fermentiert.
▸ **BROS-BRÜS-BRUSSU** Preparación a base de queso tierno añadiendo grappa, aceite, vinagre, pimienta, guindilla y dejada fermentar en vasijas de terracota.

BROVADE, BROADE *Preparazione del Friuli Venezia Giulia (v.) a base di rape affettate e macerate per circa un mese in un bagno di vinacce. Si usano come contorno.*
▸ **BROVADE, BROADE** A side dish

from Friuli Venezia Giulia (s.) consisting of sliced turnips which have been soaked for approximately one month in the dregs of pressed grapes.

▶ **BROVADE, BROADE** Préparation du Frioul-Vénétie-Julienne (v. Friuli Venezia Giulia) à base de tranches de navets mises à macérées pour environ un mois dans du marc de vin. Elle est utilisée comme accompagnement.

▶ **BROVADE, BROADE** Zubereitung aus Friaul Venetien Giulia (s.Friuli Venezia Giulia) aus in Scheibchen geschnittenen Rüben und für zirka einen Monat eingeweicht in Weintrebern. Wird als Beilage gereicht.

▶ **BROVADE, BROADE** Preparación de Friuli Venezia Giulia (ver) a base de nabos rebanados y macerados durante un mes en un baño de orujos.

BRUCIARE *Incidente che accade quando il calore è eccessivo e le vivande si disseccano e anneriscono.*

▶ **BURN** Accident which occurs when heat is too intense and food is dried out and blackened.

▶ **BRULER** Accident qui survient quand la chaleur est excessive et que les aliments se dessèchent et se noircissent.

▶ **ANBRENNEN** "Unfall" in der Küche bedingt durch übermässige Hitze, die die Lebensmittel schwärzt und austrocknet.

▶ **QUEMAR** Accidente que tiene lugar cuando el calor es excesivo y los alimentos se desecan y ennegrecen.

BRÛLÉ *Si tratta di una bevanda calda a base di vino, cannella, chiodi di garofano e dolcificata. Il latte brûlé invece è un dolce al cucchiaio fatto con latte e uova e cotto a bagnomaria.*

▶ **BRÛLÉ** A hot beverage of wine, cinnamon, cloves and a sweetener. The term also indicates a steamed dessert made with milk and eggs, eaten with a spoon.

▶ **BRÛLÉ** C'est une boisson chaude à base de vin, cannelle, clous de girofle et sucrée. Le lait 'brûlé', par

contre, est une crème faite avec du lait, des œufs et cuite au bain-marie.

▶ **BRÛLÈ** Glühwein, heisses Getränk auf Weinbasis mit Zimt, Nelken und gesüßt. Milch brûlé ist hingegen ein Löffeldessert aus Milch und Eiern im Wasserbad zubereitet.

▶ **PONCHE** Se trata de una bebida caliente a base de vino, canela, clavo de clavel y endulzada. La leche del mismo nombre es un dulce de cuchara hecho con leche y huevos cocidos al baño María.

BRUSCANDOLI, BRUSCANSI *Germogli selvatici del pungitopo e del luppolo, usati per la preparazione del risotto.*

▶ **WILD SPROUTS** From butcher's broom and hops.

▶ **BRUSCANDOLI, BRUSCANSI** Pousses sauvages du petit houx et du houblon, utilisées pour la préparation du risotto.

▶ **BRUSCANDOLO, BRUSCANESI** wilde Keime des Mäusedorns und des Hopfens, verwendet zur Zubereitung von Risottos.

▶ **BRUSCANDOLI, BRUSCANSI** Brotes selváticos del brusco y del lúpulo, usados para la preparación del arroz.

BRUT *Il termine indica vini spumanti secchi che possono assumere anche la dicitura di extra brut.*

▶ **BRUT** A term applied to dry sparkling wines, can also be labelled extra brut.

▶ **BRUT** Ce mot désigne des vins mousseux secs qui peuvent aussi prendre la dénomination de Extra Brut.

▶ **BRUT** Bezeichnung für herben Schaumwein, die Steigerung ist extra-brut.

▶ **BRUT** El término indica vinos espumantes secos que pueden asumir también la denominación extra brut.

BRUTTI MA BUONI *Biscotti tipici a base albume, zucchero con aggiunta di nocciole o mandorle tostate.*

▸ **BRUTTI MA BUONI** Biscuits made with egg whites, sugar, hazelnuts or toasted almonds.

▸ **AFFREUX MAIS BONS** Biscuit typique à base de blanc d'œuf et de sucre, aromatisé avec des noisettes ou des amandes grillées.

▸ **HÄSSLICH ABER GUT** Typische Kekse auf Eiweissbasis, mit Zucker und Zusatz von Haselnüssen oder gerösteten Mandeln.

▸ **FEAS PERO BUENAS** Galletas típicas a base de clara de huevo con avellanas o almendras tostadas.

BUCATINI *Grossi spaghetti forati, di semola di grano duro. Tipici del Lazio (v.).*

▸ **BUCATINI** Broad spaghetti with a hole running through the centre, made from durum wheat, typical of Lazio (s.).

▸ **BUCATINI** Grandes spaghetti trouées, de semoule de blé, typiques du Latium (v. Lazio).

▸ **BUCATINI** Dicke, hohle Spaghetti aus Hartweizen. Typisch für die Gegend Lazio (s.).

▸ **BUCATINI** Grandes espaguetis huecos, de sémola de trigo duro. Típicos del Lazio (ver).

BUCCELLATO *Tradizionale dolce lucchese (da Lucca città della Toscana), può avere anche un metro di diametro.*

▸ **BUCCELLATO** A traditional cake from Lucca (city in Tuscany), which can be up to a meter in diameter.

▸ **BUCCELLATO** Dessert traditionnel de Lucca (ville de la Toscane) qui peut avoir un mètre de diamètre.

▸ **BUCCELLATO** Traditionsgemäße süße Teigware aus der Gegend um Lucca (Stadt in der Toskana), kann auch bis zu 1m Durchmesser haben.

▸ **ROSQUILLAS DE ANIS** Tradicional dulce lucchese (de Lucca ciudad de Toscana), pueden tener hasta un metro de diámetro.

BUDELLO *Tratto di intestino di animale macellato, usato come involucro per i salumi insaccati.*

▸ **INNARDS** Intestines of a slaughtered animal, used as skin for sausages.

▸ **BOYAU** Morceau d'intestin d'animal abattu, utilisé comme enveloppe pour les saucissons.

▸ **EINGEWEIDE** Teil des Gedärms des geschlachteten Viehs, meist als Behälter für Wurst benutzt.

▸ **TRIPA** Trozo de intestino de un animal, usado como envase para los embutidos.

BUDINO *Dolce al cucchiaio (v.) a base di cacao o vaniglia. Può essere servito sia caldo sia freddo.*

▸ **BUDINO** A chocolate or vanilla dessert eaten with a spoon (s. cucchiaio, al), which can be served hot or cold.

▸ **FLAN** Crème à base de cacao ou de vanille (v. cucchiaio, al). Il peut être servi froid ou chaud.

▸ **PUDDING** Löffeldessert (s. cucchiaio, al) aus Kakao oder Vanille. Kann heiss oder kalt serviert werden.

▸ **FLAN** Dulce de cuchara (ver cucchiaio), a base de cacao o vainilla. Puede ser servido frío o caliente.

BUE *Bovino maschio adulto di età superiore ai quattro anni.*

▸ **OX** Adult bull older than four years.

▸ **BŒUF** Bovin adulte mâle d'âge supérieur à quatre ans.

▸ **OCHSE** erwachsenes männliches Rind älter als vier Jahre.

▸ **BUEY** Bovino macho adulto de edad superior a 4 años.

BUFALO *Uno dei bovini più diffusi nel mondo, se ne apprezza la carne, utilizzata anche per insaccati ed il latte, materia prima di base per il formaggio fresco mozzarella.*

▸ **BUFFALO** Found in many parts of the world, highly valued meat, also used for sausages and milk.

▸ **BUFLE** Un des bovins les plus répandus au monde, sa viande est appréciée et utilisée pour les saucisses. Son lait est la matière première de base du fromage frais Mozzarella.

▸ **BÜFFEL** einer der weitverbreitesten Rinder der Welt, das Fleisch ist sehr geschätzt und wird auch zur Wurstherstellung verwendet, die Milch ist Hauptbestandteil des Frischkäses Mozzarella.

▶ **BUFALO** Uno de los bovinos mas difundidos en el mundo, se aprecia su carne, utilizada para embutidos, y la leche, materia prima de base para el queso fresco mozarela.

BUFFET *Servizio di cibi e bevande disposti in modo elegante su di un lungo tavolo a diretta disposizione degli ospiti.*

▶ **BUFFET** Food and drink elegantly arranged on a long table from which the guests can serve themselves.

▶ **BUFFET** Table garnie de nourriture et boisson disposées élégamment à la disposition des convives.

▶ **BUFFET** Darreichung von Speisen und Getränken in eleganter Anordnung auf einem langen Tisch, der den Gästen direkt zur Verfügung steht.

▶ **BUFE** Servicio de alimentos y bebidas dispuestos en modo elegante sobre una mesa larga a entera disposición de los invitados.

BUGIE *Dolce tipico del Carnevale, a base di pasta fritta, conosciuto anche come chiacchiere e cenci.*

▶ **BUGIE** Fried pastry made at carnival time.

▶ **BUGIE** Dessert typique de Carnaval, à base de pâte frite, connu aussi sous le nom de chiacchiere et cenci.

▶ **BUGIE** eigentlich "Lügen", typisches Karnevalsgebäck aus frittiertem Teig, auch als "chiacchere" ("Geschwätz") oder "cenci" ("Lumpen") bekannt.

▶ **BUÑUELOS DE CARNAVAL** Dulce típico de Carnavales, a base de masa frita.

BURIDDA *Zuppa di pesce ligure a base di scorfano, occhiata, palombo, seppia, polpo e gamberi.*

▶ **BURIDDA** Fish soup from Liguria made using sea scorpion, sea bream, dogfish, cuttle-fish, octopus and prawns.

▶ **BURIDDA** Soupe de poisson ligure à base de rascasse, oblade, émissole, sèche, poulpe et crevettes.

▶ **BURIDDA** Fischsuppe aus Ligurien mit Drachenkopf, Hundshai, Tintenfisch, Krake und Shrimps.

▶ **BURIDDA** Sopa de pescado ligure a base de escorpina, oblada, mustela, sepia, pulpo y gambas.

BURISTO *Insaccato toscano (v. Toscana) fortemente speziato, fatto con sangue di maiale e interiora.*

▶ **BURISTO** Very spicy Tuscan sausage (s. Toscana), made from pigs blood and interiors.

▶ **BURISTO** Saucisse toscane (v. Toscana) fortement épicée, faite à partir de sang de cochon et de tripes.

▶ **BURISTO** Toskanische Wurst (s. Toscana), stark gewürzt aus Schweineblut und Eingeweiden.

▶ **BURISTO** Embutido toscano (ver Toscana) fuertemente especiado, hecho con sangre de cerdo e interiores.

BURRATA *Formaggio pugliese (v. Puglia) formato da una parte esterna elastica e filante e da un cuore morbido.*

▶ **BURRATA** Cheese from Puglia (s.) with an elastic and stringy exterior and a soft center.

▶ **BURRATA** Fromage des Pouilles (v. Puglia) formé d'une partie externe élastique et filante et d'un cœur moelleux.

▶ **BURRATA** Käse aus Pulien (s. Puglia) mit elastischer Kruste und mit einem weichen, eben "butterartigen" Kernstück.

▶ **BURRATA** Queso pugliese (ver Puglia) formado de una parte externa elástica y filamentosa y de un corazón tierno.

BURRINO *Formaggio che ha la forma e la parte esterna come il caciocavallo e una parte interna di burro.*

▶ **BURRINO** Cheese with the shape and exterior of caciocavallo cheese but with butter in it's centre.

▶ **BURRINO** Fromage de forme et

de pâte externe identiques à celles du caciocavallo et une partie interne de beurre.

▸ **BURRINO** Käse, der die Form und das Äußere wie der "Cacciocavallokäse" hat, das Innere ist aus Butter.

▸ **BURRINO** Queso que tiene la forma y la parte externa como el caciocavallo (queso del sur de Italia) y una parte interna de mantequilla.

BURRO *Frutto della scrematura per affioramento del latte vaccino nella lavorazione del formaggio. È considerato un grasso alimentare diffuso nei condimenti e nella frittura.*

▸ **BUTTER** Obtained from the skimming of cows milk in the production of cheese. A fatty food substance used for frying and as a condiment.

▸ **BEURRE** Fruit de l'écrémage par effleurement du lait de vache lors de la fabrication de fromage, il est considéré comme une graisse alimentaire répandue dans les condiments et la friture.

▸ **BUTTER** Ergebnis der Entrahmung der Kuhmilch bei der Käseverarbeitung, ein verbreitetes Fett für die Zubereitung und Frittierung vieler Lebensmittel.

▸ **MANTEQUILLA** Fruto del hecho de descremar mediante emersión la leche de vaca en la elaboración del queso y considerada una grasa alimenticia difundida entre los condimentos y los fritos.

BURRO AROMATIZZATO O COMPOSTO *Burro al quale sono state incorporate erbe aromatiche o tartufi.*

▸ **COMPOUND BUTTER** Butter to which aromatic herbs or truffles have been added.

▸ **BEURRE AROMATISE OU COMPOSE** Beurre auquel ont été ajoutées des herbes aromatiques ou des truffes.

▸ **KRÄUTERBUTTER** Butter mit Kräuterzusätzen oder Trüffelzusatz.

▸ **MANTEQUILLA AROMATIZADA O COMPUESTA** Mantequilla a la que se le han añadido hierbas aromáticas o trufas.

BUSECCA *Parola lombarda (da Lombardia) per indicare la trippa bovina.*

▸ **BUSECCA** Word from Lombardy (s. Lombardia) indicating beef tripe.

▸ **BUSECCA** Mot lombard (de la Lombardie, v. Lombardia) pour définir les tripes bovines.

▸ **BUSECCA** Wort aus dem Lombardischen (von Lombardia) zur Bezeichnung des Rinderpansens.

▸ **BUSECCA (CALLOS)** Palabra lombarda (de Lombardía, ver) para indicar la tripa bovina.

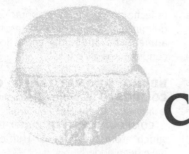

C

CACAO *Materia prima con cui si fa il cioccolato, si presenta in polvere ed ha un gusto amaro.*

▶ **COCOA** Prime material from which chocolate is made, it is a powder with a bitter taste.

▶ **CACAO** Matière première avec laquelle se fait le chocolat. Il se présente en poudre et possède un goût amer.

▶ **KAKAO** Rohstoff aus dem Schokolade hergestellt wird, in Pulverform und mit bitterem Geschmack.

▶ **CACAO** Materia prima con la que se hace el chocolate, se presenta en polvo y con gusto amargo.

CACCIAGIONE *Le carni degli animali selvatici uccisi a caccia.*

▶ **GAME** The meat of wild animals killed by hunters.

▶ **GIBIER** Le viandes d'animaux sauvages tués à la chasse.

▶ **JAGDWILD** Fleisch wilder gejagter Tiere.

▶ **CAZA** Las carnes de los animales salvajes matados mediante la caza.

CACCIATORA, ALLA *Preparazione generalmente a base di carne (soprattutto volatili), ottenuta tramite un metodo di cottura ed un'aggiunta di aromi tali da sottolinearne il carattere rustico e il sapore robusto.*

▶ **CACCIATORA, ALLA** Meat (especially poultry) is usually used for this recipe.The method of cooking and the ingredients used underline the rustic character and robust flavour of this dish.

▶ **CHASSEUR** Préparation en général à base de viande (surtout volatiles), obtenue par un moyen de cuisson et un ajout d'arômes tels d'en souligner le caractère rustique

et la saveur robuste.

▶ **JÄGERART** Zubereitung meist auf Geflügelbasis mit Unterstreichung des ländlichen Themas und Geschmacks durch Zugabe von entsprechenden Aromen.

▶ **CAZADORA, A LA** Preparación generalmente a base de carne (sobretodo de ave), obtenida mediante un método de cocción y con aromas tales de subrayar el carácter rústico y el sabor robusto.

CACCIATORINO *È un salame crudo di piccole dimensioni.*

▶ **CACCIATORINO** A small raw salami.

▶ **CACCIATORINO** C'est un saucisson cru de petites dimensions.

▶ **CACCIATORINO** Rohe Wurst von kleinem Ausmaβ.

▶ **CACCIATORINO** Es un salchichón pequeño.

CACCIUCCO *Zuppa tipica della Versilia (zona della Toscana) a base di pesce e salsa di pomodoro, aromatizzata con verdure, aglio e peperoncino piccante.*

▶ **CACCIUCCO** A soup typical of Versilia (a zone in Tuscany).The main ingredients are fish and tomato sauce, flavoured with vegetables, garlic and chilli peppers.

▶ **CACCIUCCO** Soupe typique de Versilia (zone de la Toscane) à base de poisson et de sauce tomate, aromatisée avec des verdures, de l'ail et des piments forts.

▶ **CACCIUCCO** Typische Fischsuppe aus der Gegend Versilia (s. Toscana) mit Fisch und Tomatensoβe, abgeschmeckt mit Gemüse, Knoblauch und scharfen Pfefferschoten.

▸ **CALDERETA DE PESCADO** Sopa típica de Versilia (zona de Toscana, ver) a base de pescado y salsa de tomate, aromatizada con verduras, ajo y guindilla picante.

CACHI o KAKI *Frutto di tardo autunno, dal colore arancione pallido con polpa molto molle. Ha sapore dolce quando è maturo, è allappante se viene consumato precocemente.*

▸ **SHARON FRUIT** A late autumn fruit. It is pale orange in colour with a very soft pulp. It is very sweet when mature but can leave a dry taste in the mouth and around the teeth if eaten very young.

▸ **KAKI** Fruit de fin d'automne, d'une couleur orange pâle avec une pulpe très molle. Il a un goût sucré lorsqu'il est mûr et colle aux dents s'il vient mangé trop tôt.

▸ **KAKI** Spätherbstliche Frucht, blass orangefarben und mit sehr weichem Fruchtfleisch. In reifem Zustand sehr süß, in unreifem Zustand betäubend.

▸ **CAQUI o KAKI** Fruto de otoño tardío, de color anaranjado pálido con pulpa muy blanda.

CÁCIO *Sinonimo di formaggio derivante dal latino "caseum".*

▸ **CACIO** Another name for cheese, derived from the Latin "caseum".

▸ **CACIO** Synonyme de fromage qui vient du latin "caseum".

▸ **CACIO** Bezeichnung für einen Käse, abstammend aus dem Lateinischen "caseum".

▸ **CÀCIO** Sinónimo de queso, derivado del latín "caseum".

CACIOCAVALLO *Formaggio tipico dell'Italia meridionale a pasta unita, realizzato con latte vaccino. Ha forma tonda o allungata, sormontata da un breve collo.*

▸ **CACIOCAVALLO** A solid cheese made from cows milk, typical of Southern Italy.It can be round or elongated in shape and is surmounted by a narrow neck.

▸ **CACIOCAVALLO** Fromage typique de l'Italie du sud à pâte homogène, réalisé à partir de lait de vache. Il a une forme ronde ou allongée surmontée d'un col court.

▸ **CACIOCAVALLO** Typischer Käse aus Süditalien aus einer homogenen Paste aus Kuhmilch. Er hat eine rundliche, leicht verlängerte Form und ist mit einem kurzen Hals versehen.

▸ **CACIOCAVALLO** Queso típico de Italia del sur de pasta unida, realizado con leche de vaca. Tiene forma redonda o alargada, con un corto cuello superior.

CACIORICOTTA *È un formaggio fresco detto anche Cagliata (v.) tipico della provincia dell'Aquila (Abruzzo, v.) e di varie zone del Meridione d'Italia. Può anche indicare la ricotta salata.*

▸ **CACIORICOTTA** A fresh cheese, also called Cagliata (s.) typical of the province of Aquila (Abruzzo,s.) and of various zones in Southern Italy.The term can also be used to indicate salted ricotta.

▸ **CACIORICOTTA** C'est un fromage frais appelé aussi Cagliata (v.) typique de la province de l'Aquila (Abruzzes, v. Abruzzo) et de diverses zones du sud de l'Italie. Ce terme peut aussi désigner la ricotta salée.

▸ **CACIORICOTTA** Ein Frischkäse auch "Cagliata" (s.) genannt, typisch für die Provinz Aquila (in den Abruzzen, s. Abruzzo) und für einige Gebiete aus Süditalien. Bezeichnet auch gesalzenen Ricottakäse.

▸ **CACIORICOTTA** Es un queso fresco llamado también Cagliata (ver) típico de la provincia de Aquila (Abruzzo, ver) y de varias zonas del sur de Italia. Puede también referirse a la ricotta (ver) salada.

CACIOTTA *Tipo di formaggio tenero, di forma bassa e arrotondata, tipico dell'Italia centrale.*

▸ **CACIOTTA** Type of soft cheese which is narrow and round, typical of central Italy.

▸ **CACIOTTA** Type de fromage mou, de forme plate et arrondie, typique de l'Italie centrale.

> **CACIOTTA** Ein Weichkäse, flach und rund, typisch für Zentralitalien.

> **CACIOTTA** Tipo de queso blando, de forma baja y redonda, típico de Italia central.

CAFFÈ[1] *Bevanda a base di caffeina, caratterizzata da aroma intenso, ottenuta dai semi tostati e macinati dell'omonima pianta. È considerato un eccitante.*

> **CAFE** Caffeine based beverage, characterised by an intense aroma, obtained from the roasted and ground beans of the coffee plant.It is considered a stimulant.

> **CAFE** Boisson à base de caféine, caractérisée d'un arôme intense, obtenue des grains torréfiés et moulus de la plante du même nom. Il est considéré comme un excitant.

> **KAFFEE** Getränk auf Koffeinbasis, ausgezeichnet durch ein intensives Aroma aus gerösteten und gemahlenen Bohnen der gleichnamigen Pflanze. Anregend.

> **CAFE** Bebida a base de cafeína, caracterizada por un aroma intenso, obtenida de semillas tostadas y molidas de la planta del mismo nombre. Es considerado un excitante.

CAFFÈ[2] *Locale in cui si servono al pubblico diversi generi di bibite, liquori, gelati e prodotti di pasticceria.*

> **CAFE** Place in which the public are served with a range of drinks, liqueurs, ice creams and confectionery.

> **CAFE** Local dans lequel est servi au public différentes sortes de boissons, liqueurs, glaces et produit de pâtisserie.

> **CAFÉ** Lokal, in dem dem Publikum verschiedene Getränke serviert werden zusammen mit Liqueuren, Eis oder süßen Teigwaren.

> **CAFE** Local en el que se sirven al público diversos tipos de bebidas, licores, helados y productos de pastelería.

CAFFETTIERA *Recipiente di metallo,* *dalla forma cilindrica, utilizzato per preparare il caffè.*

> **CAFFETTIERA** Cylindrical metallic receptacle used for making coffee.

> **CAFETIERE** Récipient de métal, de forme cylindrique, utilisé pour préparer le café.

> **KAFFEEMASCHINE** Behälter aus Metall, zylinderörmig, der zum Kaffeekochen benutzt wird.

> **CAFETERA** Recipiente de metal, de forma cilíndrica, utilizado para preparar el café.

CAGLIÁTA *È la base per la produzione dei formaggi, ed è ottenuta dalla coagulazione della caseina del latte.*

> **CURD** The basis for the production of cheese.It is obtained from the clotting of the casein in milk.

> **CAILLE** C'est la base pour la production des fromages, et est obtenue de la coagulation de la caséine du lait.

> **KÄSELAB** Basis für die Käseproduktion aus der Koagulation des Kaseins der Milch erhalten.

> **CUAJADA** Es la base para la producción de quesos, y se obtiene de la coagulación de la caseína de la leche.

CÁGLIO *Sostanza di origine animale i cui enzimi determinano la coagulazione del latte.*

> **RENNET** Substance of animal origin. It's enzymes cause the milk to clot.

> **PRESURE** Substance d'origine animale dont les enzymes déterminent la coagulation du lait.

> **KÄSELAB** Substanz aus dem tierischen Bereich, deren Enzyme die Koagulation der Milch bewirken.

> **CUAJO** Sustancia de origen animal cuyas enzimas determinan la coagulación de la leche.

CALABRIA *Regione dell'Italia meridionale bagnata dal Mar Ionio e dal Mar Tirreno (v. pag. 351).*

> **CALABRIA** Region of Southern Italy which lies on the Ionian Sea and the Tyrrhenian Sea (s. pag. 351).

▸ **CALABRE** Région de l'Italie méridionale baignée par la mer Ionienne et par la mer Tyrrhénienne (v. page 351).

▸ **KALABRIEN** Region Süditaliens am Ionischen und Tirrenischen Meer (s. S. 351).

▸ **CALABRIA** Región de Italia del sur bañada por el mar Jónico y el mar Tirreno (ver pag. 351).

CALAMARO *Mollusco dalla forma allungata e dotato di tentacoli. Può essere cucinato fritto oppure lessato, tagliato ad anelli oppure ripieno.*

▸ **SQUID** Elongated mollusc with tentacles. It can be fried or boiled, cut in to rings or stuffed.

▸ **CALMAR** Mollusque de forme allongé et doté de tentacules. Il peut être cuisiné frit, bouilli, taillé en anneaux ou bien rempli.

▸ **CALAMARO** Weichtier länglicher Form und mit Tentakeln. Kann frittiert oder gekocht, in Ringe geschnitten oder gefüllt serviert werden.

▸ **CALAMAR** Molusco de forma alargada y dotado de tentáculos. Puede ser cocinado frito o hervido, cortado en anillas o relleno.

CALCIÒNI *Ravioli dolci di formaggio tipici delle Marche (v.).*

▸ **CALCIÒNI** Sweet cheese ravioli typical of Marche (s.).

▸ **CALCIONI** Ravioli sucrés de fromage, typiques des Marches (v. Marche).

▸ **CALCIONI** süße Ravioli aus Käse typisch für die Region Marken (s. Marche).

▸ **CALCIONI** Raviolis dulces de queso típicos de las Marcas (ver Marche).

CÁLICE *Bicchiere dalla forma di cono rovesciato, dotato di stelo, ideale per la degustazione dei vini.*

▸ **CHALICE** A cup the shape of an upturned cone, with a stem, ideal for tasting wines.

▸ **CALICE** Verre à la forme d'un cône renversé, doté d'un pied, idéal pour la dégustation des vins.

▸ **STILGLAS** Glas in umgekehrter Kegelform mit Stiel, ideal für das Kosten des Weins.

▸ **COPA** Vaso con forma de cono invertido, dotado de pie, ideal para la degustación de vinos.

CALORÍA *Unità di misura che indica la quantità di energia necessaria all'organismo umano per mantenere il suo bilancio organico.*

▸ **CALORIE** unit of measurement used to indicate the quantity of energy that a human body needs in order to maintain its organic balance.

▸ **CALORIE** Unité de mesure qui définit la quantité d'énergie nécessaire à l'organisme humain pour maintenir son équilibre organique.

▸ **KALORIE** Maßeinheit, die die Energiemenge angibt, die der menschliche Organismus benötigt um seinen körperlichen Haushalt zu erhalten.

▸ **CALORIA** Unidad de medida que indica la cantidad de energía necesaria para el organismo humano para mantener su equilibrio orgánico.

CALZONE *Preparazione di pasta di pane ripiena, cotta in forno o fritta, tipica dell'Italia meridionale.*

▸ **CALZONE** Preparation of filled bread dough, baked or fried, typical of Southern Italy.

▸ **CALZONE** Préparation de pâte à pain farcie, cuite au four ou frite, typique de l'Italie du sud.

▸ **CALZONE** Eine gefaltete und gefüllte Pizza, im Ofen gebacken oder frittiert, typisch für Süditalien.

▸ **CALZONE** Preparación de pasta de pan rellena, cocida en el horno o frita, típica de Italia del sur.

CAMERIÈRE *Persona addetta al servizio ai tavoli di alberghi, ristoranti o bar.*

▸ **WAITER** Person appointed to serve on tables in hotels, restaurants and bars.

▸ **GARCON** personne préposé au service des tables des hôtels, restaurants ou bar.

▸ **KELLNER** Person für die Bedienung am Tisch in Hotels, Restaurants und Bars.

▸ **CAMARERO** Persona encargada del servicio de las mesas en los hoteles, restaurantes, o bares.

CAMÌCIA *Sedimento del vino che aderisce alle pareti della bottiglia.*

▸ **CAMÌCIA** Wine sediment which sticks to the sides of the bottle.

▸ **LIE** Dépôt du vin qui adhère aux parois de la bouteille.

▸ **ABLAGERUNG** ("Hemd") die an den Flaschenwändenhaftet.

▸ **CAMISA** Sedimento del vino que se pega a las paredes de la botella.

CAMÌCIA, IN *Metodo di cottura dell'uovo privato del guscio, che prevede la bollitura in acqua dello stesso per circa due minuti.*

▸ **POACHED EGG** Method of cooking an egg without it's shell.The egg is boiled in water for approximately two minutes.

▸ **POCHE** Méthode de cuisson de l'œuf sans coquille, bouilli dans l'eau pendant deux minutes environ.

▸ **CAMICIA, IN** im "Hemd", schonende Kochweise in heissem Wasser für ca. 2 Minuten des Eis ohne Schale.

▸ **ESCALFADOS** Método de cocción del huevo sin cáscara,que consiste en hervirlo en agua durante unos dos minutos.

CAMOMILLA *Pianta erbacea, i cui fiori molto profumati vengono essiccati per preparare infusi dalle proprietà calmanti e digestive.*

▸ **CAMOMILE** Herbaceous plant, the highly fragrant flowers are dried to make calming and digestive infusions.

▸ **CAMOMILLE** Plante herbacée dont les fleurs très parfumées viennent séchées pour préparer des infusions aux propriétés calmantes et digestives.

▸ **KAMILLE** Pflanze, deren sehr parfümierte Blüten getrocknet werden für Aufgüsse mit beruhigendem und verdauendem Effekt.

▸ **MANZANILLA** Planta herbácea, cuyas flores muy perfumadas vienen disecadas para preparar infusiones con propiedades calmantes y digestivas.

CAMÒSCIO *Mammifero selvatico di grosse dimensioni. In cucina viene servito in umido o arrosto, mentre alcune parti possono essere conservate dopo salagione ed essere stagionate.*

▸ **CHAMOIS** Large wild mammal.It can be roasted or stewed.Certain cuts can de conserved after being salted and aged.

▸ **CHAMOIS** Mammifère sauvage de grandes dimensions. En cuisine, il est servi en sauce ou en rôti, tandis que certaines parties peuvent être conservées après salaison et être affinées.

▸ **GEMSE** Wildes Säugetier von stattlicher Grösse, in der Küche wird sie als Braten oder geschmort serviert, einige Teile können nach Salzung und Abhängung konserviert werden.

▸ **RUPICABRA** Mamífero salvaje de grandes dimensiones. En cocina se sirve guisado o asado, mientras algunas partes pueden ser conservadas en salazón y ser curadas.

CAMPANIA *Regione dell'Italia meridionale, bagnata dal mare Tirreno, avente come capoluogo Napoli (v. pag. 345).*

▸ **CAMPANIA** Region of Southern Italy which lies on the Tyrrhenian Sea, Naples is the capital (s. pag. 345).

▸ **CAMPANIE** Région de l'Italie méridionale baignée par la mer Tyrrhénienne, ayant comme capitale Naples (v. page 345).

▸ **KAMPANIEN** Region Süditaliens am Tirrenischen Meer mit Landeshauptstadt Neapel (s. S. 345).

▸ **CAMPANIA** Región de Italia del sur, bañada por el mar Tirreno, cuya capital es Nápoles (ver pag. 345)

CANAPÈ *Preparazione simile alla tartina ma di dimensioni maggiori, composto da una fetta di pane guarnita o spalmata con composti vari. Può essere servito sia freddo sia caldo.*

▸ **CANAPÈ** Similar to a tartlet but larger, it is a slice of bread with a topping or spread.It can be served hot or cold.

▸ **CANAPÈ** Préparation identique à la tartine mais de dimension plus importante, composée d'une tranche de pain garnie ou tartinée de divers composés. Il peut être servi froid ou chaud.

▸ **CANAPÈ** Größeres Brotschnittchen garniert oder bestrichen mit verschiedenen Zutaten. Kann heiss oder kalt serviert werden.

▸ **CANAPÈ** Preparación compuesta de una rebanada de pan decorada o untada con diversos productos. Puede servirse frío o caliente.

CANARINI *Piccoli carciofi dal colore giallo-verde, tipici della zona della laguna di Venezia, da gustare infarinati e fritti nell'olio.*

▸ **CANARINI** Small yellow-green coloured artichoke, typical of the lagoon zone of Venice.It is often eaten coated with flour and fried in oil.

▸ **CANARINI** Petits artichauts verts-jaunes, typiques de la zone de la Vénétie, à manger enfarinés et frits dans l'huile.

▸ **CANARINI** Kleine gelblich-grünliche (daher "Kanarienvogel") Artischocken, typisch für die Gegend um die venetianische Lagune, die mit Mehl bestäubt frittiert werden.

▸ **CANARIOS** Pequeñas alcachofas de color amarillo-verde, típicas de la zona de la laguna de Venezia, que se comen rebozadas con harina y fritas en aceite.

CANDIRE *Operazione che consiste nell'immersione della frutta in una soluzione concentrata di zucchero che le conferisce una maggiore consistenza e conservabilità, oltre ad un accentuato profumo.*

▸ **CANDY** Operation consisting of the immersion of fruit into a solution of concentrated sugar.This gives the fruit more consistency and helps to preserve it, the aroma of the fruit is also intensified.

▸ **CONFIR** Opération qui consiste à immerger des fruits dans une solution concentrée de sucre, ce qui leurs confère une meilleure consistance et conservation, en plus d'un parfum accentué.

▸ **KANDIEREN** Handlung, bei der Obst in eine konzentrierte Zuckerlösung getaucht wird und es so fest und haltbar und mit eindringlichem Geschmack versehen wird.

▸ **CONFITAR** Operación que consiste en sumergir fruta en una solución concentrada de azúcar que le da una mayor consistencia y durabilidad, además de un acentuado aroma.

CANDITO *È il risultato della canditura della frutta (v. condire), e può essere consumato così com'è o come ingrediente per dolci.*

▸ **CANDIED** Candied fruit (see condire) can be eaten as it is or used as an ingredient.

▸ **CONFIT** C'est le résultat de la confiserie des fruits (v. condire). Le fruit confit peut être mangé tel quel ou servir comme ingrédient pour desserts.

▸ **KANDIERTE FRÜCHTE** Resultat des Kandierens von Früchten (s. condire), kann als Zutat für Süßes oder allein verzehrt werden.

▸ **CONFITADO** Es el resultado del hecho de confitar la fruta (ver condire), y puede ser consumido solo o como ingrediente para dulces.

CANÉDERLI *Termine con cui si definiscono in Trentino (v. Trentino) grossi gnocchi di pane raffermo, variamente aromatizzati, tipici del centro-europa.*

▸ **CANEDERLI** Word from Trentino (s. Trentino) large dried bread gnocchi with various flavourings, typical of central Europe.

▸ **CANEDERLI** Terme aveclequel sont défini en Trentin (v. Trentino) des gros gnocchi de pain rassis, diversement aromatisés, typiques de l'Europe centrale.

▸ **KNÖDELE** Ausdruck, mit dem im Trentin (s. Trentino) große, stark gewürzte Knödel (gnocchi) aus harter Semmel bezeichnet werden.

▷ **CANÉDERLI** Término con el que se definen en Trentino (ver Trentino) grandes ñoquis de pan duro, diversamente aromatizados, típicos del centro-europa.

CANESTRATO *Formaggio di latte vaccino o di pecora, a pasta semidura o dura, con crosta rugosa e colore giallo-bruno.*
▷ **CANESTRATO** Cheese made from the milk of cows or sheep, semi-hard or hard, with a rough butter-yellow rind.
▷ **CANESTRATO** Fromage de lait de vache ou de brebis, à pâte semi-dure ou dure, avec une croûte rugueuse et de couleur brun-jaune.
▷ **CANESTRATO** Käse aus Kuhmilch oder aus Schafsmilch, halbhart oder hart mit faltiger, gelbbrauner Kruste.
▷ **CANESTRATO** Queso de leche de vaca o de oveja, de pasta semidura o dura, con corteza rugosa y color amarillo oscuro.

CANESTRELLO *Dolce tipico del Piemonte e della Liguria a base di farina, uova e zucchero.*
▷ **CANESTRELLO** Biscuit typical of Piedmont and Liguria made using flour, eggs and sugar.
▷ **CANESTRELLO** Dessert typique du Piémont et de la Ligurie à base de farine, d'œufs et de sucre.
▷ **CANESTRELLO** Typischer Keks aus dem Piemont oder aus Ligurien aus Mehl, Eiern und Zucker.
▷ **CANESTRELLO** Dulce típico del Piamonte y de Liguria a base de harina, huevos y azúcar.

CANNA DA ZUCCHERO *Pianta tipica dei climi tropicali dal cui fusto macinato si ottiene lo zucchero.*
▷ **SUGAR CANE** Plant found in tropical climates from which sugar is obtained.
▷ **CANNE A SUCRE** Plante typique des climats tropicaux dont les tiges broyées permettent d'obtenir le sucre.

▷ **ROHRZUCKER** Typische Pflanze aus dem tropischen Klima aus deren gemahlenem Stengel Zucker gewonnen wird.
▷ **CAÑA DE AZUCAR** Planta típica de los climas tropicales de cuyo tronco se obtine el azúcar.

CANNELLA *Spezia dall'aroma forte e penetrante, prodotta sia in polvere sia in stecche, utilizzata principalmente in pasticceria.*
▷ **CINNAMON** Spice with a strong, penetrating aroma, available in powder and sticks, used mainly in confectionery.
▷ **CANNELLE** Epice à l'arôme fort et pénétrant, produite soit en poudre, soit en bâtons, utilisée principalement en pâtisserie.
▷ **ZIMT** Gewürz mit sehr starkem und eindringlichen Aroma, in Pulverform oder Schoten hergestellt, hauptsächlich für die Herstellung von Süßwaren verwendet.
▷ **CANELA** Especia de aroma fuerte y penetrante, producida en polvo o en varillas, utilizada principalmente en pastelería.

CANNELLINO *Varietà di fagiolo nano, tipico dell'Italia centrale, di forma cilindrica e colore verde chiaro.*
▷ **CANNELLINO** A small cylindrical green bean, typical of central Italy.
▷ **CANNELLINO** Variété d'haricot nain, typique de l'Italie centrale, de forme cylindrique et à la couleur verte claire.
▷ **CANNELLINO** Variante der Zwergbohne, typisch für Zentralitalien, zylinderförmig und hellgrün.
▷ **CANELLINO** Variedad de alubia enana, típica de Italia central, de forma cilíndrica y de color verde claro.

CANNELLONI *Tipo di pasta ripiena di forma cilindrica.*
▷ **CANNELLONI** Filled pasta tubes.
▷ **CANNELLONI** Type de pâtes farcies de forme cylindrique.
▷ **CANNELLONI** Gefülltes zylinderförmiges Nudelgericht.

▸ **CANELONES** Tipo de pasta rellena de forma cilíndrica.

CANNOLÌCCHIO *Mollusco dalla caratteristica conchiglia di forma allungata, da mangiare crudo o al gratin (v.).*

▸ **RAZOR-SHELLS** Mollusc with a long shell, eaten raw or au gratin (s.).

▸ **COUTEAU** Mollusque à la coquille caractéristique de forme allongée, à manger cru ou en gratin (v.).

▸ **CANNOLICCHIO** Stabmuschel mit charakteristischer länglicher Form, die roh oder gratiniert verzehrt wird (s. gratin).

▸ **NAVAJA** Molusco con particular concha de forma alargada que se come crudo o al gratén (ver gratin).

CANNOLO *Dolce tipico della Sicilia (v.), formato da una cialda arrotolata e fritta, ripiena di ricotta, canditi e cioccolato.*

▸ **CANNOLO** A rolled cialda biscuit filled with ricotta, candied fruit and chocolate. Typical of Sicily (s. Sicilia).

▸ **CANNOLO** Dessert typique de la Sicile (v. Sicilia), formé d'une gaufre enroulée et frite, remplie avec de la ricotta, des fruits confits et du chocolat.

▸ **CANNOLO** Süßware aus Sizilien (s. Sicilia), eine eingerollte Waffel mit Ricottakäse, kandierten Früchten und Schokolade.

▸ **CANNOLO** Dulce típico de Sicilia (ver), formado por un barquillo redondeado y frito, relleno de requesón, frutas confitadas y chocolate.

CANNONCINO *Piccolo dolce formato da una striscia di pasta sfoglia avvolta a spirale e farcito con varie creme.*

▸ **CANNONCINO** A strip of short crust pastry rolled in to a spiral and filled with various creams.

▸ **CANNONCINO** Petit gâteau formé d'une bande de pâte feuilletée enroulée en spirale et rempli avec des crèmes diverses.

▸ **CANNONCINO** Kleine Süßware aus Mürbeteig, spiralenförmig gerollt und mit diversen Cremes gefüllt.

▸ **ROLLITOS A LA CREMA** Pequeño dulce formado por una tira de hojaldre enrollada en espiral y relleno con varias cremas.

CANÓCCHIA *Crostaceo ricco di denti e spine, da gustare nelle zuppe o bollito.*

▸ **MANTIS SHRIMP** Shellfish with numerous teeth and bones, eaten in soups or boiled.

▸ **SQUILLE** Crustacé riche en dents et épines, à déguster en soupe ou bouilli.

▸ **CANOCCHIA** Schalentier mit zahlreichen Zähnen und Stacheln, gekocht oder in Suppen zu verzehren.

▸ **CIGALA** Crustáceo rico en dientes y espinas, que se come en sopa o hervido.

CANTINA *Luogo buio dove produrre, conservare e invecchiare i vini.*

▸ **CELLAR** Dark place where wines are produced, conserved and aged.

▸ **CAVE** Endroit sombre où les vins sont produits, conservés et faits vieillir.

▸ **KELLER** dunkler Ort, wo Wein produziert, gealtert oder konserviert wird.

▸ **BODEGA** Lugar oscuro para producir, conservar y envejecer los vinos.

CANTUCCI o CANTUCCINI *Piccoli biscotti secchi tipici della Toscana (v.), insaporiti con mandorle, pinoli e semi di anice.*

▸ **CANTUCCI o CANTUCCINI** Small dry biscuits flavoured with almonds, pine nuts and aniseed seeds, typical of Tuscany (s. Toscana).

▸ **CANTUCCI ou CANTUCCINI** Petits biscuits secs typiques de la Toscane (v. Toscana), relevés avec des amandes, pignons et grains d'anis.

▸ **CANTUCCI oder CANTUCCINI** Kleine trockene Kekse typisch für die Toskana (s. Toscana), mit Mandeln, Pinienkernen oder Anis verfeinert.

▸ **CANTUCCI o CANTUCCINI** Pequeñas galletas secas típicas de Tosca na (ver), aderezadas con almendras, piñones y semillas de anís.

CAPELLI D'ANGELO *Tipo di pasta secca lunga e sottile, ideale da cucinare in brodo.*
- **ANGEL HAIR** Long fine pasta, ideal for cooking in stock.
- **CHEVEUX D'ANGE** Type de pâtes sèches longues et minces, idéales à cuisiner en bouillon.
- **ENGELSHAARE** Sehr dünne, lange Nudeln, ideal für Suppeneinlagen oder Brühe.
- **CABELLO DE ANGEL** Tipo de pasta seca larga y sutil, ideal para cocinar en caldo.

CAPITONE *Termine usato in Italia meridionale per definire la grossa anguilla femmina da consumare tradizionalmente la vigilia di Natale o di Capodanno.*
- **CAPITONE** Word used in Southern Italy to identify the large female eel which is traditionally eaten on Christmas Eve or New Years Eve.
- **ANGUILLE FEMELLE** Terme utilisé dans l'Italie du sud pour désigner la grosse anguille femelle à manger habituellement la veille de Noël ou pour le Nouvel An.
- **AALQUAPPE** Ausdruck aus Süditalien für den weiblichen großen Aal, der traditionsgemäß zu Weihnachten oder Neujahr verzehrt wird.
- **CAPITONE** Término usado en Italia del sur para definir la gran anguila hembra que se consume tradicionalmente en Nochebuena o Nochevieja.

CAPOCOLLO *Salume ottenuto dalla parte superiore del collo e parte della spalla del suino, tipico dell'Italia meridionale.*
- **CAPOCOLLO** Pork product made from the top of the neck and from part of the shoulder of pork.
- **CAPOCOLLO** Saucisson obtenu de la partie supérieure du cou et partie de l'épaule du porc, typique de l'Italie du sud.
- **CAPOCOLLO** Wurst aus dem oberen Teil des Halses und Teil des Schulterstücks des Schweins, typisch für Süditalien.
- **SOBRASADA** Embutido obtenido de la parte superior del cuello y parte de la paletilla del cerdo, típico de Italia del sur.

CAPONATA *Piatto tradizionale siciliano a base di verdure fritte e condite con salsa agrodolce.*
- **CAPONATA** Traditional Sicilian dish of fried vegetables dressed with a sweet and sour sauce.
- **CAPONATA** Plat traditionnel de la Sicile à base de légumes frits et assaisonnés d'une sauce aigre-douce.
- **CAPONATA** Tradionelles Gericht aus Sizilien aus frittiertem Gemüse und mit süß- saurer Soße gewürzt.
- **CAPONATA** Plato tradicional siciliano a base de verduras fritas y condimentadas con salsa agridulce.

CAPONATINA *Variante della caponata (v.) che non prevede l'utilizzo della salsa agrodolce.*
- **CAPONATINA** A version of the caponata (s.) without sweet and sour sauce.
- **CAPONATINA** Variante e la caponata (v.) qui ne prévoit pas l'utilisation de la sauce aigre-douce.
- **CAPONATINA** Variante der caponata (s.) ohne süß-saure Soße.
- **CAPONATINA** Variedad de la caponata (ver) que no utiliza la salsa agridulce.

CAPONE *Pesce caratterizzato da carne delicata ma soda. In cucina si prepara lessato, cotto in forno o in umido.*
- **GURNARD** Fish which is delicious and firm. It can be boiled, baked or stewed.
- **TRIGLE** Poisson caractérisé d'une chair délicate mais ferme. En cuisine on le prépare bouilli, cuit dans le four ou à la sauce.
- **CAPONE** Fisch mit sehr delikatem aber festem Fleisch. Wird gekocht, im Ofen gebacken oder geschmort serviert.

▷ **CAPON** Pescado caracterizado por la carne delicata pero compacta. En cocina se prepara hervido, cocido en el horno o guisado.

CAPPELLACCI *Tipo di pasta all'uovo con ripieno a base di zucca, tipica del ferrarese, zona dell'Emilia Romagna (v.), dalla forma di grosso tortello.*

▷ **CAPPELLACCI** Type of egg pasta, shaped like a large tortello with a pumpkin based filling, typical of the Ferrara area, a zone in Emilia Romagna (s.).

▷ **CAPPELLACCI** Type de pâtes aux œufs avec une farce à base de potiron, à la forme de gros tortelli, typiques de Ferrare, ville de l'Emilie-Romagne (v. Emilia Romagna).

▷ **CAPPELLACCI** Eiernudel mit Kürbis gefüllt, typisch für die Gegend um Ferrara, Gebiet in der Emilia Romagna (s.), von der Form eines großen Tortellos.

▷ **CAPPELLACCI** Tipo de pasta al huevo con relleno a base de calabaza, típica del ferrarese, zona de Emilia Romaña (ver Emilia Romagna), con forma de gran rollo de pasta.

CAPPELLETTI *Tipo di pasta ripiena di forma circolare diffusa in Emilia Romagna (v.). La maggior parte del ripieno è a base di formaggio e carni magre.*

▷ **CAPPELLETTI** Type of filled pasta which is circular and usually filled with cheese and lean meat.It is common in Emilia Romagna (s.).

▷ **CAPPELLETTI** Type de pâtes farcies de forme circulaire répandue en Emilie-Romagne (v. Emilia Romagna). La plus grande partie de la farce est à base de fromage et de viande maigre.

▷ **CAPPELLETTI** runde, gefüllte Nudel verbreitet in Emilia Romagna (s.). Der größte Teil der Füllung besteht aus Käse und magerem Fleisch.

▷ **RAVIOLIS REDONDOS** Tipo de pasta rellena de forma circular extendida en Emilia Romaña (ver Emilia Romagna). La mayor parte

del relleno es a base de queso y carnes magras.

CAPPELLO DA PRETE *Nome regionale di un particolare taglio di carne adatto agli umidi e al lesso.*

▷ **CAPPELLO DA PRETE** Regional name for a cut of meat used in stews and boiled.

▷ **CAPPELLO DA PRETE** Nom régional d'un morceau particulier de viande adapté pour les sauces et bouilli.

▷ **CAPPELLO DA PRETE** ("Pfarrerhut") Regionale Bezeichnung für einen Fleischschnitt geeignet für Geschmortes und Gekochtes.

▷ **BIRRETE** Nombre regional de un particular corte de carne, adecuado para los guisados y hervidos.

CAPPELLO DEL PRETE o **CAPPEL DI PRETE** *Salume tradizionale del parmense, zona dell'Emilia Romagna (v.) prodotto con gli avanzi della coscia di maiale.*

▷ **CAPPELLO DEL PRETE** o **CAPPEL DI PRETE** Traditional pork products from the area of Parma, a zone in Emilia Romagna (s.) produced with the leftovers of pork thigh.

▷ **CAPPELLO DEL PRETE** Saucisson traditionnel de Parme, ville de l'Emilie-Romagne (v. Emilia Romagna) produit avec les restes de la cuisse de porc.

▷ **CAPPELLO DEL PRETE** oder **CAPPEL DI PRETE** Traditionelle Wurst aus der Gegend um Parma, Gebiet in der Emilia Romagna (s.), hergestellt aus Keulenresten des Schweins.

▷ **BIRRETA** Embutido tradicional del parmense, zona de Emilia Romaña (ver Emilia Romagna), producido con los restos de la pata de cerdo.

CAPPERO *Piccola bacca dal sapore intenso, da consumare sott'aceto, in salamoia o sotto sale, molto diffusa in Sicilia (v.) e nelle isole circostanti.*

▷ **CAPER** Small bud with a strong flavour, eaten pickled, in brine or salted, common in Sicily (s. Sicilia) and on the surrounding islands.

▶ **CAPRE** Petite baie au goût intense, à manger marinée au vinaigre, en saumure ou sous sel, très répandue en Sicile (v. Sicilia) et les îles environnantes.

▶ **KAPER** Kleine Beere mit intensivem Geschmack, die in Essig eingelegt verzehrt wird, in Salzwasser oder Salz eingelegt, sehr verbreitet in Sizilien (s. Sicilia) und den umliegenden Inseln.

▶ **ALCAPARRA** Pequeña baya de sabor intenso, que se consume en vinagre, en salmuera o en sal, muy difundida en Sicilia (ver) y en las islas cercanas.

CAPPON MAGRO *Tradizionale piatto della Liguria (v.) a base di verdure, ortaggi e pesce.*

▶ **CAPPON MAGRO** Traditional dish from Liguria (s.) made with vegetables and fish.

▶ **CHAPON MAIGRE** Plat traditionnel de la Ligurie (v. Liguria) à base de légumes et poisson.

▶ **CAPPON MAGRO** Traditionelles Gericht aus Ligurien (s. Liguria) aus Gemüse und Fisch.

▶ **CAPON MAGRO** Tradicional plato de Liguria (ver) a base de verduras, hortalizas y pescado.

CAPPONE *Pollo di sesso maschile, castrato all'età di 60/70 giorni, dotato di carne morbida e saporita, con abbondante presenza di grasso. È un piatto tradizionale delle festività natalizie.*

▶ **COCK** Male chicken, castrated at the age of 60/70 days, tender tasty meat, very fatty.Traditionally eaten at Christmas.

▶ **CHAPON** Poule male, châtré à l'âge de 60/70 jours, doté de viande molle et savoureuse, avec grande présence de gras. C'est un plat traditionnel des fêtes de Noël.

▶ **KAPAUN** Männliches Huhn, kastriert im Alter von 60/70 Tagen mit weichem und geschmacksreichem, fettigem Fleisch. Traditionelles Gericht zu den Weihnachtsfeiertagen.

▶ **CAPON** Pollo de sexo masculino, con abundante presencia de grasa. Es un plato tradicional de las festividades navideñas.

CAPPUCCINO *Bevanda molto diffusa in Italia a base di caffè e latte, ideale per la prima colazione.*

▶ **CAPPUCCINO** Drink which is very common in Italy, made from coffee and milk, ideal for breakfast.

▶ **CAPPUCCINO** Boisson très répandue en Italie à base de café et lait, idéale pour le petit déjeuner.

▶ **CAPPUCCINO** In Italien sehr verbreitetes Getränk aus Kaffee und schaumiger Milch, ideal zum Frühstück.

▶ **CAPUCHINO** Bebida muy extendida en Italia a base de café y leche, ideal para el desayuno.

CAPRA *Quadrupede della famiglia dei caprini la cui carne ha sapore particolarmente forte e selvatico.*

▶ **GOAT** The meat has a particularly strong flavour.

▶ **CHEVRE** Quadrupède de la famille des caprins dont la viande a une saveur particulièrement forte et sauvage.

▶ **ZIEGE** Vierfüßler aus der Familie der Ziegenart dessen Fleisch sehr intensiv und wild schmeckt.

▶ **CABRA** Cuadrúpedo de la familia caprina cuya carne tiene un sabor particularmente fuerte y salvaje.

CAPRESE *Insalata a base di pomodori freschi, mozzarella di bufala, basilico.*

▶ **CAPRESE** Salad of tomatoes, mozzarella cheese made from buffalo milk, and basil.

▶ **CAPRESE** Salade à base de tomates fraîches, mozzarella de buffle et basilic.

▶ **CAPRESE** Salat aus frischen Tomaten, Büffelmozzarella und Basilikum.

▶ **CAPRESE** Ensalada a base de tomates frescos, mozarela de búfalo, albahaca.

CAPRETTO *Giovane capra con carne delicata di colore rosa e sapore marcato. Piatto ideale delle feste ed in particolare della Pasqua.*

▷ **KID** Young goat with delicate red meat and a marked taste.Ideal for special occasions, particularly for Easter.

▷ **CHEVREAU** Jeune chèvre à la chair délicate de couleur rose et de saveur marquée. Plat idéal des fêtes et en particulier de Pâques.

▷ **ZIEGENBÖCKCHEN** Junge Ziege mit delikatem rosafarbenen Fleisch und von ausgeprägtem Geschmack. Ideales Gericht für Festtage, besonders zu Ostern.

▷ **CABRITO** Cabra joven con carne delicata de color rosa y sabor marcado. Plato ideal para las fiestas sobretodo Pascua.

CAPRIATA *Purea di fave con cicorie bollite, tipica della Puglia (v.).*

▷ **CAPRIATA** Broad bean puree with boiled chicory, typical of Puglia (s.).

▷ **CAPRIATA** Purée de fèves avec de la chicorée bouillie, typique des Pouilles (v. Puglia).

▷ **CAPRIATA** Ackerbohnenpüree mit gekochten Zichorien, typisch für Apulien (s. Puglia).

▷ **CAPRIATA** Puré de alubias con chicorias hervidas, típica de Puglia (ver).

CAPRINO *Formaggio a base di latte di capra, sia fresco sia stagionato.*

▷ **CAPRINO** A cheese made with goats milk, fresh or matured.

▷ **CAPRINO** Fromage à base de lait de chèvre, soit frais soit affiné.

▷ **CAPRINO** Käse aus Ziegenmilch, frisch oder gereift.

▷ **QUESO DE CABRA** Queso a base de leche de cabra, fresco o curado.

CAPRIOLO *Mammifero selvatico la cui carne deve essere frollata e risulta ideale per arrosti, umidi e brasati.*

▷ **ROE-BUCK** Wild mammal, the meat must be tenderised and is ideal for roasts, stews and for braising.

▷ **CHEVREUIL** Mammifère sauvage dont la chair doit être faisandée et résulte idéale pour rôtis, sauces et braisés.

▷ **REHBOCK** wildes Säugetier, dessen Fleisch abgehangen werden muss und ideal für Braten und Geschmortes ist.

▷ **CORZO** Mamífero salvaje cuya carne debe ser manida y resulta ideal para asados, guisados y estofados.

CARAFFA *Recipiente di vetro, cristallo o ceramica, dotato di manico, ideale per contenere acqua, vino e bevande.*

▷ **CARAFE** Receptacle of glass, crystal or pot, which has a handle and is an ideal container for water, wine and other beverages.

▷ **CARAFE** Récipient en verre, cristal ou céramique, doté des manches, idéal pour contenir eau, vin et boissons.

▷ **KARAFFE** Glas-, Keramik- oder Kristallbehälter mit Henkel, ideal für den Inhalt von Wasser, Wein oder Getränken.

▷ **GARRAFA** Recipiente de vidrio, cristal o cerámica, dotado de mango, ideal para contener agua, vino o bebidas.

CARAMELLA *Piccolo dolce che si ottiene mediante cottura di zucchero bagnato nell'acqua con aggiunta di glucosio. Vengono aggiunti anche profumi, essenze e coloranti.*

▷ **BOILED SWEET** A small sweet made from sugar syrup and glucose, with flavourings, essences and colourings added.

▷ **BONBON** Petit doux qu'on obtient par la cuisson de sucre baigné dans l'eau avec l'ajoute de glucose. On ajoute aussi des parfums, essences et colorants.

▷ **KARAMELLE** Kleine Süßigkeit aus in Wasser gelöstem Zucker, der erhitzt und mit Glukose versehen wird. Zugegeben werden Essenzen, Aromen und Farbstoffe.

▷ **CARAMELO** Pequeño dulce que se obtiene mediante la cocción del azúcar bañado en agua añadiendo glucosa. Se añaden también aromas, esencias y colorantes.

CARAMELLARE *Operazione che consiste nel trasformare lo zucchero in ca-*

ramello (v.), scaldandolo a fuoco dolce. Può significare anche ricoprire di caramello frutta fresca, secca o candita.

▸ **CARAMELISE** Sugar becomes caramel (s. caramello) when gently heated. The term can also indicate the coating of fresh, dried or candied fruit with caramel.

▸ **CARAMELISER** Opération qui consiste à transformer le sucre en caramel (v. caramello), en le chauffant sur feu doux. Peut aussi signifier recouvrir de caramel les fruits frais, secs ou confits.

▸ **KARAMELLIEREN** Vorgang, bei dem durch langsames Erhitzen Zucker in Karamell (s. caramello) verwandelt wird. Kann auch den Vorgang des Überziehens mit Karamell bedeuten, z. B. von frischen, getrockneten oder kandierten Früchten.

▸ **CARAMELIZAR** Operación que consiste en transformar el azúcar en caramelo (ver caramello) calentándolo a fuego lento. Puede significar también recubrir de caramelo fruta fresca, seca o confitada.

CARAMELLO Termine che indica quei prodotti di colore bruno composti da sostanze che si formano mediante riscaldamento di zuccheri alimentari.

▸ **CARAMEL** Name given to brown products produced by the heating of sugar.

▸ **CARAMEL** Terme qui indique les produits de couleur brune, composés de substances qui se forment par le réchauffage de sucres alimentaires.

▸ **KARAMELL** Bezeichnung für Produkte mit brauner Farbe, zusammengesetzt aus Substanzen, die sich bei der Erhitzung von Speisezuckern bilden.

▸ **CARAMELO** Término que indica los productos de color oscuro compuestos de sustancias que se forman mediante el precalentamiento de los azúcares alimenticios.

CARBONADE Termine valdostano (v. Valle d'Aosta) che indica un piatto a base di carne in umido.

▸ **CARBONADE** Name of a meat stew from the Valle d'Aosta (s).

▸ **CARBONADE** Terme de la Vallée d'Aoste (v. Valle d'Aosta) qui désigne un plat à base de viandes en sauce.

▸ **CARBONADE** Ausdruck aus dem Aostatal (s. Valle d'Aosta) für ein geschmortes Fleischgericht.

▸ **CARBONADE** Término valdostano (ver Valle d'Aosta) que indica un plato a base de carne guisada.

CARBONARA, PASTA ALLA Tradizionale primo piatto di pasta condita con una salsa a base di uova e pancetta.

▸ **CARBONARA, PASTA ALLA** Traditional first course, a pasta dish with egg and bacon.

▸ **CARBONARA, PATES A LA** Premier plat traditionnel de pâtes assaisonnées d'une sauce à base d'œufs et bacon.

▸ **CARBONARA** Traditionelles Nudelgericht mit Eigelb und Speck angerichtet.

▸ **CARBONARA, PASTA A LA** Tradicional primer plato de pasta condimentada con una salsa a base de huevos y paneta.

CARCIOFI ALLA GIUDIA Preparazione tipica del Lazio (v.) costituita da carciofi cotti nell'olio.

▸ **CARCIOFI ALLA GIUDIA** Artichokes cooked in oil, using a certain recipe. Typical of Lazio (s.).

▸ **ARTICHAUTS A LA GIUDIA** Préparation typique du Latium (v. Lazio) constituée d'artichauts cuits dans l'huile.

▸ **CARCIOFI ALLA GIUDIA** Zubereitung aus in Öl gegarten Artischocken, typisch für Lazio (s.).

▸ **ALCACHOFAS A LA GIUDIA** Preparación típica del Lazio (ver) constituida por alcachofas cocidas en aceite.

CARCIOFO Ortaggio dal sapore amarognolo composto da più foglie sovrapposte. Mai consumato fresco, si prepara bollito, in forno, fritto oppure in umido.

▸ **ARTICHOKE** Vegetable with a slightly bitter taste, it is composed of many overlapping leaves.Never eaten raw, it can be boiled, baked, fried and stewed.

▶ **ARTICHAUT** Légume au goût un peu amer composé de nombreuses feuilles superposées.

▶ **ARTISCHOCKE** Gemüse mit bitterem Geschmack aus mehreren übereinanderliegenden Blättern. Nie roh verzehrt, wird sie gekocht, im Ofen gebacken, frittiert oder gedünstet.

▶ **ALCACHOFA** Hortaliza de sabor amargo compuesta de hojas sobrepuestas. No se consume fresca, se prepara hervida, en horno, frita o guisada.

CARDAMOMO *Spezia aromatica e molto piccante, ideale per condire pietanze e molto utilizzata nella composizione dei liquori.*

▶ **CARDAMOM** A very hot aromatic spice, ideal for use in main courses, it is often used in making liqueurs.

▶ **CARDAMONE** Epice aromatique et très relevée, idéale pour assaisonner la nourriture et est très utilisée dans la composition d'alcool.

▶ **KARDAMOM** Aromatisches Gewürz und sehr scharf, ideal zum Würzen von Speisen und sehr gebräuchlich für die Herstellung von Liqueuren.

▶ **CARDAMONO** Especia aromática y muy picante, ideal para condimentar platos y muy utilizada en la composición de licores.

CARDO *Ortaggio autunnale della famiglia dei carciofi dal colore biancastro e sapore amarognolo. È commestibile sia crudo sia cotto.*

▶ **THISTLE** Autumn vegetable from the artichoke family, it has a slightly bitter taste and a whitish colour.

▶ **CARDON** Légume automnal de la famille des artichauts à la couleur blanchâtre et au goût un peu amer.

▶ **DISTEL** Herbstliches Gemüse der Familie der Artischocken von weisslicher Farbe und bitterem Geschmack. Kann roh oder gekocht verzehrt werden.

▶ **CARDO** Hortaliza otoñal de la familia de las alcachofas de color blanquecino y sabor amargo. Es comestible cruda y también cocida.

CARDONADE *Spezzatino di carne tagliata a pezzetti e patate, tipico della Valle d'Aosta (v.).*

▶ **CARDONADE** Stew consisting of pieces of meat and potatoes, typical of Valle d'Aosta (s.).

▶ **CARDONADE** Petits morceaux de viande et pommes de terre, typiques de la Vallée d'Aoste (v. Valle d'Aosta).

▶ **CARDONADE** Fleischgeschnetzeltes aus Fleischstücken und Kartoffeln, typisch für das Aostatal (s. Valle d'Aosta).

▶ **CARDONADE** Guiso de carne cortada en trozos con patatas, típico del Valle de Aosta (ver Valle d'Aosta).

CARDONCELLO *Termine pugliese per indicare il cardo selvatico. Nell'accezione comune indica un fungo dalla carne bianca, ritenuto pregiato fin dall'antichità.*

▶ **CARDONCELLO** Word from Puglia used to indicate the wild thistle. Also the name of a white mushroom valued since antique times.

▶ **CARDONCELLO** Terme des Pouilles pour indiquer le cardon sauvage. Dans l'usage commun indique le champignon à la chair blanche, considéré de qualité depuis l'antiquité.

▶ **CARDONCELLO** Bezeichnung aus Puglien für die wilde Distel. Allgemein Bezeichnung für einen weissen Pilz, seit alten Zeiten als wertvoll geltend.

▶ **CARDONCELLO** Término pugliese para indicar el cardo silvestre. En su acepción común indica un hongo de carne blanca, muy preciado desde la antigüedad.

CARNAROLI *È la varietà più pregiata di riso italiano. I suoi chicchi piuttosto grandi sono adatti alla preparazione dei risotti. Il Carnaroli nasce in Piemonte, Lombardia e Veneto (v.).*

▶ **CARNAROLI** The best quality Italian rice, from Piedmont, Lombardy and Veneto (s. Piemonte, Lombardia, Veneto). The grains are quite large and suitable for risotto.

▶ **CARNAROLI** C'est la variété la plus appréciée de riz italien. Ses grains plutôt grands sont adaptés à la préparation des risotti. Le Carnaroli croît au Piémont, en Lombardie et en Vénétie (v. Piemonte, Lombardia, Veneto).

▶ **CARNAROLI** die wertvollste Reisart Italiens. Die grossen Reiskörner sind ideal für die Zubereitung von Risottos. Er stammt aus dem Piemont, der Lombardei und Venetien (s. Piemonte, Lombardia, Veneto).

▶ **CARNAROLI** Es la variedad más apreciada del arroz italiano. Sus granos particularmente grandes son adecuados para la preparación de los risottos. El Carnaroli nace en Piamonte, Lombardía y Véneto (ver Piemonte, Lombardia, Veneto).

CARNE *Termine che indica la parte muscolare degli organismi animali, costituita da proteine, grassi, sostanze minerali e vitamine.*

▶ **MEAT** The muscular part of animals, containing proteins, fats, minerals and vitamins.

▶ **VIANDE** Terme qui indique la partie musculaire des organismes animaux, constituée de protéines, graisses, substances minérales et vitamines.

▶ **FLEISCH** Bezeichnung für den Muskelteil des Tierorganismus, bestehend aus Proteinen, Fett, Mineralien und Vitaminen.

▶ **CARNE** Término que indica la parte muscular de los organismos animales, compuesta por proteínas, grasas, sustancias minerales y vitaminas.

CAROTA *Ortaggio di colore arancione che può essere usato sia come verdura aromatica per contorni, sia come componente di insalate.*

▶ **CARROT** Orange coloured vegetable which can be a used as a side dish or an ingredient in salads.

▶ **CAROTTE** Légume de couleur orange qui peut être utilisé soit comme verdure aromatique pour garniture, soit comme composant de salades.

▶ **MÖHRE** orangefarbenes Gemüse, das als aromareiche Beilage oder als Zusatz für Salate benutzt werden kann.

▶ **ZANAHORIA** Hortaliza de color naranja que puede usarse como verdura aromática y para guarniciones, o como ingrediente de las ensaladas.

CARPA *Pesce d'acqua dolce. Si cucina al forno, fritto e in carpione, ed ha un sapore delicato tendente al dolce.*

▶ **CARP** Fresh water fish. It can be baked, fried or prepared using the carpione method, it has a delicate sweet flavour.

▶ **CARPE** Poisson d'eau douce. On le cuisine au four, frit et en matelote, et a saveur délicate qui tire au sucré.

▶ **KARPFEN** Süßwasserfisch. Wird im Ofen gegart, frittiert oder "in carpione" serviert und hat einen leicht zum Süßlichen tendierenden delikaten Geschmack.

▶ **CARPA** Pescado de agua dulce. Se cocina en el horno, frito y en escabeche, y tiene un sabor delicado tendiendo a dulce.

CARPACCIO *Preparazione a base di carne cruda bovina, a fette sottili e condita con olio extravergine di oliva e varie aggiunte.*

▶ **CARPACCIO** Thin slices of raw beef with a dressing of oil, vinegar and seasoning.

▶ **CARPACCIO** Préparation à base de viande bovine crue, en tranches fines et assaisonnée avec de l'huile d'olive extra-vierge et autres ingrédients variés.

▶ **CARPACCIO** Zubereitung aus rohem, sehr dünn geschnittenem Fleisch und abgeschmeckt mit kaltgepresstem Olivenöl und verschiedenen Zutaten.

▶ **CARPACHO** Preparación a base de carne cruda bovina, en tajadas sutiles y condimentada con aceite extravirgen de oliva y otros agregados.

CARPIONE *Pesce d'acqua dolce molto pregiato, dalla carne particolarmente delicata. Il termine indica anche una preparazione particolare che consente una buona conservabilità del pesce.*

▶ **LAKE GARDA TROUT** Fresh water fish, highly considered for its particularly delicate flesh. The term also indicates a method of preparing fish which preserves it for longer.

▶ **CARPION** Poisson d'eau douce très apprécié, à la chair particulièrement délicate. Le terme indique aussi une préparation particulière qui permet une bonne conservation du poisson.

▶ **KARPFEN** Süßwasserfisch mit besonders delikatem Fleisch. Der Ausdruck bezeichnet eine besondere Zubereitung, die es erlaubt, den Fisch gut zu konservieren.

▶ **CARPA DE LA CHINA O EN ESCABECHE** Pescado de agua dulce muy preciado, de carne particularmente delicada. El término indica también una preparación particular que permite la buena conservación del pescado.

CARRÈ *È un taglio di carne che può essere cotto intero o diviso in costolette.*

▶ **CARRÈ** A cut of meat which can be cooked whole or split in to ribs.

▶ **CARRÈ** C'est un morceau de viande qui peut être cuit entier ou divisé en côtelettes.

▶ **CARRÈ** Fleischschnitt, der ganz oder in Rippen unterteilt zubereitet werden kann.

▶ **LOMO** Es un corte de carne que puede ser cocido entero o dividido en chuletas.

CARRELLO *È un piccolo tavolino di servizio in uso nei ristoranti dove vengono posizionate varie portate.*

▶ **TROLLEY** A small service table used in restaurants, on which the various courses are placed.

▶ **CHARIOT** C'est une petite table de service utilisée dans les restaurants où sont posés différents plats.

▶ **WAGEN** Ein kleiner Tisch, der im Restaurant für diverse Gänge gebraucht wird.

▶ **CARRITO** Es una pequeña mesa de servicio que se usa en los restaurantes en el que se ponen varios platos.

CARTA *È sinonimo di menu ed indica la scelta libera dei piatti e dei vini nei ristoranti.*

▶ **CARTA** Another word for menu, indicating the choice of food and wine in a restaurant.

▶ **CARTE** C'est un synonyme de menu et indique le choix libre des plats et des vins dans les restaurants.

▶ **SPEISEKARTE** Synonym für Menü, bezeichnet die freie Auswahl von Speisen und Getränken.

▶ **CARTA** Es sinónimo de menú e indica la elección libre de platos y de vinos en los restaurantes.

CARTA DA MUSICA *Pane a lunga conservazione tipico della Sardegna (v.), formato da fogli sottili e croccanti.*

▶ **CARTA DA MUSICA** Thin sheets of crunchy bread from Sardinia (s. Sardegna) which have a long shelf life.

▶ **PAPIER A MUSIQUE** Pain à longue conservation typique de la Sardaigne (v. Sardegna), formé de feuilles fines et croquantes.

▶ **CARTA DA MUSICA** "Musikpapier", lange haltendes trockenes und knuspriges Brot in dünnen Scheiben, typisch für Sardinien (s. Sardegna).

▶ **CARTA DE MUSICA** Pan de larga conservación típico de Cerdeña (ver Sardegna), formado por hojas sutiles y crujientes.

CARTOCCIO, AL *Metodo di cottura che consta nell'avvolgere in carta oleata o fogli d'alluminio vivande da cuocere in forno, così da trattenere meglio il sapore.*

▶ **CARTOCCIO, AL** Method of cooking foods in the oven, wrapped in greased paper or aluminium foil, which keeps in all of the flavours.

▶ **EN PAPILLOTE** Méthode de cuisson qui consiste en envelopper dans un papier huileux ou feuilles d'aluminium les aliments à cuire au four, de manière à mieux maintenir le goût.

▶ **CARTOCCIO, AL** " In Alufolie", Art der Garung wobei die Speisen in geöltes Papier oder Alufolie eingewickelt werden, um dann im Ofen gegart zu werden. Zweck ist Geschmacksverlust zu vermeiden.

▶ **PAPILLOTE, A LA** Método de cocción que consiste en envolver en papel impermeable o papel de aluminio alimentos para cocerlos en el horno, conservando así, mejor el sabor.

CASATELLA *Formaggio a pasta molle del Veneto (v.) prodotto con latte di vacca.*

▶ **CASATELLA** Soft cheese from Veneto (s.) produced from cows milk.

▶ **CASATELLA** Fromage à pâte molle de la Vénétie (v. Veneto) produit avec du lait de vache.

▶ **CASATELLA** Weichkäse aus Venetien (s. Veneto), hergestellt aus Kuhmilch.

▶ **CASATELLA** Queso de pasta blanda del Véneto (ver) producido con leche de vaca.

CASOEÛLA *Piatto tradizionale della cucina milanese a base di diversi tagli di maiale e verza.*

▶ **CASOEÛLA** Traditional dish from Milan made with various cuts of pork and cabbage.

▶ **CASOEÛLA** Plat traditionnel de la cuisine de Milan à base de différents morceaux de porc et de chou de Milan.

▶ **CASOEÛLA** Traditionelles Gericht aus der Mailänder Küche aus diversen Schweinefleischstücken und Kohl.

▶ **CASOEÛLA** Plato tradicional de la cocina milanesa a base de diversos cortes de cerdo y berza.

CASÔNSÈI *Tipo di pasta ripiena a forma cilindrica, tradizionale del bresciano,* zona della Lombardia (v.). Il ripieno è a base di salumi, pane, uova e formaggi.

▶ **CASÔNSÈI** Type of cylindrical pasta filled with pork products, bread, eggs and cheese, typical of the area of Brescia, in Lombardy (s. Lombardia).

▶ **CASÔNSÈI** Type de pâte remplies à la forme cylindrique, traditionnelles de la zone de Brescia, en Lombardie (v. Lombardia). La farce est à base de saucisses, pain, œufs et fromages.

▶ **CASÔNSÈI** zylinderförmige Teigware, Tradition in der Gegend um Brescia, Gebiet in der Lombardei (s. Lombardia). Die Füllung ist aus Wurst, Brot, Eiern und Käse.

▶ **CASÔNSÈI** Tipo de pasta rellena de forma cilíndrica, tradicional del bresciano, zona de Lombardía (ver). El relleno es a base de embutidos, pan, huevos y quesos.

CASSATA *Dolce tipico siciliano (v. Sicilia) formato da una torta di Pan di Spagna ripiena di ricotta, zucchero, cioccolato, vaniglia, pezzetti di frutta candita e liquore.*

▶ **CASSATA** A Sicilian (s. Sicilia) cake. Sponge cake filled with ricotta, sugar, chocolate, vanilla, pieces of candied peel and liqueur.

▶ **CASSATA** Dessert typique de la Sicile (v. Sicilia) formé d'une tarte de pain de Gênes remplie de ricotta, sucre, chocolat, vanille, morceaux de fruits confits et liqueurs.

▶ **CASSATA** Typische Süßware aus Sizilien (s. Sicilia), bestehend aus weichem Kuchenteig gefüllt mit Ricotta, Zucker, Schokolade, Vanille, kandierten Fruchtstückchen und Liqueur.

▶ **CASSATA** Dulce típico siciliano (ver Sicilia) que consiste en una tarta de bizcocho, rellena de requesón, azúcar, chocolate, vainilla, trocitos de fruta confitada y licor.

CASSERUÒLA *Recipiente di cottura di forma cilindrica dotato di un manico o due maniglie.*

▶ **CASSEROLE** Cylindrical heatproof dish with one or two handles.

▸ **CASSEROLE** Récipient pour la cuisson de forme cylindrique doté d'un ou de deux manches.

▸ **CASSERUOLA** Behälter zum Garen, zylinderförmig und mit einem oder zwei Henkeln.

▸ **CACEROLA** Recipiente de cocción de forma cilíndrica dotado de uno o dos mangos.

CASSIS *Bacche di sapore acido e profumo intenso con cui si preparano sciroppi e liquori.*

▸ **CASSIS** Bud with an acidic flavour and an intense fragrance, used for syrups and liqueurs.

▸ **CASSIS** Baies à la saveur aigre et au parfum intense avec lesquelles on prépare des sirops et des liqueurs.

▸ **CASSIS** Saure Beere mit intensivem Duft, aus der Syrup oder Liqueur hergestellt wird.

▸ **CASIS** Bayas de sabor ácido y perfume intenso con las que se preparan jarabes y licores.

CASSOLA *Particolare zuppa di pesce tipica della Sardegna (v.).*

▸ **CASSOLA** Special fish soup typical of Sardinia (s. Sardegna).

▸ **CASSOLA** Soupe de poisson particulière, typique de la Sardaigne (v. Sardegna).

▸ **CASSOLA** Besondere Fischsuppe, typisch für Sardinien (s. Sardegna).

▸ **CASSOLA** Particular sopa de pescado típica de Cerdeña (ver Sardegna).

CASTAGNA *Piccolo frutto dalla polpa compatta e farinosa da consumare cotto, arrostito, secco, oppure trasformato in farina. È utilizzato principalmente per la preparazione di dolci.*

▸ **CHESTNUT** Small fruit with compact floury pulp, eaten roasted, dried or as a flour. Generally used in confectionery.

▸ **CHATAIGNE** Petit fruit à la pulpe compacte et farineuse à manger cuit, rôti, sec, ou bien transformé en farine. Elle est utilisée principalement pour préparer des desserts.

▸ **ESSKASTANIE** Kleine Frucht mit kompaktem und mehligem Fruchtfleisch, die gekocht, geröstet, getrocknet oder in Mehl gemahlen gebraucht wird. Hauptsächlich zur Zubereitung von Süßspeisen benutzt.

▸ **CASTAÑA** Pequeño fruto de pulpa compacta y harinosa que se consume cocido, asado, seco o transformado en harina. Es utilizado principalmente para la preparación de dulces.

CASTAGNACCIO *Dolce a base di farina di castagne zuccherata e infornata. Tipico della Toscana (v.).*

▸ **CASTAGNACCIO** Cake from Tuscany (s. Toscana) made with sweetened chestnut flour.

▸ **CASTAGNACCIO** Dessert à base de farine de marrons sucré et mis au four. Typique de la Toscane (v. Toscana).

▸ **CASTAGNACCIO** Flacher Kuchen aus Kastanienmehl, gesüßt und im Ofen gebacken. Typisch für die Toskana (s. Toscana).

▸ **PAN DE CASTAÑAS** Dulce a base de harina de castañas azucarada y horneada. Típico de Toscana (ver).

CASTELMAGNO *Antico formaggio stagionato del cuneese (zona del Piemonte, v.), prodotto con latte vaccino. La forma è cilindrica e la pasta del formaggio viene pressata. Si presenta di consistenza farinosa, e semidura; diventa compatto con striature blu (muffe) con l'invecchiamento ed ha un sapore molto intenso.*

▸ **CASTELMAGNO** Aged cheese from the area of Cuneo (in Piedmont, s. Piemonte), produced from cows milk. The cheese is cylindrical and is pressed. It appears floury and is semi-hard; with age it becomes compact and variegated with blue (mould) and develops an strong flavour.

▸ **CASTELMAGNO** Antique fromage affiné de la zone de Cuneo (au Piémont, v. Piemonte), produit avec du lait de vache. Sa forme est cylindrique et la pâte est pressée. Il a une consistance farineuse et demi-dure; il devient compact avec des stries bleues (moisissures) avec le vieillissement et a saveur très intense.

▷ **CASTELMAGNO** Antiker gereifter Käse aus der Gegend um Cuneo (Gebiet im Piemont, s. Piemonte), hergestellt aus Kuhmilch. Die Form ist zylinderförmig und der Käse wird gepresst. Er hat eine mehlige Konsistenz und ist halbhart, bei Alterung wird er kompakt mit blauen (Pilz) Streifen und nimmt einen sehr intensiven Geschmack an.

▷ **CASTELMAÑO** Antiguo queso curado del cuneese (zona del Piamonte, ver Piemonte), producido con leche de vaca. La forma es cilíndrica y la pasta del queso viene prensada. Se presenta con consistencia harinosa, y semidura; se vuelve compacto con estrías azules (moho) con el envejecimiento y tiene un sabor muy intenso.

CASTRATO *Il termine indica il maschio ovino che subisce la castrazione. Questa carne rossa è indicata per cotture alla griglia o arrosto.*

▷ **MUTTON** Male ovine which has been castrated.This red meat should be grilled or roasted.

▷ **CHATRE** Le terme indique le male ovin qui subit la castration. Cette viande rouge est indiquée pour cuissons grillées ou rôties.

▷ **HAMMEL** Der Ausdruck bezeichnet das kastrierte Rind. Das rote Fleisch ist geeignet für Zubereitungen auf dem Grill oder Braten.

▷ **CASTRADO** El término indica el macho ovino que sufre la castración. Esta carne roja es indicada para cocciones a la parilla o asados.

CATALOGNA *Varietà di cicoria con foglie molto lunghe e strette. Si usa generalmente lessata in acqua o in brodo.*

▷ **CATALOGNA** Variety of chicory with very long and narrow leaves.It is usually boiled in water or stock.

▷ **CATALOGNE** Variété de chicorée aux feuilles très longues et étroites. On l'utilise généralement bouillie dans l'eau ou le bouillon.

▷ **CATALOGNA** Art der Zichorie mit sehr langen und schmalen Blättern. Wird normalerweise in Wasser oder Brühe gekocht.

▷ **ACHICORIA** Variedad de chicoria con hojas muy largas y estrechas. Se usa generalmente hervida en agua o en caldo.

CAVATAPPI o CAVATURACCIOLI *Utensili atti a togliere i tappi di sughero delle bottiglie.*

▷ **CORKSKREW** Utensil use to remove corks from bottles.

▷ **TIRE- BOUCHONS** Instrument adapté pour enlever les bouchons en liège des bouteilles.

▷ **FLASCHENÖFFNER** Gerät um Korken aus den Flaschen zu entfernen.

▷ **SACACORCHOS** Utensilio que sirve para quitar los tapones de corcho de las botellas.

CAVATELLI *Pasta di semola di grano duro tipica della Puglia (v.).*

▷ **CAVATELLI** Durum wheat pasta typical of Puglia (s.).

▷ **CAVATELLI** Pâtes de semoule de blé dur, typiques des Pouilles (v. Puglia).

▷ **CAVATELLI** Nudeln aus Hartweizen typisch für Apulien (s. Puglia).

▷ **CAVATELLI** Pasta de sémola de trigo típica de Puglia (ver).

CAVEDANO *Pesce d'acqua dolce, necessita di una prolungata cottura.*

▷ **CHUB** Fresh water fish, requiring prolonged cooking.

▷ **CHEVESNE** Poisson d'eau douce, qui a besoin d'une cuisson prolongée.

▷ **CAVEDANO** Süßwasserfisch, braucht längere Kochzeit.

▷ **CACHO** Pescado de agua dulce, necesita una cocción prolongada.

CAVIALE *Uova di storione salate e preparate con procedure particolari. Si apprezzano su crostini di pane tostati appena imburrati.*

▷ **CAVIAR** Sturgeon eggs, salted and prepared with particular techniques. Often eaten on lightly buttered toast.

▶ **CAVIAR** Œufs d'esturgeon salés et préparées avec des procédés particuliers. On les apprécie sur des croûtons de pain grillés à peine beurrés.

▶ **KAVIAR** Gesalzene Fischeier des Störs und in besonderen Vorgängen zubereitet. Sehr geschätzt auf gerösteten Brotscheibchen, die leicht gebuttert sind.

▶ **CAVIAR** Huevos de esturión salados y preparados con procedimientos particulares. Se sirven sobre tostadas de pan con un poco de mantequilla.

CAVOLFIORE *Ortaggio sodo e compatto da consumare crudo, lessato, gratinato o fritto.*

▶ **CAULIFLOWER** Firm compact vegetable which can be eaten raw, boiled, au gratin or fried.

▶ **CHOU-FLEUR** Légume ferme et compact à manger cru, bouilli, gratiné ou frit.

▶ **BLUMENKOHL** festes und kompaktes Gemüse, das roh, gekocht, gratiniert oder frittiert verzehrt werden kann.

▶ **COLIFLOR** Hortaliza compacta que se consume cruda, hervida, gratinada o frita.

CAVOLINI DI BRUXELLES *Termine che indica i germogli del cavolo di Bruxelles. Si mangiano esclusivamente cotti: bolliti, gratinati o rosolati al burro.*

▶ **BRUSSEL SPROUTS** Sprouts of the Brussel cabbage.Only eaten cooked: boiled, au gratin, or sautéed in butter.

▶ **PETITS CHOUX DE BRUXELLES** Terme qui signifie les bourgeons des chou de Bruxelles. On les mange exclusivement cuits: bouillis, gratinés ou rissolés au beurre.

▶ **ROSENKOHL** Ausdruck, der die Keime des Brüsseler Kohls bezeichnet. Er wird nur gegart verzehrt: gekocht, gratiniert oder in Butter gedünstet.

▶ **COLES DE BRUSELAS** Término que indica los brotes de la col de Bruselas. Se comen exclusivamente cocidas : hervidas, gratinadas o doradas con mantequilla.

CAVOLO *Ortaggio dal sapore intenso, utilizzato crudo, stufato o brasato per accompagnare primi piatti e minestre.*

▶ **CABBAGE** Strongly flavoured vegetable, eaten raw or braised, to accompany first courses and soups.

▶ **CHOU** Légume au goût intense, utilisé cru, à l'étouffe ou braisé pour accompagner les premiers plats et les soupes.

▶ **KOHL** Gemüse mit intensivem Geschmack, das roh, gedämpft oder geschmort erste Gänge und Suppen begleitet.

▶ **COL** Hortaliza de sabor intenso, utilizada cruda, estofada o guisada para acompañar primeros platos y sopas.

CAVOLO RAPA *Tipo di cavolo che deve il nome al fusto particolarmente grosso, simile a una radice.*

▶ **KOHIRAB** Type of cabbage with a particularly large stem, similar to a parsnip.

▶ **CHOU NAVET** Type de chou qui doit son nom à sa tige particulièrement grande semblable à une racine.

▶ **KOHLRÜBE** Kohlart, die seinen Namen dem besonders großen, wurzelähnlichen Stengel verdankt.

▶ **COL RAPA** Tipo de col que debe el nombre al tronco particularmente grueso, parecido a una raíz.

CAVOUR, ALLA *Termine che indica una guarnizione a base di crocchette di polenta o di semolino fritte, servite come contorno a piatti di carne. Preparazione originaria del Piemonte (v.).*

▶ **CAVOUR, ALLA** A side dish originating from Piedmont (s. Piemonte). Fried polenta or semolina croquettes, served with meat.

▶ **A LA CAVOUR** Terme qui indique une garniture à base des croquettes de polenta ou de semoule frite, servie comme garniture de plats de viande. Préparation originaire du Piémont (v. Piemonte).

▶ **CAVOUR, ALLA** Ausdruck, der eine Garnierung aus Polentakroketten oder frittierter Hirse bezeichnet, die als Beilage zu Fleischgerichten gereicht wird. Zubereitung aus dem Piemont (s. Piemonte).

▶ **CAVOUR, A LA** Término que indica una guarnición a base de croquetas de polenta o de sémola fritas, servidas como guarnición para platos de carne.

CAZZOTTO *Particolare prosciutto stagionato per un anno sotto il grasso di maiale. Tipico del Molise (v.).*

▶ **CAZZOTTO** A ham aged in pig fat for a year. Typical of Molise (s.).

▶ **CAZZOTTO** Jambon particulier affiné pendant un an dans du gras de porc. Typique de la Molise (v.).

▶ **CAZZOTTO** Besonderer Schinken, der ein Jahr unter Schweinefett gelagert wird. Typisch für den Molise (s.).

▶ **CAZZOTTO** Particular jamón curado durante un año en grasa de cerdo. Típico del Molise (ver).

CECE *Legume secco usato per accompagnare primi piatti, minestre e secondi piatti. Con la farina, in Liguria si prepara la farinata.*

▶ **CHICK-PEA** Pea used to accompany first courses, soups and main courses.

▶ **POIS CHICHE** Légume sec utilisé pour accompagner les premiers plats, les soupes et les seconds plats. Avec sa farine en Ligurie on prépare la farinata.

▶ **KICHERERBSE** Trockene Hülsenfrucht zur Beilage erster Gänge, von Suppen und von zweiten Gängen. Aus dem Mehl wird in Ligurien die "Farinata" gemacht.

▶ **GARBANZO** Legumbre seca usada para acompañar primeros platos, sopas y segundos patos. Con la harina, en Liguria se prepara la farinata.

CEDRO *Grosso frutto dal sapore dolce e aspro del quale viene utilizzata anche la scorza, molto aromatica, ideale per realizzare i canditi.*

▶ **CITRON** Large fruit with a sweet and bitter taste. The rind is highly

fragranced and is ideal for making candied peel.

▶ **CEDRAT** Gros fruit à la saveur sucrée et âpre duquel est utilisée aussi l'écorce, très aromatique, idéale pour réaliser les fruits confits.

▶ **ZITRUSFRUCHT** Grosse Frucht mit süßem und sauerem Geschmack, von der auch die sehr aromatische Schale, ideal zum Kandieren, benutzt wird.

▶ **CIDRA** Fruto grande de sabor dulce y áspero del que se utiliza la corteza, muy aromática, ideal para realizar confituras.

CEFALO *Pesce dotato di una carne consistente e relativamente grassa da cuocere al forno, arrosto o alla griglia.*

▶ **GREY MULLET** Fish with substantial and quite fatty flesh, which can be baked, roasted or grilled.

▶ **MULET** Poisson doté d'une chair consistante et relativement grasse à cuire au four, à la grille ou à rôtir.

▶ **MEERÄSCHE** Fisch mit festem, fetten Fleisch, der im Ofen gebacken, gebraten oder gegrillt wird.

▶ **MUJOL** Pescado dotado de una carne consistente y relativamente grasa para cocer en el horno, asado o a la parrilla.

CENA *Definisce il pasto più importante della giornata, quello consumato nelle prime ore della sera.*

▶ **DINNER** The most important meal of the day, eaten in the early evening.

▶ **DINER** Désigne le repas le plus important de la journée pris aux premières heures de la soirée.

▶ **ABENDESSEN** Die wichtigste Mahlzeit des Tages, die in den ersten Abendstunden eingenommen wird.

▶ **CENA** Define la comida más importante del día, la que se hace por la noche temprano.

CÈNERE *Residuo della combustione della legna o del carbone, utilizzata anche per cuocere alimenti e per regolare le cotture alla brace.*

▶ **ASH** Residue from the combustion of wood or coal, used to cook food and to regulate barbecue cooking.

▶ **CENDRE** Résidu de la combustion du bois ou du charbon, utilisée aussi pour cuire des aliments et pour réguler la cuisson aux braises.

▶ **ASCHE** Rest der Verbrennung von Holz oder Kohle, auch zum Garen von Lebensmitteln benutzt oder um die Glut zu regulieren.

▶ **CENIZA** Residuo de la combustión de la madera o el carbón, utilizado también para cocer alimentos y para regular las cocciones a la brasa.

CENONE *Termine che indica un pranzo tradizionale in occasione di festività di fine anno (Natale e Capodanno).*

▶ **CENONE** Term indicating a large traditional meal on special occasions (Christmas and New Year).

▶ **CENONE** Terme qui désigne un repas traditionnel en occasion des festivités de fin d'années (Noël et Jour de l'An).

▶ **CENONE** Ausdruck, der das traditionelle Festessen zum Jahresende (Neujahr) bezeichnet.

▶ **BANQUETE** Término que indica una comida tradicional en ocasión de la festividad de fin de año (Navidad y Nochevieja)

CENTERBE *Liquore tradizionale dell'Abruzzo (v.), ottenuto dall'infusione di numerose erbe officinali.*

▶ **CENTERBE** Traditional liqueur from Abruzzo (s.), obtained from the infusion of numerous medicinal herbs.

▶ **CENTERBE** Alcool traditionnel des Abruzzes (v. Abruzzo), obtenu par l'infusion de nombreuses herbes officinales.

▶ **CENTERBE** Hundertkraut, traditioneller Liqueur aus den Abruzzen (s. Abruzzo) hergestellt durch Infusion zahlreicher Arzneikräuter.

▶ **CENTERBE** Licor tradicional de Abruzzo (ver), obtenido de la infusión de numerosas hierbas oficinales.

CEREALI *Gruppo di piante erbacee coltivate per la produzione di grani utilizzati per preparare farine per l'alimentazione.*

▶ **CEREALS** Group of herbaceous plants cultivated for the production of grains used for flours.

▶ **CEREALES** Groupe de plantes herbacées cultivées pour la production de grains utilisés pour préparer des farines alimentaires.

▶ **GETREIDE** Gruppe angebauter Graspflanzen zur Erhaltung von Körnern, aus denen Mehl zur Nahrung hergestellt wird.

▶ **CEREALES** Grupo de plantas herbáceas cultivadas para la producción de grano utilizados para preparar harinas para la alimentación.

CERFOGLIO *Erba simile al prezzemolo (v.), le cui foglie crude vengono adoperate per aromatizzare diverse portate.*

▶ **CHERVIL** Herb similar to parsley (s. prezzemolo), the aromatic leaves are used in various dishes.

▶ **CERFEUIL** Herbe semblable au persil (v. prezzemolo) dont les feuilles crues sont utilisées pour aromatiser différents plats.

▶ **CERFOGLIO** der Petersilie (s. prezzemolo) ähnliches Kraut, dessen Blätter roh zur Geschmacksabrundung für unterschiedliche Gerichte verwendet werden.

▶ **PERIFOLLO** Hierba parecida al perejil (ver prezzemolo), cuyas hojas crudas vienen utilizadas para aromatizar diversos platos.

CERNIA *Pesce dalla carne soda ed eccellente, ideale da cucinare in umido e lessata, ma anche arrosto o al cartoccio.*

▶ **GROUPER** A fish with delicious firm flesh, ideal for stews and boiled, also roasted or cooked al cartoccio.

▶ **MEROU** Poisson à la chair ferme et excellente, idéal à cuire en sauce ou bouilli, mais aussi rôti ou en papillote.

▶ **KAULBARSCH** Fisch mit hervorragendem festem Fleisch, ideal zum Schmoren oder Kochen, aber auch als Braten oder in Alufolie.

▶ **MERO** Pescado de carne firme y

excelente, ideal para cocinar guisado y hervido, pero también asado o al papillote.

CERVELLA *Termine culinario che indica il cervello degli animali.*

▸ **CERVELLA** Culinary term indicating the brain of animals.

▸ **CERVELLE** Terme culinaire qui indique le cerveau des animaux.

▸ **HIRN** Bezeichnung für das Gehirn der Tiere.

▸ **CERVELLA** Término culinario que indica los sesos de los animales.

CERVO *Grosso mammifero selvatico dotato di ampie corna. La carne deve essere frollata e può essere cucinata in diversi modi. Da essa si ottengono anche prosciutti e insaccati.*

▸ **DEER** Large wild mammal, the male of which (stag) has large horns.The meat must be tenderised and can be cooked in various ways. Dried cured meats are also produced.

▸ **CERF** Grand mammifère sauvage possédant de larges cornes. La viande doit être attendrie et peut être cuisinée de différentes manières. On peut aussi en faire des jambons et des saucisses.

▸ **HIRSCH** Großes, wildes Säugetier mit ausladendem Geweih. Das Fleisch muss abgehangen werden und kann auf verschiedene Weise zubereitet werden. Auch zur Schinken- oder Wurstproduktion geeignet.

▸ **CIERVO** Mamífero grande salvaje dotado de amplios cuernos. La carne debe ser manida y puede ser cocinada de diversos modos. De ella se obtienen también jamones y embutidos.

CETRIOLO *Ortaggio dalla forma allungata da consumare intero, sia crudo sia cotto, ed in particolare sott'aceto.*

▸ **CUCUMBER** Long vegetable, eaten whole, raw or cooked and often pickled.

▸ **CORNICHON** Légume de forme allongée à consommer entier, cru ou cuit et en particulier au vinaigre.

▸ **GURKE** Gemüse in länglicher Form, das vollständig verzehrt werden kann, roh oder in Essig eingelegt.

▸ **PEPINO** Hortaliza de forma alargada que se consume entera, ya cruda, ya cocida, y en particular en aceite.

CHAMPAGNE *È il più antico e famoso vino spumante, prodotto nell'omonima regione francese, con uve pinot noir e chardonnay.*

▸ **CHAMPAGNE** The most famous and antique sparkling wine, produced in a region of France from which it takes it's name, from black pinot and chardonnay grapes.

▸ **CHAMPAGNE** C'est le mousseux le plus ancien et le plus fameux, produit dans la région française du même nom, avec des cépages de pinot noir et de chardonnay.

▸ **CHAMPAGNER** Der älteste und berühmteste Schaumwein, in der gleichnamigen französischen Gegend aus Chardonnay- und Pinot Noirtrauben hergestellt.

▸ **CHAMPAN** Es el más antiguo y famoso vino espumante, producido en la homónima región francesa, con uvas pinot y chardonnay.

CHAMPENOISE *Termine che indica il metodo di produzione dello Champagne.*

▸ **CHAMPENOISE** Term indicating the method of producing champagne.

▸ **CHAMPENOISE** Terme qui définit la méthode de production du Champagne.

▸ **CHAMPENOISE** Ausdruck, der die Herstellungsmethode des Champagners bezeichnet.

▸ **ACHAMPANADO** Término que indica el método de producción del champán.

CHAMPIGNON *Fungo di prato molto comune da mangiare sia crudo sia cotto, per salse e guarnizioni.*

▸ **CHAMPIGNON** Common mushroom found in meadows, eaten raw or cooked, for sauces and garnishes.

▶ **CHAMPIGNON** Champignon des prés très commun à manger cru ou cuit, pour les sauces et les garnissages.

▶ **CHAMPIGNON** Verbreiteter Wiesenpilz, der roh oder gegart, für Soßen oder Dekorationen verwendet wird.

▶ **CHAMPIÑON** Hongo de prado muy común que se come crudo o cocido, en salsas o como guarnición.

CHANTILLY *Indica generalmente una crema utilizzata in pasticceria.*

▶ **CHANTILLY** Generally indicates a sauce used in confectionery.

▶ **CHANTILLY** Indique communément une crème utilisée en pâtisserie.

▶ **CHANTILLY** Bezeichnet generell eine in der Feinbäckerei benutzte Creme.

▶ **CHANTILLI** Indica generalmente una crema utilizada en repostería.

CHARLOTTE *Dolce di origine francese di crema alla vaniglia rivestito da biscotti savoiardi inzuppati nel liquore.*

▶ **CHARLOTTE** French dessert consisting of a vanilla cream filling surrounded with savoiardi biscuits saturated with liqueur.

▶ **CHARLOTTE** Dessert d'origine française composé de crème à la vanille entourée de biscuits de Savoie imbibés dans l'alcool.

▶ **CHARLOTTE** französische Vanillecreme mit in Liqueur getränktem Gebäck belegt.

▶ **CHARLOTTE** Dulce de origen francés de crema de vainilla recubierto de galletas de Saboya bañadas en licor.

CHARMAT *Parola francese che indica un metodo di lavorazione dello spumante, mediante autoclavi.*

▶ **CHARMAT** French word indicating a method used in the production of sparkling wines, using an autoclave.

▶ **CHARMAT** Mot français qui désigne une méthode de fabrication des mousseux à l'aide d'autoclaves.

▶ **CHARMAT** französischer Ausdruck zur Bezeichnung einer Methode der Sektherstellung mittels eines Gefäßes zum Erhitzen unter Druck.

▶ **CHARMAT** Palabra francesa que indica un método de elaboración del espumante, mediante autoclaves.

CHARTREUSE *Liquore prodotto in Francia, composto da diverse erbe, dal sapore dolce.*

▶ **CHARTREUSE** Liqueur produced in France, made using a number of herbs, it has a sweet taste.

▶ **CHARTREUSE** Alcool produit en France, composé de différentes herbes, au goût sucré.

▶ **CHARTREUSE** In Frankreich hergestellter Liqueur, aus verschiedenen Kräutern und von süßem Geschmack.

▶ **CHARTREUSE** Licor producido en Francia, compuesto de diferentes hierbas, de sabor dulce.

CHATEAUBRIAND *Termine internazionale di origine francese che indica un filetto di bovino cotto in padella, alla griglia o al forno.*

▶ **CHATEAUBRIAND** Internationally used term, originally French.It indicates a fillet of beef, fried grilled or baked.

▶ **CHATEAUBRIAND** Terme international d'origine française qui définit un filet de bovin cuit à la poêle, à la grille ou au four.

▶ **CHATEAUBRIAND** Internationale Bezeichnung französischen Ursprungs für ein in der Pfanne, im Ofen oder am Grill gegartes Rinderfilet.

▶ **CHATEAUBRIAND** Término internacional de origen francés que indica un filete de bovino cocido en sartén, a la parrilla o en el horno.

CECHE *Nome dato nella zona della Versilia in Toscana (v.) ad anguille neonate pescate alla foce dei fiumi.*

▶ **CECHE** Name given to new-born

eels caught at the mouth of rivers in the zone of Versilia in Tuscany (s. Toscana).

▶ **CECHE** Nom donné dans la zone de la Versilia en Toscane (v. Toscana) aux anguilles juste nées pêchées aux bouches des fleuves.

▶ **CECHE** Bezeichnung aus dem Gebiet um Versilia in der Toskana (s. Toscana) für neugeborene Aale, die in der Flussmündung gefischt werden.

▶ **CECHE (ANGULAS)** Nombre dado en la zona de Versilia en Toscana (ver) a las anguilas neonatas pescadas en la desembocadura de los ríos.

CHEF È *il capo del personale di cucina nei ristoranti.*

▶ **CHEF** The head of kitchen personnel in a restaurant.

▶ **CHEF** C'est le chef du personnel de cuisine dans les restaurants.

▶ **CHEF** Die Führungskraft des Küchenpersonals im Restaurant.

▶ **CHEF** Es el jefe del personal de cocina en los restaurantes.

CHIÀCCHIERE *Nome lombardo dei tradizionali dolci di Carnevale, sottilissimi e friabili.*

▶ **CHIÀCCHIERE** Name from Lombardy for a very thin crumbly biscuit made at carnival time.

▶ **CHIACCHIERE** Nom lombard des desserts traditionnels de Carneval, très fins et très friables.

▶ **CHIACCHIERE** Lombardischer Name des traditionellen Karnevalsgebäcks, hauchdünn und zerbrechlich.

▶ **CHIACCHIERE** Nombre lombardo de los tradicionales buñuelos de Carnaval, sutílisimos y friables.

CHIANINA *Celebre e pregiata razza bovina italiana, originaria della Val Chianina in Toscana (v.), utilizzata per la bistecca alla Fiorentina.*

▶ **CHIANINA** Famous and highly valued breed of Italian cattle, originating from the Val Chianina in Toscany (s. Toscana), used for the bistecca alla Fiorentina.

▶ **CHIANINA** Célèbre race bovine italienne estimée, originaire de la Vallée Chianina en Toscane (v. Toscana), utilisée pour le bifteck à la florentine.

▶ **CHIANINA** Berühmte und sehr geschätzte italienische Rindsorte, stammend aus dem Tal Chianina in der Toskana (s. Toscana), verwendet für das toskanische T-Bone Steak.

▶ **CHIANINA** Célebre y preciada raza bovina italiana, originaria de Val Chianina en Toscana (ver) utilizada para el bistec a la Florentina.

CHILI *Peperoncino piccante. Per estensione: salsa piccante a base di peperoncino.*

▶ **CHILI** Spicy pepper. Also a name often given to a hot sauce, made using the pepper.

▶ **CHILI** Piment piquant. Par extension, sauce piquante à base de piment.

▶ **CHILI** Scharfe Pfefferschoten. Im weiteren Sinne: scharfe Soße auf Pfefferschotenbasis.

▶ **CHILI** Guindilla picante. Por extensión: salsa picante a base de guindilla.

CHINA *Albero sempreverde, la cui corteccia amarognola viene utilizzata per la preparazione di molti liquori.*

▶ **CINCHONA** Evergreen tree, the slightly bitter bark is used in the production of many liqueurs.

▶ **QUINQUINA** Arbre semper virens, dont l'écorce un peu amère est utilisée pour préparer de nombreuses liqueurs.

▶ **CHINA** Immergrüner Baum, deren bittere Rinde zur Zubereitung mehrerer Liqueure benutzt wird.

▶ **QUINO** Arbol perenne, cuya corteza amarga se utiliza para la preparación de muchos licores.

CHINATO *Termine che si riferisce a vini aromatizzati con china ed altre sostanze. Rinomato é il Barolo chinato.*

▶ **CHINATO** Term referring to wines flavoured with cinchona and other substances. Barolo chinato is a renowned wine of this type.

▶ **AROMATISE DE QUINQUINA** Terme qui se réfère aux vins aromatisés à la quinquina et autres substances. Le Barolo à la quinquina est renommé.

▶ **CHINIERT** Ausdruck für mit China und anderen Aromen versehene Weine. Bekannt ist der chinierte Barolo.

▶ **QUINADO** Término que se refiere a vinos aromatizados con quino y otras sustancias. Famoso es el Barolo quinado.

CHIODI DI GAROFANO *Spezia dall'aspetto di chiodini bruni, derivante dall'essiccamento dei fiori di un piccolo albero tropicale.*

▶ **CLOVE** Spice which resembles a brown nail, they are the dried flowers of a small tropical tree.

▶ **CLOUS DE GIROFLE** Epice à l'aspect de petits clous bruns, provenant du dessèchement des fleurs d'un petit arbre tropical.

▶ **NELKEN** Gewürz einem braunen Nagel ähnelnd, stammt von den getrockneten Blüten eines kleinen tropischen Baums.

▶ **CLAVOS DE CLAVEL** Especia de aspecto de clavitos oscuros, derivada de la desecación de las flores de un pequeño árbol tropical.

CHIODINO *Fungo di prato di piccole dimensioni, caratterizzato dal gusto tenue e delicato.*

▶ **HONEY FUNGUS** Small mushroom found in meadows, it has a light and delicate flavour.

▶ **ARMILLAIRE DE MIEL** Champignon de petites dimensions, caractérisé par son goût ténu et délicat.

▶ **CHIODINO** kleiner Wiesenpilz mit leichtem und zartem Geschmack.

▶ **CLAVITO** Hongo de prado de pequeñas dimensiones, caracterizado por el gusto tenue y delicado.

CHITARRA *Utensile tradizionale dell'Abruzzo (v.) usato per produrre i tipici maccheroni alla chitarra (v. maccheroni).*

▶ **CHITARRA** A traditional kitchen utensil from Abruzzo (s.) used to produce a certain kind of pasta,

maccheroni alla chitarra (s. maccheroni).

▶ **GUITARE** Ustensile traditionnel des Abruzzes (v.) utilisé pour produire les macaroni à la chitarra (v. maccheroni).

▶ **GITARRE** Gerät zur Herstellung der "Gitarrenmakkeroni" (s. maccheroni), traditionsgemäß aus den Abruzzen (s. Abruzzo).

▶ **GUITARRA** Utensilio tradicional del Abruzzo (ver) usado para producir los típicos macarrones a la guitarra (ver maccheroni).

CHUTNEY *Termine inglese che indica un condimento agrodolce, costituito da frutta o verdura cotte in uno sciroppo di aceto, zucchero e aromi.*

▶ **CHUTNEY** English term which indicates fruit or cooked vegetables in a sweet and sour syrup of sugar, vinegar and seasonings.

▶ **CHUTNEY** Terme anglais qui désigne un assaisonnement aigredoux, constitué des fruits ou légumes cuits dans un sirop de vinaigre, sucre et arômes.

▶ **CHUTNEY** Englischer Asudruck zur Bezeichnung einer süßsauren Zubereitung aus Gemüse und Früchten, in Essigsyrup gekocht, mit Zucker und Aromen.

▶ **CHUTNEY** Término inglés que indica un condimento agridulce, compuesto de fruta o verdura cocida en un jarabe de vinagre, azúcar y aromas.

CIÀLDA *Biscotto leggero e friabile, di svariate forme, che accompagna creme, panna o gelato.*

▶ **CIÀLDA** Light crumbly biscuit of various shapes, eaten with a custard, cream or ice-cream.

▶ **GAUFRETTE** Biscuit léger et friable, de forme variée qui accompagne crème, chantilly ou glace.

▶ **WAFFEL** leichtes, zerbrechliches Gebäck mit unterschiedlicher Form, die Cremes, Sahne oder Eis begleitet.

▶ **BARQUILLO** Galleta ligera y friable, de diferentes formas, que acompaña cremas, nata o helado.

CIAMBELLA *Preparazione generalmente dolce ottenuta avvolgendo l'impasto ad anello.*

▸ **DOUGHNUT** Usually sweet and shaped like a ring.

▸ **DONUT** Préparation généralement sucrée obtenu en cuisant la pâte en forme d'anneau.

▸ **KRINGEL** ringförmiges, süßes Gebäck.

▸ **ROSCA** Preparación generalmente dulce obtenida dando forma de anillo a la masa.

CIAUSCOLO *Salume tipico delle Marche (v.), costituito da carne di maiale macinata molto fine e aromatizzata con aglio, sale e pepe, spesso affumicato. È un salume a pasta molle, da spalmare sul pane.*

▸ **CIAUSCOLO** Pork product typical of Marche (s.), finely minced pork, flavoured with garlic, salt and pepper, often smoked. It is soft and can be spread onto bread.

▸ **CIAUSCOLO** Saucisson typique des Marches (v. Marche) constitué de viande de cochon hachée très fine et aromatisée avec de l'ail, du sel et du poivre, souvent fumée. C'est un saucisson mou à tartiner sur le pain.

▸ **CIAUSCOLO** Typische Wurst aus den Marken (s. Marche), aus Schweinefleisch, das sehr fein zerkleinert zusammen mit Knoblauch, Salz und Pfeffer verarbeitet wird und zudem oft geräuchert wird. Weiche, streichfähige Wurst.

▸ **CIAUSCOLO** Embutido típico de las Marcas (ver Marche), constituido por carne de cerdo triturada muy fina y aromatizada con ajo, sal y pimenta, a menudo ahumado. Es un embutido de consistencia blanda, para untar en el pan.

CICALA DI MARE *Nome utilizzato, tra Toscana e Liguria (v.), per indicare la canocchia (v.).*

▸ **CICALA DI MARE** Name given to the mantis shrimp (s. canocchia) in Tuscany and Liguria (s. Toscana and Liguria).

▸ **CIGALE DE MER** Nom utilisé, en-

tre la Toscane et la Ligurie (v. Toscana et Liguria) pour désigner la squille (v. canocchia).

▸ **MEERESGRILLE** In der Toskana und in Ligurien (s. Toscana und Liguria) gebräuchlicher Ausdruck für die Canocchiamuschel (s. canocchia).

▸ **CIGARRA DE MAR** Nombre utilizado, entre Toscana y Liguria (ver) para indicar la cigala (ver canocchia).

CICCIOLI *Residui di carne e cartilagine della lavorazione dei grassi animali, specialmente maiale e oca. Appaiono come piccoli pezzi irregolari di carne e vengono consumati fritti.*

▸ **CRACKLING** Remnants of meat and cartilage from animal fat, especially pork and goose.Small irregular pieces eaten fried.

▸ **RILLONS** Restes de viande et cartilage du travail des gras animaux, surtout porc et oie. Ils se présentent comme des petits morceaux irréguliers de viande et sont mangés frits.

▸ **CICCIOLI** Überreste aus Fett- und Knorpelteilen, besonders vom Schwein und der Gans, wird frittiert verzehrt.

▸ **TORREZON** Residuo de carne y cartílagos de la elaboración de las grasas animales, especialmente cerdo y oca. Aparece como pequeños trozos irregulares de carne y se consume frito.

CICÉRCHIA *Pianta erbacea di cui si consumano i semi, dal sapore deciso.*

▸ **VETCH** Herbacious plant, the strong flavoured seeds are eaten.

▸ **GESSE** Plante herbacée dont on mange les graines, au goût fort.

▸ **CICERCHIA** Graspflanze, deren Samen von eindringlichem Geschmack verzehrt werden.

▸ **CICERCULA** Planta herbácea de la que se consumen las semillas, de sabor determinado.

CICERCHIATA *Dolce tipico dell'Umbria (v.), simile per certi aspetti agli struffoli (v.).*

▸ **CICERCHIATA** Confectionary product typical of Umbria (s.), similar in certain aspects to struffoli (s.).

▶ **CICERCHIATA** Dessert typique de l'Ombrie (v. Umbria) semblable pour certains aspects aux struffoli (v.)

▶ **CICERCHIATA** Süßspeise aus Umbrien (s. Umbria), den Struffoli (s.) in gewissen Aspekten sehr ähnlich.

▶ **CICERCHIATA** Dulce típico de Umbria (ver), parecido en ciertos aspectos a los struffoli (ver).

CICÒRIA *Ortaggio di cui si consumano le grandi foglie, verdi o rosse, di forma variabile, generalmente in insalata. Ha un gradevole sapore amarognolo.*

▶ **CHICORY** Vegetable with large green or red leaves of various shapes, Generally used in salads. It has a pleasant, slightly bitter taste.

▶ **CHICOREE** Légume duquel se mange, généralement en salade, les grandes feuilles, vertes ou rouges, de formes variables. Elle a un goût légèrement amer agréable.

▶ **ZICHORIE** Gemüse, dessen große, rote oder grüne Blätter unterschiedlicher Form verzehrt werden, zumeist in frischen Salaten. Angenehm bitter.

▶ **CHICORIA** Hortaliza de la que se consumen las grandes hojas, verdes o rojas, de forma variable, generalmente en ensalada. Tiene un agradable sabor amargo.

CICÒRIA SELVÀTICA *Varietà selvatica della cicoria (v.). Ha foglie dentellate verde scuro e sapore amarognolo intenso.*

▶ **WILD CHICORY** Wild variety of chicory (s. cicoria). It has serrated dark green leaves and a strong slightly bitter flavour.

▶ **BARBE DE CAPUCIN** Variété sauvage de la chicorée (v. cicoria). Elle a les feuilles dentelées vertes sombres et un goût amer intense.

▶ **WILDE ZICHORIE** Wilde Varietät der Zichorie (s. cicoria). Hat gezahnte, dunkelgrüne Blätter und einen intensiv bitteren Geschmack.

▶ **CHICORIA SILVESTRE** Variedad silvestre de la chicoria (ver cicoria).

Tiene hojas dentadas verde oscuro y sabor amargo intenso.

CICORINO *Altro nome della cicoria selvatica (v.).*

▶ **CICORINO** Another name for wild chicory (s. cicoria selvatica).

▶ **CICORINO** Autre nom de la barbe de capucin (v. cicoria selvatica).

▶ **ZICHORIENCHEN** andere Bezeichnung für die wilde Zichorie (s. cicoria selvatica).

▶ **CHICORINO** Otro nombre de la chicoria silvestre (ver cicoria selvatica).

CILIÈGIA *È il frutto del ciliegio. Matura tra maggio e luglio, e si presenta come una bacca rossa dalla polpa consistente e dal gusto dolce.*

▶ **CHERRY** Fruit of the cherry tree. Ripe between May and July.It is a sweet red berry with a consistent pulp.

▶ **CERISE** C'est le fruit du cerisier. Elle mûrit entre mai et juillet et se présente comme une baie rouge à pulpe consistante et au goût sucré.

▶ **KIRSCHE** Frucht des Kirschbaums. Reift zwischen Mai und Juli und ist eine rote Beere mit festem und süßem Fruchtfleisch.

▶ **CEREZA** Es el fruto del cerezo. Madura entre mayo y julio, y se presenta como una baya rosa de pulpa consistente y de gusto dulce.

CIMA ALLA GENOVESE *Pezzo di petto di vitello farcito con un ripieno a base di carne, funghi e verdure. Piatto tradizionale della Liguria (v.).*

▶ **CIMA ALLA GENOVESE** A pocket of veal meat, filled with a mixture of meat, mushrooms and vegetables. A traditional dish from Liguria (s.).

▶ **CIMA A LA GENOISE** Morceau de poitrine de veau farcie avec un fourrage à base de viande, champignons et légumes. Plat traditionnel de la Ligurie (v. Liguria).

▶ **CIMA ALLA GENOVESE** von Rindfleischumschlossene Füllung aus Fleisch, Erbsen, Brot, Ei und anderem Gemüse. In Scheiben serviert.

Tradionelles Gericht aus Ligurien (s. Liguria).

▷ **CIMA A LA GENOVESA** Trozo de pecho de tenera relleno con carne, setas y verduras. Plato tradicional de Liguria (ver).

CIME DI RAPA *Fiori prodotti dalla pianta della rapa (v.). Cucinate lesse o in tegame, hanno sapore deciso e amarognolo. Sono note anche come broccoletti. In Puglia (v.) condiscono una pasta tipica.*

▷ **TURNIP TOPS** Flowers produced by the turnip (s. rapa).They are used in a pasta dish from Puglia (s.).

▷ **CIMES DE NAVET** Fleurs produites de la plante de navet (v. rapa). Cuisinées bouillies ou à la poêle, elles ont une saveur décidée et un peu amère. Elles sont connues aussi comme brocolis. En Pouilles (v. Puglia), elles accompagnent des pâtes typiques.

▷ **RÜBENSPITZEN** Blüten der Kohlrübe (s. rapa). Sie werden in Salzwasser gekocht oder in der Pfanne gebraten und haben einen ausgeprägt bitteren Geschmack. Auch bekannt unter dem Namen "Broccoletti". In Puglien (s. Puglia) für ein charakteristisches Nudelgericht verwendet.

▷ **NABIZAS** Flores producidas por la planta del nabo (ver rapa). Cocinadas hervidas o en sartén, tienen sabor decidido y amargo. Son conocidas también como brocolitas. En Puglia (ver) se utilizan para codimentar una pasta típica.

CINGHIÀLE *Robusto suino che vive alla stato brado. Ha carne scura dal sapore deciso, adatta ad essere cucinata arrosto o in umido.*

▷ **WILD BOAR** Large wild swine. Intensely flavoured dark meat, suitable for roasting and stewing.

▷ **SANGLIER** Porcin robuste qui vit à l'état sauvage. Il a une viande sombre au goût fort, adaptée pour être cuisinée en rôti ou en sauce.

▷ **WILDSCHWEIN** Robustes Säugetier, das frei lebt. Hat ein dunkles Fleisch mit einschneidendem Ge-

schmack, geeignet zum Braten oder Schmoren.

▷ **JABALI** Robusto cerdo que vive en estado salvaje. Tiene carne oscura de sabor decidido, adecuada para cocinar asado o guisado.

CINTA SENESE *Razza suina tipica della Toscana (v.), con cui si preparano svariati insaccati.*

▷ **CINTA SENESE** Breed of pig typical of Tuscany (s. Toscana), used in the production of certain products.

▷ **CINTA SENESE** Race de cochon typique de la Toscane (v. Toscana) de laquelle sont préparées diverses saucisses.

▷ **CINTA SENESE** Schweinerasse typisch für die Toskana (s. Toscana), aus der unterschiedliche Würste gemacht werden.

▷ **CINTA SENESE** Raza porcina típica de Toscana (ver), con la que se preparan diversos embutidos.

CIOCCOLATA *Bevanda calda o fredda a base di cacao, latte (o acqua) e zucchero.*

▷ **CHOCOLATE DRINK** Made from cocoa powder, milk (or water) and sugar, hot or cold.

▷ **CHOCOLAT** Boisson froide ou chaude à base de cacao, lait (ou eau) et sucre.

▷ **SCHOKOLADE** Heisses oder kaltes Getränk aus Kakao, Milch (oder Wasser) und Zucker.

▷ **CHOCOLATE** Bebida caliente o fría a base de cacao, leche (o agua) y azúcar.

CIOCCOLATINO *Piccolo dolce a base di cioccolato, che può avere un ripieno di crema con varie aromatizzazioni o di liquore.*

▷ **A CHOCOLATE** Small shaped piece of chocolate which can have a flavoured creamy or liqueur filling.

▷ **BONBON DE CHOCOLAT** Petite douceur à base de chocolat qui peut être remplie de crème de divers arômes ou de liqueur.

▷ **SCHOKOLADENSTÜCKCHEN** Kleine Süβigkeit auf Schokoladenbasis, die mit Creme, verschiedenen Aromen oder Liqueur gefüllt sein kann.

▶ **CHOCOLATINA** Pequeño dulce a base de chocolate, que puede tener un relleno de crema, con varios aromas, o de licor.

CIOCCOLATO *Alimento a base di cacao e zucchero. Si presenta sotto forma di crema, polvere, tavolette o cubetti, in varie tonalità di marrone o bianco, ed è usato nella preparazione di molti dolci.*

▶ **CHOCOLATE** Made using cocoa powder and sugar. It can be in the form of a cream, powder, bar or cubes and in various shades of brown or white. It is used in preparing many desserts, cakes and biscuits.

▶ **CHOCOLAT** Aliment à base de cacao et de sucre. Il se présente sous forme de crème, en poudre, en tablette ou en petits cubes, en diverses tonalités de marron ou blanc et est utilisé dans la préparation de nombreux desserts.

▶ **SCHOKOLADE** Lebensmittel aus Kakao und Zucker. Meistens cremig, oder in Pulverform, als Tafel oder in Stücken, in unterschiedlichen Brauntönen oder weiss und zur Zubereitung vieler Süβwaren benutzt.

▶ **CHOCOLATE** Alimento a base de cacao y azúcar. Se presenta bajo forma de crema, polvo, tabletas o cubos, en varias tonalidades que van del marrón al blanco, y es usado en la preparación de muchos dulces.

CIÒTOLA *Contenitore di forma tozza e senza piede. Simile alla tazza (v.).*

▶ **BOWL** low wide container without feet. Similar to a cup (s. tazza).

▶ **BOL** Récipient de forme trappue et sans pied. Il ressemble à la tasse (v. tazza).

▶ **SCHÜSSEL** Behälter ohne Fuss und gedrungen. Ännelt einer Tasse (s. tazza).

▶ **BOL** Contenedor de forma achaparrada y sin pies. Parecido a la taza (ver tazza).

CIPOLLA *Ortaggio di cui si utilizza il bulbo carnoso, dal sapore molto intenso. Può essere consumata cruda ma è soprattutto usata, se soffritta, come base di numerosi sughi e condimenti. Il taglio della cipolla cruda provoca lacrimazione. Molto apprezzata in agrodolce.*

▶ **ONION** Vegetable with a fleshy bulb and intense flavour. It can be eaten raw but is usually gently fried for use in sauces and as a condiment. Very good in sweet and sour sauce. A freshly cut onion can cause the eyes to water.

▶ **OIGNON** Légume duquel se consomme le bulbe charnu, au goût très intense. Il peut être mangé cru mais il est surtout utilisé, s'il est frit, comme base de nombreuses sauces et accompagnements. La découpe de l'oignon cru provoque des larmes. Il est très apprécié aigre-doux.

▶ **ZWIEBEL** Gemüse dessen fleischige Zwiebel von sehr eindringlichem Geschmack verwendet wird. Sie kann roh verzehrt werden, wird aber zumeist in Öl gedünstet als Basis für Soβen benutzt. Der Schnitt der Zwiebel löst Tränung aus. Sehr geschätzt als Süβsaures.

▶ **CEBOLLA** Hortaliza de la que se utiliza la bulba carnosa, de sabor muy intenso. Puede consumirse cruda pero sobretodo se usa sofrita, como base de numerosas salsas y condimentos. El corte de la cebolla cruda provoca lágrimeo. Es muy apreciada agridulce.

CIPOLLA DI TROPEA *Varietà di cipolla dell'omonima località della Calabria (v.) molto pregiata, dalla buccia violacea.*

▶ **CIPOLLA DI TROPEA** A highly appreciated variety of onion from Tropea in Calabria (s.), with a violet coloured skin.

▶ **OIGNON DE TROPEA** Variété d'oignon très estimée de la ville de Calabre (v. Calabria) du même nom, à la peau violacée.

▶ **TROPEAZWIEBEL** Violette, sehr geschätzte Zwiebel aus der gleichnamigen Gegend Kalabriens (s. Calabria): Tropea.

▸ **CEBOLLA DE TROPEA** Variedad de cebolla de la homónima localidad de Calabria (ver) muy apreciada, de piel violácea.

CIPOLLATA *Zuppa di cipolle con carne di maiale, tipica della zona di Siena, in Toscana (v.).*

▸ **CIPOLLATA** Onion soup made with pork, typical of Siena in Tuscany (s. Toscana).

▸ **CIPOLLATA** Soupe d'oignons avec de la viande de porc, typique de la zone de Sienne, en Toscane (v. Toscana).

▸ **ZWIEBELEI** Zwiebelsuppe mit Schweinefleisch, typisch für die Gegend um Siena, in der Toskana (s. Toscana).

▸ **CEBOLLADA** Sopa de cebollas con carne de cerdo, típica de la zona de Siena, en Toscana (ver).

CIPOLLOTTO *Varietà della cipolla, dal sapore meno intenso e tendente al dolce, adibita al consumo fresco.*

▸ **CIPOLLOTTO** Variety of onion with a less intense and slightly sweet flavour, to be used raw.

▸ **CIBOULE** Variété d'oignon, à la saveur moins intense et qui tire au sucrée, à manger fraîche.

▸ **GEMÜSEZWIEBEL** Zwiebelart, weniger penetrant und fast süßlich, geeignet zum Rohverzehr.

▸ **CEBOLLETA** Variedad de la cebolla, de sabor menos intenso y que tiende a dulce, destinada al consumo fresco.

CITRONETTE *Condimento per insalata a base di limone e olio.*

▸ **CITRONETTE** An oil and lemon dressing for salad.

▸ **CITRONNETTE** Assaisonnement pour salade à base de citron et d'huile.

▸ **CITRONETTE** Salatdressing aus Zitrone und Öl.

▸ **CITRONETE** Condimento para ensaladas a base de limón y aceite.

CIUPPÍN *Zuppa di pesce o di molluschi. Tipica della Liguria (v.).*

▸ **CIUPPÍN** Fish and mollusc soup, typical of Liguria (s.).

▸ **CIUPPÍN** Soupe de poisson ou de mollusques, typique de la Ligurie (v. Liguria).

▸ **CIUPPÍN** Fischsuppe oder Weichtiersuppe. Typisch für Ligurien (s. Liguria).

▸ **CHUPIN** Sopa de pescado o de moluscos. Típica de Liguria (ver).

CIVET, CIVÉ o SIVÉT *Preparazione francese e piemontese (v. Piemonte) per la selvaggina da pelo, soprattutto lepre e coniglio, simile allo stufato (v.) che prevede l'aggiunta di vino rosso in cottura.*

▸ **CIVET, CIVÉ o SIVÉT** Name of a recipe from France and Piedmont. Wild animals, usually hare and rabbit, are stewed (s. stufato) with red wine.

▸ **CIVET** Préparation française et piémontaise (s. Piemonte) pour le gibier à poil, surtout lièvre et lapin, semblable à l'étouffée (v. stufato), qui prévoit l'ajout de vin rouge lors de la cuisson.

▸ **CIVET CIVÈ oder SIVET** französische und piemontesische (s. Piemonte) Zubereitung von Pelzwild, z.B. Hase und Kaninchen, dem Geschmortem ähnlich, mit Zusatz von Rotwein während des Garens.

▸ **CIVET CIVÉ o SIVÉT** Preparación francesa y piamontesa (ver Piemonte) para la carne de caza, sobretodo liebre y conejo, parecida al estofado (ver stufato) a la que se le añade vino tinto durante la cocción.

CLAFOUTIS *Dolce francese a base di ciliegie, incorporate in una densa pastella e cotte al forno.*

▸ **CLAFOUTIS** French cake made from cherries which are mixed in to a thick batter and baked.

▸ **CLAFOUTI** Gâteau français à base de cerises incorporées à une pâte dense et cuit au four.

▸ **CLAFOUTIS** französische Süßware aus Kirschen, in dickem Teig und im Ofen ausgebacken.

▸ **CLAFOUTIS** Dulce francés a base de cerezas, incorporadas a una masa para rebozar y cocidas en el horno.

CLEMENTINA *Agrume derivante dall'incrocio tra mandarino e arancio, caratterizzato dall'assenza di semi.*
▶ **CLEMENTINE** Seedless citrus fruit from a cross between the mandarin and orange.
▶ **CLEMENTINE** Agrume dérivant du croisement entre la mandarine et l'orange, caractérisée par l'absence de pépin.
▶ **CLEMENTINE** Zitrusfrucht aus der Kreuzung zwischen Orange und Mandarine ohne Kerne.
▶ **CLEMENTINA** Cítrico derivado del cruce entre mandarina y naranja, caracterizado por la ausencia de semillas.

COCKTAIL *Miscela di distillati e liquori vari. Per estensione, il termine cocktail si riferisce a tutte le preparazioni composte da ingredienti eterogenei.*
▶ **COCKTAIL** A mixture of spirits and liqueurs. It also refers to anything which is made by mixing different ingredients together.
▶ **COCKTAIL** Mélange d'alcools et liqueurs variés. Par extension, le terme cocktail se réfère à toutes les préparations composées d'ingrédients hétérogènes.
▶ **COCKTAIL** Mischung aus Destilliertem und verschiedenen Liqueuren. Im weitesten Sinne ausgedehnt auf alle Zubereitungen mit mehreren Zutaten.
▶ **COCTEL** Mezcla de destilados y licores varios. Por extensión, el término cóctel se refiere a todas las preparaciones compuestas de ingredientes heterogéneos.

COCOMERO *Nome dell'anguria, ovvero rosso frutto sferico o oblungo, dalla scorza dura e verdognola, con polpa rossa, dolce e zuccherina, molto acquosa, ricca di semi.*
▶ **WATERMELON** A round or oblong fruit. It has a hard green skin and sweet red, sugary pulp which is very watery and contains many seeds.
▶ **MELON D'EAU** Nom de la pastèque, c'est un fruit rouge sphérique ou oblong, à l'écorce dure et verdâtre, à la pulpe rouge, sucrée, très juteuse et riche en grains.
▶ **WASSERMELONE** auch "Anguria", grüne, längliche oder runde sehr große Frucht mit rotem Fruchtfleisch, sehr süß und zuckerhaltig, wasserreich und mit vielen Kernen.
▶ **MELON DE AGUA** Nombre de la sandía, es decir fruto rojo esférico u oblongo, de corteza dura y verde, con pulpa roja y dulce, muy rica de agua y con muchas semillas.

COCOTTE *Casseruola tonda o ovale, adatta per la cottura di stufati, salse e ragù (v.). Per estensione indica anche un tipo di preparazione in piccoli contenitori (v. uovo).*
▶ **COCOTTE** A round or oval casserole dish, used for making stews, gravies and sauces (s. ragù). It also indicates a method of preparing food in small containers (s. uovo).
▶ **COCOTTE** Casserole ronde ou ovale, adaptée pour la cuisson de viandes à l'étouffée, sauces et ragoût (v. ragù). Par extension désigne aussi un type de préparation en petits récipients (v. uovo).
▶ **COCOTTE** Behälter zum Garen von Geschmortem, Ragout (s. ragù) oder Soßen. Im weiteren Sinne auch Zubereitung in kleinen Behältern (s. uovo).
▶ **COCOTE** Cacerola redonda u oval, adecuada para la cocción de estofados, salsas y ragú (ver). Por extensión indica también un tipo de preparación en pequeños contenedores (ver uovo).

CODA *Estremità posteriore dell'animale, costituita da uno scheletro osseo circondato da muscoli e dalla cute. In Italia la sola coda ad avere interesse gastronomico è quella di bovino (v.), caratterizzata da carne mostosa e succulenta. Piatto tipico di Roma è la coda alla vaccinara.*
▶ **TAIL** End of the body of an animal, made up of bones, muscle and skin.Only the ox tail is used in Italy (s. bovino). It is musty and succulent. La coda alla vaccinara is a dish typical of Rome.

▸ **QUEUE** Extrémité postérieure de l'animal, constituée d'un squelette osseux enveloppé des muscles et de la peau. En Italie, la seule queue qui possède un intérêt gastronomique est celle de bovin (v. bovino), caractérisée d'une viande succulente. Un plat typique de Rome est la queue à la vaccinara.

▸ **SCHWANZ** Extremität des Hinterteils des Tiers, bestehend aus Wirbelknochen mit Muskelfleisch und Haut drumherum. In Italien ist nur der Ochsenschwanz von Bedeutung, ausgezeichnet durch schmackhaftes, saftiges Fleisch. Typisch für Rom ist der "Ochsenschwanz nach Kuhhirtart".

▸ **COLA** Extremidad posterior del animal, constituida por un esqueleto óseo rodeado de músculos y piel. En Italia la única cola que tiene interés gastronómico es la de bovino (ver), caracterizada por carne fibrosa y suculenta. Plato típico de Roma es la cola de buey estofada.

CODA ALLA VACCINARA *Piatto a base di coda di vitello condita con pomodoro, pepe ed aromi. Ricetta tipica del Lazio (v.).*

▸ **CODA ALLA VACCINARA** Dish consisting of ox-tail, dressed with tomatoes, peppers and herbs. Recipe typical of Lazio (s.).

▸ **QUEUE A LA VACCINARA** Plat à base de queue de veau assaisonée de tomates, poivre et arômes. Recette typique du Latium (v. Lazio).

▸ **CODA ALLA VACCINARA** Gericht aus dem Schwanz des Kalbs, mit Tomaten, Pfeffer und Aromen. Rezept typisch für den Lazio (s.).

▸ **COLA A LA VACCINARA** Plato a base de cola de ternera condimentada con tomate, pimienta y aromas. Receta típica del Lazio (ver).

CODA DI ROSPO *Nome commerciale del pesce rana pescatrice (v.).*

▸ **MONK FISH** Commercial name for monk fish (s. rana pescatrice).

▸ **CRAPAUD DE MER** Nom commercial du poisson grenouille pêcheur (v. rana pescatrice).

▸ **KRÖTENSCHWANZ** Kommerzieller Name der rana pescatrice (s. rana pescatrice).

▸ **PEJESAPO** Nombre comercial del pez rana pescadora (ver rana pescatrice).

COGNAC *Nobile distillato di vino francese, dal colore ambrato, profumo intenso e sapore pieno e rotondo.*

▸ **COGNAC** French brandy, distilled from wine. It has an amber colour and a big and full flavour.

▸ **COGNAC** Alcool noble de vin français, de couleur ambre, de parfum intense et de saveur pleine et ronde.

▸ **COGNAC** Nobles Destillat französischen Weins, ambrafarben mit intensivem Bouquet und von vollem und rundem Geschmack.

▸ **COÑAC** Noble destilado del vino francés, de color ámbar, aroma intenso y lleno de cuerpo y rotundo.

COLAZIÓNE *Indica generalmente il primo pasto della giornata, da consumarsi al mattino, corrispondente all'inglese breakfast. Con lo stesso nome si intende tuttavia anche il pasto di mezzogiorno, altrimenti chiamato pranzo. Si può così trovare una distinzione tra prima e seconda colazione.*

▸ **BREAKFAST** The first meal of the day, eaten in the morning. Colazione can also signify lunch and is often called seconda colazione (second) while breakfast is prima colazione (first).

▸ **DEJEUNER** Indique généralement le premier repas de la journée, pris le matin, correspondant au breakfast anglais. Le repas de midi est appelé par le même nom. Celui du matin devrait être appelé petit-déjeuner.

▸ **FRÜHSTÜCK** Bezeichnet normalerweise die erste Mahlzeit des Tages, das englische "breakfast", bezeichnet aber auch das Mittagessen. Es gibt auch ein 1. und ein 2. Frühstück.

▸ **DESAYUNO** Indica generalmente

la primera comida del día, que se consume por la mañana, correspondiente al breakfast inglés. Con el mismo nombre se denomia también la comida de mediodía, llamada de otra manera almuerzo. Se puede encontrar así una diferencia entre primer y segundo desayuno.

COLLA DI PESCE *Sostanza inodore e insapore, ricavata dalla vescica natatoria di certi pesci. Serve per la preparazione della gelatina (v.) o di un dolce tipico come la panna cotta.*

▸ **GELATINE** Odourless substance obtained from the swimming-bladder of certain fish. Used for making jelly and set food such as mousse.

▸ **COLLE DE POISSON** Substance sans odeur et sans saveur, obtenue de la vessie natatoire de certaines poissons. Elle sert pour la préparation de la gelée (v. gelatina) ou d'un dessert typique comme la crème cuite.

▸ **FISCHGELATINE** Substanz ohne Geruch aus der Blase einiger Fische gewonnen. Dient zur Zubereitung der Gelatine (s. gelatina) oder für eine typische Süßspeise wie die "gekochte Sahne".

▸ **COLA DE PESCADO** Sustancia inodora e insípida, obtenida de la vejiga natatoria de algunos peces. Sirve para la preparación de la gelatina (ver) o de un dulce típico como la nata cocida.

COLLO D'OCA *Parte dell'oca con cui si prepara un salsicciotto, da consumare caldo o freddo. Tipica di Cremona in Lombardia (v.).*

▸ **GOOSE NECK** Part of the goose used in preparing a salami, eaten hot or cold.Typical of Cremona in Lombardy (s. Lombardia).

▸ **COU D'OIE** Partie de l'oie avec laquelle on prépare une saucisse, à manger chaude ou froide. Typique de Crémone en Lombardie (v. Lombardia).

▸ **GÄNSEHALS** Teil der Gans aus der eine Wurst, die warm oder kalt verzehrt werden kann, hergestellt wird.

▸ **CUELLO DE OCA** Parte de la oca con la que se prepara un salchichón, que se consume caliente o frío. Típico de Cremona en Lombardía (ver Lombardia).

COLOMBA *Dolce soffice di pasta lievitata, tipico delle festività pasquali. L'impasto è molto simile a quello del panettone natalizio (v.).*

▸ **COLOMBA** A soft, light cake made at Easter. Very similar to the Christmas panettone (s.).

▸ **COLOMBE** Gâteau mou de pâte levée, typique des fêtes de Pâques. La recette est quasiment identique à celle du panettone (v.) de Noël.

▸ **TAUBE** Süßes Gebäck aus einem leichten luftigen Teig, die hauptsächlich zu Ostern verzehrt wird. Ein ähnliches Gebäck ist der weihnachtliche Panettone (s.).

▸ **COLOMBA (PALOMA)** Dulce blando de pasta levitada, típico de las festividades pascuales. La masa es muy parecida a la del panetone navideño (ver panettone).

COLOMBO (v. piccione).
▸ **DOVE** (s. piccione).
▸ **COLOMBE** (v. piccione).
▸ **COLOMBO** (s. piccione).
▸ **PALOMO** (ver piccione).

COLONNATA, LARDO DI *Lardo pregiato prodotto a Colonnata in Toscana (v.), dove viene fatto riposare in vasche di marmo ricoperto da una mistura di erbe e spezie.*

▸ **COLONNATA, LARDO DI** A highly valued lard produced in Colonnata in Tuscany. It is put into marble containers and covered with a mixture of herbs and spices.

▸ **COLONNATA, LARD DE** Lard estimé produit à Colonnata en Toscane (s. Toscana), où il est fait reposer dans des récipients de marre recouverts d'un mélange d'herbes et d'épices.

▸ **COLONNATASCHINKEN** Sehr geschätzter Schinken aus Colonnata in der Toskana (s. Toscana), der in Marmorbecken reift, die mit einer Mischung aus Gewürzen und Kräutern bedeckt sind.

▷ **COLONNATA, TOCINO DE** Tocino apreciado producido en Colonnata en Toscana donde viene hecho reposar en pilas de mármol recubierto de una mezcla de hierbas y especias.

COLTELLO *Oggetto per tagliare i cibi.*
▷ **KNIFE** Used for cutting food.
▷ **COUTEAU** Ustensile servant à couper les aliments.
▷ **MESSER** Gerät zum Schneiden der Lebensmittel.
▷ **CUCHILLO** Objeto para cortar alimentos.

COMPOSTA *Conserva di frutta derivante dalla cottura di frutta fresca in acqua e zucchero, con l'aggiunta di aromi.*
▷ **COMPOTE** Conserved fruit, fresh fruit which has been cooked in water and sugar with spices.
▷ **COMPOTE** Conserve de fruit dérivant de la cuisson de fruits frais dans de l'eau et du sucre avec des arômes.
▷ **KOMPOST** Fruchtkonserve aus dem Kochen frischer Früchte mit Zucker und Zugabe von Aromen.
▷ **COMPOTA** Conserva de fruta derivada de la cocción de fruta fresca en agua y azúcar, añadiendo aromas.

CONCENTRATO *Sostanza privata della maggior parte dell'acqua tramite essiccazione. Comunemente indica una salsa di pomodoro parzialmente disidratata, nota come conserva (v.) e molto utilizzata in cucina; oppure un prodotto derivante da brodo condensato.*
▷ **CONCENTRATO** Substance which has been partially dried.Often indicates partially dehidrated tomato sauce (tomato purée) (s. conserva) which is commonly used; or a product derived from condensed stock.
▷ **CONCENTRÉ** Substance privée de la majeure partie de l'eau par déshydratation. Ce terme désigne communément une sauce de tomates partiellement déshydratée très utilisée en cuisine (v. conserve) ou bien un produit provenant de jus condensé.

▷ **KONZENTRAT** Substanz, der das meiste Wasser durch einen Trocknungsprozess entzogen wurde. Normalerweise die Bezeichnung für Tomatenmark (s. conserva) oder ein Produkt aus konzentrierter Brühe.
▷ **CONCENTRADO** Sustancia privada de la mayor parte del agua mediante la desecación. Normalmente indica una salsa de tomate parcialmente deshidratada, conocida como conserva (ver) y muy usada en cocina; o también un producto derivado de caldo condensado.

CONCHÌGLIA *Involucro esterno di molti molluschi. In cucina svolge funzioni decorative.*
▷ **SHELL** External case of many molluscs. Can be used for decorative purposes.
▷ **COQUILLE** Enveloppe externe de nombreux mollusques. En cuisine, elle a une fonction décorative.
▷ **MUSCHELSCHALE** Äußere Hülle vieler Weichtiere. In der Küche zur Dekoration gebraucht.
▷ **CONCHA** Cubierta externa de muchos moluscos. En cocina cumple funciones decorativas.

CONFETTO *Piccolo dolce di zucchero e mandorle, dalla consistenza dura, utilizzato come segno augurale.*
▷ **CONFETTO** Small hard sweet made from almonds and sugar, used as a sign of good wishes.
▷ **DRAGEE** Petite gourmandise au sucre et aux amandes, de consistance dure, utilisée comme portebonheur.
▷ **KONFEKT** Kleine Süßigkeit aus Zucker und Mandeln, von harter Konsistenz und zum Glückwunsch überreicht.
▷ **CONFITE** Pequeño dulce de azúcar y almendras, de consistencia dura, utilizado como símbolo de enhorabuena.

CONFETTURA *Mescolanza di zucchero e polpa e/o puré di una o più specie di frutta. La confettura di agrumi si chiama marmellata (v.).*
▷ **JAM** Mixture of sugar and fruit

pulp and/or purée, of one or more kinds of fruit.When made from citrus fruit it is called marmalade (s. marmellata).

▶ **CONFITURE** Mélange de sucre et de pulpe et/ou de purée d'une ou de plusieurs espèces de fruits. La confiture d'agrume s'appelle marmelade (v. marmellata).

▶ **KONFITÜRE** Mischung aus Zucker und Fruchtfleisch oder – püree einer oder mehrerer Früchte. Die Konfitüre von Zitrusfrüchten nennt sich Marmellade (s. marmellata).

▶ **CONFITURA** Mezcla de azúcar y pulpa y/o puré de una o más variedades de fruta. La confitura de cítricos se llama mermelada (ver marmellata).

CONGELARE *Sottoporre alimenti a temperature inferiori allo zero, ai fini della conservazione.*

▶ **FREEZE** To expose food to a temperature of below zero, in order to preserve it.

▶ **CONGELER** Soumettre des aliments à des températures inférieures à zéro, afin de les conserver.

▶ **EINFRIEREN** Lebensmittel tiefen Temperaturen zur Konservierung aussetzen.

▶ **CONGELAR** Someter los alimentos a temperaturas inferiores a cero grados, con finalidad de conservación.

CONÍGLIO *Roditore da allevamento dalla carne tenera, magra, di colore rosa tenue.*

▶ **RABBIT** Farmed rodent which has tender, lean, faintly pink meat.

▶ **LAPIN** Rongeur d'élevage à viande tendre, maigre et de couleur rouge soutenue.

▶ **KANINCHEN** Nagetier aus der Aufzucht mit zartem, magerem Fleisch, das zartrosa ist.

▶ **CONEJO** Roedor de crianza de carne tierna, magra y de color rojizo.

CONIGLIO SELVATICO *Roditore che vive allo stato brado, oggetto di caccia- gione, la cui carne ha sapore più intenso ed acre del coniglio allevato.*

▶ **WILD RABBIT** Rodent, often hunted. It has a stronger, more bitter flavour than the farmed rabbit.

▶ **LAPIN SAUVAGE** Rongeur qui vit à l'état sauvage, sujet à la chasse et ayant une viande au goût plus intense et plus âpre que celle du lapin d'élevage.

▶ **WILDKANINCHEN** freilebendes Nagetier, Jagdobjekt, dessen Fleisch einen intensiveren und schärferen Geschmack als das des Zuchtkaninchens besitzt.

▶ **CONEJO MONTES** Roedor que vive en estado salvaje, objeto de caza, cuya carne tiene un sabor más intenso y acre que el conejo criado en cautividad.

CONO *Cialda (v.) a forma conica, adatta a contenere una porzione di gelato. Per estensione, il termine indica anche il gelato così confezionato.*

▶ **CONE** Cialda (s.) which is conical, used to hold ice-cream. It can also indicate a wrapped, ready to buy ice-cream.

▶ **CONE** Gaufrette (v. cialda) de forme conique, servant à contenir une portion de glace. Par extension, le terme désigne aussi la glace servie ainsi.

▶ **HÖRNCHEN** Waffel (s. cialda) in Kegelform, geeignet zum Inhalt von Eiskugeln. Im weiteren Sinne ist damit auch das so ausgegebene Eis gemeint.

▶ **CONO** Barquillo (ver cialda) de forma cónica, adecuado para contener una porción de helado. Por extensión, el término indica también el helado así confeccionado.

CONSERVA *In generale, il termine si riferisce a qualsiasi alimento conservato. In particolare, indica la conserva di pomodori.*

▶ **PRESERVE** In general the term refers to anything which has been preserved.It is also the name given to preserved tomato sauce.

▶ **CONSERVE** En général, le terme se réfère à n'importe quel aliment conservé. En particulier, en italien, il indique la conserve de tomates.

▶ **KONSERVE** Bezeichnet im Allgemeinen jedes konservierte Lebensmittel. Besonders Tomatenkonserven.

▸ **CONSERVA** En general, el término se refiere a cualquier alimento conservado. En particular, indica la conserva de tomates.

CONSOMMÉ *Termine francese che indica un brodo, quasi sempre di carne.*

▸ **CONSOMMÉ** French term indicating a stock, usually of meat.

▸ **CONSOMMÉ** Terme français qui définit un jus de viande.

▸ **CONSOMMÉ** französische Bezeichnung für eine Brühe, fast immer Fleischbrühe.

▸ **CONSOME** Término francés que indica un caldo, casi siempre de carne.

CONTORNO *Elemento o insieme di elementi (verdure, ortaggi) che accompagna e guarnisce una portata.*

▸ **SIDE DISH** Food, usually vegetables which accompany or garnish the main dish.

▸ **ACCOMPAGNEMENT** Elément ou ensemble d'éléments (légumes, verdure) qui accompagne et garnit un plat.

▸ **BEILAGE** Element oder verschiedene Elemente zusammen (Gemüse), die einen Gang dekorieren oder begleiten.

▸ **GUARNICION** Elemento o conjunto de elementos (verduras, hortalizas) que acompañan un plato.

COPERTO *Insieme degli oggetti da tavola assegnati a ogni posto. Per estensione, numero dei posti a sedere. Nel linguaggio della ristorazione, il coperto è anche una cifra fissa che il cliente paga, indipendentemente da ciò che mangia.*

▸ **COVER** The objects which make up a place setting.Generally reffering to the number of seats.It is also a fixed price which a customer must pay in a restaurant, regardless of whether they eat or not.

▸ **COUVERT** Ensemble des ustensiles de la table mis à claque place. Par extension, c'est le nombre de places assises. Dans le langage de la restauration, le couvert est aussi un montant fixe que paie le client, indépendamment de ce qu'il mange.

▸ **GEDECK** Alle Tischutensilien an ihrem Platz. Im weiteren Sinn Zahl der Gästeplätze. In der Gastronomie bezeichnet es auch einen festen Preis, den der Gast ohne zu essen bezahlt.

▸ **CUBIERTO** Conjunto de los objetos de mesa asignados a cada puesto. Por extensión, número de los puestos a ocupar. En el lenguaje de la restauración, el cubierto es también una cifra fija que el cliente paga, independientemente de lo que come.

COPPA¹ *Tipo di bicchiere tondo e ampio, con bordi bassi e stelo. Adatto per gli spumanti dolci. In coppe di metallo vengono serviti anche gelati e creme.*

▸ **GOBLET** Type of large, wide glass with short sides and stem. Suitable for sweet sparkling wine.If of metal it can be used for ice-cream and creams.

▸ **COUPE** Type de verre arrondi et large avec peu élevé et possédant un pied. Il est adapté pour les mousseux doux. Les glaces et crèmes viennent aussi servies dans des coupes de métal.

▸ **COPPA** Champagnerglas, rund und breit mit niedrigem Rand und kurzem Stiel. Geeignet für süße Schaumweine. In Metallkelchen werden auch Eis und Cremes serviert.

▸ **COPA** Tipo de vaso redondo y amplio, con bordes bajos y pie. Adecuado para los espumantes dulces. En copas de metal se sirven también helados y cremas.

COPPA² *Il termine indica due diversi salumi. Il primo, tipico di Lombardia ed Emilia Romagna (v.), è costituito da carne di maiale lavorata a crudo. Il secondo, tipico dell'Italia centrale, è ricavato dalla cottura in acqua salata della testa di maiale, disossata e speziata e si chiama coppa di testa.*

▸ **COPPA** The term indicates two

different pork products.The first, typical of Lombardy and Emilia Romagna (s.), is made from uncooked cured pork. The second, typical of central Italy, is made by boiling the head in salted water, which is then boned and seasoned. It is called coppa di testa.

▷ **COPPA** Ce terme désigne deux saucisses différentes. La première, typique de Lombardie (v. Lombardia) et d'Emilie Romagne (v. Emilia Romagna) est constituée de viande de porc travaillée à froid. La seconde, typique de l'Italie centrale est obtenue à partir de la cuisson dans de l'eau salée de la tête de porc désossée et épicée. Cette dernière s'appelle coppa de tête.

▷ **COPPA** Bezeichnung für diverse Salami- bzw. Wurstarten. Für die Lombardei (s. Lombardia) und die Emilia Romagna (s.) ist sie aus rohem Schweinefleisch. Für Zentralitalien ist sie der in Wasser gekochte, entknöcherte Schweinskopf mit Gewürzen, "Kopfcoppa" genannt.

▷ **COPA** El término indica dos embutidos diversos. El primero, típico de Lombardía y Emilia Romagna (ver), y constituido de carne de cerdo trabajada en crudo. El segundo, típico de Italia central, se obtiene de la cocción en agua salada de la cabeza de cerdo, deshuesada y especiada y se llama sobresada.

COQUE, À LA *Espressione francese che indica il metodo di cottura dell'uovo nel suo guscio.*

▷ **BOILED EGG** A method of cooking an egg in its shell.

▷ **COQUE, A LA** Expression française qui définit le mode de cuisson de l'œuf dans sa coquille.

▷ **COQUE, A LA** französischer Ausdruck für das in der Schale weichgekochte Ei.

▷ **COQUE, À LA** Expresión francesa que indica el método de cocción del huevo en su cáscara (pasado por agua).

CORATELLA *Termine originario del Lazio (v.) che indica l'insieme delle inte-*

riora di agnello o capretto. *Nella ricetta tradizionale di Roma viene preparata con cipolle o carciofi.*

▷ **CORATELLA** Term from Lazio (s.) indicating the innards of a lamb or kid.In Rome they are traditionally cooked with onions or artichokes.

▷ **CORATELLA** Terme originaire du Latium (v. Lazio) qui désigne l'ensemble des tripes d'agneau ou de cabris. Dans la recette traditionnelle de Rome, elle est préparée avec des oignons et des artichauts.

▷ **CORATELLA** Ausdruck aus dem Lazio (s.) für die Eingeweide von Schaf und Ziege zusammen. In einem typischen Rezept aus Rom werden sie mit Artischocken und Zwiebel zubereitet.

▷ **CORATELLA (ASADURILLA)** Término originario del Lazio (ver) que indica el conjunto de los interiores de cordero o cabrito. En la receta tradicional de Roma viene preparada con cebollas o alcachofas.

CORBÉZZOLO *Bacca rossa e dall'aspetto spinoso, con polpa gialla, granulosa e leggermente acidula.*

▷ **ARBUTUS BERRY** Red thorny berry with a yellow, grainy, slightly sour pulp.

▷ **ARBOUSE** Baie rouge à l'aspect épineux, ayant une pulpe jaune, granuleuse et légèrement acidule.

▷ **CORBEZZOLO** Rote, stachelige Beere mit gelbem, körnigem Fruchtfleisch und leicht sauer.

▷ **MADROÑO** Baya roja y de aspecto espinoso, con pulpa amarilla, granulosa y ligeramente ácida.

CORDIÀLE *Infuso di erbe dal colore limpido con riflessi paglierini e gradazione di 35°, profumo elegante e gusto dolce e delicato.*

▷ **CORDIÀLE** A clear, slightly yellow infusion of herbs. It has an elegant aroma and a sweet, delicate flavour.It is 35° proof.

▷ **CORDIÀLE** Infusion d'herbe de couleur limpide avec des reflets paille et un degré alcoolique de 35°. Son parfum est élégant et son goût sucré et délicat.

▸ **CORDIÀLE** Infusion aus Kräutern mit heller Farbe und goldenen Reflexen, 35°, elegantes Bouquet, süß und delikat.

▸ **CORDIAL** Infusión de hierbas de color claro con reflejos pajizos y gradación de 35°, aroma elegante y gusto dulce y delicado.

COREGONE *Altro nome del pesce di lago lavarello (v.).*

▸ **LAVARET/WHITE FISH** (s. laverello).

▸ **COREGONE** Autre nom du poisson d'eau douce lavaret (v. lavarello).

▸ **COREGONE** Anderer Name für den Süßwasserfisch Lavarello (s. lavarello).

▸ **FARRA** Otro nombre del pescado de lago sarra (ver lavarello).

CORIÀNDOLO *Spezia costituita dai frutti della pianta omonima. Si presentano come granelli secchi, dall'aroma delicato e fruttato, usati in liquoreria e negli insaccati.*

▸ **CORIANDER** Spice from the coriander plant. Dry grains with a delicate, fruity aroma, used in the production of liqueurs and sausages.

▸ **CORIANDRE** Epice constituée des fruits de la plante du même nom. Il se présente sous forme de grains séchés, à l'arôme délicat et fruité, il est utilisé dans les alcools et pour les saucisses.

▸ **KORIANDER** Gewürz aus den Früchten der gleichnamigen Pflanze. Trockene Kerne mit delikatem und fruchtigem Aroma, bei der Liqueurherstellung und Wurstherstellung gebraucht.

▸ **CILANTRO** Especia formada por los frutos de la planta del mismo nombre. Se presentan como granos secos, de aroma delicado y afrutado, usados en licorería y en los embutidos.

CORNETTO *Brioche a forma di mezzaluna, eventualmente farcito con gelato, panna, marmellata o crema.*

▸ **CROISSANT** Crescent-shaped sweet roll, often filled with ice-cream, cream, jam or custard.

▸ **CORNETTO** Brioche à forme de demi-lune, éventuellement farcie avec de la glace, de la crème, de la marmelade ou de la chantilly.

▸ **HÖRNCHEN** halbmondförmiges Brioche, mit Eis, Sahne, Marmellade oder Creme gefüllt.

▸ **CRUASAN** Bollo con forma de medialuna, eventualmente relleno con helado, nata, mermelada o crema.

CORREZIÓNE *Aggiunta di una piccola quantità di liquore al caffè.*

▸ **CORREZIÓNE** The addition of a small quantity of liqueur to coffee.

▸ **CORRECTION** Ajout d'une petite quantité de liqueur au café.

▸ **KORREKTUR** Beigabe einer kleinen Menge Liqueurs zum Kaffee.

▸ **CORRECCION** Añadidura de una pequeña cantidad de licor al café.

CORZETTI *Pasta tradizionale della Liguria (v.), avente forma tonda, solitamente condita con burro fuso, pinoli e parmigiano, oppure con sugo di carne o funghi.*

▸ **CORZETTI** Traditional pasta from Liguria (s.). Round in shape and usually served in melted butter, pine nuts and parmisan cheese, or with meat or mushroom sauce.

▸ **CORZETTI** Pâtes traditionnelles de la Ligurie (v. Liguria), de forme ronde, d'habitude assaisonnées avec du beurre fondu, des pignons et du parmesan, ou bien avec du jus de viande ou des champignons.

▸ **CORZETTI** Traditionelle Nudeln aus Ligurien (s. Liguria), rund und flach kreisförmig, normalerweise nur mit flüssiger Butter, Pinienkernen und Parmesankäse serviert, oder mit Fleisch - oder Pilzsoße.

▸ **CORZETI** Pasta tradicional de Liguria (ver), con forma redonda, normalmente condimentada con mantequilla fundida, piñones y queso parmesano, o con salsa de carne o setas.

CÓSCIA *Taglio di carne.*
▸ **THIGH** Cut of meat.

▷ **CUISSE** Coupe de viande.
▷ **KEULE** Fleischschnitt.
▷ **MUSLO** Corte de carne.

COSCIÒTTO *Taglio di carne dell'agnello o di altro animale di piccole dimensioni.*

▷ **LEG** Cut of meat from a lamb or another small animal.
▷ **GIGOT** Morceau de viande de l'agneau ou d'un autre animal de petites dimensions.
▷ **KEULCHEN** Fleischschnitt von Lamm oder anderen kleinen Tieren.
▷ **PIERNA** Corte de carne del cordero o de otro animal de pequeñas dimensiones.

COSTATA *Saporita parte della lombata (v.) di bovino, destinata alla cottura alla griglia, al forno o in padella.*

▷ **ENTRECOTE** Tasty part of the sirloin of beef (s. lombata), grilled, baked or fried.
▷ **ENTRECOTE** Partie savoureuse de la longe (v. lombata) de bovin, destinée à la cuisson grillée, au four ou à la poêle.
▷ **RIPPENSTÜCK** Geschmacksreicher Teil des Rückenteils (s. lombata) des Rinds, meistens bestimmt zum Grillen, für den Ofen oder für die Pfanne.
▷ **CHULETA** Sabrosa parte del lomo (ver lombata) de bovino, destinada a la cocción a la parrilla, en el horno o en sartén.

COSTATE *Taglio di carne derivante dal quarto anteriore del bovino. Dà origine alle braciole (v.).*

▷ **COSTATE** Cut of meat from the front quarters of the bovine (s. braciole).
▷ **COTES** Morceaux de viande qui dérivent du quartier antérieur du bovin. Il donne origine aux côtelettes (v. braciole).
▷ **RIPPEN** Fleischschnitt des Vorderviertels des Rinds. Aus ihm werden die Steaks geschnitten.
▷ **CHULETAS** Corte de carne derivado del cuarto anterior del bovino (ver braciole).

COSTINE *Saporito taglio di carne derivante dalle punte delle costole del maiale o dell'agnello.*

▷ **RIBS** Tasty cut of meat from the end of the ribs of pork and lamb.
▷ **COSTINE** Savoureux morceau de viande qui dérive des pointes des côtes du porc ou de l'agneau.
▷ **RIPPCHEN** Schmackhafter Fleischschnitt aus der Spitze der Rippen vom Schwein oder vom Lamm.
▷ **COSTILLAS** Sabroso corte de carne derivada de las puntas de las costillas del cerdo o del cordero.

COSTOLETTA *Fetta di carne tagliata dalla lombata di vitello, agnello, maiale o grossa selvaggina a pelo.*

▷ **CHOP** Slice of meat cut from the sirloin of veal, lamb, pork or large wild animals.
▷ **COTELETTE** Tranche de viande taillé dans la longe de veau, d'agneau, de porc ou de gros gibier à poil.
▷ **KOTELETT** Fleischscheibe geschnitten aus dem Rückenteil des Kalbs, des Lamms, des Schweins oder von großem Pelzwild.
▷ **CHULETA** Tajada de carne cortada del lomo de ternera, cordero, cerdo o animal de caza mayor.

COTECHINO *Insaccato da cuocere, consistente in un impasto di carne di maiale, lardo (v.), cotenna (v.). È considerato un piatto grasso e ricco.*

▷ **COTECHINO** Sausage which must be cooked. It contains pork, lard (s. lardo) and rind (s. cotenna). It is considered a very fat and rich dish.
▷ **COTECHINO** Saucisse à cuire, constituée d'un mélange de viande de porc, de lard (v. lardo), de couenne (v. cotenna). Il est considéré comme un plat gras et riche.
▷ **COTECHINO** Wurst zum Garen aus Schweinefleisch, Speck (s. lardo) und Schwarte (s. cotenna). Ein sehr kalorienreiches Gericht.
▷ **COTEQUINO** Embutido para cocer, consistente en un embuchado

de carne de cerdo, tocino (ver lardo), corteza de cerdo (ver cotenna). Es considerado un plato graso y rico.

COTENNA *Pelle del maiale. Si usa in salumeria come involucro per gli insaccati (v.).*

▸ **RIND** Pig skin. It is used as a skin for pork products (s. insaccati).

▸ **COUENNE** Peau du cochon. Elle est utilisée en charcuterie comme enveloppe pour les saucisses (s. insaccati).

▸ **SCHWARTE** Haut des Schweins. Wird bei der Wurstherstellung verwendet und als Hülle für Wurst (s. insaccati).

▸ **CORTEZA** Piel del cerdo. Se usa en charcutería como envoltorio para los embutidos (s. insaccati).

CÓTICA *Altro nome della cotenna (v.).*

▸ **CÓTICA** Another name for rind (s. cotenna).

▸ **COTICA** Autre nom de la couenne (v. cotenna)

▸ **COTICA** andere Bezeichnung für Schwarte (s. cotenna).

▸ **TEMPANO** Otro nombre de la corteza de cerdo (ver cotenna).

COTOGNA *Varietà di pere e di mele, entrambe caratterizzate da polpa astringente, che necessita di essere cotta.*

▸ **QUINCE** Variety of pear and apple which have an astringent pulp and therefore require cooking.

▸ **COING** Variété de fruit caractérisé par une pulpe astringente qui nécessite d'être cuite.

▸ **COTOGNA** Quitten, Bezeichnung für Äpfel und Birnen, die gekocht werden müssen.

▸ **MEMBRILLO** Variedad de peras y manzanas, ambas caracterizadas por la pulpa astringente, que necesita ser cocida.

COTOGNATA *Pasta dolce di mele cotogne, nonché altro nome della mostarda piemontese o cougnà (v.).*

▸ **QUINCE JAM** Sweet paste made from quince apples.Cotognata is also the name for mostarda and cougnà (s.) from Piedmont.

▸ **COTOGNATA** Pâte sucrée de coing, c'est aussi l'autre nom de la moutarde piémontaise ou cougnà (v.).

▸ **COTOGNATA** Süßware aus Quitten, sowie Bezeichnung für den piemontesischen Mostard oder auch Cougná (s.).

▸ **DULCE DE MEMBRILLO** Pasta dulce de membrillo, y también otro nombre de la mostaza piamontese o cougnà (ver).

COTOLETTA *Fetta di carne, preparata generalmente impanata (v. impanare). La più conosciuta è la cotoletta alla milanese.*

▸ **CUTLET** Slice of meat which is usually coated with breadcrumbs (s. impanare). The cotoletta alla milanese is well known.

▸ **COTELETTE** Tranche de viande, généralement panée (v. impanare). La plus connue est la côtelette milanaise.

▸ **SCHNITZEL** Fleischscheibe, die paniert (s. impanare) wird. Die bekannteste ist das "Wiener Schnitzel", auf italienisch das "Mailänder Schnitzel".

▸ **CHULETA** Tajada de carne, preparada generalmente empanada (ver impanare). La más conocida es la chuleta a la milanesa.

COTOLETTA ALLA VIENNESE *Fetta di carne di vitello impanata, fritta e servita con burro fuso, filetti d'acciuga sott'olio, capperi e limoni.*

▸ **VIENNESE CUTLET** Slice of veal coated with breadcrumbs, fried and served with melted butter, anchovy fillets preserved in oil, capers and lemon.

▸ **COTELETTE VIENNOISE** Tranche de viande de veau panée, frite et servie avec du beurre fondu, des filets d'anchois à l'huile, câpres et citron.

▸ **WIENER SCHNITZEL** Scheibe Kalbfleisch, das paniert und frittiert wird und mit geschmolzener Butter, unter Öl gelegte Sardellenfilets, Kapern und Zitrone serviert wird.

▸ **CHULETA A LA VIENESA** Tajada de carne de ternera empanada, frita y servida con mantequilla fundida, filetes de anchoa en aceite, alcaparras y limón.

COTTURA *Processo per rendere commestibile, digeribile e appetibile un cibo attraverso l'uso del calore. Fra le principali tecniche di cottura, ricordiamo quella in padella, al forno, alla griglia, in acqua (bollitura).*

▸ **COOKING** Process which prepares food through heating, for eating, rendering them digestible and appetising.The main methods of cooking are frying, baking, grilling and in water (boiling).

▸ **CUISSON** Procédé servant à rendre comestible, digestible et appétissant un aliment grâce à la chaleur. Parmi les principales techniques de cuisson, rappelons celle à la poêle, au four, à la grille, à l'eau (ébullition).

▸ **GARUNG** Vorgang, um Lebensmittel essbar und appetitlich zu machen mittels Hitzezufuhr. Zu den Hauptgarungsmethoden gehören: Braten in der Pfanne, im Ofen backen, auf dem Grill und im Wasserkochen.

▸ **COCCION** Proceso para hacer comestible, digerible y apetecible un alimento mediante el uso del calor. Entre las principales técnicas de cocción, recordamos la cocción en sartén, en el horno, a la parrilla, en agua (hervir).

COTURNICE *Uccello simile al fagiano (v.), dalla carne saporita adatta agli arrosti.*

▸ **ROCK PARTRIDGE** Bird similar to a pheasant (s. fagiano). The meat is highly flavoured and is suitable for roasting.

▸ **PERDRIX** Oiseau semblable au faisan (v. fagiano) à la viande savoureuse et idéale pour les rôtis.

▸ **COTURNICE** Fasahnähnlicher (s. fagiano) Vogel mit schmackhaftem Fleisch, geeignet zum Braten.

▸ **COTURNICE** Pájaro parecido al faisán (ver fagiano) de carne sabrosa adecuada para los asados.

COULIS *Purè molto liquido di vegetali, crostacei o frutta.*

▸ **COULIS** A very runny purée of vegetables, crustaceans or fruit.

▸ **COULIS** Purée très liquide de végétaux, crustacés ou fruits.

▸ **COULIS** Sehr flüssiges Püree aus Gemüse, Schalentieren oder Früchten.

▸ **COULIS** Puré muy líquido de vegetales, crustáceos o fruta.

COZZA *Nome comune del mitilo (v.).*

▸ **MUSSEL** (s. mitilo).

▸ **COZZA** Nom commun de la moule (v. mitilo).

▸ **COZZA** Gebräuchlicher Name für die Miesmuschel (s. mitilo).

▸ **MEJILLON** Nombre común del mítulo (ver mitilo).

CRACKER *Biscotto croccante e salato.*

▸ **CRACKER** Crunchy, savoury biscuits.

▸ **CRACKER** Biscuit croquant et salé.

▸ **CRACKER** Knuspriges und gesalzenes Brotgebäck.

▸ **CRACKER** Galleta crujiente y salada.

CREMA *Preparazione di pasticceria, utilizzata per farcire e decorare; viene anche servita da sola, in coppe, come dolce al cucchiaio (v. cucchiaio, al). Lo stesso termine si riferisce anche a preparazioni salate (minestre o guarnizioni) a base di verdure, funghi o altro, opportunamente trattate in modo da assumere una consistenza cremosa.*

▸ **PASTRY CREAM** Creamy custards used to fill and decorate cakes and desserts;can also be served alone, in a goblet, as a dolce al cucchiaio (s. cucchiaio, al). Crema also refers to ancient savoury recipes (soups and garnishes) made from vegetables, mushrooms, etc., which are of a creamy consistency.

▸ **CREME** Préparation pâtissière utilisée pour farcir et décorer; elle est aussi servie seule, en coupe, ou comme crème dessert. Le même terme se réfère aussi à des préparations salées (soupes ou garnissage) à base de légumes, champignons ou autre, travaillés de telle sorte qu'ils puissent prendre une consistance crémeuse.

▸ **CREME** Zubereitung aus der Feinbäckerei, verwendet für Füllungen oder zur Dekoration. Wird auch allein serviert, in Schalen als "Löffeldessert". Der gleiche Begriff kennzeichnet auch herzhafte pürierte Zubereitungen aus Gemüse, Pilzen oder anderem, die so eine cremige Form annehmen.

▸ **CREMA** Preparación de repostería, utilizada para rellenar y decorar; también se sirve sola, en copas, como dulce de cuchara (ver cuchara, de). El mismo término se refiere también a la preparación salada (sopas o guarniciones) a base de verduras, setas, u otros elementos, oportunamente tratados de modo que adquieran una consistencia cremosa.

CREMA FRITTA È una componente del fritto misto dell'Emilia Romagna (v.).
▸ **CREMA FRITTA** One of the fried foods to be found in the "fritto misto" (mixed fried) from Emilia Romagna (s.).
▸ **CREME FRITE** C'est un des ingrédients de la friture variée de l'Emilie-Romagne (v. Emilia Romagna).
▸ **FRITTIERTE CREME** Ein Teil des Gemischt Frittiertem, milchigsüß.
▸ **CREMA FRITA** Es un componente del frito mixto de Emilia Romagna (ver Emilia Romagna).

CRÈME CARAMEL Dolce al cucchiaio (v. cucchiaio, al) a base di crema e caramello (v.).
▸ **CRÈME CARAMEL** Dessert eaten with a spoon (s. cucchiaio, al), made with cream and caramel.
▸ **CRÈME CARAMEL** Dessert à base de crème et de caramel (v. cucchiaio, al).
▸ **KARAMELLCREME** Löffeldessert aus Karamellcreme (s. cucchiaio, al).

▸ **FLAN DE HUEVO** Dulce de cuchara (ver cucchiaio, al) a base de crema de caramelo (ver).

CREMINO Formaggio vaccino (v.) tipico della Lombardia (v.), a pasta molle, da consumare fresco.
▸ **CREMINO** A cows milk cheese (s. vaccino) typical of Lombardy (s. Lombardia). It is soft and is eaten fresh.
▸ **CREMINO** Fromage de lait de vache (v. vaccino) typique de la Lombardie (v. Lombardia), à pâte molle, à manger frais.
▸ **CREMINO** Frischer, weicher Kuhmilchkäse (s. vaccino), typisch für die Lombardei (s. Lombardia).
▸ **CREMINO** Queso cremoso de vaca (ver vaccino) típico de Lombardía (ver Lombardia), de pasta blanda, que se consume fresco.

CREN Radice dalla polpa giallastra e sapore piccante, usata come base per salse.
▸ **HORSERADISH** Root with a yellow pulp and spicy taste, used in sauces.
▸ **CRESSON DES FONTAINES** Racine à la pulpe jaunâtre et au goût piquant, utilisée comme base pour les sauces.
▸ **MEERETTICH** Wurzel mit gelblichem Fruchtfleisch, als Basis für Soßen verwendet.
▸ **COCLEARIA** Raíz de pulpa amarillenta y sabor picante, usada como base para salsas.

CREPE Frittata sottile a base di pastella (v.), usata come involucro per ripieni dolci o salati.
▸ **PANCAKE** Thin layer of fried batter (s. pastella), used as a case for sweet and savoury fillings.
▸ **CREPE** Fine pâte frite (v. pastella) utilisée comme enveloppe de préparations sucrées ou salées.
▸ **CREPE** französische dünne Pfannkuchen (s. pastella), auch als Hülle für süße oder herzhafte Füllungen gebraucht.
▸ **CREPE** Tortilla sutil a base de masa para rebozar (ver pastella),

usada como envoltorio para rellenos dulces o salados.

CRESCENTINA *Focaccia fritta, tipica dell'Emilia Romagna (v.), a base di farina, lievito, acqua, burro o strutto (v.).*

▸ **CRESCENTINA** Fried focaccia, typical of Emilia Romagna (s.), made from flour, yeast, butter and suet (s. strutto).

▸ **CRESCENTINA** Fougasse frite, typique de l'Emilie Romagne (v. Emilia Romagna) à base de farine, levure, eau, beurre et saindoux (v. strutto).

▸ **CRESCENTINA** Frittierte Teigware, typisch für die Emilia Romagna (s.) aus Mehl, Hefe, Wasser, Butter und Schmalz (s. strutto).

▸ **CRESCENTINA** Pan frito, típico de Emilia Romagna (ver), a base de harina, levadura, agua, mantequilla o manteca de cerdo (ver strutto).

CRESCENZA *Formaggio di latte vaccino della Lombardia (v.), molle, dal sapore dolce e fresco.*

▸ **CRESCENZA** A soft, sweet, fresh cheese from Lombardy (s. Lombardia), made with cows milk.

▸ **CRESCENZA** Fromage de lait de vache de la Lombardie (v. Lombardia), mou, au goût doux et frais.

▸ **CRESCENZA** Weichkäse aus Kuhmilch aus der Lombardei (s. Lombardia), süß und frisch.

▸ **CRESCENZA** Queso de leche de vaca de Lombardía (ver), tierno, de sabor dulce y fresco.

CRESCIÓNE *Pianta erbacea dal sapore piccante e aspro, preparata in insalata o come guarnizione ai formaggi.*

▸ **CRESS** Herbaceous plant which has a bitter, sour taste. It is used in salads and to garnish cheese.

▸ **CRESSON** Plante au goût piquant et âpre, préparée en salade ou comme accompagnement de fromage.

▸ **KRESSE** Kräuterpflanze mit pikantem und säuerlichem Geschmack, für Salate oder zur Dekoration von Käse.

▸ **BERRO** Planta herbácea de sabor picante y áspero, preparada en ensalada o como guarnición para los quesos.

CRESPELLA *Nome italiano della crêpe (v.).*

▸ **PANCAKE** Italian name for crêpe (s.).

▸ **CRESPELLA** Nom italien de la crêpe (v.).

▸ **KREPELLE** italienische Bezeichnung für das Crêpe (v.).

▸ **CRESPELLA** Nombre italiano para la crepe (ver).

CRESTA *Parte superiore della testa di alcuni animali da cortile, come il pollo o il tacchino.*

▸ **CREST** Found on the heads of some farmyard animals, such as the chicken and turkey.

▸ **CRETE** Partie supérieure de la tête de certains animaux de basse-cour comme le poulet ou le dindon.

▸ **KAMM** oberer Kopfschmuck einiger Hoftiere wie Hahn oder Truthahn.

▸ **CRESTA** Parte superior de la cabeza de algunos animales de corral, como el pollo o el pavo.

CROCCANTE *Aggettivo che si riferisce a un cibo che scricchiola piacevolmente durante la masticazione. Nell'accezione sostantivata è poi un tipo di dolce a base di mandorle o nocciole.*

▸ **CRUNCHY** Adjective referring to a food which crunches pleasantly when being chewed. Croccante is also the name of a bar of caramelised almonds or hazelnuts.

▸ **CROQUANT** Adjectif qui se réfère à un aliment qui croustille agréablement pendant la mastication. C'est aussi un type de gâteau à base d'amandes et de noisettes.

▸ **KROKANT** Adjektiv für etwas angenehm Knuspriges während des Kauens. In dieser Hinsicht auch eine Süßigkeit aus Mandeln und Nüssen.

▸ **CRUJIENTE** Adjetivo que se refiere a un alimento que cruje agradablemente durante la masticación. En otro sentido es también un tipo de dulce a base de almendras o avellanas.

CROCCHETTA *Porzione di prodotto di natura varia, legato da una crema tipo besciamella (v.), impanato e fritto.*
▸ **CROQUETTE** Portion of a product, in a cream, such as a white sauce (s. besciamella), coated in bread crumbs and fried.
▸ **CROQUETTE** Portion d'ingrédients de nature variée, liée par une crème de type béchamelle (v. besciamella), panée et frite.
▸ **KROKETTE** Portion unterschiedlichen Produkts, durch eine mehlschwitzeartige Creme gebunden, paniert und frittiert.
▸ **CROQUETA** Porción de producto de naturaleza variada, unido a una crema tipo besamel (ver besciamella), empanado y frito.

CROISSANT *Brioche costituita da una pasta poco dolce, sfogliata, leggera, diffusa per la prima colazione (v.).*
▸ **CROISSANT** A roll of lightly sweetened, soft puffed-pastry, often eaten for breakfast (s. colazione).
▸ **CROISSANT** Brioche constituée d'une pâte peu sucrée, feuilletée, légère, se mange souvent pour le petit-déjeuner (v. colazione).
▸ **CROISSANT** Brioche aus kaum süßer Teigware, leicht und sehr verbreitet fürs Frühstück (s. colazione).
▸ **CRUASAN** Bollo constituido de una pasta hojaldre poco dulce, ligera, utilizada en el desayuno (ver colazione).

CROSTA *Superficie di preparazioni salate o dolci come le torte, nonché del pane, indurita per il calore o la caramellatura. Il termine indica anche la parte esterna dei formaggi.*
▸ **CRUST** The surface of foods, both sweet and savoury, such as cakes and bread, which have been hardened by heat or caramelised.The term also indicates the outer surface of cheese.
▸ **CROUTE** Superficie des préparations salées ou sucrées comme les tartes, ainsi que le pain, durcit par la chaleur ou la caramélisation. Ce terme désigne aussi la partie externe des fromages.
▸ **KRUSTE** Oberfläche von süßen oder herzhaften Zubereitungen wie Torten, Brot, gehärtet durch Hitzezufuhr oder Karamellieren. Bezeichnet auch die äußere Hülle einiger Käsesorten.
▸ **CORTEZA** Superficie de preparaciones saladas y dulces como tartas, así como el pan, endurecida mediante el calor y la caramelación. El término indica también la parte externa de los quesos.

CROSTÀCEI *Animali acquatici come il gamberetto, il gambero o l'aragosta (v.).*
▸ **CRUSTACEANS** Aquatic animals such as prawns, king prawns and spiny-lobster (s. aragosta).
▸ **CRUSTACES** Animaux aquatiques comme la crevette, le homard ou la langouste (v. aragosta).
▸ **KRUSTENTIERE** Wassertiere wie die Garnele, der Scampi oder der Hummer (s. aragosta).
▸ **CRUSTACEOS** Animales acuáticos como gambas, langostinos o langostas (ver aragosta).

CROSTATA *Dolce costituito da pasta frolla (v.) ricoperta con marmellata, crema, frutta o altro.*
▸ **TART** Made using short crust pastry (s. pasta frolla), which is covered with jam, custard of fruit.
▸ **TARTE** Dessert constitué de pâte sablée (v. pasta frolla) recouverte de confiture, crème, fruits ou autre.
▸ **CROSTATA** Flacher Kuchen aus Mürbeteig und mit Marmellade, Früchten oder Ähnlichem bedeckt (s. pasta frolla).
▸ **CROSTATA (TARTA)** Dulce constituido por pastaflora (ver pasta frolla) recubierta con mermelada, crema, fruta u otras cosas.

CROSTINO *Fetta di pane abbrustolita spalmata o guarnita con composti vari, detta anche canapè. Il termine indica anche dadini di pane abbrustolito che guarniscono consommé, minestre (v.) o zuppe.*

▶ **TOAST** Slice of toasted bread which is spread or guarnished with various toppings, also called *canapè*. The term also indicates cubes of toasted bread which are used to garnish consommé (s. consommé, minestra) and soups.

▶ **CROUTON** Tranche de pain grillé tartinée ou garnie d'ingrédients variés, appelée aussi canapé. Ce terme désigne aussi les dés de pain grillés qui sont incorporés aux consommés, soupes et potages (v. consommé, minestra).

▶ **CROSTINO** geröstetes Brotschnittchen bestrichen oder dekoriert mit verschiedenen Zutaten, auch "Canapé" genannt. Auch für geröstete Brotwürfel für Consommées oder Suppen (s. consommé, minestra).

▶ **TOSTADA** Rebanada de pan tostada untada o guarnecida con diferentes cosas, llamada también canapé. El término indica también los dados de pan tostado que se usan en los consomés o las sopas (ver consommé, minestra).

CROSTONE *Grossa fetta di pane guarnita con composti vari, spesso carne o salumi.*

▶ **CROSTONE** Large slice of bread with various toppings, often meat or pork products.

▶ **CROSTONE** Grande tranche de pain garnie avec des ingrédients divers, souvent de la viande ou du saucisson.

▶ **CROSTONE** Große Brotscheibe, dekoriert mit unterschiedlichen Zusammensetzungen, meistens Fleisch oder Wurst.

▶ **CROSTONE** Rebanada grande de pan guarnecida con compuestos varios, a menudo carne o embutidos.

CRU *Termine francese che indica con precisione il vigneto da cui provengono le uve di un dato vino.*

▶ **CRU** French term indicating the vineyard in which the grapes of a certain wine were produced.

▶ **CRU** Terme français qui définit avec précision la vigne de la quelle proviennent les raisins d'un vin donné.

▶ **CRU** französischerAusdruck, derpräzise bezeichnet, woher die Rebe ist, aus der die Trauben für einen bestimmten Wein stammen.

▶ **CRU** Término francés que indica con precisión el viñedo del que provienen las uvas de un vino determinado.

CRUDITÀ *Insieme di verdure crude che si servono di solito all'inizio del pranzo come antipasto.*

▶ **CRUDITIES** Raw vegetables usually served at the beginning of a meal as a starter.

▶ **CRUDITES** Ensemble de verdures crues qui se servent habituellement au début du repas comme hors-d'œuvre.

▶ **CRUDITÉ** Verschiedene rohe Gemüse, die normalerweise zu Beginn einer Mahlzeit als Vorspeise serviert werden.

▶ **CRUDITÀ** Conjunto de verduras crudas que se sirven normalmente al inicio de la comida como entremeses.

CRUMIRO o KRUMIRO *Biscotto secco di pasta frolla tipico di Casale Monferrato (v. Monferrato).*

▶ **CRUMIRO o KRUMIRO** Dry short bread biscuit, typical of Casale Monferrato (s. Monferrato).

▶ **CRUMIRO** Biscuit sec de pâte sablée typique de Casale Monferrato (v. Monferrato).

▶ **KRUMIRO** Krummes Mürbeteiggebäck, typisch für die Gegend aus Monferrato (s. Monferrato).

▶ **CRUMIRO o KRUMIRO** Galleta seca de pastaflora típica de Casale Monferrato (ver Monferrato).

CRUSCA *Sottoprodotto della lavorazione del grano tenero. È considerato un prodotto dietetico per l'alta concentrazione di fibra digeribile.*

▶ **BRAN** by-product from the production of flour.Considered a dietary product because of the high levels of digestible fibre.

▷ **SON** Sous-produit de la transformation du blé, il est considéré comme un produit diététique pour sa haute concentration de fibre digestible.

▷ **KLEIE** Unterprodukt der Bearbeitung von Weichweizen. Diätisches Produkt mit hohem Konzentrat an verdaulichen Ballaststoffen.

▷ **SALVADO** Subproducto de la elaboración del trigo. Es considerado un producto dietético por la alta concentración de fibra digerible.

CUBA LIBRE *Famoso long drink composto da rhum, coca cola, limone e ghiaccio.*

▷ **CUBA LIBRE** Famous long drink made with rum, coca cola, lemon and ice.

▷ **CUBA LIBRE** Long drink fameux composé de rhum, coca-cola, citron et glaçon.

▷ **CUBA LIBRE** Berühmter Longdrink aus Rum, Cocacola, Zitrone und Eis.

▷ **CUBA LIBRE (CUBATA)** Famosa bebida larga compuesta de ron, coca cola, limón e hielo.

CUCCHIAÍNO *Piccolo cucchiaio (v.).*

▷ **TEA SPOON** Small spoon (s. cucchiaio).

▷ **CUCCHIAINO** Petite cuillère (v. cucchiaio).

▷ **KAFFEELÖFFEL** Kleiner Löffel (s. cucchiaio).

▷ **CUCHARILLA** Pequeña cuchara (ver cucchiaio).

CUCCHIÀIO *Oggetto costituito da un manico e da una parte ovale concava, usato per raccogliere vivande liquide o fluide.*

▷ **TABLE SPOON** Object with a handle and a concave oval, used for lifting liquids.

▷ **CUILLERE** Objet constitué d'une manche et d'une partie ovale concave, utilisé pour recueillir les mets liquides ou fluides.

▷ **LÖFFEL** Objekt mit Griff und an einem Ende oval und konkav, um flüssige Lebensmittel einzunehmen.

▷ **CUCHARA** Objeto constituido de un mango y de una parte oval cóncava, usado para recoger alimentos líquidos o fluidos.

CUCCHIÀIO, AL *Preparazione generalmente dolce che, per la sua delicata consistenza, necessita di essere raccolta col cucchiaio (v. cucchiaio).*

▷ **CUCCHIÀIO, AL** Something, generally sweet, which has a very delicate consistency and must be eaten with a spoon (s. cucchiaio).

▷ **CREME DESSERT** Préparation généralement sucrée, qui pour sa consistance délicate, nécessite d'être dégustée avec la cuillère (v. cucchiaio).

▷ **CUCCHIAIO, AL** Zubereitung, die aufgrund ihrer Konsistenz nur mit einem Löffel zu sich genommen werden kann (s. cucchiaio).

▷ **CUCHARA, CON** Preparación generalmente dulce que, por su delicada consistencia, necesita ser recogida con la cuchara (ver cucchiaio).

CUCINA *Apparecchio a fornelli per la cottura dei cibi. Per estensione, locale dove si preparano le vivande. Il termine indica anche l'insieme delle tecniche di lavorazione dei cibi, in riferimento a uno stile preciso o a un'area culturale o geografica.*

▷ **COOKER** An appliance for cooking food with gas rings or electric plates. The same term indicates the kitchen and also the cooking techniques, cuisine, when referring to a particular cultural or geographical area.

▷ **CUISINE** Appareil à fourneaux pour la cuisson des aliments. Par extension, l'endroit où se préparent les plats. Le terme définit aussi l'ensemble des techniques de préparation des aliments, en référence à un style précis ou à une zone culturelle ou géographique.

▷ **HERD** Gerät zur Zubereitung von Lebensmitteln. Im weiteren Sinne (Küche) Lokalität, wo Speisen zubereitet werden. Bezeichnet auch die Art der Zubereitung, die "Küche", je nach Stil und kulturellem oder geographischem Gebiet.

▶ **COCINA** Aparato con hornillos para la cocción de los alimentos. Por extensión, local donde se preparan las comidas. El término indica también el conjunto de técnicas para la elaboración de los alimentos, haciendo referencia a un estilo preciso o a un área cultural o geográfica.

CUGNÀ o COUGNÀ *Nome piemontese (v. Piemonte) che indica una composta di mosto d'uva e frutta secca, dolce, utilizzata per accompagnare carni e formaggi.*

▶ **CUGNÀ o COUGNÀ** Name from Piedmont (s. Piemonte) for a sweet compote of grape must and dried fruit, used to accompany meat and cheese.

▶ **CUGNÀ o COUGNÀ** Nom piémontais (v. Piemonte) qui désigne une compote de moût de raisin et de fruits secs, sucrée, utilisée pour accompagner les viandes et fromages.

▶ **CUGNÀ oder COUGNÀ** Piemontesische Bezeichnung (s. Piemonte) für einen Most aus trockenen Trauben, süß und geeignet zur Begleitung von Fleisch und Käse.

▶ **CUGNÀ o COUGNÀ** Nombre piamontese (ver Piemonte) que indica un compuesto de mosto de uva y fruta seca, dulce, utilizado para acompañar carnes y quesos.

CULACCIA *Salume tipico di Parma in Emilia Romagna (v.), simile per certi aspetti al culatello (v.).*

▶ **CULACCIA** Pork product typical of Parma in Emilia Romagna (s.), similar to the culatello in certain aspects (s. culatello).

▶ **CULACCIA** Saucisson typique de Parme en Emilie-Romagne (v. Emilia Romagna) similaire pour certains aspects au culatello (v. culatello).

▶ **CULACCIA** Typische Wurst aus Parma in der Gegend Emilia Romagna (s.), dem "Culatello" sehr ähnlich (s. culatello).

▶ **CULATA** Embutido típico de Parma en Emilia Romagna (ver) parecido en ciertos aspectos al culatello (jamón de brazuelo) (ver culatello).

CULATELLO *Prestigioso prosciutto crudo dell'Emilia (v. Emilia Romagna), ricavato dalla parte più pregiata del maiale, ovvero dalla parte alta posteriore della coscia.*

▶ **CULATELLO** Highly appreciated cured ham from Emilia (s. Emilia Romagna), made from the most valued part of the pig, the back of the thigh.

▶ **CULATELLO** Jambon cru prestigieux de l'Emilie (v. Emilia Romagna), obtenu des parties les plus estimées du cochon, c'est-à-dire le morceau supérieur et postérieur de la cuisse.

▶ **CULATELLO** Wertvoller roher Schinken aus der Emilia Romagna (s.), aus den wertvollsten Teilen des Schweins, d. h. dem Vorderteil der Keule.

▶ **CURATELLO (JAMON DE BRAZUELO)** Prestigioso jamón serrano de Emilia (ver Emilia Romagna), obtenido de la parte más apreciada del cerdo, es decir, de la parte posterior del pernil.

CULURIÓNES *Ravioli di magro e pecorino, tipici della Sardegna (v.).*

▶ **CULURIONES** Ravioli filled with lean meat and pecorino cheese, typical of Sardinia (s. Sardegna).

▶ **CULURIONES** Ravioli de viande maigre et pécorino, typiques de la Sardaigne (v. Sardegna).

▶ **CULURIONES** Ravioli aus Magerkäse und Schafkäse Pecorino, typisch für Sardinien (s. Sardegna).

▶ **CULURIONES** Raviolis de magro y oveja, típicos de Cerdeña (ver Sardegna).

CUÒCO *Esperto di arte culinaria, preposto alla preparazione delle vivande. Generalmente, è il professionista che lavora nei ristoranti.*

▶ **COOK** Expert of the culinary art, prepares food. Generally a professional working in restaurants.

▶ **CUISINIER** Expert d'art culinaire, préposé à la préparation des plats.

Généralement, il est le profession-nel qui travail dans les restaurants.

▶ **KOCH** Experte in der kulinari-schen Zubereitung, hauptsächlich für Speisen. Spezialist, der in Re-staurants arbeitet.

▶ **COCINERO** Experto en el arte cu-linario, que se encarga de la prepa-ración de los alimentos. General-mente, es el profesional que traba-ja en los restauzantes.

CUÒRE *Termine generico che indica la parte centrale di un vegetale.*

▶ **HEART** Term generally used to indicate the central part of a veg-etable.

▶ **CŒUR** Terme générique qui défi-nit la partie centrale d'un végétal.

▶ **HERZ** Genereller Ausdruck für das Zentrale einer Pflanze.

▶ **CORAZON** Término genérico que indica la parte central de un vege-tal.

CUÒRE DI BUE *Specie di mollusco, dalla conchiglia di bell'aspetto, ma poco saporito. Nome anche di una varietà di pomodoro.*

▶ **CUÒRE DI BUE** A mollusc with a handsome shell but with little flavour. Also the name of a variety of tomato.

▶ **ISOCARDE** Espèce de mol-lusque, ayant une coquille de bel aspect, mais peut savoureux. C'est aussi le nom, en italien, d'une va-riété de tomates.

▶ **OCHSENHERZ** 'Weichtierart mit hübscher Muschel, aber kaum Ge-schmack. Auch der Name einer To-matenart.

▶ **CORAZON DE BUEY** Especie de molusco, de concha bonita, pero un poco insípido. Nombre también de una variedad de tomate.

CUPETA o COPETA *Croccante (v.) di mandorle, tipico della Puglia (v.). Con lo stesso nome in altre parti d'Italia si inten-de un dolce a base di frutta secca e miele che farcisce due fogli di pasta sottile.*

▶ **CUPETA o COPETA** Crunchy bar of caramelised almonds (s. croc-cante), typical of Puglia (s.). In oth-

er parts of Italy it indicates a cake made of dried fruit and honey, be-tween two sheets of thin pastry.

▶ **CUPETA ou COPETA** Croquant (v. croccante) aux amandes typique des Pouilles (v. Puglia). Le même nom, en d'autres endroits de l'Ita-lie, est utilisé pour définir un des-sert à base de fruits secs et miel qui garnissent deux pâtes fines.

▶ **CUPETA oder COPETA** Krokantes, aus Mandeln (s. croccante), typisch für Puglien (s. Puglia). Mit dem gleichen Namen werden in ande-ren Gebieten Italiens Süßwaren aus Honig und getrockneten Früch-ten bezeichnet zur Füllung von dünnen Teigen.

▶ **CUPETA o COPETA** Crujiente (ver croccante) de almendras, típico de Puglia (ver). Con el mismo nombre en otras partes de Italia se conoce un dulce a base de fruta seca y miel que rellena dos láminas sutiles de pasta.

CURAÇAO *Liquore a base di fiori e scorza d'arancia, dall'aroma fruttato, usato nei cocktail e in pasticceria.*

▶ **CURAÇAO** Liqueur made from flowers and orange rind, it has a fruity aroma and is used in cock-tails and confectionery.

▶ **CURAÇAO** Liqueur à base de fleurs et d'écorces d'orange, à l'a-rôme fruité, utilisé dans les cock-tails et en pâtisserie.

▶ **CURAÇAO** Liqueur auf Blütenba-sis und aus Orangenschalen, von fruchtigem Aroma, gebraucht bei Cocktails oder in der Feinbäckerei.

▶ **CURAÇAO** Licor a base de flores y corteza de naranja, de aroma afrutado, usado en los cócteles y en repostería.

CURRY *Miscela di spezie. Per estensio-ne, piatti aromatizzati con tale miscela, generalmente carne, pesce o verdure in umido (v.).*

▶ **CURRY** Mixture of spices. Also the name given to dishes flavoured with this mixture, generally meat, fish or vegetables which have been stewed (s. umido).

▶ **CURRY** Mélange d'épices. Par extension, plats aromatisés avec ce mélange, généralement de la viande, du poisson ou de la verdure "cuite à la vapeur" (v. umido).

▶ **CURRY** Gemisch aus Gewürzen. Im erweiterten Sinne Gerichte mit diesem Gewürz zubereitet, normalerweise Fleisch, Fisch oder Gemüse (s. umido).

▶ **CURRY** Mezcla de especias. Por extensión, platos aromatizados con dicha mezcla, generalmente carne, pescado o verduras hervidas (ver umido).

CUSCUS *Il termine indica molteplici preparazioni a base di farina di semola di grano duro, di origine araba. Serve come accompagnamento per carne, pesce o verdure, insieme a determinate salse piccanti.*

▶ **CUSCUS** The term indicates food prepared using durum wheat according to recipes of Arabic origin. Served with meat, fish or vegetables, together with certain spicy sauces.

▶ **COUSCOUS** Le terme définit de nombreuses préparations d'origine arabe à base de semoule. Il sert comme accompagnement à la viande, le poisson, ou la verdure avec des sauces piquantes déterminées.

▶ **COUSCOUS** Verschiedene Zubereitungen aus hartem Griesmehl, arabischer Herkunft. Zur Begleitung von Fisch-, Fleisch- und Gemüsezubereitungen, zusammen mit einigen scharfen Soßen.

▶ **CUSCUS** Término que indica múltiples preparaciones a base de harina de sémola de trigo, junto con determinadas salsas picantes.

CUVÉE *Mescolanza di vini provenienti da vigneti differenti o di annate diverse.*

▶ **CUVÉE** A mixture composed of wines from different vinyards or different years.

▶ **CUVÉE** Mélange de vins provenant de vignes ou d'années différentes.

▶ **CUVÉE** Mischung aus Weinen aus verschiedenen Weinanbaugebieten und aus verschiedenen Jahrgängen.

▶ **CAVA** Mezcla de vinos provenientes de viñedos diferentes o de añadas diversas.

D

DADO *Preparato a base di estratti provenienti dalla lavorazione di carne, vegetali o lieviti. Utilizzato per la preparazione di brodi, zuppe, sughi o minestre.*

▶ **STOCKCUBE** Prepared using meat, vegetable or yeast extracts. Used in the preparation of stock, soups and sauces.

▶ **BOUILLON-CUBE** Préparation à base d'extraits provenant de viande, de végétaux ou de levures. Il est utilisé pour préparer des bouillons, des soupes, des sauces ou des potages.

▶ **WÜRFEL** Zubereitung aus Extrakten, die aus der Fleisch-, Gemüse- oder Hefeverarbeitung stammen.

▶ **DADO** Preparado a base de extractos provenientes de carnes, vegetales o levaduras. Utilizado para la preparación de caldos, sopas, salsas o menestras.

DADOLATA *Termine che indica piatti costituiti da alimenti tagliati a piccoli cubetti.*

▶ **DADOLATA** Term used to indicate a dish where the food has been cut in to small cubes.

▶ **DADOLATA** Terme qui désigne des plats constitués par des aliments coupés en petits morceaux.

▶ **GEWÜRFELTES** Ausdruck, der in Würfel geschnittene Gerichte bezeichnet.

▶ **TROPEZONES** Término que indica platos constituidos por alimentos cortados en pequeños cubos.

DÀINO *Mammifero simile al cervo (v.), le cui parti più tenere e saporite sono il carré e la sella (v.).*

▶ **FALLOW-DEER** Mammal similar to a deer (s. cervo). The carré and

saddle (s. sella) are the most tender and tasty cuts.

▶ **DAIM** Mammifère similaire au cerf, (v. cervo) dont les parties les plus tendres et savoureuses sont le carré et la selle (v. sella).

▶ **REHBOCK** Hirschartiges (s. cervo) Säugetier, dessen weichste Teile das Carré und der Sattel sind (s. sella).

▶ **GAMO** Mamífero parecido al ciervo (ver cervo), cuyas partes más tiernas y sabrosas son el lomo y el filete de aguja (ver sella).

DAIQUIRI *Tipo di cocktail composto da rhum, succo di lime o limone, sciroppo di zucchero e ghiaccio.*

▶ **DAIQUIRI** Cocktail of rum, lime or lemon juice, sugar syrup and ice.

▶ **DAIQUIRI** Type de cocktail composé de rhum, jus de citron ou citron vert, sirop de sucre et glaçon.

▶ **DAIQUIRI** Cocktail aus Rum, Zitronensaft, Zuckersyrup und Eis.

▶ **DAIQUIRI** Tipo de cóctel compuesto por ron, zumo de lima o limón, jarabe de azúcar y hielo.

DAMIGIANA *Recipiente di vetro di diverse capacità, destinato al trasporto del vino.*

▶ **DEMI-JOHN** Glass receptacle of a range of sizes, for the transportation of wine.

▶ **BOMBONNE** Récipient en verre de différentes contenances, destiné au transport du vin.

▶ **DAMIGIANA** Glasbehälter unterschiedlicher Kapazität zum Weintransport.

▶ **DAMAJUANA** Recipiente de vidrio de diversa capacidad, destinado al transporte del vino. También llamado garrafón.

DÀTTERO *Piccolo frutto oblungo, di colore marrone e dalla polpa carnosa e zuccherina.*

▶ **DATE** Small, brown, oblong shaped fruit with a fleshy sugary pulp.

▶ **DATTE** Petit fruit oblong, de couleur marron à la pulpe charnue et sucrée.

▶ **DATTEL** Kleine, längliche, braune Frucht mit zuckrigem fleischigem Fruchtfleisch.

▶ **DATIL** Pequeño fruto oblongo, de color marrón y de pulpa carnosa y dulce.

DÀTTERO DI MARE *Mollusco molto simile, per forma, dimensione e colore, al dattero (v.). È uno dei frutti di mare più ricercati, dal sapore delicato, la cui pesca è proibita in Italia.*

▶ **DATE SHELLS** Mollusc which resembles a date in shape, size and colour (s. dattero). It is one of the most sought after sea foods. It has a delicate flavour. The fishing of this mollusc is prohibited in Italy.

▶ **DATTE DE MER** Mollusque semblable pour la forme, la dimension et la couleur à la datte (v. dattero). C'est un des fruits de mer les plus recherchés, au gout délicat dont la pêche est interdite en Italie.

▶ **MEERESDATTEL** der Dattel (s. dattero) sehr ähnliches Weichtier. Eine sehr gefragte Meeresfrucht mit delikatem Geschmack, die in Italien nicht gefischt werden darf.

▶ **DATIL DE MAR** Molusco muy parecido, por su forma, dimensión y color, al dátil (ver dattero). Es uno de los frutos de mar más buscados, de sabor delicado, cuya pesca está prohibida en Italia.

DECAFFEINATO *Caffè privo di caffeina.*

▶ **DECAFINATED** Coffee with the caffeine removed.

▶ **DECAFEINE** Café sans caféine.

▶ **DEKAFFEINIERT** Kaffee ohne Koffeingehalt.

▶ **DESCAFEINADO** Café sin cafeína.

DECANTAZIONE *Termine che indica la separazione dei sedimenti da un liquido. La decantazione viene praticata in cantina e a tavola tramite l'utilizzo di una caraffa, sia per separare i sedimenti di vino invecchiato, sia per ossigenarlo.*

▶ **DECANT** Term which indicates the separation of a sediment from a liquid. Decanting is carried out in a cellar or at a table using a carafe, in order to separate the sediment of aged wine and also to allow it to breath.

▶ **DECANTATION** Terme qui indique la séparation des sédiments d'un liquide. La décantation est pratiquée en cave et sur la table en se servant d'une carafe, soit pour séparer les sédiments de vin vieilli, soit pour l'oxygéner.

▶ **DEKANTIEREN** Ausdruck, der die Trennung von Flüssigkeit und Ablagerungen bezeichnet. Sie wird im Weinkeller und am Tisch durchgeführt mit Hilfe einer Karaffe, um die Ablagerungen eines alten Weins abzusondern und um den Wein zu belüften.

▶ **DECANTACION** Término que indica la separación de los sedimentos de un líquido. La decantación se practica en bodegas y en la mesa mediante el uso de una garrafa, para separar los sedimentos del vino envejecido, o también para oxigenarlo.

DECANTER *Contenitore e strumento per la decantazione di un vino.*

▶ **DECANTER** Container and instrument for the decanting of wine.

▶ **DECANTEUR** Récipient et instrument pour la décantation du vin.

▶ **DECANTER** Behälter oder Instrument zum Dekantieren eines Weins.

▶ **DECANTER** Contenedor e instrumento para la decantación de un vino.

DEGUSTAZIONE *E l'analisi sensoriale di una bevanda, di un prodotto alimentare o di una preparazione culinaria (si chiama anche "assaggio" - v.).*

▶ **TASTING** The sensory analysis of a drink, food product or cooked dish, (also called "assaggio" - s.).

▶ **DEGUSTATION** C'est l'analyse sensorielle d'une boisson, d'un produit alimentaire ou d'une préparation de cuisine (elle s'appelle aussi "assaggio", v.).

▶ **DEGUSTATION** Geschmackliche Analyse eines Getränks, eines Lebensmittelprodukts oder einer Zubereitung (wird auch "Kosten" genannt, s. assaggio).

▶ **DEGUSTACION** Es el análisis sensorial de una bebida, de un producto alimenticio o de una preparación culinaria (se llama también "cata", ver "assaggio").

DELICIOUS *Termine di origine inglese, usato per due varietà di mele, le Golden Delicious e le Delicious Rosse, che si contraddistinguono per la polpa dolce e croccante.*

▶ **DELICIOUS** An English word used for two varieties of apple, the Golden Delicious and the Delicious Rosse, which can be distinguished by their sweet and crunchy pulp.

▶ **DELICIOUS** Terme d'origine anglaise, utilisé pour deux variété de pommes, les Golden Delicious et les Delicious Rouges, qui se caractérisent par leur pulpe sucrée et croquante.

▶ **DELICIOUS** Englischer Ausdruck für zwei Apfelsorten, die Golden Delicious und die Delicious Rosse, die sich durch süßes, knackiges Fruchtfleisch auszeichnen.

▶ **DELICIOUS** Término de origen inglés, usado para dos variedades de manzanas, la Golden Delicious y la Delicious Rosse, que se distinguen por la pulpa dulce y crujiente.

DELIKATESSEN *Abbreviato spesso in deli, è un termine internazionale che indica negozi specializzati in generi alimentari raffinati, ricercati ed esotici, oppure dolci di pasticceria.*

▶ **DELICATESSEN** Often abbreviated to deli, it is an international name given to a shop which specialises in refined and exotic, much sought after foods and confectionery.

▶ **DELICATESSEN** En italien, souvent abrégé en déli, c'est un terme

international qui désigne des magasins spécialisés dans les aliments raffinés, recherchés et exotiques, ou bien en gâteau de pâtisserie.

▶ **DELIKATESSEN** oft nur in Deli abgekürzt, internationale Bezeichnung für ein Lebensmittelgeschäft, das raffinierte, rare oder exotische Waren anbietet oder Süßwaren und Feingebäck.

▶ **DELIKATESSEN** Abreviado a menudo como *deli*, es un término internacional que indica tiendas especializadas en géneros alimentarios refinados, buscados y exóticos o también dulces de pastelería.

DENOMINAZIONE DI ORIGINE CONTROLLATA *Denominazione qualificante, stabilita per legge e applicata a vini aventi definite caratteristiche organolettiche e prodotti in una determinata zona geografica. I vini D.O.C. rispettano un preciso disciplinare di produzione e la sua dicitura deve risultare in etichetta. Esistono poi i vini a Denominazione di Origine controllata e Garantita, che devono rispettare un disciplinare ancora più restrittivo e qualificante.*

▶ **CONTROLLED DENOMINATION OF ORIGIN** Established by law and applied to wines which have organoleptic characteristics and are produced in certain geographical areas. D.O.C. wines respect certain standards and production specifications and therefore must be labelled as such. There is also a more elite level called Denominazione di Origine controllata e Garantita, involving further rules and restrictions.

▶ **APPELLATION D'ORIGINE CONTROLE** Appellation qualifiante, établie par loi et appliquée aux vins ayants des caractéristiques organoleptiques définies et produits dans une zone géographique déterminée. Les vins A.O.C. respectent des procédures précises de production et A.O.C. doit résulter sur l'étiquette. Il existe aussi des vins d'Appellation d'Origine Contrôlée et Garantie, qui doivent respecter une procédure encore plus restrictive et qualifiante.

▸ **DENOMINAZIONE DI ORIGINE CONTROLLATA** Herkunftsgarantie, gesetzlich bestimmt und angewendet für bestimmte Weine und Produkte eines bestimmten geografischen Gebiets. Die D.O.C. Weine müssen einer präzisen Herstellungsdisziplin gehorchen und auf dem Etikett ausgewiesen werden. Es existieren auch Weine der Denominazione di Origine controllata e garantita, die noch strengeren und qualifizierenderen Kriterien gehorchen müssen.

▸ **DENOMINACION DE ORIGEN CONTROLADA** Denominación cualificada, establecida por ley aplicada a los vinos que tienen determinadas características organolépticas y productos de una determinada zona geográfica. Los vinos D.O.C. respetan una disciplina precisa de producción y su marbete debe resultar en la etiqueta. Existen también vinos a Denominación de Origen Controlada y Garantizada, que deben respetar una disciplina todavía más restrictiva y significativa.

DENOMINAZIONE DI ORGINE PROTETTA *Si riferisce a tutti gli altri prodotti alimentari diversi dal vino, tutelati da un'apposita legge dell'Unione Europea che riconosce un disciplinare di produzione riferito ad una zona specifica.*

▸ **PROTECTED DENOMINATION OF ORIGIN** Refers to all food products with the exception of wine, safeguarded by the European Union which identifies the production controls of specific areas..

▸ **APPELLATION D'ORIGINE PROTE-GEE** Concerne tous les autres produits alimentaires autres que le vin, protégés par une loi spécifique de l'Union Européenne qui reconnaît une procédure de production en référence à une zone spécifique.

▸ **DENOMINAZIONE DI ORIGINE PROTETTA** Herkunft geschützten Gebiets, Herkunftsgerantie für andere Lebensmittel als Wein, geschützt durch ein dafür vorgesehe-

nes Gesetz der EG, das die Herstellung in einem bestimmten Gebiet diszipliniert.

▸ **DENOMINACION DE ORIGEN PROTEGIDA** Se refiere a todos los demás productos alimentarios diferentes al vino, tutelados por una ley de la Unión Europea que reconoce una disciplina de producción referida a una zona concreta.

DENTE, AL *Espressione che indica il grado di cottura ottimale, non eccessivo, di pasta e riso, le cui componenti risultano di consistenza turgida.*

▸ **DENTE, AL** Expression which indicates the optimum point to which pasta and rice are cooked (swollen), not over cooked.

▸ **DENTE, AL** Expression qui indique le degré de cuisson optimale, non excessif, des pâtes et du riz, dont le résultat est une consistance gonflée.

▸ **BISSFEST** Ausdruck, der die optimale Garungszeit von Reis oder Nudeln ausdrückt.

▸ **DENTE, AL (POCO HECHO)** Expresión que indica el grado de cocción óptima, no excesivo, de la pasta o el arroz, cuyos componentes resultan hinchados.

DENTE DI LEONE *Piccola pianta erbacea, molto diffusa in campi e pascoli; usata, soprattutto in primavera, per la preparazione di insalate dal gusto leggermente amaro. Nota anche come dente di cane.*

▸ **TARASSACO** Small herbaceous plant, common in fields and meadows; used in Spring for the preparation of salads with a slightly bitter taste. Also known as dente di cane.

▸ **DENT DE LION** Petite plante herbacée, très répandue dans les champs et les pâturages ; utilisée surtout au printemps pour la préparation de salades au goût légèrement amer. Elle est aussi connue comme dent de chien.

▸ **LÖWENZAHN** Kleine Graspflanze, sehr verbreitet auf Feld und Wiese, deren zarte leicht bittere Blätter hauptsächlich im Frühjahr in Salaten verwendet werden. Auch bekannt als Hundezahn.

▶ **DIENTE DE LEON** Pequeña planta herbácea, abundante en campos y prados; usada, sobretodo en primavera, para la preparación de ensaladas de gusto ligeramente amargo. Llamada también diente de perro.

DENTICE *Pregiato pesce di mare ricercato per la prelibatezza delle carni.*

▶ **DENTEX** Quality salt water fish appreciated for its delicious meat.

▶ **DENTEX** Poisson de mer apprécié, recherché pour la finesse de sa chair.

▶ **ZAHNBRASSE** Wertvoller Meeresfisch mit vortrefflichem Fleisch.

▶ **DENTON** Apreciado pescado de mar buscado por la exquisitez de sus carnes.

DESSERT *Si intende la portata che conclude un pranzo, a base di formaggi, dolci o frutta.*

▶ **DESSERT** The final course of a meal: cheese, cakes, puddings or fruit.

▶ **DESSERT** Le plat qui conclut un repas, à base de fromages, de gâteaux ou fruits.

▶ **DESSERT** Der Gang, der ein Essen beendet, Käse, Süßes oder Früchte.

▶ **POSTRE** Se entiende el plato que concluye una comida, a base de quesos, dulces o fruta.

DESSERT, VINI DA *Vini, generalmente dolci, da abbinare ai dessert.*

▶ **DESSERT WINES** Wines, usually sweet, served with the dessert.

▶ **VINS A DESSERTS** Vins, en général doux, à associer aux desserts.

▶ **DESSERTWEINE** meist süße Weine, die zum Dessert passen.

▶ **POSTRE, VINOS DE** Vinos, generalmente dulces, que se combinan con los postres.

DIÀVOLA, ALLA *In generale, indica qualsiasi piatto fortemente condito con peperoncino; in particolare, pizza e pasta. Il pollo alla diavola è invece cotto alla griglia su braci ardenti in modo da diventare croccante, e condito in abbondanza con pepe.*

▶ **DIÀVOLA, ALLA** Term which generally indicates a very hot dish; mainly pizza and pasta. Chicken alla diavola is roasted over red hot embers until it becomes very crunchy, and is seasoned with a considerable amount of pepper.

▶ **DIABLE AU** En général, indique n'importe quel plat fortement assaisonné avec du piment ; en particulier, les pâtes et la pizza. Le poulet à la *diavola* est au contraire cuit à la grille sur des braises ardentes de manière à devenir croquant, et assaisonné en abondance avec du poivre.

▶ **TEUFELSART** Im Allgemeinen für jedes sehr scharfe Gericht, im Besonderen für Pizzen und Nudelgerichte. Das Huhn nach Teufelsart ist hingegen auf dem Grill knusprig gebraten und stark gepfeffert.

▶ **DIAVOLA, A LA** En general, indica cualquier plato fuertemente condimentado con guindilla; en particular, pizza y pasta. El pollo a la diavola sin embargo se cuece en la parrilla sobre brasas ardientes de manera que se haga crujiente, y se condimenta abundantemente con pimienta.

DIAVOLILLO *Peperoncino (v.). Termine regionale dell'Abruzzo (v.)*

▶ **DIAVOLILLO** Term from the region of Abruzzo (v.) indicating Chilli pepper (s. peperoncino).

▶ **DIAVOLILLO** Piment (v. peperoncino).Terme régional des Abruzzes (v. Abruzzo).

▶ **DIAVOLILLO** Pfefferschoten (s. peperoncino). Regionaler Ausdruck aus den Abruzzen (s. Abruzzo).

▶ **DIAVOLILLO** Guindilla (ver peperoncino). Término regional de Abruzzo (ver).

DIETA *Indica un'alimentazione dosata, che stabilisce rigidamente le porzioni e le quantità dei diversi cibi. Il termine si riferisce anche, genericamente, a un qualsiasi modo di nutrirsi avente caratteristiche specifiche.*

▷ **DIET** Indicates a limited list of food and drink that a person is allowed. The term also refers to specific characteristics of the food eaten by a person or group.

▷ **DIETE** Désigne une alimentation dosée, qui établie rigidement les portions et les quantités des différents aliments. Le terme se réfère aussi, communément, à n'importe quel manière de se nourrir ayant des caractéristiques spécifiques.

▷ **DIÄT** Bezeichnet eine dosierte Nahrungsaufnahme, die genau die Art und Menge der Speisen vorschreibt. Bezeichnet auch im weiteren Sinne eine bestimmte Ernährung.

▷ **DIETA** Indica una alimentación dosificada, que establece estrictamente las porciones y las cantitades de los diferentes alimentos. El término se refiere también, genéricamente, a cualquier modo de nutrirse que tenga características particulares.

DIGESTIVO *Liquore, da assumere a fine pasto, costituito da una miscela di erbe aromatiche che favoriscono la digestione.*

▷ **DIGESTIVO** Liqueur consisting of a mixture of aromatic herbs, drunk at the end of a meal, which aids digestion.

▷ **DIGESTIF** Liqueur, à boire à la fin du repas, constituée d'un mélange d'herbes aromatiques qui aident à la digestion.

▷ **DIGESTIF** Liqueur aus aromatischen Kräutern zur Verdauung, wird am Ende des Essens eingenommen.

▷ **DIGESTIVO** Licor, que se toma al final de la comida, constituido por una mezcla de hierbas aromáticas que favorecen la digestión.

DILUIRE *Operazione che serve a rendere meno dense o più delicate le salse, mediante l'aggiunta di fondi o brodi.*

▷ **DILUTE** Addition of stock to a sauces, in order to render it less dense or more delicate.

▷ **DILUER** Opération qui sert à rendre moins dense ou plus délicate les sauces, à l'aide de l'ajout de fonds ou bouillons.

▷ **VERDÜNNEN** Verlängern einer dicken Soße durch Zusatz von Brühen oder Bratensatz.

▷ **DILUIR** Operación que sirve para hacer menos densas o más delicadas las salsas, añadiendo líquido o caldo.

DIPLOMÀTICO *Noto anche come torta diplomatica, è un dolce costituito da pasta sfoglia (v.) e pan di Spagna (o pasta Maddalena) farcito con diverse creme.*

▷ **DIPLOMÀTICO** A cake made from puff-pastry (s. pasta sfoglia) and sponge cake or Maddalena, filled with various custards.

▷ **DIPLOMATE** Connu aussi comme tarte diplomate, c'est un gâteau constitué de pâte feuilletée (v. pasta sfoglia) et génoise, farcie avec des crèmes différentes.

▷ **DIPLOMAT** auch bekannt als Diplomatentorte, ein Kuchen aus Blätterteig (s. pasta sfoglia) und Biskuitteig, gefüllt mit diversen Cremes.

▷ **DIPLOMATICA** Conocida también como tarta diplomática, es un dulce constituido por pasta hojaldre (ver pasta sfoglia) y bizcocho (o masa Magdalena), relleno con diferentes cremas.

DIRASPATURA *Operazione con cui si separano gli acini d'uva dai raspi. Generalmente avviene per mezzo di una macchina, durante la pigiatura.*

▷ **DIRASPATURA** Action of separating grapes from the stalk. Generally carried out by a machine during the pressing of the grapes.

▷ **EGRAPPAGE** Opération avec laquelle on sépare les grains de raisin des grappes et s'effectue, en général, avec une machine lors du foulage.

▷ **DIRASPATURA** Handlung, die die Trennung der Trauben vom Stiel bezeichnet. Im Allgemeinen mit Hilfe einer Maschine schon bei der Weinlese durchgeführt.

▸ **DESPALILLADO** Operación mediante la que se separan los granos de la uva de los escobajos. Generalmente se hace con una máquina durante el pisado de la uva.

DISOSSARE *Staccare la carne dalle ossa senza tagliarla a pezzi.*

▸ **TO BONE** Remove the meat from the bone while keeping the meat intact.

▸ **DESOSSER** Détacher la viande des os sans la couper en morceaux.

▸ **ENTKNÖCHERN** das Fleisch vom Knochen trennen ohne es zu zerschneiden.

▸ **DESHUESAR** Separar la carne del hueso sin cortala en trozos.

DISSALARE *Eliminare, prima dell'utilizzo, il sale dagli alimenti conservati sotto sale.*

▸ **DISSALARE** Eliminate excess salt from food which was preserved in salt.

▸ **DESSALER** Eliminer, avant l'utilisation, le sel des aliments conservés dans du sel.

▸ **ENTSALZEN** vor dem Gebrauch das Salz entfernen von unter Salz konservierten Lebensmitteln.

▸ **DESALAR** Eliminar, antes de la utilización, la sal de los alimentos conservados en sal.

DISSANGUARE *Eliminare il sangue dagli animali da macello.*

▸ **TO BLEED/DRAIN BLOOD** Remove the blood from slaughtered animals.

▸ **SAIGNER A BLANC** Eliminer le sang des animaux à abattre.

▸ **AUSBLUTEN** Das Blut des Schlachtviehs entfernen.

▸ **DESANGRAR** Quitar la sangre de los animales de carnicería.

DISTILLAZIONE *Operazione fondamentale per la produzione di distillati (liquori e acqueviti). Consiste nel riscaldare e poi raffreddare il liquido di base (vino, frutta fermentata, vinacce, ecc.), in modo da ottenere una concentrazione alcolica superiore a quella di partenza.*

▸ **DISTILLATION** Basic process in producing alcoholic drinks (liqueurs and brandy). It involves the heating and cooling of liquids (wine, fermented fruit, dregs of pressed grapes, etc.), in order to increase the alcohol content.

▸ **DISTILLATION** Opération fondamentale pour produire les distillats (liqueurs et eaux de vie). Cela consiste à réchauffer et puis refroidir le liquide de base (vin, fruit fermenté, marc, etc.), de manière à obtenir une concentration alcoolique supérieure à celle du départ.

▸ **DESTILLATION** Grundlegende Handlung zur Herstellung von Destillaten (Liqueuren und Branntwein). Besteht im Erhitzen und anschliessendem Abkühlen einer Flüssigkeit, um den Alkoholgrad zu erhöhen.

▸ **DESTILACION** Operación fundamental para la producción de destilados (licores y aguardientes). Consiste en calentar y después enfriar el líquido de base (vino, fruta fermentada, orujos, etc.), de manera que obtenga una concentración alcohólica superior a la inicial.

DITALI, DITALINI, DITALONI *Tipo di pasta di grano duro a forma tubulare, liscio o rigato.*

▸ **DITALI, DITALINI, DITALONI** Type of durum wheat pasta, with a tubular shape which can be smooth or ridged.

▸ **DITALI, DITALINI, DITALONI** Type de pâtes de blé dur au format tubulaire, lisse ou rayé.

▸ **DITALI, DITALINI, DITALONI** Kurze röhrenförmige Hartnudel, glatt oder gestreift.

▸ **DITALI, DITALINI, DITALONI** Tipo de pasta de trigo de forma tubular, lisa o rayada.

D.O.C e D.O.C.G *Sigle delle Denominazione di Origine Controllata e Denominazione di Origine Controllata e Garantita (v. Denominazione di Origine Controllata).*

▸ **D.O.C. e D.O.C.G.** Initials for the "Controlled Denomination of Origin" and "Controlled and Guaranteed Denomination of Origin" (s.

Denominazione di Origine Controllata).

▸ **A.O.C. et A.O.C.G.** Sigles des Appellations d'Origine Contrôlée et Appellation d'Origine Contrôlée et Garantie (v. Denominazione di Origine Controllata).

▸ **D.O.C. und D.O.C.G.** Abkürzungen der Denominazione di Origine Controllata und der Denominazione di Origine Controllata e Garantita. (s. Denominazione di Origine Controllata).

▸ **D.O.C y D.O.C.G** Siglas de la denominación de origen controlada y denominación de origen controlada y garantizada (ver Denominazione di Origine Controllata).

DOLCE È uno dei quattro sapori fondamentali. Il termine indica anche un piatto particolare, servito a fine pasto (v. dessert).

▸ **SWEET** One of the four basic tastes. The term also indicates a particular dish, served at the end of a meal (s. dessert).

▸ **SUCRE** C'est un des quatre goûts fondamentaux. Ce terme indique aussi en italien un plat particulier, servi à la fin du repas (v. dessert).

▸ **SÜß** Einer der vier Hauptgeschmäcker. Wird auch für einen am Ende des Essens servierte Süßspeise (s. dessert) verwendet.

▸ **DULCE** Es uno de los cuatro sabores fundamentales. El término indica también un plato particular, servido al final de la comida (ver dessert).

DOLCIFICANTE Sostanza che conferisce sapore dolce ai cibi. Il più comune è lo zucchero, seguito dal miele. Esistono anche dolcificanti sintetici, impiegati nelle diete (v.), il più usato dei quali è la saccarina.

▸ **SWEETENER** Substance which gives a sweet taste to food. The most common is sugar, followed by honey. Synthetic sweeteners also exist and are often used by people on diets (s. dieta), the most common is saccharin.

▸ **EDULCORANT** Substance qui confère un goût sucré aux aliments. Le plus commun est le sucre, suivi du miel. Il existe aussi des édulcorants synthétiques, utilisés dans les diètes (v. dieta), le plus utilisé de ceux-ci est la saccharine.

▸ **SÜßSTOFF** Substanz, die den Speisen Süße verleiht. Der verbreiteste ist der Zucker, danach Honig. Es gibt auch synthetische Süßstoffe, der bekannteste ist Saccarin für Diäten (s. dieta).

▸ **DULCIFICANTE** Sustancia que confiere sabor dulce a los alimentos. El más común es el azúcar, seguido por la miel. Existen también dulcificantes sintéticos empleados en las dietas (ver dieta), el más usado de ellos es la sacarina.

DORARE Termine che indica, durante la cottura di un cibo, il conferimento di una particolare tonalità più o meno scura, che ricorda l'oro.

▸ **TO BROWN** Term which indicates the dark, golden colour acquired by foods during cooking.

▸ **DORER** Terme qui désigne, pendant la cuisson des aliments, la prise d'une tonalité particulière plus ou moins brune, qui rappelle l'or.

▸ **VERGOLDEN** Anbräunen. Ausdruck, der während der Garung den Lebensmitteln einen mehr oder weniger starken goldenen Ton verleiht.

▸ **DORAR** Término que indica, durante la cocción de un alimento, la asignación de una particular tonalidad más o menos oscura, que recuerda al oro.

DORATO Tipo particolare di fritto (v.), in cui l'alimento viene infarinato e passato nell'uovo sbattuto prima di essere cotto ed assumere colore dorato.

▸ **DORATO** A method of frying food (s. fritto), the food is coated with flour and then beaten egg, when cooked it becomes golden brown.

▸ **DORE** Type particulier d'aliment frit (v. fritto), dans lequel l'aliment est enfariné et passé dans l'œuf battu avant d'être cuit et de prendre la couleur dorée.

▶ **VERGOLDET** Besondere Frittierung (s. fritto), bei der das Lebensmittel bemehlt, dann in geschlagenes Ei getaucht wird, so dass bei der Garung eine goldene Farbe entsteht.

▶ **REBOZADO** Tipo particular de frito (ver fritto), en el que el alimento viene pasado por harina y huevo batido antes de ser cocido y asumir color dorado.

DOSAGGIO *Proporzione fra le dosi dei vari ingredienti di una ricetta.*

▶ **DOSAGE** Quantity of various ingredients used in a recipe.

▶ **DOSAGE** Proportion entre les doses des différents ingrédients d'une recette.

▶ **DOSIERUNG** Proportion der verschiedenen Zutaten eines Rezepts.

▶ **DOSIFICACION** Proporción entre las dosis de los diferentes ingredientes de una receta.

DRAGONCELLO *Cespuglio le cui foglie, dall'aroma fine e pungente, vengono usate per accompagnare diversi alimenti e per preparare salse.*

▶ **TARRAGON** Bush, the leaves have a sharp, pungent, aroma. It is used to garnish various food and in the preparation of sauces.

▶ **ESTRAGON** Buisson dont les feuilles, à l'arôme fin et piquant, sont utilisées pour accompagner divers aliments et pour préparer des sauces.

▶ **ESTRAGON** Strauch, dessen Blätter einen feinen und stechenden Geschmack haben, wird für diverse Lebensmittel und zur Zubereitung von Soßen benutzt.

▶ **DRAGONCILLO (ESTRAGON)** Matorral cuyas hojas, de aroma fino y punzante, vienen usadas para acompañar diversos alimentos y para preparar salsas.

DRY *Termine inglese che significa secco, cioè non dolce. Si riferisce a vini e liquori.*

▶ **DRY** English term indicating wines and liqueurs which are not sweet.

▶ **DRY** Terme anglais qui signifie sec, c'est-à-dire non doux. Cela concerne les vins et les liqueurs.

▶ **DRY** Englischer Ausdruck für trocken, d. h. nicht süß. Bezeichnung für Weine oder Liqueure.

▶ **DRY** Término inglés que significa seco, es decir, no dulce. Se refiere a vinos y licores.

DUCHESSE *Termine francese che indica un modo di preparare le patate. In pasticceria il termine indica invece un dolce composto da due paste secche o due meringhe, unite da una farcitura di crema o panna.*

▶ **DUCHESSE** French term indicating a method of preparing potatoes. In confectionery the term indicates a cake composed of two layers of dry pastry or meringue, held together with custard or cream.

▶ **DUCHESSE** Terme français qui désigne une façon de préparer les pommes de terre. En pâtisserie le terme indique au contraire un gâteau composé de deux pâtes sèches ou deux meringues, unies par de la crème.

▶ **DUCHESSE** Französischer Ausdruck für eine Kartoffelzubereitung. In der Feinbäckerei bezeichnet er eine Süssware aus zwei Hälften Trockengebäck oder Eierschaumgebäck, die mit Creme oder Sahne zusammengehalten sind.

▶ **DUCHESSE** Término francés que indica un modo de preparar las patatas. En pastelería el término indica un dulce compuesto por pastas secas o dos merengues, unidos por un relleno de crema o nata.

DURONE *Varietà di ciliegia.*

▶ **DURONE** Variety of cherry.

▶ **DURONE** Variété de cerise.

▶ **DURONE** Varietät der Kirsche.

▶ **GARRAFAL** Variedad de cereza.

E

EBOLLIZIÓNE *Fenomeno che si verifica quando un liquido riscaldato forma bolle in superficie. In cucina, è una delle modalità di cottura dei cibi.*

▶ **BOILING** Occurs when bubbles form on the surface of a heated liquid. Boiling is a method of cooking food.

▶ **EBULLITION** Phénomène qui se vérifie quand un liquide réchauffé forme des bulles en superficie. En cuisine, c'est un des modes de cuisson des aliments.

▶ **KOCHEN** Phänomen der Erhitzung einer Flüssigkeit, bei der Blasen an der Oberfläche erscheinen. Eine der Garungsmöglichkeiten der Speisen in der Küche.

▶ **EBULLICION** Fenómeno que se produce cuando un líquido calentado forma burbujas en la superficie. En cocina, es una de las modalidades de cocción de los alimentos.

EMILIA ROMAGNA *Regione geografica situata nell'Italia centro-settentrionale, bagnata dal Mare Adriatico (v. pag. 324).*

▶ **EMILIA ROMAGNA** Geographical region situated in the North of Italy, it lies on the Adriatic Sea (s. pag. 324).

▶ **EMILIE-ROMAGNE** Région géographique située au centre septentrional de l'Italie, baignée par la mer Adriatique (v. pag. 324).

▶ **EMILIA ROMAGNA** Geographisches Gebiet in Nord - Zentralitalien am Adriatischen Meer (s. S. 324).

▶ **EMILIA ROMAGNA** Región geográfica situada en Italia centroseptentrional, bañada por el Mar Adriático (ver pag. 324).

EMULSIÓNE *Amalgama instabile di due liquidi, usato in cucina come condimento, secondo molteplici preparazioni.*

▶ **EMULSION** Unstable mixture of two liquids, used as a condiment, for many dishes.

▶ **EMULSION** Amalgame instable de deux liquides, utilisé en cuisine comme assaisonnement dans de nombreuses préparations.

▶ **EMULSION** Unstabile Mischung zweier Flüssigkeiten, in verschiedenen Zubereitungen in der Küche zum Abschmecken und Würzen benutzt.

▶ **EMULSION** Mezcla inestable de dos líquidos, usada en cocina como condimento, según múltiples preparaciones.

ENOLOGÍA *È la scienza che studia il vino.*

▶ **WINE-MAKING** The science of wine.

▶ **OENOLOGIE** C'est la science qui étudie le vin.

▶ **ENOLOGIE** Wissenschaft, die den Wein studiert.

▶ **ENOLOGIA** Es la ciencia que estudia el vino.

ENOTECA *Locale pubblico o privato adibito all'esposizione, alla vendita o all'assaggio di svariati vini.*

▶ **ENOTECA** Public or private place where a variety of wines are displayed, sold or tasted.

▶ **OENOTHEQUE** Local public ou privé destiné à l'exposition, à la vente ou à la dégustation de divers vins.

▶ **ENOTHEK** Öffentliches oder privates Lokal zur Ausstellung, zum Verkauf und zur Probe verschiedener Weine.

▶ **ENOTECA** Local público o privado destinado a la exposición, a la venta o a la degustación de muchos y diversos vinos.

ENTRECÔTE *Termine francese sinonimo di costata (v.). Per estensione, indica una fetta di lombata (v.) di bovino adulto.*
▶ **ENTRECÔTE** (s. costata) Indicates a slice of sirloin of adult bovine.
▶ **ENTRECOTE** En plus de désigner l'entrecôte, ce terme, en italien définit une tranche de longe (v. lombata) de bovin adulte.
▶ **ENTRECÔTE** Französischer Ausdruck, Synonym für "Costata" (s.) Im weiteren Sinne eine Fleischscheibe aus dem Lendenstück (s. lombata) des erwachsenen Rinds.
▶ **ENTRECOT** Término francés sinónimo de chuleta (ver costata). Por extensión indica una tajada de lomo (ver lombata) de bovino adulto.

ENTRÉE *Termine francese, generalmente utilizzato come sinonimo di antipasto. Nei menu italiani l'entrée è un pre antipasto offerto solitamente dal ristoratore prima di consumare i piatti ordinati.*
▶ **STARTER** French term. In Italy the entrée is offered in a restaurant, before the starter.
▶ **ENTREE** Terme français, généralement utilisé comme synonyme d'hors-d'œuvre. Dans les menus italiens, l'entrée est un "pré" hors-d'œuvre offert habituellement par le restaurateur avant de manger les plats ordinaires.
▶ **ENTRÉE** Französischer Ausdruck gebräuchlich als Synonym für die Vorspeise. In den italienischen Menüs ist es eine Vor – Vorspeise, die vom Restaurant vor dem Essen der bestellten Speisen kredenzt wird.
▶ **ENTRÉE** Término francés, generalmente utilizado como sinónimo de entremes. En los menús italianos l'entrée es un pre-entremés ofrecido normalmente por el restaurante antes de consumir los platos ordenados.

EQUINO *Termine che si riferisce alla famiglia degli equini. In cucina si usano carni di asino e cavallo, sia sotto forma di bistecche (che si caratterizzano per il colore scuro e la delicatezza), sia come insaccati.*
▶ **EQUINE** Term referring to the equine family. Donkey and horse meat are used in cooking, in the form of steaks (which can be distinguished by their dark colour and delicate taste), dried and cured, meat and as sausages.
▶ **CHEVALIN** Terme qui se réfère à la famille des équidés. En cuisine, les viandes d'âne et de cheval sont utilisées, soit sous forme de biftecks (qui se caractérisent par la couleur sombre et la délicatesse), soit de saucisses.
▶ **PFERD** Ausdruck für die Pferdefamilie. In der Küche wird Esel- und Pferdefleisch als Steak (mit dunklem und delikatem Fleisch) oder Wurst benutzt.
▶ **EQUINO** Término que se refiere a la familia de los equinos. En cocina se usan carnes de asno y caballo, sea como bistec (que se caracteriza por el color oscuro y la delicadeza), sea como embutidos.

ERBA CIPOLLINA *Pianta aromatica apprezzata in cucina per il fresco profumo di cipolla.*
▶ **CHIVES** Aromatic plant valued in cooking for its fresh, onion fragrance.
▶ **CIBOULETTE** Plante aromatique appréciée en cuisine pour son frais parfum d'oignon.
▶ **SCHNITTLAUCH** Aromatische Pflanze mit frischem Zwiebelgeschmack.
▶ **CEBOLLINO FRANCES** Planta aromática apreciada en cocina por el fresco aroma de cebolla.

ERBA DI SAN PIETRO o SANTA MARIA *Pianta erbacea nota anche come erba amara per via del sapore aromatico delle foglie. Viene usata nelle minestre e, nella zona di Brescia in Lombardia (v.), nel ripieno dei casônsei (v.).*
▶ **ALECOST** Herbaceous plant with bitter tasting leaves. Used in soups

and, in the area of Brescia in Lombardy, in the filling of *casônsei* (s.).

▶ **HERBE DE SAINT-PIERRE ou SAINTE-MARIE** Plante herbacée connue aussi comme *herbe amère* à cause du goût aromatique des feuilles. Elle est utilisé dans les soupes et, dans la zone de Brescia en Lombardie, dans le remplissage des *casônsei* (v.).

▶ **ERBA DI SAN PIETRO oder SANTA MARIA** Kraut, auch als Bitterkraut bekannt dank der aromatischen Blätter. Wird in Suppen verwendet und in der Gegend um Brescia in der Lombardei auch zur Füllung des *casônsei* (s.).

▶ **HIERBA DE SAN PEDRO o SANTA MARIA** Planta herbácea conocida también como *hierba amarga* debido al sabor aromático de las hojas. Se usa en las sopas y, en la zona de Brescia en Lombardía (ver), en el relleno de los *casônsei* (ver).

ERBÀCEO *Termine che si riferisce ad una caratteristica olfattiva e gustativa del vino, che ricorda, appunto, l'erba fresca. Presente in molti vini bianchi, è una caratteristica – nei rossi – di merlot e cabernet.*

▶ **EARTHY** Term referring to the bouquet and taste of a wine. It resembles fresh grass. Present in many white wines, and in the red wines, merlot and cabernet.

▶ **HERBACE** Terme qui se réfère à une caractéristique olfactive et gustative du vin et qui rappelle, justement, l'herbe fraîche. Présente dans de nombreux vins blancs, c'est une caractéristique – pour les rouges – du merlot et du cabernet.

▶ **GRASIG** Ausdruck, auch "grün" zur geschmacklichen und geruchlichen Definition eines Weins, der eben an grünes Gras erinnert. In vielen Weißweinen und eine Eigenschaft der Rotweine Merlot und Cabernet.

▶ **HERBACEO** Término que se refiere a una característica olfativa y gustativa del vino (vino de sabor acídulo), que recuerda, precisamente, a la hierba fresca. Presente

en muchos vinos blancos, es una característica – en los tintos – de merlot y cabernet.

ERBAZZONE *Tortino di verdura, uova e parmigiano, tipico della cucina di Reggio Emilia in Emilia Romagna (v.).*

▶ **ERBAZZONE** A vegetable, egg and parmisan cheese pie, typical of Reggio Emilia in Emilia Romagna (s.).

▶ **ERBAZZONE** Petite tarte de verdure, œufs et parmesan, caractéristique de la cuisine de Regio-Emilie en Emilie-Romagne (v. Emilia Romagna).

▶ **ERBAZZONE** Gemüsetörtchen mit Ei und Parmesankäse, typisch für die Gegend Reggio Emilia und Emilia Romagna (s.).

▶ **ERBAZZONE** Tartita de verdura, huevos y queso parmigiano, típica de la cocina de Reggio Emilia en Emilia Romagna (ver).

ERBE AROMÀTICHE *Erbe contraddistinte da una ricchezza di aromi tale da favorirne l'utilizzo in cucina. Le più comuni sono prezzemolo, salvia, basilico, rosmarino, timo, maggiorana, menta, finocchio selvatico.*

▶ **AROMATIC HERBS** Herbs distinguished by their strong aroma due to which they are appreciated in cooking.

▶ **HERBE AROMATIQUE** Herbe qui se caractérise par une telle richesse d'arôme qu'elle vient utilisée en cuisine. Les plus communes sont le persil, la sauge, le basilic, le romarin, le thym, la marjolaine, la menthe, le fenouil sauvage.

▶ **KRÄUTERGEWÜRZE** Kräuter, die reich an Aromen sind und daher in der Küche verwendet werden. Die bekanntesten sind Petersilie, Salbei, Basilikum, Rosmarin, Thymian, Majoran, Pfefferminz und wilder Fenchel.

▶ **HIERBAS AROMATICAS** Hierbas caracterizadas por una riqueza de aromas tal que favorece su utilización en cocina. Las más comunes son perejil, salvia, albahaca, romero, tomillo, mejorana, menta, hinojo silvestre.

ERBE FINI *Insieme di erbe (tra cui prezzemolo, erba cipollina, timo, rosmarino) utilizzate soprattutto nella preparazione di omelette e frittate.*

▶ **MIXED HERBS** Mixture of herbs (including parsley, chives, thyme, rosemary) used mainly in omelettes.

▶ **FINES HERBES** Ensemble d'herbes (parmi lesquelles persil, échalote, thym, romarin) utilisées surtout dans la préparation d'omelettes.

▶ **FEINE KRÄUTER** Kräuterzusammenstellung aus Petersilie, Schnittlauch, Thymian, Rosmarin hauptsächlich zur Zubereitung von Omeletts oder Frittiertem benutzt.

▶ **FINAS HIERBAS** Conjunto de hierbas (entre ellas perejil, cebollino francés, tomillo, romero) utilizadas sobretodo en la preparación de tortillas.

ERBETTE *Termine che nel Lazio (v.) indica il prezzemolo, in Emilia (v. Emilia Romagna) le bietole.*

▶ **ERBETTE** Term from Lazio (s.), indicating parsley, and from Emilia (s. Emilia Romagna) indicating beet.

▶ **ERBETTE** Termine qui définit le persil en Latium (v. Lazio) et les bettes en Emilie (v. Emilia Romagna).

▶ **ERBETTE** Ausdruck, der im Lazio (s.) die Petersilie bezeichnet, in Emilia (s. Emilia Romagna) Rüben.

▶ **HIERBAS AROMATICAS** Término que en el Lazio (ver) se refiere al perejil, en Emilia (ver Emilia Romagna) a las acelgas.

ESPRESSO *Modo di preparazione del caffè (v.) con l'apposita macchina utilizzata nei bar italiani. Per estensione: caffè consumato al bar.*

▶ **ESPRESSO** Method of preparing coffee (s. caffè) with a special appliance used in Italian bars. It also refers to coffee drunk in a bar.

▶ **EXPRESSO** Mode de préparation du café (v. caffè) réalisé avec l'appareil approprié utilisé dans les bars italiens et le terme est par extension le café pris au bar.

▶ **ESPRESSO** Art der Kaffeezubereitung (s. caffè) mit dafür bestimmten Maschinen und in italienischen Bars gebräuchlich. Im weiteren Sinne: Kaffee an der Bar eingenommen.

▶ **EXPRESO** Modo de preparación del café (ver caffè) con la adecuada máquina utilizada en los bares italianos. Por extensión: café consumido en el bar.

ESSENZE *Sostanze profumate di origine animale o vegetale, usate per la preparazione di liquori, bevande analcoliche, dolci, canditi, gelati, ma anche profumi.*

▶ **ESSENCE** Substance with a strong smell, of animal or vegetable origin, used in liqueurs, soft drinks, cakes, candied fruit, ice-creams and also perfumes.

▶ **ESSENCE** Substance parfumée d'origine animale ou végétale, utilisée pour la préparation des liqueurs, boissons non alcooliques, desserts, fruits confits, glaces, mais aussi parfums.

▶ **ESSENZEN** Parfümierte Substanzen tierischer oder pflanzlicher Herkunft, verwendet zur Zubereitung von Liqueuren, alkoholischen Getränken, Kuchen, Kandiertem, Eis aber auch für Parfüm.

▶ **ESENCIAS** Sustancias perfumadas de origen animal o vegetal, usadas para la preparación de licores, bebidas sin alcohol, dulces, confitados, helados, pero también perfumes.

ESSICCAMENTO *Metodo di conservazione degli alimenti tramite l'estrazione dell'acqua in essi contenuta.*

▶ **DRY** Method of preserving food, through the removal of water.

▶ **DESSICCATION** Méthode de conservation des aliments par la privation de l'eau qu'ils renferment.

▶ **TROCKNUNG** Art der Konservierung von Lebensmitteln durch Wasserentzug.

▶ **DESECACIÓN** Método de conservación de los alimentos mediante la extracción del agua que los mismos contienen.

ESTRATTO *Concentrato di sostanza animale o vegetale, utilizzato per conferire sapore agli alimenti.*
▶ **EXTRACT** Concentrated animal or vegetable substance, used to flavour food.
▶ **EXTRAIT** Concentré de substance animale ou végétale, utilisé pour donner du goût aux aliments.
▶ **EXTRAKT** Konzentrat tierischer oder pflanzlicher Substanzen zur Geschmacksverleihung.
▶ **EXTRACTO** Concentrado de sustancia animal o vegetal, utilizado para conferir sabor a los alimentos.

ETICHETTA *Insieme di indicazioni che si riferiscono al prodotto commercializzato e che si trovano sull'imballaggio del prodotto stesso. Per i vini, l'etichetta deve contenere una serie di dati che permettano di riconoscere il contenuto nella bottiglia: nome del vino e del produttore, località, denominazione d'origine e grado alcolico. Può comparire anche l'annata.*
▶ **LABEL** Information referring to a commercialised product, found on it's packaging. Wine labels must contain detailed information concerning the contents of the bottle: name of the wine and the producer, locality, denomination of origin and alcohol concentration. The year in which the wine was produced may also be present on the label.
▶ **ETIQUETTE** Ensemble d'indications qui se réfèrent au produit commercialisé et qui se trouvent sur l'emballage même du produit. Pour les vins, l'étiquette doit contenir une série de données qui permettent de reconnaître le contenu de la bouteille : nom du vin et du producteur, localité de production, dénomination d'origine et degré alcoolique. L'année peut aussi être présente.
▶ **ETIKETT** Hinweise, die das gehandelte Produkt kennzeichnen und sich auf der Verpackung befinden. Für Weine muss das Etikett eine Reihe von Daten tragen, die es erlauben, den Flascheninhalt zu identifizieren: Name des Weins und des Weinherstellers, Ort, Herkunftsbezeichnung und Alkoholgrad. Auch der Jahrgang kann angegeben weden.
▶ **ETIQUETA** Conjunto de indicaciones que se refieren al producto comercializado y que se encuentran en el embalaje del propio producto. En los vinos, la etiqueta debe contener una serie de datos que permitan reconocer el contenido de la botella: nombre del vino y del productor, localidad, denominación de origen y graduación alcohólica. Puede aparecer también la añada.

EXTRA *Denominazione che indica un prodotto dalle caratteristiche superiori alla media.*
▶ **EXTRA** Indicates a product with characteristics which are superior to the norm.
▶ **EXTRA** Dénomination qui définit un produit possédant des caractéristiques supérieures à la moyenne.
▶ **EXTRA** Bezeichnung, die die über das Mittelmaß hinaus höheren Eigenschaften eines Produkts anzeigt.
▶ **EXTRA** Denominación que indica un producto de características superiores a la media.

F

FAGIÀNO *Uccello da cacciagione noto per la bontà della carne, che assume un sentore amarognolo. Viene cucinato prevalentemente arrosto.*

▶ **PHEASANT** Game bird, well known for its meat, which has a slightly bitter taste. It is generally roasted.

▶ **FAISAN** Oiseau de chasse connu pour la saveur de sa viande, qui devient un peu amère. Il est cuisiné principalement en rôti.

▶ **FASAN** Jagdvogel mit sehr gutem Fleisch, das leicht bitter schmeckt. Wird meistens gebraten.

▶ **FAISAN** Pájaro de caza conocido por la bondad de su carne, que adquiere un aroma amargo. Se cocina principalmente asado.

FAGIOLATA *Piatto a base di fagioli e cotenna (v.) di maiale.*

▶ **FAGIOLATA** A bean and pork rind dish (s. cotenna).

▶ **FAGIOLATA** Plat à base d'haricots et couenne (v. cotenna) de porc.

▶ **FAGIOLATA** Gericht aus Bohnen und Schweinsschwarte (s. cotenna).

▶ **FABADA** Plato a base de alubias y corteza (ver cotenna) de cerdo.

FAGIOLINO *Tipo di fagiolo (v.) di forma allungata e colore verde. Generalmente viene lessato (v. lessare).*

▶ **GEEEN BEAN** Variety of bean (s. fagiolo) which is long and green. It is usually boiled (s. lessare).

▶ **HARICOT VERT** Type d'haricot (v. fagiolo) de forme allongée et de couleur verte. En général, il est cuit bouilli (v. lessare).

▶ **BRECHBOHNE** Bohnenart (s. fa-giolo) mit länglicher Form und grün. Wird meistens gekocht (s. lessare).

▶ **ALUBIA VERDE** Tipo de alubia (ver fagiolo) de forma alargada y color verde. La preparación más extendida es la hervida (ver lessare).

FAGIÒLO *Ortaggio di cui si consumano i semi, freschi o secchi, lunghi qualche centimetro e dall'aspetto carnoso. La preparazione più diffusa è la lessatura (v. lessare).*

▶ **BEAN** Vegetable of which the seeds are eaten, fresh or dried. They are a few centimetres long and have a fleshy appearance. They are usually boiled (s. lessare).

▶ **HARICOT** Légume dont on mange les graines, fraîches ou séchées, long de quelques centimètres et à l'aspect charnu. Généralement ils sont cuisinés bouillis (v. lessare).

▶ **BOHNE** Gemüse, dessen einige Zentimeter lange, fleischige Samen, frisch oder getrocknet, verzehrt werden. Die verbreiteste Zubereitung ist Kochen (s. lessare).

▶ **ALUBIA** Hortaliza de la que se consumen las semillas, frescas o secas, largas y de aspecto carnoso. La preparación más extendida es la hervida (ver lessare).

FAGOTTINO *Termine che indica una forma che ricorda un ripieno ottenuto con svariati alimenti.*

▶ **FAGOTTINO** Term indicating a shape, which resembles a package.

▶ **FAGOTIN** Terme qui désigne une forme composée d'une farce obtenue à partir de divers aliments.

FAGOTTINO "Tasche", Ausdruck, er eine zur Füllung geeignete orm verschiedener Lebensmitel ezeichnet.

FAGOTTINO Término que indica na forma, que recuerda un relleno btenido con diferentes alimentos.

FAMIGLIÒLA BUÒNA Altro nome el fungo chiodino (v.).

HONEY FUNGUS (s. chiodino).

FAMIGLIOLA BUONA Autre nom 'armillaire de miel (v. chiodino).

FAMIGLIOLA BUONA Anderer Name für den Pilz Chiodino (s.).

FAMILIA BUENA Otro nombre del 1ongo clavito (ver chiodino).

FARAÒNA Animale da allevamento lella specie avicola (v. avicoltura) simile al agiano (v.), cucinato prevalentemente arosto.

GUINEA-FOWL Farmed bird (s. vicoltura), similar to a pheasant s. fagiano). It is generally roasted.

PAON Animal d'élevage de l'esbèce avicole (v. avicoltura) semblale au faisan (v. fagiano), cuisiné principalement en rôti.

PERLHUHN Zuchtvogel (s. avicoltura), dem Fasan (s. fagiano) sehr ähnlich, wird meistens gebraten.

PINTADA Animal de corral de la especie avícola (ver avicoltura) similar al faisán (ver fagiano), cocinado principalmente asado.

FÀRCIA Guarnizione utilizzata per riempire preparazioni di carne, pesce, pasta o dolci. Si distingue dal ripieno (v.) per la consistenza più fine dell'amalgama.

FILLING Preparation used to fill meat, fish, pasta or pies. It is of a finer consistency than a stuffing (s. ripieno).

FARCE Fourrage utilisé pour remplir les préparations de viande, de poisson, de pâtes ou desserts. Elle se différencie du remplissage (v. ripieno) par la consistance plus fine de l'amalgame.

FARCIA Dekoration zur Füllung von Fleisch-, Fisch-, Nudel- oder Süßzubereitungen. Die Füllung (s. ripieno) hat eine sehr feine Konsistenz.

RELLENO Guarnición utilizada para rellenar preparaciones de carne, pescado pasta o dulces. La masa tiene una consistencia fina.

FARCIRE Guarnire l'interno di una preparazione con una farcia (v.) o un ripieno (v.). In pasticceria si utilizzano crema, confettura o panna.

STUFF To fill something with a filling (s. farcia) or stuffing (s. ripieno). In confectionery custards, jams and cream are used.

FARCIRE Garnir l'intérieur d'une préparation avec une farce (v. farcia) ou un remplissage (v. ripieno). La crème, la confiture ou la chantilly sont utilisées en pâtisserie.

FÜLLEN Das Innere einer Zubereitung mit einer Füllung (s. farcia) versehen. In der Feinbäckerei werden dazu Cremes, Konfitüre oder Sahne benutzt.

RELLENAR Guarnecer el interno de una preparación con un relleno (ver farcia). En pastelería se utilizan cremas, confituras o nata.

FARINA Prodotto della macinazione di un alimento secco di varia natura (cereali, legumi, vegetali vari, ecc.). La più comune è quella di frumento (v.). Viene utilizzata per la preparazione di molteplici piatti, fra i quali la pasta alimentare (v. pasta) secca e fresca.

FLOUR Product obtained through the grinding of dried food, (cereals, beans, vegetables, etc.). The most common flour is of wheat (s. frumento). It is used for many things, including pasta (s. pasta) dry and fresh.

FARINE Produit du broyage d'un aliment sec de diverse nature (céréale, légume, végétal varié, etc.). La plus courant est celle de blé (v. frumento). Elle est utilisée pour la préparation de nombreux plats, parmi lesquels les pâtes alimentaires (v. pasta) sèches ou fraîches.

MEHL Produkt des Manlens eines trockenen Lebensmitels (Körner, Hülsenfrüchte, verschiedene

Pflanzen etc.). Das bekannteste ist das Weizenmehl (s. frumento). Wird zur Zubereitung verschiedener Gerichte verwendet, darunter auch frische oder harte Nudeln (s. pasta).

▸ **HARINA** Producto de la molienda de un alimento seco de variada naturaleza (cereales, legumbres, vegetales varios, etc.) La más común es la de trigo (ver frumento). Se utiliza para las preparaciones de múltiples platos, entre ellos la pasta alimenticia (ver pasta) seca y fresca.

FARINA DI CASTAGNE Si ricava macinando le castagne seccate. È usata per la preparazione del castagnaccio (v.), nonché in diverse ricette regionali.

▸ **CHESTNUT FLOUR** Obtained by grinding dried chestnuts. It is used in preparing the castagnaccio (s.), and in many regional recipes.

▸ **FARINE DE CHATAIGNE** Elle s'obtient par broyage des châtaigne séchées. Elle est utilisée pour la préparation du castagnaccio (v.), ainsi que dans différentes recettes régionales.

▸ **KASTANIENMEHL** gewonnen aus dem Malen von getrockneten Kastanien. Wird zur Zubereitung des Castagnaccios (s. castagnaccio) und für diverse andere Gerichte verwendet.

▸ **HARINA DE CASTAÑAS** Se obtiene moliendo las castañas secas. Es usada para la preparación del pan de castañas (ver castagnaccio), así como para diversas recetas regionales.

FARINA DI CECI É ottenuta dalla macinazione di ceci essiccati e impiegata in diverse ricette in Liguria (v.), come la farinata (v.).

▸ **CHICKPEA FLOUR** Obtained by grinding dried chickpeas. It is used in many recipes from Liguria (s.), such as the farinata (s.).

▸ **FARINE DE POIS CHICHES** Elle est obtenue par broyage des pois chiches séchés et employée dans diverses recettes en Ligurie (v. Liguria) comme la farinata (v.).

▸ **KICHERERBSENMEHL** aus dem Malen getrockneter Kichererbse gewonnenes Mehl, in Ligurien (s. Liguria) zur Zubereitung von Gerichten wie die Farinata (s.) verwendet.

▸ **HARINA DE GARBANZOS** Se obtiene de la molienda de garbanzos disecados y se emplea en diversas recetas en Liguria (ver), como por ejemplo la Farinata (ver).

FARINA DI GRANO SARACENO Si ottiene dalla macerazione di chicchi di grano saraceno. Usata in Valtellina per la preparazione della polenta nera (v. polenta).

▸ **BUCKWHEAT FLOUR** Obtained by grinding grains of buckwheat. Used in Valtellina for the production of black polenta (s.)

▸ **FARINE DE BLE NOIR** On l'obtient du broyage des grains de ble sarrasin. Elle est utilisée en Valteline pour la préparation de la polenta noire (v.).

▸ **HEIDEWEIZENMEHL** Aus dem Malen von Heideweizenkörnern gewonnen. In Valtellina zur Zubereitung der dunklen Polenta (s. Polenta) benutzt.

▸ **HARINA DE ALFORFON** Se obtiene de la molienda de granos de alforfón. Usada en Valtellina para la preparación de la polenta negra (ver polenta).

FARINA DI GRANOTURCO (MAIS, MÈLICA) Detta anche farina gialla, si ottiene macinando il granoturco. Utilizzata per la preparazione della polenta (v.), specialmente nell'Italia settentrionale.

▸ **CORNMEAL** Obtained by grinding corn. Used in preparing polenta (s.), especially in Northern Italy.

▸ **FARINE DE MAIS** Dite aussi farine jaune, on l'obtient par broyage du maïs. Utilisée pour préparer la polenta (v.), principalement dans l'Italie du nord.

▸ **MAISMEHL (MAIS, MELICA)** Auch Gelbmehl genannt, gewonnen aus dem Malen von Maiskörnern. Besonders in Zentralitalien zur Zubereitung der Polenta (s.) verwendet.

▶ **HARINA DE MAIZ** Llamada también harina amarilla, se obtiene moliendo el maíz. Utilizada para la preparación de la polenta (ver), especialmente en la Italia septentrional.

FARINA DI PESCE *Ottenuta da parti di pesce o pesci interi, opportunamente essiccati. Spesso è usata come integratore nell'alimentazione animale.*

▶ **FISH FLOUR** Obtained from parts of fish or whole fish, which have been dried. Often used in the production of animal food.

▶ **FARINE DE POISSON** Obtenue à partir de poissons entiers ou en morceaux desséchés dans ce but. Elle est souvent utilisée comme complément de l'alimentation animale.

▶ **FISCHMEHL** Gewonnen aus Fischteilen oder dem ganzen Fisch, zuvor ordnungsgemäß getrocknet. Oft als Zusatz für Tiernahrung verwendet.

▶ **HARINA DE PESCADO** Obtenida de las partes del pescado entero, oportunamente desecadas. A menudo es usada como integrador en la alimentación animal.

FARINA DI RISO *Deriva dalla macinazione dei chicchi di riso ed è utilizzata in pasticceria e come addensante.*

▶ **RICE FLOUR** Obtained by grinding grains of rice. It is used in confectionery and as a thickener.

▶ **FARINE DE RIZ** Dérive du broyage des grains de riz et est utilisée en pâtisserie comme épaississant.

▶ **REISMEHL** Aus dem Manlen von Reiskörnern und als Dickungsmittel in der Bäckerei verwendet.

▶ **HARINA DE ARROZ** Deriva de la molienda de granos de arroz y es utilizada en repostería y como espesante.

FARINA GIALLA *Altro nome della farina di granoturco (v.).*

▶ **CORNMEAL** (s. farina di granoturco).

▶ **FARINE JAUNE** Autre nom de la farine de maïs (v. farina di granoturco).

▶ **GELBMEHL** Anderer Name für Maismehl (s. farina di granoturco).

▶ **HARINA AMARILLA** Otro nombre de la harina de maíz (ver farina di granoturco).

FARINÀCEI *Alimenti ricchi di amidi (pasta, riso, patate, ecc.).*

▶ **STARCHY FOOD** Food rich in starch (pasta, rice, potatoes, etc.).

▶ **FARINEUX** Aliments riches en amidons (pâte, riz, pommes de terre, etc.).

▶ **FARINACEI** Stärkehaltige Lebensmittel (Teigwaren, Reis, Kartoffeln etc.)

▶ **FARINACEOS** Alimentos ricos de almidones (pasta, arroz, patatas, etc.).

FARINATA *Detta anche faïnà, è una morbida e croccante focaccia (v.) di farina di ceci (v.) tipica della Liguria (v.).*

▶ **FARINATA** A soft and crunchy focaccia (s.), made from chickpea flour (s. farina di ceci), typical of Liguria (s.).

▶ **FARINATA** Dite aussi fainà, c'est une fougasse molle et croquante (v. focaccia) de farine de pois chiches (v. farina di ceci) typique de la Ligurie (v. Liguria).

▶ **FARINATA** Auch fainà genannt, eine weiche und knusprige Focaccia (s.) aus Kichererbsenmehl (s. farina di ceci), typisch für Ligurien (s. Liguria).

▶ **FARINATA** Llamada también faïnà, es una focacha (ver focaccia) tierna y crujiente de harina de garbanzos (ver farina di ceci) típica de Liguria (ver).

FARRO *Cereale simile al frumento (v.), è coltivato soprattutto nell'Italia centrale, dove costituisce la base di diverse ricette tradizionali.*

▶ **SPELT** Cereal similar to wheat (s. frumento). Cultivated mainly in Central Italy, where it is used in many traditional recipes.

▶ **EPEAUTRE** Céréale similaire au froment (v. frumento). Il est cultivé surtout dans l'Italie centrale, où il constitue la base pour diverses recettes régionales.

▶ **DINKEL** dem Weizen (s. frumento) sehr ähnliches Getreide, wird hauptsächlich in Zentralitalien angebaut, wo es Hauptbestandteil diverser traditioneller Rezepte ist.

▶ **FARRO** Cereal similar al trigo (ver frumento). Es cultivado sobre todo en Italia central, donde constituye la base de diversas recetas tradicionales.

FARSUMAGRU *Preparazione a base di carne di vitello, prosciutto o mortadella, formaggio ed erbe aromatiche. Tipica della Sicilia (v.).*

▶ **FARSUMAGRU** Dish consisting of veal, ham or mortadella, cheese and aromatic herbs. Typical of Sicily (s. Sicilia).

▶ **FARSUMAGRU** Préparation à base de viande de veau, jambon ou mortadelle, fromage et herbes aromatiques. Spécialité de la Sicile (v. Sicilia).

▶ **FARSUMAGRU** Zubereitung aus Kalbfleisch, Schinken oder Mortadella, Käse und aromatischen Kräutern. Typisch für Sizilien (s. Sicilia).

▶ **FARSUMAGRU** Preparación a base de carne de ternera, jamón o mortadela, queso e hierbas aromáticas. Típico de Sicilia (ver).

FAST FOOD *Termine inglese che significa letteralmente "cibo veloce", e per estensione indica il locale che lo serve. Si riferisce ad un tipo di alimentazione basata su piatti di consumo rapidi come l'hambuger.*

▶ **FAST FOOD** English term which also indicates the place where the food is served. It refers to food which can be consumed rapidly, such as a hamburger.

▶ **FAST FOOD** Terme anglais qui signifie littéralement "nourriture rapide", et par extension désigne le local qui la sert. Le terme se réfère à un type d'alimentation basée sur des plats rapides à manger, comme l'hamburger.

▶ **FAST FOOD** Englischer Ausdruck wörtlich "Schnellessen", im weiteren Sinne Lokal, wo es serviert wird. Bezieht sich auf eine schnell einzunehmende Mahlzeit wie z.B Hamburger.

▶ **FAST FOOD** Término inglés que significa literalmente "comida rápida", y por extensión indica el local donde se sirve. Se refiere a un tipo de alimentación basada en platos de consumo rápido como la hamburguesa.

FAVA *Pianta di cui si consumano i gustosi semi leguminosi.*

▶ **BROAD BEAN** Plant of which the tasty seeds are eaten.

▶ **FEVE** Plante dont on mange les savoureuses graines légumineuses.

▶ **ACKERBOHNE** Pflanze, deren gutschmeckende, hülsenartige Samen verspeist werden.

▶ **HABA** Planta de la que se consumen sus sabrosas semillas leguminosas.

FÈCCIA *Sedimento solido del vino, a volte responsabile di sentori sgradevoli di uova marce e aglio.*

▶ **SEDIMENT** Solid sediment found in wine, can refer to an unpleasant taste of rotten grapes and garlic.

▶ **LIE** Sédiment solide du vin, certaines fois responsable de senteurs désagréables d'œufs pourris et d'ail.

▶ **FECCIA** "Abschaum", Bodensatz oder feste Ablagerung des Weins, manchmal verantwortlich für unangenehme Gerüche von Knoblauch und faulen Eiern.

▶ **POSO** Sedimento sólido del vino, a veces responsable del aroma desagradable de huevos podridos y ajo.

FÈCOLA *Sostanza ricavata dall'essiccamento di tuberi e radici, avente la stessa natura dell'amido. La fecola di patate, dalla consistenza finissima, è utilizzata in pasticceria per creare impasti molto leggeri alla base di biscotti, paste soffici e creme.*

▶ **STARCH** Substance obtained from dried tubers and roots. Fecola is also the name given to potato flour. It is of a very fine consistency and is used in confectionery to make very light dough, pastries and custards.

▶ **FECULE** Substance obtenue par la déshydratation de tubercules et racines, ayant la même nature de l'amidon. La fécule de pommes de terre, de consistance très fine, est utilisée en pâtisserie pour créer des mélanges très légers à base de biscuits, pâte molles et crèmes.

▶ **STÄRKE** Substanz gewonnen aus dem Trocknen einiger Wurzeln und Rüben. Die feine Kartoffelstärke wird in der Feinbäckerei zur Zubereitung leichten, lockeren Teigs benutzt für Gebäck, lockere Teigwaren oder Cremes.

▶ **FECULA** Sustancia obtenida de la desecación de tubérculos y raíces, que posee la misma naturaleza que el almidón. La fécula de patata, de consistencia finísima, es usada en repostería para crear masas muy ligeras para galletas, masas suaves y cremas.

FEGATELLI *Fegati di maiale cotti sullo spiedo (v. spiedino).*

▶ **FEGATELLI** Pigs livers cooked on a spit (s. spiedino).

▶ **PETIT MORCEAU DE FOIE DE PORC ROTI** Foie de porc cuits à la broche (v. spiedino).

▶ **LEBERCHEN** Schweineleber am Spieβ gebraten (s. spiedino).

▶ **FEGATELLI** Hígados de cerdo cocidos en espetón (ver spiedino).

FEGATINI *Fegati dei volatili da cortile, come polli, tacchini, faraone e anatre.*

▶ **FEGATINI** Livers of farm yard birds, such as chicken, turkey, guinea-fowl and duck.

▶ **FOIE (DE VOLAILLE)** Foie des volailles de basse-cour, comme poulets, dindons, paons et autres.

▶ **LEBERLEIN** Geflügelleber wie von Hühnern, Truthühnern, Perlhühnern oder Enten.

▶ **HIGADILLOS** Hígados de aves de corral, como pollos, pavos, gallinas y patos.

FÈGATO *Grossa ghiandola che si presenta uniforme nella consistenza e nel colore cupo. In cucina viene utilizzato quello dei bovini, del maiale e di diversi volatili. Viene preparato ai ferri (v.), come pâté o come insaccato.*

▶ **LIVER** Large gland which has a uniform consistency and dark colour. Ox, pork and poultry livers are often used in cooking, usually grilled (s. ferri), as pâté, or sausage.

▶ **FOIE** Grosse glande qui se présente uniforme dans la consistance et à la couleur foncée. En cuisine est utilisé celui des bovins, du porc et de différents volatiles. Il est préparé sur le grill (v. ferri), comme pâté ou comme saucisse.

▶ **LEBER** Groβe Drüse von einheitlicher Konsistenz und sehr dunkel. In der Küche werden Rinder-, Geflügel- und Schweineleber verwendet. Sie wird gegrillt (s. ferri), als Pâté oder Wurst verarbeitet.

▶ **HIGADO** Glándula grande que se presenta uniforme en la consistencia y en el color profundo. En cocina se usa el de bovino, de cerdo y de diversas aves. Se prepara a la parrilla (ver ferri), como paté o como embutido.

FEGATO GRASSO *(v. foie gras).*

▶ **ENLARGED LIVER** (s. foie gras).

▶ **FEGATO GRASSO** (v. foie gras).

▶ **FEGATO GRASSO** Fette Leber (s. Foie Gras).

▶ **HIGADO GRASO** (ver foie gras).

FERNÈT *Liquore molto amaro ed intenso a base di radici ed erbe, bevuto come digestivo (v.).*

▶ **FERNèT** A very bitter and intense liqueur made from roots and herbs, drunk as an aid to digestion (s. digestivo).

▶ **FERNET** Liqueur très amère et intense à base de racines et d'herbes, bue comme digestif (v. digestivo).

▶ **FERNET** Sehr bitterer Liqueur aus Wurzeln und Kräutern, zur Verdauung getrunken (s. digestivo.).

▸ **FERNET** Licor muy amargo e intenso a base de hiervas y raíces, bebido como digestivo (ver).

FERRI, AI *Metodo di cottura sinonimo di griglia (v.).*
▸ **GRILL** Method of cooking (s. griglia).
▸ **AU GRILL** Méthode de cuisson synonyme de grille (v. griglia).
▸ **AI FERRI** auf dem Eisen, Synonym für Gegrilltes (s. griglia).
▸ **PARRILLA, A LA** Método de cocción sinónimo de plancha (ver griglia).

FESA *Taglio di carne costituito dalla parte interna della coscia. La fesa di spalla è il nome veneto di un particolare taglio, mentre la fesa di tacchino è il nome dello stesso taglio riferito al tacchino (v.).*
▸ **FESA** Cut of meat from the inner thigh. The fesa di spalla is a name from Veneto for a particular cut of meat, while the "fesa di tacchino" is the same cut, taken from a turkey (v. tacchino).
▸ **CUISSE** Morceau de viande constitué de la partie intérieure de la cuisse. La cuisse d'épaule est le nom vénitien d'un morceau particulier, tandis que la cuisse de dindon est le nom du même morceau référé au dindon (v. tacchino).
▸ **FESA** Fleischschnitt aus dem Inneren des Schenkels. Die Schulterfesa ist der venetianische Name eines besonderen Schnitts, während die Truthahnfesa sich auf den gleichen Schenkelschnitt des Truthahns (s. tacchino) bezieht.
▸ **FALDA** Corte de carne constituido por la parte interna del muslo. La falda de paletilla es el nombre véneto de un particular corte, mientras que la falda de pavo es el nombre del mismo corte referido al pavo (ver tacchino).

FETTA *Nome lombardo (v. Lombardia) e emiliano-romagnolo (v. Emilia Romagna) di un taglio di carne.*
▸ **FETTA** Name from Lombardy and Emilia Romagna (s.), for a particular cut of meat.

▸ **TRANCHE** Nom lombard et d'Emilie-Romagne d'un morceau de viande.
▸ **SCHEIBE** Lombardischer und emilio-romagnolischer Name eines Fleischschnitts.
▸ **FETTA** Nombre lombardo y emiliano-romagnolo de un corte de carne.

FETTUCCINE *Piccole strisce di pasta all'uovo simili alle tagliatelle (v.) e tipiche dell'Italia centro-meridionale.*
▸ **FETTUCCINE** Small strips of fresh pasta, similar to tagliatelle (s.), typical of Central-Southern Italy.
▸ **FETTUCCINE** Petites bandes de pâtes aux œufs semblables aux tagliatelles (v. tagliatella) et typiques de l'Italie du centre -sud.
▸ **FETTUCCINE** Bandnudeln aus Eiernudelteig, den Tagliatelle (s.) sehr ähnlich, typisch für Zentral- und Süditalien.
▸ **FETTUCCINI** Pequeñas láminas de pasta al huevo parecidas a los tallarines (ver tagliatella) y típicas de Italia centro-sur.

FIAMMA, ALLA *Tipo di preparazione alla lampada (v.).*
▸ **FLAMBED** Dishes prepared by a particular method (s. lampada).
▸ **A LA FLAMME** Type de préparation à la lampada (v.).
▸ **FLAMME , ZUR** Art der Zubereitung mit offenem Feuer (s. lampada).
▸ **FLAMEADO** Tipo de preparación a la llama (ver lampada).

FIÀSCO *Recipiente di vetro usato per la mescita del vino, tipico del Chianti.*
▸ **FLASK** Glass container used for pouring wine, typical of Chianti.
▸ **FIASQUE** Récipient en verre utilisé pour mélanger le vin, typique du Chianti.
▸ **FIASCO** Glasbehälter für die Weinmischung, typisch für den Chianti.
▸ **GARRAFA** Recipiente de vidrio usado para la escancia del vino, típico de Chianti.

FIBRA *Composto presente in tutti i vegetali che contribuisce al buon funzionamento dell'intestino.*

▷ **FIBRE** Substance found in all vegetables, helps food to move through the intestines.

▷ **FIBRE** Composé present dans tous les végétaux qui aide le bon fonctionnement de l'intestin.

▷ **FIBER** Teil in allen Pflanzen, der zur guten Funktion des Darms beiträgt.

▷ **FIBRA** Compuesto presente en todos los vegetales que contribuye al buen funcionamiento del intestino.

FICO *Frutto a forma di goccia, dalla buccia verde o nera e dalla polpa morbida e zuccherina. Viene consumato anche secco e costituisce la base di molti dolci tipici dell'Italia meridionale.*

▷ **FIG** A tear drop shaped fruit, which has green or black skin and soft, sugary pulp. It can be eaten dried and is used in many recipes from Southern Italy.

▷ **FIGUE** Fruit à la forme de goutte, à la peau verte ou noire et à la pulpe molle et sucrée. Elle est mangée sèche et constitue la base de plusieurs desserts typique de l'Italie du sud.

▷ **FEIGE** Tropfenförmige Frucht mit grüner oder violetter Schale und zuckrigem, weichem Fruchtfleisch. Wird auch getrocknet verzehrt und ist die Hauptzutat zahlreicher Süßspeisen aus Süditalien.

▷ **HIGO** Fruta con forma de gota, de piel verde o negra y de pulpa tierna y dulce. Se consume también seco y constituye la base de muchos tipos de dulces de Italia del sur.

FICO D'INDIA *Frutto spinoso, ovoidale, dalla polpa soda, dolce e ricca di semi.*

▷ **PRICKLY PEAR** Thorny fruit, oval in shape, with a firm, sweet pulp, containing many seeds.

▷ **FIGUE DE BARBARIE** Fruit épineux, ovoïde, à la pulpe ferme, sucrée et riche en grains.

▷ **KAKTUSFRUCHT** stachelige, ovale Frucht mit festem, süßem und kernenreichen Fruchtfleisch.

▷ **HIGO CHUMBO** Fruta espinosa, ovoidal, de pulpa firme, dulce y rica de semillas.

FILANTE *Formaggio che durante la cottura fonde, ma mantiene una struttura coesa che favorisce la formazione di "fili".*

▷ **STRINGY CHEESE** Cheese which melts when cooked but it retains its cohesion, and therefore can form "strings".

▷ **FILANT** Fromage qui pendant la cuisson fond, mais conserve une structure homogène qui favorise la formation de fils.

▷ **SCHMELZEND** Käse, der während der Garung schmilzt und eine Konsistenz bewahrt, die "Fäden" zieht.

▷ **FILAMENTOSO** Queso que durante la cocción funde, pero mantiene una estructura consistente que favorece la formación de "hilos".

FILATA, A PASTA *Categoria di formaggi che subiscono l'operazione di filatura, che conferisce alla pasta una particolare struttura fibrosa. Sono formaggi a pasta filata la mozzarella, la scamorza e il provolone.*

▷ **FILATA, A PASTA** A category of cheeses which are produced by a method which causes them to have a particular fibrous structure. Mozzarella, scamorza and provolone are fibrous cheeses of this kind.

▷ **FILEE, A PATE** Catégorie de fromages qui subissent l'opération de filature, qui confère à la pâte une particulière structure fibreuse.

▷ **FILATA, A PASTA** Käsekategorie, die einem besonderen Prozess unterliegt, der die Konsistenz fiberartig werden lässt. So z. B. Mozzarella, Scamorza oder Provolone.

▷ **HILADA, A PASTA** Categoría de quesos que se someten a la operación de hilado, que otorga a la pasta de una particular estructura fibrosa. Son quesos a pasta hilada la mozarela, la scamorza y el provolone.

FILETTI *Tagli di carne di forma allungata ricavati dal petto di pollo o di altri volatili da cortile, così chiamati per analogia con il filetto (v.). Il termine si riferisce anche a tagli di pesce.*

▶ **FILLET** Long cut of meat from the chicken breast and other farmyard birds (s. filetto). The term also indicates the fillet of fish.

▶ **FILETS** Morceaux de viande de forme allongée obtenus de la poitrine de poulet ou autres volailles de basse-cour, appelés ainsi par analogie avec le filet (v. filetto). Le terme se réfère aussi aux morceaux de poisson.

▶ **FILETTI** Kleine Filets, bezieht sich auf einen Fleischschnitt aus der Hühnerbrust oder von anderem Geflügel, der dem Filet (s. filetto) sehr ähnelt. Auch für bestimmte Fischschnitte.

▶ **FILETES** Cortes de carne de forma alargada obtenidos de la pechuga de pollo o de otras aves de corral, llamados así por la analogía con el filete (ver filetto). El término se refiere también a cortes de pescado.

FILETTO *È il taglio di carne più noto e apprezzato per la sua tenerezza. Può essere di bovino, di maiale o di cavallo. Viene solitamente cucinato in padella (v.).*

▶ **FILLET** The most well known and appreciated cut of meat, due to the fact that it is very tender. It can be of beef, pork or horse. It is usually fried (s. padella).

▶ **FILET** C'est le morceau de viande le plus connu et apprécié pour sa tendresse. Il peut être de bovin, de porc ou de cheval. Il est généralement cuisiné à la poêle. (v. padella).

▶ **FILET** Bekanntester Fleischschnitt und wegen seiner Zartheit geschätzt. Kann vom Rind, Schwein oder Pferd sein. Wird meistens in der Pfanne (s. padella) zubereitet.

▶ **FILETE** Es el corte de carne más conocido y apreciado por su ternu-

ra. Puede ser de bovino, de cerdo o de caballo. Normalmente se cocina en sartén (ver padella).

FILONE *Pane di forma allungata da affettare.*

▶ **FILONE** A long loaf of bread, to be sliced.

▶ **BAGUETTE** Pain de forme allongée à trancher.

▶ **FILONE** längliche in Scheiben zu schneidende Brotform.

▶ **BARRA** Pan de forma alargada para rebanar.

FILOSO *Aggettivo che si riferisce a certi vegetali e ne indica, se raccolti non più giovani, la struttura fibrosa. Eventualità tipica nel cardo, nel sedano o nei fagiolini.*

▶ **STRINGY** Adjective referring to certain vegetables, indicating that they are not very young and have become fibrous. This is often the case with the thistle/cardoon, celery and beans.

▶ **FILAMENTEUX** Adjectif qui se réfère à certains végétaux et en désigne, si non récoltés jeunes, la structure fibreuse. Cas typique pour le cardon, le céleri ou les haricots verts.

▶ **HÖLZERN** Adjektiv, das bestimmte harte Teile eines nicht mehr jungen Gemüses bezeichnet. Typische Möglichkeit für Distel, Sellerie oder grüne Bohnen.

▶ **FIBROSO** Adjetivo que se refiere a ciertos vegetales e indica, si se recogen no muy jóvenes, la estructura fibrosa. Eventualidad típica en el cardo, el apio o en las alubias.

FILTRARE *Operazione che consiste nel passare un sugo, una salsa o un brodo attraverso un setaccio, per trattenerne le parti solide. In vinificazione o liquoreria il termine indica l'operazione che consiste nel separare le parti in sospensione che compromettono la limpidezza e gli aromi.*

▶ **FILTER** To pass a sauce, a gravy or a stock, through a sieve in order to remove any solid particles. In wine and liqueur making the term indicates the removal of particles in suspension which make the liquid cloudy and can affect the flavour.

▶ **FILTRER** Opération qui consiste à passer un jus, une sauce ou un bouillon à travers un tamis, pour en retenir les parties solides. En vinification ou pour les alcools le terme désigne l'opération qui consiste à séparer les parties en suspension qui compromettent la clarté et les arômes.

▶ **FILTERN** Vorgang, bei dem eine Soße, ein Bratensatz oder eine Brühe durch ein Filter passiert wird, um die festen Teile zurückzuhalten. Bei der Wein- oder Liqueurherstellung der Vorgang um schwimmende Teile auszusondern, die die Flüssigkeit trüben und das Aroma verschlechtern.

▶ **COLAR** Operación que consiste en pasar un zumo, una salsa o un caldo a través de un tamiz, para retener las partes sólidas. En vinificación o licorería el término indica la operación que consiste en separar las partes en suspensión que comprometen la limpieza y los aromas.

FINANZIERA *Piatto tipico del Piemonte (v.) a base di carne delle parti meno nobili del vitello con aggiunta di fegatini di pollo, verdure e aceto.*

▶ **FINANZIERA** Typical dish from Piedmont (s. Piemonte), consisting of veal off-cuts, with chicken liver, vegetables and vinegar.

▶ **FINANZIERA** Plat typique du Piémont (v. Piemonte) à base de viande des parties moins nobles du veau auxquelles est ajouté du foie de poulet, des légumes et du vinaigre.

▶ **FINANZIERA** Typisches Gericht aus dem Piemont (s. Piemonte) aus wenig wertvollen Fleischteilen des Rinds unter Zusatz von Hühnerleber, Gemüse und Essig.

▶ **FINANZIERA** Plato típico del Piamonte (ver Piemonte) a base de carne de las partes menos nobles de la ternera añadiendo higadillos de pollo, verduras y vinagre.

FINE *Si dice di un vino con caratteristiche di eleganza ed equilibrio.*

▶ **FINE** Term used to describe an elegant, well balanced wine.

▶ **FIN** On dit cela d'un vin ayant des caractéristiques d'élégance et d'équilibre.

▶ **FEIN** Bezeichnung für Wein mit ausgewogenen, eleganten Eigenschaften.

▶ **FINO** Se dice de un vino con características de elegancia y equilibrio.

FINFERLA *Fungo di piccole dimensioni, molto apprezzato in cucina per condire primi piatti.*

▶ **CHANTERELLE MUSHROOM** A small mushroom, highly regarded as an ingredient for first courses.

▶ **CHANTERELLE JAUNE** Champignon de petites dimensions, très apprécié en cuisine pour assaisonner les plats.

▶ **PFIFFERLING** Kleiner Pilz, sehr geschätzt in der Küche für erste Gänge.

▶ **FINFERLA** Hongo de pequeñas dimensiones, muy apreciado en cocina para condimentar primeros platos.

FINOCCHIO *Ortaggio dall'aspetto carnoso con foglie verdi, preparato crudo in insalata o cotto. Il finocchio selvatico è invece una pianta erbacea usata per aromatizzare.*

▶ **FENNEL** Fleshy vegetable, with green leaves. Eaten raw in salads or cooked. The wild fennel is a herbaceous plant often used as a flavouring.

▶ **FENOUIL** Légume d'aspect charnu aux feuilles vertes, préparé cru en salade ou cuit. Le fenouil sauvage est au contraire une plante herbacée utilisée pour aromatiser.

▶ **FENCHEL** fleischiges Gemüse mit grünen Blättern, roh oder gegart zubereitet. Der wilde Fenchel wird hingegen zur Würze verwendet.

▶ **HINOJO** Hortaliza de aspecto carnoso con hojas verdes, preparado crudo en ensalada o cocido. El hinojo selvático en cambio es una planta herbácea usada para aromatizar.

FINOCCHIONA *Salame tipico della Toscana (v.) aromatizzato con finocchio selvatico.*
▸ **FINOCCHIÒNA** Salami flavoured with fennel, typical of Tuscany (s. Toscana).
▸ **FINOCCHIONA** Saucisson typique de la Toscane (v. Toscana) aromatisé avec le fenouil sauvage.
▸ **FINOCCHIONA** Typische Salami aus der Toskana (s. Toscana), mit wildem Fenchel gewürzt.
▸ **FINOCCHIÒNA** Salami típico de Toscana (ver) aromatizado con hinojo silvestre.

FIOCCHI *Confezioni industriali di cereali, trattati per ottenere fiocchi leggeri, usati nella prima colazione.*
▸ **FLAKES** Industrially produced cereal, treated to form light flakes, eaten for breakfast.
▸ **FLOCONS** Pétales industrielles de céréales, traitées pour obtenir des flocons légers, utilisés lors du petit déjeuner.
▸ **FLOCKEN** meistens industriell hergestellte Getreideflocken für den Verzehr des 1. Frühstücks.
▸ **COPOS** Confección industrial de cereales, tratados para obtener copos ligeros, usados en el desayuno.

FIOCCO *Taglio di carne di vitello corrispondente alla parte anteriore del petto, usata per l'arrosto. Con lo stesso nome si intende un salume di maiale.*
▸ **FIOCCO** A cut of veal, from the front of the chest, which is roasted. Fiocco is also the name of a pork product.
▸ **HOUPPE** Morceau de viande de veau qui correspond à la partie antérieure de la poitrine, utilisée pour le rôti. Un saucisson de porc est dénommé avec le même nom.
▸ **FIOCCO** Fleischschnitt des Kalbs aus dem Vorderteil der Brust, zum Braten oder Schmoren benutzt. Mit dem gleichen Namen wird auch eine Schweinewurst bezeichnet.

▸ **FIÒCCO** Corte de carne de ternera correspondiente a la parte anterior del pecho, usada para el asado. Con el mismo nombre se entiende un embutido de cerdo.

FIOR DI... *Termine che definisce la parte migliore di un prodotto.*
▸ **FIOR DI...** Term which defines the best part of a product.
▸ **FLEUR DE...** Terme qui définie la meilleure partie d'un produit.
▸ **FIOR DI...** Ausdruck, der das beste Stück eines Produkts bezeichnet.
▸ **FLOR DEÖ...** Término que define la mejor parte de un producto.

FIOR DI LATTE *Formaggio di latte vaccino a pasta filata (v.), dal sapore fresco.*
▸ **FIOR DI LATTE** Fibrous cheese (s. filata) which has a very fresh taste, made from cows milk.
▸ **FLEUR DE LAIT** Fromage de lait de vache à pâte filée (v. filata) de saveur fraîche.
▸ **FIOR DI LATTE** Käse aus Kuhmilch mit gefaserter Paste (s. filata), frisch.
▸ **FLOR DE LECHE** Queso de leche de vaca a pasta hilada (ver filata), de sabor fresco.

FIORE SARDO *Formaggio di latte di pecora tipico della Sardegna (v.), a pasta bianca e sapore piccante.*
▸ **FIORE SARDO** Sardinian (s. Sardegna) cheese made from ewes milk. It is white and has a peppery taste.
▸ **FIORE SARDO** Fromage de lait de brebis typique de la Sardaigne (v. Sardegna) à pâte blanche et saveur relevée.
▸ **FIORE SARDO** Schafsmilchkäse aus Sardinien (s. Sardegna) aus weisser Paste und sehr pikant.
▸ **FLOR SARDA** Queso de leche de oveja típico de Cerdeña (ver Sardegna), de pasta blanca y sabor picante.

FIORENTINA, BISTECCA ALLA *Bistecca tagliata nella lombata (v.) di* *bovino adulto, comprendente l'osso a forma di T e il sottofiletto (v.) sottostante.*

▷ **T-BONE STEAK** Steak cut from the sirloin (s. lombata) of an adult ox, including the T shaped bone and the fillet attached (s. sottofiletto).

▷ **FLORENTINE, BIFTECK A LA** Bifteck découpé dans la longe (v. lombata) de bovin adulte, qui comprend l'os à forme de T et le sous- filet (v. sottofiletto) situé au-dessous.

▷ **FIORENTINA, BISTECCA ALLA** Lendenstück (s. lombata) des erwachsenen Rinds mit Knochen in T-Form und dem dazugehörigen Filetstück (s. sottofiletto).

▷ **FLORENTINA, BISTEC A LA** Bistec cortado en el lomo (ver lombata) de bovino adulto, que comprende el hueso a forma de T y el filete inferior (ver sottofiletto).

FIORONE *Primo frutto del fico, meno saporito di quelli che maturano in seguito.*

▷ **FIORONE** First fruit of the fig, less fruity than those which follow.

▷ **FIORONE** Premiers fruits du figuier, moins savoureux que ceux qui mûrissent ensuite.

▷ **FIORONE** erste Frucht der Feige, weniger schmackhaft als die folgenden Früchte.

▷ **BREVA** Primer fruto del higo, menos sabroso que los que maduran después.

FLAMBARE *Bagnare una preparazione con alcol o liquore e infiammarli per svilupparne l'aroma.*

▷ **FLAMBE** To dampen the food with alcohol or liqueur and light it, in order to develop the flavour.

▷ **FLAMBER** Baigner une préparation avec de l'alcool ou une liqueur et l'enflammer pour en développer l'arôme.

▷ **FLAMBIEREN** Eine Zubereitung mit Liqueur oder Alkohol tränken und anzünden, um das Aroma besser zu entfalten.

▷ **FLAMBEAR** Bañar una preparación con alcohol o licor e inflamarla para potenciar el aroma.

FLAN *Termine francese che in italiano indica lo sformato (v.), solitamente riferito a verdure e ortaggi.*

▷ **FLAN** French term (s. sformato), usually referring to vegetables.

▷ **FLAN** Terme français qui définit en italien le pudding (v. sformato), d'habitude attribué aux légumes.

▷ **FLAN** Französischer Ausdruck, der im Italienischen eine Gebäckform bezeichnet (s. sformato), meistens für Gemüse.

▷ **FLAN** Término francés que en italiano indica el sformato (ver sformato), normalmente referido a verduras y hortalizas.

FLÛTE *Bicchiere alto e stretto, dallo stelo sottile, indicato per assaggiare gli spumanti secchi.*

▷ **FLÛTE** Tall, narrow glass, with a fine stem, used for sparkling wines.

▷ **FLÛTE** Verre haut et étroit, au pied fin, indiqué pour déguster les mousseux secs.

▷ **FLÛTE** langes, schlankes Glas mit dünnem Stiel für trockene Schaumweine.

▷ **CALIZ** Vaso alto y estrecho, de pie sutil, indicado para catar los espumantes secos.

FOCÀCCIA *Preparazione salata o dolce, soffice, a base di pasta di pane, eventualmente arricchita con aromi e guarnizioni.*

▷ **FOCÀCCIA** Made from bread dough, it is low and soft, sweet or savoury, it can be seasoned or garnished.

▷ **FOUGASSE** Préparation salée ou sucrée, molle, à base de pâte à pain, éventuellement enrichie avec des arômes et des garnitures.

▷ **FOCÀCCIA** Salziges oder süßes Gebäck, locker, aus Brotteig, eventuell mit Aromen oder Dekoration angereichert.

▷ **FOCACHA** Preparación salada o dulce, sutil, a base de masa de pan, eventualmente enriquecida con aromas y guarniciones.

FOIE GRAS *Fegato d'oca o anatra ingrossato grazie ad un particolare sistema* *di allevamento. Tra le ricette più diffuse: terrina di fegato grasso, paté di fegato grasso, scaloppa di fegato grasso.*

▶ **FOIE GRAS** Goose or duck liver which has been enlarged due to a particular system of breeding. The most common recipes: foie gras terrine, foie gras paté, scallop of foie gras.

▶ **FOIE GRAS** Foie d'oie ou de canard engraissé à l'aide d'un système particulier d'élevage. Parmi les recettes les plus répandues: la terrine de foie gras, pâté de foie gras, escalope de foie gras.

▶ **FOIE GRAS** Gänseleber oder Entenleber mittels spezieller Aufzucht vergrößert. Zu den bekanntesten Rezepten gehört die Gänseleberterrine, fette Gänseleberpaté, Leberschnitzel.

▶ **FOIE GRAS** Hígado de oca o pato engordado gracias a un paticular sistema de crianza. Entre las recetas más extendidas: tarrina de hígado graso, paté de hígado graso, escalope de hígado graso.

FONDENTE *Indica sia la capacità di un prodotto di fondere (come il cioccolato), sia il prodotto già fuso.*

▶ **FONDENTE** It indicates both the possibility of a product to melt (such as chocolate) and the melted product itself.

▶ **FONDANT** Dénote soit la capacité d'un produit à fondre (comme le chocolat), soit le produit déjà fondu.

▶ **SCHMELZEND** bezeichnet schmelzbare Produkte (dunkle Schokolade) oder auch allgemein geschmolzene Produkte.

▶ **FUNDENTE** Indica tanto la capacidad de un producto de fundir (como el chocolate), como el producto ya fundido.

FONDO¹ *Sugo usato come base per una preparazione.*

▶ **STOCK** Sauce used as the basis of a dish.

▶ **FOND** Sauce utilisée comme base pour une préparation.

▶ **SATZ¹** Bratensatz für eine Zubereitung.

▶ **FONDO** Salsa usada como base para una preparación.

FONDO² *Sedimento del vino che può trovarsi sul fondo della bottiglia.*

▶ **DREGS** Wine sediment that may be found at the bottom of a bottle.

▶ **LIE** Sédiment du vin qui se peut trouver sur le fond de la bouteille.

▶ **SATZ²** Bodensatz, meist am Grund der Weinflasche.

▶ **POSO** Sedimento del vino que puede encontrarse en el fondo de la botela.

FONDUTA *Crema salata a base di latte, fontina (v.), tuorli d'uovo.*

▶ **FONDUE** Salted cream, made from milk, fontina cheese (s. fontina) and egg yolk.

▶ **FONDUE** Crème salée à base de lait, fontina (v.), jaunes d'œuf.

▶ **FONDUE** Salzige Creme aus Milch, Fontinakäse (s. fontina) und Eigelb.

▶ **FONDUE** Crema salada a base de leche, fontina (ver) y yemas de huevo.

FONTÀL *Formaggio di latte vaccino, prodotto industrialmente e simile alla fontina (v.), dal sapore dolce e gradevole.*

▶ **FONTÀL** Cheese made from cow's milk, industrially produced and similar to fontina (s.). It has a pleasant, sweet taste.

▶ **FONTAL** Fromage de lait de vache, produit industriellement et semblable à la fontina (v.) au goût sucrée et agréable.

▶ **FONTAL** Kuhmilchkäse, der industriell hergestellt wird und dem Fontinakäse (s. fontina) sehr ähnelt, süß und angenehmen Geschmacks.

▶ **FONTAL** Queso de leche de vaca, producido industrialmente y parecido a la fontina (ver), de sabor dulce y agradable.

FONTINA *Formaggio di latte vaccino tipico della Valle d'Aosta (v.), dal sapore armonico e pastoso.*

▶ **FONTINA** Cheese made from cow's milk, typical of the Valle d'Aosta (s.), it has a well balanced, pasty taste.

▶ **FONTINA** Fromage de lait de vache typique de la Vallée d'Aoste (v. Valle d'Aosta) de saveur harmonieuse et pâteuse.

▶ **FONTINA** Kuhmilchkäse aus dem Aostatal (s. Valle d'Aosta) mit harmonischem und teigigem Geschmack.

▶ **FONTINA** Queso de leche de vaca típico del Valle de Aosta (ver Valle d'Aosta), de sabor armónico y suave.

FORMA¹ *Riferito al formaggio, il termine indica i singoli pezzi originati dall'immissione dell'impasto nello stampo.*

▶ **A CHEESE** The term indicates a single piece of cheese from a cheese-mould.

▶ **FORME** Concernant le fromage, ce terme désigne chaque morceaux originaires de l'introduction de la pâte dans le moule.

▶ **FORM¹** Bezogen auf Käse meint es jede einzelne Form, die aus der in Formen gegossenen Käsepaste entsteht.

▶ **FORMA¹** Referido al queso, el término indica los trozos originados por la introducción de la masa en el molde.

FORMA² *Altro nome della tortiera (v.).*

▶ **CAKE TIN** (s. tortiera).

▶ **MOULE** Autre nom du moule à tarte (v. tortiera).

▶ **FORM²** Kuchenform (s. tortiera).

▶ **FORMA²** Otro nombre del molde (ver tortiera).

FORMAGGELLA *Piccole forme (v. forma) di formaggio vaccino o caprino.*

▶ **FORMAGGELLA** A small cheese (s. forma) made from cow or goat milk.

▶ **FORMAGGELLA** Petites formes (v. forma) de fromage de vache ou de chèvre.

▶ **FORMAGGELLA** Kleine Formen (s. forma) von Kuh - oder Ziegenkäse.

▶ **QUESITO** Pequeñas formas (ver forma) de queso de vaca o cabra.

FORMAGGETTA *Altro nome della formaggella (v.).*

▶ **FORMAGGETTA** A small cheese (s. formaggella).

▶ **FORMAGGETTA** Autre nom de la formaggella (v.).

▶ **FORMAGGETTA** andere Bezeichnung der Formaggella (s.).

▶ **FORMAGGETTA** Otro nombre de los quesitos (v. formaggella).

FORMAGGINO *Il termine indica formaggi fusi di produzione industriale.*

▶ **FORMAGGINO** The term indicates melted cheese produced industrially.

▶ **PETIT FROMAGE** Le terme indique des fromages fondus de production industrielle.

▶ **FORMAGGINO** Schmelzkäse industrieller Produktion.

▶ **QUESO FUNDIDO** El término indica los quesos fundidos de producción industrial.

FORMAGGIO *Derivato del latte di vacca, bufala, pecora, capra, o da latte misto. Può essere molle, semiduro o duro a seconda della consistenza della pasta, nonché fresco o più o meno stagionato. Dal combinarsi di questi fattori il formaggio può avere aromi dolci e freschi, o forti e piccanti.*

▶ **CHEESE** Produced from the milk of cows, buffalo, sheep, goats, or a mixture of two or more. It can be soft, semi-hard or hard, depending on it's consistency and age. A combination of these factors lead to cheeses which are sweet and fresh or strong and peppery.

▶ **FROMAGE** Dérivé du lait de vache, de buffle, de brebis, de chèvre, ou de lait mixte. Il peut être mou, semi-dur, ou dur selon la consistance de la pâte, et aussi frais ou plus ou moins affiné. De la combinaison de ces facteurs le fromage peut avoir des arômes sucrés et frais, ou forts et relevés.

▶ **KÄSE** Milchderivat der Kuh, des Büffels, des Schafs, der Ziege oder aus gemischter Milch. Er kann weich, halbhart oder hart sein je nach Konsistenz der Paste, mehr oder weniger frisch oder gereift. Aus der Kombination dieser Faktoren kann der Käse mildes Aroma haben und frisch sein oder stark und scharf.

▸ **QUESO** Derivado de la leche de vaca, búfalo, oveja, cabra o de leche mixta. Puede ser tierno, semiduro o duro según la consistencia de la pasta, también fresco o más o menos curado. De la combinación de estos factores el queso puede tener aromas dulces y frescos, o fuertes y picantes.

FORNELLO *Utensile da cottura.*

▸ **GAS RING/ELECTRIC PLATE** Cooking appliance.

▸ **FOURNEAU** Appareil de cuisson.

▸ **HERD (PLATTE)** Küchengerät.

▸ **HORNILLO** Utensilio de cocina.

FORNO *Apparecchio che serve per cuocere i cibi, costituito da una cavità chiusa e riscaldata. La cottura detta al forno è usata per arrosti, stufati e stracotti.*

▸ **OVEN** Appliance required for cooking food. It is a closed, heated cavity. The oven is used for roasting, baking and stewing.

▸ **FOUR** Appareil qui sert à cuire les aliments, constitué d'une cavité fermée et réchauffée. La cuisson dite "au four" est utilisée pour les rôtis, les viandes à l'étouffée et les braisés.

▸ **OFEN** Gerät, um Speisen zu erhitzen, bestehend aus einer Aushöhlung, die verschlossen und erhitzt wird. Die Ofengarung wird gebraucht für Braten, Geschmortes und Schmorbraten.

▸ **HORNO** Aparato que sirve para cocer los alimentos, constituido por una cavidad cerrada y calentada. La cocción llamada al horno es usada para asados, estofados y cocidos.

FORTE *Il termine si riferisce ai formaggi per indicare quella caratteristica spiccatamente piccante e sapida.*

▸ **MATURE** Term indicating a distinctly peppery, tasty cheese.

▸ **FORT** Le terme se réfère aux fro-

mages pour désigner une caractéristique nettement relevée et agréable.

▸ **STARK** In Hinsicht auf Käse bezeichnet dieser Ausdruck scharfe und würzige Käse.

▸ **FUERTE** El término se refiere a los quesos para indicar su característica particularmente picante y aguda.

FOSSA, FORMAGGIO DI *È un formaggio particolare, stagionato in fosse sotterranee con un metodo che gli conferisce un aroma deciso e tipico. Tradizionale dell'Emilia Romagna (v.).*

▸ **FOSSA, FORMAGGIO DI** A traditional cheese from Emilia Romagna (s.). It is matured in underground ditches, which gives it a distinct and particular flavour.

▸ **FOSSE, FROMAGE DE** C'est un fromage particulier, affiné dans des fosses souterraines avec une méthode qui lui confère un arôme énergique et typique. Traditionnel de l'Emilie-Romagne (v.).

▸ **FOSSA, FORMAGGIO DI** Besonderer Käse, in unterirdischen Gruben gereift, der ihm einen besonderen und typischen Geschmack verleiht.

▸ **FOSA, QUESO DE** Es un queso particular, curado en fosas subterráneas con un método que le confiere un aroma dedicido y típico. Tradicional de Emilia Romagna (ver).

FRAGÀGLIA O FREGÀGLIA *Termine generico che indica pesci di piccole dimensioni.*

▸ **FRAGÀGLIA o FREGÀGLIA** General name given to small fish.

▸ **FRAGAGLIA** Terme commun qui désigne des poissons de petites dimensions.

▸ **FRAGAGLIA oder FREGAGLIA** Allgemeiner Ausdruck für kleine Fische.

▸ **FRAGÀGLIA o FREGÀGLIA** Término genérico que indica pescados de pequeñas dimensiones.

FRÀGOLA *Piccolo frutto rosso dall'aspetto puntinato e carnoso, e sapore dolce e acidulo al tempo stesso.*

▶ **STRAWBERRY** Small, red fruit with a speckled, fleshy pulp. It has a sweet and also slightly sour taste.

▶ **FRAISE** Petit fruit rouge à l'aspect tacheté et charnu, et à saveur sucrée et acidulé en même temps.

▶ **ERDBEERE** kleine rote Frucht, fleischig und mit einer Spitze, süß und gleichzeitig leicht säuerlich.

▶ **FRESA** Pequeña fruta roja de aspecto moteado y carnoso, y sabor dulce y ácido al mismo tiempo.

FRANGIPANE *Crema cotta (v. crema) usata per farcire dolci e piccola pasticceria, a base di uova, farina, latte e burro.*

▶ **FRANGIPANE** A cooked pastry cream (s. crema) used to fill cakes and small pastries, made with eggs, flour, milk and butter.

▶ **FRANGIPANE** Crème cuite (v. crema) utilisée pour farcir les desserts et les petites pâtisseries, à base d'œufs, farine, lait et beurre.

▶ **FRANGIPANE** Gebackene Creme (s. crema) zur Füllung von Kuchen und Kleingebäck, aus Eiern, Mehl, Milch und Butter.

▶ **FRANGIPANE** Crema cocida (ver crema) usada para rellenar dulces y pequeña repostería, a base de huevos, harina, leche y mantequilla.

FRANTOIÀNA *Varietà di oliva da olio, tipica della Toscana (v.).*

▶ **FRANTOIÀNA** Variety of olive, typical of Tuscany (s. Toscana).

▶ **FRANTOIANA** Variété d'olive à huile, typique de la Toscane (v. Toscana).

▶ **FRANTOIANA** Olivenvarietät zur Ölherstellung, typisch für die Toskana (s. Toscana).

▶ **FRANTOIÀNA** Variedad de oliva de aceite, típica de Toscana (ver).

FRANTOIÀNA, ZUPPA *Zuppa a base di pane, fagioli, olio e erbe aromatiche. Tipica di Arezzo in Toscana (v.).*

▶ **FRANTOIÀNA, ZUPPA** A soup typical of Arezzo in Tuscany (s. Toscana), made with bread, beans, oil and aromatic herbs.

▶ **FRANTOIANA, SOUPE** Soupe à base de pain, haricots, huile et herbes aromatiques, typique d'Arezzo en Toscane (v. Toscana).

▶ **FRANTOIANA, ZUPPA** Suppe aus Brot, Bohnen, Öl und aromatischen Kräutern. Typisch für Arezzo in der Toskana (s. Toscana)

▶ **FRANTOIÀNA, SOPA** Sopa a base de pan, alubias, aceite y hierbas aromáticas. Típica de Arezzo en Toscana (ver.).

FRANTÓIO *Macchina impiegata per la spremitura delle olive. Per estensione, locale in cui avviene la spremitura stessa.*

▶ **OLIVE-PRESS** Machine which presses olives. Frantoio is also the place where the olive pressing takes place.

▶ **MOULIN A HUILE** Appareil utilisé pour la pression des olives. Par extension, local où se fait la pression.

▶ **FRANTOIO** Olivenmühle. Gerät zur Pressung von Oliven. Im weiteren Sinne auch Lokal, an dem dieser Prozess ausgeführt wird.

▶ **MACHACADORA** Máquina empleada para exprimir las aceitunas. El local en el que tiene lugar dicha operación se llama almazara.

FRAPPÉ *Bevanda a base di latte, zucchero e ghiaccio con l'aggiunta di caffè, cioccolato o frutta.*

▶ **MILK SHAKE** Beverage made from milk, sugar and ice, with the addition of coffee, chocolate or fruit.

▶ **FRAPPE** Boisson à base de lait, de sucre et de glace avec du café, du chocolat ou des fruits.

▶ **FRAPPÉ** Milchshake, Getränk aus Milch, Zucker und Eis unter Zugabe von Kaffee, Schokolade oder Früchten.

▶ **BATIDO** Bebida a base de leche, hielo y azúcar con café, chocolate o fruta.

FRATÀU, PANE *Piatto a base di pane immerso in acqua bollente, adagiato nel piatto e ricoperto di pomodoro, pecorino grattuggiato e un uovo in camicia (v. camicia, in). Tipico della Sardegna (v.)*

▷ **FRATÀU, PANE** Typical dish from Sardinia (s. Sardegna). Bread is immersed in boiling water, set-down on a plate and topped with tomato, grated pecorino cheese and a poached egg (s. camicia, in).

▷ **FRATAU, PAIN** Plat à base de pain trempé dans l'eau bouillante, mis dans un plat et recouvert de tomate, de pécorino râpé et d'un œuf poché (v. camicia, in), typique de la Sardaigne (v. Sardegna).

▷ **FRATÀU, PANE** Gericht aus in heissem Wasser eingeweichtem Brot, in den Teller gelegt und mit Tomaten, geriebenem Pecorinokäse und Spiegelei bedeckt (s. camicia, in). Typisch für Sardinien (s. Sardegna).

▷ **FRATÀU, PAN** Plato a base de pan inmerso en agua hirviendo, colocado en el plato y recubierto de tomate, queso de oveja rallado y huevo escalfado (ver camicia, in). Típico de Cerdeña (ver Sardegna).

FRATTÀGLIE *Sono le seguenti parti dell'animale macellato: fegato, cuore, polmoni, reni, filone (midollo spinale), cervello, lingua, testina, trippa (v.), testicoli.*

▷ **OFFAL** The following parts of a slaughtered animal: liver, heart, lungs, kidneys, spinal marrow, brains, tongue, head, tripe (s. trippa), testicles.

▷ **ABATS** Sont les parties de l'animal abattu suivantes: foie, cœur, poumons, reins, moelle épinière, cerveau, langue, tête de veau, tripes (v. trippa), testicules.

▷ **EINGEWEIDE** Folgende Innereien: Leber, Herz, Lunge, Niere, Knochenmark, Hirn, Zunge, Pansen und Hoden.

▷ **MENUDILLOS** Son las siguientes partes del animal: hígado, corazón, pulmones, riñones, filón (médula espinal), sesos, lengua, cabeza, callos (ver trippa), testículos.

FREDDO *Condizione di bassa temperatura. Favorisce la conservazione degli alimenti.*

▷ **COLD** Condition of low temperature. Favours the conservation of food.

▷ **FROID** Condition de basses températures qui favorise la conservation des aliments.

▷ **KALT** Bedingung bei niedrigen Temperaturen. Begünstigt die Konservierung der Lebensmittel.

▷ **FRIO** Condición de baja temperatuara. Favorece la conservación de los alimentos.

FREEZER *Congelatore.*

▷ **FREEZER** Freezer.

▷ **FREEZER** Congélateur.

▷ **FREEZER** Gefrierschrank.

▷ **FREEZER** Congelador.

FREGOLOTTA *Torta rustica, dalla pasta dura ma facile a sbriciolarsi, tipica della zona di Treviso, in Veneto (v.).*

▷ **FREGOLOTTA** Traditional, rustic, hard, crumbly cake from the Treviso area in Veneto (s.).

▷ **FREGOLOTTA** Tarte rustique, à la pâte dure mais facile à effriter, typique de la zone de Trévise, en Vénétie (v. Veneto).

▷ **FREGOLOTTA** Ländlicher Kuchen aus hartem, leicht zerkrümelndem Teig, typisch für die Gegend um Treviso, in Venedig (s. Veneto).

▷ **FREGOLOTTA** Tarta rústica, de masa dura pero fácil de desmigarse, típica de la zona de Treviso, en Véneto (ver).

FRESSE *Piatto invernale della Valle d'Aosta (v.), realizzato con le interiora del maiale.*

▷ **FRESSE** Winter dish from Valle d'Aosta (s.), consisting of pork offal.

▷ **FRESSE** Plat hivernal de la Vallée d'Aoste (v. Valle d'Aosta), réalisé avec les abats du cochon.

▷ **FRESSE** winterliches Gericht aus dem Aostatal (s. Valle d'Aosta), aus den Eingeweiden des Schweins.

▷ **FRESSE** Plato invernal del Valle de Aosta (ver Valle d'Aosta), realizado con los interiores del cerdo.

FRIARIELLI *Peperoncini dolci da friggere. Termine dell'Italia meridionale.*

▷ **FRIARIELLI** Term from Southern Italy indicating sweet chilli peppers which are to be fried.

▶ **FRIARIELLI** Piments sucrés à frire. Terme de l'Italie du sud.
▶ **FRIARIELLI** Süße Pfefferschote zum Frittieren. Ausdruck aus Süditalien.
▶ **FRIARIELLI** Guindillas dulces para freír. Término de Italia del sur.

FRICANDÒ *Piatto a base di noce o fesa (v.) di vitello arrosto.*
▶ **FRICANDO** Dish consisting of rump or thigh (s. fesa) of roast veal.
▶ **FRICANDO** Plat à base de noix ou de cuisse (v. fesa) de veau rôtie.
▶ **FRICANDO** Gericht aus dem Nußstück oder Schenkelstück (v. fesa) des Kalbsbratens.
▶ **FRICANDO** Plato a base de contrapata o falda (ver fesa) de ternera asada.

FRICASSÈA *Preparazione in umido (v.) di carne di vitello, agnello o volatili.*
▶ **FRICASSEA** Stew (s. umido) prepared with veal, lamb or poultry.
▶ **FRICASSEE** Préparation en sauce (v. umido) de veau, agneau ou volatiles.
▶ **FRIKASÉE** Geschmortes aus Kalbs-. Lamm- oder Geflügelfleisch.
▶ **FRICASE** Preparación hervida (ver umido) de carne de ternera, cordero o ave.

FRICO *Ricetta del Friuli (v. Friuli Venezia Giulia) a base di formaggio montasio (v.) fritto.*
▶ **FRICO** Recipe from Friuli (s. Friuli Venezia Giulia), consisting of fried montasio (s.) cheese.
▶ **FRICO** Recette du Frioul (v. Friuli Venezia Giulia) à base de fromage montasio (v.) frit.
▶ **FRICO** Rezept aus Friaul (s. Friuli Venezia Giulia) aus Montasiokäse (s. montasio) und frittiert.
▶ **FRICO** Receta de Friuli (ver Friuli Venezia Giulia) a base de queso montasio (ver) frito.

FRÍGGERE *Tecnica di cottura che consiste nell'immergere, completamente o in parte, l'alimento in un grasso (olio, burro, strutto), portato ad elevata temperatura.*

▶ **FRY** Cooking technique which consists in completely submerging, or partially immersing food in a fat (oil, butter, suet) which is at a high temperature.
▶ **FRIRE** Technique de cuisson qui consiste en plonger, totalement ou en partie, l'aliment dans une graisse (huile, beurre, saindoux), portée à haute température.
▶ **FRITTIEREN** Garungsart bei der die Lebensmittel teilweise oder ganz in ein heisses Fett (Öl, Butter, Schmalz) gegeben werden.
▶ **FREIR** Técnica de cocción que consiste en sumergir, completamente o en parte, el alimento en una grasa (aceite, mantequilla, manteca de cerdo), a elevada temperatura.

FRIGGITRICE *Strumento utilizzato per friggere.*
▶ **DEEP-FAT-FRYER** Appliance used for frying.
▶ **FRITEUSE** Appareil utilisé pour frire.
▶ **FRITTEUSE** Frittiergerät.
▶ **FREIDORA** Instrumento utilizado para freír.

FRIGORIFERO *Strumento per la conservazione dei cibi a basse temperature.*
▶ **REFRIGERATOR** Appliance for the conservation of food at low temperatures.
▶ **REFRIGERATEUR** Appareil servant à la conservation des aliments à basses températures.
▶ **KÜHLSCHRANK** Gerät zur Konservierung von Lebensmitteln bei niedrigen Temperaturen.
▶ **FRIGORIFICO** Instrumento para la conservación de los alimentos a bajas temperaturas.

FRISELLA o FRISEDDA *Ciambella di pane a lunga conservazione, tipica di Campania, Puglia e Basilicata (v.).*
▶ **FRISELLA o FRISEDDA** A ring of bread which has a long shelf-life. Typical of Campania, Puglia and Basilicata (s.).
▶ **FRISELLA** Donut de pain à lon-

gue conservation, typique de la Campanie, des Pouilles et de la Basilicate (v.).

▸ **FRISELLA** Kringelförmiges hartes Brot zur langen Konservierung. Typisch für Kampanien, Puglien und die Basilikata (s.).

▸ **FRISELLA O FRISEDDA** Rosca de pan de larga conservación, típica de Campania, Puglia y Basilicata (ver).

FRISONA PEZZATA NERA *Razza bovina molto diffusa, sia da latte sia da carne.*

▸ **FRESIAN** Very common breed of cattle, used for milk and meat.

▸ **FRISON TACHEE NOIRE** Race bovine très répandue, soit laitière soit à viande.

▸ **FRIESE SCHWARZGEFLECKT** weit verbreitete Rinderart, Milch- oder Fleischproduktion.

▸ **FRISONA PEZZATA NERA** Raza bovina muy extendida, tanto por su leche como por su carne.

FRITTATA *Preparazione di uova mescolate e fritte, eventualmente arricchita con vari ingredienti.*

▸ **OMELETTE** Made from a mixture of eggs which is fried, other ingredients may be added.

▸ **OMELETTE** Préparation d'œufs mélangés et frits, éventuellement enrichie avec divers ingrédients.

▸ **FRITTATA** Omelettähnliche Eierspeise, eventuell mit diversen Zutaten angereichert.

▸ **TORTILLA** Preparación de huevos mezclados y fritos, eventualmente enriquecida con otros ingredientes.

FRITTELLA *Impasto di farina con acqua o latte, eventualmente aromatizzato con altri ingredienti e fritto. Può essere dolce o salata.*

▸ **FRITTER** mixture of flour with water or milk. It can be flavoured with other ingredients, sweet or savoury.

▸ **BEIGNET** Mélange de farine et d'eau ou lait, éventuellement aromatisé avec d'autres ingrédients et frit. Il peut être sucré ou salé.

▸ **FRITTELLA** Gemisch aus Mehl und Wasser oder Milch, eventuell mit anderen Zutaten verfeinert und frittiert. Kann süß oder herzhaft sein.

▸ **FRITTELLA** (churros, buñuelos, fritura) Masa de harina con agua o leche, eventualmente aromatizada con otros ingredietnes y frita. Puede ser dulce o salada.

FRITTO *Alimento cucinato mediante frittura (v. friggere).*

▸ **FRITTO** Food which has been fried (s. friggere).

▸ **FRIT** Aliment cuisiné par friture (v. friggere).

▸ **FRITTIERTES** Lebensmittel, durch Frittierung (s. friggere) gegart.

▸ **FRITO** Alimento cocinado mediente fritura (ver friggere).

FRITTO MISTO *Piatto regionale diffuso in diverse zone d'Italia, con innumerevoli varianti. In generale, è composto da molteplici alimenti di natura diversa (carni, verdure, pesce, frutta), tutti rivestiti, fritti (v. friggere) e serviti come un'unica portata. Il fritto misto di mare è composto da pesci di piccole dimensioni, piccoli molluschi e crostacei sgusciati; il Fritto Misto alla Piemontese prevede carni, verdure, frutta e dolci serviti fritti e in più portate.*

▸ **"MIXED FRIED"** Regional dish found in many areas of Italy and therefore with many variations. In general it is composed of different types of food (meat, vegetables, fish, fruit), coated with batter and fried, served as a complete course. The sea food fritto misto includes small fish, molluscs and shelled shellfish; the fritto misto from Piedmont includes meat, vegetables, and fruit served fried, in more than one course.

▸ **FRITURE VARIEE** Plat régional répandu dans diverses régions d'Italie, avec d'innombrables variantes. En général, elle est composée de nombreux aliments de nature différente (viandes, légumes, poissons, fruits), tous panés, frits (v. friggere) et servis comme plat unique. La friture de poissons est composée de poissons de petites dimensions, petits mollusques et crustacés sans leur coquille; la friture piémontaise prévoit viande, légumes, fruits et desserts servis frits en plusieurs plats.

▶ **FRITTO MISTO** Regionales Gericht in zahlreichen Varianten in Italien verbreitet. Meistens verschiedene Lebensmittel (Fleisch, Gemüse, Fisch, Früchte), in Teighülle und in Fett ausgebacken als einziger Gang serviert. Der Fritto Misto di Mare besteht aus kleinen Fischen, kleinen Weichtieren und entschälten Schalentieren, der Fritto Misto alla Piemontese besteht aus Fleisch, Gemüse, Früchten und Süßem in mehreren Gängen serviert.

▶ **FRITO MIXTO** Plato regional extendido en diversas zonas de Italia, con innumerables variantes. En general, está compuesto por múltiples alimentos de naturaleza diversa (carnes, verduras, pescado, fruta), todos empanados, fritos (ver freír) y servidos como plato único.

▶ El frito mixto de mar está compuesto por pescados de pequeñas dimensiones, pequeños moluscos y crustáceos limpios; el Frito Mixto a la Piamontesa lleva carnes, verduras, frutas y dulces servidos fritos y en más platos.

FRITTURA *Preparazione fritta. È usato come sinonimo di fritto misto (v.). In Lombardia (v.), indica la preparazione costituita dall'insieme di frattaglie (v.) di agnello o pollo non fritte, bensì cotte in padella.*

▶ **FRITTURA** Fried food. Used as another name for fritto misto (s.). In Lombardy (s. Lombardia) it is a dish of shallow-fried lamb and pork offal.

▶ **FRITURE** Préparation frite utilisée comme synonyme de friture variée (v. fritto misto). En Lombardie (v. Lombardia) désigne la préparation constituée de l'ensemble des abats (v. frattaglie) d'agneau ou de poulet non pas frits, mais cuits à la poêle.

▶ **FRITTURA** Frittiertes. Synonym für den Fritto Misto (s.). In der Lombardei (s. Lombardia) bezeichnet es Eingeweide vom Lamm oder vom Huhn, die in der Pfanne gebraten und nicht frittiert werden.

▶ **FRITURA** Preparación frita. Es usada como sinónimo de frito mixto (ver fritto misto). En Lombardía (ver Lombardia), indica la preparación constituida por el conjunto de menudillos (ver frattaglie) de cordero o pollo no fritos, sino cocidos en sartén.

FRIULI VENEZIA GIULIA *Regione italiana situata all'estremo Nord-Est della nazione, bagnata a sud dal Mare Adriatico (v. pag. 321).*

▶ **FRIULI VENEZIA GIULIA** Region of Italy situated in the extreme North-East of the country, the South lies on the Adriatic (s. pag. 321).

▶ **FRIOUL-VENETIE-JULIENNE** Région italienne située à l'extrême Nord-Est du pays, baignée au sud par la mer Adriatique (v. pag. 321).

▶ **FRIULI VENEZIA GIULIA** Region Italiens im extremen Nordosten im Süden am Adriatischen Meer (s. S. 321).

▶ **FRIULI VENEZIA GIULIA** Región italiana situada en el extremo Noreste de la nación, bañada en el sur por el Mar Adriático (ver pag. 321).

FRIZON *Piatto a base di pomodori, peperoni e cipolle in umido con polenta, tipico dell'Emilia Romagna (v.).*

▶ **FRIZON** A typical dish from Emilia Romagna (s.). Tomato, peppers and onion stew served with polenta.

▶ **FRIZON** Plat à base de tomates, poivrons et oignons en sauce avec de la polenta, typique de l'Emilie-Romagne (v. Emilia Romagna).

▶ **FRIZON** Gericht aus Tomaten, Paprika und Zwiebeln, geschmort und zu Polenta gereicht. Typisch für die Emilia Romagna (s.).

▶ **FRIZÒN** Plato a base de tomates, pimientos y cebollas hervidos con polenta, típico de Emilia Romagna.

FRIZZANTE *Termine che indica un vino o una bevanda con una certa quantità di gas carbonico.*
▶ **FIZZY** Term which indicates a wine or soft drink containing a certain quantity of carbonic gas.
▶ **GAZEUX** Terme qui désigne un vin ou une boisson contenant une certaine quantité de gaz carbonique.
▶ **FRIZZANTE** Spritzig, bezeichnet einen Wein oder ein Getränk, das leicht kohlensäurehaltig ist.
▶ **EFERVESCENTE (CON GAS)** Término que indica un vino o una bebida con una cierta cantidad de gas carbónico.

FROLLATURA *Termine che indica il lasciar riposare la carne per un certo periodo prima di cucinarla, affinché abbia una consistenza tenera.*
▶ **TENDERISE** To leave meat to rest for a certain period of time, before cooking, allowing it to become tender.
▶ **ATTENDRISSEMENT** Terme qui désigne le fait de laisser reposer la viande pendant une certaine période avant de la cuisiner, à fin q'elle ait une consistance molle.
▶ **FROLLATURA** Abhängen, Mürbemachen. Ausdruck, der das Ruhen des Fleischs vor dem Zubereiten bezeichnet, damit es weich wird.
▶ **MANIDO** Término que indica el hecho de dejar reposar la carne durante un cierto periodo antes de cocinarla, para que tenga una consistencia tierna.

FROLLINO *Biscotto di pasta frolla.*
▶ **FROLLINO** A short bread biscuit.
▶ **SABLE** Biscuit à base de pâte sablée.
▶ **FROLLINO** Keks aus Mürbeteig.
▶ **FROLLINO** Bizcocho de pastaflora.

FROMADZO *Tipo di formaggio privo delle parti grasse, tipico della Valle d'Aosta (v.).*
▶ **FROMADZO** Type of cheese which does not contain fat, typical of Valle d'Aosta (s.).

FROMADZO Type de fromage sans matières grasses, typique de la Vallée d'Aoste (v. Valle d'Aosta)
▶ **FROMADZO** Käseart ohne fette Anteile, typisch für das Aostatal (s. Valle d'Aosta).
▶ **FROMADZO** Tipo de queso sin partes grasas, típico del Valle de Aosta (ver Valle d'Aosta).

FRULLARE *Ridurre in poltiglia un alimento.*
▶ **TO BLEND** To reduce food to a pulp.
▶ **FOUETTER** Réduire en bouillie un aliment.
▶ **QUIRLEN** Ein Lebensmittel zu Brei machen.
▶ **BATIR** Hacer papilla un alimento.

FRULLATO *Insieme di frutta o verdura passato al frullatore. Con l'aggiunta di ghiaccio diventa un frappé (v.).*
▶ **SHAKE** A beverage consisting of blended fruit or vegetables, (s. frappé).
▶ **FOUETTE** Ensemble de fruits ou de légumes mis dans le mixer. Avec l'ajout de glace il devient un frappé (v. frappé).
▶ **FRULLATO** Gequirltes Gemüse oder Früchte. Mit Eiszugabe wird es ein Frappé (s. frappé).
▶ **BATIDO** Conjunto de fruta o verdura pasado con la licuadora. Se le puede añadir hielo (v. frappé).

FRULLATORE *Strumento per frullare (v.).*
▶ **MIXER** Appliance for blending (s. frullare).
▶ **MIXER** Appareil servant à mixer. (v. frullare).
▶ **FRULLATORE** Gerät zum Quirlen (s. frullare).
▶ **LICUADORA** Instrumento para batir (ver frullare).

FRULLINO *Strumento usato per amalgamare impasti morbidi e per montare la panna e il bianco d'uovo.*
▶ **WHISK** Utensil used for mixing and mounting soft mixtures, such as cream and egg white.

▸ **FOUET** Ustensile utilisé pour mélanger des pâtes molles et pour fouetter la crème et les blancs d'œuf.

▸ **FRULLINO** Quirl oder Schneebesen um weiche Mischungen homogen zu machen und um Sahne oder Eiweiss zu schlagen.

▸ **BATIDORA** Instrumento usado para mezclar masas blandas y para montar nata y la clara de huevo.

FRUMENTO *Specie di cereale da cui si ricavano farina e semola. Ne esistono due varietà: dura (utilizzata per gli spaghetti e la pasta secca all'italiana) e tenera. È chiamato anche grano.*

▸ **WHEAT** Cereal from which flour and bran are obtained. There are two varieties: hard durum wheat (used for spaghetti and dry pasta) and soft wheat.

▸ **FROMENT** Espèce de céréale dont on obtient farine et semoule. Il en existe différentes variétés: dur (utilisé pour les spaghetti et la pâte séchée à l'italienne) et mou. Il est appelé aussi blé.

▸ **WEIZEN** Getreideart aus der Gries und Mehl gewonnen wird. Es gibt zwei Arten: Hartweizen (für Spaghetti und trockene Nudeln) und Weichweizen. Wird auch "Grano" genannt.

▸ **TRIGO** Especie de cereal de la que se obtienen la harina y la sémola. Existen dos variedades: duro (utilizado para los espaguetis y la pasta seca a la italiana) y tierno. Es llamado también grano.

FRUTTA *Insieme di frutti commestibili di varie piante, dal sapore gradevole, quasi sempre dolce, ed alto valore nutritivo. Per frutta esotica si intendono i frutti coltivati nelle regioni tropicali e subtropicali. Per frutta secca si intendono due categorie: quella dei frutti a guscio duro, come la noce e la nocciola; e quella della frutta fatta essiccare.*

▸ **FRUIT** Edible fruit of various plants. Fruit has a pleasant flavour, almost always sweet, and highly nutritious. Fruit cultivated in tropical and subtropical regions is re-

ferred to as exotic fruit. There are two categories of dried fruit: fruit with a hard shell, such as the walnut and hazelnut; and fruit which has been dried.

▸ **FRUIT** C'est l'ensemble des fruits comestibles de diverses plantes, ayant un goût agréable presque toujours sucré et possédant une valeur nutritive élevée. Fruit exotique est utilisé pour désigner un fruit cultivé dans les régions tropicales et subtropicales. Fruit sec définit deux catégories, celle des fruits à coquille dure, comme la noix ou la noisette, et celle des fruits séchés.

▸ **OBST** Alle essbaren Früchte von unterschiedlichen Pflanzen von angenehmem, fast immer süßem Geschmack und hohem Nährwert. Unter exotischen Früchten versteht man in tropischen oder subtropischen Gebieten angebaute Früchte. Unter Trockenfrüchten versteht man einerseits Früchte mit harter Schale wie Nüsse und andererseits getrocknete Früchte.

▸ **FRUTA** Conjunto de frutos comestibles de varias plantas, de sabor agradable, casi siempre dulce, y alto valor nutritivo. Por fruta exótica se entienden los frutos cultivados en las regiones tropicales y subtropicales. Por fruta seca se entienden dos categorías: la de los frutos con cáscara como la nuez y la avellana; y la de la fruta desecada.

FRUTTI DI MARE *Insieme di animali marini come i molluschi, certe specie di gamberi, ricci.*

▸ **SEA FOOD** Sea animals such as molluscs, certain species of prawn and sea-urchins.

▸ **FRUITS DE MER** Ensemble d'animaux marins tels que mollusques, certaines espèces de crevettes, oursins.

▸ **MEERESFRÜCHTE** Alle Meerestiere wie Weichtiere und bestimmte Arten von Garnelen, Seeigel.

▸ **FRUTOS DE MAR (MARISCOS)** Conjunto de animales marinos como los moluscos, ciertas especies de gambas, erizos de mar.

FRUTTO DELLA PASSIONE

Frutto tropicale originario del Brasile, noto anche come maracuja. Ha forma e colore variabili secondo la sottospecie, e sapore che ricorda quello dell'arancia.

▶ **PASSION FRUIT** Tropical fruit originating from Brazil. The shape and colour vary according to the variety. It has a taste which is similar to the orange.

▶ **FRUIT DE LA PASSION** Fruit tropical originaire du Brésil, appelé aussi maracuja. Il a une forme et des couleurs qui varient selon la sous-espèce et un goût qui rappelle celui de l'orange.

▶ **PASSIONSFRUCHT** Tropikalische Frucht aus Brasilien, auch unter Maracuja bekannt. Hat verschiedene Formen und Farben und einen orangeähnlichen Geschmack.

▶ **FRUTA DE LA PASION** Fruta tropical originaria de Brasil, conocida también como maracuyá. Tiene forma y color variables según la subespecie, y sabor que recuerda al de la naranja.

FUGAZZA

Dolce tradizionale di Venezia, consumato nelle ricorrenze pasquali, costituito da pasta lievitata e aromatizzata.

▶ **FUGAZZA** Traditional cake from Venice, eaten at Easter. It consists of a flavoured, risen dough.

▶ **FUGAZZA** Gâteau traditionnel de Venise, consommé lors des fêtes de Pâques, constitué de pâte levée et aromatisée.

▶ **FUGAZZA** Tradioneller Kuchen aus Venedig, zu Ostern verzehrt, aus Hefeteig und aromatisiert.

▶ **FUGAZZA** Dulce tradicional de Venezia, consumido en las festividades pascuales, constituido por masa levitada y aromatizada.

FUNGO

Vegetale tipico del sottobosco, diffuso soprattutto in autunno. Solitamente ha aspetto carnoso, di dimensioni, forma e colore variabili secondo la specie.

▶ **MUSHROOM** Vegetable typical of undergrowth, to be found mainly in Autumn. Usually of a fleshy appearance, varying in size, shape and colour depending on the variety.

▶ **CHAMPIGNON** Végétal typique du sous-bois, répandu surtout en automne. Habituellement, il a un aspect charnu et a des dimensions, une forme et des couleurs qui varient selon l'espèce.

▶ **PILZ** Typisches niedriges Waldgewächs, besonders im Herbst verbreitet. Meist fleischig und mit unterschiedlicher Form und Farbe, je nach Art.

▶ **HONGO** Vegetal típico del sotobosque, extendido sobre todo en otoño. Normalmente tiene aspecto carnoso, de dimensiones, forma y color variables según la especie.

FUSILLI

Tipo di pasta a forma di spirale.

▶ **FUSILLI** Type of short spiral shaped pasta.

▶ **FUSILLI** Type de pâte à forme de spirale.

▶ **FUSILLI** Spiralenförmige Nudel.

▶ **FUSILLI** Tipo de pasta con forma de espiral.

G

▶ **GALANTINA** *Preparazione fredda formata da dadi di carne, prosciutto e verdure, amalgamati e posti come ripieno ad un involucro di carne, spesso di pollo.*

▶ **GALANTINA** Cold dish consisting of cubes of meat, ham and vegetables, mixed together and used as a stuffing for meat, usually chicken.

▶ **GALANTINE** Préparation froide composée de cubes de viande, jambon, et légumes, mélangés et mis comme farce dans une enveloppe de viande, souvent de poulet.

▶ **GALANTINA** Kalte Zubereitung aus Fleisch-, Schinken - und Gemüsewürfeln, vermischt und als Füllung in einer Fleischhülle (meistens Huhn) serviert.

▶ **GALANTINA** Preparación fría formada por dados de carne, jamón, y verduras, mezclados y usados como relleno en un envoltorio de carne, a menudo de pollo.

GALLETTA *Pane biscottato di forma piatta e rotonda, composto da acqua, farina e pochissimo lievito.*

▶ **GALLETTA** A hard bread which is flat and round in shape. It is made from water, flour and very little yeast.

▶ **GALETTE** Pain biscuité à forme plate et ronde, composé d'eau, de farine et de très peu de levure.

▶ **GALLETTA** runder und flacher Zwieback aus Wasser, Mehl und sehr wenig Hefe.

▶ **GALLETA** Pan bizcochado de forma plana y redonda, compuesto de agua, harina y muy poca levadura.

GALLETTO *Pollo di circa 400 gr., spesso cucinato in padella o alla griglia.*

▶ **COCKEREL** Chicken weighing approximately 400gr., often fried or grilled.

▶ **PETIT COQ** Poulet de 400 gr. environ, souvent cuisiné en poêle ou grillé.

▶ **HÄHNCHEN** ca. 400gr. schweres Hähnchen, meistens in der Pfanne gebraten oder gegrillt.

▶ **GALLITO** Pollo de cerca 400 gr. a menudo cocinado en sartén o a la parrilla.

GALLIANO *Liquore dolce con aroma forte e fragrante.*

▶ **GALLIANO** Sweet liqueur which has a strong, fragrant aroma.

▶ **GALLIANO** Alcool sucré avec un arôme fort et parfumé.

▶ **GALLIANO** Süßer Liqueur mit starkem und duftendem Aroma.

▶ **GALLIANO** Licor dulce con aroma fuerte y fragante.

GALLINA *Nome comune della femmina del gallo quando ha un'età di circa 2 anni. Viene allevata principalmente per la produzione di uova.*

▶ **HEN** Common name of the female chicken when it is approximately two years old. Bread principally for laying eggs.

▶ **POULE** Nom commun de la femelle du coq quand elle est âgée d'environ 2 ans. Elle est élevée principalement pour la production d'œuf.

▶ **HUHN** Allgemein Bezeichnung für das Weibchen des Hahns, wenn es ca. 2 Jahre alt ist. Wird meistens zur Eiproduktion gehalten.

▶ **GALLINA** Nombre común de la hembra del gallo cuando tiene una edad de aproximadamente 2 años.

Viene criada principalmente para la producción de huevos.

GALLINACCIO *Altro nome del fungo cantarello (v. fungo).*

▸ **CHANTERELLE MUSHROOM** (s. fungo).

▸ **TROMPETTE DE LA MORT** Autre nom de la chanterelle (v. fungo).

▸ **GALLINACCIO** anderer Name für den Pilz (s. fungo) Cantarella.

▸ **GALLINACCIO** Otro nombre del hongo cantarello (ver fungo).

GALLO *Animale da cortile di media taglia. Generalmente si definisce tale il maschio riproduttore.*

▸ **COCK** Medium sized farm yard bird. Generally defined as the reproductive male.

▸ **COQ** Animal de basse-cour de taille moyenne. Ce terme est généralement donné au mâle reproducteur.

▸ **HAHN** mittelgrosses Hofgeflügel. Generell wird damit das zur Fortpflanzung bestimmte männliche Tier bezeichnet.

▸ **GALLO** Animal de corral de talla media. Generalmente se define así al macho reproductor.

GAMBERETTO O GAMBEREL-LO *Termine che indica i gamberi (v.) marini di piccole dimensioni. Ideali da cucinare lessati o fritti.*

▸ **PRAWN** Term indicating small marine prawns (s. gambero). Ideal to boil or fry.

▸ **CREVETTE** Terme qui désigne des homards (v. gambero) de petites dimensions. Idéals à cuire bouillis ou frits.

▸ **GAMBERETTO oder GAMBEREL-LO** Kleine Meeresgarnelen. Ideal zum Kochen oder Frittieren.

▸ **QUISQUILLA** Término que indica las gambas (ver gambero) marinas de pequeñas dimensiones. Ideales para cocinar hervidas o fritas.

GAMBERO *Nome generico di crostacei marini. Ha carni bianche molto delicate. Esiste anche il gambero d'acqua dolce o "di fiume".*

▸ **SHELL FISH** General name given to marine crustaceans. They have very delicate white meat. The term also refers to fresh water or "river" crustaceans.

▸ **HOMARD** Nom commun des crustacés de mer. Il a une chair blanche très délicate. Il existe aussi l'écrevisse d'eau douce ou de fleuve.

▸ **GAMBERO** Generelle Bezeichnung für Meeresschalentiere. Hat ein weisses, sehr delikates Fleisch. Es existiert auch die Süßwasseroder Flussvariante (Flusskrebs).

▸ **GAMBA** Nombre genérico de crustáceos marinos. Tiene carnes blancas muy delicadas. Existe también la gamba de agua dulce o "de río".

GAMBERONE *Termine che definisce i gamberi di grosse dimensioni. Ha un sapore molto più accentuato del gambero.*

▸ **KING PRAWN** Term refers to large prawns, which have a more intense flavour than the prawn.

▸ **GROS HOMARD** Terme qui définit les homards aux grosses dimensions. Il a une saveur beaucoup plus accentuée de celle du homard.

▸ **GAMBERONE** Bezeichnet große Gamberi. Hat einen ausgeprägteren Geschmack als der Gambero.

▸ **LANGOSTINO** Término que define las gambas de grandes dimensiones. Tiene un sabor mucho más acentuado que la gamba.

GAMBETTO *Indica la parte terminale del prosciutto crudo intero.*

▸ **GAMBETTO** Indicates the end part of a whole, cured ham.

▸ **GAMBETTO** Terme qui indique la partie finale du jambon cru entier.

▸ **GAMBETTO** Bezeichnet das Endstück des ganzen rohen Schinkens.

▸ **PUNTAS DE JAMON** Indica la parte final del jamón serrano entero.

GARGANELLI *Pasta alimentare tipica dell'Emilia Romagna, a forma di penne rigate (v. penne).*

▸ **GARGANELLI** Ridged tubes of pasta from Emilia Romagna (s. penne).

▸ **GARGANELLI** Pâtes alimentaires typiques de l'Emilie-Romagne (v.) à forme de pennes striées (v. penne).

▸ **GARGANELLI** Nudelart typisch für Emilia Romagna (s.), hat die Form der gestreiften "Penna" (s. penne).

▸ **GARGANELLI** Pasta alimenticia típica de Emilia Romagna (ver), con forma de plumas rayadas (ver penne).

GARITULA *Altro nome del fungo cantarello (v. fungo).*

▸ **CHANTERELLE MUSHROOM** (s. fungo).

▸ **GIROLE** Autre nom de la chanterelle (v. fungo).

▸ **GARITULA** Anderer Name für den Pilz Cantarello (s. fungo).

▸ **GARITULA** Otro nombre del hongo cantarello (ver fungo).

GARRETTO *Nome regionale di un taglio di carne equivalente allo stinco (v.).*

▸ **SHIN-BONE** A cut of meat (s. stinco).

▸ **JARRET** Nom régional d'un morceau de viande qui est équivalent du stinco (v. stinco).

▸ **GARRETTO** regionale Bezeichnung eines Fleischschnitts, dem stinco (s. stinco) gleichbedeutend.

▸ **GARRETTO** Nombre regional de un corte de carne equivalente al brazuelo (ver stinco).

GÂTEAU *Parola francese che significa torta. Il termine italianizzato gattò indica un croccante (v.) tipico della Sardegna (v.), nonché una preparazione a base di patate, formaggio e salumi tritati, tradizionale della Campania (v.).*

▸ **GÂTEAU** French word meaning cake. The Italian term gattò, indicates a bar of caramelised nuts (s. croccante) from Sardinia (s. Sardegna). Gattò is also a traditional dish from Campania (s.), consisting of potatoes, cheese and minced pork products.

▸ **GATEAU** Mot français qui signifie tarte. Le terme italianisé gattò se réfère à un croquant (v. croccante) typique de la Sardaigne (v. Sardegna), ainsi qu'à une préparation à base de pommes de terre, fromage et saucis-

sons hachés, traditionnelle de la Campanie (v. Campania).

▸ **GÂTEAU** französische Bezeichnung für Kuchen. Der italienische Ausdruck "gattò" bezeichnet einen Krokant (s. croccante) typisch für Sardinien (s. Sardegna) sowie eine Zubereitung aus Kartoffeln, Käse und zerhackter Wurst, tradionelles Gericht aus Kampanien (s. Campania).

▸ **GÂTEAU** Palabra francesa que significa tarta. El término italianizado gattò indica un crujiente (ver croccante) típico de Cerdeña (ver Sardegna), así como una preparación a base de patatas, queso y embutidos triturados, tradicional de la Campania (ver Campania).

GATTÒ *Croccante (v.) tipico della Sardegna (v.) con mandorle, zucchero e scorza di limone.*

▸ **GATTÒ** Croccante (s.) typical of Sardinia (s.), made with honey, sugar and lemon rind.

▸ **GATTÒ** Croquant (v. croccante) typique de la Sardaigne (v.), avec des amandes, du sucre et des écorces de citron.

▸ **GATTÒ** Krokant (s. croccante) typisch für Sardinien (s.) mit Mandeln, Zucker und Zitronenschale.

▸ **GATTÒ** Crujiente (ver croccante) típico de Cerdeña (ver) con almendras, azúcar y corteza de limón.

GAZPACHO *Zuppa fredda di vegetali crudi originaria dell'Andalusia.*

▸ **GAZPACHO** Cold soup of raw vegetables originating from Andalusia.

▸ **GAZPACHO** Soupe froide de légumes crus originaire de l'Andalousie.

▸ **GAZPACHO** Kalte Gemüsesuppe aus Rohkost aus Andalusien.

▸ **GAZPACHO** Sopa fría de vegetales crudos originaria de Andalucía.

GELATIERA *Macchina per la preparazione dei gelati.*

▸ **ICE-CREAM MACHINE** Machine used in the production of ice-cream.

▸ **GLACIERE** Appareil servant à la préparation des glaces.

▸ **EISMASCHINE** Gerät zur Herstellung von Speiseeis.

▸ **HELADORA** Máquina para la preparación de los helados.

GELATINA *Preparazione a base di brodo, di consistenza molle, utile per guarnire diverse portate. Esiste anche la gelatina di frutta, una conserva fluida e delicata ottenuta da mescolanza gelificata di zucchero e succhi di frutta.*

▸ **GELATINE/JELLY** Produced from a stock, of a soft consistency, used for garnishing various courses. Fruit jelly is a delicate liquid conserve obtained from a jellied mixture of sugar and fruit juice.

▸ **GELATINE** Préparation à base de jus, de consistance molle, utile pour garnir divers plats. Il existe aussi la gélatine de fruit, une conserve fluide et délicate obtenue par le mélange gélifiant de sucre et de jus de fruits.

▸ **GELATINE** Zubereitung aus Brühe, mit weicher Konsistenz zur Garnierung von diversen Speisen. Es gibt auch die Fruchtgelatine, eine flüssige und delikate Konserve aus gelierter Mischung von Zucker und Fruchtsaft.

▸ **GELATINA** Preparación a base de caldo, de consistencia blanda, útil para guarnecer diversos platos. Existe también la gelatina de fruta, una conserva fluida y delicada obtenida mediante la mezcla coagulada de azúcar, y zumos de fruta.

GELATO *Preparato alimentare congelato, cremoso e pastoso, costituito da latte, panna, zucchero, tuorli d'uova, con aggiunta di aromi, vaniglia o pezzi di frutta.*

▸ **ICE-CREAM** A soft, creamy, frozen food, prepared using milk, cream, sugar, egg yolk and added flavours, vanilla or pieces of fruit.

▸ **GLACE** Préparation alimentaire congelée, crémeuse et moelleuse, constituée de lait, crème, sucre, jaunes d'œuf, aromatisée par de la vanille ou des morceaux de fruits.

▸ **SPEISEEIS** Gefrorene cremige oder teigige Zubereitung aus Milch, Sahne, Zucker, Eigelb unter Zusatz von Aromen, Vanille oder Fruchtstücken.

▸ **HELADO** Preparado alimenticio congelado, cremoso y suave. Constituido de leche, nata, azúcar, yemas de huevo, añadiendo aromas, vainilla o trozos de fruta.

GENEPÌ *Liquore digestivo ricavato dall'omonima pianta alpina.*

▸ **GENEPÌ** Liqueur with digestive properties, made from leaves of the alpine plant.

▸ **GENEPI** Digestif obtenu à partir de la plante du même nom.

▸ **GENEPÌ** Liqueur zur Verdauung, aus der gleichnamigen alpinen Pflanze gewonnen.

▸ **GENEPI** Licor digestivo obtenido de la homónima planta alpina.

GENOVESE, CARNE ALLA *Piatto della tradizione napoletana costituito da carne e cipolle in umido.*

▸ **GENOVESE, CARNE ALLA** Traditional dish from Naples, consisting of stewed meat and onions.

▸ **GENOISE, VIANDE A LA** Plat de la tradition napolitaine constitué de viande et d'oignons en sauce.

▸ **FLEISCH AUF GENUESER ART** Gericht aus Neapel aus geschmortem Fleisch und Zwiebeln.

▸ **GENOVESE, CARNE A LA** Plato de tradición napolitana constituido por carne y cebollas hervidas.

GENZIANA *Erba perenne da cui si ricava un liquore molto amaro.*

▸ **GENTIANA** Evergreen herb used in the production of a very sour tasting liqueur.

▸ **GENTIANE** Herbe vivace de laquelle s'obtient un alcool très amer.

▸ **ENZIAN** Dauerpflanze aus der ein sehr bitterer Liqueur gewonnen wird.

▸ **GENCIANA** Hierba perenne de la que se obtiene un licor muy amargo.

GERME DI GRANO *Prodotto diete-*

tico costituito dall'embrione del chicco di frumento.

▶ **WHEAT SPROUT** Dietetic product consisting of the embryo of a grain of wheat.

▶ **GERMES DE BLE** Produit diététique constitué de l'embryon du grain de blé.

▶ **WEIZENKEIME** Diätetisches Produkt aus dem Kernstück des Weizenkorns.

▶ **GERMEN DE TRIGO** Producto dietético constituido por el embrión del grano de trigo.

GERMOGLI *Termine che indica la fase iniziale di sviluppo di una pianta.*

▶ **SPROUT** Term indicating the initial phase in the development of a plant.

▶ **POUSSES** Terme qui désigne la phase initiale du développement d'une plante.

▶ **KEIME** Bezeichnung für die Anfangsphase der Entwicklung einer Pflanze.

▶ **BROTES** Término que indica la fase inicial de desarrollo de una planta.

GHIACCIO *Rappresenta lo stato solido dell'acqua in seguito al raffreddamento della medesima.*

▶ **ICE** The solid form of water when frozen.

▶ **GLACE** Représente l'état solide de l'eau à la suite de son refroidissement.

▶ **EIS** Fester Zustand des Wassers durch Erkalten.

▶ **HIELO** Representa el estado sólido del agua que sigue al enfriamiento de la misma.

GIAMBONE *Termine in uso nell'Italia settentrionale per indicare il prosciutto (v.).*

▶ **GIAMBONE** Term used in Northern Italy to indicate ham (s. prosciutto).

▶ **GIAMBONE** Terme de l'Italie du nord pour définir le jambon (v. prosciutto).

▶ **GIAMBONE** Süditalienischer Ausdruck für Schinken (s. prosciutto).

▶ **GIAMBONE** Término que se usa en la Italia septentrional para indicar el jamón (ver prosciutto).

GIAMBONETTO *Traduzione del termine francese "jambonneau" che significa "coscia di pollo".*

▶ **CHICKEN THIGH** Translation from the French "jambonneau".

▶ **GIAMBONETTO** Tradution du terme français "jambonneau"; il signifie "cuisse de poulet".

▶ **GIAMBONETTO** Übertragung des französischen Ausdrucks "jambonneau", bedeutet Hühnchenkeule.

▶ **GIAMBONETTO** Traducción del término francés "jambonneau" que significa "muslo de pollo".

GIANCHETTO *Nome ligure del bianchetto (v.).*

▶ **GIANCHETTO** Name from Liguria for bianchetto (s.).

▶ **GIANCHETTO** Nom ligure de la blanchaille (v. bianchetto).

▶ **GIANCHETTO** ligurische Bezeichnung für bianchetto (s.).

▶ **GIANCHETTO** Nombre ligure del blanquete (ver bianchetto).

GIANDÚIA O GIANDUJA *Tipico dolce che prende il nome dalla maschera di Torino. È fatto con nocciole e cioccolato.*

▶ **GIANDUIA** Typical product made with hazelnuts and chocolate, which takes it's name from an old, popular comic character from Turin.

▶ **GIANDUIA** Gâteau typique qui prend le nom du masque de Turin. Il est fait avec des noisettes et du chocolat.

▶ **GIANDUIA oder GIANDUJA** Typische Süßcreme aus Haselnüssen und Schokolade, die den Namen einer Maske aus Turin trägt.

▶ **GIANDUJA** Típico dulce que adopta el nombre de la máscara de Turín. Está hecho con avellanas y chocolate.

GIANDUJOTTO *Cioccolatino torinese di antica tradizione, composto da cioccolato fondente, crema di nocciole tostate, vaniglia e zucchero.*

▸ **GIANDUJOTTO** A chocolate from Turin, composed of dark chocolate, toasted hazelnut cream, vanilla and sugar.

▸ **GIANDUJOTTO** Bonbon au chocolat de Turin d'ancienne tradition, composé de chocolat noir, de crème aux noisettes grillées, de vanille et de sucre.

▸ **GIANDUJOTTO** Schokoladenstückchen aus der turiner Tradition, aus bitterer Schokolade, Haselnusscreme, Vanille und Zucker.

▸ **GIANDUJOTTO** Bombón turinés de antigua tradición, compuesto de chocolate fundente, crema de avellanas tostadas, vainilla y azúcar.

GIARDINIERA *Preparazione a base di verdure miste conservate in aceto.*

▸ **PICKLES** Mixed vegetables preserved in vinegar.

▸ **JARDINIERE** Préparation à base de légumes variés conservés dans le vinaigre.

▸ **GÄRTNERINART** Zubereitung gemischten Gemüses, in Essig konserviert.

▸ **JARDINERA** Preparación a base de verduras mixtas conservadas en vinagre.

GIGOT *Termine francese che indica la coscia dell'ovino.*

▸ **GIGOT** Leg of mutton/lamb.

▸ **GIGOT** Terme français qui désigne une cuisse ovine.

▸ **GIGOT** französische Bezeichnung dür die Rinderkeule.

▸ **GIGOT** Término francés que indica el muslo del ovino.

GIN *Distillato di una miscela di cereali e bacche di ginepro fermentate.*

▸ **GIN** Alcoholic beverage distilled from fermented cereals and juniper buds.

▸ **GIN** Distillat provenant d'une mélange de céréales et baies de genévrier fermentées.

▸ **GIN** Destillat aus einer Getreidemischung und aus fermentierten Wachholderbeeren.

▸ **GIN** Destilado de una mezcla de cereales y bayas de enebro fermentadas.

GIN TONIC *Long drink a base di gin e acqua tonica, aromatizzata con una fetta di limone.*

▸ **GIN AND TONIC** Long drink made with gin and tonic water, aromatised with a slice of lemon.

▸ **GIN TONIC** Long drink à base de gin et de tonic water, aromatisé avec une tranche de citron.

▸ **GIN TONIC** Longdrink aus Gin und Tonicwasser, mit einer Scheibe Zitrone abgeschmeckt.

▸ **GIN TONIC** Bebida larga a base de ginebra y agua tónica, aromatizada con una rodaja de limón.

GINEPRO *Bacca utilizzata per aromatizzare le portate.*

▸ **JUNIPER** Bud used in flavouring food.

▸ **GENEVRIER** Baie utilisée pour aromatiser les plats.

▸ **WACHHOLDER** Beere zur Geschmacksverfeinerung einiger Gerichte.

▸ **ENEBRO** Baya utilizada para aromatizar los platos.

GIRARROSTO *Dispositivo che serve per far girare lo spiedo e cuocerlo arrosto.*

▸ **TURN-SPIT** Device which turns and roasts meat.

▸ **TOURNE-BROCHE** Dispositif qui sert à faire tourner la broche et à cuire le rôti.

▸ **GRILLSPIESS** Gerät um den Spiess zu drehen und zu braten.

▸ **ASADOR** Dispositivo que sirve para hacer girar el espetón y cocinar asado.

GIRASOLE *Pianta erbacea i cui semi oleosi sono utilizzati per l'alimentazione umana e animale.*

▸ **SUNFLOWER** Herbaceous plant of which the oily seeds are used in human and animal food.

▸ **TOURNESOL** Plante herbacée dont les graines huileuses sont utilisées pour l'alimentation humaine et animale.

▸ **SONNENBLUME** Pflanze, deren öligen Kerne für Tier- und Menschennahrung genutzt werden.

▸ **GIRASOL** Planta herbácea cuyas

semillas oleosas son utilizadas para la alimentación humana y animal.

GIRELLO *Taglio di carne del bovino adulto di forma rotonda, omogeneo e magro. Esiste quello anteriore (o di spalla) e quello posteriore (o di coscia).*
▶ **TOPSIDE** Cut of beef from an adult ox, which is round, homogeneous and lean. It may be topside of shoulder or topside of thigh.
▶ **ROUELLE** Morceau de viande de bœuf adulte de forme ronde, homogène et maigre. Il existe celui antérieur (ou d'épaule) et celui postérieur (ou de cuisse).
▶ **GIRELLO** Fleischschnitt für das erwachsene Rind von runder Form, homogen und mager. Es gibt den vorderen (Schulter) oder den hinteren (Schenkel).
▶ **MORCILLO** Corte de carne del bovino adulto de forma redonda, homogéneo y magro. Existe el anterior (o de paletilla) y el posterior (o de muslo).

GIÙGGIOLA *Frutto dolce-acidulo da consumare fresco o per la preparazione di confetture e sciroppi.*
▶ **JUJUBE** Sweet-slightly sour fruit, eaten fresh or used in preparing jam and syrup.
▶ **JUJUBE** Fruit doux-acidulé à manger frais ou pour préparer des confitures et des sirops.
▶ **GIÙGGIOLA** süß-saure Frucht, die frisch verzehrt werden kann oder zur Zubereitung von Konfitüren oder Syrups dient.
▶ **YUYUBA** Fruto dulce-acídulo que se consume fresco o para la preparación de confituras y jarabes.

GLACE *Termine francese che significa glassato (v.). Da qui i marrons (castagne) glacés (v.).*
▶ **ICED** French term (s. glassare) from which marrons glacés (candied chestnuts) take their name (s.).
▶ **GLACE** Terme français qui signifie glacé (v. glassare). Par exemple, les marrons glacés (v.).
▶ **GLACE** französischer Ausdruck für "glasieren" (s. glassare). Daher die marrons glacés (s.).
▶ **GLACE** Término francés que significa glaseado (ver glassare). De aquí el marróns (castañas) glacés (ver).

GLASSA *Copertura lucida, mediante cottura, di zucchero, o di salsa e sugo, utilizzata per rendere più gradevole un piatto.*
▶ **ICING/GELATINE GLAZE** Shiny coating obtained through the cooking of sugar or gravy and sauce, used in order to make a dish more appealing.
▶ **GLACAGE** Couverture translucide réalisée par la cuisson de sucre ou de sauce et jus, utilisée pour rendre un plat plus plaisant.
▶ **GLASSE** durchsichtige Bedeckung, erhalten durch Kochen von Zucker, oder Soßen, um eine Zubereitung noch appetitlicher zu machen.
▶ **GLASEADO** Cubierta brillante, mediante cocción, de azúcar, o de salsa utilizada para hacer más agradable un plato.

GLASSARE *Termine di derivazione francese che indica la cottura di alimenti su sfondo zuccherino.*
▶ **GLAZE** To cook food in a sugary solution.
▶ **GLACER** Terme dérivant du français qui définit la cuisson d'un aliment sur un fond sucré.
▶ **GLASIEREN** Aus dem Französischen, bezeichnet das Garen von Speisen mit zuckrigem Grund.
▶ **GLASEAR** Término de derivación francesa que indica la cocción de alimentos sobre fondo azucarado.

GNOCCHETTI *Composti di vari impasti, lessati e poi conditi. Gnocchetti sardi sono ad esempio un tipo di pasta molto piccola.*
▶ **GNOCCHETTI** Made from various types of dough, boiled and served in a sauce. For example, gnocchetti from Sardinia (s.) are a type of very small pasta.
▶ **PETITS GNOCCHI** Ils sont réalisés à partir de différentes recettes, bouillis puis assaisonnés. Les

gnocchetti sardes sont, par exemple, un type de pâtes très petites.

▸ **GNOCCHETTI** Zusammensetzung aus verschiedenen Mischungen, gekocht und angerichtet. Die sardischen sind z. b. eine sehr kleine Nudelart.

▸ **ÑOQUETI** Compuesto de varias masas, hervidas y después condimentadas. Ñoquetis sardos son por ejemplo un tipo de pasta muy pequeña.

GNOCCHI *Impasto di forma tondeggiante a base di patate cotte impastate con farina.*

▸ **GNOCCHI** Almost round, balls of a dough made with cooked potatoes and flour.

▸ **GNOCCHI** Pâtes de forme arrondies à base de pommes de terre cuites mélangées avec de la farine.

▸ **GNOCCHI** rundförmige Mischung aus Kartoffel-Mehlgemisch. Manchmal "Knödel"

▸ **ÑOQUI** Masa de forma redondeada a base de patatas cocidas amalgamadas con harina.

GNOCCO FRITTO *Preparazione tipica dell'Emilia Romagna (v.) fatta con impasto di acqua, farina e sale, fritta nello strutto o nell'olio.*

▸ **GNOCCO FRITTO** Dough made with water, flour and salt which is fried in suet or oil. Typical of Emilia Romagna (s.).

▸ **GNOCCO FRITTO** Préparation typique de l'Emilie-Romagne (v.) faite avec un mélange d'eau, de farine et de sel, frite dans le saindoux ou dans l'huile.

▸ **GNOCCO FRITTO** in Schmalz ausgebackener Teig aus Wasser, Mehl und Salz, typisch für die Emilia Romagna (s.).

▸ **ÑOCO FRITO** Preparación típica de Emilia Romagna (ver) hecha con una masa de agua, harina y sal, frita en manteca de cerdo o en aceite.

GNUMERIEDDI O GNUMERIELLI *Versione pugliese (v. Puglia) degli involtini di budella e interiora d'agnello e di capretto.*

▸ **GNUMERIEDDI o GNUMERIELLI** Recipe from Puglia (s.) for stuffed intestines and innards of lamb and kid.

▸ **GNUMERIEDDI** Version des Pouilles (v.) des paupiettes de boyaux et entrailles d'agneau et cabri.

▸ **GNUMERIEDDI oder GNUMERIELLI** Variante aus Apulien (s.) der Rollen aus Eingeweiden und Innereien von Lamm und Ziege.

▸ **GNUMERIEDDI o GNUMERIELLI** Versión pugliese (ver Puglia) de los rollitos de tripas e interiores de cordero y de cabrito.

GOLDEN *Varietà di mela (v.).*

▸ **GOLDEN** Variety of apple (s. mela).

▸ **GOLDEN** Variété de pomme (v. mela).

▸ **GOLDEN** Apfelart (s. mela).

▸ **GOLDEN** Variedad de manzana (ver mela).

GORGONZOLA *Formaggio erborinato dal sapore energico e piccante, prodotto con latte vaccino e caratterizzato dalla presenza di muffe che formano striature blu-verdi nella pasta. Viene prodotto principalmente in Lombardia (v.) e Piemonte (v.) nelle versioni piccante e dolce.*

▸ **GORGONZOLA** A type of blue cheese with a lively and peppery taste, produced from cows milk. The cheese is variegated with blue-green mould. It is produced mainly in Lombardy (s.) and in Piedmont (s.), in peppery and sweet versions.

▸ **GORGONZOLA** Fromage au goût fort et relevé, produit à partir du lait de vache et caractérisé par la présence de moisissures qui forment des stries bleues-vertes sur la pâte. Il est principalement produit en Lombardie (v.) et Piémont (v.) dans les versions relevées et douces.

▸ **GORGONZOLA** Käse mit energischem und scharfem Geschmack, aus Kuhmilch und charakterisiert durch von Pilzen hervorgerufenen blau-grünen Streifen in der Käsepaste. Wird hauptsächlich in der Lombardei (s.) und Piemont (s.) hergestellt in der scharfen und milden Variante.

▸ **GORGONZOLA** Queso con moho de sabor fuerte y picante producido con leche de vaca y caracterizado por la presencia de mohos que forman estrías azul-verdosas en la pasta. Viene producido principalmente en Lombardía (ver) y Piamonte (ver) en las versiones picante y dulce.

GRADAZIONE ALCOLICA *Indica la percentuale di alcol etilico all'interno di vini e liquori.*
▸ **ALCOHOLIC STRENGTH** Indicates the percentage of ethyl acohol contained in wine and liqueur.
▸ **DEGRE ALCOOLIQUE** Définit le pourcentage d'alcool éthylique contenu dans les vins et liqueurs.
▸ **ALKOHOLGRAD** bezeichnet den Prozentsatz des Äthylalkohols in Weinen und Liqueuren.
▸ **GRADUACION ALCOHOLICA** Indica el porcentaje de alcohol etílico al interno de vinos y licores.

GRADO *Unità di misura della temperatura. Per gli alcolici indica la percentuale di alcol presente nella bevanda.*
▸ **DEGREE** Unit of measurement of temperature. Grado also indicates the percentage of alcohol present in a beverage, degree proof.
▸ **DEGRE** Unité de mesure de la température. Pour les alcools, il définit le pourcentage d'alcool présent dans la boisson.
▸ **GRAD** Maßeinheit der Temperatur. Für alkoholische Getränke der Prozentsatz des Alkohols im Getränk.
▸ **GRADO** Unidad de medida de la temperatura. Para los productos alcohólicos indica el porcentaje de alcohol presente en la bebida.

GRAMOLATA *Sinonimo di granita* (*v.*).
▸ **GRAMOLATA** See granita.
▸ **GRAMOLATA** Synonyme de granité (v. granita).
▸ **GRAMOLATA** Anderer Name für Granita (s. granita).
▸ **GRANIZADO** (ver granita).

GRANA *Formaggio a pasta cotta, dura,* *di latte vaccino, stagionato per 12/24 mesi. Si usa come formaggio da tavola oppure grattugiato per insaporire primi e secondi piatti.*
▸ **GRANA** A hard, cooked cheese made from cows milk, matured for 12/24 months. Eaten sliced or grated and added to first and second courses in order to flavour them further.
▸ **GRANA** Fromage à pâte cuite, dure, de lait de vache, affiné pendant 12/24 mois. On l'utilise comme fromage de table ou bien râpé pour réléver les premiers et seconds plats.
▸ **GRANA** Käse mit harter, gekochter Paste aus Kuhmilch, gelagert für 12 oder 24 Monate. Als Tischkäse verwendet oder gerieben als Zutat für verschiedene Gerichte.
▸ **GRANA** Queso de pasta cocida, dura, de leche de vaca, curado por 12/24 meses. Se usa como queso de mesa o bien rallado para aderezar primeros y segundos platos.

GRANA PADANO *È il tipo di formaggio grana più conosciuto e viene prodotto in diverse province della Pianura Padana* (*v.*).
▸ **GRANA PADANO** The most well known grana cheese, produced in various areas of the Pianura Padana (s.).
▸ **GRANA PADANO** C'est le type de fromage grana le plus connu il est produit dans différentes provinces de la plaine Padana (v. Pianura Padana).
▸ **GRANA PADANO** Der bekannteste Granakäse, wird in verschiedenen Provinzen der Poebene produziert (s. Pianura Padana).
▸ **GRANA PADANO** Es el tipo de queso grana más conocido y viene producido en diversas provincias de la Llanura Padana (ver Pianura Padana).

GRANA TRENTINO *Tipo di grana prodotto nella provincia di Trento.*
▸ **GRANA TRENTINO** Grana cheese produced in the province of Trento.
▸ **GRANA TRENTINO** Type de gra-

na produit dans la province de Trentin.

▶ **GRANA TRENTINO** Granakäseart in der Provinz Turin produziert.

▶ **GRANA TRENTINO** Tipo de grana producido en la provincia de Trento.

GRANCHIO *Crostaceo con corazza liscia e chele sviluppate. Ha una polpa gustosa e tenera da gustare cruda o bollita.*

▶ **CRAB** Crustacean with a smooth shell and well developed claws. The flesh is tasty and tender, eaten raw or boiled.

▶ **CRABE** Crustacé ayant une carapace lisse et des pinces développées. Il a une chair savoureuse et tendre, se déguste cru ou bien bouilli.

▶ **KREBS** Schalentier mit glattem Gehäuse und Scheren. Hat ein schmackhaftes, weiches Fleisch, das gekocht oder roh verzehrt werden kann.

▶ **CANGREJO** Crustáceo con caparazón liso y pinzas desarrolladas. Tiene una pulpa sabrosa y tierna que se come cruda o hervida.

GRANITA *Gelato di consistenza granulosa, ottenuto gelando succhi di frutta o liquidi aromatizzati.*

▶ **CRUSHED ICE DRINK** Obtained by freezing fruit juice or flavoured liquids.

▶ **GRANITE** Glace de consistance granuleuse, obtenue en gelant les jus de fruits ou les liquides aromatisés.

▶ **GRANITA** Körnerartiges Wassereis aus dem Erfrieren von Fruchtsaft oder aromatisierten Flüssigkeiten.

▶ **GRANIZADO** Helado de consistencia granulosa, obtenido helando zumos de fruta o líquidos aromatizados.

GRANO *Sinonimo di frumento (v.).*

▶ **WHEAT** (s. frumento).

▶ **BLE** Synonyme de froment (v. frumento).

▶ **GRANO** Synonym für Weizen (s. frumento).

▶ **TRIGO** (ver frumento).

GRANO SARACENO *Tipo particolare di cereale originario dell'Asia, dal sapore leggermente acre, viene utilizzato come farina per aumentare il sapore della polenta tradizionale.*

▶ **BUCK WHEAT** A particular type of cereal originating from Asia. It has a slightly sour taste and is used as a flour, to intensify the flavour of traditional polenta.

▶ **BLE NOIR** Type particulier de céréale originaire de l'Asie, au goût légèrement aigre, qui est utilisé comme farine pour augmenter la saveur de la polenta traditionnelle.

▶ **HEIDEWEIZEN** Besondere Getreideart aus Asien stammend mit leicht bitterem Geschmack, wird als Mehl verwendet, um der traditionellen Polenta einen besonderen Geschmack zu verleihen.

▶ **ALFORFON** Tipo particular de cereal originario de Asia, de sabor ligeramente acre, viene utilizado como harina para aumentar el sabor de la polenta tradicional.

GRANSÉOLA O GRANCEVOLA *Tipo di granchio molto robusto, tra i più apprezzati in cucina. È dotato di un'aroma delicato e di una polpa gustosa da servire bollita. È spesso presente nella cucina del Veneto.*

▶ **SPIDER CRAB** A very large type of crab, among the most appreciated shell fish. It has a delicate aroma and tasty flesh, served boiled. It is used in many recipes from Veneto.

▶ **GRANSEOLE** Type de crabe très robuste, un des plus appréciés en cuisine, doté d'un arôme délicat et d'une pulpe savoureuse à manger bouillie. Il est souvent présent dans la cuisine vénitienne.

▶ **GRANSEOLA oder GRANCEVOLA** Grosser, robuster Krebs, sehr geschätzt in der Küche mit delikatem Aroma und schmackhaftem Fleisch, das gekocht serviert wird. Kommt oft in der Küche Venetiens vor.

▶ **CENTOLLO** Tipo de cangrejo muy robusto, entre los más apreciados en cocina, está dotado de un aroma delicado y de una pulpa sabrosa que se sirve hervida. Está a menudo presente en la cocina del Véneto.

GRANTURCO *Cereale, detto anche mais, che viene usato sotto forma di farina gialla per polenta, oppure intero lessato o arrostito.*

▷ **MAIZE** Cereal, also called corn. It can be used as a flour for polenta, boiled whole, or roasted.

▷ **MAIS** Céréale qui est utilisée sous forme de farine jaune pour la polenta ou bien telle quelle bouillie ou rôtie.

▷ **GRANTURCO** Getreide, auch Mais genannt. Als Mehl für Polentas verwendet oder ganz, dann gebraten oder gekocht.

▷ **MAIZ** Cereal que viene usado en forma de harina amarilla para la polenta, o bien entero hervido o asado.

GRAPPA *Detta anche acquavite (v.), è un distillato di vinacce di uva caratterizzato da un aroma forte e persistente.*

▷ **GRAPPA** Alcoholic beverage (s. acquavite) distilled from the dregs of pressed grapes which have a strong and persistent aroma.

▷ **GRAPPA** Appelée aussi eau-de-vie (v. acquavite), c'est une liqueur distillée de marc de raisin caractérisée par un arôme fort et persistant.

▷ **GRAPPA** auch Acquavit (s. acquavite) genannt, ein Destillat aus Traubenkernen von besonders starkem und eigenem Aroma.

▷ **GRAPPA** Llamada también aguardiente (ver acquavite), es un destilado de orujos de uva caracterizado por un aroma fuerte y persistente.

GRASSO *Termine che indica le sostanze nutrienti con maggior densità calorica.*

▷ **FAT** Term indicating the nutritional substances with the highest calorific density.

▷ **GRAISSE** Terme qui définit la substance nutritive qui a la plus grande densité calorique.

▷ **FETT** Ausdruck für die kalorienreichsten und nahrhaftesten Substanzen.

▷ **GRASO** Término que indica las sustancias nutrientes con mayor densidad calórica.

GRATIN *Parola di origine francese che indica un modo di cottura particolare (v. gratinare), o alcuni piatti specifici detti "al gratin".*

▷ **GRATIN** French word indicating a particular method of cooking (s. gratinare), or certain dishes named "au gratin".

▷ **GRATIN** Mot d'origine française qui définit un mode de cuisson particulier (v. gratinare) ou certains plats spécifiques.

▷ **GRATIN** französischer Ausdruck für einen besonderen Garungsvorgang (s. gratinare) oder für einige bestimmte Gerichte "al gratin".

▷ **GRATEN** Palabra de origen francés que indica un modo de cocción particular (ver gratinare), o algunos platos específicos llamados "al gratén".

GRATINARE *Metodo di cottura di alimenti che prevede la formazione di una crosta dorata e croccante.*

▷ **AU GRATIN** Method of cooking food which produces a golden, crunchy crust.

▷ **GRATINER** Méthode de cuisson des aliments qui prévoit la formation d'une croûte dorée et croquante.

▷ **GRATINIEREN** Vorgang des Garens von Lebensmitteln, wobei eine goldene und knusprige Kruste entsteht.

▷ **GRATINAR** Metodo de cocción de alimentos que preve la formación de una corteza dorada y crujiente.

GRATTÚGIA *Utensile dotato di fori atto a trasformare in briciole il formaggio, il pane ed altri alimenti.*

▷ **GRATER** Utensil with holes which is used for making crumbs of cheese, bread and other food.

▷ **RAPE** Ustensile doté de trous servant à transformer en miettes le fromage, le pain et d'autres aliments.

▸ **REIBE** Gerät mit Löchern um Käse, Brot oder andere Lebensmittel zu zerkrümeln.

▸ **RALLADOR** Utensilio dotado de orificios, adecuado para transformar en migas el queso, el pan y otros alimentos.

GRÍCIA, PASTA ALLA *Modo di condire la pasta tipico del Lazio (v.), con aggiunta di guanciale o salsiccia a pezzetti.*

▸ **GRICIA, PASTA ALLA** Name of a pasta dish from Lazio (s.), pasta served with bacon or pieces of sausage.

▸ **GRICIA, PATES A LA** Manière d'assaisonner les pâtes typique du Latium (v. Lazio), avec l'ajout de bajoue ou de saucisse en morceaux.

▸ **GRICIA, PASTA ALLA** Typische Anrichtung eines Nudelgerichts aus dem Lazio (s.), mit Zugabe von Schweineschwarte oder zerkleinerter Bratwurst.

▸ **GRÍCIA, PASTA A LA** Modo de condimentar la pasta, típico del Lazio (ver), añadiendo tocino de la carrillada del cerdo o chorizo en trozos.

GRÍGLIA *Utensile di ferro, acciaio o ghisa, composto da più lamine, su cui si pongono gli alimenti a cuocere.*

▸ **GRILL** Utensil made from iron, steel or cast iron. It is composed of bars on which the food to be cooked is placed.

▸ **GRILLE** Ustensile de fer, acier ou fonte composée de plusieurs barres, sur lesquelles se posent les aliments à cuire.

▸ **GRILL** Gerät aus Eisenstäben, Stahl oder Gusseisen, auf denen Lebensmittel gegart werden.

▸ **PARRILLA** Utensilio de hierro, acero o hierro fundido, compuesto de diversas láminas, sobre el que se ponen los alimentos a cocinar.

GRIGLIA, COTTURA ALLA *Tipo particolare di cottura arrosto con rapprendimento e colorazione della superficie*

esterna dell'alimento.

▸ **GRILL** Particular method of roasting which hardens and colours the outer surface of the food.

▸ **GRILLE, CUISSON À LA** Type particulier de cuisson pour laquelle la surface extérieure de l'aliment se colore.

▸ **GRIGLIA, COTTURA ALLA** Besondere Art des Bratens mit starker Bräunung des Äusseren und Verkleinerung.

▸ **PARRILLA, COCINA A LA** Tipo particular de cocina asada con condensación y coloración de la superficie externa de los alimentos.

GRIGLIATA MISTA *Indica un assortimento di carni miste e verdure cotte alla griglia.*

▸ **GRIGLIATA MISTA** Indicates an assortment of grilled meat and vegetables.

▸ **GRILLADE VARIEE** Désigne un choix de viandes variées et légumes cuits à la grille.

▸ **GRIGLIATA MISTA** Ein Sortiment gemischten und gegrillten Fleischs und Gemüses.

▸ **PARRILLADA MIXTA** Indica un surtido de carnes mixtas y verduras cocinadas a la parrilla.

GRILL *Termine di origine inglese che indica uno strumento che cuoce arrosto con o senza una griglia.*

▸ **GRILL** Indicates an appliance which roasts food with or without a rack.

▸ **GRILL** Terme d'origine anglaise qui définit un appareil qui rôtit avec ou sans grille.

▸ **GRILL** Englischer Ausdruck für ein Gerät das mit oder ohne Grill brät.

▸ **GRILL** Término de origen inglés que indica un instrumento que cocina asado, con o sin una parrilla.

GRISSINO *Sottile e friabile bastoncino croccante di pane.*

▸ **GRISSINO** Thin, crumbly stick of crunchy bread.

▸ **GRISSINO** C'est un friable et fin

bâtonnet croquant de pain.
▸ **GRISSINO** Dünnes, zerbrechliches Brotstäbchen.
▸ **COLIN** Sutil y friable barrita crujiente de pan.

GUANCIALE È *un taglio di carne del suino con il quale si ottiene anche una pancetta.*
▸ **CHEEK OF PORK** A cut of pork from which bacon can be obtained.
▸ **BAJOUE** C'est un morceau de viande de porc duquel s'obtient aussi le bacon.
▸ **SCHWEINESCHWARTE** Fleischschnitt des Schweins, aus dem auch Speck gemacht wird.
▸ **CARRILLADA** Es un corte de carne de cerdo del que se obtiene también un tocino.

GUARNIZIONE *Indica il contorno o le decorazioni che accompagnano un piatto.*
▸ **GARNISH** The side dish or the decoration which accompanies a meal.
▸ **GARNITURE** Définit l'accompagnement ou les décorations qui viennent avec un plat.
▸ **GARNIERUNG** Beilage oder Dekoration, die ein Gericht begleiten.
▸ **GUARNICION** Indica el contorno o la decoración que acompañan un plato.

GUAZZETTO *Preparazione in umido con pomodoro che accompagna diversi piatti soprattutto a base di pesce o di rane.*
▸ **GUAZZETTO** Stew with tomatoes, served as an accompaniement to various dishes, particularly with fish and frog.
▸ **GUAZZETTO** Préparation en sauce avec des tomates qui accompagne différents plats particulièrement ceux à base de poisson ou de grenouille.
▸ **GUAZZETTO** Zubereitung mit Flüssigkeit und Tomaten für Fischgerichte oder Frosch.
▸ **GUISADO** Preparación hervida

con tomate que acompaña diversos platos sobre todo a base de pescado o de ranas.

GUBANA *Tradizionale dolce del Friuli a base di pasta sfoglia, mandorle, canditi e cioccolato.*
▸ **GUBANA** Traditional recipe from Friuli made with puff-pastry, almonds, candied fruit and chocolate.
▸ **GUBANA** Dessert traditionnel du Frioul à base de pâte feuilletée, amandes, fruits confits et chocolat.
▸ **GUBANA** Traditionelle Süßware aus dem Friaul aus Blätterteig, Mandeln, kandierten Früchten und Schokolade.
▸ **GUBANA** Tradicional dulce de Friuli a base de pasta hojaldre, almendras, confitados y chocolate.

GULASCH *Piatto a base di carne in umido, condita con erbe aromatiche.*
▸ **GULASCH** Dish consisting of stewed meat, seasoned with aromatic herbs.
▸ **GULASH** Plat à base de viande en sauce, assaisonnée avec des herbes aromatiques.
▸ **GULASCH** Gericht aus geschmortem Fleisch, mit aromatischen Kräutern gewürzt.
▸ **GULASCH** Plato a base de carne hervida, condimentada con hierbas aromáticas.

GUSTO È *uno dei cinque sensi e svolge un ruolo fondamentale nell'apprezzamento del cibo.*
▸ **TASTE** One of the five senses by which food is appreciated.
▸ **GOUT** C'est l'un des cinq sens, il joue un rôle fondamental dans l'appréciation des aliments.
▸ **GESCHMACK** einer der fünf Hauptsinne und spielt beim Genuss einer Speise eine bedeutende Rolle.
▸ **GUSTO** Es uno de los cinco sentidos y cumple un papel fundamental en la apreciación de los alimentos.

H

HAMBURGER *Polpetta di carne macinata cruda a forma di medaglia, tipica del fast food (v.), da cuocere alla griglia, alla piastra o in padella.*

▸ **HAMBURGER** Medallion of raw minced meat, to be cooked on a grill, hotplate or in a frying pan, typical fast food (s.).

▸ **HAMBURGER** Viande hachée crue à forme de médaille, typique du fast food (v.) à cuire à la grille, sur une pierre ou à la poêle.

▸ **HAMBURGER** medaillenförmiges gehacktes, rohes Fleisch, typisch für den fast food (s.), wird gegrillt, auf dem Eisen oder in der Pfanne gegart.

▸ **HAMBURGUESA** Albóndiga de carne picada cruda con forma de medalla, típica del fast food (ver), para cocinar a la parrilla, a la plancha o en sartén.

HELIX POMATIA ALPINA *È il nome della specie di una pregiata lumaca di terra allevata ad alta quota.*

▸ **HELIX POMATIA ALPINA** The name of a highly valued snail which is bread at high altitudes.

▸ **HELIX POMATIA ALPINA** C'est le nom de l'espèce appréciée d'un escargot élevé à haute altitude.

▸ **HELIX POMATIA ALPINA** Name einer geschätzten Landschnecke, die in gewisser Höhe gezüchtet wird.

▸ **HELIX POMATIA ALPINA** Es el nombre de la especie de un apreciado limaco de tierra criado a gran altura.

HORS D'ŒUVRE *Espressione francese che significa "fuori menù" e che indica nel caso del pranzo il primo piatto, per la cena una minestra. In Italia può indicare un antipasto.*

▸ **HORS D'ŒUVRE** French expression meaning "extra from the menu". It indicates the first dish served at lunch and a soup served at dinner. In Italy it can indicate a starter.

▸ **HORS D'ŒUVRE** Expression française qui signifie "hors du menu" et qui définit dans le cas du déjeuner le premier plat et pour le dîner la soupe. En Italie, ce terme peut indiquer une entrée.

▸ **HORS D'ŒUVRE** französischer Ausdruck, der "ausser Menü" bedeutet und im Falle des Mittagessens den ersten Gang bezeichnet, für das Abendessen eine Suppe. In Italien kann es auch Vorspeise bedeuten.

▸ **HORS D'ŒUVRE** Expresión francesa que significa "fuera del menú" y que indica en el caso de la comida el primer plato, en la cena una sopa. En Italia puede indicar un entremés.

HOT DOG *Termine americano che indica i würstel grigliati, guarniti di senape o ketchup, racchiusi all'interno di un panino.*

▸ **HOT DOG** American term indicating a grilled frankfurter sausage, garnished with mustard or ketchup, served in a bread bun.

▸ **HOT DOG** Terme américain définissant une saucisse grillée, trempée dans la moutarde ou le ketchup et insérée à l'intérieur d'un pain.

▸ **HOTDOG** amerikanischer Ausdruck für ein gegrilltes Würstchen mit Senf und Ketchup in ein Brötchen gehüllt.

▸ **PERRITO CALIENTE** Término americano que indica las salchichas a la parrilla, condimentadas con mostaza o ketchup, dentro de un bocadillo.

I

ICE CREAM *Tipo di gelato nel quale l'ingrediente principale è il latte.*
▶ **ICE CREAM** See gelato.
▶ **ICE CREAM** Type de glace dans lequel l'ingrédient principal est le lait.
▶ **ICE CREAM** Speiseeis, dessen Hauptbestandteil Milch ist.
▶ **ICE CREAM** Tipo de helado en el que el ingrediente principal es la leche.

IDROMELE *Antica bevanda fermentata a base di acqua e miele.*
▶ **HYDROMEL** Antique fermented beverage, made with water and honey.
▶ **HYDROMEL** Boisson antique fermentée à base d'eau et de miel.
▶ **IDROMELE MET** antikes fermentiertes Getränk aus Wasser und Honig.
▶ **HIDROMIEL** Antigua bebida fermentada a base de agua y miel.

IGIENE *Complesso delle norme che riguarda la cura e la pulizia della persona e degli ambienti.*
▶ **HYGIENE** Combination of regulations regarding the safety and hygiene of the person and of the surroundings.
▶ **HYGIENE** Ensemble des normes qui concernent le soin et la propreté de la personne et de l'environnement.
▶ **HYGIENE** Komplex bestimmter Normen zur Pflege und Reinigung der Person und der Umgebung.
▶ **HIGIENE** Conjunto de normas que se refieren al cuidado y la limpieza de la persona y de los alimentos.

IMBOTTIGLIARE *Operazione che prevede il passaggio del vino all'interno delle bottiglie.*
▶ **BOTTLE** To put wine in to bottles.
▶ **EMBOUTEILLER** Opération qui prévoit le passage du vin dans une bouteille.
▶ **ABFÜLLEN** Vorgang der Passage des Weins in Weinflaschen.
▶ **EMBOTELLAR** Operación que preve el paso del vino al interno de las botellas.

IMBOTTIRE *Riempire un alimento con altri ingredienti.*
▶ **STUFF** To fill a food with other ingredients.
▶ **FOURRER** Remplir un aliment avec d'autres ingrédients.
▶ **FÜLLEN** Ein Lebensmittel mit anderen Zutaten füllen.
▶ **RELLENAR** Llenar un alimento con otros ingredientes.

IMBURRARE *Ungere di burro un alimento o un utensile per la cottura.*
▶ **IMBURRARE** To grease food or a cooking utensil with butter.
▶ **BEURRER** Oindre de beurre un aliment ou bien un ustensile servant à la cuisson.
▶ **EINBUTTERN** Ein Lebensmittel oder ein Gerät zum Garen mit Butter bestreichen.
▶ **IMBURRARE** Untar con mantequilla un alimento o un utensilio para cocinar.

IMBUTO *Oggetto che serve per travasare liquidi da un recipiente ad un altro dotato di collo stretto.*
▶ **FUNNEL** Object used in pouring a liquid from one receptacle into another which has a narrow neck.

▶ **ENTONNOIR** Objet doté d'un col étroit qui sert à transvaser des liquides d'un récipient à un autre.
▶ **TRICHTER** Objekt um Flüssigkeiten von einem Behälter in einen anderen umzufüllen mit schmalem Hals.
▶ **EMBUDO** Objeto que sirve para traspasar líquidos de un recipiente a otro dotado de cuello estrecho.

IMPANARE *Avvolgere in pangrattato (v.) alimenti da cuocere fritti o grigliati.*
▶ **COAT WITH BREADCRUMBS** (s. pangrattato), food to be fried or grilled.
▶ **PANER** Envelopper de chapelure (v. pangrattato) les aliments à frire ou à griller.
▶ **PANIEREN** In geriebenes Brot (s. pangrattato) einhüllen zum an-schliessenden Frittieren oder Braten.
▶ **EMPANAR** Pasar por pan rallado (ver pangrattato), alimentos para cocinarlos fritos o a la parrilla.

IMPASTARE *Mescolare e manipolare ingredienti vari per formare un composto omogeneo.*
▶ **KNEAD/MIX** Work ingredients together until the mixture is of a smooth and even consistency.
▶ **PETRIR** Mélanger et manipuler des ingrédients variés pour former un composé homogène.
▶ **IMPASTARE** Mischen, um verschiedenen Zutaten eine homogene Konsistenz zu verleihen (auch Kneten).
▶ **AMASAR** Mezclar y manipular ingredientes diversos para formar un compuesto homogéneo.

IMPEPATA *Termine napoletano che indica una preparazione particolare dei frutti di mare, sul fuoco, con aggiunta di pepe e serviti con il loro brodo.*
▶ **IMPEPATA** Term from Naples, indicating a seafood dish cooked on a hob, with added pepper, served in its own juice.
▶ **IMPEPATA** Terme napolitain qui définit une préparation particulière des fruits de mer, sur le feu, avec un ajout de poivre et servis avec leur jus.

▶ **IMPEPATA** Napoletanischer Ausdruck für eine Zubereitung von Meeresfrüchten in dem eigenen Saft gegart und mit viel Pfeffer.
▶ **IMPEPATA** Término napolitano que indica una preparación particular de los frutos de mar, en el fuego, añadiendo pimienta y servidos con su propio caldo.

INCAPRIÀTA *Preparazione tipica lucana e pugliese composta da purè di fave secche e cicoria selvatica lessata.*
▶ **INCAPRIÀTA** Typical dish from Lucania and Puglia, composed of mashed boiled dried beans and chicory.
▶ **INCAPRIATA** Préparation typique "lucane"et des Pouilles composée de purée de fèves séchées et de chicorée sauvage bouillie.
▶ **INCAPRIATA** Typische Zubereitung aus Lukanien und Apulien aus Bohnenpüree und gekochter wilder Zichorie.
▶ **INCAPRIÀTA** Preparación típica lucana y pugliese compuesta por puré de alubias secas y chicoria silvestre hervida.

INDÍVIA *Ortaggio di cui si consumano le foglie dal sapore amarognolo.*
▶ **ENDIVE** Vegetable of which the slightly bitter leaves are eaten.
▶ **ENDIVE** Légume duquel se mangent les feuilles qui ont un goût légèrement amer.
▶ **ENDIVIE** Gemüse, deren leicht bittere Blätter verzehrt werden.
▶ **ENDIBIA** Hortaliza de la que se consumen las hojas de sabor amargo.

INDÍVIA BELGA *Detta anche "insalata belga", è in realtà una varietà di cicoria e si consuma nella stagione invernale.*
▶ **CHICORY** Variety of chicory eaten in winter.
▶ **ENDIVE BELGE** C'est en fait la pousse blanche de la chicorée de Bruxelles qui se mange lors de la saison hivernale.
▶ **BELGISCHE ENDIVIE** auch belgischer Salat genannt, ist eigentlich eine Art der Zichorie und wird im Winter verzehrt.

▶ **ENDIBIA BELGA** Llamada también "ensalada belga", es en realidad una variedad de chichoria y se consume en invierno.

INFARINARE *Coprire con un leggero strato di farina alimenti da cuocere.*
▶ **COAT WITH FLOUR** Cover food with a light veil of flour before cooking.
▶ **ENFARINER** Recouvrir d'une légère couche de farine les aliments à cuire.
▶ **BEMEHLEN** zu garende Lebensmittel mit einer dünnen Lage Mehl bedecken.
▶ **ENHARINAR** Cubrir con una ligera capa de harina alimentos para cocinar.

INFUSO *È una soluzione acquosa ottenuta dalla macerazione di una sostanza vegetale e aromatica in acqua bollente.*
▶ **INFUSION** Aqueous solution obtained by steeping vegetables and aromatic herbs in boiling water.
▶ **INFUSION** C'est une solution aqueuse obtenue de la macération d'une substance végétale et aromatique dans de l'eau bouillante.
▶ **INFUSION** Wasserlösung, erhalten aus dem Ziehen von pflanzlichen oder aromatischen Substanzen in kochendem Wasser.
▶ **INFUSION** Es una solución acuosa obtenida de la maceración de una sustancia vegetal y aromática en agua hirviendo.

INSACCATO *Tipo generico di salume costituito da un impasto di carne infilato in un budello naturale o artificiale.*
▶ **SAUSAGE** General name given to a mixture of meat which is stuffed in to a natural or synthetic skin (intestines).
▶ **SAUCISSON** Type commun de saucisse constitué d'un mélange de viande introduit dans un boyau naturel ou artificiel.
▶ **WURST** Allgemeine Bezeichnung für Fleischmischungen in einer natürlichen Darmhülle oder in einer künstlichen Hülle.

▶ **EMBUTIDO** Tipo genérico de salume constituido por una masa de carne metida en una tripa natural o artificial.

INSALATA *Termine generico che indica le erbe e le verdure commestibili condite con sale, olio e aceto.*
▶ **SALAD** Term indicating edible herbs and vegetables, dressed with salt, oil and vinegar.
▶ **SALADE** Terme générique qui définit les herbes et verdures comestibles, assaisonnées avec du sel, de l'huile et du vinaigre.
▶ **SALAT** allgemeiner Ausdruck für roh verzehrtes Kraut und Gemüse, das mit Salz, Öl und Essig angemacht wird.
▶ **ENSALADA** Término genérico que indica las hierbas y las verduras comestibles condimentadas con sal, aceite y vinagre.

INSAPORIRE *Rendere più gradevole al gusto un alimento mediante l'aggiunta di un condimento.*
▶ **FLAVOUR** Improve the taste of food by adding a condiment.
▶ **RELEVER** Rendre plus agréable au goût un aliment au moyen de l'ajout d'un assaisonnement.
▶ **WÜRZEN** Einen Geschmack noch angenehmer machen durch Zusatz von Würze.
▶ **ADEREZAR** Hacer más agradable al gusto un alimento añadiendo un condimento.

INTEGRALE *Termine che indica una farina (e i suoi derivati) ricavata da un grano privo delle parti fibrose.*
▶ **WHOLEMEAL** Term which indicates a flour (and it's products) obtained from a grain which has had the fibrous parts removed.
▶ **INTEGRALE** Terme qui définit une farine (et ses dérivés) provenant d'un grain privé des parties fibreuses.
▶ **VOLLKORN** Ausdruck für ein Mehl (und Nebenprodukte) aus einem Korn, dem die fibrigen Teile entzogen wurden.

▶ **INTEGRAL** Término que indica una harina (y sus derivados) obtenida de trigo sin partes fibrosas.

INTERIORA *Organi interni della cavità addominale e toracica degli animali.*
▶ **OFFAL** Internal organs from the chest and abdominal cavity of animals.
▶ **ENTRAILLES** Organes internes de la cavité abdominale et thoracique des animaux.
▶ **INNEREIEN** Interne Organe aus dem Bauch und Brustbereich der Tiere.
▶ **INTERIOR** Organos internos de la cavidad abdominal y torácica de los animales.

INTESTINO *Pezzo di interiora posto sotto lo stomaco.*
▶ **INTESTINES** Piece of offal located below the stomach.
▶ **INTESTIN** Morceau d'entrailles situé sous l'estomac.
▶ **DARM** Teil des Eingeweides unter dem Magen.
▶ **INTESTINO** Trozo de interior situado debajo del estómago.

INTINGOLO *Sugo denso di carne o altro ingrediente, adatto a condire pasta e legumi.*
▶ **INTINGOLO** A thick sauce made with meat or other ingredients, suitable for use as a sauce for pasta or vegetables.
▶ **SAUCE** Jus dense de viande ou d'autre ingrédient, adaptée à l'assaisonnement des pâtes et légumes.
▶ **INTINGOLO** Bratensaft, dicke Soße aus Fleisch oder anderen Zutaten, geeignet als Soße für Nudeln und Hülsenfrüchte.
▶ **SALSA** Líquido denso de carne o de otro ingrediente, adecuado para condimentar pasta y legumbres.

INTRUGLIA *Minestra tipica della Versilia (zona della Toscana, v.) a base di farina gialla e fagioli.*
▶ **INTRUGLIA** Soup typical of Versilia (zone in Tuscany, s.), made with cornmeal and beans.

▶ **INTRUGLIA** Soupe typique de Versilia (zone de la Toscane, v.) à base de farine de maïs et haricots.
▶ **INTRUGLIA** Typische Suppe aus Versilien (Gebiet in der Toskana, s.) aus Gelbmehl und Bohnen.
▶ **INTRUGLIA** Sopa típica de Versilia (zona de Toscana, ver) a base de harina amarilla y alubias.

INVERNENGO *Formaggio prodotto nella stagione invernale.*
▶ **INVERNENGO** Cheese produced in winter.
▶ **INVERNENGO** Fromage produit lors de la saison hivernale.
▶ **INVERNENGO** Käse im Winter produziert.
▶ **INVERNENGO** Queso producido en la estación invernal.

INVOLTINO *Preparazione che prevede l'avvolgimento di carne, pasta o altro alimento attorno ad un ripieno o dei semplici aromi.*
▶ **ROLL** Prepared by wrapping meat, pasta, etc. around a stuffing or herbs.
▶ **PAUPIETTE** Préparation qui prévoit l'enveloppement de viande, de pâtes ou d'autre aliment autour d'un remplissage ou de simples arômes.
▶ **INVOLTINO** Rolle, die das Einrollen von Fleisch, Teig oder anderen Lebensmitteln um eine Füllung oder einfache Aromen bedeutet.
▶ **ROLLITO** Preparación que preve el envolvimiento de carne, pasta u otro alimento alrededor de un relleno o de simples especias.

IRISH COFFEE *Bevanda irlandese a base di caffè, whisky irlandese e panna.*
▶ **IRISH COFFEE** Irish beverage made with coffee, Irish whisky and cream.
▶ **IRISH COFFEE** Boisson irlandaise à base de café, whisky irlandais et crème.
▶ **IRISH COFFEE** Irländisches Getränk auf Kaffeebasis, mit irländischem Whisky und Sahne.
▶ **CAFE IRLANDES** Bebida irlandesa a base de café, whisky irlandés y nata.

JOTA *Minestra tipica della Carnia in Friuli Venezia Giulia (v.), a base di verdure.*
▶ **JOTA** Vegetable soup typical of Carnia in Friuli Venezia Giulia (s.).
▶ **JOTA** Potage typique de la Carnie en Frioul-Vénétie-Julienne (v. Friuli Venezia Giulia) à base de légumes.
▶ **JOTA** Typische Suppe aus Carnia in Friuli Venezia Giulia (s.) aus Gemüse.
▶ **JOTA** Sopa típica de Carnia en Friuli Venezia Giulia (ver), a base de verduras.

JULIENNE *Modo di tagliare le verdure a strisce sottili.*
▶ **JULIENNE** Method of cutting vegetables in to thin strips.
▶ **JULIENNE** Manière de couper les légumes en tranches fines.
▶ **JULIENNE** Gemüse in lange dünne Stäbchen schneiden.
▶ **JULIANA** Modo de cortar las verduras a tiras finas.

K

KAISER *Varietà di pera a maturazione autunnale*

▶ **KAISER** Variety of pear which matures in Autumn.

▶ **KAISER** Variété de poire à mûrissement automnale.

▶ **KAISER** Birnenart, reift im Herbst.

▶ **KAISER** Variedad de pera que madura en otoño.

KAKI *v. cachi*

▶ **KAKI** (s. cachi).

▶ **KAKI** (v. cachi).

▶ **KAKI** (s. cachi).

▶ **KAKI** (ver cachi).

KETCHUP *Salsa agrodolce a base di pomodoro.*

▶ **KETCHUP** Sweet and sour tomato sauce.

▶ **KETCHUP** Sauce aigre-douce à base de tomate.

▶ **KETCHUP** Süßsaure Soße auf Tomatenbasis.

▶ **KETCHUP** Salsa agridulce a base de tomate.

KIWI O KIVI *Frutto rivestito di pelle ruvida e polpa consistente verde chiaro, dal sapore dolce e acidulo. Si chiama anche Actinidia.*

▶ **KIWI** Fruit with a rough skin and a consistent pale green pulp, it has a sweet and slightly sour taste. It is also called Actinidia.

▶ **KIWI** Fruit revêtu d'une peau rugueuse, à la pulpe consistante verte claire, à la saveur sucrée et acidulée. Il est aussi appelé Actinidia.

▶ **KIWI oder KIVI** Frucht mit rauher Schale und hellgrünem, süssem und säuerlichem Fruchtfleisch. Wird auch Actinidia genannt.

▶ **KIWI o KIVI** Fruto cubierto de piel áspera y pulpa consistente verde clara, de sabor dulce y ácido. Se llama también Actinidia.

KOSHER o KASHER *Parola che indica il cibo consentito dalla legge ebraica.*

▶ **KOSHER** Word which indicates food permitted by Jewish law.

▶ **KASHER** Terme qui définit la nourriture permise par la loi hébraïque.

▶ **KOSHER oder KASHER** Wort zur Bezeichnung der erlaubten Speisen nach israelischem Gesetz.

▶ **KOSHER o KASHER** Palabra que indica el alimento permitido por la ley hebrea.

KRAPFEN *Frittella dolce a base di pasta lievitata, di forma rotonda o di ciambella, spesso farcita con marmellata o crema.*

▶ **DOUGHNUT** Sweet fritter made from risen dough, round or ring shaped, often filled with jam or custard.

▶ **KRAPFEN** Beignet sucré à base de pâte levée, de format rond ou de donut, souvent fourré avec de la confiture ou de la crème.

▶ **KRAPFEN** Frittierte süße Teigware aus Hefeteig, rund oder kringelförmig, meistens mit Creme oder Marmellade gefüllt.

▶ **KRAPFEN (GOFRE)** Frito dulce a base de masa levitada, de forma redonda o de rosca, a menudo relleno de mermelada o crema.

KÜMMEL *Pianta alpina da cui si ricava l'omonimo infuso.*
▸ **KÜMMEL** Alpine plant from which the kummel infusion is obtained.
▸ **KÜMMEL** Plante alpine de laquelle s'obtient une infusion du même nom.
▸ **KÜMMEL** Alpenpflanze, aus der eine gleichnamige Infusion gewonnen wird.
▸ **KÜMMEL** Planta alpina de la que se obtiene la infusión del mismo nombre.

KUSKUS (*vedi cuscus*).
▸ **KUSKUS** (s. cuscus).
▸ **KOUSKOUS** (v. cuscus).
▸ **KUSKUS** (s. cuscus).
▸ **KUSKUS** (ver cuscus).

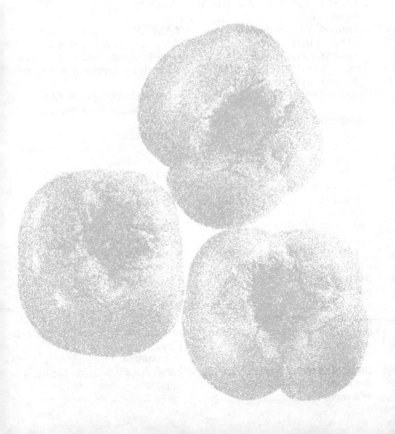

L

LACCÈT *Termine dialettale milanese che indica le animelle.*
▶ **SWEETBREAD** Name in dialect from Milan.
▶ **LACCET** Terme du dialecte de Milan qui désigne les ris de veau.
▶ **LACCET** Dialektaler Ausdruck aus dem Mailändischen für das Kernstück.
▶ **LACCÈT** Término dialectal milanés que indica las mollejas.

LAGANE *Tipo di lasagne, tipiche della Basilicata (v.).*
▶ **LAGANE** Type of lasagne, typical of Basilicata (s.).
▶ **LAGANE** Type de lasagnes, spécialité de la Basilicate (v. Basilicata).
▶ **LAGANE** Lasagneart, typisch für die Basilikata (s. Basilicata).
▶ **LAGANE** Tipo de lasañas, típicas de la Basilicata (ver).

LÀMPADA *Tipo particolare di fornello in uso nei ristoranti per preparazioni di piatti alla fiamma.*
▶ **LÀMPADA** A particular type of gas ring used in restaurants in preparing flamed dishes.
▶ **LAMPADA** Type particulier de fourneau utilisé dans les restaurants pour préparer des plats à la flamme.
▶ **LAMPADA** Besonderer Ofen, im Restaurant zur Zubereitung von Speisen mit offener Flamme benutzt.
▶ **LAMPARA** Tipo particular de horno que se usa en restaurantes para preparaciones de platos flameados.

LAMPASCIONE *Ortaggio simile alla cipolla, dal sapore amarognolo, diffuso nella cucina del Sud Italia.*
▶ **LAMPASCIONE** Vegetable similar to a an onion, with a slightly bitter taste, commonly used in Southern Italy
▶ **MUSCARI** Légume semblable à l'oignon, au goût amer, diffusé dans la cuisine du sud de l'Italie.
▶ **LAMPASCIONE** zwiebelartiges Gemüse mit leicht bitterem Geschmack, in Süditalien sehr verbreitet.
▶ **CEBOLLA SILVESTRE** Hortaliza parecida a la cebolla, de sabor amargo, extendida en la cocina del Sur de Italia.

LAMPONE *Tipo di mora rossa dal sapore dolce e acidulo al contempo.*
▶ **RASPBERRY** Type of blackberry. Red, with a sweet but also slightly sour taste.
▶ **FRAMBOISE** Type de mûre rouge au goût sucré et en même temps acidulé.
▶ **HIMBEERE** Art rote Brombeere mit süßem und gleichzeitig säuerlichem Fruchtfleisch.
▶ **FRAMBUESA** Tipo de mora roja de sabor dulce y ácido al mismo tiempo.

LAMPREDA *Pesce di mare dalla carne grassa e delicata, simile all'anguilla.*
▶ **LAMPRAY** Salt water fish with delicate, oily flesh, similar to the eel.
▶ **LAMPROIE** Poisson de mer à la chair grasse et délicate semblable à l'anguille.
▶ **LAMPREDA** Aalähnlicher Meeresfisch mit fettem und delikatem Fleisch.
▶ **LAMPREA** Pescado de mar de carne grasa y delicada similar a la anguila.

LARDARE *Operazione che indica l'introduzione di parti grasse (lardo, pancetta) all'interno di pezzi di carne o pesci.*

▶ **LARDING** The introduction of fat (lard, bacon) in to pieces of meat or fish.

▶ **LARDER** Opération qui désigne l'introduction de parties grasses (lard, petit salé) à l'intérieur des morceaux de viande ou de poisson.

▶ **SPECKEN** Vorgang bei dem fette Teile wie Speck oder durchwachsener Speck ins Innere von Fleisch- oder Fischstücken eingeführt werden.

▶ **LARDEAR** Operación que indica la introducción de las partes grasas (lardo, tocino) dentro de trozos de carne o pescado.

LARDO *Termine che indica la parte adiposa attaccata alla cotenna del suino. Le fette di lardo color bianco marmo e tagliate sottili costituiscono sovente una parte degli affettati serviti come antipasto. Tra i tipi di lardo più conosciuti vanno citati il lardo di Arnad (in Valle d'Aosta, v.) e il lardo di Colonnata (in Toscana, v.), messo a riposare con uno strato di spezie in contenitori di marmo.*

▶ **LARD** Term indicating the adipose tissue attached to the rind of pork. Slices of white lard cut in to fine strips are often served with other pork products as a starter. The most well known lards are from Arnard (in Valle d'Aosta, s.) and from Collonata (in Tuscany, s.), where the lard is left to rest in marble containers covered with a layer of herbs.

▶ **LARD** Terme qui désigne la partie grasse fixée à la couenne du porc. Les tranches de lard à la couleur blanche marbre et coupées finement, constituent souvent une partie de la charcuterie qui est servie comme hors-d'œuvre. Parmi les types de lard les plus connus , il faut citer le lard d'Arnad (en Vallée d'Aoste, v.) et le lard de Colonnata (en Toscane, v.) mis à reposer dans des récipients de marbre avec une couche d'épices.

▶ **SPECK** Bezeichnung für den fetten an der Schwarte des Schweins anschliessenden Teil. Ganz dünn geschnittene marmorweisse Scheibchen werden oft als Vorspeise im Aufschnitt gereicht. Zu den bekanntesten Specksorten gehören: Der Arnaudspeck (aus dem Aostatal, s.) und der Colonnataspeck (aus der Toskana, s.), der in einem Marmorbehälter mit einer Kräuterdecke bedeckt ruht.

▶ **LARDO** Término que indica la parte adiposa junto al témpano del cerdo. Las lonjas de lardo color blanco mármol y cortadas sutiles constituyen frecuentemente una parte de los embutidos servidos como entremeses. Entre los lardos más conocidos están el lardo de Arnad (en Valle de Aosta, ver) y el lardo de Colonnata (en Toscana, ver), dejado reposar con una lámina de especias en contenedores de mármol.

LARICINO *Tipo di fungo che cresce attorno ai larici.*

▶ **LARICINO** Type of mushroom which grows around the larch.

▶ **BOLET DU MELEZE** Type de champignon qui grandit aux pieds des mélèzes.

▶ **LARICINO** Pilzart, die um die Lärche herum wächst.

▶ **LARICINO** Tipo de hongo que crece en torno a los lárices.

LASAGNA *Pasta tradizionale di forma rettangolare, composta da più strati, con all'interno un ripieno.*

▶ **LASAGNA** Traditional pasta dish composed of layers of rectangular shaped pasta, separated by a filling.

▶ **LASAGNE** Pâtes traditionnelles à la forme rectangulaire, composée de différents couches intercalées de remplissage.

▶ **LASAGNA** rechteckige traditionelle Nudelteigware, die in mehreren Schichten mit Füllungen serviert wird.

▶ **LASAÑA** Pasta tradicional de forma rectangular, compuesta de más láminas, y que dentro lleva un relleno.

LATTE *Sostanza alimentare liquida di colore bianco prodotta dalla mungitura dei mammiferi. Viene consumata sia come bevanda sia come componente di creme, dolci e preparati vari.*

▶ **MILK** White liquid obtained by the milking of mammals. It is used as a drink and also as an component of custards, desserts and various other dishes.

▶ **LAIT** Substance alimentaire liquide de couleur blanche produit de la traite des mammifères. Il est consommé soit comme boisson soit en tant que composante pour les crèmes, gâteaux et préparations diverses.

▶ **MILCH** Flüssiges, weisses Lebensmittel aus dem Melken von Säugetieren gewonnen. Wird als Getränk oder Zutat von Cremes, Kuchen und anderen verschiedenen Zubereitungen verzehrt.

▶ **LECHE** Sustancia alimenticia líquida de color blanco producida mediante el ordeño de los mamíferos. Se consume como bebida o como componente de cremas, dulces y preparados varios.

LATTE DI MANDORLE *Liquido estratto dalle mandorle dolci e adoperato per la preparazione di bibite.*

▶ **ALMOND MILK** Liquid extracted from almonds and used in preparing soft drinks.

▶ **LAIT D'AMANDES** Liquide extrait des amandes sucrées et utilisé pour préparer des boissons.

▶ **MANDELMILCH** Flüssiger Extrakt aus süssen Mandeln und zur Getränkezubereitung verwendet.

▶ **HORCHATA** Líquido extraído de las almendras dulces y utilizado para la preparación de bebidas.

LATTUGA *Ortaggio di cui si consumano le foglie fresche croccanti per la preparazione di insalate.*

▶ **LETTUICE** Vegetable of which the fresh, crunchy leaves are used in salads.

▶ **LAITUE** Légume dont on mange les feuilles fraîches croquantes en salade.

▶ **KOPFSALAT** Gemüse, dessen frische und knackige Blätter zur Zubereitung von Salaten dienen.

▶ **LECHUGA** Hortaliza de la que se consumen las hojas frescas crujientes para la preparación de ensaladas.

LAURO *Altro modo di chiamare l'alloro (v.)*

▶ **LAUREL** Another name for bayleaf (s. alloro).

▶ **LAURO** Autre moyen de nommer en italien le laurier (v. alloro).

▶ **LORBEER** Anderer Name für "Alloro" (s.).

▶ **LAUREL** (ver alloro).

LAZIO *Regione dell'Italia centrale avente come capoluogo Roma. (v. pag 335).*

▶ **LAZIO** Region of central Italy. Rome is the regions chief town (s. pag. 335).

▶ **LATIUM** Région de l'Italie centrale qui a comme capitale Rome. (v. pag. 335).

▶ **LAZIO** Region Zentralitaliens, die als Landeshauptstadt Rom hat (s. S. 335).

▶ **LAZIO** Región de Italia central que tiene como capital Roma (ver pag. 335).

LAZZERUÒLA *Frutto di un albero spinoso, simile alla mela, dal sapore dolce e ricco di vitamine.*

▶ **AZEROLE** Fruit of a thorny tree, similar to the apple, it is sweet and rich in vitamins.

▶ **AZEROLE** Fruit d'un arbre épineux, semblable à la pomme, au goût sucré et riche en vitamines.

▶ **LAZZERUOLA** Frucht eines dornigen Baums, dem Apfel ähnlich, süß und sehr vitaminreich.

▶ **ACEROLA** Fruto de un árbol espinoso, parecido a la manzana, de sabor dulce y rico de vitaminas.

LEGUMI *Semi commestibili contenuti nei bacelli delle leguminose (fagioli, ceci, piselli).*

▶ **PULSES** Edible seeds contained in beans (broad beans, chickpeas, peas).

▶ **GRAINES** Fèves comestibles contenus dans les cosses des légumineuses (haricots, pois chiches, pois).

▶ **HÜLSENFRÜCHTE** Essbare Samen in den Schoten der Hülsenfrüchte (Bohnen, Kichererbsen, Erbsen).

▶ **LEGUMBRES** Semillas comestibles contenidas en las vainas de las legumbres (alubias, garbanzos, guisantes).

LENTICCHIA *Seme di una pianta erbacea ricca di proteine e vitamine, da consumare essiccato.*

▶ **LENTIL** Seed of a herbaceous plant, rich in protein and vitamins, eaten dried.

▶ **LENTILLE** Grain d'une plante herbacée riche en protéines et en vitamines, à manger séché.

▶ **LINSE** Samen einer Pflanze, der getrocknet wird und reich an Proteinen und Vitaminen ist.

▶ **LENTEJA** Semilla de una planta herbácea rica de proteínas y vitaminas, que se consume desecada.

LEPRE *Piccolo mammifero selvatico simile al coniglio, È un prelibato piatto di selvaggina e si consuma arrosto, in salmì (v.) o in umido.*

▶ **HARE** Small wild mammal, similar to the rabbit. It is choice game and is eaten roasted, jugged (s. salmì) or stewed.

▶ **LIEVRE** Petit mammifère sauvage semblable au lapin. C'est un plat de gibier exquis qui se mange en rôti, en civet (v. salmì) ou à la sauce.

▶ **HASE** Kleines, wildes Säugetier, dem Kaninchen sehr ähnlich. Ein vorzügliches Wildgericht, wird gebraten, in Salmì (s. salmì) oder geschmort zubereitet.

▶ **LIEBRE** Pequeño mamífero salvaje parecido al conejo. Es un plato delicioso de caza y se consume asado, en escabeche (ver salmì) o hervido.

LESSARE *Cuocere un cibo nell'acqua bollente.*

▶ **BOIL** Cook food in boiling water.

▶ **BOUILLIR** Cuire un aliment dans de l'eau bouillante.

▶ **KOCHEN** einfach in heissem Wasser kochen.

▶ **HERVIR** Cocinar un alimento en agua hirviendo.

LESSO *Tipo di carne, pesce o verdura che viene lessata o bollita.*

▶ **LESSO** Meat, fish or vegetables which have been boiled.

▶ **BOUILLI** Type de viande, de poisson ou de légume qui est bouillie.

▶ **LESSO** Kochfleisch, auch gekochter Fisch oder gekochtes Gemüse.

▶ **COCIDO** Tipo de carne, pescado o verdura que viene cocida o hervida.

LICCI *Frutto di origine cinese con polpa succosa e dolce.*

▶ **LYCHEE** Fruit originating from China which has a juicy, sweet pulp.

▶ **LITCHI** Fruit d'origine chinoise à la pulpe juteuse et sucrée.

▶ **LYCHEE** Chinesische Frucht mit saftigem und süßem Fruchtfleisch.

▶ **LICCI** Fruto de origen chino con pulpa jugosa y dulce.

LIEVITARE *Gonfiarsi della pasta per effetto della fermentazione causata dal lievito (v.).*

▶ **RISE** Swelling of dough due to the fermentation caused by yeast (s. lievito).

▶ **LEVER** Gonflement par effet de la fermentation de la levure (v. lievito).

▶ **LIEVITARE** Hefeteig gehen lassen, sodass er größer wird dank der Fermentation der Hefe (s. lievito).

▶ **LEVITAR** Hincharse la pasta por efecto de la fermentación causada por la levadura (ver lievito).

LIÈVITO *Sostanza che provoca la fermentazione tramite la produzione di enzimi.*

▶ **YEAST** Substances which causes fermentation due to the production of enzymes.

▶ **LEVURE** Substance qui cause la fermentation par la production d'enzymes.

▶ **HEFE** Substanz, die die Fermentation durch Enzymproduktion provoziert.

▶ **LEVADURA** Sustancia que provoca la fermentación mediante la producción de enzimas.

LIGURIA *Regione dell'Italia nord-occidentale affacciata sul Mar Ligure (v. pag. 311).*

▶ **LIGURIA** Region of north-west Italy which lies on the Ligurian sea (s. pag. 311).

▶ **LIGURIE** Région de l'Italie nord-occidentale baignée par la mer ligure (v. pag. 311).

▶ **LIGURIEN** Nordwestliche Region am Ligurischen Meer (s. S. 311)

▶ **LIGURIA** Región de Italia nor-occidental bañada por el Mar Ligure (ver pag. 311)

LIMETTA o LIMA o LIMONE BERGAMOTTO *Agrume di origine asiatica di cui si utilizza il succo aromatico e acidulo.*

▶ **LIME** Citrus fruit originating from Asia, the sour, aromatic juice is used.

▶ **BERGAMOTE** Agrume d'origine asiatique dont on utilise le jus aromatique et acidulé.

▶ **LIMETTE oder LIMA oder BERGA-MOTTZITRONE** Asiatische Zitrusfrucht, deren aromatischer und saurer Fruchtsaft benutzt wird.

▶ **LIMA** Cítrico de origen asiático del que se utiliza el zumo aromático y ácido.

LIMONATA *Bevanda costituita da succo di limone, acqua e zucchero.*

▶ **LEMONADE** Soft drink made with lemon juice, water and sugar.

▶ **CITRONNADE** Boisson constituée de jus de citron, eau et sucre.

▶ **LIMONADE** Getränk aus Zitronensaft, Wasser und Zucker.

▶ **LIMONADA** Bebida compuesta por zumo de limón, agua y azúcar.

LIMONCELLO *Liquore di origine na-poletana a base di limoni messi a macerare nell'alcol.*

▶ **LIMONCELLO** Liqueur originating from Naples, made from lemons steeped in alcohol.

▶ **LIMONCELLO** Liqueur d'origine napolitaine à base de citrons mis à macérer dans l'alcool.

▶ **LIMONCELLO** Napoletanischer Liqueur aus Zitronenschale, die in Alkohol eingelegt wird.

▶ **LIMONCELLO** Licor de origen napolitano a base de limones puestos a macerar en alcohol.

LIMONE *Agrume ricco di vitamina C di cui si utilizza il succo aspro e astringente ed anche la scorza per la preparazione di dolci.*

▶ **LEMON** Citrus fruit rich in vitamin C. The sour and astringent juice is used, the rind is used in confectionery.

▶ **CITRON** Agrume riche en vitamine C dont on utilise le jus âpre et astringent et aussi l'écorce pour préparer des desserts.

▶ **ZITRONE** Zitrusfrucht reich an Vitamin C, deren saurer und astringierender Saft gebraucht wird, sowie auch die Zitronenschale zur Zubereitung von Kuchen.

▶ **LIMON** Cítrico rico de vitamina C del que se utiliza el zumo áspero y astringente y también la corteza para la preparación de dulces.

LIMPIDEZZA *Caratteristica del vino che denota il grado di brillantezza e assenza di opacità ed indica una particolare presenza di acidità al gusto.*

▶ **LIMPIDITY** A characteristic of wine which indicates the degree of clarity, the absence of opacity and indicates a certain acidity in the taste.

▶ **CLARTE** Caractéristique du vin qui dénote le degré de brillance et d'absence d'opacité et définit une présence particulière d'acidité dans le goût.

▶ **KLARHEIT** Weineigenschaft, die den Grad der Brillanz anzeigt und die Abwesenheit von Trübstoffen, zeigt eine besondere Anwesenheit von Säuerlichkeit für den Geschmack an.

▶ **LIMPIDEZ** Característica del vino que denota el grado de brillantez y ausencia de opacidad e indica una presencia particular de acidez al gusto.

LINGUA Organo muscolare della cavità orale. In cucina si consuma, lessata, quella di vitello, bue e suino.

▶ **TONGUE** Muscular organ in the mouth. Veal, ox and pork tongue are eaten boiled.

▶ **LANGUE** Organe musculaire de la cavité orale. En cuisine on mange, bouillie, celle de veau, de bœuf et de porc.

▶ **ZUNGE** Muskelorgan der Mundhöhle. Wird in der Küche gekocht verwendet vom Kalb, Ochse und Schwein.

▶ **LENGUA** Organo muscular de la cavidad oral. En cocina se consume hervida, la de ternera, buey y cerdo.

LÌNGUE DI GATTO Biscotti molto sottili composti da pasta, burro e albume d'uovo.

▶ **LÌNGUE DI GATTO** Very thin biscuits made with dough, butter and egg white.

▶ **LANGUES DE CHAT** Biscuits très fins composés de pâte, de beurre et de blanc d'œuf.

▶ **KATZENZUNGE** dünner Keks aus Teig, Butter und Eiweiss.

▶ **LENGUAS DE GATO** Galletas muy finas compuestas de masa, mantequilla y clara de huevo.

LINGUE DI SUOCERA È una crosta di pane sottile e fragrante, tipica del Piemonte (v.), adatta per assaggiare i salumi.

▶ **LINGUE DI SUOCERA** A thin, fragrant crust of bread, typical of Piedmont (s.), which is a suitable accompaniment to cold cuts of meat.

▶ **LANGUES DE BELLE-MERE** C'est une croûte de pain fine et odorante, typique du Piémont (v.), adaptée pour déguster la charcuterie.

▶ **SCHWIEGERMUTTERZUNGE** dünne und knusprige Brotkruste,

typisch für den Piemont (s.), geeignet für Aufschnitt.

▶ **LENGUAS DE SUEGRA** Es una corteza de pan fina y fragante, típica del Piamonte (ver), adecuada para catar los embutidos.

LINGUÍNE Tipo di pasta secca di semola di grano duro tagliata a strisce.

▶ **LINGUÍNE** The name given to long strips of durum wheat pasta.

▶ **LINGUÍNE** Type de pâtes sèches de semoule de blé dur coupées en bandes.

▶ **LINGUÍNE** harte Nudeln aus Hartweizengries, wie flache Spaghetti.

▶ **LINGUÍNE** Tipo de pasta seca de sémola de trigo cortada en tiras.

LIOFILIZZAZIÓNE Procedimento industriale che consiste nell'essiccare un alimento.

▶ **DEHYDRATION** Industrial process by which foods are dried.

▶ **LYOPHILISATION** Procédé industriel qui consiste à dessécher un aliment.

▶ **LIOFILISIERT** Industrieller Vorgang der Trocknung von Lebensmitteln.

▶ **LIOFILIZACION** Procedimiento industrial que consiste en desecar un alimento.

LIQUEUR D'EXPÉDITION Ingrediente usato nella fase finale di lavorazione del metodo champenoise dello Champagne.

▶ **LIQUEUR D'EXPÉDITION** Ingredient used in the final phase of the production of Champagne.

▶ **LIQUEUR D'EXPEDITION** Ingrédient utilisé au stade final de la méthode champenoise pour le Champagne.

▶ **LIQUEUR D'EXPEDITION** Zutat in der Endphase der Champenoisemethode bei der Verarbeitung des Champagner benutzt.

▶ **LIQUEUR D'EXPÉDITION** Ingrediente usado en la fase final de elaboración del método champenoise del champán.

LIQUÍRIZIA *Radice da cui si ottiene un estratto aromatico e dolce.*
▸ **LIQUORICE** Root from which a sweet, aromatic substance is extracted.
▸ **REGLISSE** Racine de laquelle s'obtient un extrait aromatique et sucré.
▸ **LAKRITZ** Wurzel, aus der ein aromatischer und süßer Auszug gewonnen wird.
▸ **REGALIZ** Raíz de la que se obtiene un extracto aromático y dulce.

LIQUÓRE *Bevanda alcolica ottenuta da distillazione, infusione o miscela di sostanze aromatiche vegetali.*
▸ **LIQUEUR** Alcoholic beverage obtained through distilation, infusion or mixture of aromatic vegetable substances.
▸ **LIQUEUR** Boisson alcoolique obtenue par la distillation, infusion ou mélange de substances aromatiques végétales.
▸ **LIKÖR** alkoholisches Getränk aus Destillation, Infusion oder Mischung aromatischer pflanzlicher Substanzen.
▸ **LICOR** Bebida alcohólica obtenida mediante destilación, infusión o mezcla de sustancias aromáticas vegetales.

LISCA *Definisce sia la colonna vertebrale dei pesci che la singola spina.*
▸ **FISH BONES** The spinal column and the bones of fish.
▸ **ARETE** Le terme définit soit la colonne vertébrale des poissons que l'arête seule.
▸ **GRÄTE** Wirbelsäule von Fischen mit einer einzigen Säule.
▸ **ESPINAZO** Define tanto la columna vertebral de los peces como la espina.

LISTA *Elenco delle portate e dei vini disponibili in un ristorante.*
▸ **LIST** Stating the wine and food available in a restaurant.
▸ **MENU** Liste des plats et des vins disponibles dans un restaurant.
▸ **LISTE** Aufzählung der Gerichte und Weine, die in einem Restaurant zur Verfügung stehen.

▸ **LISTA** Relación de los platos y de los vinos disponibles en un restaurante.

LODIGIANO *Tipo di formaggio grana prodotto nella zona di Lodi.*
▸ **LODIGIANO** A grana cheese produced in the area of Lodi.
▸ **LODIGIANO** Fromage de type grana produit dans la zone de Lodi.
▸ **LODIGIANO** Grana- Käse in der Gegend um Lodi hergestellt.
▸ **LODIGIANO** Tipo de queso grana producido en la zona de Lodi.

LOMBARDIA *Regione situata nel nord-ovest della penisola (v. pag. 313).*
▸ **LOMBARDY** Region situated in the north-west of the peninsular (s. pag. 313).
▸ **LOMBARDIE** Région située au nord- ouest de la péninsule (v. pag. 313).
▸ **LOMBARDEI** Region in Nordwestitalien (s. S. 313).
▸ **LOMBARDIA** Región situada en el noroeste de la península (ver pag. 313).

LOMBATA *Taglio di carne ottenuto dalle vertebre di bovini e ovini, da cucinare arrosto.*
▸ **SIRLOIN** Cut of meat from the vertebrae of cattle and sheep/lambs, usually roasted.
▸ **LONGE** Morceau de viande provenant des vertèbres des bovins et des ovins, à cuisiner en rôti.
▸ **LENDE** Fleischschnitt aus den Wirbelknochen von Rind oder Schaf, zum Braten.
▸ **LOMO** Corte de carne obtenido de las vértebras de los bovinos y ovinos, para cocinar asado.

LOMBATINA *Termine in uso nell'Italia centrale che indica le costolette di vitello.*
▸ **LOMBATINA** Term used in central Italy to identify veal ribs.
▸ **PETITE LONGE** Terme utilisé dans l'Italie centrale qui désigne les côtelettes de veau.
▸ **LOMBATA** in Zentralitalien gebräuchlicher Ausdruck für Kalbskoteletts.

▸ **LOMBATINA** Término que se usa en Italia central para indicar las chuletas de la ternera.

LOMBO *Taglio di carne del suino corrispondente alla parte posteriore dell'addome.*
▸ **LOIN** Cut of pork, from the lower abdomen.
▸ **ALOYAU** Morceau de viande de porc qui correspond à la partie postérieure de l'abdomen.
▸ **LENDE** Fleischschnitt aus dem hinteren Bauchteil des Schweins.
▸ **LOMO** Corte de carne de cerdo correspondiente a la parte posterior del abdomen.

LOMPO *Pesce dell'Oceano Atlantico le cui uova sono utilizzate come surrogato del caviale (v.).*
▸ **LOMPO** A fish found in the Atlantic Ocean, the eggs are used as a substitute to caviar (s. caviale).
▸ **LOMPE** Poisson de l'Océan Atlantique dont les œufs sont utilisés comme succédané du caviar (v. caviale).
▸ **LOMPO** Fisch aus dem Atlantischen Ozean, dessen Eier als Surrogat des Kaviars (s. caviale) gebraucht werden.
▸ **LOMPO** Pescado del Oceano Atlántico cuyos huevos son utlizados como sucedáneo del caviar (ver caviale).

LONG DRINK *Bevanda a base alcolica miscelata a vari ingredienti analcolici.*
▸ **LONG DRINK** Beverage consisting of a mixture of alcoholic and non-alcoholic ingredients.
▸ **LONG DRINK** Boisson à base alcoolique mélangée à divers ingrédients non alcoolisés.
▸ **LONGDRINK** alkoholisches Getränk gemischt mit verschiedenen nicht alkoholischen Zutaten.
▸ **LONG DRINK** Bebida alcohólica mezclada con ingredientes varios no alcohólicos.

LONZA *Termine che indica il collo e le parti magre del suino.*
▸ **LOIN** Term indicating the neck and the lean cuts of pork.

▸ **LONGE** Terme qui indique le cou et les parties maigres du porc.
▸ **LONZA** Ausdruck für die mageren Teile und den Hals des Schweins.
▸ **MAGRO** Término que indica el cuello y las partes magras del cerdo.

LONZE *Termine toscano che indica le parti bovine rimaste dopo la macellazione.*
▸ **LONZE** Term from Tuscany, indicating what is left of the ox after butchering.
▸ **LONZE** Terme toscan qui désigne les parties bovines restantes après l'abattage.
▸ **LONZE** Toskanischer Ausdruck für die nach der Schlachtung verbliebenen Rindteile.
▸ **LONZE (CADERAS)** Término toscano que indica las partes bovinas que quedan después del sacrificio.

LOVERTIS *Termine lombardo che indica i germogli di luppolo da consumare nelle minestre.*
▸ **LOVERTIS** Term from Lombardy indicating hop shoots, used in soups.
▸ **LOVERTIS** Terme lombard qui désigne les pousses d'houblon à manger dans les soupes.
▸ **LOVERTIS** Lombardischer Ausdruck für Hopfenkeime, die in Suppen verwendet werden.
▸ **LOVERTIS** Término lombardo que indica los brotes de lúpulo.

LÙCCIO *Pesce di acqua dolce, dalla forma allungata, dotato di carni sode e gustose.*
▸ **PIKE** A long, fresh water fish, which has firm, tasty flesh.
▸ **BROCHET** Poisson d'eau douce de forme allongée, ayant la chair ferme et savoureuse.
▸ **HECHT** Süßwasserfisch länglicher Form mit festem und schmackhaftem Fleisch.
▸ **LUCIO** Pescado de agua dulce, de forma alargada, dotado de carnes compactas y sabrosas.

LUCIOPERCA *Pesce d'acqua dolce dotato di carni saporite e con poche spine.*
▸ **PIKEPERCH** A fresh water fish which has tasty meat and very few bones.
▸ **SANDRE** Poisson d'eau douce ayant la chair savoureuse et peu d'arêtes.
▸ **LUCIOPERCA** Süßwasserfisch mit würzigem Fleisch und wenig Gräten.
▸ **LUCIOPERCA** Pescado de agua dulce dotado de carnes sabrosas y con pocas espinas.

LUGÀNIGA *Tipo di salsiccia suina, magra e sottile, da consumarsi fresca o cucinata in vari modi, tipica delle regioni del Nord Est d'Italia.*
▸ **LUGÀNIGA** Type of pork sausage which is lean and thin, typical of North East Italy. It can be eaten fresh or cooked by various methods.
▸ **LUGANIGA** Type de saucisse de porc, mince et maigre. À manger fraîche ou cuisinée de diverses manières, typique des régions du nord-ouest d'Italie.
▸ **LUGANIGA** Magere, dünne Schweinebratwurst, die frisch gegessen werden kann oder auf verschiedene Weise zubereitet werden kann. Typisch für die Regionen Nordostitaliens.
▸ **LONGANIZA** Tipo de salchicha porcina, magra y fina, que se consume fresca o cocinada de varias maneras, típica de las regiones del Nor Este de Italia.

LUMACA DI MARE o CHIOCCIOLA DI MARE *Piccoli molluschi tipici della laguna veneta, da consumare come antipasti dopo cottura in acqua salata.*
▸ **WHELK** Small mollusc, typical of the lagoon area of Veneto. They are usually boiled in salted water and served as a starter.
▸ **ESCARGOT DE MER** Petits mollusques typiques de la lagune vénitienne, à manger comme hors-d'œuvre après cuisson dans de l'eau salée.

▸ **MEERESSCHNECKE** Kleine Weichtiere typisch für die venetianische Lagune, die nach dem Kochen in Salzwasser als Vorspeise gereicht werden.
▸ **BABOSA DE MAR O CARACOL DE MAR** Pequeños moluscos típicos de la laguna véneta, que se consumen como entremeses cocidos en agua salada.

LUMACA DI TERRA *Sinonimo di chiocciola. È un mollusco molto apprezzato per la bontà delle carni, da servire cotte dopo le operazioni di spurgatura e sgusciatura.*
▸ **SNAIL** A mollusc renowned for it's delicious meat. Served boiled after being cleaned and shelled.
▸ **ESCARGOT** C'est un mollusque très apprécié pour la bonne saveur de sa viande, à servir cuit après l'avoir nettoyer et ôter de sa coquille.
▸ **WEINBERGSCHNECKE** Landschnecke mit sehr gutem Fleisch, die gekocht nach Entschalung und Reinigung serviert wird.
▸ **BABOSA DE TIERRA** Sinónimo de caracol. Es un molusco muy apreciado por la bondad de sus carnes, que se sirven cocidas después de operaciones de purga y mondadura.

LUMACHINE *Tipo di pasta dalla forma caratteristica di chiocciola.*
▸ **LUMACHINE** Type of spiral shaped pasta.
▸ **PETITES LIMACES** Type de pâtes à la forme caractéristique d'escargot.
▸ **SCHNECKCHEN** Teigware in Schneckenform.
▸ **LUMACHINE** Tipo de pasta de forma característica de caracol.

LUPICANTE *Espressione dialettale toscana sinonimo di astice (v.)*
▸ **LOBSTER** Name in Tuscan dialect (s. astice).
▸ **LUPICANTE** Expression dialectale de la Toscane synonyme d'homard (v. astice).
▸ **LUPICANTE** Toskanischer Dialekt und Synonym für Languste (s. astice).

▸ **LUPICANTE (BOGAVANTE)** Expresión dialectal toscana sinónimo de bogavante (ver astice).

LUPINO *Seme di forma quadrangolare da consumare dopo bollitura in acqua salata.*
▸ **LUPIN** Quadrangular seed, to be eaten after boiling in salted water.
▸ **LUPIN** Grain à la forme quadrangulaire à manger après être bouilli dans l'eau salée.
▸ **LUPINE** Viereckiger Samen, der nach dem Kochen in Salzwasser verzehrt wird.
▸ **ALTRAMUZ** Semilla de forma cuadrangular que se consume después de hervida en agua salada.

LUPPOLO *Frutto dell'omonima pianta erbacea. Figura come una sostanza amarognola utilizzata per aromatizzare la birra.*
▸ **HOP** Fruit of the herbaceous hop plant. It is slightly bitter and is used for flavouring beer.
▸ **HOUBLON** Fruit de la plante du même nom. C'est une substance un peu amère utilisée pour aromatiser la bière.
▸ **HOPFEN** Frucht der gleichnamigen Pflanze. Bittere Substanz zur Aromaanreicherung von Bier.
▸ **LUPULO** Fruto de la planta herbácea con el mismo nombre. Figura como una sustancia amarga utilizada para aromatizar la cerveza.

M

MACCHERONI *Termine generico che designa vari tipi di pasta. In particolare una pasta di grano duro di forma tubolare, liscia o rigata.*

▸ **MACCHERONI** Term which indicates various shapes of pasta. It generally indicates smooth or ribbed tubes of durum wheat pasta.

▸ **MACARONI** Terme commun qui désigne différents types de pâtes. En particulier des pâtes de blé dur de forme tubulaire, lisses ou rayées.

▸ **MAKKERONI** Allgemeiner Begriff für verschiedene Nudeln. Meist röhrenförmig, glatt oder rauh und aus Hartweizen.

▸ **MACARRONES** Término genérico que designa varios tipos de pasta. En particular una pasta de trigo duro de forma tubular, lisa o rayada.

MACCO *Minestra a base di purè di fave secche, con eventuale presenza di pasta ed erbe. Tipico dell'Italia meridionale.*

▸ **MACCO** A soup typical of Southern Italy. It consists of a puree of dried beans, to which pasta and herbs can be added.

▸ **MACCO** Soupe à base d'une purée de fèves sèches, avec une éventuelle présence de pâtes et d'herbes. Plat typique de l'Italie du sud.

▸ **MACCO** Suppe aus Ackerbohnenpüree, teilweise mit Kräutern und Teigwaren. Typisch für Süditalien.

▸ **MACCO** Sopa a base de puré de alubias secas, con eventual presencia de hiervas y pasta. Típicio de Italia meridional.

MACEDÒNIA *Preparazione fredda a base di frutta mista, zucchero e succo di limone.*

▸ **FRUIT SALAD** Cold salad of mixed fruit, sugar and lemon juice.

▸ **SALADE DE FRUITS** Préparation froide à base de fruits variés, sucre et jus de citron.

▸ **MACEDONIA** Frischer Obstsalat mit Zucker und Zitronensaft.

▸ **MACEDONIA** Preparación fría a base de fruta mixta, azúcar y zumo de limón.

MACELLERÍA *Negozio preposto alla vendita di carne.*

▸ **BUTCHER'S SHOP** Shop in which only meat is sold.

▸ **BOUCHERIE** Magasin préposé à la vente de la viande.

▸ **METZGEREI** Geschäft für den Verkauf von Fleisch.

▸ **CARNICERIA** Tienda dedicada a la venta de carne.

MACERAZIÓNE *Operazione che consiste nel lasciare sostanze aromatiche a contatto con un liquido, in modo che questo ne estragga gli aromi. Per macerazione carbonica si intende la tecnica di vinificazione dei vini novelli e dei beaujolais che consiste nel far fermentare le uve in un ambiente saturo di anidride carbonica.*

▸ **STEEP** To soak aromatic substances in a liquid, in order that the flavours are extracted by the liquid. Carbonic steeping is a winemaking technique, used in the production of wines such as vini novelli and beaujolais. The grapes are fermented in an atmosphere which is saturated with carbonic anhydride.

▸ **MACERATION** Opération qui consiste à laisser des substances aromatiques au contact d'un liquide, de manière que ceux-ci en puissent extraire les arômes. La macération carbonique est la technique de vinification des vins nouveaux et des beaujolais qui consiste à faire fermenter les raisins à l'intérieur d'une atmosphère saturée d'anhydride carbonique.

▸ **MACERAZIONE** Handlung bei der aromatische Substanzen in eine Flüssigkeit gelegt werden, so dass diese die Aromen annimmt.

▸ Unter "macerazione carbonica" versteht man die Technik der Weingärung für neue Rotweine und Beaujolais (ital.:Novello) in einem kohlensäurehaltigen Umfeld.

▸ **MACERACION** Operación que consiste en dejar sustancias aromáticas en contacto con un líquido, de manera que éste extraiga los aromas. Por maceración carbónica se entienda la técnica de vinificación de los vinos jóvenes y de los beaujolais que consiste en hacer fermentar las uvas en un ambiente saturado de anhídrido carbónico.

MADELEINE *Biscotto friabile a forma di conchiglia, a base di uova, zucchero e farina.*

▸ **MADELEINE** A crumbly, shell shaped biscuit, made with eggs, sugar and flour.

▸ **MADELEINE** Biscuit friable à la forme de coquille, à base d'œufs, sucre et farine.

▸ **MADELEINE** zerbrechliches Gebäck in Muschelform aus Eiern, Zucker und Mehl.

▸ **MADELEINE** Galleta friable con forma de concha, a base de huevos, azúcar y harina.

MADRE *Sostanza gelatinosa, costituita da una coltura batterica, che si deposita sul fondo dei recipienti contenenti aceto e ne determina l'aroma.*

▸ **MOTHER OF VINEGAR** A jelly like substance composed of a bacterial culture, which is deposited at the base of a receptacle containing vinegar and it determines the flavour.

▸ **MERE** Substance gélatineuse,

constituée par une culture bactérienne, qui se dépose sur le fond des récipients qui contiennent du vinaigre, et en détermine l'arôme.

▸ **MUTTER** gelatineartige Substanz aus Bakterienkulturen, die sich am Boden von Essigbehältern ablagert und den Geschmack bestimmt.

▸ **MADRE** Sustancia gelatinosa, constituida a partir de un cultivo bactérico, que se deposita en el fondo de los recipientes que contienen vinagre y determina su aroma.

MAGGENGO *Formaggio grana (v.) prodotto in estate, dotato di particolari proprietà organolettiche.*

▸ **MAGGENGO** A grana cheese (s. grana) produced in summer, which has specific organoleptic properties.

▸ **MAGGENGO** Fromage grana (v.) produit en été, doté de propriétés organoleptiques particulières.

▸ **MAGGENGO** Grana-Käse (v. grana). Im Sommer hergestellt und mit bestimmten organischen Eigenschaften.

▸ **MAGGENGO** Queso grana (ver) producido en verano, dotado de particulares propiedades organolépticas.

MAGGIORANA *Pianta erbacea aromatica, usata, fresca o essiccata, in cucina e in liquoreria.*

▸ **MAJORAM** Aromatic herbaceous plant, used fresh or dried, in cooking and liqueur making.

▸ **MARJOLAINE** Plante herbacée aromatique, utilisée, fraîche ou séchée, en cuisine et dans les alcools.

▸ **MAJORAN** Aromatische Kräuterpflanze, die frisch oder getrocknet in der Küche und bei der Liqueurherstellung gebraucht wird.

▸ **MEJORANA** Planta herbácea aromática, usada, fresca o seca, en cocina y en licorería.

MAGRO *Termine che indica tagli di carne poveri di grasso. Un altro significa-*

to è quello di ricette ove non compare la carne.

▶ **LEAN** Term indicating cuts of meat containing little fat. It can also indicate a recipe without fat.

▶ **MAIGRE** Terme qui désigne des morceaux de viande pauvres en graisses. Une autre signification en italien est celle de recettes sans viande.

▶ **MAGER** Ausdruck für mageres Fleisch. Oder für Rezepte ohne Fleisch.

▶ **MAGRO** Término que indica cortes de carne pobres de grasa. Otro significado es el de recetas donde no aparece la carne.

MAIALE *Suino da allevamento, caratterizzato da carne grassa, saporita e morbida, molto usata per la preparazione di insaccati.*

▶ **PIG** Farmed swine, characterised by a large quantity of fat, tasty and tender, often used for sausages.

▶ **PORC** Porcin à d'élevage, caractérisé par la viande grasse, savoureuse et tendre, très utilisée pour la préparation de saucisses.

▶ **SCHWEIN** Zuchtschwein mit fettem Fleisch, würzig und weich, viel zur Wurstherstellung gebraucht.

▶ **CERDO** Porcino de crianza, caracterizado por la carne grasa, sabrosa y tierna, muy usada para la preparación de embutidos.

MAIALINO *Maiale molto piccolo (detto anche da latte), cucinato generalmente intero.*

▶ **PIGLET** Very small pig (also suckling pig), usually cooked whole.

▶ **PORCELET** Porc très petit (dit aussi de lait), cuisiné généralement entier.

▶ **FERKEL** Kleines Schwein, auch Milchschweinchen genannt, das in der Regel ganz gegart wird.

▶ **COCHINILLO** Cerdo muy pequeño (llamado también de leche), cocinado generalmente entero.

MAIONESE *Salsa fredda composta da tuorli d'uovo, limone, olio.*

▶ **MAYONNAISE** Cold sauce made with egg yolks, lemon and oil.

▶ **MAYONNAISE** Sauce froide composée de jaunes d'œufs, citron et huile.

▶ **MAYONNAISE** Kalte Creme aus Eigelb, Zitrone und Öl.

▶ **MAYONESA** Salsa fría compuesta por yemas de huevo, limón, aceite.

MALFATTI *Polpette a base di verdure, uovo, formaggio e farina, tipiche della Lombardia (v.).*

▶ **VEGETABLE CROQUETTES** Made with vegetables, eggs, cheese and flour, typical of Lombardy (s. Lombardia).

▶ **MALFATTI** Croquettes à base de légumes, œufs, fromage et farine, typiques de la Lombardie (v. Lombardia).

▶ **MALFATTI** Klöße aus Gemüse, Ei, Käse und Mehl, typisch für die Lombardei (s. Lombardia).

▶ **MALFATTI** Albóndigas a base de verdura, huevo, queso y harina, típicas de Lombardía (ver).

MALLEGATO *Sanguinaccio (v.) prodotto con maiale, ciccioli, canditi e spezie, da consumare lessato. Tipico della Toscana (v.).*

▶ **MALLEGATO** A black-pudding (s. sanguinaccio) typical of Tuscany (s.Toscana), produced with pork, rind, candied fruit and spices, eaten boiled.

▶ **MALLEGATO** Boudin (v. sanguinaccio) produit avec du porc, des rillons, des fruits confits et des épices, à manger bouilli. Typique de la Toscane (v. Toscana).

▶ **MALLEGATO** Blutwurst (s. sanguinaccio) aus Schwein, Innereiresten, kandierten Früchten und Gewürzen, die gekocht verzehrt wird. Typisch für die Toskana (s. Toscana).

▶ **MALLEGATO** Morcilla (ver sanguinaccio) producida con cerdo, torreznos, confitados y especias, que se consume hervida. Típica de Toscana (ver).

MALLO *Involucro dall'aspetto carnoso della frutta secca (v.). Quello della noce è alla base del liquore chiamato Nocino.*

▶ **HUSK** Meaty looking case of dried fruit (s. frutta). Walnut husks are used in the production of Nocino lequeure.

▶ **BROU** Enveloppe à l'aspect charnu des fruits secs. (v. frutta). Celui de noix est à la base de l'alcool appelé Nocino.

▶ **MALLO** Fleischige Hülle getrockneter Früchte (s. frutta). Der von der Walnuss ist die Basis für den "Nocino", einen Walnussliqueur.

▶ **RUEZNO** Envoltorio de aspecto carnoso de la fruta seca (ver frutta). El de la nuez es la base del licor llamado Nocino.

MALLOREDDUS *Gnocchi (v.) a base di farina, acqua e zafferano, originari della Sardegna (v.).*

▶ **MALLOREDDUS** Gnocchi (s.) made with flour, water and saffron, originating from Sardinia (s. Sardegna).

▶ **MALLOREDDUS** Gnocchi (v.) à base de farine, eau et safran, originaires de la Sardaigne (v. Sardegna).

▶ **MALLOREDDUS** aus Sardinien (s. Sardegna) stammende Knödel (s. gnocchi) aus Mehl, Wasser und Safran.

▶ **MALLOREDDUS** Ñoquis (ver gnocchi) a base de harina, agua y azafrán, originarios de Cerdeña (ver Sardegna).

MALTAGLIATI *Pasta fresca o secca a forma romboidale, tipica dell'Emilia Romagna (v.).*

▶ **MALTAGLIATI** Fresh or dried pasta which is rhomboidal in shape, typical of Emilia Romagna (s.).

▶ **MALTAGLIATI** Pâtes fraîches ou sèches à forme rhomboïdale, typique de l'Emilie-Romagne (v. Emilia Romagna).

▶ **MALTAGLIATI** Frische Nudeln oder harte Nudeln, rautenförmig, typisch für Emilia Romagna (s.).

▶ **MALTAGLIATI** Pasta fresca o seca a forma romboidal, típica de Emilia Romagna (ver).

MALTO *Prodotto ottenuto dai cereali. Trova impiego nella produzione di birra, whisky, surrogati del caffè e farine.*

▶ **MALT** Product obtained from cereals. Used in the production of beer, whisky, coffee and flour substitutes.

▶ **MALT** Produit provenant de céréales. Il est employé dans la production de la bière, de whisky, de succédanés du café et de farines.

▶ **MALZ** Getreideprodukt. Bei der Herstellung von Bier und Whisky verwendet oder Mehl- und Kaffeeersatz.

▶ **MALTA** Producto obtenido de los cereales. Se emplea en la producción de cerveza, whisky y sucedáneos del café y harinas.

MANDARÀNCIO *Agrume derivante dall'incrocio di arancio e mandarino.*

▶ **MANDARIN ORANGE** Citrus fruit obtained from a cross between the orange and the mandarin.

▶ **CLEMENTINE** Agrume qui vient du croisement de l'orange et de la mandarine.

▶ **MANDARANCIO** Zitrusfrucht aus der Kreuzung von Apfelsine und Mandarine.

▶ **CLEMENTINA** Cítrico derivado del cruce entre la naranja y la mandarina.

MANDARINETTO *Liquore a base di mandarini.*

▶ **MANDARINETTO** Liqueur made with mandarins.

▶ **MANDARINETTO** Liqueur à base de mandarines.

▶ **MANDARINETTO** Mandarinenliqueur.

▶ **MANDARINETTO** Licor a base de mandarinas.

MANDARINO. *Agrume dei paesi del Mediterraneo.*

▶ **MANDARIN** Citrus fruit from Mediterranean countries.

▶ **MANDARINE** Agrume des pays méditerranéen.

▶ **MANDARINE** Zitrusfrucht aus den Mittelmeerländern.

▶ **MANDARINA** Cítrico de los pueblos del Mediterráneo.

MÀNDORLA *Frutto secco di forma ovale e schiacciata, con guscio legnoso e polpa bianca, molto usato in pasticceria.*
▶ **ALMOND** Dried fruit with a squashed, oval shape. It has a woody shell and white pulp, used frequently in confectionery.
▶ **AMANDE** Fruit sec de forme ovale et aplatie, ayant une coquille de bois et la pulpe blanche, elle est très utilisée en pâtisserie.
▶ **MANDEL** Harte Frucht, oval und flach mit hölzerner Schale und weissem Fruchtfeisch, viel in der Feinbäckerei verwendet.
▶ **ALMENDRA** Fruto seco de forma oval y plana, con cáscara leñosa y pulpa blanca, muy usado en repostería.

MANDORLATO *Torrone cotto al forno, a base di mandorle e zucchero caramellato. Tipico del Veneto (v.).*
▶ **MANDORLATO** Baked nougat made with almonds and caramelised sugar. Typical of Veneto (s.).
▶ **AMANDES** Touron cuit au four, à base d'amandes et de sucre caramélisé. Typique de la Vénétie (v. Veneto).
▶ **MANDORLATO** Mandelnugat aus Mandeln und karmelliertem Zucker. Typisch für Venetien (s. Veneto).
▶ **ALMENDRADO** Turrón cocido en el horno, a base de almendras y azúcar caramelado. Tipico de Veneto (ver).

MANGO *Frutto tropicale di forma, dimensioni e colore diverso secondo le varietà, dalla polpa aromatica e soffice.*
▶ **MANGO** Tropical fruit with a soft, aromatic pulp. The shape, size and colour vary according to the variety.
▶ **MANGUE** Fruit tropical de forme, dimensions et couleur différentes selon les variétés, à la pulpe aromatique et molle.
▶ **MANGO** tropische Frucht mit unterschiedlicher Form, Farbe und Grösse mit aromatischem, weichem Fruchtfleisch.
▶ **MANGO** Fruto tropical de forma, dimensiones y color diverso según la variedad, de pulpa aromática y tierna.

MANTECARE *Rendere omogenea una preparazione. Si riferisce soprattutto al gelato.*
▶ **WHISK** Mix in order to make something smooth. Referring especially to ice-cream.
▶ **MALAXER** Rendre homogène une préparation. Le terme se réfère surtout à la glace.
▶ **MANTECARE** Eine Zubereitung homogen machen. Meistens in Bezug auf Eis.
▶ **MANTECAR** Hacer homogénea una preparación. Se refiere sobre todo al helado.

MANTECATO *Si riferisce ad una preparazione in cucina con uso di burro, ad esempio risotto o baccalà mantecato.*
▶ **MANTECATO** Refers to food softened by the addition of butter, for example risotto or salted cod puree.
▶ **MANTECATO** Le terme concerne une préparation en cuisine avec l'utilisation de beurre, par exemple le risotto ou la morue.
▶ **MANTECATO** Zubereitung in der Küche mit Butter, z. B. Butterreis oder Baccala (Stockfisch).
▶ **MANTECADO** Se refiere a una preparación en cocina con uso de mantequilla, por ejemplo risotto o bacalao mantecado.

MANTOVANA *Torta soffice con mandorle, tipica della Toscana (v.).*
▶ **MANTOVANA** Spongy almond cake, typical of Tuscany (s. Toscana).
▶ **MANTOVANA** Tarte molle avec des amandes, typique de la Toscane (v. Toscana).
▶ **MANTOVANA** Weicher Kuchen mit Mandeln, typisch für die Toskana (s. Toscana).
▶ **MANTOVANA** Torta blanda con almendras, típica de Toscana (ver).

MANTOVANO *Tipo di pane dalla forma di doppia conchiglia.*
▶ **MANTOVANO** Type of bread, with the shape of a double shell.

▸ **MANTOVANO** Type de pain à la forme de double coquille.

▸ **MANTOVANO** Brotart von der Form einer doppelten Muschel.

▸ **MANTOVANO** Tipo de pan con forma de doble concha.

MANZO *Generalmente, il termine designa il bovino adulto.*

▸ **BEEF** Adult cattle.

▸ **BOUVILLON** En général, le terme désigne le bovin adulte.

▸ **RIND** allgemeine Bezeichnung für das erwachsene Rind.

▸ **BUEY** Generalmente, el término designa el bovino adulto.

MARASCA *Varietà di ciliegia acida, simile per certi aspetti all'amarena (v.). Usata per lo più in pasticceria e per la produzione del liquore detto maraschino.*

▸ **SOUR CHERRIE** An acidic variety of cherry, similar to the egriot cherry (s. amarena) in certain aspects. Used in confectionery and in the production of maraschino liqueur.

▸ **MARASQUE** Variété de cerise acide, semblable pour certaines aspects à la griotte (v. amarena). Utilisée surtout en pâtisserie et pour la production de l'alcool appelé marasquin.

▸ **MARASCA** Art der Sauerkirsche (s. amarena). In der Feinbäckerei benutzt oder zur Herstellung des Maraschinoliqueurs.

▸ **GUINDA** Variedad de cereza ácida (ver amarena). Usada mayoritariamente en repostería y para la producción del licor llamado marrasquino.

MARASCHINO *Liquore ottenuto dalla distillazione della marasca (v.).*

▸ **MARASCHINO** Liqueur obtained through the distillation of marasca cherry juice (s. marasca).

▸ **MARASQUIN** Liqueur obtenu de la distillation de la marasque (v. marasca).

▸ **MARASCHINO** Liqueur aus der Destillation der Marascakirsche (s. marasca).

▸ **MARRASQUINO** Licor obtenido de la destilación de la guinda (ver marasca).

MARBRÉ *Terrina fredda composta in modo da conferire un aspetto variegato, simile al marmo.*

▸ **MARBRÉ** Cold terrine assembled in order to obtain a marbled effect.

▸ **MARBRE** Terrine froide composée de manière à conférer un aspect bariolé, semblable au marbre.

▸ **MARBRÉ** Kalte Terrine, die einen dem Marmor ähnlichen Aspekt hat.

▸ **MARBRÉ** Tarrina fría compuesta de modo que confiere un aspecto veteado, parecido al mármol.

MARCHE *Regione dell'Italia centrale bagnata dal Mare Adriatico (v. pag. 330).*

▸ **MARCHE** Region of central Italy which lies on the Adriatic Sea (s. pag. 330).

▸ **MARCHES** Région de l'Italie centrale baignée par la mer Adriatique (v. pag. 330)

▸ **MARCHEN** Region Zentralitaliens am adriatischen Meer (s.S. 330)

▸ **MARCAS** Región de Italia central bañada por el mar Adriático (ver pag. 330)

MAREMMANA *Razza bovina originaria dell'omonima area della Toscana e del Lazio (v).*

▸ **MAREMMANA** Breed of cattle originating from the Maremma area of Tuscany (s. Toscana) and Lazio (s.).

▸ **BOEUF DE LA MAREMME** Race bovine originaire de la zone toscane (v. Toscana) du même nom et du Latium (v. Lazio).

▸ **MAREMMANA** Rinderart aus der gleichnamigen Gegend in der Toskana (s. Toscana) und dem Lazio (s.).

▸ **MARISMEÑA** Raza bovina originaria de la homónima área de Toscana y del Lazio (ver).

MARGARINA *Grasso simile al burro, di origine animale, vegetale o mista.*

▸ **MARGARINE** Fat similar to butter, from animal, vegetable or mixed origin.

▷ **MARGARINE** Graisse semblable au beurre, d'origine animale, végétale ou mixte.

▷ **MARGARINE** Butterähnliches Fett aus tierischer, pflanzlicher oder gemischter Herkunft.

▷ **MARGARINA** Grasa similar a la mantequilla, de origen animal, vegetal o mixto.

MARINARA, ALLA *Termine generico che indica la presenza, in una preparazione, di pomodoro, origano, basilico, ed eventualmente olive, acciughe e capperi. Si applica a pizza, pasta e pesce.*

▷ **MARINARA, ALLA** Name given to pizza, pasta and fish recipes in which tomatoes, oregano, basil, and often olives, anchovies and capers are used.

▷ **A LA MATELOTE** Terme commun qui signifie la présence, dans une préparation, de tomates, origan, basilic, et éventuellement olives, anchois et câpres. S'applique à la pizza, aux pâtes et au poisson.

▷ **MARINARA, ALLA** allgemeine Bezeichnung für die Präsenz von Tomaten, Origano, Basilikum und eventuell von Oliven, Sardellen und Kapern in einer Zubereitung. Angewendet für Pizzen, Nudeln und Fisch.

▷ **MARINERA, A LA** Término genérico que indica la presencia, en una preparación, de tomate, orégano, albahaca, y eventualmente aceitunas, anchoas y alcaparras. Se aplica a la pizza, pasta y pescado.

MARINARE *Operazione volta ad insaporire ed ammorbidire carni o pesci. Si effettua ponendo l'alimento sotto aceto o sott'olio, con l'aggiunta di erbe e verdure.*

▷ **MARINATE** Carried out in order to flavour and soften meat or fish. The food is soaked in vinegar or oil, with herbs and vegetables.

▷ **MARINER** Opération qui tend à rendre savoureux et à assouplir viandes ou poissons. Elle s'effectue en mettant l'aliment dans le vinaigre ou à l'huile, avec ajout d'herbes et verdures.

▷ **MARINIEREN** Handlung, um Fleisch oder Fisch weich und würzig zu machen. Das Lebensmittel wird unter Essig oder Öl gelegt unter Zusatz von Gemüse und Kräutern.

▷ **MARINAR** Operación destinada a aderezar y ablandar carnes o pescados. Se efectúa poniendo el alimento en vinagre o aceite, añadiendo hierbas y verduras.

MARINATA *Liquido in cui si marina (v. marinare).*

▷ **MARINADE** Liquid in which food is marinated (s. marinare).

▷ **MARINADE** Liquide dans lequel les aliments sont marinés. (v. marinare).

▷ **MARINADE** Flüssigkeit mit der mariniert wird (s. marinare).

▷ **ESCABECHE** Líquido en el que se marina (ver marinare).

MARITOZZO *Pane lievitato di forma ovale, eventualmente farcito con panna, tipico di Roma.*

▷ **MARITOZZO** Risen, oval shaped bread which is often filled with cream, typical of Rome.

▷ **MARITOZZO** Pain levé de forme ovale, éventuellement farci avec de la chantilly, typique de Rome.

▷ **MARITOZZO** Ovales Hefebrot, manchmal mit Sahne gefüllt, typisch für Rom.

▷ **MARITOZZO** Pan levitado de forma oval, eventualmente relleno con nata, típico de Roma.

MARMELLATA *Confettura (v.) di agrumi. Nell'uso comune è invalso l'uso di riferire il termine ad una confettura di frutta generica.*

▷ **MARMALADE** Citrus fruit preserve (s. confettura). In Italy the term is often used to indicate fruit jam in general.

▷ **MARMELADE** Confiture (v. confettura) d'agrumes. Dans l'usage commun ce terme est attribué à toutes les confitures de fruits.

▷ **MARMELLADE** Konfitüre (s. confettura) von Zitrusfrüchten. Im allgemeinen Sprachgebrauch für jede Fruchtkonfitüre gebraucht.

▶ **MERMELADA** Confitura (ver confettura) de cítricos. En el uso común está extendida la utilización del término para referirse a una confitura de fruta genérica.

MARRO *Interiora di agnello o capretto, avvolte in reti o budella e cotte alla griglia o al forno. Tipica dell'Italia meridionale.*

▶ **MARRO** Lamb or kid offal, wrapped in a net or intestines and grilled or baked. Typical of Southern Italy.

▶ **MARRO** Entrailles d'agneau ou chevreau, enveloppées en filets ou en boyaux et grillées ou cuites dans le four. Typique de l'Italie du sud.

▶ **MARRO** Eingeweide des Schafs oder der Ziege, in Netze oder Gedärm eingewickelt und im Ofen gebraten. Typisch für Süditalien.

▶ **MARRO** Interior de cordero o cabrito, envuelto en red o tripa y cocinadas a la parrilla o en el horno. Típica de Italia meridional.

MARRONE *Varietà di castagna di notevoli dimensioni.*

▶ **MARRONE** A variety of large chestnut.

▶ **MARRONS** Variété de châtaignes de grosses dimensions.

▶ **EDELKASTANIE** Grosse Esskastanienart.

▶ **MARRON** Variedad de castaña de grandes dimensiones.

MARRON GLACÉ *Marrone (v.) candito e ricoperto di zucchero glassato.*

▶ **GLAZED CHESTNUT** Candied chestnut (s. marrone) glazed with sugar.

▶ **MARRON GLACE** Marron (v. marrone) confit et recouvert de sucre glace.

▶ **MARRON GLACÉ** Kandierte und mit Zuckerglasse überzogene Esskastanie (s. marrone).

▶ **MARRON GLACE** Marrón (ver marrone) confitado y recubierto de azúcar glaseado.

MARSALATO *Termine riferito prevalentemente a vini bianchi, per i quali indica l'acquisizione di alcune caratteristiche:* incupimento del colore, perdita di freschezza e assunzione di sentori di ossidazione. Normalmente è considerato un difetto. È un pregio invece per alcuni vini, come il Marsala (v. pag.), da cui il termine deriva, e la Vernaccia di Oristano.

▶ **MARSALATO** Term mainly referred to white wines, which indicates certain characteristics: deepening of the colour, loss of freshness and aromas indicating oxidation. Normally it is considered a defect. It is however valued in certain wines, such as Marsala (s. pag.), from which the term is derived, and the Vernaccia of Oristano.

▶ **MARSALATO** Terme qui se réfère principalement aux vins blancs, pour lesquels il indique l'acquisition de certaines caractéristiques: foncement de la couleur, perte de fraîcheur et prise d'odeurs d'oxydation. Normalement cela est considéré comme un défaut. C'est une qualité au contraire pour certains vins, comme le Marsala (v. pag.), d'où le terme dérive, et la Vernaccia d'Oristano.

▶ **MARSALATO** Hauptsächlich für bestimmte Weissweine benutzer Ausdruck, die folgende Eigenschaften aufweisen: Verdunkelung der Farbe, Frischeverlust und Annehmen von oxydiertem Geschmack. Normalerweise ein Fehler, aber eine Auszeichnung für bestimmte Weine wie, eben, den Marsala (s.S.) und den "Vernaccia aus Oristano".

▶ **MARSALADO** Término referido prevalentemente a vinos blancos, para los que indica la adquisición de algunas características: oscurecimiento del color, pérdida de frescura y asunción de señales de oxidación. Normalmente es considerado un defecto. Es una virtud en cambio para algunos vinos, como el Marsala (ver pag.), de cuyo término deriva, y la Vernaccia de Oristano.

MARTINI *È il marchio di un Vermouth (v.).*

▶ **MARTINI** The trademark of a Vermouth (s.).

▶ **MARTINI** C'est la marque d'un Vermouth (v.).
▶ **MARTINI** Vermouthmarke (s. vermouth).
▶ **MARTINI** Es la marca de un Vermouth (ver).

MARZAPANE *Prodotto di pasticceria a base di mandorle, albume d'uovo e zucchero.*
▶ **MARSIPAN** Confectionery product made with almonds, egg white and sugar.
▶ **MASSEPAIN** Produit de pâtisserie à base d'amandes, blanc d'œuf et sucre.
▶ **MARZIPAN** Feinbäckereiprodukt aus Mandeln, Eiweiss und Zucker.
▶ **MAZAPAN** Producto de repostería a base de almendras, clara de huevo y azúcar.

MARZOLINO *Caciotta (v.) di latte di pecora, tipica della Toscana (v.).*
▶ **MARZOLINO** A cheese (s. caciotta) made with ewes milk, typical of Tuscany (s. Toscana).
▶ **MARZOLINO** Caciotta (v.) de lait de brebis, typique de la Toscane (v. Toscana).
▶ **MARZOLINO** Caciottakäse (s. caciotta) aus Schafsmilch, typisch für die Toskana (s. Toscana).
▶ **MARZOLINO** Caciotta (ver) de leche de oveja, típica de Toscana (ver).

MASCARPONE o MASCHER-PONE *Derivato del latte, ottenuto dal riscaldamento della panna e dalla successiva aggiunta di acido.*
▶ **MASCARPONE or MASCHERPONE** Derived from milk, obtained through the heating of cream and the addition of an acid.
▶ **MASCARPONE ou MASCHERPONE** Dérivé du lait, obtenu par réchauffage de la crème et d'un ajout successif d'acide.
▶ **MASCARPONE oder MASCHER-PONE** Milchprodukt aus dem Erhitzen von Sahne und mit nachträglichem Säurezusatz.
▶ **MASCARPONE o MASCHERPONE** Requesón derivado de la leche, obtenido mediante el calientamiento

de la nata y el sucesivo añadido de ácido.

MAZZA DI TAMBURO *Varietà di fungo.*
▶ **OYSTER MUSHROOM** Variety of mushroom.
▶ **COULEMELLE** Variété de champignon.
▶ **MAZZA DI TAMBURO** Pilzart.
▶ **MAZA DE TAMBOR** Variedad de hongo.

MAZZANCOLLA *Nome del gambero imperiale nel Lazio (v.).*
▶ **MAZZANCOLLA** Name given to the imperial prawn in Lazio (s.).
▶ **MAZZANCOLLA** Nom de la crevette impériale au Latium (v. Lazio).
▶ **MAZZANCOLLA** Name der Königsgarnele im Lazio (s.).
▶ **MAZZANCOLLA** Nombre de la gamba imperial del Lazio (ver).

MEDAGLIONE *Scaloppina (v.) rotonda di carne o pesce, cotta in svariati modi.*
▶ **MEDALLIONS** Round scallops (s. scallopina) of meat or fish, cooked by various methods.
▶ **MEDAILLON** Escalope (v. scaloppina) ronde de viande ou de poisson, cuite de manières variées.
▶ **MEDAILLON** Rundes Stück aus Fleisch oder Fisch, in verschiedener Weise zubereitet (s. scaloppina).
▶ **MEDALLON** Escalopín (ver scaloppina) redondo de carne o pescado, cocinado de diversos modos.

MELA *Frutto con polpa biancastra e buccia sottile variamente colorata. Ne esistono molte varietà, ed è molto utilizzata sia in gastronomia sia in pasticceria.*
▶ **APPLE** Fruit which has a whitish pulp and a thin skin of various colours. Many varieties exist and are used in both gastronomy and confectionery.
▶ **POMME** Fruit à la pulpe blanchâtre et à la peau mince diversement colorée. Il en existe plusieurs variétés, et est beaucoup utilisée aussi

bien en gastronomie qu'en pâtisserie.

▶ **APFEL** Frucht mit dünner Schale unterschiedlicher Farbe und weisslichem Fruchtfleisch. Es gibt viele verschiedene Arten und wird in der Gastronomie und Feinbäckerei verwendet.

▶ **MANZANA** Fruta con pulpa blanquecina y piel fina diversamente colorada. Existen muchas variedades, y es muy utilizada tanto en gastronomía, como en repostería.

MELA COTOGNA *Vedi cotogna.*

▶ **QUINCE APPLE** See cotogna.

▶ **POMME COING** Voir cotogna.

▶ **MELA COTOGNA** Siehe Cotogna.

▶ **MANZANA MEMBRILLO** Ver cotogna.

MELAGRANA *Frutto tondeggiante dalla buccia gialla e rossa e dalla polpa divisa in spicchi e ricca di semi, succosa e acidula.*

▶ **POMEGRANATE** Round fruit with a yellow and red skin. The pulp is divided in to grains and is rich in seeds. It is juicy and has a slightly sour taste.

▶ **GRENADIER** Fruit arrondi à la peau jaune et rouge et à la pulpe divisée en quartiers et riche en grains, juteuse et acidulée.

▶ **GRANATAPFEL** runde Frucht mit gelbroter Schale und in Körner unterteiltes rotes Fruchtfleisch mit vielen Kernen, saftig und säuerlich.

▶ **GRANADA** Fruta redondeada de piel amarilla o roja y de pulpa dividida en gajos y rica de semillas, jugosa y ácida.

MELANZANA *Grosso ortaggio dall'aspetto carnoso, buccia violacea e polpa bianco-verde. Si consuma generalmente cotta ed ha sapore amarognolo e piccante.*

▶ **AUBERGINE** Large meaty looking vegetable. The skin is of a violet colour and the flesh is white-green, generally eaten cooked. It has a slightly bitter and peppery taste.

▶ **AUBERGINE** Gros légume à l'aspect charnu, ayant une peau violacée et une pulpe blanc-vert.

On la mange en générale cuite et elle a une saveur un peu amère et piquante.

▶ **AUGERGINE** Grosses fleischiges Gemüse mit violetter Schale und weiss-grünlichem Fruchtfleisch. Wird im allgemeinen gegart verwendet und hat einen leicht bitterscharfen Geschmack.

▶ **BERENJENA** Hortaliza grande de aspecto carnoso, piel violácea y pulpa blanca-verde. Se consume generalmente cocida y tiene un sabor amargo y picante.

MELASSA O MELASSO *Liquido scuro, denso e dolce, derivato dalla lavorazione dello zucchero.*

▶ **MOLASSES** Dark, thick, sweet liquid, derived from sugar.

▶ **MELASSE** Liquide foncé, dense et sucré, dérivé de la fabrication du sucre.

▶ **MELASSE** Dunkle Flüssigkeit, zäh und süß aus der Zuckerverarbeitung.

▶ **MELAZA** Líquido oscuro, denso y dulce, derivado de la elaboración del azúcar.

MÈLICA O MÈLIGA *Sinonimo di granturco (v.). Termine usato in italia settentrionale.*

▶ **CORNMEAL** (s. granturco) Melica and meliga are terms used in Northern Italy.

▶ **MELICA** Synonyme de maïs (v. granturco). Terme utilisé en Italie du nord.

▶ **MELICA oder MELIGA** Synonym für Mais (s. granturco) in Norditalien gebräuchlich.

▶ **MELICA O MELIGA** Sinónimo de maíz (ver granturco). Término usado en Italia septentrional.

MELONE *Grosso frutto tondeggiante, dalla buccia spessa e rugosa e dalla polpa gialla, dolce e succosa.*

▶ **MELON** Large round fruit with a thick, wrinkly skin and yellow, sweet juicy pulp.

▶ **MELON** Gros fruit arrondi, à la peau épaisse et rugueuse et à la pulpe jaune, sucrée et juteuse.

▸ **HONIGMELONE** Große, rundliche Frucht mit dicker, rauher Schale und mit gelbem Fruchtfleisch, süß und saftig.

▸ **MELON** Fruto grande redondeado, de piel gruesa y rugosa y de pulpa amarilla, dulce y jugosa.

MENSA *Pasto somministrato ad una collettività (esercito, scolaresca, personale aziendale), gratuitamente. Per estensione, il termine indica anche il locale in cui il pasto viene consumato.*

▸ **MENSA** Meal served to a group (army, school, work force), free of charge. The term also indicates the place in which the meal is consumed, canteen/mess.

▸ **CANTINE** Repas donné à une collectivité (armée, école, personnel d'une éntreprise), gratuitement. Par extension, le terme signifie aussi le local où l'on mange.

▸ **MENSA** Gratis ausgeteiltes Gericht an eine große Gruppe (Heer, Schüler oder Angestellte einer Firma). Im weiteren Sinne bezeichnet der Ausdruck das Lokal, in dem es verspeist wird.

▸ **MENSA (COMEDOR)** Comida suministrada a una colectividad (ejército, escolares, personal de una empresa), gratuitamente. Por extensión, el término indica también el local en el que se consume dicha comida.

MENTA *Pianta erbacea dal caratteristico aroma intenso, dolce e molto fresco, utilizzata in gastronomia, pasticceria e liquoreria.*

▸ **MINT** Herbaceous plant, characterised by an intense, sweet and very fresh aroma. It is used in both savoury and sweet dishes and also in the production of liqueurs.

▸ **MENTHE** Plante herbacée à l'arôme caractéristique intense, sucrée et très fraîche, utilisée en gastronomie, pâtisserie et dans les alcools.

▸ **PFEFFERMINZ** Kräuterpflanze mit charakteristischem, süßem und frischem Aroma, gebräuchlich in der Gastronomie, der Feinbäckerei und zur Liqueurherstellung.

▸ **MENTA** Planta herbácea de característico aroma intenso, dulce y muy fresco, utilizada en gastronomía, repostería y licorería.

MENTÚCCIA *Varietà di menta di piccole dimensioni, spontanea e piuttosto diffusa.*

▸ **MINT** Variety of mint, small, wild and fairly common.

▸ **MENTUCCIA** Variété de menthe de petites dimensions, assez répandue.

▸ **WILDE PFEFFERMINZE** kleine Pfefferminzart, die spontan wächst und weit verbreitet ist.

▸ **AJEDREA** Variedad de menta de pequeñas dimensiones, espontánea y muy extendida.

MENÚ *Lista dei piatti disponibili in un locale. Per estensione, il termine designa anche il complesso dei piatti serviti durante il pasto.*

▸ **MENÚ** List of the dishes available. The term also indicates the dishes served during a meal.

▸ **MENU** Liste des plats disponibles dans un local. Par extension, le terme définit aussi l'ensemble des plats servis pendant le repas.

▸ **MENÜ** Liste der Gerichte, die ein Lokal anbietet. Im weiteren Sinne auch die Zusammenstellung verschiedener Gerichte zu einer Mahlzeit.

▸ **MENU** Lista de los platos disponibles en un local. Por extensión, el término designa también el conjunto de platos servidos durante la comida.

MERENDA *Spuntino consumato nel pomeriggio.*

▸ **MERENDA** Afternoon snack.

▸ **GOUTER** Collation mangée dans l'après-midi.

▸ **MERENDA** Kleiner Snack am Nachmittag.

▸ **MERIENDA** Tentempié consumido por la tarde.

MERINGA *Dolce leggerissimo e friabile composto da albume d'uovo montato a neve e zucchero, cotto in forno. Può essere variamente guarnito.*

▶ **MERINGUE** Made from mounted egg whites and sugar, baked in the oven. It can be garnished by various methods.

▶ **MERINGUE** Gâteau très léger et friable composé de blanc d'œuf battu en neige et de sucre, cuit dans le four. Elle peut être diversement garni.

▶ **MERINGE** Sehr leichtes Schaumgebäck aus geschlagenem Eiweiss und Zucker, im Ofen gebacken. Kann unterschiedlich dekoriert werden.

▶ **MERENGUE** Dulce muy ligero y friable compuesto de claras de huevo montadas a punto de nieve y azúcar, cocinado en el horno. Puede ser guarnecido de diferentes modos.

MERLUZZO *Pesce di mare utilizzato in innumerevoli ricette; prevalentemente seccato (con la denominazione di stoccafisso) o salato (baccalà).*

▶ **COD** Salt water fish used in many recipes, generally dried (labelled skockfish) or salted (baccalà).

▶ **MORUE** Poisson de mer utilisé dans d'innombrables recettes; principalement séchée (stoccafisso) ou salée (baccalà).

▶ **KABELJAU** Meeresfisch in vielen Rezepten gebraucht, meistens getrocknet verwendet (Stockfisch) oder gesalzen(Baccala).

▶ **MERLUZA** Pescado de mar utilizado en innumerables recetas; prevalentemente seco (con la denominación de stoccafisso) o salado (bacalao).

MESCIUA *Zuppa a base di fagioli secchi, ceci e frumento, condita con olio d'oliva e pepe. Tipica della Liguria (v.).*

▶ **MESCIUA** Soup made with dried beans, chickpeas and wheat, seasoned with olive oil and pepper. Typical of Liguria (s.).

▶ **MESCIUA** Soupe à base d'haricots séchés, pois chiches et froment, assaisonnée avec de l'huile d'olive et du poivre. Typique de la Ligurie (v. Liguria).

▶ **MESCIUA** Suppe aus getrockneten Bohnen, Kichererbsen, Getreide, mit Olivenöl und Pfeffer angemacht. Typisch für Ligurien (s. Liguria).

▶ **MESCIUA** Sopa a base de alubias secas, garbanzos y trigo, condimentada con aceite de oliva y pimienta. Típica de Liguria (ver).

MESSICANO *Involtino di carne di vitello o maiale, tipico di Milano.*

▶ **MESSICANO** Veal or pork rolls, typical of Milan.

▶ **MEXICAIN** Paupiette de viande de veau ou de porc, typique de Milan.

▶ **MEXIKANER** Fleischrolle aus Kalb oder Schwein, typisch für Mailand.

▶ **MEXICANO** Rollito de carne de ternera o cerdo, típico de Milán.

MESTICANZA *Insalata mista.*

▶ **MESTICANZA** Mixed salad.

▶ **MESTICANZA** Salade mixte.

▶ **MESTICANZA** Gemischte Salatsorten.

▶ **MESTICANZA** Ensalada mixta.

MEZZENA *Il termine indica l'animale bovino dopo la macellazione, privato delle parti non utilizzabili in cucina.*

▶ **CARCASS** The slaughtered ox, with all parts which can not be used in cooking removed.

▶ **MEZZENA** Ce terme indique le bovin après l'abattage, privé des parties qui ne sont pas utilisables en cuisine.

▶ **MEZZENA** Der Ausdruck bezeichnet das Rind nach der Schlachtung ohne die nicht verwendbaren Teile.

▶ **MEZZENA (HOJA)** El término indica el animal bovino después del sacrificio, sin las partes no utilizables en cocina.

MICCA *Grossa pagnotta tipica di Milano.*

▶ **MICCA** Large loaf of bread, typical of Milan.

▶ **MICCA** Grande miche typique de Milan.

▶ **MICCA** Grosser Brotlaib, typisch für Mailand.

▸ **MICCA** Hogaza grande típica de Milán.

MICCHETTA *Pagnotta rotonda a forma di rosa con cinque petali, nota anche come rosetta.*
▸ **MICCHETTA** Bread roll resembling a rose with five petals, also known as rosetta.
▸ **PETITE MICHE** Miche ronde à la forme de rose avec cinq pétales, connue aussi comme rosetta.
▸ **MICCHETTA** runder, rosenförmiger Brotlaib mit fünf "Blättern", auch als "Röschen" bekannt.
▸ **MICCHETTA** Hogaza redonda con forma de rosa con cinco pétalos, llamada también rosetta.

MIDOLLO *Sostanza grassa che si trova nell'interno delle ossa. In gastronomia si impiega quello di vitello, dal sapore delicato.*
▸ **BONE MARROW** Fatty substance found in the centre of bones. Veal bone marrow is often used in cooking as it has a very delicate flavour.
▸ **MOELLE** Substance grasse qui se trouve à l'intérieur des os. En gastronomie on emploie celui de veau, à la saveur délicate.
▸ **MARK** Fette Substanz aus dem Knocheninneren. In der Gastronomie wird meist das vom Kalb mit einem delikaten Geschmack verwendet.
▸ **MEDULA** Sustancia grasa que se encuentra dentro de los huesos. En gastronomía se usa la de ternera, de sabor delicado.

MIÈLE *Sostanza zuccherina prodotta dalle api, più o meno ambrata, densa. È usato in pasticceria, ma soprattutto come dolcificante alternativo allo zucchero.*
▸ **HONEY** Sugary substance produced by bees. It is very thick and of an almost amber colour. It is used principally as an alternative sweetener to sugar and also in confectionery.
▸ **MIEL** Substance sucrée produite des abeilles, plus ou moins ambrée, dense. Il est utilisé en pâtis-serie, mais surtout comme édulcorant alternatif au sucre.
▸ **HONIG** Zuckrige Substanz von den Bienen produziert. Dicke, mehr oder weniger ambrafarbene Flüssigkeit. Meist in der Feinbäckerei verwendet, aber hauptsächlich als Alternative zum Zucker zum Süßen.
▸ **MIEL** Sustancia azucarada producida por la abejas, más o menos ambarina, densa. Se usa en repostería, pero sobre todo como dulcificante alternativo al azúcar.

MIGLIO *Cereale da cui si ricava una farina adatta per il pane e la polenta.*
▸ **MILLET** Cereal from which a flour suitable for bread and polenta is obtained.
▸ **MIL** Céréale de laquelle on obtient une farine adaptée pour le pain et la polenta.
▸ **HIRSE** Getreide aus dem Mehl zur Brot- und Polentaherstellung gemacht wird.
▸ **MIJO** Cereal del que se obtiene una harina adecuada para el pan y la polenta.

MILLEFOGLIE *Dolce costituito da molteplici strati di pasta sfoglia (v.), variamente guarnito con creme.*
▸ **MILLE-FEUILLE** Cake consisting of layers of filo pastry (s. pasta sfoglia) separated by various pastry creams.
▸ **MILLE-FEUILLES** Gâteau constitué de plusieurs couches de pâte feuilletée (v. pasta sfoglia), différemment garni avec des crèmes.
▸ **MILLEFOGLIE** Kuchen aus mehreren Blätterteiglagen (s. pasta sfoglia), unterschiedlich mit Cremes garniert.
▸ **MILHOJAS** Dulce compuesto por múltiples láminas de hojaldre (ver pasta sfoglia) acompañado con diferentes cremas.

MILLESIMATO *Vino ricavato unicamente da uve di una specifica annata, riportata in etichetta.*
▸ Wine produced using grapes of one specific year, indicated on the label.

▶ **MILLESIME** Vin obtenu uniquement à partir des raisins d'une année spécifique, reportée sur l'étiquette.

▶ **MILLESIMATO** Wein aus Trauben eines einzigen Jahrgangs gewonnen, auf dem Etikett angegeben.

▶ **MILESIMADO** Vino obtenido únicamente de uvas de una específica añada, indicada en la etiqueta.

MILZA *Organo dalla consistenza molle ed elastica e dal colore grigio-bruno, di modesto interesse gastronomico, ad eccezione di alcune ricette del Lazio (v.).*

▶ **SPLEEN** Grey-brown organ, of a soft, elastic consistency. Rarely used in cooking with the exception of certain recipes from Lazio (s.).

▶ **RATE** Organe à la consistance molle et élastique et à la couleur gris-brun, de modeste intérêt gastronomique, sauf pour certaines recettes du Latium (v. Lazio).

▶ **MILZ** Organ mit weicher und elastischer Konsistenz mit graubrauner Farbe von geringem gastronomischem Interesse bis auf einige Rezepte aus dem Lazio (s.).

▶ **BAZO** Organo de consistencia blanda y elástica y de color gris oscuro, de modesto interés gastronómico, a excepción de algunas recetas del Lazio (ver).

MINESTRA *Il termine indica generalmente un primo piatto a base di verdure, cereali, pasta o riso in brodo. Ne esistono innumerevoli varianti regionali.*

▶ **SOUP** Generally a first course, consisting of vegetables, cereals, pasta or rice, in stock. There are numerous regional variations.

▶ **POTAGE** Ce terme indique en général un premier plat à base de légumes, céréales, pâtes ou riz en bouillon. Il en existe d'innombrables variantes régionales.

▶ **SUPPE** Bezeichnet einen ersten Gang aus Gemüse, Getreide, Nudeln oder Reis in Brühe. Es gibt unzählige, regionale Varianten.

▶ **SOPA** El término indica generalmente un primer plato a base de verduras, cereales, pasta o arroz en caldo. Existen innumerables variedades regionales.

MINESTRA MARITATA *Minestra tipica dell'Italia meridionale, a base di verdure ed arricchita con diversi tipi di carne e formaggio.*

▶ **MINESTRA MARITATA** Soup typical of Southern Italy, consisting of vegetables enriched with various types of meat and cheese.

▶ **MINESTRA MARITATA** Soupe typique de l'Italie du Sud, à base de légumes et enrichie avec différents types de viande et de fromage.

▶ **MINESTRA MARITATA** für Süditalien typische Suppe aus Gemüse und angereichert mit unterschiedlichem Fleisch und Käse.

▶ **SOPA CASADA** Sopa típica de Italia meridional, a base de verduras y enriquecida con diversos tipos de carne y queso.

MINESTRINA *Minestra leggera, in cui il brodo prevale sugli altri ingredienti.*

▶ **MINESTRINA** Light soup in which the stock is prevalent.

▶ **POTAGE LEGER** Soupe légère, dans laquelle le bouillon l'emporte sur les autres ingrédients.

▶ **MINESTRINA** Leichtes Süppchen mit vorwiegendem Anteil an Brühe.

▶ **CONSOME** Sopa ligera, en la que el caldo prevalece sobre los otros ingredientes.

MINESTRONE *Minestra tendenzialmente densa e ricca, a base di un ricco assortimento di verdure, pasta o riso, ed eventualmente pezzi di carne.*

▶ **SOUP** Generally thick and rich, made from a large assortment of vegetables, pasta or rice and often pieces of meat.

▶ **MINESTRONE** Potage fondamentalement dense et riche, à base d'un riche choix de légumes, pâte ou riz, et éventuellement de morceaux de viande.

▶ **MINESTRONE** dicke und reichhaltige Suppe aus zahlreichen Gemüsearten, Nudeln oder Reis und eventuell mit Fleischstückchen.

MENESTRA Sopa tendencialmente densa y rica, a base de un rico surtido de verduras, pasta o arroz, y eventualmente trozos de carne.

MIRTILLO *Piccolo frutto di colore blu e gusto intenso.*
▶ **BLUE BERRY** Small blue fruit which has a very intense flavour.
▶ **MYRTILLE** Petit fruit à la couleur bleue et au goût intense.
▶ **HEIDELBEERE** Kleine blaue Frucht mit intensivem Geschmack.
▶ **ARANDANO** Pequeño fruto de color azul y gusto intenso.

MIRTO *Arbusto mediterraneo di cui si usano le foglie e le bacche, molto aromatiche. In Sardegna (v.) e in Corsica è usato per produrre l'omonimo liquore.*
▶ **MYRTL** Mediterranean bush of which the aromatic leaves and bark are used. In Sardinia (s. Sardegna) and Corsica it is used for the production of mirto liqueur.
▶ **MYRTE** Arbuste méditerranéen dont on utilise les feuilles et les baies, très aromatiques. En Sardaigne (v. Sardegna) et en Corse il est utilisé pour produire l'alcool du même nom.
▶ **MYRTE** Mediterraner Strauch dessen sehr aromatische Blätter und Beeren verwendet werden. In Sardinien (s. Sardegna) und Korsika zur Herstellung des gleichnamigen Liqueurs verwendet.
▶ **MIRTO** Arbusto mediterráneo del que se usan las hojas y las bayas, muy aromáticas. En Cerdeña (ver Sardegna) y en Córcega es usado para producir el licor del mismo nombre.

MISSOLTÍTT *Specialità a base del pesce di lago chiamato agone, seccato e cotto alla griglia o in padella, eventualmente accompagnato da polenta. Tipico della Lombardia (v.).*
▶ **MISSOLTÍTT** A speciality made with the fresh water fish , twite shad. It is dried and grilled or fried, and is often served with polenta. Typical of Lombardy (s. Lombardia).

▶ **MISSOLTITT** Spécialité à base du poisson d'eau douce appelé alose, séchée et cuite à la grille ou à la poêle, éventuellement accompagnée de la polenta. Typique de la Lombardie (v. Lombardia).
▶ **MISSOLTITT** Spezialität aus Fisch aus dem See, "Agone" genannt, getrocknet und in der Pfanne oder auf dem Grill gebraten, eventuell mit Polenta begleitet. Typisch für die Lombardei (s. Lombardia).
▶ **MISSOLTÍTT** Especialidad a base de pescado de lago llamado agone, seco y cocinado a la parrilla o en sartén, eventualmente acompañado de polenta. Típico de Lombardía (ver).

MISTICANZA *Insalata di erbe selvatiche crude. Termine in uso nell'Italia centrale.*
▶ **MISTICANZA** Raw salad of wild herbs. The term is used in central Italy.
▶ **MISTICANZA** Salade d'herbes sauvages crues. Ce terme est utilisé en Italie centrale.
▶ **MISTICANZA** Mischung aus wilden Kräutern. Gebräuchlich in Zentralitalien.
▶ **MISTICANZA** Ensalada de hierbas silvestres crudas. Término en uso en la Italia central.

MÍTILO *Mollusco di mare, dalla conchiglia bluastra e dalla polpa color arancio, comunemente noto come cozza (v.). È usato in diverse ricette regionali.*
▶ **MUSSEL** Sea mollusc which has a bluish coloured shell and orange pulp (s. cozza), used in various regional recipes.
▶ **MOULE** Mollusque de mer, à la coquille bleuâtre et à la pulpe orange (v. cozza). Elle est utilisée dans différentes recettes régionales.
▶ **MITILO** Meeresweichtier mit bläulicher Muschelschale und orangem Fruchtfleisch, allgemein als Miesmuschel (s. cozza) bekannt. Wird in diversen regionalen Rezepten gebraucht.

▶ **MITULO** Molusco de mar, de concha azulada y de pulpa color naranja (ver cozza), normalmente conocido como mejillón. Se usa en diversas recetas regionales.

MOCETTA Salume stagionato, ricavato dalla coscia di stambecco o camoscio, tipico della Valle d'Aosta (v.).

▶ **MOCETTA** Aged salami made with thigh of ibex or chamois, typical of the Valle d'Aosta (s.).

▶ **MOCETTA** Saucisse affinée, obtenue de la cuisse du bouquetin ou du chamois, typique de la Vallée d'Aoste (v. Valle d'Aosta).

▶ **MOCETTA** Gereifte Wurst aus dem Schenkel des Steinbocks oder der Gemse gewonnen, typisch für das Aostatal (s. Valle d'Aosta).

▶ **MOCETTA** Embutido curado, obtenido de la pierna de la cabra montesa o rupicabra, típico del Valle de Aosta (ver Valle d'Aosta).

MOKA O MOCA Pregiata varietà di caffè originaria della penisola araba. Nell'uso comune, il termine designa anche un tipo di caffettiera e la tecnica di preparazione del caffè che ne deriva.

▶ **MOKA o MOCA** Valued variety of coffee originating from Arabia. The term also indicates a type of coffee pot and the technique of preparing the coffee.

▶ **MOKA** Variété appréciée de café originaire de la péninsule arabe. Dans l'usage commun, le terme définit aussi un type de cafetière et la technique de préparation du café qui en est issu.

▶ **MOKA oder MOCA** Mokka, wertvolle Kaffeeart aus der arabischen Halbinsel. Im Sprachgebrauch auch Bezeichnung für eine Kaffeemaschine und die dazugehörige Technik der Kaffeezubereitung.

▶ **MOCA** Preciada variedad de café originaria de la península árabe. En el uso común, el término designa también un tipo de cafetera y la técnica de preparación del café que deriva.

MOLECA Maschio del granchio, catturato nel momento in cui cambia corazza ed è quindi interamente molle. Termine originario del Veneto (v.).

▶ **MALE CRAB** Captured when it is changing his shell and therefore completely soft. Term originating from Veneto (s.).

▶ **MOLECA** Mâle du crabe, capturé quand il mue, il est ainsi entièrement mou. Terme originaire de la Vénétie (v. Veneto).

▶ **MOLECA** Männlicher Krebs, gefangen während er die Hülle wechselt und also vollkommen weich ist. Aus dem Venetianischen (s. Veneto).

▶ **MOLECA** Macho del cangrejo, capturado en el momento en el que cambia de caparazón y por ello completamente blando. Término originario del Véneto (ver).

MOLISE Regione dell'Italia centro-meridionale, bagnata dal mare Adriatico (v. pag. 340).

▶ **MOLISE** Region located in the lower part of central Italy, which lies on the Adriatic (s. pag. 340).

▶ **MOLISE** Région de l'Italie du centre-sud, baignée par la mer Adriatique (v. pag. 340).

▶ **MOLISE** Region Zentral-, Süditaliens am Adriatischen Meer (s. S. 340).

▶ **MOLISE** Región de Italia centro-meridional, bañada por el mar Adriático (ver. pag. 340).

MOLITERNO Formaggio di latte di pecora, dalla pasta compatta e dal sapore forte e piccante. Tipico di Basilicata (v.) e Calabria (v.).

▶ **MOLITERNO** A compact ewes milk cheese which has a strong peppery flavour. Typical of Basilicata (s.) and Calabria (s.).

▶ **MOLITERNO** Fromage de lait de brebis, à la pâte ferme et à la saveur forte et piquante. Typique de la Basilicate (v.) et la Calabre (v.).

▶ **MOLITERNO** Schafsmilchkäse aus kompakter Paste und von starkem und scharfem Geschmack. Typisch für die Basilikata (s.) und Kalabrien (s.).

▶ **MOLITERNO** Queso de leche de oveja, de pasta compacta y de sabor fuerte y picante. Típico de Basilicata (ver) y Calabria (ver).

MOLLICA *Parte interna, morbida, del pane.*
▸ **MOLLICA** Internal, soft part of bread.
▸ **MIE** Partie interne, molle, du pain.
▸ **MOLLICA** Das Innere des Brots ohne Kruste.
▸ **MIGA** Parte interna, blanda, del pan.

MOLLUSCO *Animali dal corpo molle, dotati o meno di conchiglia. Ne esistono innumerevoli specie, la maggior parte delle quali d'acqua, con alcune eccezioni (la lumaca).*
▸ **MOLLUSC** Soft bodied animal, with or without a shell, of which there are many species, most of which live in water with only a few exceptions (the snail).
▸ **MOLLUSQUE** Animal au corps mou, doté ou non de coquille. Il en existe d'innombrables espèce, la plupart sont aquatiques, avec quelques exceptions (l'escargot).
▸ **WEICHTIER** Tiere mit weichem Körper, mit oder ohne Muschelschale. Es gibt unzählige Arten, meistens Wassertiere, mit einigen Ausnahmen (Schnecke).
▸ **MOLUSCO** Animales de cuerpo blando, dotados o no de concha. Existen innumerables especies, la mayor parte de agua, con algunas excepciones (la babosa).

MONDEGHILI *Polpetta (v.). Termine dialettale della Lombardia (v.).*
▸ **MEATBALL** (s. polpetta). Term in dialect from Lombardy (s. Lombardia).
▸ **MONGEGHILI** Paupiette (v. polpetta). Terme dialectale de la Lombardie (v.).
▸ **MONDEGHILI** Klößchen (s. polpetta). Dialektalischer Ausdruck aus der Lombardei (s. Lombardia).
▸ **MONDEGHILI** Albóndiga (ver polpetta). Término dialectal de Lombardía (ver).

MONFERRATO *Regione vitivinicola del Piemonte (v.), nota per la produzione di Barbera e Grignolino.*
▸ **MONFERRATO** Winemaking region of Piedmont (s. Piemonte), well known for the production of Barbera and Grignolino.
▸ **MONTFERRATO** Région viticole du Piémont (v. Piemonte), connue pour la production du Barbera et du Grignolino.
▸ **MONFERRATO** Weinanbaugebiet im Piemont (s. Piemonte), bekannt für die Herstellung von Barbera und Grignolino.
▸ **MONFERRATO** Región vinícola del Piamonte (ver Piemonte), conocida por la producción de Barbera y Grignolino.

MONTAPIÀTTI *Piccolo ascensore che velocizza il trasporto dei piatti da sala a cucina, quando queste si trovano in piani differenti.*
▸ **MONTAPIÀTTI** Small lift which increases the speed at which plates arrive from the dining room to the kitchen, when these are located on different floors.
▸ **MONTE-PLATS** Petit ascenseur qui rend plus rapide le transport des plats de la salle à la cuisine, quand celles-ci se trouvent sur des étages différents.
▸ **MONTAPIATTI** Aufzug, kleiner Aufzug zur schnellen Beförderung der Teller und Gerichte vom Speisesaal zur Küche und umgekehrt, wenn diese sich auf verschiedenen Niveaus befinden.
▸ **MONTAPLATOS** Pequeño ascensor que hace más rápido el transporte de los platos de la sala a la cocina, cuando éstas se encuentran en pisos diferentes.

MONTARE *Sbattere panna, albumi d'uovo o altri composti cremosi con la frusta, in modo da farli aumentare di volume.*
▸ **MOUNT** Whisk cream, egg whites or other creamy mixtures, with a whisk, in order to increase the volume.
▸ **MONTER** Battre de la crème, des blancs d'œufs ou autres avec le

ouet, de manière qu'ils augmentent de volume.

▶ **MONTARE** Mit dem Schneebesen zur Volumenvergrösserung cremig schlagen wie z.B. Sahne, Eiweiss.

▶ **MONTAR** Batir nata, claras de huevo u otros compuestos cremosos con la batidora, de manera que aumenten de volumen.

MONTÀSIO *Formaggio di latte vaccino, semicotto, a pasta semidura o dura. Ha sapore dolce con sentori di latte da giovane, più deciso se stagionato. Tipico del Friuli Venezia Giulia (v.).*

▶ **MONTÀSIO** A semi-cooked cheese made from cows milk. The cheese is semi-hard or hard. It has a sweet milky taste when fresh which becomes stronger as the cheese is aged. Typical of Friuli Venezia Giulia (s.).

▶ **MONTASIO** Fromage de lait de vache, semi-cuit, à pâte semi-dure ou dure. Il a un goût sucré avec une odeur de lait jeune et étant plus décidé une fois affiné.

▶ **MONTASIO** Kuhmilchkäse, halbgekocht mit halbharter oder harter Paste. Mild und milchig, wenn jung; mit entschiedenerem Geschmack, wenn älter. Typisch für Friuli Venezia Giulia (s.).

▶ **MONTÀSIO** Queso de leche de vaca, semicocido, de pasta semidura o dura. Tiene un sabor dulce con señales de leche joven, más fuerte si está curado. Típico de Friuli Venezia Giulia (ver).

MONTEBIÀNCO *Dolce a base di pasta di castagne, latte e zucchero, ricoperto di panna montata.*

▶ **MONTEBIÀNCO** Cake made with chestnut puree, milk and sugar, which is then covered with whipped cream.

▶ **MONTBLANC** Tarte à base de crème de marrons, lait et sucre recouverte de chantilly.

▶ **MONTEBIANCO** Der "weisse Berg", eine Süßspeise aus Kastanien, Milch und Zucker mit Schlagsahne.

▶ **MONTEBIÀNCO** Dulce a base de puré de castañas, leche y azúcar, recubierto de nata montada.

MONTONE *Maschio della pecora. Di raro impiego gastronomico in Italia.*

▶ **MUTTON** Male sheep. Rarely used as meat in Italy.

▶ **MOUTON** Mâle de la brebis. En Italie il est rarement employé en cuisine.

▶ **HAMMEL** Schafbock. Selten in der italienischen Gastronomie verwendet.

▶ **CARNERO** Macho de la oveja. Es raro su uso gastronómico en Italia.

MORA *Piccolo frutto del rovo, di colore viola scuro e dal sapore intenso e dolce.*

▶ **BLACKBERRY** Small fruit of the blackberry bush. It is of a dark violet colour and has an intense sweet flavour.

▶ **MURE** Petit fruit de la ronce, de couleur violette foncée et au goût intense et sucré.

▶ **BROMBEERE** Kleine Frucht des Brombeerstrauchs, dunkelviolett und mit intensivem und süßem Geschmack.

▶ **MORA** Pequeño fruto de la zarza, de color morado y de sabor intenso y dulce.

MORTADELLA *Salume cotto di maiale, molto diffuso, originario dell'Emilia Romagna (v.). Si ritrova in molte ricette.*

▶ **MORTADELLA** Cooked pork product originating from Emilia Romagna (s.). It is very common and is found in many recipes.

▶ **MORTADELLE** Saucisse cuite de porc, très répandue, originaire de l'Emilie-Romagne (v.). On la trouve dans plusieurs recettes.

▶ **MORTADELLA** Gekochte Schweinswurst, sehr verbreitet, abstammend aus der Emilia Romagna (s.). Wird in vielen Rezepten verwendet.

▶ **MORTADELA** Embutido cocido de cerdo, muy extendido, originario de Emilia Romagna (ver). Se utiliza en muchas recetas.

MORTADELLA DI FEGATO *Salume a base di fegato di maiale, originario della zona di Novara, in Piemonte (v.).*

▶ **MORTADELLA DI FEGATO** A pork liver based product, originating from the zone of Novara, in Piedmont (s. Piemonte).

▶ **MORTADELLE DE FOIE** Saucisse à base de foie de porc, originaire de la zone de Novare, en Piémont (v. Piemonte).

▶ **LEBERMORTADELLA** Wurst aus Schweineleber, abstammend aus der Gegend um Novara, im Piemont (s. Piemonte).

▶ **MORTADELA DE HIGADO** Embutido a base de hígado de cerdo, originario de la zona de Novara, en Piamonte (ver Piemonte).

MOSCARDINO *Mollusco dall'aspetto di un piccolo polpo e dal sapore muschiato.*

▶ **CURLED OCTOPUS** Mollusc which resembles a small octopus and which has a musky flavour.

▶ **MUSCARDIN** Mollusque à l'aspect d'un petit poulpe et à la saveur musquée.

▶ **MOSCARDINO** Mini - Tintenfisch mit Moschusnoten.

▶ **CHIPIRON** Molusco de aspecto de un pequeño pulpo y de sabor almizclado.

MOSCIÀME O MUSCIÀME *Carne secca di tonno.*

▶ **MOSCIÀME o MUSCIÀME** Dried tuna fish.

▶ **MOSCIAME** Chair sèche de thon.

▶ **MOSCIAME oder MUSCIAME** Trockenes Thunfischfleisch.

▶ **MOJAMA** Carne seca de atún.

MOSTACCIOLO *Il termine indica vari tipi di biscotti a pasta dura, differenti da regione a regione.*

▶ **MOSTACCIOLO** Various types of hard biscuits, varying from region to region.

▶ **CROQUIGNOLE** Ce terme désigne différents types de biscuits à pâte dure, différents de région à région.

▶ **MOSTACCIOLO** Bezeichnung für

verschiedene Kekse aus hartem Teig, unterschiedlich von Region zu Region.

▶ **MOSTACHON** El término indica varios tipos de galletas de masa dura, diferentes de una región a otra.

MOSTARDA *Condimento piccante a base di frutta candita, sciroppo e senape. La mostarda di Cremona – simile a quella di Voghera - ne è una variante particolare, caratterizzata dal gusto meno forte. Il termine, infine, è talvolta anche usato come sinonimo di cugnà (v.).*

▶ **MOSTARDA** Spicy condiment consisting if candied fruit, syrup and mustard. Mostarda from Cremona – similar to that of Voghera – is a particular variety, characterised by a less strong flavour. The term is also used to identify a sweet compote of grape must and dried fruit (s. cugnà).

▶ **FRUITS CONFITS** Assaisonnement piquant à base de fruits confits, sirop et moutarde. Les fruits confits de Crémone – semblables à ceux de Voguera – en constituent une variante particulière, caractérisés par le goût moins fort. Ce terme, enfin, est quelquefois utilisé comme synonyme de cugnà (v.).

▶ **MOSTARD** Scharfe Würze aus kandierten Früchten, Syrup und Senf. Der Mostard aus Cremona – ähnlich dem aus Voghera – ist eine besondere Variante, weniger stark. Manchmal auch als Synonym für "Cugnà" gebraucht (s.).

▶ **MOSTARDA** Condimento picante a base de fruta confitada, jarabe y mostaza. La mostarda de Cremona – parecida a la de Voghera – es una variedad particular, caracterizada por el gusto menos fuerte. El término, a veces, se usa como sinónimo de cugnà (ver).

MOSTO *Succo dell'uva, dalla cui fermentazione si ottiene il vino.*

▶ **MUST** Grape juice, from which wine is obtained through fermentation.

▶ **MOUT** Jus de raisin, de la fermentation duquel on obtient le vin.

▶ **MOST** Traubensaft, aus dessen Vergärung Wein erhalten wird.

▶ **MOSTO** Zumo de uva, de cuya fermentación se obtiene el vino.

MOSTO COTTO *È una salsa dolce dal sentore affumicato, che si abbina ai formaggi. Tipica delle regioni meridionali.*

▶ **MOSTO COTTO** A sweet, smoky sauce, eaten with cheese. Typical of regions in the south.

▶ **MOUT CUIT** C'est une sauce sucrée à la senteur fumée, qui est combinée aux fromages. Typique des régions du sud.

▶ **MOSTO COTTO** milde, süßliche Sosse mit Räuchergeschmack, die zu Käse passt. Typisch für südliche Regionen.

▶ **MOSTO COCIDO** Es una salsa dulce con matiz ahumado, que se combina con quesos. Típica de las regiones meridionales.

MOU *Caramella tenera.*

▶ **TOFFEE** Soft sweet.

▶ **MOU** Bonbon mou.

▶ **MOU** Weiches Karamell.

▶ **MOU** Caramelo tierno.

MOUSSE *Termine generico che indica una preparazione dall'aspetto soffice e spumoso, dolce o salata.*

▶ **MOUSSE** A soft, airy food, sweet or savoury.

▶ **MOUSSE** Terme commun qui désigne une préparation à l'aspect mou et spongieux, sucrée ou salée.

▶ **MOUSSE** allgemein eine Bezeichnung für eine lockere, luftige Creme, süß oder herzhaft.

▶ **MOUSSE** Término genérico que indica una preparación de aspecto tierno y espumoso, dulce o salada.

MOZZARELLA *Formaggio ottenuto da latte di bufala o di vacca, di color bianco latte e sapore fresco. Talvolta viene affumicata. Si ritrova in molteplici preparazioni, sia cruda sia cotta.*

▶ **MOZZARELLA** Cheese produced from buffalo or cow's milk. Occa-

sionally it is smoked. It is used in many recipes, both raw and cooked.

▶ **MOZZARELLA** Fromage obtenu à partir du lait de buffle ou de vache, de couleur blanc lait et de saveur fraîche. Parfois elle est fumée. On la retrouve dans plusieurs préparations, soit crue soit cuite.

▶ **MOZZARELLA** Käse aus Büffel oder Kuhmilch, weiss und frisch. Manchmal geräuchert. In verschiedenen Zubereitungen, roh oder geschmolzen, verwendet.

▶ **MOZARELA** Queso obtenido de la leche de búfalo o de vaca, de color blanco leche y sabor fresco. A veces es ahumada. Se encuentra en múltiples preparaciones, cruda o cocida.

MÚGGINE *Nome toscano (v. Toscana) del cefalo (v.)*

▶ **GREY MULLET** Name from Tuscany (s. Toscana, cefalo).

▶ **MUGE** Nom toscan (v. Toscana) du mulet (v. cefalo).

▶ **MUGGINE** Toskanischer (s. Toscana). Name der Meeräsche (s. cefalo).

▶ **MÚGGINE** Nombre toscano (ver Toscana) del mújol (ver cefalo).

MULETTA *Il termine indica un salame crudo insaccato in un budello naturale. Tipico del Piemonte (v.).*

▶ **MULETTA** A raw salami in a natural intestine, typical of Piedmont (s. Piemonte).

▶ **MULETTA** Le terme signifie un saucisson cru enveloppé dans un boyau naturel. Il est typique du Piémont (v. Piemonte).

▶ **MULETTA** Rohe Wurst in natürlichem Gedärm. Typisch für Piemont (s. Piemonte).

▶ **MULETA** El término indica un salame crudo embutido en tripa natural. Típico del Piamonte (ver).

MURAZZANO *Formaggio a base di latte di pecora con una eventuale percentuale di latte vaccino. Tipico della zona delle Langhe in Piemonte (v.).*

▶ **MURAZZANO** A cheese produced

from ewes milk, which can occasionally contain a certain percentage of cow's milk. Typical of the Langhe zone in Piedmont (s. Piemonte).

▶ **MURAZZANO** Fromage à base de lait de brebis avec un éventuel pourcentage de lait de vache. Typique de la zone des Langhe en Piémont (v. Piemonte).

▶ **MURAZZANO** Schafskäse mit eventuellem Kuhmilchanteil. Typisch für die Gegend Langhe in Piemont (s. Piemonte).

▶ **MURAZZANO** Queso a base de leche de oveja con un eventual porcentaje de leche de vaca. Típico de la zona de Langhe en Piamonte (ver Piemonte).

MURSEDDU *Soffritto di frattaglie e carne di maiale a pezzetti, aromatizzate, cotte col vino rosso. Tipico della Calabria (v.).*

▶ **MURSEDDU** Fried, aromatised pieces of pork offal, cooked with red wine. Typical of Calabria (s.).

▶ **MURSEDDU** Rissolé d'abats et de viande de porc en morceaux, aromatisé, cuit au vin rouge. Typique de la Calabre (v. Calabria).

▶ **MURSEDDU** Frittiertes Gekröse mit Schweinsstückchen, gewürzt

und mit Rotwein. Typisch für Kalabrien (s. Calabria).

▶ **MURSEDDU** Sofrito de menudillos y carne de cerdo a trozos, aromatizado, cocinado con vino tinto. Típico de Calabria (ver).

MÚSCOLI *Nome dei mitili (v.) usato in Liguria (v.).*

▶ **MUSSEL** (s. mitilo) Name used in Liguria (s.).

▶ **MUSCOLI** Nom des moules (v. mitilo) utilisé en Ligurie (v. Liguria).

▶ **MUSCOLI** Name in Ligurien (s. Liguria) für Miesmuscheln (s. mitilo).

▶ **MUSCOLI** Nombre de los mítulos (ver mitilo) usado en Liguria (ver).

MÚSCOLO *Insieme delle fibre carnose che circondano l'osso. È anche il nome di un taglio regionale di carne di bovina.*

▶ **MUSCLE** Bundle of meaty fibres which surround the bone. Also the name of a cut of meat.

▶ **MUSCLE** Ensemble des fibres charnues qui enveloppent l'os. C'est aussi le nom d'un morceau régional de viande bovine.

▶ **MUSKEL** Fleischfasern, die den Knochen umgeben. Auch ein regionaler Fleischschnitt für Rind.

▶ **MUSCULO** Conjunto de las fibras carnosas que rodean el hueso. Es también el nombre de un corte regional de carne bovina.

MÚSCOLO DELLA SPALLA *Taglio di carne bovina.*
▶ **SHOULDER MUSCLE** A cut of beef.
▶ **MUSCLE DE L'EPAULE** Morceau de viande bovine.
▶ **SCHULTERMUSKEL** Fleischschnitt für Rind.
▶ **MUSCULO DE LA PALETILLA** Corte de carne bovina.

MUSETTO *Insaccato da cuocere a base di carne di suino, con aggiunta di cotenna (v.) e parti di muso, variamente speziato. È simile al cotechino (v.). Tipico del Friuli Venezia Giulia (v.).*
▶ **MUSETTO** A cooking sausage containing pork, rind, (s. cotenna) pieces of snout and various spices. Similar to the cotechino sausage (s. cotechino). Typical of Friuli Venezia Giulia (s.).
▶ **MUSETTO** Saucisse à cuire à base de viande de porc, avec ajout de couenne (v. cotenna) et parties de museau, diversement épicé. Elle est semblable au saucisson cuit (v. cotechino). Typique du Frioul-Vénétie-Julienne (v. Friuli Venezia Giulia).

▶ **MUSETTO** Kochwurst aus Schwein mit Schwarte (s. cotenna) und Teilen des Mauls, unterschiedlich gewürzt. Dem "Cotechino" (s.) sehr ähnlich. Typisch für Friuli Venezia Giulia (s.).
▶ **HOCICO** Embutido para cocer a base de carne de cerdo, añadiendo corteza (ver cotenna) y partes del morro, variadamente especiado. Es parecido al cotequino (ver cotechino). Típico de Friuli Venezia Giulia (ver).

MUSTICA *Piatto a base di piccoli pesci di mare, salati e cosparsi di peperoncino, tipici della Calabria (v.).*
▶ **MUSTICA** Dish consisting of small salt water fish, salted and covered with chilly pepper, typical of Calabria (s.).
▶ **MUSTICA** Plat à base de petits poissons de mer, salés et recouverts de piment, typiques de la Calabre (v. Calabria).
▶ **MUSTICA** Gericht aus kleinen Meeresfischen, gesalzen und mit Pfefferschoten bestreut, typisch für Kalabrien (s. Calabria).
▶ **MUSTICA** Plato a base de pequeños peces de mar, salados y rociados con guindilla, típicos de Calabria (ver).

N

NASELLO *Pesce d'acqua salata dalle carni molto delicate e fragili, ideale da consumare sia intero sia a filetti.*
▷ **HAKE** Salt water fish with very delicate and fragile meat, ideal to serve whole or in fillets.
▷ **MERLUCHE** Poisson de mer à la chair très délicate et fragile, idéal à manger entier ou en filets.
▷ **NASELLO** Salzwasserfisch mit leicht zerfallendem und delikatem Fleisch, ideal als Ganzgericht oder in Filets.
▷ **PESCADILLA** Pescado de agua salada de carnes muy delicadas y frágiles, ideal para consumir entero o en filetes.

NASHI *Tipo di pera originaria del Giappone.*
▷ **NASHI** Type of pear originating from Japan.
▷ **NASHI** Type de poire originaire du Japon.
▷ **NASHI** Birne aus Japan.
▷ **NASHI** Tipo de pera originaria de Japón.

'NDUJA *Salame fresco da spalmare, a base delle parti più grasse della carne del maiale, condite con peperoncino e sale. Tipico della Calabria (v.).*
▷ **'NDUJA** Fresh salami spread, consisting of the fatty parts of the pig, seasoned with chilly pepper and salt. Typical of Calabria (s.).
▷ **'NDUJA** Saucisson frais à tartiner, à base des morceaux les plus gras de la viande de cochon, assaisonné avec piment et sel. Spécialité de la Calabre (v. Calabria).
▷ **'NDUJA** frische Streichwurst aus den fettesten Teilen des Schweins, gewürzt mit Pfefferschoten und Salz. Typisch für Kalabrien (s.).

▷ **'NDUJA** Embutido fresco de untar, a base de las partes más grasas de la carne del cerdo, condimentadas con guindilla y sal. Típico de Calabria (ver).

NÉCCIO *Focaccia di farina di castagne tipica dell'Appennino toscano.*
▷ **NÉCCIO** A low bread made with chestnut flour, typical of the Apennines of Tuscany.
▷ **NECCIO** Fougasse de farine de châtaignes typique de l'Apennin toscan.
▷ **NECCIO** Focaccia aus Kastanienmehl typisch für den toskanischen Appenin.
▷ **NÉCCIO** Focacha de harina de castañas típica del Apenino toscano.

NEGRONI *Nome di un famoso cocktail composto da parti uguali di vermut, campari e gin.*
▷ **NEGRONI** Name of a famous cocktail made with equal parts of vermouth, campari and gin.
▷ **NEGRONI** Nom d'un fameux cocktail composé de Vermout, Campari et Gin en parties égales.
▷ **NEGRONI** Name eines berühmten Cocktails aus gleichen Teilen Vermouth, Campari und Gin.
▷ **NEGRONI** Nombre de un famoso cóctel compuesto a partes iguales por vermut, campari y ginebra.

NEPITELLA *Pianta selvatica di cui si consumano le piccole foglie.*
▷ **CAT MINT** Wild plant of which the small leaves are used.
▷ **HERBE AUX CHATS** Plante sauvage dont on mange les petites feuilles.

▶ **NEPITELLA** Wilde Pflanze deren kleine Blätter gebraucht werden.

▶ **NEPITELLA** Planta silvestre de la que se consumen las hojas pequeñas.

NERO DI SÉPPIA *Liquido nero secreto da alcuni molluschi, usato in cucina per le sue qualità aromatiche e coloranti.*

▶ **SQUID INK** Black liquid secreted by certain molluscs, used in recipes for it's colour and flavour.

▶ **NOIR DE SEICHE** Liquide noir sécrété par certains mollusques utilisé en cuisine pour ses qualités aromatiques et colorantes.

▶ **TINTENFISCHSCHWÄRZE** Schwarze Flüssigkeit, Sekret einiger Weichtiere, in der Küche wegen seiner aromatischen und kolorierenden Eigenschaften benutzt.

▶ **TINTA** Líquido negro secreto de algunos moluscos, usado en cocina por su calidad aromática y colorante.

NERVETTI *Pietanza fredda composta dalle cartilagini di vitello lessate e condite con sottaceti. Tipici in Piemonte e Lombardia i nervetti con le cipolle.*

▶ **NERVETTI** Cold dish composed of boiled veal cartilage, with pickled candied fruit. Nervetti with onions is typical of Piedmont and Lombardy.

▶ **PETITS NERFS** Plat froid composé des cartilages de veau bouillis et accompagné de cornichons.Les petits nerfs avec les oignons sont typiques du Piémont et de la Lombardie.

▶ **NERVETTI** kaltes Gericht aus den nervigen Knorpelteilen des gekochten Kalbs, angemacht mit Essigsaurem. Typisch für den Piemont und die Lombardei sind die "Nervetti" mit Zwiebeln.

▶ **NERVETTI** Manjar frío compuesto por los cartílagos de la ternera hervidos y condimentados en escabeche. Típicos en Piamonte y Lombardía son los nervetti con cebollas.

NESPOLA *Frutto di forma ovale, dal sapore leggermente acidulo, di una pianta selvatica.*

▶ **MEDLAR** Oval shaped fruit of a wild plant, with a slightly sour taste.

▶ **NEFLE** Fruit à la forme ovale, au goût légèrement acidulé, provenant d'une plante sauvage.

▶ **NESPOLA** Eiförmige orange Frucht, leicht säuerlich, eines wildwachsenden Obstbaums.

▶ **NISPERO** Fruta de forma oval, de sabor ligeramente ácido, de una planta silvestre.

NETTARINA *Sinonimo di pesca noce (v. pesca).*

▶ **NECTARINE** (s. pesca).

▶ **NECTARINE** Synonyme de brugnon (v. pesca).

▶ **NEKTARINE** Synonym des Pfirsichs "pesca noce" mit glatter Schale (s. pesca).

▶ **NECTARINA** (ver pesca).

NIDI DI RONDINE *Piatto tradizionale della cucina cinese costituito dai frammenti secchi dei nidi di rondine messi a cuocere a fuoco alto.*

▶ **SWALLOW'S NEST** Traditional Chinese dish consisting of fragments of dried swallow's nest, boiled.

▶ **NIDS D'HIRONDELLE** Plat traditionnel de la cuisine chinoise constitué de fragments séchés des nids d'hirondelle cuits à feu soutenu.

▶ **SCHWALBENNESTER** Gericht aus der chinesischen Küche aus getrockneten Teilen der Schwalbennester, die auf kleiner Flamme langsam gekocht werden.

▶ **NIDOS DE GOLONDRINA** Plato tradicional de la cocina china constituido por fragmentos secos de nidos de golondrinas cocidos a fuego fuerte.

NIDO *Preparazione alimentare generica che consiste nel porre un alimento all'interno di un altro adatto a contenerlo.*

▶ **NEST** General name given to food which is used as a container for a filling.

▶ **NID** Préparation alimentaire commune qui consiste à placer un aliment à l'intérieur d'un autre apte à le contenir.

▶ **NEST** Zubereitung, die allgemein bezeichnet, ein anders Lebensmittel in einem Nest einzubetten.

▶ **NIDO** Preparación alimenticia genérica que consiste en poner un alimento dentro de otro adecuado para contenerlo.

NOCCIOLA *Frutto secco dall'alto valore energetico, da consumare come frutto, come guarnizione di dolci o tostata.*

▶ **HAZELNUT** Highly calorific dry fruit, eaten as a fruit, in cakes and desserts or toasted.

▶ **NOISETTE** Fruit sec à haute valeur énergétique, à consommer comme fruit ou comme garniture pour gâteaux ou encore grillée.

▶ **HASELNUSS** Trockenfrucht mit hohem Nährwert, allein oder als Garnierung zu Kuchen oder geröstet verzehrbar.

▶ **AVELLANA** Fruto seco de alto valor energético, que se consume como fruto, como guarnición de dulces o tostado.

NOCCIOLINE AMERICANE *Sinonimo di arachidi (v.)*

▶ **PEANUT** (s. arachidi).

▶ **CACAHUETE** Synonyme d'arachide (v. arachidi).

▶ **ERDNÜSSE** Synonym für "Arachidi" (s.).

▶ **AVELLANAS AMERICANAS** Sinónimo de cacahuetes (ver arachidi).

NOCCIOLINI DI CHIVASSO *Piccoli dolcetti tipici piemontesi di forma tonda con prodotti con albume, zucchero e nocciole.*

▶ **NOCCIOLINI DI CHIVASSO** Small round cakes made with egg whites, sugar and hazelnuts, typical of Piedmont.

▶ **NOCCIOLINI DI CHIVASSO** Petits gâteaux typiques du Piémont, de forme ronde, faits avec des blancs d'œufs, du sucre et des noisettes.

▶ **NOCCIOLINI DI CHIVASSO** Kleines Gebäck aus dem Piemont, rund

und hergestellt aus Eiweiss, Zucker und Haselnüssen.

▶ **AVELLANAS DE CHIVASSO** Pequeños dulces típicos piamonteses de forma redonda con clara de huevo, azúcar y avellanas.

NOCE *Frutto secco protetto da un guscio, usato anche come ingrediente di salse e dolci.*

▶ **WALNUT** Dry fruit protected by a shell, used as an ingredient in sauces and cakes.

▶ **NOIX** Fruit sec protégé d'une coquille, utilisé aussi comme ingrédient dans les sauces ou gâteaux.

▶ **WALNUSS** Trockenfrucht mit sehr harter Schale, auch als Zutat für Soßen und Süßwaren gebraucht.

▶ **NUEZ** Fruto seco protegido con una cáscara, usado también como ingrediente de salsas y dulces.

NOCE DI BURRO *Misura approssimativa riferita a un basso quantitativo di burro.*

▶ **KNOB OF BUTTER** An approximate measurement referring to a small quantity of butter.

▶ **NOIX DE BEURRE** Mesure approximative qui se réfère à une faible quantité de beurre.

▶ **NUSSGROSSES BUTTERSTÜCK** Ungenaue Maßeinheit einer kleinen Menge Butter.

▶ **NOCE DI BURRO** Medida aproximativa referida a una pequeña cantidad de mantequilla.

NOCE DI COCCO *Frutto della palma da cocco, di cui si consuma la polpa, dal sapore dolce e fresco e il liquido bianco contenuto all'interno, chiamato latte.*

▶ **COCONUT** Fruit of the cocopalm. The sweet, fresh tasting pulp is eaten, as well as the white liquid contained inside the coconut (milk).

▶ **NOIX DE COCO** Fruit du cocotier, dont on mange la pulpe, à la saveur douce et fraîche. Le liquide blanc contenu à l'intérieur est appelé lait.

▶ **KOKUSNUSS** Frucht der Kokuspalme, deren Fruchtfleisch mit süβem und frischem Geschmack verzehrt wird. Die weisse Flüssigkeit des Inneren wird auch Milch genannt.

▶ **NUEZ DE COCO** Fruto de la palma del coco, del que se consume la pulpa, de sabor dulce y fresco y el líquido blanco que contiene, llamado leche.

NOCE MOSCATA *Spezia molto aromatica indicata per salse e portate.*

▶ **NUTMEG** Very aromatic spice used in sauces and as a condiment.

▶ **NOIX DE MUSCADE** Epice très aromatique indiquée pour les sauces et les mets.

▶ **MUSKATNUSS** Sehr aromatische Würze, geeignet für Soβen und Gerichte.

▶ **NUEZ MOSCADA** Especia muy aromática indicada para salsas y platos.

NODINO *Taglio di carne di vitello posto tra la vertebra e la lombata (v.), circondato da parti grasse.*

▶ **BEST END CUT FROM UNDER LOIN** Cut of veal from in-between the vertebrae and the loin (s. lombata).

▶ **ENTRECOTE** Morceau de viande de veau situé entre la vertèbre et la longe (v. lombata), enveloppé des parties grasses.

▶ **NUβSTÜCK** Fleischschnitt des Kalbs aus Lenden- und Wirbelsäulengegend, umgeben von Fett.

▶ **NODINO** Corte de carne de ternera situado entre la vértebra y el lomo (ver lombata) rodeado de partes grasas.

NORCINO *Termine umbro (v. Umbria) sinonimo di salumiere.*

▶ **PORK-BUTCHER** Term from Umbria (s.).

▶ **NORCINO** Terme ombrien (v. Umbria) synonyme de charcutier.

▶ **NORCINO** Ausdruck aus Umbrien (s. Umbria) für Fleischer.

▶ **NORCINO (MATARIFE)** Término umbro (ver Umbria) sinónimo de charcutero.

NORMA, ALLA *Condimento per primi piatti a base di melanzane e pomodori, tipico della Sicilia (v.).*

▶ **NORMA, ALLA** Pasta sauce consisting of aubergines and tomatoes, typical of Sicily (s. Sicilia).

▶ **NORMA, A LA** Assaisonnement pour les premiers plats à base d'aubergines et tomates, typique de la Sicile (v. Sicilia).

▶ **NORMA, ALLA** Soβe für erste Gänge aus Auberginen und Tomaten, typisch für Sizilien (s. Sicilia).

▶ **NORMA, A LA** Condimento para primeros platos a base de berenjenas y tomates típico de Sicilia (ver).

NOSTRANO *Termine generico che indica l'appartenenza di un alimento ad un territorio di riferimento.*

▶ **LOCAL** Term indicating that a food is from that particular area.

▶ **DU TERROIR** Terme commun qui désigne l'appartenance d'un aliment à un territoire de référence.

▶ **NOSTRANO** "unserer", allgemeiner Ausdruck zur Bezeichnung eines aus einer bestimmten Gegend stammenden Lebensmittels.

▶ **NOSTRANO (DEL PAIS)** Término genérico que indica la pertenencia de un alimento a un territorio de referencia.

NOUGATINE *Piccolo dolce mandorlato ricoperto di cioccolato.*

▶ **NOUGAT SWEETS** Small pieces of almond nougat coated with chocolate.

▶ **NOUGATINE** Petit gâteau aux amandes recouvert de chocolat.

▶ **NOUGATINE** Kleine mandelhaltige Süβigkeit, mit Schokolade überzogen.

▶ **NOUGATINE** Pequeño dulce almendrado recubierto de chocolate.

NOVELLO *Vino ottenuto con una particolare tecnica di fermentazione (vedi macerazione carbonica), imbottigliato un paio di mesi dopo la vendemmia. Ha caratteristiche di profumi fruttati e fragranti ed è di contenuto tenore alcolico.*

▶ **NOVELLO** Wine produce by a

particular technique of fermentation (s. macerazione carbonica), bottled a couple of months after the harvest. It has a fruity and fragrant aroma and a standard alcohol content.

▶ **VIN NOUVEAU** Vin obtenu avec une technique particulière de fermentation (v. macerazione carbonica), embouteillé deux mois après la vendange. Il a des caractéristiques de parfums fruités et odorants et il a un faible degré alcoolique.

▶ **NOVELLO** Wein aus einer bestimmten Art der Fermentation erhalten (siehe macerazione carbonica), abgefüllt schon nach einigen Monaten der Lese. Hat sehr fruchtiges, duftendes Aroma und einen niedrigen Alkoholgehalt.

▶ **JOVEN** Vino obtenido con una particular técnica de fermentación (ver macerazione carbonica), embotellado un par de meses después de la vendimia. Tiene como características aromas frutales y fragantes y poco contenido calórico.

O

OCA *Volatile da cortile dotato di carne scura e delicata, con alta percentuale di grassi, indicato sia per cotture arrosto o stufate, sia per la produzione di particolari prosciutti o salami. Dal fegato d'oca in stato di steatosi, si ha il fegato grasso.*

▶ **GOOSE** Farm yard bird with a dark, delicate meat and a high percentage of fat. Suitable for roasting or stewing, and also for use in the production of certain dried cured meats and salami.

▶ **OIE** Volatile de basse-cour à la chair sombre et délicate présentant un pourcentage élevé de gras, consommé soit en rôti ou à l'étouffée, ou servant à la production de jambons ou saucisses particuliers. Le foie gras s'obtient du foie de l'oie en état de stéatose.

▶ **GANS** Hofgeflügel mit dunklem, delikatem Fleisch und hohem Fettanteil, geeignet zum Braten und Schmoren oder zur Herstellung von besonderen Schinken oder Wurst. Aus der vergrößerten Gänseleber wird die fette Gänseleberwurst gemacht.

▶ **OCA** Ave de corral dotada de carne oscura y delicada, con alto porcentaje de grasas, indicada para asar o estofar, así como para la producción de particulares jamones y embutidos. Del hígado de la oca en estado de esteatosis, se obtiene el hígado graso.

ODORE *Percezione olfattiva raccolta dalla cavità nasale, indicante la gradevolezza o sgradevolezza di un cibo.*

▶ **SMELL** Olfactory sense, special to the nose, indicates the pleasant or unpleasant smell of food.

▶ **ODEUR** Perception olfactive recueillie par la cavité nasale qui révèle l'attrait ou la répulsion pour un aliment.

▶ **GERUCH** Geruchssinnliche Wahrnehmung der Nasenhöhlen, die eine Speise angenehm oder unangenehm machen.

▶ **OLOR** Percepción olfativa recogida por la cavidad nasal, que indica el agrado o el desagrado de un alimento.

OFFELLA *Nome che indica dolci tipici di molte regioni italiane. Conosciuta in Lombardia (v.) è l'Offella di Parona.*

▶ **OFFELLA** Name which indicates cakes which are typical of many regions. The l'Offella di Parona is well known in Lombardy (s. Lombardia).

▶ **OFFELLA** Nom qui désigne des desserts typiques de plusieurs régions italiennes. En Lombardie (v. Lombardia) l'offella de Parone est réputée.

▶ **OFFELLA** Name für typische Süßware aus verschiedenen Regionen Italiens. Bekannt in der Lombardei (s. Lombardia) ist die "Offella aus Parona".

▶ **OFFELLA** Nombre que indica dulces típicos de muchas regiones italianas. Conocida en Lombardía (ver Lombardia) es la Offella de Parona.

OLIÉRA *Contenitore da tavola in cui si mette l'olio.*

▶ **CRUET-STAND** Table container for oil.

▶ **HUILIER** Récipient de table dans lequel on met de l'huile.

▶ **ÖLKANNE** Behälter für den Tisch, der Öl enthält.

▶ **ACEITERA** Contenedor de mesa en el que se pone el aceite.

OLIO *Sostanza liquida e fluida ottenuta dall'estrazione o dalla spremitura di varie-*

tà diverse di vegetali, utilizzata per cucinare o condire alimenti.

▸ **OIL** Liquid extracted or squeezed from a variety of vegetables, used for cooking and dressing food.

▸ **HUILE** Substance liquide et fluide obtenue de l'extraction ou de la pression de variétés différentes de végétaux, utilisée pour la cuisson ou l'assaisonnement des aliments.

▸ **ÖL** Flüssige und geschmeidige Substanz aus der Extraktion und Quetschung von unterschiedlichen Pflanzen, zum Anmachen und Kochen von Lebensmitteln gebraucht.

▸ **ACEITE** Sustancia líquida y fluida obtenida de la extracción o del hecho de exprimir variedades diversas de vegetales, utilizada para cocinar o condimentar alimentos.

OLIO DI ARACHIDE *Tipo particolare di olio (v.) estratto dai semi di arachide indicato per cotture generiche.*

▸ **PEANUT OIL** Oil (s. olio) extracted from the seeds of peanuts, used for cooking in general.

▸ **HUILE D'ARACHIDE** Type particulier d'huile (v. olio) extraite des graines d'arachide, indiquée pour tout type de cuisson.

▸ **ERDNUSSÖL** Besonderes Öl (s. olio) aus Erdnusskernen, generell zum Kochen geeignet.

▸ **ACEITE DE CACAHUETE** Tipo particular de aceite (ver olio) extraído de semillas de cacahuete indicado para cocciones genéricas.

OLIO EXTRAVERGINE DI OLIVA *È il frutto della frangitura delle olive e rappresenta la più alta qualità di olio. Si usa per condimenti a crudo e talvolta per determinate fritture.*

▸ **EXTRA VIRGIN OLIVE OIL** Obtained by crushing olives, it is the highest quality oil. It is generally used as a dressing or condiment, and occasionally for frying.

▸ **HUILE EXTRA-VIERGE D'HUILE** C'est le fruit du pressage d'olives et représente la plus haute qualité de cette huile. On l'utilise pour assaisonner les crudités et parfois pour certaines fritures.

▸ **OLIO EXTRAVERGINE DI OLIVA**

Kaltgepresstes Olivenöl, Natives Olivenöl extra, der höchsten Qualität. Meist roh zum Anmachen verwendet oder für ganz bestimmte Frittierungen.

▸ **ACEITE DE OLIVA EXTRAVIRGEN** Es el fruto del prensado de las aceitunas y representa la más alta calidad de esta tipología. Se usa para condimentar en crudo y alguna vez para determinados fritos.

OLIVA *Frutto ovale di una pianta antichissima dalla cui spremitura si ottiene l'olio (v.) Può essere consumata direttamente sotto sale, in salamoia (olive da tavola), cotta, aromatizzata ed in diversi altri modi.*

▸ **OLIVE** Oval shaped fruit of an ancient plant, crushed in order to obtain oil (s. olio). Olives can be eaten preserved in salt, in brine, cooked or flavoured by various methods.

▸ **OLIVE** Fruit ovale d'une plante très ancienne duquel l'huile (v. olio) s'obtient par pression. Elle peut être consommée directement conservée dans du sel, en saumure (olives de table), cuite, aromatisée ou autre.

▸ **OLIVE** Ovale Frucht einer sehr antiken Pflanze aus deren Quetschung Öl (s. olio) erhalten wird. Sie kann in Salz oder Salzwasser eingelegt direkt verzehrt werden (Tischolive), gekocht, aromatisiert und in diversen anderen Arten.

▸ **ACEITUNA** Fruto oval de una planta antiquísima de la que exprimiéndola se obtiene el aceite (ver olio). Puede ser consumida directamente con sal, en salmuera (aceitunas de mesa), cocidas, aromatizadas y en otros modos diversos.

OLLA *Termine che indica un antico recipiente di terracotta dove cuocere diverse portate. Nella valli del Piemonte (v.) è sinonimo di una sostanziosa minestra.*

▸ **EARTHEN WARE POT** An ancient terracotta receptacle in which food is cooked. Olla is also the name of a substantial soup from Piedmont (s. Piemonte).

▸ **MARMITE** Terme qui indique un ancien récipient de terre cuite dans

OLLA Bezeichnung für einen antiken Behälter aus Tonerde, in dem verschiedene Gerichte zubereitet werden. In den Tälern des Piemont ist sie auch ein Synonym für eine reichhaltige Suppe (s. Piemonte).

OLLA Término que indica un antiguo recipiente de terracota donde se cocinan diferentes platos. En los valles de Piamonte es sinónimo de una sustanciosa sopa (ver Piemonte).

lequel sont cuits différents plats. Dans les vallées du Piémont, c'est aussi le synonyme d'une soupe nourrissante (v. Piemonte).

OMBRINA *Pesce d'acqua salata di colore argento, con carne delicata ma saporita indicata per cotture in umido.*

SHI DRUM Salt water fish with a silver skin and delicate, tasty meat, suitable for use in stews.

OMBRINE Poisson de mer de couleur argentée, à la chair délicate mais savoureuse, indiquée pour des cuissons en sauce.

UMBERFISCH silberner Salzwasserfisch mit delikatem und würzigem Fleisch, geeignet für Geschmortes.

VERRUGATO Pescado de agua salada de color plateado, con carne delicada pero sabrosa indicada para cocinar hervido.

OMBRINA BOCCADORO *Pesce d'acqua salata di colore grigio e con la gola dorata. Ha carni tenere e squisite da cucinare al forno.*

MEAGRE Salt water fish with grey skin and a golden throat. The meat is tender and is delicious baked.

OMBRINE DOREE Poisson de mer de couleur grise et à tête dorée. Elle a une chair tendre et exquise à cuisiner au four.

UMBERFISCH, GOLDMUND grauer Salzwasserfisch mit goldenem Hals. Besitzt ein zartes und exquisites Fleisch zur Zubereitung im Ofen.

VERRUGATO BOCADORO Pescado de agua salada de color gris y con la garganta dorada. Tiene carnes tiernas y exquisitas para cocinar en el horno.

OMELETTE *Preparazione dalla forma sottile e ripiegata su se stessa, a base di uova sbattute e cotte in padella.*

OMELETTE Beaten eggs cooked in a frying pan to form a thin layer, served folded.

OMELETTE Préparation peu épaisse et repliée sur elle-même, faite à base d'œufs battus et cuits à la poêle.

OMELETT flachförmige zusammengeklappte Zubereitung aus geschlagenen Eiern, in der Pfanne gebraten.

TORTILLA FRANCESA Preparación de forma sutil y doblada sobre sí misma, a base de huevos batidos y cocinados en la sartén.

ORATA *Pesce d'acqua salata con strisce dorate sui fianchi. Ha carne soda e saporita, particolarmente indicata da cuocere alla griglia o al forno.*

GILTHEAD SEABREAM Salt water fish with golden striped sides. The meat is firm and tasty, particularly suitable for grilling and baking.

DORADE Poisson de mer ayant des stries dorées sur les cotés. Elle a une chair ferme et savoureuse, et est particulièrement indiquée pour une cuisson à la grille ou au four.

GOLDBRASSE Salzwasserfisch mit goldenen Streifen auf den Flanken. Hat ein festes und würziges Fleisch, besonders zum Grillen oder Garen im Ofen geeignet.

DORADA Pescado de agua salada con estrías doradas en los lados. Tiene la carne compacta y sabrosa, particularmente indicada para cocinar en la parrilla o en el horno.

ÓRCIO *Antico contenitore di terracotta adoperato per contenere l'olio.*

OIL-JAR Ancient terracotta oil container.

JARRE Ancien récipient en terre cuite utilisé pour contenir de l'huile.

ORCIO antiker Behälter aus Tonerde für Öl.

TINAJA Antiguo contenedor de terracota adecuado para contener aceite.

ORÉCCHIA Organo di senso recettore dei suoni. Quelle di suino e di vitello possono essere consumate lessate e fanno parte di diverse ricette della tradizione italiana.

▸ **EAR** Organ which senses sound. The ears of pork and veal can be served boiled and are used in many traditional Italian recipes.

▸ **OREILLE** Organe de l'ouïe. L'oreille de porc et de veau peuvent être mangées bouillies et font parties des différentes recettes de la tradition italienne.

▸ **OHR** Organ zur Wahrnehmung des Klangs. Schweine- und Kalbsohren können gekocht verzehrt werden und sind Bestandteil verschiedener traditioneller Rezepte.

▸ **OREJA** Organo de sentido receptor de los sonidos. La de cerdo y ternera pueden ser consumidas hervidas y forman parte de diversas recetas de la tradición italiana.

ORECCHIÉTTA Tipo di fungo commestibile, privo di gambo, che nasce sui tronchi degli alberi.

▸ **PARASOL MUSHROOM** Edible mushroom, without a stalk, which grows on tree trunks.

▸ **PLEUROTE** Type de champignon comestible, sans pied, qui pousse sur les troncs des arbres.

▸ **ORECCHIETTA** Essbarer Pilz, der ohne Stiel auf Baumstümpfen oder Baumstämmen wächst.

▸ **ORECCHIÉTTA** Tipo de hongo comestible, sin tallo, que nace en los troncos de los árboles.

ORECCHIÉTTE Pasta alimentare della tradizione pugliese, dalla forma piccola e tondeggiante, composta da farina di semola e acqua. In Puglia (v.) si mangiano le orecchiette con le cime di rapa.

▸ **ORECCHIÉTTE** Small round shaped pasta, made with durum wheat flour and water. Typical of Puglia (s.) where they are eaten with turnip tops.

▸ **ORECCHIETTE** Pâte alimentaire de la tradition des Pouilles, de petite forme arrondie, composée de farine de semoule et d'eau. Dans les Pouilles (v. Puglia), elles sont dégustées avec des pousses de navet.

▸ **ORECCHIÉTTE** Nudel aus der Tradition aus Apulien (s. Puglia), klein und rund aus Wasser und Auszugsmehl. Werden in Apulien mit Rübenblättern zubereitet.

▸ **ORECCHIÉTTE** Pasta alimenticia de la tradición pugliese, de forma pequeña y redondeada, compuesta de harina de sémola y agua. En Puglia (ver) se comen con nabizas.

ORGANOLÉTTICO Termine che indica la qualità delle sostanze alimentari in base a colore, odore, consistenza e sapore.

▸ **ORGANOLEPTIC** Term indicating the quality of food, based on the colour, smell, consistency and flavour.

▸ **ORGANOLEPTIQUE** Terme qui indique la qualité des substances alimentaires sur la base de leur couleur, de leur odeur, de leur consistance et de leur goût.

▸ **ORGANOLEPTISCH** Ausdruck, der die Qualität der Lebensmittel angibt nach Farbe, Geruch, Konsistenz und Geschmack.

▸ **ORGANOLEPTICO** Término que indica la calidad de las sustancias alimenticias en base al color, olor, consistencia y sabor.

ORÍGANO Pianta aromatica molto diffusa le cui foglioline seccate vengono usate per dare profumo a carni, verdure e pesci.

▸ **OREGANO** Very common aromatic plant. The leaves are dried and used to flavour meat, vegetables and fish.

▸ **ORIGAN** Plante aromatique très répandue dont les petites feuilles séchées sont utilisées pour donner du fumet à la viande, aux légumes et aux poissons.

▸ **ORIGANO** Sehr verbreitete aromatische Pflanze, deren getrocknete Blätter zur Würze von Fleisch, Gemüse und Fisch verwendet werden.

▸ **OREGANO** Planta aromática muy extendida cuyas hojitas secas se usan para aromatizar las carnes, verduras y pescados.

ORLOFF, SELLA ALLA Abbinamento tra carne, diverse salse e condimenti mediante due cotture differenti.

▸ **ORLOFF, SELLA ALLA** A dish consisting of a combination of meat, various sauces and seasonings, cooked separately.

▶ **ORLOFF, SELLE à L'** Association entre viandes, diverses sauces et assaisonnements au moyen de deux cuissons différentes.

▶ **ORLOFF, SELLA ALLA** "Orloffsattel", Kombination von Fleisch, verschiedenen Soßen und Würze und zwei unterschiedlichen Garungen.

▶ **ORLOFF, FILETE DE AGUJAS A LA** Combinación entre carne, diversas salsas y condimentos mediante dos cocciones diferentes.

ORTÀGGIO *Termine generico che indica qualsiasi specie vegetale coltivata negli orti per scopo alimentare.*

▶ **VEGETABLE** Market-garden produce.

▶ **LEGUME** Terme commun qui désigne n'importe quelle espèce végétale cultivée dans les potagers dans un but alimentaire.

▶ **GEMÜSE** Allgemein Begriff für im Gemüsegarten angebaute Pflanzen zum Verzehr.

▶ **HORTALIZA** Término genérico que indica cualquier especie vegetal cultivada en los huertos con finalidad alimenticia.

ORTICA *Erba urticante al tatto, utilizzata in cucina come componente di primi piatti o frittate.*

▶ **NETTLE** A herb which stings when touched. Used in first courses or omelettes.

▶ **ORTIE** Herbe urticante au toucher, utilisée en cuisine comme composé de premiers plats ou d'omelettes.

▶ **BRENNESSEL** Bei Berührung irritierende Pflanze, in der Küche als Zutat für erste Gänge oder Pfannengerichte verwendet.

▶ **ORTIGA** Hierba urticante al tacto, utilizada en cocina como componente de los primeros platos o tortillas.

ORZATA *Bevanda rinfrescante composta dal succo di orzo germogliato e mandorle diluito in acqua.*

▶ **BARLEY-WATER** Refreshing soft drink made from the juice of pearl-

barley and almonds diluted with water.

▶ **ORGEAT** Boisson rafraîchissante composée de jus d'orge germé et amandes, dilué dans de l'eau.

▶ **ORZATA** Erfrischungsgetränk aus Gerstenkeimsaft und Mandeln, mit Wasser verdünnt.

▶ **HORCHATA** Bebida refrescante compuesta del zumo de brotes de cebada y almendras diluido en agua.

ORZO *Cereale simile al frumento indicato nella preparazione di minestre, zuppe e nella composizione del malto necessario per produrre la birra.*

▶ **BARLEY** Cereal similar to wheat, used for soups and for malt necessary in the production of beer.

▶ **ORGE** Céréale similaire au froment indiquée dans la préparation des potages, soupes et dans la composition du malt nécessaire à la production de la bière.

▶ **GERSTE (GRAUPE)** Dem Weizen ähnelndes Getreide, ideal für Suppeneinlagen und zur Malzbildung bei der Bierherstellung notwendig.

▶ **CEBADA** Cereal parecido al trigo indicado para la preparación de menestras, sopas y en la composición de la malta necesaria para producir la cerveza.

OSÈI *Termine dialettale del Veneto (v.) per la parola "uccelli".*

▶ **BIRDS** Term in dialect from Veneto (s.).

▶ **OSEI** Terme dialectal du Vénétie (v. Veneto) pour le mot "oiseaux".

▶ **OSÈI** Dialekt aus dem Venetianischen (s. Veneto) für "Vögel".

▶ **OSÈI** Término dialectal del Véneto (ver) para la palabra "pájaros".

OSSIBUCHI *Piatto tipico della tradizione milanese a base di carne bovina. Si utilizza il garretto con l'osso e il midollo, da cucinare in umido.*

▶ **OSSIBUCHI** Traditional beef dish from Milan. The heel bone and marrow are stewed.

▶ **OS A MOELLE** Plat typique de la tradition milanaise à base de viande de bœuf. Le jarret avec l'os et la moelle sont cuisinés en sauce.

▸ **KALBSHAXE** Typisches Gericht aus der Mailänder Tradition. Die Hacke wird mit Knochen und Knochenmark verwendet und geschmort.

▸ **OSSIBUCHI** Plato típico de la tradición milanesa a base de carne bovina. Se utiliza el corvejón con el hueso y la médula, para cocinar hervido.

OSSO *Parte dell'organismo che costituisce lo scheletro. Ha consistenza rigida ricca di sali e calcio.*

▸ **BONE** Part that makes up the skeleton of a body. Bones are rigid and are rich in salts and calcium.

▸ **OS** Partie de l'organisme qui constitue le squelette. Il a une consistance rigide, riche de sels et calcium.

▸ **KNOCHEN** Teil des Organismus, aus dem das Skelett besteht. Besitzt eine steife, harte Konsistenz und ist reich an Kalzium und Mineralien.

▸ **HUESO** Parte del organismo que constituye el esqueleto. Tiene consistencia rígida rica de sales y calcio.

OSTERIA *Locale pubblico dove si servono vino e altre bevande, e si consumano piatti locali.*

▸ **TAVERN** Public place where wine and other beverages are served, as well as local dishes.

▸ **BISTROT** Local public où l'on sert du vin et d'autres boissons et où l'on mange des plats du pays.

▸ **OSTERIA** Wirtshaus, Schenke, Öffentliches Lokal, in dem Wein und andere Getränke ausgeschenkt werden und örtliche Gerichte gereicht werden.

▸ **TABERNA** Local público donde se sirven vino y otras bebidas, y se consumen platos locales.

OSTRICA *Mollusco a conchiglia molto apprezzato dal punto di vista gastronomico. Generalmente si consuma crudo abbinato a Champagne o spumante.*

▸ **OYSTER** Mollusc which has a shell. Highly valued in gastronomy.

Generally eaten raw with Champagne or spumante.

▸ **HUITRE** Mollusque à coquille très apprécié du point de vue gastronomique. Généralement on la mange crue accompagnée avec du Champagne ou un mousseux.

▸ **AUSTER** Weichtier mit Schale und gastronomisch sehr geschätzt. Wird meistens roh zu Champagner oder Sekt verzehrt.

▸ **OSTRA** Molusco con concha muy apreciado desde el punto de vista gastronómico. Generalmente se consume crudo combinado con champán o vino espumoso (cava).

OVINO *Sottofamiglia dei Bovidi cui appartengono pecora, agnello, capra e camoscio.*

▸ **OVINE** Subfamily of bovine, includes sheep, lambs, goats, and the chamois.

▸ **OVIN** Sous-famille des bovidés à laquelle appartiennent la brebis, l'agneau, la chèvre et le chamois.

▸ **OVINO** Schaf, Unterfamilie des Rinds, zu der Schaf, Lamm, Ziege und Gemse gehören.

▸ **OVINO** Subespecie de los bóvidos a la que pertenecen oveja, cordero, cabra y rupricabra.

OVOLO *Tipo di fungo commestibile dalla caratteristica forma d'uovo. È una specie rara e pregiata che annovera anche l'ovolo reale.*

▸ **CEASAR'S MUSHROOMS** Edible egg shaped mushroom. It is a rare and valued species.

▸ **ORONGE** Type de champignon comestible en forme caractéristique d'œuf. C'est une espèce rare et précieuse qui dénombre aussi l'oronge royale.

▸ **OVOLO** Essbarer Pilz mit charakteristischer Eiform. Selten und sehr geschätzt, auch der "Königsovolo" gehört dazu.

▸ **ORONJA** Tipo de hongo comestible con característica forma de huevo. Es una especie rara y apreciada que abarca también la oronja real.

P

PADELLA *Recipiente metallico roton-do, basso, munito di manico. Usato per alcune tecniche di cottura, come la frittu-ra e la salatura.*
▶ **FRYING PAN** Round, metallic re-ceptacle, with low sides and a han-dle. Used for certain cooking tech-niques, such as to fry and sauté.
▶ **POELE** Récipient métallique rond, à bord peu élevé, avec un manche, utilisé pour certaines techniques de cuisson, comme la friture.
▶ **PFANNE** Metallischer, runder Be-hälter, flach und mit Griff. Für be-stimmte Techniken der Zuberei-tung gebraucht.
▶ **SARTEN** Recipiente metálico re-dondo, bajo, dotado de mango. Usado para algunos tipos de coc-ción, como el frito y la saladura.

PAELLA *Piatto spagnolo a base di riso con verdure, pezzi di carne, molluschi e crostacei, aromatizzato con lo zafferano.*
▶ **PAELLA** Spanish dish consisting of rice with vegetables, pieces of meat, sea food and shellfish, arom-atized with saffron.
▶ **PAELLA** Plat espagnol à base de riz avec des légumes, des mor-ceaux de viande, des mollusques et crustacés, aromatisés avec du safran.
▶ **PAELLA** Spanische Zubereitung aus Reis, Gemüse, Fleischstück-chen, Schalentieren und mit Safran gewürzt.
▶ **PAELLA** Plato español a base de arroz con verduras, trozos de carne, moluscos y crustáceos, aromatiza-do con azafrán.

PAGELLO *Pesce di mare.*
▶ **RED BREAM** Salt water fish.
▶ **PAGEL** Poisson de mer.
▶ **PAGELLO** Meeresfisch.
▶ **BESUGO** Pescado de mar.

PAIÀTA o PAGLIÀTA *Parte di in-testino di manzo, vitello, agnello o capret-to, molto saporita. Ricetta tipica del Lazio (v.).*
▶ **PAIÀTA o PAGLIÀTA** A part of the intestines of ox, veal, lamb or kid, which is very tasty. A recipe typical of Lazio (s.).
▶ **PAIÀTA** Partie d'intestin de bou-villon, veau, agneau ou chevreau, très savoureuse. C'est une recette typique du Latium (v. Lazio).
▶ **PAIÀTA oder PAGLIATA** Teil des Gedärms von Hammel, Kalb, Lamm oder Ziege, sehr würzig. Ty-pisches Rezept für Lazio (s.).
▶ **PAIÀTA o PAGLIÀTA** Parte del in-testino de buey, ternera, cordero o cabrito, muy sabrosa. Receta típica del Lazio (ver).

PAILLARD *Fetta di bovino alla griglia o in padella, servita con pepe e succo di li-mone.*
▶ **PAILLARD** Slice of grilled or fried beef, served with pepper and lemon juice.
▶ **PAILLARD** Tranche de bovin grillée ou en poêle, servie avec du poivre et du jus de citron.
▶ **PAILLARD** Rindfleischscheibe, gegrillt oder in der Pfanne gebraten mit Pfeffer und Zitronensaft ser-viert.
▶ **PAILLARD** Filete de bovino a la parrilla o en sartén, servido con pi-mienta y zumo de limón.

PAIÒLO *Recipiente dal bordo alto usato per la cottura dei cibi, specialmente per la polenta (v.).*

▶ **CAULDRON** High walled receptacle used in cooking, especially for polenta (s.).

▶ **CHAUDRON** Récipient à bord haut utilisé pour la cuisson des aliments spécialement pour la polenta (v.).

▶ **PAIÒLO** Behälter mit hohem Rand zur Garung der Speisen, besonders für die Zubereitung der Polenta (v.).

▶ **CALDERA** Recipiente de borde alto usado para la cocción de los alimentos, especialmente la polenta (ver).

PALOMBO *Pesce di mare della famiglia degli squali.*

▶ **SMOOTH HOUND** Salt water fish from the shark family.

▶ **EMISSOLE** Poisson de mer de la famille des squales.

▶ **HUNDSHAI** Meeresfisch der Haifischfamilie.

▶ **MUSTELA** Pescado de mar de la familia de los tiburones.

PAN GIALLO *Dolce tipico del Lazio (v.), costituito da una pasta arricchita con cioccolato, miele, frutta secca, canditi, uvetta e fichi secchi.*

▶ **PAN GIALLO** Confectionary product typical of Lazio (s.), consisting of pastry enriched with chocolate, honey, nuts, candied fruit, rasins and dried figs.

▶ **PAN GIALLO** Dessert typique du Latium (v. Lazio), constitué d'une pâte enrichie par du chocolat, du miel, des fruits secs et confits, des figues et des raisins secs.

▶ **GELBBROT** Süßspeise typisch aus dem Lazio (s.) aus einem Teig, der mit Schokolade, Honig, getrockneten Früchten, kandierten Früchten, Rosinen und trockenen Feigen angereichert ist.

▶ **PAN AMARILLO** Dulce típico del Lazio (ver), constituido por una masa enriquecida con chocolate, miel, fruta seca, confitados, uvas pasas e higos secos.

PANADA o PANEDA *Zuppa di pane raffermo.*

▶ **PANADA o PANEDA** Soup made with stale bread.

▶ **PANADA** Soupe de pain rassis.

▶ **PANADA oder PANEDA** Brotsuppe.

▶ **PANADA o PANEDA** Sopa de pan duro.

PANARDA *Pranzo cerimoniale dell'Abruzzo (v.), con almeno 30 portate.*

▶ **PANARDA** Celebratory meal in Abruzzo (s.), with at least 30 courses.

▶ **PANARDA** Repas traditionnel des Abruzzes (v. Abruzzo) avec 30 plats au moins.

▶ **PANARDA** Festessen aus den Abruzzen (v. Abruzzo) mit mindestens 30 Gängen.

▶ **PANARDA** Comida ceremonial de Abruzzo (ver), con al menos 30 platos.

PAN CARRÉ *Pane soffice da tostare e tagliare a fette per la preparazione di toast, tartine e canapé (v.).*

▶ **PAN CARRÉ** Soft bread which is sliced and toasted in order to make toast, tartlets and canapés (v. canapé).

▶ **PAIN CARRE** Pain souple à griller et à couper en tranches pour préparer des croques-monsieur, tartines et canapés (v. canapé).

▶ **TOASTBROT** Weiches Brot, das in Scheiben geschnitten zur Zubereitung von Toast, Schnittchen und Canapé (s. canapé) benutzt wird.

▶ **PAN DE MOLDE** Pan sutil para tostar y cortar en rebanadas para la preparación de tostadas y canapés (ver canapé).

PANCETTA¹ *Taglio di carne di bovino o ovino.*

▶ **BELLY** A cut of bovine or ovine.

▶ **LARD MAIGRE** Morceau de viande bovine ou ovine.

▶ **PANCETTA** Fleischschnitt von Rind und Schaf.

▶ **PANCETA** Corte de carne de bovino u ovino.

PANCETTA² *Salume di maiale, più o meno grasso e stagionato, eventualmente affumicato.* Nella cucina italiana è generalmente impiegata come componente di altre preparazioni, specialmente condimenti per primi piatti.

▸ **BACON** Pork product, fatty or lean, fresh or aged, often smoked. In Italy it is generally used as an ingredient in a recipe, especially as a flavouring in a first course.

▸ **BACON** Saucisson de porc, plus ou moins gras et affiné, éventuellement fumé. Dans la cuisine italienne il est en général employé comme composant d'autres préparations spécialement pour les premiers plats.

▸ **PANCETTA** durchwachsener Speck, mehr oder weniger fett und gereift, eventuell geräuchert. Meistens als Zutat zu anderen Komponenten in der italienischen Küche benutzt, besonders zur Würze von ersten Gängen.

▸ **PANCETA** Embutido de cerdo, más o menos graso y curado eventualmente ahumado. En la cocina italiana es generalmente empleada como componente de otras preparaciones, especialmente condimentos para primeros platos.

PÀNCIA *Taglio di carne di bovino e ovino, da cui si ottiene soprattutto carne macinata.*

▸ **BELLY** A cut of bovine or ovine which is generally minced.

▸ **PANSE** Morceau de viande de bœuf et de brebis, d'où l'on obtient surtout de la viande hachée.

▸ **BAUCH** Fleischschnitt vom Rind und vom Schaf, aus dem meistens Hackfleisch gemacht wird.

▸ **TRIPA** Corte de carne de bovino y ovino, del que se obtiene sobre todo carne picada.

PANCOTTO *Minestra di pane secco o raffermo, simile alla panada (v.).*

▸ **PANCOTTO** Soup made with hard or stale bread, similar to panada (s.).

▸ **PANADE** Soupe de pain sec ou rassis, semblable à la panada (v.).

▸ **PANCOTTO** "Gekochtes Brot", Brotsuppe, der Panada (s.) ähnlich.

▸ **PANETELA** Sopa de pan seco y duro, parecido a la panada (ver).

PANCREMONA *Dolce della città di Cremona in Lombardia (v.) composto da una pasta soffice arricchita con mandorle e miele e ricoperta di cioccolato fondente.*

▸ **PANCREMONA** Cake from the city of Cremona in Lombardy (s. Lombardia). It is composed of soft almond and honey, coated with dark chocolate.

▸ **PANCREMONA** Gâteau de la ville de Crémone en Lombardie (v. Lombardia) composé d'une pâte souple enrichie d'amandes et de miel et recouverte de chocolat noir.

▸ **PANCREMONA** Süßspeise aus Cremona in der Lombardei (s. Lombardia) aus luftiger Creme mit Mandeln und Honig und mit dunkler Schokolade überzogen.

▸ **PANCREMONA** Dulce de la ciudad de Cremona en Lombardía (ver) compuesto por una masa blanda enriquecida con almendras y miel y recubierta con chocolate fundente.

PAN DI SPAGNA *Pasta lievitata dolce e soffice, alla base di molti dolci.*

▸ **SPONGE CAKE** Soft, sweet, well and risen, it used as the basis for many cakes.

▸ **PAIN DE GENES** Pâte levée sucrée et molle, qui est à la base de plusieurs gâteaux.

▸ **PAN DI SPAGNA** Biskuitteig, süß und luftig, für viele Kuchen verwendet.

▸ **BIZCOCHO** Masa levitada dulce y blanda, usada como base de muchos dulces.

PANDOLCE *Dolce natalizio simile al panettone (v.) ma maggiormente aromatizzato. Tradizionale della Liguria (v.).*

▸ **PANDOLCE** Christmas cake similar to the panettone (s.) but containing a larger quantity of aromatic ingredients. Traditionally from Liguria (s.).

▸ **PANDOLCE** Gâteau de Noël semblable au panettone (v.) mais plus aromatisé. Typique de la Ligurie (v. Liguria).

▶ **PANDOLCE** "Süßbrot", Weihnachtsgebäck, dem "Panettone" (v.) ähnlich, aber noch gewürzter. Tradition aus Ligurien (s. Liguria).

▶ **PANDOLCE** Dulce navideño parecido al panettone (ver) pero más aromatizado. Tradicional de Liguria (ver).

PANDORO *Dolce natalizio di pasta soffice, ricoperto di zucchero a velo, eventualmente farcito con creme. Originario del Veneto (v.).*

▶ **PANDORO** A soft, spongy Christmas cake, covered with icing sugar and occasionally filled with a pastry cream. Originating from Veneto (s.).

▶ **PANDORO** Gâteau de Noël à pâte molle, recouvert de sucre glace, éventuellement garni avec des crèmes. Il est originaire de la Vénétie (v. Veneto).

▶ **PANDORO** Lockerer Weihnachtskuchen mit Puderzucker bestreut und eventuell mit Cremefüllungen. Stammt aus Venezien (v. Veneto).

▶ **PANDORO** Dulce navideño de masa blanda, recubierto de azúcar en polvo, eventualmente relleno con cremas. Originario del Véneto (ver).

PANE *Prodotto della cottura di una pasta lievitata di farina di grano, acqua, lievito ed eventualmente sale. Accompagna, a tavola, moltissime vivande. Ne esistono innumerevoli varianti e versioni speciali, aromatizzate ed arricchite.*

▶ **BREAD** Risen dough made with wheat flour, water, yeast and often salt, which has been baked. It is used to accompany an enormous number of things. There are many different types of bread and special versions which are aromatized and enriched.

▶ **PAIN** Produit de la cuisson d'une pâte levée de farine de blé, eau, levure et éventuellement sel. Il accompagne, à table, beaucoup de nourritures. Il en existe d'innom-

brables variantes et versions, spéciales, aromatisées et enrichies.

▶ **BROT** Gebackenes Produkt aus Hefeteig aus Weizenmehl, Wasser, Hefe und eventuell Salz. Wird bei Tisch zur Begleitung zu vielen Speisen gereicht. Es gibt unzählige Varianten und spezielle Versionen, angereichert oder gewürzt.

▶ **PAN** Producto de la cocción de una masa levitada de harina de trigo, agua, levadura y eventualmente sal. Acompaña, en la mesa, muchos platos. Existen innumerables variantes y versiones especiales, aromatizadas y enriquecidas.

PANE CARASAU *Tipo di pane originario della Sardegna (v.), costituito da forme sottili e croccanti.*

▶ **PANE CARASAU** A thin crunchy bread originating from Sardinia (s. Sardegna).

▶ **PANE CARASAU** Type de pain originaire de la Sardaigne (v. Sardegna), constitué par des parties minces et croquantes.

▶ **PANE CARASAU** Brot aus Sardinien (v. Sardegna) aus dünnen, knusprigen Formen.

▶ **PAN CARASAU** Tipo de pan originario de Cerdeña (ver Sardegna), constituido por fomas sutiles y crujientes.

PANE DEI MORTI *Panini dolci a base di farina, lievito, frutta secca, zucchero, vino e albumi d'uovo. Dolce preparato tradizionalmente per il 2 novembre, commemorazione dei defunti. Tipico di Milano.*

▶ **PANE DEI MORTI** Sweet bread buns made with flour, yeast, dried fruit, sugar, wine and egg white. They are traditionally prepared for the 2nd November in commemoration of the dead (All Souls' Day). Typical of Milan.

▶ **PAIN DES MORTS** Petit pains sucrés à base de farine, levure, fruits secs, sucre, vin et blancs d'œuf. Gâteau préparé traditionnellement pour le 2 novembre, commémoration des morts. Typique de Milan.

▸ **PANE DEI MORTI** Das "Brot der
Toten" Zum 2. November, Erinne-
rung an die Toten, zubereitete
Brötchen aus Mehl, Hefe, trockenen Früchten, Zucker, Wein und Eiweiss. Typisch für Mailand.

▸ **PAN DE LOS MUERTOS** Panecillos dulces a base de harina, levadura, fruta seca, azúcar, vino y claras de huevo. Dulce preparado
tradicionalmente para el 2 de no-
viembre, conmemoración de los
difuntos. Típico de Milán.

PANFORTE *Dolce natalizio composto
da miele, zucchero, frutta secca, cacao e
zucca candita. Tipico di Siena in Toscana
(v.).*

▸ **PANFORTE** Christmas cake made
with honey, sugar, dried fruit, cocoa powder and candied pumpkin.
Typical of Siena in Tuscany (s.
Toscana).

▸ **PANFORTE** Gâteau de Noël composé de miel, sucre, fruits secs, cacao et potiron confit. Typique de
Sienne en Toscane (v. Toscana).

▸ **PANFORTE** Weihnachtsgebäck
aus Honig, Zucker, Trockenfrüchten, Kakao und kandiertem Kürbis.
Typisch für Siena in der Toskana (v.
Toscana).

▸ **PANFORTE** Dulce navideño compuesto por miel, azúcar, fruta seca,
cacao y calabaza confitada. Típico
de Siena en Toscana (ver).

PAN GIALLO *Dolce tipico del Lazio
(v.), costituito da una pasta arricchita con
cioccolato, miele, frutta secca, canditi,
uvetta e fichi secchi.*

▸ **PAN GIALLO** Confectionary product typical of Lazio (s.), consisting
of pastry enriched with chocolate,
honey, nuts, candied fruit, raisins
and dried figs.

▸ **PAN GIALLO** Dessert typique du
Latium (v. Lazio), constitué d'une
pâte enrichie par du chocolat, du
miel, des fruits secs et confits, des
figues et des raisins secs.

▸ **GELBBROT** Süßspeise typisch
aus dem Lazio (s.) aus einem Teig,
der mit Schokolade, Honig, getrockneten Früchten, kandierten

Früchten, Rosinen und trockenen
Feigen angereichert ist.

▸ **PAN AMARILLO** Dulce típico del
Lazio (ver), constituido por una
masa enriquecida con chocolate,
miel, fruta seca, confitados, uvas
pasas e higos secos.

PANGRATTATO *Pane secco macinato, usato in cucina per impanare e gratinare (v.).*

▸ **BREADCRUMBS** Dry, ground
bread, used for coating food and in
au gratin (s. gratinare) recipes.

▸ **PAIN RAPE** Pain sec broyé, utilisé en cuisine pour paner et gratiner
(v. gratinare).

▸ **PANIERMEHL** Geriebenes trockenes Brot, zum Panieren und Gratinieren benutzt (v. gratinare).

▸ **PAN RALLADO** Pan seco molido,
usado en cocina para empanar y
gratinar (ver gratinare).

PANIGACCI o PANIGAZZI *Fo-
cacce di farina e acqua, tipiche della Lunigiana in Toscana (v.).*

▸ **PANIGACCI o PANIGAZZI** Low
bread buns made with flour and
water, typical of Lunigiana in
Toscany (s. Toscana).

▸ **PANIGACCI** Fougasses de farine
et d'eau, typiques de la Lunigiana
en Toscane (v. Toscana).

▸ **PANIGACCI oder PANIGAZZI** Fo-
cacciabrot aus Mehl und Wasser,
typisch für die Lunigiana in der
Toskana (s. Toscana).

▸ **PANIGACCI o PANIGAZZI** Focachas de harina y agua, típicas de
Lunigiana en Toscana (ver).

PANINO *Piccola forma di pane. Nel-
l'uso comune il termine indica una qualsiasi preparazione costituita da due fette di
pane imbottite con ingredienti diversi.*

▸ **BREAD BUN** Small bread. Panino
is also used to indicate a sandwich.

▸ **SANDWHICH** Pain de petite forme. Dans le langage commun le
terme indique n'importe quelle
préparation constituée de deux
tranches de pain garnies avec différents ingrédients.

▸ **BRÖTCHEN** kleine Brotform. Im

allgemeinen Sprachgebrauch ein belegtes Brötchen, zwei Scheiben Brot mit verschiedenen Einlagen.

▶ **BOCADILLO** Pequeña forma de pan. En el uso común el término indica una preparación cualquiera constituida por dos rebanadas de pan que contienen en su interior diferentes ingredientes.

PANÍSCIA *Risotto con fagioli, tipico della zona di Novara in Piemonte (v.). Da non confondere con la simile panissa vercellese (v. panissa²).*

▶ **PANÍSCIA** Risotto with broad beans, typical of the Navara area in Piedmont. Not to be confused with panissa from Vercelli (v. panissa²).

▶ **PANÍSCIA** Risotto aux haricots, typique de la zone de Novare en Piémont. Il ne faut pas le confondre avec la panissa de Vercelli (v. panissa²) presque identique.

▶ **PANÍSCIA** Reis mit Bohnen, typisch für Novara im Piemont. Nicht zu verwechseln mit der Panissa Vercellese (s. Panissa²).

▶ **PANÍSCIA** Risotto con alubias, típico de la zona de Novara en Piamonte. No confundir con la parecida panissa vercellese (ver panissa²).

PANISSA¹ *Focaccia di farina di ceci, tipica della Liguria (v.).*

▶ **PANISSA¹** Low bread made with chickpea flour, typical of Liguria (s.).

▶ **PANISSA¹** Fougasse de farine de pois chiches, typique de la Ligurie (v. Liguria).

▶ **PANISSA¹** Focaccia aus Kichererbsenmehl, typisch für Ligurien (s. Liguria).

▶ **PANISSA¹** Focacha de harina de garbanzos, típica de Liguria (ver).

PANISSA² *Risotto con fagioli e salame, tipico di Vercelli in Piemonte (v.).*

▶ **PANISSA²** Risotto with broad beans and salami, typical of Vercelli in Piedmont (s. Piemonte).

▶ **PANISSA²** Risotto aux haricots et saucisson, typique de Vercelli en Piémont (v. Piemonte).

▶ **PANISSA²** Reis mit Bohnen und Wurst, typisch für Vercelli im Piemont (s. Piemonte).

▶ **PANISSA²** Risotto con alubias y salami, típico de Vercelli en Piamonte (ver Piemonte).

PANNA *Liquido denso scremato dal latte. Molto usata in gastronomia per ottenere amalgami, soprattutto nella preparazione dei primi piatti, e in pasticceria, dove viene dolcificata e montata per essere impiegata in guarnizioni e farciture.*

▶ **CREAM** Thick liquid skimmed from milk. Frequently used in gastronomy in sauces making, especially for first courses, and in confectionary where it is sweetened and whipped for use as a filling or decoration.

▶ **CREME** Liquide dense écrémé du lait. Très utilisé en gastronomie pour obtenir des sauces, surtout dans la préparation de premiers plats, et en pâtisserie, où elle est sucrée et montée pour être employée comme garnitures et farces.

▶ **SAHNE** Dichte Flüssigkeit, Entrahmung der Milch. In der Gastronomie zum Binden oft gebraucht, für erste Gänge und in der Feinbäckerei, gesüßt und geschlagen als Garnierung oder Füllung.

▶ **NATA** Líquido denso descremado de la leche. Muy usada en gastronomía para obtener amalgamas, sobre todo en la preparación de los primeros platos, y en repostería, donde viene dulcificada y montada para ser empleada en decoración y rellenos.

PANNA COTTA *Dolce simile ad un budino (v.), a base di panna liquida e zucchero e colla di pesce variamente aromatizzati. È originario del Piemonte (v.).*

▶ **CREAM PUDDING** Dessert similar to a set custard (s. budino), made with cream, sugar, gelatine and various flavourings. It originates from Piedmont (s. Piemonte).

▶ **CREME CUITE** Dessert semblable au flan (v. budino), à base de crème liquide, de sucre et de colle de poisson différemment aromatisés et est originaire du Piémont (v. Piemonte).

▷ **PANNA COTTA** puddingähnliche Zubereitung (s. budino) aus flüssiger Sahne, Zucker, Fischgelatine und unterschiedlich gewürzt. Aus dem Piemont (s. Piemonte).

▷ **NATA COCIDA** Dulce parecido a un flan (ver budino), a base de nata líquida y azúcar y cola de pescado variadamente aromatizada. Es originario de Piamonte (ver Piemonte).

PANNARONE o PANNERONE
Formaggio di latte vaccino molto delicato e dolce, tipico della zona di Lodi in Lombardia (v.).

▷ **PANNARONE o PANNERONE** A very delicate and sweet cow's milk cheese which is typical of the zone of Lodi in Lombardy (s. Lombardia).

▷ **PANNARONE** Fromage de lait de vache très délicat et sucré, typique de la zone de Lodi en Lombardie (v. Lombardia).

▷ **PANNARONE oder PANNERONE** Käse aus Kuhmilch, sehr delikat und mild, typisch für die Gegend um Lodi in der Lombardei (s. Lombardia).

▷ **PANNARONE o PANNERONE** Queso de leche de vaca muy delicado y dulce, típico de la zona de Lodi en Lombardía (ver).

PANNICELLI *Dolce calabrese a base di uva zibibbo passita e cedri canditi avvolti in una foglia di cedro.*

▷ **PANNICELLI** Dessert consisting of over ripe rasins and candied citron peel, wrapped in a citron leaf.

▷ **PANNICELLI** Tarte de la Calabre à base de raisins secs de Damas et cédrats confits enveloppés dans une feuille de cédratier.

▷ **PANNICELLI** In das Blatt der Zitrusfrucht eingehüllte Süßspeise aus Rosinen und kandierter Zitrusfrucht, typisch für Kalabrien.

▷ **PANNICELLI** Dulce calabrés a base de uva pasa moscatel, y cidras confitadas envueltas en una hoja de cedro.

PANNÒCCHIA *Spiga di granoturco.*

▷ **CORN ON THE COB** (s. granoturco).

▷ **EPI** Epi de maïs (v. granoturco).

▷ **MAISKOLBEN** (s. granoturco).

▷ **MAZORCA** Espiga del maíz (ver granoturco).

PAN PEPATO o PAMPEPATO
Dolce a base di frutta secca, miele, canditi e cioccolato, con l'eventuale aggiunta di pepe. Tradizionale di diverse regioni italiane.

▷ **PAN PEPATO o PAMPEPATO** Cake made with dried fruit, honey, candied peel, chocolate and often pepper. Traditionally from various regions of Italy.

▷ **PAIN D'EPICES** Gâteau à base de fruits secs, miel, fruits confits et chocolat, avec l'éventuel ajout de poivre. Traditionnel des différentes régions italiennes.

▷ **PAN PEPATO oder PAMPEPATO** Pfefferkuchen. Süßware aus getrockneten Früchten, Honig, kandierten Früchten, Schokolade und eventuell unter Zusatz von Pfeffer. Traditionelles Gebäck in diversen Regionen Italiens.

▷ **PAN PEPATO o PAMPEPATO** Dulce a base de fruta seca, miel, confitados y chocolate, añadiendo eventualmente pimienta. Tradicional de diversas regiones italianas.

PANSOTTI *Primo piatto di pasta a forma triangolare, ripiena di erbe e condita con salsa di noci, tipica della Liguria (v.).*

▷ **PANSOTTI** Triangular shaped pasta cases, filled with herbs. They are dressed with a walnut sauce and served as a first course. Typical of Liguria (s.).

▷ **PANSOTTI** Premier plat de pâtes de forme triangulaire, farcies d'herbes et assaisonnées avec une sauce aux noix, typique de la Ligurie (v. Liguria).

▷ **PANSOTTI** Nudelgericht aus dreieckigen, mit Kräutern gefüllten Nudeln und mit Walnußsoße, typisch für Ligurien (s. Liguria).

▷ **PANSOTTI** Primer plato de pasta

a forma triangular, rellena de hierbas y condimentada con salsa de nueces, típica de Liguria (ver).

PANUNTA *Fette di pane tostato, condite con aglio, pepe e olio.*
▶ **PANUNTA** Slices of toast seasoned with garlic, pepper and oil.
▶ **PANUNTA** Tranches de pain grillé, assaisonnées avec d'ail, poivre et huile.
▶ **PANUNTA** Getoastete Brotscheibe mit Knoblauch, Pfeffer und Öl.
▶ **PRINGADA** Rebanada de pan tostado, condimentada con ajo, pimienta y aceite.

PANZANELLA *Preparazione a base di pane raffermo e pomodoro.*
▶ **PANZANELLA** Dish consisting of stale bread and tomatoes.
▶ **PANZANELLA** Préparation à base de pain rassis et de tomates.
▶ **PANZANELLA** Zubereitung aus trockenem Brot und Tomaten.
▶ **PACHOCHA** Preparación a base de pan duro y tomate.

PANZEROTTO *Involtino di pasta farcito con un ripieno dolce o salato e fritto nello strutto o nell'olio.*
▶ **PANZEROTTO** Pastry roll with a sweet or savoury filling, fried in suet or oil.
▶ **PANZEROTTO** Paupiette de pâte remplie avec une farce sucrée ou salée et frite dans le saindoux ou dans l'huile.
▶ **PANZEROTTO** Teigröllchen mit süßer oder herzhafter Füllung und in Schmalz oder Öl ausgebacken.
▶ **PANZEROTTO** Rollito de pasta con un relleno dulce o salado y frito en manteca de cerdo o en aceite.

PAPÀIA *Grosso frutto tropicale dalla polpa arancione, aromatica e acquosa, dissetante.*
▶ **PAPAYA** Large tropical fruit with orange pulp It is aromatic, watery and it quenches thirst.
▶ **PAPAYE** Gros fruit tropical à la pulpe orange, aromatique et juteuse, désaltérant.
▶ **PAPAYA** Grosse, tropische Frucht mit orangenem Fruchtfleisch, aromatisch und wasserhaltig, durstlöschend.
▶ **PAPAYA** Fruto grande tropical de la pulpa naranja, aromática y acuosa, refrescante.

PAPASSINOS *Piccoli dolci friabili a base di frutta secca, farina, uova e zucchero, tipici della Sardegna (v.).*
▶ **PAPASSINOS** Small, crumbly biscuits made with dried fruit, flour, egg and sugar, typical of Sardinia (s. Sardegna).
▶ **PAPASSINOS** Petits gâteaux friables à base de fruits secs, farine, œufs et sucre, typiques de la Sardaigne (v. Sardegna).
▶ **PAPASSINOS** Brüchiges Kleingebäck aus Sardinien (s. Sardegna) aus Trockenfrüchten, Mehl, Eiern und Zucker.
▶ **PAPASSINOS** Pequeños dulces friables a base de fruta seca, harina, huevos y azúcar, típicos de Cerdeña (ver Sardegna).

PAPÀVERO *Pianta erbacea con fiori rosso vivo, di cui si utilizzano i semi per guarnire ed aromatizzare pane, pasta ed altre preparazioni.*
▶ **POPPY** Herbaceous plant with vivid red flowers. The seeds are used for garnishing and aromatising bread, pasta etc.
▶ **PAVOT** Plante herbacée aux fleurs rouges vif, dont on utilise les graines pour garnir et aromatiser le pain, la pâte et d'autres préparations.
▶ **MOHN** Graspflanze mit scharlachroter Blüte, deren Samen zur Garnierung oder zur Würze von Brot, Teigwaren und anderen Zubereitungen genutzt wird.
▶ **AMAPOLA** Planta herbácea con flores rojo vivo, de la que se utilizan las semillas para adornar y aromatizar pan, pasta y otras preparaciones.

PAPILLON *È il nome di un'associazione di consumatori organizzata in Club, che approfondisce il tema del gusto, con un certo stile.*

▶ **PAPILLON** The name of an association of customers organised as a Club, which explores the theme of taste, further and with a certain stile.

▶ **PAPILLON** C'est le nom d'une association de consommateurs organisée en club, qui approfondit le thème du goût avec un certain style.

▶ **PAPILLON** Name einer Verbrauchervereinigung, in einem Club organisiert zur Vertiefung des Themas Geschmack, mit einem gewissen Stil.

▶ **PAPILLON** Es el nombre de una asociación de consumidores organizada en Club, que profundiza el tema del gusto, con un cierto estilo.

PAPPA *Preparato destinato a bambini piccoli. In generale, il termine indica un amalgama dalla consistenza cremosa, più o meno denso.*

▶ **BABY FOOD** Generally a creamy mixture which can vary in density.

▶ **BOUILLIE** Préparation destinée aux jeunes enfants. En général, le terme signifie un mélange à la consistance crémeuse, plus ou moins dense.

▶ **BREI** Zubereitung für Kleinkinder. Allgemein Bezeichnung für eine homogene Creme, mehr oder weniger zähflüssig.

▶ **PAPILLA** Preparado destinado a los niños pequeños. En general, el término indica una amalgama de consistencia cremosa, más o menos densa.

PAPPA AL POMODORO *Minestra tipica della Toscana (v.) a base di pomodoro.*

▶ **PAPPA AL POMODORO** A tomato soup typical of Tuscany (s. Toscana).

▶ **PAPPA AL POMODORO** Soupe typique de la Toscane (v. Toscana) à base de tomates.

▶ **TOMATENBREI** Tomatencremesuppe, typisch für die Toskana (s. Toscana).

▶ **SOPA DE TOMATE** Sopa típica de Toscana (ver) a base de tomate.

PAPPARDELLE *Tipo di pasta di forma rettangolare allungata, originaria della Toscana (v.).*

▶ **PAPPARDELLE** Long, rectangular strips of pasta, originating from Tuscany (s. Toscana).

▶ **PAPPARDELLE** Type de pâte à la forme rectangulaire allongée, originaire de la Toscane (v. Toscana).

▶ **PAPPARDELLE** Bandnudeln aus der Toskana (s. Toscana).

▶ **PAPPARDELLE** Tipo de pasta de forma rectangular (lasaña), originaria de Toscana (ver).

PÀPRICA o PÀPRIKA *Varietà di peperone che viene essiccata, macinata e usata come spezia.*

▶ **PÀPRICA or PÀPRIKA** Variety of chilli pepper which is dried, ground and used as a spice.

▶ **PAPRICA** Variété de poivron qui est séché, haché et utilisé comme épice.

▶ **PAPRIKA** Varietät der Pfefferschote, die getrocknet und gemahlen als Würze verwendet wird.

▶ **PIMENTON EN POLVO** Variedad de pimiento que viene desecado, molido y usado como especia.

PARADISO *Torta di pasta morbida, delicata e friabile, tipica di Pavia in Lombardia (v.).*

▶ **PARADISO** Soft, spongy cake which is delicate and crumbly, typical of Pavia in Lombardy (s. Lombardia).

▶ **PARADISO** Tarte de pâte molle, délicate et friable, typique de Pavie en Lombardie (v. Lombardia).

▶ **PARADIESTORTE** Einfacher Kuchen aus weichem Teig, delikat und brüchig, aus Pavia in der Lombardei (s. Lombardia).

▶ **PARAISO** Tarta de masa blanda, delicada y friable, típica de Pavía en Lombardía (ver).

PARDULAS *Dolcetti di pasta frolla farcita con formaggio fresco o ricotta, uova, zafferano, scorza d'agrumi e zucchero, ricoperti di miele. Tipici della Sardegna (v.).*

▶ **PARDULAS** Short crust pastry filled with fresh cheese or ricotta, eggs, saffron, citrus rind and sugar, coated with honey. Typical of Sardinia (s. Sardegna).

▸ **PARDULAS** Petits gâteaux de pâte sablée farcis avec du fromage frais ou de la ricotta, des œufs, du safran, des écorces d'agrumes et du sucre, recouverts de miel. Typiques de la Sardaigne (v. Sardegna).

▸ **PARDULAS** Kleine Süßware aus Mürbeteig, gefüllt mit frischem Käse oder Ricottakäse, Safran, Zitrusschale und Zucker, mit Honig überzogen. Typisch für Sardinien (s. Sardegna).

▸ **PARDULAS** Dulces de pastaflora rellena con queso fresco o requesón, huevos, azafrán, cascara de cítricos y azúcar, recubiertos con miel. Típicos de Cerdeña (ver Sardegna).

PARFAIT *Semifreddo delicato e soffice, variamente arricchito e guarnito.*

▸ **PARFAIT** Soft, delicate ice-cream, enriched with various ingredients and garnished.

▸ **PARFAIT** Crème glacée délicate et molle, diversement enrichie et garnie.

▸ **PARFAIT** Halbgefrorenes, delikat und weich, verschieden angereichert und garniert.

▸ **PARFAIT** Postre delicado y suave, variadamente enriquecido y guarnecido.

PARMA *Nome di una città dell'Emilia Romagna (v.), già sede di un antico Ducato, spesso riferito ad un celebre prosciutto crudo di qualità.*

▸ **PARMA** A city in Emilia Romagna (s.), a duchy in ancient times. Parma is also the name of a well known, quality ham.

▸ **PARMA** Nom d'une ville de l'Emilie-Romagne (v. Emilia Romagna), autrefois siège d'un ancien duché, souvent assimilé à un célèbre jambon cru de qualité.

▸ **PARMA** Name einer Stadt in der Emilia Romagna (s.), schon Sitz eines antiken Herzogtums, meistens für einen berühmten, rohen Qualitätsschinken bezeichnend.

▸ **PARMA** Nombre de una ciudad de Emilia Romagna (ver), sede de un antiguo Ducado, a menudo referido a un celebre jamón serrano de calidad.

PARMIGÌANA *Preparazione a base di melanzane, passata (v.) di pomodoro e parmigiano.*

▸ **PARMIGIANA** Dish made with aubergines, tomato sauce (s. passata) and parmesan cheese.

▸ **PARMIGÌANA** Préparation à base d'aubergines, purée (v. passata) de tomates et parmesan.

▸ **PARMIGIANA** Zubereitung aus Auberginen, Tomatenmark (s. passata) und Parmesankäse.

▸ **PARMESANA** Preparación a base de berenjenas, salsa (ver passata) de tomate y queso parmesano.

PARMIGIÀNA, ALLA *Qualunque preparazione comprendente l'uso di formaggio parmigiano.*

▸ **PARMIGIÀNA, ALLA** The name given to any dish containing parmesan cheese.

▸ **PARMIGIANA, A LA** N'importe quelle préparation qui comporte l'utilisation du parmesan.

▸ **PARMESANART, NACH** Jede Zubereitung mit Parmesankäse.

▸ **PARMESANA, A LA** Cualquier preparación que comprende el uso de queso parmigiano.

PARMIGIÀNO REGGIANO *Varietà di formaggio grana (v.), pregiata e molto nota. Oltre ad essere un formaggio a denominazione d'origine dal gusto pastoso ed armonico, il parmigiano è utilizzato in innumerevoli preparazioni, specialmente grattugiato sui primi piatti.*

▸ **PARMESAN CHEESE** Variety of grana cheese (s.), which is highly valued and very well known. As well as being a Denomination of Origin cheese with a soft and well balanced flavour, it is used in many recipes, and is often grated on to first courses.

▸ **PARMIGIANO REGGIANO** Variété de fromage grana (v.), appréciée et très connue. En plus d'être un fromage d'appellation d'origine au goût velouté et harmonieux, le parmesan est utilisé dans d'innombrables préparations, spécialement râpé sur les premiers plats.

▶ **PARMIGIANO REGGIANO** Grana-Käse (s. grana), sehr wertvoll und bekannt. Er ist nicht nur ein Käse mit Herkunftsqualität, teigig und harmonisch, sondern ist auch, besonders gerieben, in zahlreichen Rezepten verwendet.

▶ **QUESO PARMESANO** Variedad de queso grana (ver), apreciada y muy conocida. Además de ser un queso con denominación de origen de gusto pastoso y armónico, el parmesano es utilizado en innumerables preparaciones, especialmente rallado en primeros platos.

PARROZZO *Dolce a base di farina, mandorle, zucchero e uova, ricoperto di cioccolato. Tipico della zona di Pescara in Abruzzo (v.).*

▶ **PARROZZO** Cake made with flour, almonds, sugar and eggs and covered with chocolate. Typical of the zone of Pescara in Abruzzo (s.).

▶ **PARROZZO** Tarte à base de farine, amandes, sucre et œufs, recouvert de chocolat. Typique de la zone de Pescara en Abruzzes (v. Abruzzo).

▶ **PARROZZO** Süßgebäck aus Mehl, Mandeln, Zucker und Eiern, mit Schokolade überzogen. Typisch für Pescara in den Abruzzen (s. Abruzzo).

▶ **PARROZZO** Dulce a base de harina, almendras, azúcar y huevos, recubierto de chocolate. Típico de la zona de Pescara en Abruzzo (ver).

PASQUALINA, TORTA *Torta di pasta sfoglia e verdure, tipica della Liguria (v.).*

▶ **PASQUALINA, TORTA** Pie made with puff-pastry and vegetables, typical of Liguria (s.).

▶ **PASQUALINA, TARTE** Tarte de pâte feuilletée et légumes, typique de la Ligurie (v. Liguria).

▶ **PASQUALINA, TORTA ALLA** Gemüsetorte in Blätterteig, typisch für Ligurien (s. Liguria).

▶ **PASCUALINA, TORTA** Torta de hojaldre y verduras, típica de Liguria (ver).

PASSARE *Filtrare o rendere omogenee salse, sughi, brodi.*

▶ **PASSARE** Strain or liquidize sauces, gravies and stocks.

▶ **PASSER** Filtrer ou rendre homogènes sauces, jus, bouillons.

▶ **PASSIEREN** Soßen, Sud und Brühen filtern oder homogen machen.

▶ **PASAR** Filtrar o hacer homogéneas salsas, jugos o caldos.

PASSATA *Tipo di conserva (v.) di pomodoro.*

▶ **TOMATO SAUCE** (s. conserva).

▶ **PASSATA** Type de conserve (v. conserva) de tomates.

▶ **PASSATA** Typ einer Tomatenkonserve (s. conserva).

▶ **PURE** Tipo de conserva (ver) de tomate.

PASSATELLI *Varietà di spaghetti corti a base di pangrattato, uova e parmigiano, cotti in brodo di carne, tipici dell'Emilia Romagna (v.). I passatelli di carne, invece, accolgono nell'impasto carne di manzo e sono tipici delle Marche (v.).*

▶ **PASSATELLI** Variety of short spaghetti, made from breadcrumbs, egg and parmisan cheese, cooked in a meat stock. Typical of Emilia Romagna (s.). Meat passatelli also contain beef and are tytpical of Marche (s.).

▶ **PASSATELLI** Variété de spaghetti courtes à base de pain râpé, œufs et parmesan, cuits dans un bouillon de viande, typiques de l'Emilie-Romagne (v. Emilia Romagna). Les passatelli de viande, au contraire, incluent à la recette de la viande de veau et sont typiques des Marches (v. Marche).

▶ **PASSATELLI** Kurze Spaghetti aus geriebenem Brot, Eiern und Parmesankäse, in Fleischbrühe gekocht, typisch für die Emilia Romagna (s.). Die Fleischpassatelli sind zusätzlich mit Hammelfleisch und typisch für die Marken (s. Marche).

▶ **PASSATELLI** Variedad de espaguetis cortos a base de pan rallado, huevos y queso parmesano, cocidos en caldo de carne, típicos de Emilia Romagna (ver). Los de carne, en cambio, llevan en la masa carne de buey y son típicos de las Marcas (ver Marche).

PASSATO *Prodotto dalla consistenza cremosa e omogenea a base di verdura. Serve come base per minestre.*

▸ **PASSATO** A creamy homogeneous puree of vegetables, used as a basis for soups.

▸ **PUREE** Produit de consistance crémeuse et homogène à base de légumes. Elle sert comme base pour les potages.

▸ **PASSATO** cremiges, homogenes Produkt auf Gemüsebasis. Zur Suppenzubereitung.

▸ **CREMA** Producto de consistencia cremosa y homogénea a base de verdura. Sirve como base para sopas.

PÀSSERO *Piccolo uccello, di solito preparato intero con la polenta.*

▸ **SPARROW** Small bird, usually served whole, with polenta.

▸ **PASSEREAU** Petit oiseau, généralement préparé entier avec la polenta.

▸ **SPATZ** Kleiner Vogel, meist ganz zubereitet und mit Polenta serviert.

▸ **GORRION** Pequeño pájaro, normalmente preparado entero con polenta.

PASSITO *Vino ottenuto da uve fatte appassire per un certo periodo di tempo.*

▸ **RASIN WINE** Wine produced from grapes which were allowed to become over ripe to a certain extent.

▸ **VIN DE PAILLE** Vin obtenu de raisins faites sécher pour une certaine période de temps.

▸ **PASSITO** Wein aus für eine gewisse Zeit getrockneten Trauben.

▸ **PASSITO** Vino obtenido de uvas pasas.

PASSULATE *Piccoli dolci natalizi simili al croccante (v.), a base di frutta secca, miele e uvetta. Tipici della Calabria (v.).*

▸ **PASSULATE** Small sweets similar to croccante (s.) which are made at Christmas. They contain dried fruit, honey and raisins. Typical of Calabria (s.).

▸ **PASSULATE** Petits gâteaux de Noël semblables aux croquants (v. croccante), à base de fruits secs, miel, et raisins secs. Typiques de la Calabre (v. Calabria).

▸ **PASSULATE** Kleines krokantähnliches (v. croccante) Weihnachtsgebäck aus getrockneten Früchten, Honig und Rosinen. Typisch für Kalabrien (s. Calabria).

▸ **PASSULATE** Pequeños dulces navideños parecidos al crujiente (ver croccante), a base de fruta seca, miel y uvas pasas. Tipico de Calabria (ver).

PASTA *Il termine ha due significati. Col primo si intende l'impasto omogeneo e sodo di farina di cereali e acqua, che serve per la preparazione del pane e di innumerevoli altri prodotti, salati o dolci. Col secondo si intende comunemente la pasta alimentare, ovvero gli impasti di farina di grano tenero o duro con acqua ed eventualmente uova, lavorati a piccoli formati (maccheroni, spaghetti, penne), che servono, secchi o freschi, per la preparazione di innumerevoli ricette, soprattutto primi piatti.*

▸ **PASTA** The term has two meanings. The first refers to a firm, smooth dough, made with flour and water. The dough is used in preparing bread and many other sweet and savoury products. The second refers to edible pasta, or rather the mixture of soft flour or durum wheat flour with water and occasionally eggs. Which is shaped (macaroni, spaghetti, penne) and used, dried or fresh, for many dishes, especially starters.

▸ **PATE** Le terme a deux significations. La première est le mélange homogène et ferme de farine de céréales et d'eau, qui sert à la préparation du pain et d'innombrables autres produits, salés ou sucrés. La seconde est habituellement la pâte alimentaire, c'est-à-dire un mélange de farine de blé mou ou dur avec de l'eau et éventuellement d'œufs, réalisés en petits formats (macaroni, spaghetti, penne), qui servent, secs ou frais, à la préparation d'innombrables recettes, surtout comme premiers plats.

▶ **TEIGWAREN** Der Begriff hat zwei Bedeutungen. Einerseits eine homogene und feste Zubereitung aus Wasser und Getreidemehl für Brot und zahlreiche andere süße und salzige Produkte. Andererseits für Nudeln, d.h. eine Mischung aus Weich- und Hartweizenmehl und Wasser und eventuell Eiern, die in kleine Formate verarbeitet wird (Makkeroni, Spaghetti, Penne) und frisch oder hart zur Zubereitung unzähliger Nudelgerichte dienen, den ersten Gang für die Italiener.

▶ **PASTA** El término tiene dos significados. Con el primero se entiende la masa homogénea y compacta de harina de cereales y agua, que sirve para la preparación del pan y de innumerables productos, salados o dulces. Con el segundo se entiende normalmente la pasta alimenticia, es decir, la masa de harina de trigo con agua y eventualmente huevos, elaborada en pequeños formatos (macarrones, espaguetis, penne), que sirve, seca o fresca, para la preparación de innumerables recetas, sobre todo primeros platos.

PASTA BRISÉE *Pasta sfoglia a base di farina e burro, usata per la preparazione di pasticci, timballi, torte salate, dolci.*

▶ **TART PASTRY** Made with flour and butter, used in preparing pastries, timbales, pies and tarts.

▶ **PATE BRISEE** Pâte feuilletée à base de farine et de beurre, utilisée pour la préparation des pâtés, timbales, tartes salés, gâteaux.

▶ **PASTA BRISÉE** Blätterteig aus Mehl und Butter zur Zubereitung von Aufläufen, Timbalen, herzhaften Torten und Kuchengebäck.

▶ **PASTA BRISÉE** Hojaldre a base

de harina y mantequilla, usada para la preparación de pasteles, timbales, tortas saladas, dulces.

PASTA DI MÀNDORLE *Prodotto di pasticceria a base di mandorle, con zucchero e tuorli d'uovo. In pratica è marzapane (v.) non cotto, ed ha gli stessi usi.*

▶ **ALMOND PASTE** Thick paste of ground almonds, sugar and egg yolk. It is uncooked marzipan (s. marzapane) and has the same uses.

▶ **PATE D'AMANDES** Produit de pâtisserie à base d'amandes, avec du sucre et des jaunes d'œufs. Pratiquement, c'est du massepain (v. marzapane) pas cuit et a les mêmes utilisations.

▶ **MANDELPASTE** Produkt der Feinbäckerei aus Mandeln, Zucker und Eigelb. Eigentlich nicht gebackenes Marzipan (v. marzapane) und mit dem gleichen Verwendungszweck.

▶ **PASTA DE ALMENDRAS** Producto de repostería a base de almendras, con azúcar y yemas de huevo. En práctica es mazapán (ver marzapane) no cocido, y tiene los mismos usos.

PASTA FROLLA *Pasta friabile prodotta con farina, uova, zucchero e burro. Molto usata in pasticceria.*

▶ **SHORT CRUST PASTRY** Crumbly pastry made with flour, eggs, sugar and butter. It is frequently used in confectionery.

▶ **PATE SABLEE** Pâte friable produite avec de la farine, des œufs, du sucre et du beurre. Très utilisée en pâtisserie.

▶ **MÜRBETEIG** Brüchiger Teig aus Mehl, Eiern, Zucker und Butter. Sehr gebräuchlich in der Feinbäckerei.

▶ **PASTAFLORA** Pasta friable producida con harina, huevos, azúcar y mantequilla. Muy usada en repostería.

PASTA REÀLE *Altro nome del marzapane (v.).*

▶ **MARZIPAN** (s. marzapane).

▶ **PATE ROYALE** Autre nom du massepain (v. marzapane).

▷ **KÖNIGSPASTE** andere Bezeichnung für Marzipan (s. marzapane).

▷ **ALMENDRADO** Otro nombre del mazapán (ver marzapane).

PASTA RIPIÈNA *Forme di pasta alimentare (v. pasta) farcite con carne, verdure o altro.*

▷ **PASTA RIPIÈNA** Pasta parcels (s. pasta) filled with meat, vegetables or other ingredients.

▷ **PATES FARCIES** Forme de pâtes alimentaires (v. pasta). remplies avec de la viande, légumes ou autre.

▷ **PASTA RIPIENA** Teigwaren mit Fleisch, Gemüse oder anderem gefüllt.

▷ **PASTA RELLENA** Formas de pasta alimenticia (ver pasta) rellenas con carne, verduras u otras cosas.

PASTASCIÚTTA *Primo piatto a base di pasta servita con un condimento o un sugo "asciutto", in contrapposizione alla pasta in brodo o alla minestra (v.).*

▷ **PASTASCIÚTTA** A first course of pasta served seasoned, with little sauce, in contrast to pasta in stock (pasta in brodo) or soup (s. minestra).

▷ **PASTASCIUTTA** Premier plat à base de pâtes servi avec un assaisonnement ou un jus « sec », contrairement aux pâtes en bouillon ou en potage (v. minestra).

▷ **PASTASCIUTTA** Erster Gang aus Nudeln mit Soße, "trocken" im Gegensatz zu Nudeln in Brühe oder Suppe (s. minestra).

▷ **PASTA** Primer plato a base de pasta servida con un condimento o salsa "seca", en contraposición a la pasta con caldo o la sopa (ver minestra).

PASTA SFOGLIA *Tipo di pasta leggera e friabile, costituita da più strati sottilissimi.*

▷ **PUFF-PASTRY** A light, crumbly pastry, consisting of many very thin layers.

▷ **PATE FEUILLETEE** Type de pâte légère et friable, constituée de nombreuses couches très minces.

▷ **BLÄTTERTEIG** Leichter, brüchiger Teig aus mehreren dünnen Lagen.

▷ **HOJALDRE** Tipo de pasta ligera y friable, constituída por más estratos sutilísimos.

PASTEGGIÀRE *Accompagnare i cibi con una bevanda. Da qui la locuzione "pasteggiare ad acqua, birra, vino", ecc.*

▷ **PASTEGGIÀRE** To accompany food with a drink.

▷ **PRENDRE SES REPAS** Accompagner les nourritures d'une boisson. D'où locution "boire de l'eau, de la bière, du vin aux repas", etc.

▷ **PASTEGGIARE** Das Essen mit Getränken begleiten. Daher der Ausdruck: mit Wasser, Bier, Wein speisen.

▷ **PASTEGGIARE** Acompañar los alimentos con una bebida. De aquí la locución "beber agua, cerveza, vino, etc en las comidas".

PASTELLA *Composto di farina ed acqua, con l'eventuale aggiunta di grassi, usato per avvolgere i cibi in diverse fritture.*

▷ **BATTER** Composed of flour and water, to which fat is often added, used for coating food which is then fried.

▷ **PATE A FRIRE** Mélange de farine et eau, avec un éventuel ajout de graisse, utilisé pour envelopper les aliments en fritures différentes.

▷ **PASTELLA** Gemisch aus Wasser und Mehl, eventuell mit Fettzugabe zum Einhüllen der Speisen für diverse Frittierungen.

▷ **PASTELLA** Compuesto de harina y agua, con el eventual añadido de grasas, usado para envolver los alimentos en diversos fritos.

PASTICCERÍA *Insieme di tecniche per la preparazione dei dolci. Il termine indica anche il locale preposto alla loro vendita.*

▷ **CONFECTIONARY** Sweets, ice-cream, cakes, etc. and the techniques used in producing them. Pasticceria is also the confectioner's shop.

▸ **PATISSERIE** Ensemble des techniques pour la préparation des gâteaux. Le terme indique aussi le local préposé à la vente.

▸ **FEINBÄCKEREI** alle Techniken zur Zubereitung von Süßwaren. Bezeichnet auch das Lokal zum Verkauf dieser Produkte.

▸ **PASTELERIA (REPOSTERIA)** Conjunto de técnicas para la preparación de dulces. El término indica también el local adecuado para su venta.

PASTICCIÈRE *Persona che prepara dolci.*

▸ **CONFECTIONER** Person who prepares sweets, ice-cream, cakes, etc.

▸ **PATISSIER** Personne qui prépare les gâteaux.

▸ **KONDITOR** Person, die Süßwaren zubereitet.

▸ **PASTELERO** Persona que prepara dulces.

PASTICCINO *Dolce di piccole dimensioni.*

▸ **PASTICCINO** A small biscuit, bun, pastry, etc.

▸ **PETIT GATEAU** Gâteau aux petites dimensions.

▸ **PASTICCINO** Kleines Süßgebäck.

▸ **PASTA DE TE** Dulce de pequeñas dimensiones.

PASTÍCCIO *Il termine si riferisce a preparazioni molto diverse tra loro, dal timballo (v.) ad un involucro di pasta ripieno di svariati ingredienti e cotto al forno.*

▸ **PIE** Refers to a range of very different foods, from the timbale (s. timballo), to a pastry case filled with various ingredients and baked.

▸ **PATE** Le terme se réfère à des préparations très différentes entre eux, de la timbale (v. timballo) à une enveloppe de pâte remplie de différents ingrédients et cuite au four.

▸ **PASTICCIO** Bezeichnung für unterschiedliche Zubereitungen. Für einen Timbale (s. timballo) oder in Teig gehüllte verschiedene Zutaten, die im Ofen gebacken werden.

▸ **PASTEL** El término se refiere a preparaciones muy diferentes entre ellas, desde el timbal (ver timballo) hasta un envoltorio de masa rellena de diferentes ingredientes cocido en el horno.

PASTIÈRA *Dolce composto da pasta frolla, ricotta, frutta candita e cereali. È tipica della Campania (v.) la pastiera napoletana.*

▸ **PASTIÈRA** Cake made with short crust pastry, ricotta, candied fruit and cerials. The pastiera napoletana is typical of Campania (s.).

▸ **PASTIERA** Gâteau composé de pâte brisée, ricotta, fruits confits et céréales. La pastiera napolitaine est typique de la Campanie (v. Campania).

▸ **PASTIERA** Süßware aus Mürbeteig, Ricottakäse, kandierten Früchten und Getreide. Typisch für Kampanien (s. Campania) ist die napoletanische Pastiera.

▸ **PASTIÈRA** Dulce compuesto por pastaflora, requesón, fruta confitada y cereales. Es típico de Campania (ver Campania) la pastièra napolitana.

PASTINA *Pasta alimentare (v. pasta) di piccolissime dimensioni, cotta in brodo.*

▸ **PASTINA** Very small pasta (s. pasta) cooked in stock.

▸ **PATES A POTAGES** Pâte alimentaire (v. pasta) des très petites dimensions, cuite en bouillon.

▸ **PASTINA** Sehr kleine Nudeln, die in Brühe gekocht werden.

▸ **PASTINA** Pasta alimenticia (ver pasta) de pequeñísimas dimensiones, cocida en caldo.

PASTO *Insieme di portate consumate di seguito. I principali della giornata sono colazione, pranzo e cena.*

▸ **MEAL** A number of courses eaten one after another. The main meals of the day are breakfast, lunch and dinner.

▸ **REPAS** Ensemble de plats mangés sans interruption. Les principaux de la journée sont le petit-déjeuner, le déjeuner et le dîner.

▶ **MAHLZEIT** Verschiedene aufeinanderfolgende Gänge. Hauptmahlzeiten sind Frühstück, Mittagessen und Abendessen.

▶ **COMIDA** Conjunto de platos consumidos uno tras otro. Los principales del día son desayuno, comida y cena.

PATATA *Tubero molto diffuso, usato sia per il consumo diretto che per la produzione di farine e fecole. Non viene mai consumata cruda.*

▶ **POTATO** Very common tuber vegetable, eaten fresh and also used in the production of flour and starch. It is never eaten raw.

▶ **POMME DE TERRE** Tubercule très répandu, utilisé soit pour la consommation directe soit pour la production de farines et de fécules. Elle n'est jamais mangée crue.

▶ **KARTOFFEL** weitverbreitete Knolle, die direkt verzehrt werden kann oder zur Mehl- und Stärkeherstellung verwendet wird. Wird nie roh verzehrt.

▶ **PATATA** Tubérculo muy extendido, usado tanto para el consumo directo como para la producción de harinas y féculas. No se consume nunca cruda.

PÂTÉ *Preparazione cremosa a base di carne, olive o altro.*

▶ **PÂTÉ** Creamy paste of meat, olives, etc.

▶ **PÂTÉ** préparation crémeuse à base de viande, olives ou autre.

▶ **PÂTÉ** Cremige Zubereitung aus Fleisch, Oliven oder anderem.

▶ **PÂTÉ** Preparación cremosa a base de carne, aceitunas u otras cosas.

PATELLA *Mollusco che si consuma crudo, appena colto, con limone e pepe.*

▶ **LIMPET** Mollusc eaten raw, slightly cooked, with lemon and pepper.

▶ **PATELLE** Mollusque mangé cru, à peine pêché, avec du citron et du poivre.

▶ **SCHALMUSCHEL** Weichtier, das sofort nach dem Fang roh mit Zitrone und Pfeffer verzehrt wird.

▶ **LAPA** Molusco que se consume crudo, apenas recogido, con limón y pimienta.

PÈCORA *Mammifero la cui carne richiede lunghe cotture. Fornisce anche latte per formaggi (v. pecorino).*

▶ **SHEEP** Mammal, the meat of which requires prolonged cooking. It also produces milk which is used for cheese (s. pecorino).

▶ **BREBIS** Mammifère dont la chair requiert une longue cuisson. Elle donne aussi du lait pour les fromages (v. pécorino).

▶ **SCHAF** Säugetier, dessen Fleisch eine lange Kochzeit hat. Liefert auch Milch zur Käseherstellung (s. pecorino).

▶ **OVEJA** Mamífero cuya carne requiere largas cocciones. Proporciona también leche para queso (ver pecorino).

PECORINO *Formaggio prodotto con latte di pecora, di pasta compatta e sapore piccante.*

▶ **PECORINO** A compact and peppery cheese, produced from ewes milk.

▶ **PECORINO** Fromage produit avec du lait de brebis, compact et à la saveur relevée.

▶ **PECORINO** Käse mit würzigem Geschmack und kompakter Paste aus Schafsmilch.

▶ **PECORINO** Queso producido con leche de oveja, de pasta compacta y sabor picante.

PELATO *Prodotto ottenuto dalla lavorazione dei pomodori.*

▶ **PEELED TOMATO** Treated tomatoes.

▶ **PELEE** Produit obtenu du travail des tomates.

▶ **GESCHÄLTE TOMATE** Produkt aus der Verarbeitung von Tomaten.

▶ **PELADO** Producto obtenido de la elaboración de los tomates.

PEPE *Spezia dall'aspetto di un piccolo granello di vario colore, aromatico e piccante.*

▶ **PEPPER** A hot, aromatic spice of various coloured grains.

▶ **POIVRE** Epice à l'aspect d'un petit grain de couleurs différentes, aromatique et piquant.

▶ **PFEFFER** Gewürz, scharf und aromatisch, hat das Aussehen eines kleinen Korns, kann von unterschiedlicher Farbe sein.

▶ **PIMIENTA** Especia de aspecto de un pequeño granito de varios colores, aromática y picante.

PEPE ROSA *Piccola bacca con caratteristiche affini al pepe nero o bianco, ma di maggior delicatezza.*

▶ **PINK PEPPER** Small bud, similar to black and white pepper, but more delicate.

▶ **POIVRE ROUGE** Petite baie avec des caractéristiques semblables au poivre noir, mais plus délicat.

▶ **ROSA PFEFFER** Kleine Beere mit dem weissen oder schwarzen Pfeffer sehr ähnlichen Charakteristiken, aber delikater.

▶ **PIMIENTA ROJA** Pequeña baya con características afines a la pimienta negra o blanca pero más delicada.

PEPERONATA *Preparazione in umido a base di peperoni, con pomodori e cipolle.*

▶ **PEPERONATA** Peppers stewed with tomatoes and onions.

▶ **PEPERONATA** Préparation en sauce à base de poivrons, avec des tomates et des oignons.

▶ **PEPERONATA** Geschmorte Paprika mit Zwiebeln und Tomaten.

▶ **PEPERONATA** Preparación hervida a base de pimientos, con tomates y cebollas (parecida al pisto).

PEPERONCINO *Bacca rossa, di forma sferica o allungata, dal sapore molto piccante. Si consuma sia fresca, sia essiccata e polverizzata.*

▶ **CHILLI PEPPER** Red bud, round or elongated, with a very hot, spicy taste. Eaten fresh, dried and in powder.

▶ **PIMENT** Baie rouge, de forme ronde ou allongée, au goût très piquant. On le mange soit frais, soit séché et en poudre.

▶ **PEPERONCINO** rote Schote, kreisförmig länglich und sehr pikant. Wird frisch, getrocknet oder in Pulverform benutzt.

▶ **GUINDILLA** Baya roja, de forma esférica y alargada, de sabor muy picante. Se consume tanto fresca, como seca y en polvo.

PEPERONE *Grosso ortaggio dall'aspetto carnoso, di forma e colore variabili, con polpa dolce e semi piccanti. Si consuma sia crudo sia cotto.*

▶ **PEPPER** Large meaty looking vegetable, of various shapes and sizes, with a sweet pulp and spicy seeds.

▶ **POIVRON** Gros légume à l'aspect charnu, à la forme et à la couleur variable, à la pulpe sucrée et aux graines relevés. On le mange soit cru soit cuit.

▶ **PEPERONE** Paprika, großes, fleischiges Gemüse unterschiedlicher Farbe mit mildem Fruchtfleisch und scharfen Kernen. Kann roh oder gegart verwendet werden.

▶ **PIMIENTO** Hortaliza grande de aspecto carnoso, de forma y colores variables, con pulpa dulce y semillas picantes. Se consume tanto crudo como cocido.

PEPERONI "CRUSCHI" *Peperoni essiccati e consumati fritti o arrostiti, tipici della Basilicata (v.).*

▶ **PEPERONI "CRUSCHI"** Dried peppers eaten fried or roasted, typical of Basilicata (s.).

▶ **PEPERONI "CRUSCHI"** Poivrons séchés et mangés frits ou rôtis, typiques de la Basilicate (v.).

▶ **PEPERONI "CRUSCHI"** Getrocknete Pfefferschoten, die frittiert oder gebraten verzehrt werden, typisch für die Basilikata (s.).

▶ **PIMIENTOS "CRUSCHI"** Pimientos secos y consumidos fritos o asados, típicos de Basilicata (ver).

PERA *Frutto dalla polpa dolce, succosa e leggermente granulosa.*

▶ **PEAR** A sweet, juicy and slightly grainy fruit.

▶ **POIRE** Fruit à la pulpe sucrée, juteuse et légèrement granuleuse.

▸ **BIRNE** Süße, saftige Frucht und leicht körnig.

▸ **PERA** Fruta de pulpa dulce, jugosa y ligeramente granulosa.

PERINO *Altro nome del pomodoro della varietà San Marzano.*

▸ **TOMATO** Another name for the San Marzano tomato.

▸ **PERINO** Autre nom de la tomate de la variété san Marzano.

▸ **PERINOTOMATE** anderer Name für die Tomatenart San Marzano.

▸ **PERINO** Otro nombre del tomate de la variedad San Marzano.

PERNICE *Uccello simile al fagiano, dalla carne saporita adatta agli arrosti.*

▸ **PARTRIDGE** Bird similar to a pheasant, with tasty meat, suitable for roasting.

▸ **PERDRIX** Oiseau semblable au faisan, à la viande savoureuse adaptée aux rôtis.

▸ **REBHUHN** Fasanenähnlicher Vogel mit würzigem Fleisch und zum Braten geeignet.

▸ **PERDIZ** Pájaro parecido al faisán, de carne sabrosa adecuado para los asados.

PERNOD *Liquore a base di anice (v.).*

▸ **PERNOD** An aniseed liqueur (s. anice).

▸ **PERNOD** Liqueur à base d'anis (v. anice).

▸ **PERNOD** Anislikueur (s.anice).

▸ **PERNOD** Licor a base de anís (ver anice).

PESCA *Frutto dalla buccia vellutata e dalla polpa aromatica e succosa.*

▸ **PEACH** Fruit with a velvet like skin and aromatic, juicy pulp.

▸ **PECHE** Fruit à la peau veloutée et à la pulpe aromatique et juteuse.

▸ **PFIRSICH** Frucht mit samtiger Schale und aromatischem und süßem Fruchtfleisch.

▸ **MELOCOTON** Fruta de piel aterciopelada y de pulpa aromática y jugosa.

PESCATORA, ALLA *Termine che indica genericamente un condimento per pasta o riso a base di molluschi e crostacei.*

▸ **PESCATORA, ALLA** Term indicating pasta or rice dishes with a condiment containing sea food.

▸ **PESCATORA, A LA** Terme qui indique communément un assaisonnement pour les pâtes ou le riz à base de mollusques et crustacés.

▸ **PESCATORA, ALLA** "nach Fischermanns Art", Bezeichnung für Nudel- oder Reisgerichte mit Schalen- und Krustentieren.

▸ **PESCADORA, A LA** Término que indica genéricamente un condimento para pasta o arroz a base de moluscos y crustáceos.

PESCE *Di solito servito come secondo piatto, più leggero della carne, è un vertebrato acquatico, sia di mare sia d'acqua dolce. Ne esistono molte specie, più o meno saporite o delicate. Nel linguaggio comune sono indicati come "pesce" anche molluschi e crostacei.*

▸ **FISH** Usually served as a second course, lighter than meat. They are aquatic vertebrates of both salt and fresh water. There are many species, which vary in flavour and consistency. Molluscs and crustaceans are often referred to incorrectly as fish.

▸ **POISSON** Généralement servi comme second plat, plus léger que la viande, c'est un vertébré aquatique, soit de mer ou d'eau douce. Il en existe de nombreuses espèces, plus ou moins savoureuses ou délicates. Dans le langage commun sont indiqués comme poisson les mollusques ainsi que les crustacés.

▸ **FISCH** meistens als zweiter Gang serviert, leichter als Fleisch, ist ein Wasserwirbeltier, lebt in Süßwasser oder Salzwasser. Es gibt unzählige Arten, mehr oder weniger schmackhaft und delikat. Im allgemeinen Sprachgebrauch gelten auch Schalen- und Krustentiere als "Fisch".

▸ **PESCADO** Normalmente servido como segundo plato, más ligero que la carne, es un vertebrado acuático, tanto de mar como de agua dulce. Existen muchas especies, más o menos sabrosas o delicadas. En el lenguaje común italiano se entienden como pescado también los moluscos y los crustáceos.

PESCE AZZURRO *Termine generico che indica pesci piccoli che vivono in alto mare.*
▸ **PESCE AZZURRO** Term indicating small fish found in the open sea.
▸ **POISSON AZUR** Terme générique qui signifie des petits poissons qui vivent en haute-mer.
▸ **BLAUER FISCH** allgemeiner Begriff für kleine Fische, die in hoher See leben.
▸ **PESCADO AZUL** Término genérico que indica pescaditos que viven en alta mar.

PESCE PALLA *Pesce dall'aspetto massiccio e dalla carne pregiata.*
▸ **GLOBE FISH** A fish which appears to be large and solid, with highly valued meat.
▸ **POISSON BALLON** Poisson à l'aspect massif et à la chair appréciée.
▸ **PESCE PALLA** Massiver Fisch mit geschätztem Fleisch.
▸ **PEZ GLOBO** Pescado de aspecto macizo y de carne apreciada.

PESCE PERSICO *Pesce d'acqua dolce, di solito presentato come filetto, eventualmente impanato.*
▸ **PERCH** Fresh water fish, usually filleted and often coated with breadcrumbs.
▸ **PERCHE** Poisson d'eau douce, en général présenté en filet, éventuellement pané.
▸ **PESCE PERSICO** Süßwasserfisch, meistens als Filet, eventuell paniert, serviert.
▸ **PERCA** Pescado de agua dulce, normalmente presentado como filete, eventualmente empanado.

PESCE SPADA *Grosso pesce di mare dalla carne pregiata e delicata.*
▸ **SWORD FISH** Large salt water fish with delicate, highly appreciated meat.
▸ **ESPADON** Gros poisson de mer à la chair appréciée et délicate.
▸ **SCHWERTFISCH** Großer Meeresfisch mit delikatem und geschätztem Fleisch.
▸ **PEZ ESPADA** Pescado grande de mar de carne apreciada y delicada.

PESTO *Salsa composta da basilico, parmigiano, aglio ed eventualmente pinoli. Impiegata sui primi, è tipica della Liguria (v.). Ne esiste però anche una versione siciliana (v. Sicilia).*
▸ **PESTO** Sauce made with basil, oil and often pine nuts. Used for first courses, it is typical of Liguria (s.). There is also a Sicilian version (s. Sicilia).
▸ **PESTO** Sauce composée de basilic, parmesan, ail et éventuellement pignons. Employée pour les premiers plats est typique de la Ligurie (v. Liguria). Il en existe toutefois une version italienne (v. Sicilia).
▸ **PESTO** Grüne Soße aus Basilikum, Parmesankäse, Knoblauch und eventuell Pinienkernen. Als Nudelsoße typisch für Ligurien (s. Liguria). Es gibt auch eine sizilianische Variante (s. Sicilia).
▸ **PESTO** Salsa compuesta por albahaca, queso parmesano, ajo y eventualmente piñones. Empleada en primeros platos, es típica de Liguria (ver). Existe también una version siciliana (ver Sicilia).

PETTO *Taglio di carne.*
▸ **BREAST** A cut of poultry.
▸ **POITRINE** Morceau de viande.
▸ **BRUST** Fleischschnitt.
▸ **PECHUGA** Corte de carne.

PIÀDA o PIADINA *Impasto dalla forma schiacciata, farcito con prosciutto e formaggio tipo stracchino (v.). Tipico dell'Emilia Romagna (v.).*
▸ **PIÀDA o PIADINA** Dough, squashed flat and baked. Topped with ham and soft cheese (s. stracchino). Typical of Emilia Romagna (s.).

▶ **PIADINA** Pâte de forme aplatie, remplie avec du jambon et du fromage de type stracchino (v.). Typique de l'Emilie-Romagne (v. Emilia Romagna).

▶ **PIADA oder PIADINA** Flacher Brotteig gefüllt mit Schinken und Stracchinokäse (s. stracchino). Typisch für Emilia Romagna (s.).

▶ **PIADA o PIADINA** Masa de forma aplanada, rellena con jamón y queso tipo stracchino (ver). Típico de Emilia Romagna (ver).

PIANURA PADANA *Vasta area pianeggiante del Nord Italia che comprende ampie zone del Piemonte, Lombardia ed Emilia Romagna (v.) attraversate dal fiume Po.*

▶ **PIANURA PADANA** Vast area of plane in the North of Italy which includes large areas of Piedmont, Lombardy and Emilia Romagna (s.), which lie on the river Po.

▶ **PLAINE PADANE** Vaste zone plate du nord de l'Italie qui comprend les grandes zones du Piémont, de la Lombardie et de l'Emilie-Romagne (v.) traversées par le fleuve Pô.

▶ **POEBENE** Großes ebenes Gebiet in Norditalien, die weite Teile des Piemont, der Lombardei und der Emilia Romagna (s.) einschliesst. Durch sie fliesst der Fluss Po.

▶ **LLANURA PADANA** Vasta área llana del Norte de Italia que comprende amplias zonas del Piamonte, Lombardía y Emilia Romagna (ver) atravesada por el río Po.

PIÀTTO *Contenitore rotondo e concavo, di ceramica o porcellana, nel quale si consumano le vivande. Per estensione, il termine indica anche la vivanda che di volta in volta vi è contenuta ed è l'espressione di una ricetta.*

▶ **PLATE** Round, concave container made of pottery or porcelain, from which food is eaten. The term can also indicate the food served on the plate, or a certain recipe.

▶ **PLAT** Récipient rond et creux, de céramique ou de porcelaine, dans lequel on mange les aliments. Par extension, le terme indique aussi l'aliment qui d'une fois à l'autre est dedans le récipient et c'est le terme pour une recette.

▶ **TELLER** runder, konkaver Behälter aus Keramik oder Porzellan, aus dem Lebensmittel verzehrt werden. Im weiteren Sinne auch "Gericht", d.h. die im Teller beeinhaltete Zubereitung, bzw. das Rezept.

▶ **PLATO** Contenedor redondo y cóncavo, de cerámica y porcelana, en el que se consumen los alimentos. Por extensión, el término indica también el alimento que de vez en cuando contiene y es la expresión de una receta.

PICAGGE *Lasagne (v.) con pesto o altri sughi, tipiche della Liguria (v.).*

▶ **PICAGGE** Lasagne (s.) with pesto or other sauces, typical of Liguria (s.).

▶ **PICAGGE** Lasagnes (v.) avec du pesto ou autres sauces, typiques de la Ligurie (v. Liguria).

▶ **PICCAGGE** Lasagne (s.) mit Pesto oder anderer Soße, typisch für Ligurien (s. Liguria).

▶ **PICAGGE** Lasañas (ver lasagna) con pesto u otras salsas, típicas de Liguria (ver).

PICCANTE *Sapore forte e pungente.*

▶ **HOT, SPICY** Strong, pungent taste.

▶ **PIQUANT** Saveur forte et profonde.

▶ **PIKANT** scharf und stechend.

▶ **PICANTE** Sabor fuerte e intenso.

PICCATA *Ricetta a base di fettine di fesa (v.) di vitello, infarinate e fritte. Tipico della Lombardia (v.).*

▶ **PICCATA** Recipe for slices of veal rump (s. fesa), coated with flour and fried. Typical of Lombardy (s. Lombardia).

▶ **PICCATA** Recette à base des tranches de cuisse (v. fesa) de veau, roulées dans la farine et frites. Typique de la Lombardie (v. Lombardia).

▶ **PICCATA** Rezept (s. fesa) aus der Lombardei (s. Lombardia) aus bemehltem und frittiertem Kalbsfleisch.

▶ **PICCATA** Receta a base de tajadas de falda (ver fesa) de ternera, pasadas por harina y fritas. Típico de Lombardía (ver).

PICCELLATI *Dolci tipici del Molise* (v.)*, costituiti da una pasta ripiena da mosto cotto, miele e frutta secca.*
▶ **PICCELLATI** Confectionary product typical of Molise (s.), consisting of dough with a filling of cooked must, honey and nuts.
▶ **PICCELLATI** Dessert typique de la Molise (v.) constitué d'une pâte farcie de moût cuit, miel et fruits secs.
▶ **PICCELLATI** Süßspeise typisch für den Molise (s.), aus einem Teig, gefüllt mit gekochtem Most, Honig, und Trockenfrüchten.
▶ **PICCELLATI** Dulces típicos del Molise (ver), constituidos por una masa rellena de mosto cocido, miel y fruta seca.

PICCIÓNE *Volatile dalla carne gustosa e ricercata.*
▶ **PIGEON** Bird with tasty and appreciated meat.
▶ **PIGEON** Volatile à viande savoureuse et recherchée.
▶ **TAUBE** Geflügel mit schmackhaftem und geschätzem Fleisch.
▶ **PALOMO** Ave de carne sabrosa y solicitada.

PICI *Pasta fresca dalla forma di grossi spaghetti, tipici della zona di Siena in Toscana (v.).*
▶ **PICI** Fresh pasta resembling large spaghetti, typical of the zone of Siena in Tuscany (s. Toscana).
▶ **PICI** Pâtes fraîches de forme de gros spaghetti, typiques de la zone de Sienne en Toscane (v. Toscana).
▶ **PICI** Frische Nudeln mit einer dicken Spaghettiform, typisch für Siena in der Toskana (s. Toscana).
▶ **PICI** Pasta fresca de forma de espaguetis grandes, típicos de la zona de Siena en Toscana.

PICNIC *Pasto, di solito frugale, consumato all'aperto, durante una scampagnata.*

▶ **PICNIC** A usually very simple meal, eaten out of doors during a trip to the country.
▶ **PIQUE-NIQUE** Repas, d'habitude frugal, mangé en plein air, au cours d'une promenade à la campagne.
▶ **PICKNICK** Schnelles Essen im Freien während eines Ausflugs aufs Land.
▶ **PICNIC** Comida, normalmente frugal, consumida al aire libre, durante una excursión.

PIEDINO *Zampa di vitello, agnello, capretto e soprattutto maiale, di solito lessata (v. lessatura).*
▶ **FOOT/TROTTER** Calf, lamb and kid feet, and pigs trotters, usually boiled (s. lessatura).
▶ **PETIT PIED** Pied de veau, agneau, cabris et surtout porc, habituellement bouilli (v. lessatura).
▶ **HACKSE** Bein vom Kalb, Lamm, Ziege und vor allem Schwein, meistens gekocht (s. lessatura).
▶ **PIEDINO** Pata de ternera, cordero, cabrito y sobre todo cerdo, normalmente hervida (ver lessatura).

PIEMONTE *Regione dell'Italia nord-occidentale, confinante a Ovest con la Francia (v. pag. 304).*
▶ **PIEDMONT** Region of north-west Italy, bordering to the west, with France (s. pag. 304).
▶ **PIEMONT** Région de l'Italie du nord-ouest à la frontière avec la France (v. pag. 304).
▶ **PIEMONT** Region Nordwestitaliens, grenzt im Westen an Frankreich (s. S. 304).
▶ **PIAMONTE** Región de Italia noroccidental, que limita al oeste con Francia (ver pag. 304).

PIEMONTESE, RAZZA BOVINA *Pregiata razza bovina dal manto bianco originaria del Piemonte (v.).*
▶ **PIEMONTESE, RAZZA BOVINA** Highly admired breed of white cattle, originating from Piedmont (s. Piemonte).
▶ **PIEMONTAISE, RACE BOVINE** Race bovine appréciée au manteau blanc originaire du Piémont (v. Piemonte).

▶ **PIEMONTESE, RAZZA BOVINA**
Wertvolle Rinderart mit weissem
Fell aus dem Piemont (s. Piemon-
te) stammend.

▶ **PIAMONTESE, RAZA BOVINA** Preciada raza bovina de pelaje blanco
originaria del Piamonte (ver Piemonte).

PIGNULATA *Piccolo dolce a base di
farina, tuorli d'uovo e cioccolato, tipico
della Sicilia (v.).*

▶ **PIGNULATA** Small cake made
with flour, egg yolks and chocolate,
typical of Sicily (s. Sicilia).

▶ **PIGNULATA** Petit gâteau à base
de farine, jaunes d'œufs et chocolat, typique de la Sicile (v. Sicilia).

▶ **PIGNULATA** Kleines Süßgebäck
aus Mehl, Eidotter und Schokolade, typisch für Sizilien (s. Sicilia).

▶ **PIGNULATA** Pequeño dulce a base de harina, yemas de huevo y
chocolate, típico de Sicilia (ver).

PINOCCATA *Piccolo dolce natalizio
composto da farina, zucchero e pinoli. Tipico dell'Abruzzo (v.).*

▶ **PINOCCATA** Small cake made at
Christmas, consisting of flour, sugar and pine nuts. Typical of Abruzzo
(s.).

▶ **PINOCCATA** Petit gâteau de Noël
composé de farine, sucre et pignons. Typique des Abruzzes (v.
Abruzzo).

▶ **PINOCCATA** Kleines Weihnachtsgebäck aus Mehl, Zucker und Pinienkernen. Typisch für die Abruzzen (s. Abruzzo).

▶ **PINOCCATA** Pequeño dulce navideño compuesto de harina, azúcar
y piñones. Típico de Abruzzo (ver).

PINOLO *Seme del pino, di forma allungata e sapore aromatico e resinoso.*

▶ **PINE NUT** Seed of the pine tree,
long, aromatic and resinous.

▶ **PIGNON** Grain du pin, de forme
allongée et au goût aromatique et
résineux.

▶ **PINIENKERN** Samen der Pinie
mit länglicher Form und harzig und
aromatisch.

▶ **PIÑON** Semilla de pino, de forma
alargada y sabor aromático y resinoso.

PINZA *Specie di pizza, dolce o salata,
tipica di Emilia Romagna o Veneto (v.).*

▶ **PINZA** Type of pizza, sweet or
savoury, typical of Emilia Romagna
and Veneto (s.).

▶ **PINZA** Espèce de pizza, sucrée
ou salée, typique de l'Emilie-Romagne (v.) et de la Vénétie (v.).

▶ **PINZA** Art Pizza, süß oder herzhaft, typisch für die Emilia Romagna oder Venetien (s. Veneto).

▶ **PINZA** Especie de pizza, dulce o
salada, típica de Emilia Romagna o
Véneto (ver).

PINZIMÒNIO *Condimento costituito
da olio d'oliva e sale, nel quale si intingono verdure crude.*

▶ **PINZIMÒNIO** Dressing made
with olive oil and salt, in to which
raw vegetables are dipped.

▶ **POIVRADE** Assaisonnement constitué d'huile d'olive et sel, dans lequel sont trempés les légumes crus.

▶ **PINZIMÒNIO** Würze für rohes Gemüse aus Olivenöl und Salz.

▶ **VINAGRETA** Condimento constituido por aceite de oliva y sal, en el
que se mojan verduras crudas.

PIÒVRA *Grosso polpo (v.).*

▶ **GIANT OCTOPUS** (s. polpo).

▶ **PIEUVRE** Gros poulpe (v. polpo).

▶ **PIOVRA** Großer Tintenfisch (s.
polpo).

▶ **PIÒVRA** Pulpo (ver polpo) grande.

PIRÒFILA *Recipiente adatto alla cottura degli alimenti in forno.*

▶ **PYREX DISH** Oven proof dish.

▶ **VERRE PYREX** Récipient adapté
à la cuisson au four des aliments.

▶ **PIROFILA** Behälter zum Garen
von Lebensmitteln im Ofen.

▶ **PIRÒFILA** Recipiente adecuado
para la cocción de los alimentos en
el horno.

PISARÈI E FASÓ *Preparazione
composta da gnocchi di farina e fagioli, ti-*

pica della zona di Piacenza in Emilia Romagna (v.).

▷ **PISARÈI E FASÓ** Gnocchi made with flour and broad beans, typical of the zone of Piacenza in Emilia Romagna (s.).

▷ **PISAREI E FASO** Préparation composée de gnocchi de farine et de haricots, typique de la zone de Plaisance en Emilie-Romagne (v. Emilia Romagna).

▷ **PISAREI E FASO** Zubereitung aus Mehl- und Bohnenklösschen, typisch für Piacenza in der Emilia Romagna (s.).

▷ **PISARÈI E FASÒ** Preparación compuesta de ñoquis de harina y alubias, típica de la zona de Piacenza en Emilia Romagna (ver).

PISELLO *Piccolo ortaggio verde di forma tondeggiante.*

▷ **PEA** Small round green vegetable.

▷ **PETIT POIS** Petit légume vert de forme arrondie.

▷ **ERBSE** Kleines rundliches, grünes Gemüse.

▷ **GUISANTE** Pequeña hortaliza verde de forma redonda.

PISTÀCCHIO *Seme di forma allungata e sapore aromatico. Può essere consumato tostato, o impiegato in pasticceria.*

▷ **PISTACHIO NUT** Long, aromatic seed. It can be eaten roasted or used in confectionery.

▷ **PISTACHE** Grain de forme allongée et à la saveur aromatique. Elle peut être mangée grillée, ou employée en pâtisserie.

▷ **PISTAZIE** Samen länglicher Form und aromatisch. Kann geröstet werden, wird häufig in der Feinbäckerei benutzt.

▷ **PISTACHO** Semilla de forma alargada y sabor aromático. Puede ser consumido tostado, o empleado en repostería.

PITTA *Focaccia variamente condita e farcita, tipica della Calabria (v.).*

▷ **PITTA** A low bread which can have various toppings and fillings, typical of Calabria (s.).

▷ **PITTA** Fougasse diversement assaisonnée et farcie, typique de la Calabre (v. Calabria).

▷ **PITTA** Focaccia unterschiedlich gewürzt und gefüllt, typisch für Kalabrien (s. Calabria).

▷ **PITTA** Focacha variadamente condimentada y rellena, típica de Calabria (ver).

PITTANCHIUSA *Dolce tipico della Calabria (v.) a base di pasta frolla, fichi secchi e altri frutti raccolti a forma di boccioli di rosa.*

▷ **PITTANCHIUSA** Rose bud shaped cake typical of Calabria (s.), made with short crust pastry, dried figs, and other fruit.

▷ **PITTANCHIUSA** Gâteau typique de la Calabre (v. Calabria) à base de pâte brisée, figues sèches et d'autres fruits récoltés sous forme de boutons de rose.

▷ **PITTANCHIUSA** Süßgebäck aus Kalabrien (s. Calabria) aus Mürbeteig, trockenen Feigen und anderen Früchten in Rosenblütenform angeordnet.

▷ **PITTANCHIUSA** Dulce típico de Calabria (ver) a base de pastaflora, higos secos y otros frutos recogidos con forma de capullos de rosa.

PIZZA *Preparazione costituita da un impasto di farina di forma schiacciata, ricoperta con salsa di pomodoro e arricchita con numerosi ingredienti. La versione più nota è quella napoletana, a forma di disco e con pomodoro, mozzarella (v.) e basilico (chiamata anche Margherita).*

▷ **PIZZA** Dough made with flour which has been flattened and covered with a tomato sauce and various other ingredients. The most well known pizza is from Naples. It is round and is covered with tomato sauce, mozzarella cheese (s.) and basil (named Napoletana or Margherita).

▷ **PIZZA** Préparation constituée d'un mélange de farine de forme aplatie, recouverte de sauce tomate et enrichie de nombreux ingrédients. La version la plus connue est celle de Naples, à la forme d'un disque et avec des tomates, mozzarella (v.) et basilic (appelée aussi Margherita).

▷ **PIZZA** aus Mehlteig zubereitetes flachförmiges "Brot", bedeckt mit Tomatensoβe und angereichert mit diversen Zutaten. Die bekannteste ist die aus Neapel, kreisförmig und nur mit Tomate, Mozzarellakäse (v. mozzarella) und Basilikum. Auch Margeritha genannt.

▷ **PIZZA** Preparación constituida por una masa de harina de forma aplastada recubierta con salsa de tomate y enriquecida con numerosos ingredientes. La versión más conocida es la napolitana, a forma de disco y con tomate, queso mozarela (ver mozzarella) y albahaca (llamada también Margarita).

PIZZÒCCHERI *Grosse tagliatelle composte da farina di frumento e di grano saraceno, tipiche della Valtellina in Lombardia (v.).*

▷ **PIZZÒCCHERI** Large tagliatelle made from wheat flour and buckwheat flour, typical of Valtellina in Lombardy (s. Lombardia).

▷ **PIZZOCCHERI** Grandes tagliatelles composées de farine de froment et de blé noir, typiques de la Valteline en Lombardie (v. Lombardia).

▷ **PIZZOCCHERI** Groβe Beandnudel aus Weizen- und Heidewizenmehl, typisch für Valtellina in der Lombardei (s. Lombardia).

▷ **PIZZOCCHERI** Tallarines grandes compuestos por harina de trigo y de alforfón, típicos de la Valtellina en Lombardía (ver).

PLATESSA *Pesce di mare servito in filetti.*

▷ **PLACE** Salt water fish served in fillets.

▷ **PLATESSA** Poisson de mer servi en filets.

▷ **SEEZUNGE** Meeresfisch, in Filets serviert.

▷ **PLATIJA** Pescado de mar servido en filetes.

POLENTA *Impasto di farina di grano-turco e acqua, molto usato nell'Italia centro-settentrionale.*

▷ **POLENTA** Mixture of cornmeal and water, very commonly used in the central part of Northern Italy.

▷ **POLENTA** Mélange de maïs et d'eau, très utilisé dans l'Italie du centre-nord.

▷ **POLENTA** Mischung aus Maismehl und Wasser, sehr gebräuchlich im nördlichen Zentralitalien.

▷ **POLENTA** Masa de harina de maíz y agua, muy usada en Italia centro-septentrional.

POLENTA ALLA VALDOSTANA *Polenta arricchita con latte o formaggio, tipica della Valle d'Aosta (v.).*

▷ **POLENTA ALLA VALDOSTANA** Polenta enriched with milk or cheese, typical of Valle d'Aosta (s.).

▷ **POLENTA A LA VALDOTAINE** Polenta enrichie avec du lait ou du fromage, typique de la Vallée d'Aoste (v. Valle d'Aosta).

▷ **POLENTA ALLA VALDOSTANA** Polenta, angereichert mit Milch und Käse, typisch für das Aostatal (s. Valle d'Aosta).

▷ **POLENTA A LA VALDOSTANA** Polenta enriquecida con leche o queso típico del Valle de Aosta (ver Valle d'Aosta).

POLLAME *Termine generico per indicare volatili da cortile.*

▷ **POULTRY** Farm yard birds.

▷ **VOLAILLE** Terme général qui désigne les volatiles de basse-cour.

▷ **GEFLÜGEL** allgemeine Bezeichnung für am Hof gehaltene Vögel.

▷ **POLLAME** Término genérico para indicar aves de corral.

POLLO *Termine generico che indica sia il gallo che la gallina, oltre alle preparazioni che ne derivano.*

▷ **CHICKEN** Indicates both the cockerel and the hen, as well as the meat obtained from them.

▷ **POULET** Terme commun qui désigne soit le coq soit la poule, en plus des préparations qui en dérivent.

▷ **HUHN** allgemeine Bezeichnung

für Huhn, Henne und Hahn und für die daraus gemachten Zubereitungen.

▸ **POLLO** Término genérico que indica tanto el gallo como la gallina, además de las preparaciones que de ellos derivan.

POLMONE *Organo animale di colore rosato e aspetto spugnoso ed elastico.*

▸ **LUNG** Animal organ, pink in colour and spongy and elastic in appearance.

▸ **POUMON** Organe d'animal de couleur rosée et à l'aspect spongieux et élastique.

▸ **LUNGE** tierisches Organ mit rosafarbener, schwammiger und elastischer Konsistenz.

▸ **PULMON** Organo animal de color rosado y aspecto esponjoso y elástico.

POLPETTA *Preparazione di carne, pesce o verdura tritati, a forma di pallottola, generalmente fritta.*

▸ **POLPETTA** Made with minced meat, minced fish or minced vegetables, bullet shaped, generally fried.

▸ **CROQUETTE** Préparation de viande, poisson ou légumes hachés, à forme de boule, généralement frite.

▸ **KLÖSSCHEN** Zubereitung aus gehacktem Fleisch, Fisch oder zerkleinertem Gemüse in runder Form, meistens frittiert.

▸ **ALBONDIGA** Preparación de carne, pescado o verdura triturados, a forma de pelota, generalmente frita.

POLPETTONE *Grossa polpetta (v.), generalmente cucinata in umido (v.).*

▸ **POLPETTONE** Large polpetta (s.), usually stewed (s. umido).

▸ **GROSSE BOULETTE** Grosse croquette (v. polpetta), en général cuisinée en sauce (v. umido).

▸ **KLOSS** Große Version des Klösschens (v. polpetta), meistens in Flüssigkeit zubereitet (s. umido).

▸ **POLPETTONE** Albóndiga (ver polpetta) grande, generalmente cocinada hervida (ver umido).

POLPO *Grosso mollusco munito di tentacoli, dalla carne saporita.*

▸ **OCTOPUS** Large mollusc with tentacles. The meat is highly flavoured.

▸ **POULPE** Gros mollusque aux tentacules et à la chair savoureuse.

▸ **POLYP** Tintenfisch mit Tentakeln und schmackhaftem Fleisch.

▸ **PULPO** Molusco grande provisto de tentáculos, de carne sabrosa.

POMODORO *Ortaggio di forma sferica o allungata, acquoso e ricco di semi. Si può mangiare crudo, in insalata, ma rientra anche in molteplici ricette. È usato come base per molte salse (v. passata).*

▸ **TOMATO** Round or long vegetable which is watery and rich in seeds. It can be eaten raw, in salads, but is also used in many recipes. It is used as a base for many sauces (s. passata).

▸ **TOMATE** Légume de forme ronde ou allongée, juteuse et riche en grains. On peut la manger crue, en salade, elle entre dans plusieurs recettes. Elle est utilisé aussi comme base pour beaucoup de sauces (v. passata).

▸ **TOMATE** rundes oder längliches Gemüse, wasserhaltig und mit vielen Kernen. Kann roh, in Salat verzehrt werden, wird aber für viele Rezepte benutzt. Basis für viele Soßen (s. Passata).

▸ **TOMATE** Hortaliza de forma esférica o alargada, acuosa y rica de semillas. Se puede comer crudo, en ensalada, pero forma parte también de muchas recetas. Es usado como base para muchas salsas (ver passata).

POMPELMO *Agrume dal sapore aspro con sfumature dolci. Ne esistono due varianti: gialla e rosa.*

▸ **GRAPEFRUIT** Sour citrus fruit with a hint of sweetness. There are two varieties: yellow and pink.

▸ **PAMPLEMOUSSE** Agrume à la saveur âpre avec des nuances sucrées. Il en existe deux variantes : le jaune et le rosé.

▸ **PAMPELMUSE** saure Zitrusfrucht

mit süßem Hauch. Es gibt zwei Varianten: rosa und gelb.
- **POMELO** Cítrico de sabor áspero con matices dulces. Existen dos variantes: amarillo y rosa.

PORCELLO *Giovane maiale.*
- **PIGLET** Young pig.
- **PORCELET** Jeune porc.
- **FERKEL** junges Schwein.
- **LECHON** Cerdo joven.

PORCHETTA *Maiale intero cotto al forno.*
- **PORCHETTA** Whole roast pork.
- **COCHON DE LAIT ROTI** Porc entier cuit dans le four.
- **PORCHETTA** Ganzes Schwein im Ofen gebraten.
- **CONCHINILLO** Cerdo entero cocinado en el horno.

PORCINO *Pregiata varietà di fungo.*
- **WILD MUSHROOM (PORCINI)** Highly valued variety of mushroom.
- **CEPE** Variété estimée de champignon.
- **STEINPILZ** Wertvolle Pilzart.
- **PORCINO** Apreciada variedad de hongo.

PORCO *Altro nome del maiale.*
- **PIG** s. maiale.
- **COCHON** Autre nom du porc (v. maiale).
- **PORCO** Schwein (s. maiale).
- **PUERCO** Otro nombre del cerdo (ver maiale).

PORRO *Ortaggio della famiglia delle agliacee, con gusto simile alla cipolla.*
- **LEEK** Vegetable of the garlic family, with a flavour similar to that of an onion.
- **POIREAU** Légume de la famille des alliacés, au goût semblable à l'oignon.
- **PORREE** Gemüse der Knoblauchgewächse mit Zwiebelgeschmack.
- **PUERRO** Hortaliza de la familia de aliáceas, con gusto similar a la cebolla.

POSATE *Il termine indica l'insieme di coltello, forchetta e cucchiaio.*
- **CUTLERY** Knife, fork and spoon together as a set.
- **COUVERT** Le terme indique l'ensemble de couteau, fourchette et cuillère.
- **BESTECK** Bezeichnung für Messer, Gabel und Löffel zusammen.
- **CUBIERTO** El término indica el conjunto de cuchillo, tenedor y chara.

POTACCHIO, IN *Termine regionale delle Marche (v.) che significa in umido, riferito specialmente alla cottura di animali da cortile.*
- **POTACCHIO, IN** Regional term from Marche (s.) indicating stew, referred especially to a stew consisting of meat from farm yard animals.
- **POTACCHIO, EN** Terme régional des Marches (v. Marche) qui signifie en sauce qui se réfère spécialement à la cuisson des animaux de basse-cour.
- **POTACCHIO, IN** Ausdruck aus den Marken (s. Marche), der bedeutet: in Flüssigkeit gegart, besonders von Hoftieren.
- **POTACCHIO, EN** Término regional de las Marcas (ver Marche) que significa hervido, referido especialmente a animales de corral.

PRALINA *Sorta di confetto o caramella, variamente aromatizzata.*
- **PRALINE** Sweet of sugared almonds or caramel, with various flavourings.
- **PRALINE** Sorte de bonbon différemment aromatisé.
- **PRALINE** Art Konfekt oder Bonbon, verschieden aromatisiert.
- **ALMENDRA GARRAPIÑADA** Especie de confite o caramelo, variadamente aromatizado.

PRANZO *Pasto di mezzogiorno.*
- **LUNCH** Midday meal.
- **DEJEUNER** Repas de midi.
- **MITTAGESSEN** Mahlzeit zur Mittagszeit.

▶ **COMIDA (ALMUERZO)** Asunción de alimentos a mediodía.

PRATAIÒLO *Varietà di fungo.*
▶ **FIELD MUSHROOM** Variety of mushroom.
▶ **CHAMPETRE** Variété de champignon.
▶ **PRATAIOLO** Pilzart (Wiesenpilz).
▶ **CHAMPIÑON** Variedad de hongo.

PRECOTTO *Alimento cotto e poi conservato mediante raffreddamento prima di essere riscaldato per il consumo.*
▶ **PRE-COOKED** Cooked food, preserved at low temperatures, which can be heated and eaten.
▶ **PRECUIT** Aliment cuit et ensuite conservé par refroidissement avant d'être réchauffé pour être mangé.
▶ **VORGEKOCHT** gegartes Lebensmittel und anschliessend mittels Erkalten haltbar gemacht, um aufgewärmt zum Verzehr bereit zu sein.
▶ **PRECOCINADO** Alimento cocinado y después conservado mediante enfriamiento antes de ser recalentado para su consumo.

PRESNITZ *Dolce tipico del Friuli Venezia Giulia (v.) costituito da pasta sfoglia farcita con uvetta, frutta secca e canditi.*
▶ **PRESNITZ** Cake typical of Friuli Venezia Giulia (s.) consisting of puff-pastry filled with rasins, nuts and candied fruit.
▶ **PRESNITZ** Dessert typique du Frioul Vénétie Julienne (v.) constitué de páte feuilletée farcie de raisins secs, fruits secs et confits.
▶ **PRESNITZ** Süßspeise, typisch für Friuli Venezia Giulia (s.) aus Blätterteig mit Rosinen und trockenen und kandierten Früchten gefüllt.
▶ **PRESNITZ** Dulce típico del Friuli Venezia Giulia (ver) constituido por hojaldre relleno con uvas pasas, frutos secos y confitados.

PREZZÉMOLO *Pianta erbacea dal profumo intenso, usata come aromatizzante.*
▶ **PARSLEY** Intensely fragranced herbaceous plant, used for adding flavour.
▶ **PERSIL** Plante herbacée au parfum intense, utilisée comme aromatisant.
▶ **PETERSILIE** Kräuterpflanze mit intensivem Geruch, zur Würze benutzt.
▶ **PEREJIL** Planta herbácea de aroma intenso, usada como aromatizante.

PRIMO SALE *Pecorino (v.) poco stagionato.*
▶ **PRIMO SALE** Slightly aged pecorino cheese (s. pecorino).
▶ **PRIMO SALE** Pecorino (v.) peu affiné.
▶ **PRIMO SALE** junger Pecorino-schafskäse (s. pecorino).
▶ **PRIMO SALE** Pecorino (ver) poco curado.

PROFITEROLE *Bignè cotto al forno, farcito di crema e ricoperto di cioccolato.*
▶ **PROFITEROLE** Balls of baked choux-pastry, filled with cream and covered with chocolate sauce.
▶ **PROFITEROLE** Chou à la crème, rempli de crème et recouvert de chocolat.
▶ **PROFITEROLE** Bigné im Ofen gebacken, mit Creme gefüllt und mit Schokolade bedeckt.
▶ **PROFITEROL** Buñuelo de viento cocinado en el horno, relleno de crema y recubierto de chocolate.

PROSCIUTTO *Coscia di maiale salata ed essiccata, oppure cotta al forno (da cui il prosciutto cotto).*
▶ **HAM** Salted and dried pork thigh, or roasted pork thigh (prosciutto cotto).
▶ **JAMBON** Cuisse de porc salée et séchée, ou bien cuite au four (de laquelle le jambon cuit).
▶ **SCHINKEN** Schweineschenkel, gesalzen und getrocknet oder im Ofen gekocht (daher der gekochte Schinken).
▶ **JAMON** Pierna de cerdo salada y desecada, o bien cocida en el horno (de donde viene el jamón cocido).

PROSCIUTTO CRUDO È *uno dei*

salumi più apprezzati d'Italia i cui marchi più conosciuti sono il prosciutto di San Daniele ed il prosciutto di Parma.

▶ **CURED HAM** One of the most highly appreciated pork products in Italy. The most well renowned brands are San Daniele and Parma.

▶ **JAMBON CRU** C'est une des charcuterie les plus appréciées d'Italie, dont les plus connues sont le jambon de San Daniele et le jambon de Parme.

▶ **ROHER SCHINKEN** In Italien die geschätzeste Wurstart. Sehr bekannt sind der "Prosciutto di San Daniele" und der Parmaschinken.

▶ **JAMON SERRANO** Es uno de los embutidos más apreciados de Italia cuyas marcas más conocidas son el jamón de San Daniel y el jamón de Parma.

PRÒVOLA *Formaggio prodotto con latte di vacca o di bufala, eventualmente affumicato.*

▶ **PRÒVOLA** Cheese produced from cow or buffalo milk, often smoked.

▶ **PROVOLA** Fromage produit avec du lait de vache ou de buffle, éventuellement fumé.

▶ **PROVOLA** Käse aus Kuhmilch oder Büffelmilch, eventuell geräuchert.

▶ **PRÒVOLA** Queso producido con leche de vaca o de búfalo, eventualmente ahumado.

PROVOLONE *Formaggio di latte vaccino, prodotto nelle versioni dolce o piccante.*

▶ **PROVOLONE** A cow's milk cheese, produced in a sweet and in a peppery version.

▶ **PROVOLONE** Fromage de lait de vache, produit soit sucré soit épicé.

▶ **PROVOLONE** Käse aus Kuhmilch, in milder und pikanter Version.

▶ **PROVOLONE** Queso de leche de vaca, producido en las versiones dulce o picante.

PRUGNA *Frutto di media grandezza e dalla polpa gustosa. Ne esistono molte varietà.*

▶ **PLUM** Medium sized fruit with tasty pulp. There are many varieties of plum.

▶ **PRUNE** Fruit de dimensions moyennes et à pulpe juteuse. Il en existe de nombreuses variétés.

▶ **PFLAUME** Mittelgroße, ovale Frucht, existiert in verschiedenen Varianten.

▶ **CIRUELA** Fruto de tamaño medio y de pulpa sabrosa. Existen muchas variedades.

PRUGNÒLO *Fungo primaverile.*

▶ **PLUM AGARIC MUSHROOMS** A Spring mushroom.

▶ **MOUSSERON** Champignon printanier.

▶ **PRUGNOLO** Frühlingspilz.

▶ **PRUGNÒLO** Hongo primaveral.

PUGLIA *Regione dell'Italia meridionale, bagnata dal Mar Ionio e dal Mare Adriatico (v. pag. 348).*

▶ **PUGLIA** Region of Southern Italy, which lies on the Ionian Sea and the Adriatic Sea (s. pag. 348).

▶ **POUILLES** Région de l'Italie du sud, baignée par la mer Ionienne et par la mer Adriatique (v. pag. 348).

▶ **APULIEN** Region Süditaliens am Ionischen und Adriatischen Meer (s. S. 348).

▶ **PUGLIA** Región de Italia meridional, bañada por el Mar Jónico y el Mar Adriático (ver pag. 348).

PUNTA DI MEZZO *Taglio di carne.*

▶ **PUNTA DI MEZZO** A cut of meat.

▶ **POINTE DE MOITIE** Morceau de viande.

▶ **PUNTA DI MEZZO** in etwa "Mittelspitze", Fleischschnitt.

▶ **PUNTA DE MEDIO** Corte de carne.

PUNTA DI PETTO *Taglio di carne facente parte del petto (v.).*

▶ **PUNTA DI PETTO** Cut of meat taken from the breast (s. petto).

▶ **POINTE DE POITRINE** Morceau de viande qui fait partie de la poitrine (v. petto).

▶ **BRUSTSPITZE** Fleischschnitt aus der Brust (s. petto).

▶ **PUNTA DE PECHO** Corte de carne que forma parte de la pechuga (ver petto) o pecho del animal.

PUNTARELLE *Varietà di cicoria (v.) diffusa nel Sud Italia.*

▶ **PUNTARELLE** Variety of chicory (s. cicoria), common in Southern Italy.

▶ **PUNTARELLE** Variété de chicorée (v. cicoria) diffusée dans le sud de l'Italie.

▶ **PUNTARELLE** Varietät der Zichorie (s. cicoria), verbreitet in Süditalien.

▶ **PUNTARELLE** Variedad de chicoria (ver cicoria) extendida en el Sur de Italia.

PUNTINE *Taglio di carne di maiale (v.).*

▶ **PUNTINE** A cut of pork (s. maiale).

▶ **PETITES POINTES** Morceau de viande de porc (v. maiale).

▶ **PUNTINE** Schweinefleischschnitt (s. maiale).

▶ **PUNTITAS** Corte de carne de cerdo (ver maiale).

PURÈ o PURÈA *Preparazione di consistenza soffice, ottenuta schiacciando o passando (v. passare) diverse sostanze, di solito verdure.*

▶ **PUREE** Soft product obtained by mashing or sieving (s. passare) various substances, usually vegetables.

▶ **PUREE** Préparation de consistance molle, obtenue en écrasant ou en passant (v. passare) différentes substances, habituellement des légumes.

▶ **PÜREE** weiche Zubereitung aus Zerquetschen oder Passieren (s. passare) von unterschiedlichen Substanzen, meistens Gemüse.

▶ **PURE** Preparación de consistencia sutil, obtenida aplastando o pasando (ver passare) diversas sustancias, normalmente verduras.

PUZZONE DI MOENA *Formaggio a latte vaccino tipico del Trentino (v. Trentino), a pasta semidura, dall'intenso profumo tipico e intenso.*

▶ **PUZZONE DI MOENA** A semi-hard cow's milk cheese which has a particular and intense aroma. Typical of Trentino (s. Trentino).

▶ **PUZZONE DI MOENA** Fromage de lait de vache typique du Trentin (v. Trentino), à pâte demi-dure, à l'intense fumet typique.

▶ **PUZZONE DI MOENA** Stinkkäse aus Kuhmilch, typisch für den Trentin (s. Trentino) aus halbharter Paste mit sehr intensivem und typischem Geruch.

▶ **PUZZONE DE MOENA** Queso de leche de vaca típico del Trentino (ver Trentino), a pasta semidura, de intenso aroma típico.

Q

QUADRETTI o QUADRUCCI Tipo di pasta all'uovo indicato per minestre.
▶ **QUADRETTI o QUADRUCCI** Type of egg pasta, suitable for use in soups.
▶ **QUADRETTI ou QUADRUCCI** Type de pâte à l'œuf indiquée pour les potages.
▶ **QUADRETTI oder QUADRUCCI** Eiernudel zur Suppeneinlage.
▶ **QUADRETTI o QUADRUCCI** Tipo de pasta al huevo indicada para sopas.

QUADRELLI Piccolo dolce originario della Sicilia costituito da strati sovrapposti di croccanti (v. croccante) di mandorla, molto friabili.
▶ **QUADRELLI** Small sweet originating from Sicily. It consists of crumbly layers of caramelised almonds (s. croccante).
▶ **QUADRELLI** Petit gâteau originaire de la Sicile constitué de couches superposés de croquants très friables (v. croccante) aux amandes.
▶ **QUADRELLI** Kleine Süßware aus Sizilien aus mehreren Schichten Mandelkrokant, sehr brüchig (s. croccante).
▶ **QUADRELLI** Pequeño dulce originario de Sicilia constituido por estratos superpuestos de crujientes (ver croccante) de almendras, muy friables.

QUÀGLIA Uccello selvatico dalla carne aromatica e delicata.
▶ **QUAIL** Wild bird with delicate, aromatic meat.
▶ **CAILLE** Oiseau sauvage à la viande aromatisée et délicate.
▶ **WACHTEL** wilder Vogel mit delikatem, würzigem Fleisch.

▶ **PERDIZ PARDILLA** Pájaro selvático de carne aromática y delicada.

QUALGIO Altro nome del caglio (v.).
▶ **RENNET** (s. caglio).
▶ **QUALGIO** Autre nom de la présure (v. caglio).
▶ **QUALGIO** Andere Bezeichnung für Caglio (s.).
▶ **CUAJO** (ver caglio).

QUAGLIOTTO. Dolce abruzzese (v. Abruzzo) a base di uova di quaglia.
▶ **QUAGLIOTTO** A quail's egg dessert from Abruzzo (s.).
▶ **QUAGLIOTTO** Gâteau des Abruzzes (v. Abruzzo) à base d'œufs de caille.
▶ **QUAGLIOTTO** Süßware aus den Abruzzen (s. Abruzzo) aus Wachteleiern.
▶ **QUAGLIOTTO** Dulce de Abruzzo (ver) a base de huevos de perdiz pardilla.

QN (QUANTITÀ) Indica la misura e nei menu, spesso, ad esempio nei riguardi di pesci, carni pregiate o tartufi, si trova la dicitura "secondo qn" (prezzo a seconda della quantità ordinata).
▶ **QN (QUANTITY)** Indicates measurements. It is often found on menus with regard to fish, privileged meats and truffles, "secondo qn" (price depending on the quantity ordered).
▶ **QN (QUANTITE)** Cette abréviation indique la quantité et dans les menus, par exemple en ce qui concerne les poissons, les viandes de choix ou les truffes, on trouve souvent l'inscription "selon qté" (prix selon la quantité commandée).
▶ **QN (QUANTITA)** Menge. Gibt das Maß an und im Menü, besonders

für Fisch, wertvolles Fleisch oder Trüffel, gibt es die Anzeige: "secondo qn", d.h. Preis nach bestellter Menge.

▶ **QN (CANTIDAD)** Indica la medida en los menús, frecuentemente, por ejemplo referida a los pescados, carnes preciadas o trufas, se encuetra la expresión "según cantidad" (precio según la cantidad ordenada).

QUARANTINA *Varietà rara di patate a polpa bianca, prodotte sull'Appennino Ligure (v. Liguria).*

▶ **QUARANTINA** Rare variety of white potato, produced on the Apennines of Liguria (s. Liguria).

▶ **QUARANTINA** Variété rare de pommes de terre à la pulpe blanche, cultivées sur l'Apennin ligure (v. Liguria).

▶ **QUARANTINA** rare Varietät einer Kartoffel aus den ligurischen Apenninnen (s. Liguria) mit weissem Fruchtfleisch.

▶ **QUARANTINA** Variedad rara de patatas con pulpa blanca, producidas en el Apenino Ligure (ver Liguria).

QUARESIMALE *Sinonimo del maritozzo (v.), dolce tipico di Roma.*

▶ **QUARESIMALE** Cake typical of Rome (s. maritozzo).

▶ **QUARESIMALE** Synonyme du maritozzo (v.), dessert typique de Rome.

▶ **QUARESIMALE** Synonym für den "Maritozzo" (s.), typische Süßspeise aus Rom.

▶ **CUARESMAL** Sinónimo del maritozzo (ver), dulce típico de Roma.

QUARTINI *Porzioni di oca scottate e poste sotto grasso d'oca o di maiale. Tipici della zona di Mortara in Lombardia (v.).*

▶ **QUARTINI** Portions of scalded goose placed into goose or pork fat. Typical of the Mortara area in Lombardy (s. Lombardia).

▶ **QUARTINI** Morceaux d'oie sautées et mises sous gras d'oie ou de porc. Ils sont typiques de la zone de Mortara en Lombardie (v. Lombardia).

▶ **QUARTINI** "Viertel", Portion der angebratenen Gans und unter Gänsefett oder Schweinefett gesetzt. Typisch für die Gegend un Mortara in der Lombardei (s. Lombardia).

▶ **CUARTILLOS** Porciones de oca blanqueadas y puestas en grasa de oca o de cerdo. Tipico de Mortara en Lombardia (ver.)

QUARTIROLO *Formaggio fresco di latte di vacca a pasta bianca e cremosa, originario della Lombardia (v.).*

▶ **QUARTIROLO** A fresh, creamy, white cow's milk cheese originating from Lombardy (s. Lombardia).

▶ **QUARTIROLO** Fromage frais de lait de vache à pâte blanche et crémeuse, originaire de la Lombardie (v. Lombardia).

▶ **QUARTIROLO** Frischkäse aus Kuhmilch mit weicher, cremiger Paste aus der Lombardei (s. Lombardia).

▶ **QUARTIROLO** Queso fresco de leche de vaca a pasta blanca y cremosa, originario de Lombardía (ver).

QUENELLE *Polpetta di carne o di pesce unita a uova o ingredienti grassi.*

▶ **QUENELLE** Balls of meat or fish held together with egg or fat.

▶ **QUENELLE** Croquette de viande ou de poisson mélangée à des œufs ou des ingrédients gras.

▶ **QUENELLE** Fleisch- oder Fischklösschen mit Ei oder fetten Zutaten.

▶ **QUENELLE** Albóndigas de carne o pescado unidas a huevo o ingredientes grasos.

QUICHE *Torta salata guarnita con pancetta e uova oppure altri ingredienti (es. quique di porri).*

▶ **QUICHE** Savoury tart with bacon and eggs or other ingredients (e.g. Leek quiche).

▶ **QUICHE** Tarte salée garnie avec du lard et des œufs ou d'autres ingrédients (ex. tarte aux poireaux).

▶ **QUICHE** Salzige Torte mit durchwachsenem Speck und Eiern oder anderen Zutaten (z.B. Porree).

▶ **QUICHE** Torta salada guarnecida con panceta y huevos o con otros ingredientes (por ej. quique de puerros).

QOCO *Concorso Internazionale per giovani cuochi del Mediterraneo che si svolge ogni anno ad Andria in Puglia (v.).*
▶ **QOCO** International competition for young cooks from the Mediterranean, which takes place every year in Andria in Puglia (s.).
▶ **QOCO** Concours International pour jeunes chefs de la zone méditerranéenne qui se déroule chaque année à Andria en Pouilles (v. Puglia).
▶ **QOCO** internationaler Wettbewerb für junge Köche aus dem Mittelmeerbereich, der jedes Jahr an der Adria stattfindet in Apulien (s. Puglia).
▶ **QOCO** Concurso Internacional para jóvenes cocineros del Mediterráneo que se celebra cada año en Andria en Puglia (ver).

R

RABÀRBARO *Pianta aromatica che, per il suo sapore amaro, è impiegata nella lavorazione di liquori, torte e marmellate.*
▶ **RHUBARB** Aromatic plant which, owing to it's sour taste, is used in liqueurs, cakes, pies and jams.
▶ **RHUBARBE** Plante aromatique qui, pour son goût amer, est employée dans les liqueurs, tartes et confitures.
▶ **RABARBER** aromatische Pflanze, die wegen ihres bitteren Geschmacks zur Liqueurherstellung genutzt wird, auch für Torten oder Marmellade.
▶ **RUIBARBO** Planta aromática que, por su sabor amargo, es empleada en la elaboración de licores, tartas y mermeladas.

RACLETTE *Formaggio svizzero ad alta proprietà fondente. Per estensione la raclette è anche una ricetta.*
▶ **RACLETTE** A Swiss cheese which melts very well. The raclette is also the name of a recipe.
▶ **RACLETTE** Fromage suisse très fondant. Par extension la raclette est aussi une recette.
▶ **RACLETTE** Schweizer Käse mit stark schmelzenden Eigenschaften. Im weiteren Sinne auch ein Rezept.
▶ **RACLETTE** Queso suizo con grandes propiedades fundentes. Por extensión la raclette es también una receta.

RACLETTERIE *Locali dove si consuma esclusivalente il formaggio fuso Raclette.*
▶ **RACLETTERIE** Eating place where only melted raclette cheese is served.
▶ **RACLETTERIE** Endroits où l'on mange exclusivement la Raclette.

▶ **RACLETTERIE** Lokal, in dem ausschliesslich der Schmelzkäse Raclette verzehrt wird.
▶ **RACLETTERIE** Locales donde se consume exclusivamente el queso fundido Raclette.

RADÍCCHIO *Varietà di cicoria (v.) con foglie rosse o variegate, di sapore amarognolo. Tipica della cucina di Treviso in Veneto (v.). Il radicchio alla trevisana viene spesso offerto alla griglia.*
▶ **CHICORY** A variety of chicory (s. cicoria) with large red or variegated leaves and a slightly bitter taste. Typical of the cuisine of Treviso in Veneto (s.), where it is often grilled.
▶ **TREVISE** Variété de chicorée (v. cicoria) aux feuilles rouges ou bariolées, au goût un peu amer. Elle est typique de la cuisine de Trévise (d'où elle prend son nom) en Vénétie (v. Veneto). La trévise "à la trévisane" est souvent proposée grillé.
▶ **RADICCHIO** Varietät der Zichorie (s. cicoria) mit roten oder andersfarbenen Blättern, mit bitterem Geschmack. Typisch für Treviso in Venetien (s. Veneto). Der trevisanische Radicchio wird oft gegrillt angeboten.
▶ **ACHICORIA** Variedad de cichora (ver cicoria) con hojas rojas o variegadas, de sabor amargo. Típica de la cocina de Treviso en Véneto (ver). La achicoria a la trevisana se ofrece normalmente a la parrilla.

RÀFANO *Il termine indica una famiglia di piante erbacee, generalmente dal sapore piccante, a cui appartiene anche il ravanello (v.).*
▶ **RADISH** The term indicates a family of herbaceous plants, which

generally have a hot, spicy taste (s. ravanello).

▸ **RAIFORT** Ce terme désigne une famille de plantes herbacées, généralement au goût piquant, à laquelle appartient aussi le radis (v. ravanello).

▸ **MEERETTICH** Pflanzenfamilie, meistens scharf, zu der auch das Radieschen gehört.

▸ **RABANO** El término indica una familia de plantas herbáceas, generalmente de sabor picante.

RAGNO È *una varietà molto pregiata di stoccafisso, nonché un altro nome della spigola.*

▸ **BASS** A highly valued variety of stockfish.

▸ **LOUP DE MER** C'est une variété très estimée de morue, ainsi que l'autre nom du bar.

▸ **RAGNO** Wertvolle Variante des Stockfischs oder anderer Name für die Spigola.

▸ **ARAÑA** Es una variedad muy apreciada de "stoccafisso", y también el nombre de la lubina.

RAGOÛT *Parola francese che indica preparazioni di carne, pesce o verdura tagliati a pezzi e cotte in umido (v.).*

▸ **RAGOUT** French word indicating a stew (s. umido) of chopped meat, fish or vegetables.

▸ **RAGOUT** Terme français qui désigne des préparations de viande, poisson ou légumes coupés en morceaux et cuits en sauce (v. umido).

▸ **RAGOUT** französische Bezeichnung für kleingeschnittene Fleisch-, Fisch oder Gemüsezubereitungen, die in Flüssigkeit geschmort werden.

▸ **RAGOÛT** Palabra francesa que indica preparaciones de carne, pescado o verdura cortados a trozos y cocinados guisados (ver umido).

RAGÚ *Sugo a base di carne tritata o a pezzi interi. Utilizzato specialmente per i primi piatti di pasta.*

▸ **RAGOUT** Sauce made with chopped or minced meat, generally used as a sauce for pasta dishes.

▸ **SAUCE BOLOGNAISE** Sauce à base de viande hachée ou en morceaux entiers. Elle est utilisée principalement pour les pâtes.

▸ **RAGÚ** Soße aus gehacktem Fleisch oder Fleischstückchen. Für Nudelgerichte verwendet.

▸ **RAGU** Salsa a base de carne triturada o trozos enteros. Utilizado especialmente para primeros platos de pasta.

RAGUSANO *Formaggio tipico della Sicilia (v.) a pasta filata con latte intero di vacca; dolce e delicato da tavola, forte e piccante da grattugia.*

▸ **RAGUSANO** A fibrous cow's milk cheese typical of Sicily (s. Sicilia), made with whole milk, in two varieties; sweet, to be eaten sliced and strong and peppery, to be grated.

▸ **RAGUSANO** Fromage typique de la Sicile (v. Sicilia) à pâte filée de lait entier de vache; celui de table est doux et délicat, celui à râper fort et piquant.

▸ **RAGUSANO** Typischer Käse aus Sizilien (s. Sicilia) aus Vollmilch der Kuh. Mild und delikat für den Tisch, stark und pikant zum Reiben.

▸ **RAGUSANO** Queso típico de Sicilia (ver) a pasta hilada con leche entera de vaca; dulce y delicado de mesa, fuerte y picante para rallar.

RANA *Anfibio molto apprezzato per le sue carni delicate. Utilizzata in cucina soprattutto nelle regioni settentrionali.*

▸ **FROG** Amphibian valued for it's delicate meat. Used mainly in the cuisine of Northern Italy.

▸ **GRENOUILLE** Amphibien très apprécié pour sa chair délicate. Elle est utilisée en cuisine surtout dans les régions du nord.

▸ **FROSCH** Anfibie, sehr geschätzt wegen des zarten Fleischs. Hauptsächlich in Norditalien verwendet.

▸ **RANA** Anfibio muy apreciado por su carne delicada. Utilizada en cocina sobre todo en las regiones septentrionales.

RANA PESCATRICE *Nota anche come coda di rospo, è un pesce dalla carne simile a quella dell'aragosta.*

▷ **MONKFISH** A fish with meat similar to that of lobster.

▷ **POISSON-GRENOUILLE** Connu aussi comme crapaud de mer, c'est un poisson à la chair semblable à celle de la langouste.

▷ **RANA PESCATRICE** auch als "Coda di rospo " bekannt, mit Fleisch, das dem Hummer sehr ähnlich ist.

▷ **RANA PESCADORA** Conocida también como rape, es un pescado de carne similar a la de la langosta.

RAPA *Ortaggio costituito da radici dalla polpa bianca, croccante e succosa dal sapore intenso, dolciastro o lievemente piccante.*

▷ **TURNIP** Root vegetable which is white in colour. It is crunchy and juicy with an intense, slightly sweet or peppery flavour

▷ **NAVET** Légume constitué de racines à pulpe blanche, croquantes et juteuses au goût intense, douceâtre ou légèrement piquant.

▷ **RÜBE** Gemüse aus weissfleischiger Wurzel, knackig und saftig mit intensivem Geschmack, süßlich oder leicht scharf.

▷ **NABO** Hortaliza constituida por raíces de pulpa blanca, crujiente y jugosa de sabor intenso, dulce o ligeramente picante.

RASCHERA *Formaggio da tavola tipico del Cuneese in Piemonte (v.); prodotto con latte di vacca e una piccola aggiunta di latte ovino o caprino. Ha sapore delicato, moderatamente piccante se stagionato.*

▷ **RASCHERA** A cheese typical of Cuneo in Piedmont (s. Piemonte); produced from cow's milk with the addition of a small amount of ewe or goat's milk. It has a delicate flavour, moderately peppery if matured.

▷ **RASCHERA** Fromage de table typique de la zone de Cuneo en Piémont (v. Piemonte); produit avec du lait de vache et une petite addition de lait ovin ou caprin. Il a une saveur délicate, modérément piquant , il est affiné.

▷ **RASCHERA** Tischkäse typisch für die Gegend um Cuneo im Piemont (s. Piemonte). Aus Kuhmilch und mit einem kleinen Anteil von Schaf und Ziege. Delikat, mittelscharf, wenn gereift.

▷ **RASCHERA** Queso de mesa típico del Cuneese en Piamonte (ver Piemonte); producido con leche de vaca y añadiendo un poco de leche de oveja o cabra. Tiene sabor delicado, moderadamente picante si es curado.

RATAFIÀ *Liquore prodotto in Piemonte (v.) ottenuto da un infuso di succo di ciliegie selvatiche. Ha un gusto fruttato molto dolce, una gradazione alcolica di 25-30°. In passato era considerato un medicinale miracoloso, oggi viene utilizzato in pasticceria.*

▷ **RATAFIÀ** Liqueur produced in Piedmont (s. Piemonte). Obtained from an infusion of wild cherry juice. It has a very sweet, fruity flavour and is 25-30° proof. In the past it was considered a miraculous medicinal liqueur, now it is used in confectionery.

▷ **RATAFIÀ** Liqueur produite en Piémont (v. Piemonte) obtenue d'une infusion de jus de cerises sauvages. Elle a un goût fruité très sucré, une gradation alcoolique de 25-30°. Dans le passé elle était considérée un médicament miraculeux, aujourd'hui il est utilisé en pâtisserie.

▷ **RATAFIÀ** In Piemont (s. Piemonte) hergestellter Liqueur aus einer Infusion von wilden Kirschen. Hat einen sehr süßen fruchtigen Geschmack und einen Akoholgrad von 25 – 30°. Früher als Wundermedizin betrachtet, heute in der Feinbäckerei benutzt.

▷ **RATAFIÀ** Licor producido en Piamonte (ver Piemonte) obtenido de una infusión de zumo de cerezas silvestres. Tiene un gusto afrutado muy dulce, una graduación alcohólica de 25-30°. En el pasado era considerado una medicina milagrosa, hoy viene usado en repostería.

RATATOUILLE o RATATUJA o RATATUJ *Ragoût (v.) di verdure miste lessate e conservate.*

▸ **RATATOUILLE or RATATUJA or RATATUJ** Preserved ragoût (s.) of mixed, boiled vegetables.

▸ **RATATOUILLE** Ragoût (v.) de légumes mixtes bouillis et conservés.

▸ **RATATOULLE oder RATATUJA oder RATATUJ** Ragoût (s.) aus gemischtem gekochtem Gemüse und haltbar gemacht.

▸ **PANACHE** Ragoût (ver) de verduras mixtas hervidas y conservadas.

RAVANELLO *Radice piccola e tondeggiante, di colore rosso e dalla polpa bianca, croccante, di sapore lievemente piccante ma delicato.*

▸ **RADISH** Small, round root, red with white, crunchy, peppery but delicate pulp.

▸ **RADIS** Racine petite et arrondie, de couleur rouge et à la pulpe blanche, croquante, au goût légèrement piquant mais délicat.

▸ **RADIESCHEN** Kleine runde Wurzel, außen rot und innen weiss, knackig und mit delikatem aber leicht stechendem Geschmack.

▸ **RABANO** Raíz pequeña y redondeada, de color rojo y de pulpa blanca, crujiente, de sabor ligeramente picante pero delicado.

RAVIÒLO *È un involucro di pasta con un ripieno di diversi ingredienti (carne, ricotta e verdura).*

▸ **RAVIOLI** Pasta cases with a filling of various ingredients (meat, ricotta cheese and vegetables).

▸ **RAVIOLI** C'est une enveloppe de pâte avec une farce de différents ingrédients (viande, ricotta et légumes).

▸ **RAVIOLO** Teighülle mit unterschiedlicher Füllung (Fleisch, Ricottakäse und Gemüse).

▸ **RAVIOLO** Es un envoltorio de pasta con un relleno de diversos ingredientes (carne, requesón y verdura).

RAZZA¹. *Indica la differenza all'interno di una stessa specie di animali, per le mucche ad esempio: razza bovona piemontese, razza chianina, ecc.*

▸ **BREED** Indicates the difference of animals within the same species, for example cows: Piedmont breed, Chianina breed etc.

▸ **RACE** Définit la différence à l'intérieur d'une même espèce d'animaux, pour les vaches par exemple: race *bovona* du Piémont, race du *Chianti*, ect.

▸ **RASSE** Bezeichnet die Differenz in einer bestimmten Tierart. Für Kühe z. B.: Piemonteser Rind, Chianinische Rasse usw.

▸ **RAZA** Indica la diferencia dentro de la misma especie de animales; para las vacas por ejemplo: raza bovona piamontese, raza chianina, etc.

RAZZA² *Nome di specie diverse di pesci marini dalle carni mediocri.*

▸ **RAY** Name of various salt water fish with second-rate meat.

▸ **RAIE** Nom de différentes espèces de poissons de mer à la chair de qualité médiocre.

▸ **RAZZA** Rochen. Bezeichnet verschiedene Fische mit mittelmässigem Fleisch.

▸ **RAYA** Nombre de especies diversas de pescados marinos de carnes mediocres.

REÀLE *Taglio di carne di bue o di vitello accorpato a petto, pancia e sottospalla.*

▸ **REÀLE** A cut of ox or veal which includes briket, belly and shoulder.

▸ **REÀLE** Morceau de bœuf ou de veau tels que la poitrine, le ventre et le sous-épaule.

▸ **REÀLE** Fleischschnitt von Ochse oder Kalb aus Brust, Bauch und Unterschulter.

▸ **REÀLE** Corte de carne de buey o ternera del pecho, la tripa o debajo de la paletilla.

RECCO, FOCACCIA DI *Focaccia farcita con formaggio morbido e svariati altri ingredienti, tipica della Liguria (v.).*

▸ **RECCO, FOCACCIA DI** Low bread filled with soft cheese and various other ingredients, typical of Liguria (s.).

▸ **RECCO, FOUGASSE DE** Fougasse

farcie avec du fromage à pâte molle et divers ingrédients, typique de la Ligurie (v. Liguria).

▶ **RECCO, FOCACCIA AUS** Focaccia gefüllt mit Weichkäse und verschiedenen anderen Zutaten, typisch für Ligurien (s. Liguria).

▶ **RECCO, FOCACHA DE** Focacha rellena de queso suave y otros ingredientes varios, típica de Liguria (ver).

REGINA *Tipo di uva da tavola bianca.*
▶ **REGINA** Variety of white grape.
▶ **REINE** Type de raisin blanc de table.
▶ **REGINA** "Königin". Weisse Tischtraube.
▶ **REGINA** Tipo de uva blanca de mesa.

RESTA *Dolce tipico di Como in Lombardia (v.), molto simile al panettone.*
▶ **RESTA** Cake typical of Como in Lombardy (s. Lombardia), very similar to panettone.
▶ **RESTA** Gâteau typique de Côme en Lombardie (v. Lombardia), assez semblable au panettone.
▶ **RESTA** Kuchen aus Como in der Lombardei (s. Lombardia), dem "Panettone" sehr ähnlich.
▶ **RESTA** Dulce típico de Como en Lombardía (ver Lombardia), muy parecido al panettone.

RIBES *Piccolo frutto dal colore bianco, rosso o nero, dal gusto dolciastro e aromatico. Usato in pasticceria e liquoreria*
▶ **CURRANTS** Small white, red or black fruit. They are slightly sweet and are aromatic. Used in confectionery and liqueur making.
▶ **GROSEILLE** Petit fruit de couleur blanche, rouge ou noire, au goût douceâtre et aromatique. Utilisé en pâtisserie.
▶ **JOHANNISBEERE** Kleine, weisse, rote oder schwarze Frucht mit süβem, aromatischem Geschmack. In der Feinbäckerei und zur Liqueurherstellung benutzt.
▶ **GROSELLA** Pequeño fruto de color blanco, rojo o negro, de gusto dulce y aromático. Usado en repostería y licorería.

RIBOLLITA *Zuppa di fagioli e cavolo nero, tipica della Toscana (v.).*
▶ **RIBOLLITA** Broad bean and leaf cabbage soup, typical of Tuscany (s. Toscana).
▶ **RIBOLLITA** Soupe d'haricots et chou noir, typique de la Toscane (v. Toscana).
▶ **RIBOLLITA** Suppe aus Bohnen und Schwarzkohl, typisch für die Toskana (s. Toscana).
▶ **RIBOLLITA** Potaje de alubias y lombarda, típica de Toscana (ver).

RICCIARELLO *Biscotto friabile a forma di losanga, antica specialità di Siena in Toscana (v.).*
▶ **RICCIARELLO** A crumbly, lozenge shaped biscuit, an ancient speciality of Siena in Tuscany (s. Toscana).
▶ **RICCIARELLO** Biscuit friable en forme de losange, ancienne spécialité de Sienne en Toscane (v. Toscana).
▶ **RICCIARELLO** Brüchiges, rautenförmiges Gebäck, antike Spezialität aus Siena in der Toskana (s. Toscana).
▶ **MAZAPAN DE SIENA** Galleta friable a forma de rombo, antigua especialidad de Siena en Toscana (ver).

RICCIO DI MARE *Apprezzato frutto di mare (v.), il cui nome si riferisce al corpo rotondo e ricoperto da aculei pungenti.*
▶ **SEA-URCHIN** Valued sea food (s. frutti di mare), it is round and is covered with quills.
▶ **OURSIN** Fruit de mer (v. frutti di mare) estimé dont le nom se réfère au corps rond et recouvert d'aiguilles pointues.
▶ **SEEIGEL** Geschätzte Meeresfrucht (s. frutti di mare), dessen Name auf die stachelige, runde Form zurückzuführen ist.
▶ **ERIZO DE MAR** Apreciado fruto de mar (ver frutti di mare), cuyo nombre se refiere al cuerpo redondo y recubierto de púas puntiagudas.

RICETTA *Guida scritta su cui lavora il cuoco per la preparazione di un piatto.*
▶ **RECIPE** Written guide used by a cook in preparing food.

▸ **RECETTE** Indication écrite sur laquelle le chef travaille pour préparer un plat.

▸ **REZEPT** Schriftliche Anweisung mit der der Koch arbeitet zur Zubereitung eines Gerichts.

▸ **RECETA** Guía escrita sobre la que trabaja el cocinero para la preparación de un plato.

RICOTTA *Latticino ottenuto dal siero, eventualmente acidificato, residuo di lavorazione del formaggio vaccino od ovino riscaldato a 85-90° C.*

▸ **RICOTTA** Milk product obtained from whey, to which an acid is often added. It is a residue from the production of cow, ewe, and goat's milk, heated to a temperature of 85-90° C.

▸ **RICOTTA** Laitage obtenu du sérum, éventuellement acidifié, reste de la fabrication du fromage de vache ou ovin, réchauffé à 85-90°.

▸ **RICOTTAKÄSE** Milchprodukt aus Molke, manchmal gesäuert, Überrest der Käseproduktion aus Kuh- und Schafsmilch, die auf 85-90°C erhitzt wird.

▸ **REQUESÓN** Lácteo obtenido del suero de la leche, eventualmente acidificado, residuo de la elaboración del queso de vaca o de oveja calentado a 85-90° C.

RIDURRE *Eliminare quasi totalmente i liquidi dalle salse e dai sughi, rafforzandone le caratteristiche aromatiche.*

▸ **REDUCE** Eliminate almost all of the water from a gravy or sauce, in order to strengthen the aromatic characteristics.

▸ **REDUIRE** Éliminer presque totalement les liquides des sauces et des jus, en renforçant les caractéristiques aromatiques.

▸ **REDUZIEREN** Einköcheln, fast vollständig die Flüssigkeit aus Soßen eliminieren, um die aromatischen Eigenschaften zu verstärken.

▸ **REDUCIR** Eliminar casi totalmente los líquidos de las salsas y de los jugos, reforzando así las características aromáticas.

RIGÀGLIE *Interiora del pollo e, in generale, dei volatili domestici.*

▸ **GIBLETS** Innards of chicken and other farm yard birds.

▸ **ABATTIS** Intérieurs du poulet et, en général, des volatiles domestiques.

▸ **RIGAGLIE** Innereien des Huhns oder generell von Hofgeflügel.

▸ **MENUDILLOS** Interior del pollo y, en general, de las aves domésticas.

RIGATONI *Nome di vari formati di pasta corta, rigata e forata di semola di grano duro (v. pasta).*

▸ **RIGATONI** Name of various sizes of short, ribbed tubes of durum wheat pasta (s. pasta).

▸ **RIGATONI** Nom de différents formats de pâte courte, rayée et trouée, de semoule de blé dur (v. pasta).

▸ **RIGATONI** Name verschiedener harter, kurzer Nudeln, gestreift und hohl aus Hartweizengries. (s. pasta)

▸ **MACARRONES** Nombre de varias formas de pasta corta, rayada y hueca de sémola de trigo (ver pasta).

RINFRESCO *Offerta, in orari diversi dai pasti principali, di bevande e cibi salati e dolci.*

▸ **REFRESHMENTS** Beverages and savoury and sweet food, offered at different times than the main meals.

▸ **RAIFRAICHISSEMENTS** Proposition, hors des horaires de repas, de boissons et nourritures salées et sucrées.

▸ **RINFRESCO** Erfrischung, Angebot ausserhalb der Mahlzeiten von diversen süßen oder herzhaften Speisen und Getränken.

▸ **REFRESCO** Oferta, en horarios diversos de las comidas principales, de bebias y productos salados y dulces.

RIPIÈNO *È un composto con cui si farcisce un altro alimento: pasta, carne, verdure ecc.*

▶ **STUFFING** A mixture with which other food is filled: pasta, meat, vegetables, etc.

▶ **FARCE** C'est un mélange avec lequel est farci un autre aliment : pâte, viande, légumes etc.

▶ **FÜLLUNG** Mischung mit der ein anderes Lebensmittel gefüllt wird: Teigwaren, Fleisch, Gemüse usw.

▶ **RELLENO** Es un compuesto con el que se rellena otro alimento: pasta, carne, verduras, etc.

RISCALDARE *Operazione che consiste nel ridare una temperatura adatta alla degustazione per una preparazione già cotta.*

▶ **WARM UP** Heating cooked food to a suitable temperature for serving.

▶ **RECHAUFFER** Opération qui consiste à rendre, à une préparation déjà cuite, une température adaptée à la dégustation.

▶ **AUFWÄRMEN** Vorgang, der einer schon gegarten Speise die für den Verzehr passende Temperatur wieder gibt.

▶ **RECALENTAR** Operación que consiste en volver a dar una temperatura adecuada a la degustación a una preparación ya cocinada.

RISERVA *Indicazione sull'etichetta di vini e di liquori, segno di un prodotto particolarmente pregiato.*

▶ **SPECIAL RESERVE** Indication found on the label of particularly valued wines and liqueurs.

▶ **RESERVE** Indication sur l'étiquette de vins et liqueurs, signe d'un produit particulièrement recherché.

▶ **RESERVA** Indikation auf dem Etikett für Weine und Liqueure, Zeichen für den besonderen Wert.

▶ **RESERVA** Indicación en la etiqueta de los vinos y licores, signo de un producto particularmente apreciado.

RISI E BISI *Piatto tipico del Veneto (v.) a base di riso e piselli.*

▶ **RISI E BISI** Typical dish from Veneto (s.) made with rice and peas.

▶ **RISI E BISI** Plat typique de la Vénétie (v. Veneto) à base de riz et de petits pois.

▶ **RISI BISI** Gericht aus Reis und Erbsen aus dem Venetianischen (s. Veneto).

▶ **RISI E BISI** Plato típico del Véneto (ver) a base de arroz y guisantes.

RISO *Cereale di cui si consumano i piccoli chicchi chiari, di forma allungata. Molto diffuso soprattutto nelle regioni settentrionali (Veneto, Lombardia e Piemonte), dove è usato specialmente per i primi piatti.*

▶ **RICE** Cereal of which the small, long, light coloured grains are eaten. Very commonly used, especially in the north of Italy (Veneto, Lombardy and Piedmont), where it is generally used as a first course.

▶ **RIZ** Céréale dont on mange les petits grains clairs, de forme allongée. Il est répandu surtout dans les régions du nord (Vénétie, Lombardie et Piémont), où il est utilisé spécialement pour les premières portées.

▶ **REIS** Getreide, dessen kleine, helle Körner länglicher Form verzehrt werden.

▶ Hauptsächlich in den nördlichen Gebieten sehr verbreitet (Venetien, Lombardei und Piemont), hauptsächlich für den ersten Gang.

▶ **ARROZ** Cereal del que se consumen los pequeños granos claros, de forma alargada. Muy extendido sobre todo en las regiones septentrionales (Véneto, Lombardía y Piamonte), donde se usa especialmente para primeros platos.

RISO ALL'INGLESE È *il riso in bianco condito solamente con olio o burro.*

▶ **RISO ALL'INGLESE** Boiled rice with oil or butter.

▶ **RIZ A L'ANGLAISE** C'est le riz blanc assaisonné seulement avec de l'huile ou du beurre.

▶ **ENGLISCHER REIS** Nur einfach mit Öl oder Butter angemachter Reis "In weiss".

▶ **ARROZ A LA INGLESA** Es el arroz blanco condimentado sólo con aceite o mantequilla.

RISOTTO *Primo piatto a base di riso, dalla consistenza asciutta o cremosa secondo il sugo o condimento utilizzato.*

▶ **RISOTTO** A rice based first course, of a dry or creamy consistency, depending on the sauce or condiments used.

▶ **RISOTTO** Premier plat à base de riz, à la consistance sèche ou crémeuse selon la sauce ou l'assaisonnement utilisé.

▶ **RISOTTO** Reisgericht, cremig oder mehr oder weniger trocken, je nach Soße oder Zusatz.

▶ **RISOTTO** Primer plato a base de arroz, de consistencia seca o cremosa según la salsa o condimento utilizado.

RISOTTO AL SALTO *Risotto già realizzato e successivamente utilizzato per una specie di schiacciata, fritta nel burro finché non si forma una crosta.*

▶ **RISOTTO AL SALTO** Risotto which has been fried in butter in order to form a crust.

▶ **RISOTTO SAUTE** Risotto déjà réalisé et utilisé successivement pour réaliser une espèce de farce, frite dans le beurre jusqu'à formation d'une croûte.

▶ **RISOTTO AL SALTO** Schon gegarter Reis, der in Butter angebraten wird, so dass eine Art flaches Omelett mit Kruste entsteht.

▶ **RISOTTO AL SALTO** Risotto ya realizado y sucesivamente utilizado para una especie de hogaza fina, frita en mantequilla hasta que no se forma una corteza.

RISTORANTE *Locale pubblico nel quale si servono, in orari determinati, pranzi o cene secondo un menù specifico.*

▶ **RESTAURANT** Public place in which lunch or dinner are served, depending on the time of day and the menu.

▶ **RESTAURANT** Local public dans lequel sont servis, à des horaires déteminés, repas ou dîners selon un menu spécifique.

▶ **RESTAURANT** Öffentliches Lokal in dem zu bestimmten Zeiten Mittagessen oder Abendessen je nach spezifischem Menü serviert werden.

▶ **RESTAURANTE** Local público en el que se sirven, en horarios determinados, comidas o cenas según un menú específico.

RISTRETTO *Sugo o salsa ridotti (v. ridurre) con la cottura.*

▶ **RISTRETTO** A sauce or gravy which has been reduced by cooking (s. ridurre).

▶ **SERREE** Sauce réduite (v. ridurre) avec la cuisson.

▶ **RISTRETTO** Durch Kochen reduzierte (s. ridurre) Sosse.

▶ **CONCENTRADO** Jugo o salsa reducidos (ver ridurre) con la cocción.

ROAST BEEF *Arrosto di bue che si prepara con un taglio di carne ricavato dalla lombata (v.).*

▶ **ROAST BEEF** Roast loin of beef (s. lombata).

▶ **ROAST BEEF** Rôti de bœuf préparé avec un morceau de viande obtenu de l'aloyau (v. lombata).

▶ **ROASTBEEF** Rinderbraten aus dem Lendenstück (s. lombata).

▶ **ROAST BEEF** Asado de buey que se prepara con un corte de carne obtenido del lomo (ver lombata).

ROBIÒLA *Formaggio prodotto con latte ovino e caprino, dal gusto dolce e burroso per quello fresco, fondente e piccante per quello stagionato.*

▶ **ROBIOLA** A cheese produced from ewe or goat's milk. The cheese has a sweet, buttery flavour when fresh and a deep, peppery flavour when mature.

▶ **ROBIOLA** Fromage produit avec lait ovin et caprin, au goût doux et beurré pour celui qui est frais et au goût amer et piquant pour celui qui est affiné.

▶ **ROBIOLAKÄSE** Käse aus Schafs- und Ziegenmilch, mild und butterig wenn frisch, pikant und schmelzend, wenn gereift.

▶ **ROBIÒLA** Queso producido con leche de oveja o cabra, de gusto dulce y mantecoso para la modalidad fresca, fundente y picante para la modalidad curada.

ROBIOLA DI ROCCAVERANO.

È un formaggio a denominazione d'origine protetta prodotto nelle province di Alessandria e Asti in Piemonte (v.) con latte di capra. Si consuma dai quindici giorni di stagionatura in poi.

▶ **ROBIOLA DI ROCCAVERANO** It is a Protected Denomination of Origin cheese, produced in the provinces of Alessandria and Asti in Piedmont (s. Piemonte), with goat's milk. Matured for at least fifteen days.

▶ **ROBIOLA DI ROCCAVERANO** C'est un fromage à dénomination d'origine protégée produit dans les provinces d'Alessandria et d'Asti en Piémont (v. Piemonte) avec lait de chèvre. On le mange après quinze jours de maturation.

▶ **ROBIOLA DI ROCCAVERANO** Käse mit Herkunftsgarantie aus den Provinzen Alessandria und Asti im Piemont (s. Piemonte) aus Ziegenmilch. Wird ab fünfzehntägiger Reife verzehrt.

▶ **ROBIOLA DE ROCCAVERANO** Es un queso con denominación de origen protegido producido en la provinicia de Alessandria y Asti en Piamonte (ver Piemonte) con leche de cabra. Se consume a partir de los 15 días de curación.

ROBUSTA

È il nome della varietà di caffè più diffusa nel mondo, meno pregiata dell'arabica.

▶ **ROBUSTA** The name of the most common and wide spread variety of coffee, less valued than Arabic coffee.

▶ **ROBUSTA** C'est le nom de la variété de café la plus répandue au monde, moins appréciée que l'arabica.

▶ **ROBUSTA** Name des weitverbreitesten Kaffees, weniger wertvoll als der arabische.

▶ **ROBUSTA** Es el nombre de la variedad de café más extendida en el mundo, menos apreciada que la arábica.

ROGNONE

È il rene dell'animale macellato.

▶ **KIDNEY** The kidney of a butchered animal.

▶ **ROGNON** C'est le rein de l'animal abattu.

▶ **NIERCHEN** Niere der geschlachteten Tiere.

▶ **RIÑON** Es el riñón del animal a trozos

ROLLÈ

Indica una fetta di carne grande e sottile, di vitello o maiale, farcita in vari modi e arrotolata.

▶ **ROLLED MEAT** A large, thin slice of veal or pork, rolled up with various fillings.

▶ **ROLLE** Cela indique une tranche de viande grande et fine, de veau ou de porc, farcie de différentes manières puis roulée.

▶ **ROULADE** Große, dünne Fleischscheibe vom Schwein oder Rind, die verschieden gefüllt eingerollt wird.

▶ **ROLLO DE TERNERA** Indica una tajada de carne grande y sutil, de ternera o cerdo, rellena de varios modos y enrollada.

ROMBO

Pesce marino apprezzato per la qualità delle carni.

▶ **TURBOT** Salt water fish valued for the quality of it's meat.

▶ **TURBOT** Poisson de mer apprécié pour la qualité de sa chair.

▶ **STEINBUTT** Meeresfisch mit ausgezeichnetem Fleisch.

▶ **RODABALLO** Pescado de mar apreciado por la calidad de sus carnes.

ROSA[1]

Fiore molto profumato, utilizzato per fare conserve e gelatine dal sapore acidulo.

▶ **ROSE** Highly fragranced flower with a slightly sour taste, used in preparing jams and jelly.

▶ **ROSE** Fleur très parfumée, utilisée pour faire des conserves et gelées au goût un peu acidulé.

▶ **ROSE** Sehr duftende Blume, zur Herstellung von Haltbarem und Gelatine gebraucht mit säuerlichem Geschmack.

▶ **ROSA** Flor muy perfumada, utilizada para hacer conservas y gelatinas de sabor ácido.

ROSA² *Taglio di carne di vitello o di bue.*
▶ **TOUNEDOS** Cut of veal or beef.
▶ **ROSE** Morceau de viande de veau ou de boeuf.
▶ **ROSE** Fleischschnitt für Kalb und Ochse.
▶ **ROSA** Corte de carne de ternera o de buey.

ROSETTA¹ *Altro nome della michetta (v.). A Roma è nota anche come bignè.*
▶ **ROSETTA** Another name for michetta (s.), also known as bignè in Rome.
▶ **ROSETTA** Autre nom de la michetta (v.). A Rome, elle est connue aussi comme chou à la crème.
▶ **ROSETTA** andere Bezeichnung für die "Michetta" (s.). In Rom auch als Bigné bezeichnet.
▶ **ROSETTA** Otro nombre de la michetta (ver). En Roma es conocida también como bignè.

ROSETTA² *Taglio di carne di vitello o di bue.*
▶ **ROSETTE** Cut of veal or beef.
▶ **ROSETTE** Morceau de viande de veau ou de boeuf.
▶ **ROSETTA** Fleischschnitt für Kalb und Ochse.
▶ **ROSETTA** Corte de carne de ternera o de buey.

ROSMARINO *Pianta aromatica, molto usata specialmente nei piatti di carne e pesce o per aromatizzare i salumi (v. lardo).*
▶ **ROSEMARY** Aromatic plant, frequently used, especially with meat and fish and also to season pork products (s. lardo).
▶ **ROMARIN** Plante aromatique, très utilisée spécialement dans les plats de viande et de poisson ou pour aromatiser la charcuterie (v. lardo).
▶ **ROSMARIN** Aromatische Pflanze, sehr gebräuchlich für Fleisch- oder Fischgerichte oder zur Wurstwürze (s. lardo).

▶ **ROMERO** Planta herbácea, muy usada especialmente en platos de carne o pescado o para aromatizar los embutidos (ver lardo).

ROSOLARE *Portare a coloritura vegetali, carni o altro.*
▶ **BROWN** To colour vegetables, meat, etc. by cooking.
▶ **RISSOLER** Porter à coloration végétaux, viandes ou autres.
▶ **BRÄUNEN** Gemüse, Fleisch oder anderes zu brauner Farbe bringen.
▶ **DORAR** Llevar a colorido vegetal, carnes u otras cosas.

ROSÒLIO *Liquore la cui ricetta originaria comprende i petali di rosa (v. rosa¹). Ha gusto dolce, morbido, rotondo ed è moderatamente alcolico (22-24°).*
▶ **ROSÒLIO** Liqueur originally made with rose petals (s. rosa¹). It is sweet, balanced and is moderately alcoholic (22-24°proof).
▶ **ROSOLI** Liqueur dont la recette originaire comprend les pétales de rose (v. rosa¹). Elle a un goût sucré, tendre, rond et elle est modérément alcoolisée (22-24°).
▶ **ROSOLIO** "Rosenöl", ein Liqueur aus Rosenblättern (s. rosa¹). Hat einen süßen, weichen und abgerundeten Geschmack und ist mittelmäßig alkoholisch (22-24°).
▶ **ROSOLI** Licor cuya receta originaria comprende pétalos de rosa (ver rosa¹). Tiene gusto dulce, suave, redondo y es moderadamente alcohólico (22-24°).

ROSSO *Denominazione usata per indicare il vino di questo colore. Si definisce in questo modo anche il tuorlo dell'uovo.*
▶ **RED** Name given to wines of this colour. Rosso also indicates egg yolk.
▶ **ROUGE** Dénomination utilisée pour indiquer le vin de cette couleur. En italien, le jaune d'œuf est aussi défini par ce terme.
▶ **ROTER** Bezeichnung für Rotweine. Mit "rosso" wird auch das Eigelb bezeichnet.
▶ **ROJO (TINTO)** Denominación usada para indicar el vino de este

color. Se define así también la yema del huevo.

ROSTICCERÌA *Locale adibito alla vendita al minuto di carni arrostite allo spiedo e di verdure cucinate pronte al consumo.*
▸ **ROSTICCERÌA** Shop where cooked meat, roasted on a spit and cooked vegetables are ready to buy, hot.
▸ **ROTISSERIE** Local assigné à la vente au détail de viandes à la broche et de légumes cuits prêts à être manger.
▸ **ROSTICCERÌA** Lokal zum Einzelhandel von "Geröstetem ", also am Spieß geröstete Braten oder zum Verzehr fertiges Gemüse.
▸ **ROSTICCERÍA** Local destinado a la venta al detalle de carnes asadas al espetón y de verduras cocinadas listas para su consumo.

ROSTICINI *Termine originario dell'Abruzzo (v.) che indica spiedini di pecora cotti alla brace.*
▸ **ROSTICINI** Term originating from Abruzzo (s.) which indicates barbecued mutton kebabs.
▸ **ROSTICINI** Terme originaire des Abruzzes (v. Abruzzo) qui désigne des brochettes de brebis cuites sur la braise.
▸ **ROSTICINI** Ausdruck aus den Abruzzen (s. Abruzzo) für Schafsspieße auf Glut gegrillt.
▸ **ROSTICINI** Término originario de Abruzzo (ver) que indica pinchos de oveja cocinados a la brasa.

ROSTISCIÀDA *Umido di carni di maiale e cipolle usato per condire la polenta (v.).*
▸ **ROSTISCIÀDA** Pork and onion stew used as a sauce for polenta (s.).
▸ **ROSTISCIADA** Sauce de viande de porc et oignons utilisée pour assaisonner la polenta (v.).
▸ **ROSTISCIADA** Schweinefleisch und Zwiebeln in Soße zur Begleitung von Polenta (s.).
▸ **ROSTISCIÀDA** Guisado de carne de cerdo y cebollas usado para condimentar la polenta (ver).

RÒTOLO DI PASTA *Preparazione dell'Emilia (v. Emilia Romagna) fatta con pasta casalinga arrotolata intorno ad un ripieno (ricotta, bietole o spinaci e ragù).*
▸ **ROTOLO DI PASTA** Dish from Emilia (s. Emilia Romagna). Pasta wrapped around a filling (ricotta cheese, Swiss chard or spinach and ragù sauce).
▸ **PATE EN ROULEAU** Préparation de l'Emilie (v. Emilia Romagna) faite avec de la pâte à tarte enroulée autour d'une farce (ricotta, blettes, épinards et sauce bolognaise).
▸ **TEIGROLLE** Zubereitung aus Emilien (s. Emilia Romagna) aus hausgemachtem Teig, um eine Füllung (Ricotta, Rübenblätter oder Spinat und Ragù) gewickelt.
▸ **ROLLO DE PASTA** Preparación de Emilia (ver Emilia Romagna) hecha con pasta casera enrrollada alrededor de un relleno (requesón, acelgas o espinacas y ragú).

ROTONDINO *Nome regionale del Piemonte (v.) di un taglio di carne bovina.*
▸ **ROTONDINO** Regional name from Piedmont (s. Piemonte) of a cut of beef.
▸ **ROTONDINO** Nom régional du Piémont (v. Piemonte) d'un morceau de viande de boeuf.
▸ **ROTONDINO** Regionale Bezeichnung aus dem Piemont (s. Piemonte) eines Rinderfleischschnitts.
▸ **ROTONDINO** Nombre regional del Piamonte (ver Piemonte) de un corte de carne bovina.

RUBATÀ *Grissino (v.) originario di Torino in Piemonte (v.).*
▸ **RUBATÀ** Thin crunchy bread stick (s. grissino) originating from Turin in Piedmont (s. Piemonte).
▸ **RUBATÀ** Grissini (v. grissino) originaire de Turin en Piémont (v. Piemonte).
▸ **RUBATÀ** Grissino (s.) aus Turin im Piemont (s. Piemonte).
▸ **RUBATÀ** Colín (ver grissino), originario de Turín en Piamonte (ver Piemonte).

RUCHETTA *Pianta aromatica dal gusto amaro.*
▷ **ROCKET** Bitter aromatic plant.
▷ **ROQUETTE** Plante aromatique au goût amer.
▷ **RUCHETTA** Rauke. Aromatische Pflanze mit bitterem Geschmack.
▷ **RUCA** Planta aromática de gusto amargo.

RÚCOLA *Pianta aromatica di profumo e sapore molto intensi, amarognoli con fondo piccante. Molto utilizzata, in cucina, per insaporire le carni.*
▷ **ROCKET** Aromatic plant which has a very intense aroma and flavour. It is slightly bitter and spicy. Commonly used to flavour meat.
▷ **MACHE** Plante aromatique au parfum et goût très intenses, un peu amère avec un arrière-goût piquant. Elle est très utilisée, en cuisine, pour relever les viandes.
▷ **RÚCOLA** aromatische Pflanze mit sehr intensivem Duft und Geschmack, leicht bitter und scharf. In der Küche oft zur Würze von Fleisch benutzt.

▷ **RÚCOLA (RUCA)** Planta aromática de aroma y sabor muy intensos, amargos con fondo picante. Muy utilizada, en cocina, para condimentar las carnes.

RUSSA, INSALATA *Preparazione tipica del Piemonte (v.), a base di patate schiacciate, maionese e verdure cotte sott'aceto.*
▷ **RUSSA, INSALATA** Typical of Piedmont (s. Piemonte), made with mashed potatoes, mayonnaise and cooked pickled vegetables.
▷ **RUSSE, SALADE** Préparation typique du Piémont (v. Piemonte) à base de pommes de terre écrasées, mayonnaise et légumes cuits au vinaigre.
▷ **RUSSISCHER SALAT** Zubereitung aus dem Piemont (s. Piemonte) aus zerquetschten Kartoffeln, Mayonnaise und in Essig gekochtem Gemüse.
▷ **RUSA, ENSALADA** Preparación típica del Piamonte (ver Piemonte), a base de patatas picadas, mayonesa y verduras cocidas en vinagre.

S

SABA *Detto anche sapa, è uno sciroppo d'uva tipico dell'Emilia Romagna (v.).*
▶ **SABA** A syrup made with grapes, typical of Emilia Romagna (s.).
▶ **SABA** Appelé aussi sapa, c'est un sirop de raisins typique de l'Emilie-Romagne (v. Emilia Romagna).
▶ **SABA** Auch "sapa", Traubensyrup typisch für Emilia Romagna (s.).
▶ **SABA (MOSTO COCIDO)** Llamado también sapa, es un jarabe de uva típico de Emilia Romagna (ver).

SACRIPANTINA *È un dolce freddo della Liguria (v.), simile alla zuppa inglese (v.).*
▶ **SACRIPANTINA** A cold dessert from Liguria (s.) which is similar to trifle (s. zuppa inglese).
▶ **SACRIPANTINA** C'est un gâteau froid de la Ligurie (v. Liguria) semblable à la charlotte russe (v. zuppa inglese).
▶ **SACRIPANTINA** Kalte Süßspeise aus Ligurien (s. Liguria), puddingähnlich (s. zuppa inglese).
▶ **SACRIPANTINA** Es un postre frío de Liguria (ver), parecido a la zuppa inglese (ver).

SAGNE CHINE *Lasagne tipiche della Calabria (v.), ripiene di carne di maiale, piselli, mozzarella e uova sode.*
▶ **SAGNE CHINE** Lasagne typical of Calabria (s.), stuffed with pork, peas, mozzarella cheese and hard boiled eggs.
▶ **SAGNE CHINE** Lasagnes typiques de la Calabre (v. Calabria), farcies de viande de porc, petits pois, mozzarella et œufs durs.
▶ **SAGNE CHINE** Lasagne, typisch für Kalabrien (s. Calabria), gefüllt mit Schweinefleisch, Erbsen, Mozzarellakäse und gekochten Eiern.
▶ **SAGNE CHINE** Lasañas típicas de Calabria (ver), rellenas de carne de cerdo, guisantes, mozarela y huevos cocidos.

SALAM DLA DUJA *Salame crudo conservato nel grasso di maiale, che ha mantenuto una particolare consistenza morbida. Tipico del Piemonte (v.).*
▶ **SALAM DLA DUJA** Uncooked salami preserved in pork fat, which has remained soft. Typical of Piedmont (s. Piemonte).
▶ **SALAM DLA DUJA** Saucisson cru qui est conservé dans le gras de porc et qui a maintenu une consistance molle particulière. Il est typique du Piémont (v. Piemonte).
▶ **SALAM DLA DUJA** Rohe Salami in Schweinefett konserviert, die besonders weiche Konsistenz hat. Typisch für den Piemont (s. Piemonte).
▶ **SALAM DLA DUJA** Salame crudo conservado en la grasa del cerdo que mantiene una particular consistencia tierna. Típico del Piamonte (ver Piemonte).

SALAMA (DA SUGO) *È un tradizionale salume da cuocere tipico di Ferrara, città dell'Emilia Romagna (v.), dove prende il nome di Salama da sugo.*
▶ **SALAMA (DA SUGO)** A traditional cooking sausage, typical of the city of Ferrara in Emilia Romagna (s.).
▶ **SALAMA (DA SUGO)** C'est une saucisse à cuire traditionnelle de Ferrare, ville de l'Emilie-Romagne (v. Emilia Romagna), elle prend le nom de Salama da sugo.
▶ **SALAMA (DA SUGO)** Traditionelle

Kochwurst aus Ferrara, Stadt in Emilia Romagna (s.), wo sie "Salama da Sugo" genannt wird.

▶ **SALAMA (DA SUGO)** Es un tradicional salchichón para cocinar típico de Ferrara ciudad de Emilia Romagna (ver), donde toma el nombre de Salama da sugo.

SALAME *Termine che indica un insaccato generalmente di carne suina racchiuso dentro un budello con alcune spezie e fatto stagionare.*

▶ **SALAMI** Term indicating a sausage, usually of pork with certain spices in a skin of intestine, which has been left to age.

▶ **SAUCISSON** Terme qui définit un saucisson généralement de viande de porc contenu dans un boyau avec des épices et fait affiné.

▶ **SALAMI** Ausdruck, der allgemein Schweinefleisch in Darmhülle bezeichnet, gereift mit einigen Gewürzen.

▶ **SALAME (SALCHICHON)** Término que indica un embutido generalmente de carne de cerdo contenido en una tripa con algunas especias y curado.

SALAME COTTO È *un particolare salume che viene cotto e può essere servito caldo o freddo.*

▶ **SALAME COTTO** A particular salami which is cooked and can be served hot or cold.

▶ **SAUCISSON CUIT** C'est une saucisse particulière qui est cuite et qui peut être servie chaude ou froide.

▶ **SALAME COTTO** Eine Wurst, die gekocht wird und heiss oder kalt serviert werden kann.

▶ **SALAME COCIDO** Es un particular embutido que se cuece y puede ser servido caliente o frío.

SALAME D'OCA *Salame (v.) fatto con carne d'oca, diffuso tra gli alimenti koscher.*

▶ **GOOSE SALAMI** Salami (s. salame) made with goose meat, often koscher.

▶ **SAUCISSON D'OIE** Saucisson (v.

salame) fait avec de la viande d'oie, répandu parmi les aliments kasher.

▶ **GÄNSESALAMI** Salami (s. salame) aus Gänsefleisch, verbreitet unter den Koscher-Lebensmitteln.

▶ **SALAME DE OCA** Salame (ver) hecho con carne de oca, extendido entre los alimentos kosher.

SALAME DI CIOCCOLATO È *un dolce a base di cacao, burro, uova e biscotti tritati. Il tutto viene amalgamato e fatto raffreddare in frigorifero.*

▶ **CHOCOLATE SALAMI** Made with cocoa powder, butter, eggs and ground biscuits, which are mixed together and left to set in the fridge.

▶ **SAUCISSON AU CHOCOLAT** C'est un gâteau à base de cacao, beurre, œufs et biscuits broyés. Le mélange est fait refroidir dans le réfrigérateur.

▶ **KALTER HUND** Süßspeise aus Kakao, Butter, Eiern und zerkrümelten Keksen. Wird nach Mischung im Kühlschrank gekühlt.

▶ **SALAME DE CHOCOLATE** Es un dulce a base de cacao, mantequilla, huevos y galletas trituradas. El conjunto viene amasado y enfriado en el frigorífico.

SALAME DI PATATE *Preparazione tipica piemontese (v. Piemonte) che consiste in un impasto fresco di salame e patate a pasta bianca.*

▶ **SALAME DI PATATE** Cooked potatoes and salami mixed together and eaten fresh. Typical of Piedmont (s. Piemonte).

▶ **SAUCISSON AUX POMMES DE TERRE** Préparation typique du Piémont (v. Piemonte) qui consiste en un mélange froid de saucisse et pommes de terre à chair blanche.

▶ **KARTOFFELWURST** Für den Piemont (s. Piemonte) typische Zubereitung aus frischer Mischung von Wurst und weissen Kartoffeln.

▶ **SALAME DE PATATAS** Preparación típica piamontesa (ver Piemonte) que consiste en un amasijo fresco de salame y patatas de color blanco.

SALAMELLA È *un insaccato da cuocere, tipico della Lombardia (v.), si confeziona macinando carni provenienti dalla spalla (v.).*

▸ **SALAMELLA** Cooking sausage made with minced shoulder (s. spalla). Typical of Lombardy (s. Lombardia).

▸ **SALAMELLA** C'est un saucisson à cuire, typique de la Lombardie (v. Lombardia), qui est confectionné en hachant des viandes qui proviennent de l'épaule (v. spalla).

▸ **SALAMELLA** Bratwurst aus der Lombardei (s. Lombardia) aus Schulterfleisch (s. spalla).

▸ **SALAMELLA** Es un embutido, típico de Lombardía (ver), se confecciona picando carnes de la paletilla del cerdo (ver spalla).

SALAMINO *Insaccato simile al salame (v.) di dimensioni ridotte. Con lo stesso nome ad Alessandria, città del Piemonte (v.), si consuma il salamino di vacca, insaccato di carne bovina.*

▸ **SALAMINO** Sausage similar to a salami (s. salame) but smaller. In Alessandria, a city in Piedmont (s. Piemonte), the salamino is made with beef.

▸ **PETITE SAUCISSE** Saucisson semblable au saucisson (v. salame) aux dimensions réduites. Avec le même nom à Alessandria, ville du Piémont (v. Piemonte), on parle de saucisson de vache, saucisse de viande bovine.

▸ **SALAMINO** Kleine Salami (s. salame). Mit dem gleichen Namen wird in Alessandria, Stadt im Piemont (s. Piemonte), eine Rinderwurst bezeichnet: "Salamino di vacca".

▸ **SALAMIN** Embutido parecido al salame (ver) de dimensiones reducidas. Con el mismo nombre en Alessandria, ciudad del Piamonte (ver Piemonte), se consume el salamín de vaca, embutido de carne bovina.

SALAMÓIA È *una soluzione di cloruro di sodio (sale) in acqua ed ha un'azione conservante per gli alimenti.*

▸ **BRINE** A solution of sodium chloride (salt) in water, in which food is preserved.

▸ **SAUMURE** C'est une solution de chlorure de sodium (sel) mise dans l'eau, qui a une action conservatrice pour les aliments.

▸ **SALZLAUGE** Salzlösung aus Wasser und Natriumchlorid (Salz) zur Konservierung von Lebensmitteln.

▸ **SALMUERA** Es una solución de cloruro de sodio (sal) en agua y tiene una acción conservante para los alimentos.

SALARE *Aggiungere una certa quantità di sale.*

▸ **TO SALT** To add a certain quantity of salt.

▸ **SALER** Ajouter une certaine quantité de sel.

▸ **SALZEN** Ein gewisses Maβ Salz zugeben.

▸ **SALAR** Añadir una cierta cantidad de sal.

SALATINO *Piccolo biscotto o pasticcino salato, offerto all'aperitivo (v.).*

▸ **SALT BISCUIT** Small salted biscuit or tartlet, offered as an aperitif (s. aperitivo).

▸ **AMUSE-GUEULE** Petit biscuit ou petit gâteau salé, offert à l'apéritif (v. aperitivo).

▸ **SALZGEBÄCK** Salziges, kleines Gebäck, zum Aperitif (s. aperitivo) gereicht.

▸ **CANAPE** Pequeña galletita o pastita salada, ofrecida como aperitivo (ver).

SALATURA *Metodo di conservazione, che consiste nell'aggiunta di sale alle carni.*

▸ **SALTING** Method of preserving, involving the addition of salt to meat.

▸ **SALAISON** Manière de conserver les aliments, qui consiste à additionner du sel aux viandes.

▸ **PÖKELN** Konservierungsart, die Fleisch Salz zusetzt.

▸ **SALADURA** Método de conservación, que consite en añadir sal a las carnes.

SALCÍCCIA *Variante popolare del termine salsiccia (v.).*
- **SAUSAGE** (s. salsiccia).
- **SALCÍCCIA** Nom populaire pour le terme saucisse (v. salsiccia).
- **SALCÍCCIA** Bekannte Variante des Ausdrucks "Salsiccia" (s.).
- **SALCHICHA** (ver salsiccia).

SALE *Termine per indicare il cloruro di sodio.*
- **SALT** Sodium chloride.
- **SEL** Terme qui définit le chlorure de sodium.
- **SALZ** Bezeichnung für Natriumchlorid.
- **SAL** Término para indicar el cloruro de sodio.

SALIÈRA *È il contenitore per il sale.*
- **SALT-CELLAR** Container for salt.
- **SALIERE** Récipient contenant le sel.
- **SALZSTREUER** Behälter für Salz.
- **SALERO** Es el contenedor para la sal.

SALIGNON *È una preparazione casalinga di ricotta (v.) con sale, pepe, aceto, consumata con patate lesse. Con lo stesso nome, ai confini con la Valle d'Aosta (v.) si intende un formaggio aromatizzato con finocchio selvatico.*
- **SALIGNON** A mixture of ricotta (s.) with salt, pepper and vinegar, served with boiled potatoes. On the border of the Valle d'Aosta (s.) the term also indicates a cheese which is aromatised with wild fennel.
- **SALIGNON** C'est une préparation maison à base de ricotta (v.) avec du sel, du poivre, du vinaigre, à manger avec de pommes de terre bouillies. En Vallée d'Aoste (v. Valle d'Aosta), c'est aussi un fromage aromatisé avec du fenouil sauvage.
- **SALIGNON** hausgemachte Zubereitung aus Ricottakäse (s. ricotta) mit Salz, Pfeffer, Essig, wird zu gekochten Kartoffeln gereicht. Mit dem gleichen Namen wird im Aostatal (s. Valle d'Aosta) ein mit wildem Fenchel aromatisierter Käse bezeichnet.

- **SALIGNON** Es una preparación casera de requesón (ver ricotta) con sal, pimienta, vinagre, consumida con patatas hervidas. Con el mismo nombre, en los confines del Valle de Aosta (ver Valle d'Aosta) se entiende un queso aromatizado con hinojo silvestre.

SALMERINO *Pesce d'acqua dolce appartenente alla famiglia dei salmoni (v. salmone).*
- **CHAR** Fresh water fish of the salmon family (s. salmone).
- **OMBLE** Poisson d'eau douce qui appartient à la famille des saumons (v. salmone).
- **SALMERINO** Süßwasserfisch zu der Lachsfamilie (s. salmone) gehörend.
- **SALMERINO** Pescado de agua dulce que pertenece a la familia de los salmones (ver salmone).

SALMÍ *Indica preparazioni di cacciagione in umido.*
- **JUGGED** Stewed game.
- **SALMI** Ce terme indique des préparations de gibier en sauce.
- **SALMÌ** Bezeichnet eine Zubereitung von Wild in Flüssigkeit.
- **ESCABECHE** Indica preparaciones de caza guisadas.

SALMISTRARE *Procedimento per insaporire e conservare con una speciale salamoia (v.) la lingua (v.) di vitello o di manzo, in uso nell'Italia settentrionale.*
- **SALMISTRARE** Procedure for flavouring and preserving veal or ox toungue (s. lingua) in a special brine (s. salamoia), common in Northern Italy.
- **SALER** Procédé pour relever et conserver avec une saumure (v. salamoia) spéciale la langue (v. lingua) de veau ou de bœuf, se fait en Italie du Nord.
- **SALMISTRARE** In Norditalien gebräuchlicher Vorgang, der Kalbszunge oder Hammelzunge (s. lingua) mit einer speziellen Salzlauge (s. salamoia) zur Konservierung würzt.
- **SALMISTRARE** Procedimiento

para aderezar y conservar con una salmuera (ver salamoia) especial la lengua (ver lingua) de ternera o de buey, en uso en la Italia septentrional.

SALMONE *Pesce la cui carne saporita e delicata ha un colore rosa aranciato. Il salmone affumicato è uno dei modi classici con cui la carne viene lavorata e conservata.*

▶ **SALMON** Fish with tasty, delicate meat of a pink-orange colour. A traditional method of preserving salmon is to smoke it.

▶ **SAUMON** Poisson dont la chair savoureuse et délicate présent une couleur rose orangée. Le saumon fumé est une manière classique avec laquelle la chair est travaillée et conservée.

▶ **LACHS** Fisch mit zartem, schmackhaftem, rosa-orangem Fleisch. Geräucherter Lachs ist eines der klassischen Methoden der Verarbeitung und Konservierung dieses Fleischs.

▶ **SALMON** Pescado cuya carne sabrosa y delicada tiene un color rosa anaranjado. El salmón ahumado es uno de los modos clásicos con los que la carne viene elaborada y conservada.

SALMORÍGLIO *Salsa simile alla salamoia (v.) che serve per condire il pesce alla griglia, tradizionale della Sicilia (v.) e della Calabria (v.).*

▶ **SALMORÍGLIO** Sauce similar to brine (s. salamoia), traditional of Sicily (s. Sicilia) and Calabria (s.), used as a dressing for grilled fish.

▶ **SALMORIGLIO** Sauce semblable à la saumure (v. salamoia) qui sert à assaisonner le poisson à la grille, traditionnelle de la Sicile (v. Sicilia) et de la Calabre (v. Calabria).

▶ **SALMORIGLIO** der Salzlauge (s. salamoia) ähnliche Soße zur Würze von Brat- oder Grillfisch, traditionsgemäss aus Sizilien (s. Sicilia) und Kalabrien (s. Calabria).

▶ **SALMOREJO** Salsa parecida a la salmuera (ver salamoia) que sirve para condimentar el pescado a la

parrilla, tradicional de Sicilia (ver) y de Calabria (ver).

SALSA *È un condimento semiliquido che accompagna carni, pesci o altro per arricchirne il gusto. La salsa dolce è una crema (v.) aromatizzata alla frutta.*

▶ **SAUCE** A semi-liquid condiment which accompanies meat, fish, etc. in order to enrich the flavour. A sweet sauce is a cream (v. crema) flavoured with fruit.

▶ **SAUCE** C'est un assaisonnement semi-liquide qui accompagne viandes, poissons ou autres afin d'en relever le goût. La sauce sucrée est une crème (v. crema) aromatisée aux fruits.

▶ **SALSA** Soße, Tunke. Halbflüssige Würze, die Fleisch, Fisch oder Anderes begleitet zur Geschmacksverstärkung. Die "Salsa dolce" ist eine Creme (s. crema) mit Früchten aromatisiert.

▶ **SALSA** Es un condimento semilíquido que acompaña carnes, pescados u otras cosas para enriquecer el gusto. La salsa dulce es una crema (ver) aromatizada con fruta.

SALSÍCCIA *Insaccato a base di carne fresca prevalentemente suina (pancetta, collo e spalla).*

▶ **SAUSAGE** Fresh meet, usually pork (belly, neck or shoulder), in a natural or synthetic skin (intestine).

▶ **SAUCISSE** Saucisson à base de viande fraîche principalement de porc (pancetta, cou et épaule).

▶ **SALSICCIA** Wurst aus rohem Fleisch, meist Schweinefleisch (Bauchspeck, Hals und Schulter).

▶ **SALCHICHA** Embutido a base de carne fresca prevalentemente de cerdo (panceta, cuello y paletilla).

SALSIÈRA *Piccolo recipiente utilizzato per servire le salse (v.) in tavola.*

▶ **SAUCE-BOAT** Small receptacle used for serving a sauce (s. salsa) at the table.

▶ **SAUCIERE** Petit récipient utilisé pour servir les sauces (v. salsa) à table.

▸ **SAUCIÈRE** Kleiner Behälter, um Soße (s. salsa) am Tisch zu servieren.

▸ **SALSERA** Pequeño recipiente utilizado para servir las salsas (ver salsa) en la mesa.

SALTARE *Metodo per rosolare (v.) le pietanze muovendole e rivoltandole sul tegame con un movimento del polso.*

▸ **SAUTÉ** Method of browning (s. rosolare) food by moving and turning it in a pan with a movement of the wrist.

▸ **SAUTER** Manière de rissoler (v. rosolare) la nourriture en la retournant sur la poêle avec un mouvement du poignet.

▸ **SALTARE** In der Pfanne anbraten. Lebensmittel in der Pfanne "springen" lassen mit Bewegungen aus dem Handgelenk.

▸ **SALTEAR** Método para dorar (ver) los platos moviéndolos y dándolos vuelta en la sartén con un movimiento de la muñeca.

SALTIMBOCCA *Tradizionale preparazione romana per rosolare (v.) la scaloppina (v.) di vitello guarnita con prosciutto (v.) e salvia (v.).*

▸ **SALTIMBOCCA** Traditional recipe from Rome for sautéed (s. rosolare) veal scallops (s. scaloppina) garnished with ham (s. prosciutto) and sage (s. salvia).

▸ **SALTIMBOCCA** Préparation traditionnelle de Rome pour rissoler (v. rosolare) l'escalope (v. scaloppina) de veau garnie avec du jambon (v. prosciutto) et de la sauge (v. salvia).

▸ **SALTIMBOCCA** Tradionelle Zubereitung aus Rom, bestehend aus dem Dünsten von kleinen Kalbsschnitzeln, die mit Schinken (s. prosciutto) und Salbei (s. salvia) garniert sind.

▸ **SALTIMBOCCA** Tradicional preparación romana para dorar (ver rosolare) el escalopín (ver scaloppina) de ternera relleno de jamón (ver prosciutto) y salvia (ver).

SALUME *Prodotto alimentare ottenuto da carne tritata, aromatizzata, salata e insaccata. Per estensione sono considerati salumi tutti i tipi di carne conservata, suina o bovina, e servita a fette.*

▸ **MEAT PRODUCTS** Made with minced pork or beef, herbs and seasoning, in a skin. The term also indicates all preserved meat served sliced.

▸ **CHARCUTERIE** Produit alimentaire obtenu de la viande hachée, aromatisée, salée et enveloppée. Par extension la charcuterie désigne tous les types de viande conservée servie en tranches, de porc ou de bœuf.

▸ **WURST** Lebensmittel aus gehacktem Fleisch, das gewürzt und gesalzen in eine Hülle gegeben wird. Wurst ist im weitesten Sinne alles haltbare Fleisch, Schweine- oder Rindfleisch, das als Aufschnitt, also in Scheiben geschnitten serviert wird.

▸ **EMBUTIDO** Producto alimenticio obtenido de carne triturada, aromatizada, salada y embuchada. Por extensión se consideran embutidos todos los tipos de carne conservada, de cerdo o bovina, y servida en rodajas.

SÀLVIA *Piantina aromatica le cui foglie hanno un'aroma intenso e fragrante.*

▸ **SAGE** Aromatic plant with highly aromatic, fragranced leaves.

▸ **SAUGE** Petite plante aromatique dont les feuilles ont un arôme intense et parfumé.

▸ **SALBEI** aromatische Pflanze, deren Blätter ein intensiv duftendes Aroma haben.

▸ **SALVIA** Planta aromática cuyas hojas tienen un aroma intenso y fragante.

SAMBUCA *È un liquore a base d'oli essenziali d'aneto (v.), anetolo e badiana, aromatizzati da fiori di sambuco (da cui il nome).*

▸ **SAMBUCA** A liqueur made with the essential oil of dill (s. aneto), anethole and badiana flavoured with sambuca flowers.

▶ **SAMBUCA** C'est une liqueur à base d'huiles essentielles d'aneth (v. aneto), d'anis et de badiane, aromatisées par les fleurs de sureau (d'où provient le nom).

▶ **SAMBUCA** Ein Liqueur aus essentiellen Anis-Ölen und Badiana, mit Holunderblüten aromatisiert (daher der Name).

▶ **ANISETE** Es un licor a base de aceites esenciales de eneldo (ver anetol) y badián, aromatizado con flores de saúco (de donde toma el nombre en italiano).

SAMBUCO *Tipo di bacche di colore nero dal profumo aromatico.*

▶ **ELDERBERRY** Black aromatic berry.

▶ **SUREAU** Type de baies de couleur noire au parfum aromatique.

▶ **HOLUNDER** Schwarze Beerenart mit aromatischem Duft.

▶ **SAUCO** Tipo de baya de color negro y perfume aromático.

SAN DANIELE *Nome di un paese del Friuli Venezia Giulia (v.), riferito spesso ad un prosciutto crudo di qualità.*

▶ **SAN DANIELE** Name of a town in Friuli Venezia Giulia (s.), and the name of the quality ham produced there.

▶ **SAN DANIELE** Nom d'un village du Frioul-Vénétie-Julienne (v. Friuli Venezia Giulia), qui se réfère souvent à un jambon cru de qualité.

▶ **SAN DANIELE** Name eines Dorfs in Friuli Venezia Giulia (s.), bezieht sich meistens auf den berühmten rohen Schinken.

▶ **SAN DANIELE** Nombre de un pueblo de Friuli Venezia Giuli (ver Friuli Venezia Giulia), referido a menudo a un jamón serrano de calidad.

SAN MARZANO *Varietà di pomodori (v.) da salsa (v.).*

▶ **SAN MARZANO** Variety of tomato (s. pomodoro) used for making sauce (s. salsa).

▶ **SAN MARZANO** Variété de tomates (v. pomodoro) pour la sauce (v. salsa).

▶ **SAN MARZANO** Art von Tomaten (s. pomodoro) zur Soßenherstellung (s. salsa).

▶ **SAN MARZANO** Variedad de tomates (ver pomodoro) para salsa (ver).

SANATO *Giovane vitello alimentato integrando il latte materno con tuorli d'uovo, da cui carni bianchissime dal sapore delicato. Diffuso in Piemonte (v).*

▶ **SANATO** Suckling calf fed on milk and egg yolk, from which a very white, delicate meat is obtained. Common in Piedmont (s. Piemonte).

▶ **SANATO** Jeune veau alimenté en complément du lait maternel avec des jaunes d'œuf d'où est obtenue de la chair très blanche au goût délicat. Il est répandu au Piémont (v. Piemonte).

▶ **SANATO** Junges Kalb, das mit Eigelbzusatz in die Muttermilch aufgezogen wird und daher sehr weisses und delikates Fleisch hat. Verbreitet im Piemont (v. Piemonte).

▶ **SANATO** Ternera joven alimentada integrando la leche materna con yemas de huevo, que posee carne blaquísima de sabor delicado. Extendida en Piamonte (ver Piemonte).

SANDWICH *Due fette di pane spesso imburrate guarnite con salumi (v.), formaggio o altre preparazioni adatte.*

▶ **SANDWICH** Two slices of bread, often buttered, holding a filling of ham, salami (s. salume), cheese, or other suitable fillings.

▶ **SANDWICH** Deux tranches de pain souvent beurrées, garnies avec de la charcuterie (v. salume), fromage ou d'autres préparation plus adaptées.

▶ **SANDWICH** Zwei, oft gebutterte, Brotscheiben, die mit Wurst (s. salume), Käse oder anderen geeigneten Zutaten belegt werden.

▶ **SANDWICH** Dos rebanadas de pan frecuentemente untadas con mantequilla rellenas con embutido (ver salume), queso u otras preparaciones adecuadas.

SANGUINÀCCIO È *una specie di salsiccia (v.) a base di sangue di maiale coagulato, aromatizzata in vari modi e leggermente addolcita.*

▸ **BLACK PUDDING** A sausage (s. salsiccia) made from clotted pig's blood, with various seasonings and sweetened slightly.

▸ **BOUDIN** C'est une sorte de saucisse (v. salsiccia) à base de sang de porc coagulé, aromatisée de différentes manières et légèrement sucrée.

▸ **BLUTWURST** Art Wurst aus geronnenem Schweineblut (s. salsiccia), unterschiedlich gewürzt und leicht gesüßt.

▸ **MORCILLA** Es una especie de salchicha (ver salsiccia) a base de sangre de cerdo coagulada, aromatizada de diferentes maneras y ligeramente endulzada.

SANGUINELLO *Varietà d'arancia dal succo color rosso (v. arancia).*

▸ **BLOOD ORANGE** Variety of orange with red juice (s. arancia).

▸ **SANGUINE** Variété d'orange au jus de couleur rouge. (v. arancia).

▸ **BLUTORANGE** Variante der Apfelsine mit rotem Fruchtfleisch (s. arancia).

▸ **NARANJO SANGUINO** Variedad de naranja de zumo color rojo (ver arancia).

SANTORÉGGIA *Piantina aromatica con aroma tra la menta (v.) e il timo (v.), indicato per i legumi in umido (v. umido).*

▸ **SAVORY** Aromatic plant with a fragrance resembling mint (s. menta) and thyme (s. timo), good for use in vegetable stews (s. umido).

▸ **SARRIETTE** Petite plante aromatique à l'odeur comprise entre la mente (v. menta) et le thym (v. timo), indiquée pour les légumes en sauce (v. umido).

▸ **SANTOREGGIA** Aromatisches Pflänzchen mit einem Aroma zwischen Pfefferminz (s. menta) und Thymian (s. timo), geeignet für Hülsenfrüchte in Flüssigkeit (s. umido).

▸ **AJEDREA** Planta aromática con aroma entre la menta (ver menta) y el tomillo (ver timo), indicada para las legumbres guisadas (ver umido).

SAÒR *Preparazione tradizionale veneziana, a base di cipolle (v.) e aceto (v.), adatta alle sardine.*

▸ **SAÒR** Traditional recipe from Venice, made with onions (s. cipolla) and vinegar (s. aceto), suitable to be served with sardines.

▸ **SAÒR** Préparation traditionnelle vénitienne, à base d'oignons (v. cipolla) et de vinaigre (v. aceto), adaptée aux sardines.

▸ **SAÒR** Traditionelle Zubereitung aus Venetien aus Zwiebeln (s. cipolla) und Essig (s. aceto), geeignet zu Sardinen.

▸ **SAÒR** Preparación tradicional veneciana, a base de cebollas (ver cipolla) y vinagre (ver aceto), adecuada para las sardinas.

SAPORE *Indica le sensazioni procurate dall'apparato gustativo.*

▸ **TASTE** Sense by which flavour is known.

▸ **SAVEUR** Il indique les sensations procurées par l'appareil gustatif.

▸ **GESCHMACK** zeigt die "Gefühle" der Geschmacksorgane an.

▸ **SABOR** Indica la sensación procurada por el aparato gustativo.

SÀRAGO o SARGO *Nome di varie specie di pesci marini tra i più diffusi nei mari italiani.*

▸ **SARAGO or SARGO** Name of various species of salt water fish, among the most common in Italian seas.

▸ **SPARAILLON** Nom de différentes espèces de poissons de mer parmi les plus répandues dans les mers italiennes.

▸ **SARAGO oder SARGO** Name für verschiedene Meeresfische, die sehr verbreitet sind in dem italienischen Meer.

▸ **SARGO** Nombre de varias especies de pescados marinos entre los más extendidos en los mares italianos.

SARDA Nell'uso comune è sinonimo di sardina (v.). Si usa questo termine quando la sardina viene preparata fresca. Piatto tipico siciliano è la pasta con le sarde.

▷ **SARDINES** Sarda commonly indicates sardines (s. sardina). This term is used when they are prepared fresh. Pasta with sardines is a typical Sicilian (s. Sicilia) dish (Pasta con le sarde).

▷ **SARDA** Dans l'usage commun est un synonyme de sardine (v. sardina). On utilise ce terme quand la sardine est préparée fraîche. Un plat typique de la Sicile (v. Sicilia) sont les pâtes avec les sardines.

▷ **SARDE** Im allgemeinen Sprachgebrauch Bezeichnung für Sardine (s. sardina) Wird für die frisch zubereitete Sardine verwendet. Typisch sizilianisches (s. Sicilia) Gericht sind die Nudeln mit Sarden.

▷ **SARDA** En el uso común es sinónimo de sardina (ver). Se usa este término cuando la sardina viene preparada fresca. Plato típico siciliano (ver Sicilia) es la Pasta con las sardas.

SARDEGNA Isola e regione geografica italiana situata nel Mar Tirreno (v. pag. 357).

▷ **SARDINIA** An island which is a geographical region of Italy. It lies on the Tyrrhenian Sea (s. pag. 357).

▷ **SARDAIGNE** Ile et région géographique italienne située dans la mer Tyrrhénienne (v. pag. 357).

▷ **SARDINIEN** Italienische Insel und geografische Region im Tirrenischen Meer (s. S. 357).

▷ **CERDEÑA** Isla y región geográfica italiana situada en el mar Tirreno (ver pag. 357).

SARDINA Pesce marino di piccole dimensioni, noto anche come sarda (v.) o sardella. Con questo termine si intende spesso la sarda conservata in olio extravergine di olive e confezionata in scatola appena dopo la pesca.

▷ **SARDINE** Small salt water fish also know as sardella (s. sarda). Sardines are often preserved in extra virgin olive oil, and tinned while still fresh.

▷ **SARDINE** Poisson de mer de petites dimensions, connu aussi comme sarda (v.) ou sardella. Avec ce terme est défini habituellement la sardine conservée sous l'huile d'olive extra-vierge et mise en boite juste après la pêche.

▷ **SARDINE** Kleiner Meeresfisch, auch als Sarde bekannt (s. sarda) oder Sardelle. Unter letzterem versteht man häufig die in nativem Ölivenöl in Blechschachteln haltbar gemachten Sardinen.

▷ **SARDINA** Pescado marino de pequeñas dimensiones, conocido también como sarda (ver). Con este término se entiende a menudo la sarda conservada en aceite extravirgen de oliva confeccionada en lata después de la pesca.

SARTÙ DI RISO Timballo di riso arricchito con diverse carni e verdure, tipico della Campania (v.).

▷ **SARTÙ DI RISO** Timbale of rice enriched with various types of meat and vegetables, typical of Campania (s.).

▷ **SARTÙ DE RIZ** Timbale de riz enrichie de diverses viandes et légumes, spécialité de la Campanie (v. Campania).

▷ **SARTÙ DI RISO** Reistimbale angereichert mit verschiedenem Fleisch und Gemüse, typisch für Kampanien (s. Campania).

▷ **SARTÙ DE ARROZ** Timbal de arroz enriquecido con diversas carnes y verduras, típico de la Campania (ver).

SAVARIN Dolce a forma di ciambella (v.) bagnato con uno sciroppo a base di rhum, limone e arancio.

▷ **SAVARIN** Ring shaped cake (s. ciambella), saturated with a rum, lemon or orange syrup.

▷ **SAVARIN** Gâteau torique (v. ciambella) imbibé avec un sirop à base de rhum, citron et orange.

▷ **SAVARIN** kringelförmige (s. ciambella) Süßware mit Rumsyrup, Zitrone und Orange getränkt.

▷ **SAVARIN** Dulce con forma de rosca (ver ciambella) bañado con un jarabe a base de ron, limón y naranja.

SAVOIÀRDO *Biscotto particolarmente leggero e friabile di consistenza spumosa. Adatto per confezionare dolci classici come la zuppa inglese (v.).*

▶ **SPONGE FINGER** A particularly light, crumbly and spongy biscuit. Suitable for use in desserts such as trifle (s. zuppa inglese).

▶ **GATEAU DE SAVOIE** Biscuit particulièrement léger et friable à la consistance spongieuse. Idéal dans la préparation de la zuppa inglese (v.)

▶ **SAVOIARDA** Besonders leichter und brüchiger Keks mit lockerer Konsistenz. Geeignet für klassische Desserts wie die "Englische Suppe" (s. zuppa inglese).

▶ **GALLETA DE SABOYA** Galleta particularmente ligera y friable de consistencia espumosa. Adecuada para la confección de dulces clásicos como la zuppa inglese (ver).

SBRINZ *Formaggio svizzero, da tavola o da grattugia. Fragrante, profumato e friabile dal colore bianco o paglierino.*

▶ **SBRINZ** A Swiss cheese, eaten sliced or grated. It is fragrant and crumbly, with a white or straw colour.

▶ **SBRINZ** Fromage suisse, de table ou à râper. Odorant, parfumé et friable de couleur blanche ou blanc paille.

▶ **SBRINZ** Schweizer Käse für den Tisch oder gerieben verwendet. Duftig und brüchig, weiss oder blassgelblich.

▶ **SBRINZ** Queso suizo, de mesa o para rallar. Fragante, perfumado y friable de color blanco o pajizo.

SBRISOLONA *Dolce tipico di Mantova, città della Lombardia (v.), di pasta dura a base di mandorle, farina, zucchero, uova e burro.*

▶ **SBRISOLONA** A hard cake, typical of Mantova, a city in Lombardy (s. Lombardia). It is made with almonds, flour, sugar, eggs and butter.

▶ **SBRISOLONA** Tarte typique de Mantoue, ville de la Lombardie (v. Lombardia), dure, à base d'amandes, farine, sucre, œufs et beurre.

▶ **SBRISOLONA** Für Mantova, stadt im Lombardei (s. Lombardia), typische Süßware aus hartem Teig mit Mandeln, Mehl, Zucker, Eiern und Butter.

▶ **SBRISOLONA** Dulce típico de Mántova, ciudad de la Lombardia (ver), de masa dura, a base de almendras, harina, azúcar, huevos y mantequilla.

SBUCCIARE *Togliere la buccia.*

▶ **TO SHELL** To remove the shell.

▶ **EPLUCHER** Enlever l'écorce.

▶ **ENTSSCHÄLEN** die Schale entfernen.

▶ **PELAR** Quitar la piel.

SCALOGNO *Ortaggio aromatico, simile all'aglio (v.), ideale nella preparazione di salse (v.).*

▶ **SHALLOT** Aromatic vegetable, similar to garlic (s. aglio), ideal for use in sauces (s. salsa).

▶ **ECHALOTE** Plante aromatique, semblable à l'ail (v. aglio), idéale dans la préparation des sauces (v. salsa).

▶ **SCALOGNO** Aromatisches Gemüse, dem Knoblauch (s. aglio) ähnlich, ideal zur Zubereitung von Soße (s. salsa).

▶ **CHALOTE** Hortaliza aromática, parecida al ajo (ver aglio), ideal en la preparación de salsas (ver salsa).

SCALOPPA *È una fetta di carne bianca o di pesce.*

▶ **SCALOPPA** Slice of white meat or fish.

▶ **ESCALOPE** C'est une tranche de viande blanche ou de poisson.

▶ **SCALOPPA** Eine weisse Fleisch - oder Fischscheibe.

▶ **ESCALOPE** Es una tajada de carne blanca o de pescado.

SCALOPPINA *È una fettina di vitello o di maiale, ricavata dalla fesa (v.) o dalla noce (v.).*

▶ **CUTLET** Slice of veal or pork, from the thigh (s. fesa) or the rump (s. noce).

▶ **ESCALOPE** C'est une fine tranche de veau ou de porc, provenant de la cuisse (v. fesa) ou de la noix (v. noce).

▶ **SCALOPPINA** Fleischscheibe vom Kalb oder Schwein aus dem Nußstück (s.noce) oder Schenkel (s.fesa).

▶ **ESCALOPIN** Es una tajada de ternera o de cerdo, obtenida de la falda (ver fesa) o de la babilla (ver noce).

SCAMONE *Pregiato taglio di carne bovina, è la congiunzione tra la coscia e la lombata (v.).*

▶ **SILVER SIDE** Quality cut of beef, from the area connecting the thigh and the loin (s. lombata).

▶ **FILET MIGNON** Morceau de viande bovine apprécié, c'est la jonction entre la cuisse et la longe (v. lombata).

▶ **SCAMONE** Wertvoller Fleischschnitt vom Rindfleisch, zwischen der Lende (s. lombata) und dem Schenkel.

▶ **RABADA** Apreciado corte de carne bovina, es la conjunción entre la pierna y el lomo (ver lombata).

SCAMORZA *Formaggio originario del meridione a forma di pera. Fatto con latte di vacca, si presenta con un colore bianco avorio, burrosa, di gusto delicato. Spesso viene affumicata, conferendo un particolare sentore aromatico.*

▶ **SCAMORZA** A pear shaped cheese, originating from the South of Italy. It is made with cow's milk and is ivory white, buttery, with a delicate flavour. It is often smoked, which gives is a particular aroma.

▶ **SCAMORZA** Fromage originaire du sud à forme de poire. Il est fait avec du lait de vache, a une couleur blanche ivoire, gras, au goût délicat. Il est souvent fumé, ce qui lui confère une odeur aromatisée particulière.

▶ **SCAMORZA** birnenförmiger Käse aus Süditalien. Aus Kuhmilch und elfenbeinweiss, butterig und mit mildem Geschmack. Oft geräuchert und so mit feinwürzigem Geschmack.

▶ **SCAMORZA** Queso originario del sur a forma de pera. Hecho con leche de vaca, se presenta con un color blanco marfil, mantecoso, de gusto delicado. A menudo viene ahumado, confiriendo un particular matiz aromático.

SCAMPO *Crostaceo marino, simile all'astice (v.) ma di proporzioni più snelle, dalla carne pregiata.*

▶ **SCAMPI** Marine crustacean with a quality meat, similar to the lobster (s. astice) but slimmer.

▶ **LANGOUSTINE** Crustacé marin, semblable à l'homard (v. astice), mais de proportions plus petites, à la chair appréciée.

▶ **SCAMPO** Meereskrustentier, dem Hummer ähnlich (s. astice), aber kleiner und schlanker mit geschätztem Fleisch.

▶ **CIGALA** Crustáceo marino, parecido al bogavente (ver astice) pero de proporciones más ligeras, de carne apreciada.

SCAPECE *Pesce fritto marinato con aceto e colorato con lo zafferano, tipico del Molise (v.).*

▶ **SCAPECE** Fried fish marinated in vinegar and coloured with saffron, typical of Molise (s.).

▶ **SCAPECE** Poisson frit, mariné dans le vinaigre et coloré avec du safran, typique de la Molise (v.).

▶ **SCAPECE** Frittierter Fisch, mariniert mit Essig und gefärbt mit Safran, typisch für den Molise (s.).

▶ **SCAPECE** Pescado frito marinado con vinagre y colorado con azafrán, típico del Molise (ver).

SCARAMELLA *Nome regionale (Lombardia e Piemonte) (v.) di un taglio di carne bovina.*

▶ **SCARAMELLA** Regional name (Lombardy and Piedmont) (s. Lombardia and Piemonte) of a cut of beef.

▶ **SCARAMELLA** Nom régional (de la Lombardie et du Piémont) (v. Lombardia et Piemonte) d'un morceau de viande bovine.

▶ **SCARAMELLA** Regionale (Lombardei und Piemont) (s. Lombardia und Piemonte) Bezeichnung für einen Fleischschnitt des Rinds.

▶ **SCARAMELLA** Nombre regional (Lombardía y Piamonte) (ver Lombardia y Piemonte) de un corte de carne bovina.

SCHIACCIANOCI *Utensile che serve a rompere il guscio della frutta secca.*

▶ **NUTCRACKER** Utensil used for breaking the shell of dried fruit.

▶ **CASSE-NOIX** Instrument qui sert à casser la coquille des fruits secs.

▶ **NUSSKNACKER** Gerät zum Aufbrechen der Schale von Trockenfrüchten.

▶ **CASCANUECES** Utensilio que sirve para romper la cáscara de los frutos secos.

SCHIACCIÀTA *Indica focacce condite ed alcuni dolci (v. stiacciata).*

▶ **SCHIACCIÀTA** Indicates low bread cooked with a topping and certain cakes (s. stiacciata).

▶ **SCHIACCIATA** Le terme définit des fougasses assaisonnées et certaines gâteaux (v. stiacciata).

▶ **SCHIACCIATA** Bezeichnet gewürzte Focaccia und einige Süßwaren (s. stiacciata).

▶ **HOGAZA FINA** Indica focachas condimentadas y algunos dulces (ver stiacciata).

SCHIAFFONI *Pasta, di formato simile ai maccheroni (v.), fatti a mano. Specialità della Campania (v.).*

▶ **SCHIAFFONI** Hand made pasta, with a similar shape to macaroni (s. maccheroni), a speciality of Campania (s. Campania).

▶ **SCHIAFFONI** Pâtes de forme semblable aux macaroni (v. maccheroni), faites maison. Spécialité de la Campanie (v. Campania).

▶ **SCHIAFFONI** Makkeroniartige (s. maccheroni), handgemachte Nudeln, Spezialität aus Kampanien (s. Campania).

▶ **SCHIAFFONI** Pasta, de formato parecido a los macarrones (ver maccheroni), hechos a mano. Especialidad de Campania (ver).

SCHIENA *Taglio di carne di vitello. Nel Veneto (v.) è anche un taglio di carne di bue.*

▶ **CHINE** A cut of Veal. In Veneto (s.) it is also a cut of ox meat.

▶ **DOS** Coupe de viande de veau. En Vénétie (v. Veneto), c'est aussi une coupe de viande de boeuf.

▶ **RÜCKEN** Fleischschnitt des Kalbs. In Venetien (s. Veneto) auch ein Schnitt des Ochsen.

▶ **ESPALDA** Corte de carne de vitello. En el Véneto (ver) es también un corte de carne de buey.

SCHILE *Piccoli gamberetti, alla base di diverse ricette del Veneto (v.).*

▶ **SCHILE** Small prawns, used in various recipes from Veneto (s.).

▶ **SQUILLE** Petites crevettes, à la base de diverses recettes de la Vénétie (v. Veneto).

▶ **SCHILE** Kleine Garnelen, Basis für diverse Gerichte in Venetien (s. Veneto).

▶ **SCHILE** Pequeñas gambas, que son la base de diversas recetas del Véneto (ver).

SCÌATT *Frittella (v.), tipica valtellinese (v. Lombardia), a base di farina di grano saraceno (v.) e grappa (v.).*

▶ **SCÌATT** Fritter (s. frittella) typical of Valtellina (s. Lombardia), made with buck wheat flour (s. farina di grano saraceno) and grappa (s.).

▶ **SCÌATT** Beignet (v. frittella), typique de la Valteline (v. Lombardia), à base de farine de sarrasin (v. farina di grano saraceno) et grappa (v.).

▶ **SCÌATT** frittiertes (s. frittelle) Stück aus Heideweizen (s. farina di grano saraceno) und Grappa (s.) aus der Valtellina (v. Lombardia).

▶ **SCÌATT** Fritura (ver frittella), típica valtellinese (ver Lombardia), a base de harina de alforfón (ver farina di grano saraceno) y grappa (ver).

SCIROPPATO *Frutta cotta nello sciroppo (v.) di zucchero.*

▶ **IN SYRUP** Fruit cooked in sugar syrup (s. sciroppo).

▶ **FRUITS AU SIROP** Fruits cuits dans le sirop (v. sciroppo) de sucre.

▶ **SCIROPPATO** Früchte in Zucker-syrup (s. sciroppo) gekocht.

▶ **EN ALMIBAR** Fruta cocinada en jarabe (ver sciroppo) de azúcar.

SCIROPPO È *una soluzione concentrata di zucchero in acqua. Si prepara cuocendo frutta, fiori o foglie, filtrandoli e aggiungendo lo zucchero.*

▶ **SYRUP** A concentrated solution of sugar in water. It is prepared by cooking fruit, flowers and leaves, filtering them and adding sugar.

▶ **SIROP** C'est une solution concentrée de sucre mis dans l'eau. On le prépare en cuisant des fruits, des fleurs ou des feuilles, en les filtrant et en ajoutant du sucre.

▶ **SYRUP** Konzentrierte Zuckerlösung. Wird aus dem Kochen von Früchten, Blüten und Blättern gewonnen, die gefiltert und gezuckert werden.

▶ **JARABE** Es una solución concentrada de azúcar en agua. Se prepara cociendo fruta, flores u hojas, colándolas y añadiendo azúcar.

SCÒRFANO *Pesce marino, d'ottima qualità. La sua carne soda e saporita si adatta ad essere lessata.*

▶ **SEA SCORPION** Quality salt water fish. The firm, tasty flesh is suitable for boiling.

▶ **RASCASSE** Poisson de mer, d'excellente qualité. Sa chair ferme et savoureuse se prête à être bouillie.

▶ **SCORFANO** Meeresfisch erster Qualität. Hat würziges und festes Fleisch, das sich gut zum Kochen eignet.

▶ **ESCORPENA** Pescado marino, de óptima calidad. Su carne compacta y sabrosa es adecuada para hervir.

SCORZONE *Tartufo (v.) nero che si raccoglie in estate, dal moderato valore organolettico.*

▶ **SCORZONE** Black truffle (s. tartufo) found in summer, with a moderate organoleptic value.

▶ **TRUFFE DE LA SAINT-JEAN** Truffe (v. tartufo) noire qui se ramasse en été, à valeur organoleptique modérée.

▶ **SCORZONE** Schwarzer Trüffel (s. tartufo), der im Sommer geerntet wird und mäßigen organoleptischen Wert besitzt.

▶ **SCORZONE** Trufa (ver tartufo) negra que se recoge en verano, de moderado valor organoléptico.

SCORZETTA *Buccia d'agrumi inzuccherata.*

▶ **CANDIED PEEL** Citrus fruit rind preserved with sugar.

▶ **ECORCE CONFITE** Ecorce d'agrumes sucrée.

▶ **SCORZETTA** Gezuckerte Schale von Zitrusfrüchten.

▶ **CASCARA DE NARANJA o LIMON CONFITADAS** Piel de los cítricos azucarada.

SCORZONERA *Radice vegetale con polpa bianca dal sapore amarognolo.*

▶ **BLACK SALSIFY** Root vegetable with white pulp and a slightly sour taste.

▶ **SCORSONERE** Racine végétale à la pulpe blanche et au goût un peu amer.

▶ **SCORZONERA** Pflanzliche Wurzel mit weissem Fruchtfleisch und bitterem Geschmack.

▶ **ESCORZONERA** Raíz vegetal con pulpa blanca de sabor amargo.

SCOTTADITO *Termine del Lazio (v.) che indica un taglio di carne ricavato dalla lombata (v.) d'agnello, usato per le costarelle (v.) d'abbacchio (v.) alla griglia o in padella.*

▶ **SCOTTADITO** Term from Lazio (s.) which indicates a cut of meat obtained from the loin of lamb (s. lombata), used for ribs (s. costarella) and for suckling lamb (s. abbacchio), grilled or fried.

▶ **SCOTTADITO** Terme du Latium (v. Lazio) qui désigne un morceau de viande provenant de la longe (v. lombata) d'agneau, utilisé pour les côtelettes (v. costarella) d'abbacchio (v.) à la grille ou à la poêle.

▶ **SCOTTADITO** Ausdruck aus dem Lazio (s.), der einen Fleischschnitt aus der Lende (s. lombata) des Lamms bezeichnet, gebraucht für die "costarelle (s.) d'abbacchio"(s.)

die in der Pfanne zubereitet oder gegrillt werden.

▸ **SCOTTADITO** Término del Lazio (ver) que indica un corte de carne obtenido del lomo (ver lombata), del cordero, usado para chuletillas (ver costarella) de abbacchio (ver) a la parrilla o en sartén.

SCOTTÌGLIA *Termine usato per indicare un umido (v.) di carni miste, tipico della Toscana (v.). Detto anche cacciucco (v.) di carne.*

▸ **SCOTTÌGLIA** A stew (s. umido) made with a mixed variety of meats, typical of Tuscany (s. Toscana). Also called cacciucco (s.) di carne.

▸ **SCOTTÌGLIA** Terme utilisé pour indiquer des viandes mixtes à la sauce (v. umido), typique de la Toscane (v. Toscana). Est aussi appelé cacciucco (v.) de viande.

▸ **SCOTTÌGLIA** Ausdruck für gemischtes Fleisch in Flüssigkeit (s. umido), typisch für die Toskana (s. Toscana). auch "Fleischcaciucco" genannt (s. cacciucco).

▸ **SCOTTÌGLIA** Término usado para indicar un guisado (ver umido) de carnes mixtas, típico de Toscana (ver). Llamado también caldereta (ver cacciucco) de carne.

SEBADAS o SEADAS o SEVADAS *Grossi ravioli (v.) rotondi che vengono fritti nell'olio e serviti caldi, cosparsi con miele (v.) amaro. Tipici della Sardegna (v.).*

▸ **SEBADAS o SEADAS o SEVADAS** Large round ravioli (s. raviolo) fried in oil and served hot, covered with bitter honey (s. miele). Typical of Sardinia (s. Sardegna).

▸ **SEBADAS o SEADAS o SEVADAS** Grands ravioli (v. raviolo) ronds qui sont frits dans l'huile et servis chauds, accompagnés avec du miel (v. miele) amer. Ils sont typique de la Sardaigne (v. Sardegna).

▸ **SEBADAS oder SEADAS oder SEVADAS** Große runde Ravioli (s. raviolo), die in Öl frittiert und mit bitterem Honig (s. miele) bestrichen serviert werden. Typisch für Sardinien (s. Sardegna).

▸ **SEBADAS o SEADAS o SEVADAS** Raviolis grandes (ver raviolo) redondos que vienen fritos en aceite y servidos calientes, con miel (ver miele) amarga esparcida. Típicos de Cerdeña (ver Sardegna).

SECCO *Termine relativo alla degustazione dei vini, in cui lo zucchero è presente in tracce indistinguibili all'assaggio.*

▸ **DRY** Term referring to the taste of wine, in which the traces of sugar present can not be tasted.

▸ **SEC** Terme relatif à la dégustation des vins, dans lesquels le sucre est présent en traces non perceptibles à la dégustation.

▸ **TROCKEN** Ausdruck für die Beurteilung von Weinen, in denen der Zuckergehalt in Spuren beim Kosten nicht wahrnehmbar ist.

▸ **SECO** Término relativo a la degustación de los vinos, en los que el azúcar es casi imperceptible en la cata.

SÈDANO *Ortaggio dal forte sapore aromatico, tenero e croccante. È il più utilizzato nel pinzimonio (v.).*

▸ **CELERY** Vegetable with a strong aromatic flavour, which is tender and crunchy. The vegetable most commonly used for pinzimonio (s.).

▸ **CELERI** Légume au fort goût aromatique, tendre et croquant. C'est le plus utilisé dans le pinzimonio (v.).

▸ **SELLERIE** Gemüse mit starkem aromatischem Aroma, weich und knackig. Der Stangensellerie wird roh im "Pinzimonio" (s.) verzehrt.

▸ **APIO** Hortaliza de fuerte sabor aromático, tierna y crujiente. Es la más usada en la vinagreta (ver pinzimonio).

SÉGALE *Cereale (v.) simile al frumento (v.).*

▸ **RYE** Cereal (s. cereale) similar to wheat (s. frumento).

▸ **SEIGLE** Céréale (v.) semblable au froment (v. frumento).

▸ **ROGGEN** Dem Weizen (s. frumento) ähnliches Getreide (s. cereale).

▶ **CENTENO** Cereal (ver cereale) parecido al trigo (ver frumento).

SEIRÀSS *Nome valdostano e piemontese (v. Piemonte e Valle d'Aosta) della ricotta (v.).*

▶ **RICOTTA** The name for ricotta cheese (s.) in Val d'Aosta and Piedmont (s. Piemonte and Valle d'Aosta).

▶ **SEIRASS** Nom donné dans la Vallée d'Aoste et au Piémont (v. Piemonte et Valle d'Aosta) de la ricotta (v.).

▶ **SEIRASS** Bezeichnung für den Ricottakäse (s. ricotta) aus dem Aostatal und dem Piemont (s. Piemonte und Valle d'Aosta).

▶ **SEIRÀSS** Nombre valdostano y piamontés (ver Piemonte y Valle d'Aosta) del requesón (ver ricotta).

SELLA *È un particolare taglio di carne ovina o di vitello, che comprende entrambe le lombate (v.) collegate dalla spina dorsale.*

▶ **SADDLE** A particular cut of ovine or veal, which includes both loins (s. lombata) connected by the spine.

▶ **SELLE** Est un particulier morceau de viande de veau ou d'ovin, qui comprend les deux longes (v. lombata) unies à la colonne vertébrale.

▶ **SATTEL** Besonderer Fleischschnitt, der beide Lendenteile (s. lombata) mit der dazugehörigen Wirbelsäule umfasst.

▶ **FILETE DE AGUJAS** Es un particular corte de carne ovina o de ternera, que comprende los dos lomos (ver lombata) unidos por la espina dorsal.

SELVAGGINA *Termine generico che indica l'insieme d'animali da pelo o da penna appartenenti alle razze selvatiche.*

▶ **GAME** Term indicating wild animals and birds.

▶ **GIBIER** Terme commun qui désigne l'ensemble des animaux à poil ou à plume qui appartiennent aux espèces sauvages.

▶ **WILD** Allgemeine Bezeichnung

für Federvieh oder Pelztiere, die zu wilden Rassen gehören.

▶ **CAZA** Término genérico que indica el conjunto de animales con pelo o pluma pertenecientes a las razas salvajes.

SELZ o SELTZ *Acqua resa frizzante artificialmente con l'aggiunta d'anidride carbonica.*

▶ **SODA-WATER** Fizzy water produced by the addition carbonic anhydride.

▶ **SELTZ** Eau rendue pétillante artificiellement par l'ajout de dioxyde de carbone.

▶ **SELZ oder SELTZ** Wasser, das künstlich durch Zusatz von Kohlensäure sprudelig gemacht wurde.

▶ **SELZ o SELTZ** Agua convertida en agua con gas artificialmente añadiendo anhídrido carbónico.

SEMIFREDDO *Specialità gelata formata da una crema cui si aggiungono vari aromi, da una meringa e panna montata.*

▶ **SEMIFREDDO** Frozen speciality, consisting of a cream sauce to which various aromatic ingredients are added, a meringue and whipped cream.

▶ **CREME GLACEE** Spécialité glacée formée d'une crème d'arômes variés, d'une meringue et de chantilly.

▶ **HALBGEFRORENES** Gefrorene Spezialität aus einer Creme, der verschiedene Aromen zugesetzt wurden und aus einer Meringe mit Schlagsahne.

▶ **POSTRE HELADO** Especialidad helada formada por una crema a la que se añaden varios aromas, por merengue y nata montada.

SÈMOLA *Prodotto principale della macinazione del grano duro, utilizzato per la produzione di paste alimentari.*

▶ **BRAN** Principally produced from ground durum wheat, used in the production of foodstuffs.

▶ **SEMOULE** Produit principal du broyage du blé, utilisée pour la production de pâtes alimentaires.

▶ **AUSZUGSMEHL** Hauptprodukt des Mahlens von Hartweizen, gebraucht zur Herstellung von Nudeln.

▶ **SEMOLA** Producto principal de la moledura del trigo, utilizado para la producción de pasta alimenticia.

SEMOLINO È *la semola rimacinata e ridotta a grana molto fine.*

▶ **SEMOLINA** Very finely ground bran.

▶ **SEMOULE FINE** C'est la semoule remoulue et réduite en grains très fins.

▶ **GRIESS** Noch einmal gemahlenes Auszugsmehl und in sehr kleine feine Körnchen reduziert.

▶ **SEMOLINO** Es la sémola remolida y reducida a granos muy finos.

SÈNAPE *Condimento cremoso o in polvere dal gusto piccante.*

▶ **MUSTARD** A hot, spicy creamy condiment or powder.

▶ **MOUTARDE** Assaisonnement crémeux ou en poudre au goût piquant.

▶ **SENF** Cremige Würze oder in Pulverform mit sehr pikantem Geschmack.

▶ **MOSTAZA** Condimento cremoso o en polvo de gusto picante.

SÈPPIA *Mollusco dalla carne tenera e delicata, ideale da cucinare ripiena.*

▶ **CUTTLE-FISH** Mollusc with tender, delicate meat, ideal to cook stuffed.

▶ **SEICHE** Mollusque à la chair tendre et délicate, idéal à cuisiner farci.

▶ **TINTENFISCH** Weichtier mit zartem und delikatem Fleisch, ideal zum Füllen.

▶ **SEPIA** Molusco de carne tierna y delicada, ideal para cocinar rellena.

SERVÍZIO *Funzioni svolte dal personale di un ristorante o albergo nei confronti del cliente. Si chiama anche l'insieme degli oggetti che servono a consumare le pietanze.*

▶ **SERVICE** Functions carried out by the staff in a restaurant or hotel for the customer. It is also the name given to the group of objects required in order to eat the meal.

▶ **SERVICE** Fonctions exercées du personnel d'un restaurant ou d'un hôtel envers d'un client. En italien, ce terme définit aussi le couvert.

▶ **SERVICE** Im Sinne von Bedienung alle Funktionen, die vom Personal in einem Restaurant oder in einem Hotel dem Kunden gegenüber verrichtet werden. Auch alle Objekte zusammen, die zum Verzehren einer Speise benötigt werden.

▶ **SERVICIO** Funciones llevadas a cabo por el personal de un restaurante u hotel en relación con el cliente. Se llama también el conjunto de los objetos que sirven para consumir los platos.

SEUPA VALPELLINENTZE *Piatto della Valle d'Aosta (v.) a base di formaggio fuso.*

▶ **SEUPA VALPELLINENTZE** Dish from the Valle d'Aosta (s.) made with melted cheese.

▶ **SEUPA VALPELLINENTZE** Plat de la Vallée d'Aoste (v. Valle d'Aosta) à base de fromage fondu.

▶ **SEUPA VALPELLINENTZE** Gericht aus dem Aostatal (s. Valle d'Aosta) aus geschmolzenem Käse.

▶ **SEUPA VALPELLINENTZE** Plato del Valle de Aosta (ver Valle d'Aosta) a base de queso fundido.

SFILACCIO *Tipo di carne servita a fette filiformi. Ad esempio gli sfilacci di cavallo.*

▶ **SHREDDED MEAT** Type of meat served as strings. For example shredded horse meat.

▶ **SFILACCIO** Type de viande servie en tranches filiformes. Par exemple les sfilacci de cheval.

▶ **SFILACCIO** Fleischart, die in faserförmigen Scheiben serviert wird. z.B. Pferdefleisch.

▶ **SFILACCIO (DESHILADO)** Tipo de carne servida en tajadas filiformes. Por ejemplo la de caballo.

SFILATINO *Nome di un pane (v.) non condito, di forma lunga e stretta e consistenza croccante.*

▶ **SFILATINO** Name of a bread (s. pane) without seasoning, which is long, narrow and crunchy.

▶ **SFILATINO** Nom d'un pain (v. pane) non assaisonné, à la forme longue et étroite et à la consistance croquante.

▶ **SFILATINO** Name eines ungewürzten Brots (s. pane), von länglicher und dünner Form und sehr knuspriger Konsistenz.

▶ **PISTOLA** Nombre de un pan (ver pane) no condimentado, de forma larga y estrecha y de consistencia crujiente.

SFILETTARE *Separare, tenendole intere, le parti carnose del pesce dalla lisca centrale e da quelle laterali.*

▶ **FILLET** To separate the fish flesh from the spine and bones while keeping them whole.

▶ **EFFILER** Séparer, en les maintenant entières, les parties charnues du poisson de l'arête centrale et de celles latérales.

▶ **FILETIEREN** Die fleischigen Teile des Fischs von der Zentralgräte und den anderen Gräten trennen ohne es zerfallen zu lassen.

▶ **FILETEAR** Separar, teniéndolas enteras, las partes carnosas del pescado de la espina central y de las laterales.

SFÓGLIA o SFOGLIÀTA *Tipo di pasta (v.) usata sia in cucina sia in pasticceria, ed è anche un nome di un dolce a base di pasta di sfoglia (v.).*

▶ **PUFF-PASTRY** Type of pastry (s. pasta) which is used in both savoury and sweet recipes. Sfogliata is also the name of a cake made with puff-pastry (s. pasta sfoglia).

▶ **FEUILLETE** Type de pâte (v. pasta) utilisée soit en cuisine soit en pâtisserie; c'est aussi un nom de gâteau à base de pâte feuilletée (v. pasta sfoglia).

▶ **BLÄTTERTEIG** Teigart (s. pasta), die in der Feinbäckerei und der Küche verwendet wird, auch Name ei-

ner Süßspeise aus Blätterteig (s. pasta sfoglia).

▶ **HOJALDRE** Tipo de masa (ver pasta) usada en cocina y en repostería, y también el nombre de un dulce a base de dicha masa (ver pasta sfoglia).

SFOGLIATELLA *Pasta dolce farcita con crema pasticciera o alla frutta.*

▶ **SFOGLIATELLA** Sweet pastry filled with a pastry cream or fruit.

▶ **SFOGLIATELLA** Pâte sucrée farcie avec de la crème ou aux fruits.

▶ **SFOGLIATELLA** Süße Teigware mit Creme "pasticciera" oder Früchten gefüllt.

▶ **EMPANADILLA DE HOJALDRE** Masa dulce rellena con crema pastelera o con fruta.

SFORMATO *È un impasto di verdure e uova sbattute.*

▶ **SFORMATO** A cooked mixture of vegetables and eggs.

▶ **SFORMATO** C'est un mélange de légumes et d'œufs battus.

▶ **AUFLAUF** Mischung aus Eiern und Gemüse.

▶ **FLAN** Es un amasijo de verduras y huevos batidos.

SFUSO *Indica un prodotto che non viene commercializzato in confezioni sigillate.*

▶ **LOOSE/UNPACKED** A product which is not sold in sealed packaging.

▶ **AU DETAIL** Désigne un produit qui n'est pas commercialisé en boîtes fermées hermétiquement.

▶ **LOSE** Bezeichnet ein Produkt, das unverpackt im Handel verkauft wird.

▶ **A GRANEL** Indica un producto que no viene comercializado en confecciones cerradas herméticamente.

SGOMBRO *Pesce destinato alla conservazione in scatola per la sua carne poco pregiata.*

▶ **MACKEREL** Fish which is often tinned for its not very appreciated meat.

▶ **MAQUEREAU** Poisson destiné à

la conservation en boite a cause de
sa chair peu appréciée.

▸ **HERING** Fisch zur Konservierung
in Dosen bestimmt wegen seines
wenig geschätzten Fleischs.

▸ **CABALLA** Pescado destinado a la
conservación en lata por su carne
poco apreciada.

SGONFIÒTTO *Termine generico di
un involucro di pasta gonfiato in cottura,
di solito fritto, ripieno o no.*

▸ **SGONFIÒTTO** A generic term indicating a pastry case which has
swollen during cooking, usually
fried, with or without a filling.

▸ **SGONFIÒTTO** Terme commun
d'une enveloppe de pâte gonflée
au cours de la cuisson, généralement frite, remplie ou non.

▸ **SGONFIÒTTO** allgemeine Bezeichnung für den "aufgeblasenen"
Teig während des Garens, meistens
von Frittiertem mit oder ohne Füllung.

▸ **BUÑUELO** Término genérico de
un envoltorio de masa inflado al
cocinarlo, normalmente frito, relleno o no.

SGRASSARE *Eliminare o ridurre il
grasso da brodi, sughi, salse, carni o pesci.*

▸ **TO REMOVE FAT** Eliminate or reduce the fat from stock, sauce,
gravy, meat or fish.

▸ **DEGRAISSER** Eliminer ou réduire le gras des bouillons, des sauces, des viandes ou des poissons.

▸ **ENTFETTEN** Fett reduzieren oder
eliminieren von Brühen, Soßen,
Tunken , Fleisch oder Fisch.

▸ **DESGRASAR** Eliminar o reducir
la grasa de caldos, jugos, salsas,
carnes o pescados.

SGUSCIÀRE *Togliere un guscio.*

▸ **SHELL** To remove the shell.

▸ **EPLUCHER** Enlever la coquille.

▸ **ENTSCHÄLEN** die Schale/Hülle
entfernen.

▸ **PELAR** Quitar la cáscara.

SICILIA *Isola e regione geografica situata nel sud d'Italia, tra il Mar Tirreno e
il Mediterraneo (v. pag. 354).*

▸ **SICILY** Island and geographical
region situated in the south of
Italy, in-between the Tyrrhenian
Sea and the Mediterranean (s. pag.
354).

▸ **SICILE** Ile et région géographique située au sud de l'Italie, entre la mer Tyrrhénienne et la Médi-
terranée (v. pag. 354).

▸ **SIZILIEN** Insel und geografische
Region im Süden Italiens zwischen
dem Tirrenischen Meer und dem
Mittelmeer (s. S. 354).

▸ **SICILIA** Isla y región geográfica
situada en el Sur de Italia, entre el
Mar Tirreno y el Mediterráneo (ver
pag. 354).

SIÈRO È *il liquido residuo della cagliata (v.) che rimane durante la produzione
di un formaggio.*

▸ **WHEY** Liquid residue of curd (s.
cagliata) which remains during the
production of cheese.

▸ **SERUM** C'est le liquide qui reste
de la caillée (v. cagliata) au cours
de la production d'un fromage.

▸ **MOLKE** Restprodukt des Labs (s.
cagliata), das bei der Herstellung
eines Käses übrig bleibt.

▸ **SUERO** Es el líquido residuo de la
cuajada (ver cagliata) que queda durante la producción de un queso.

SIFONE *Recipiente a forma di bottiglia, ermeticamente chiuso, atto a contenere liquidi gassosi.*

▸ **SIPHON** Bottle shaped receptacle which is hermetically sealed,
used for storing aerated liquids.

▸ **SIPHON** Récipient à la forme
d'une bouteille, fermé hermétiquement, adapte à contenir des liquides gazeux.

▸ **SYFON** Flaschenförmiger Behälter, der hermetisch geschlossen,
gashaltige Flüssigkeiten beinhaltet.

▸ **SIFON** Recipiente con forma de
botella, herméticamente cerrado,
adecuado para contener líquidos
gaseosos.

SILURO *Pesce d'acqua dolce da consumare salato, seccato o affumicato.*

▷ **CATFISH** Fresh water fish eaten salted, dried or smoked.
▷ **SILURE** Poisson d'eau douce à manger salé, séché ou fumé.
▷ **WELS** Süβwasserfisch, der gesalzen, getrocknet oder geräuchert verzehrt wird.
▷ **SILURO** Pescado de agua dulce que se consume salado, seco o ahumado.

SLOW FOOD *Indica una filosofia contraria al fast food ed anche un'associazione internazionale di consumatori nata in Italia.*
▷ **SLOW FOOD** Indicates a philosophy which is against fast food. It is also an international association of consumers, founded in Italy.
▷ **SLOW FOOD** Le terme indique une philosofie contraire au fast food et aussi une association internationale des consumateurs née en Italie.
▷ **SLOW FOOD** Bezeichnet eine Philosophie im Gegensatz zum Fastfood und ist auch eine internationale Verbrauchervereinigung, in Italien entstanden.
▷ **SLOW FOOD** Indica una filosofía contraria al fast food y también una asociación internacional de consumidores nacida en Italia.

SODA *Acqua contenente anidride carbonica.*
▷ **SODA-WATER** Water containing carbonic anhydride.
▷ **SODA** Eau contenant du dioxyde de carbone.
▷ **SODA** Wasser mit Kohlensäure.
▷ **SODA** Agua que contiene anhídrido carbónico.

SOFFRÍGGERE *Termine che indica la cottura in un grasso a temperatura appena inferiore a quella di frittura.*
▷ **TO BROWN** To cook food in fat at a temperature just below that for frying.
▷ **RISSOLER** Terme qui indique la cuisson dans un gras à température juste inférieure à celle de friture.
▷ **SOFFRIGGERE** Ausdruck der das Garen in Fett bezeichnet zu etwas

niedrigeren Temperaturen als das Frittieren.
▷ **SOFREIR** Término que indica la cocción de una grasa a temperatura un poco inferior a la de la fritura.

SOFFRITTO *È un insieme di verdure aromatiche (cipolla e aglio soprattutto) cotte in un grasso a bassa temperatura.*
▷ **SOFFRITTO** The aromatic vegetables (generally onions and garlic) which have been cooked in fat at a low temperature.
▷ **RISSOLE** C'est un ensemble des légumes aromatiques (oignon et ail surtout) cuits dans un gras à température basse.
▷ **SOFFRITTO** Verschiedene Kräutergemüse (vor allem Zwiebel und Knoblauch), die in Fett zu niedrigen Temperaturen gegart werden.
▷ **SOFRITO** Es un conjunto de verduras aromáticas (cebolla y ajo sobre todo) cocinadas en una grasa a baja temperatura.

SÒGLIOLA *Pesce marino di forma appiattita, la cui carne delicata è molto apprezzata.*
▷ **SOLE** A flat salt water fish with much appreciated delicate meat.
▷ **SOLE** Poisson de mer à la forme aplatie, dont la chair délicate est très appréciée.
▷ **SCHOLLE** flachförmiger Meeresfisch mit sehr geschätztem delikatem Fleisch.
▷ **LENGUADO** Pescado marino con forma plana, cuya carne delicada es muy apreciada.

SÒIA *Legume utilizzato per condimento o per produrre olio.*
▷ **SÒIA** Vegetable used as a condiment or in the production of oil.
▷ **SOJA** Légume utilisé pour assaisonner ou pour produire de l'huile.
▷ **SOJA** Hülsenfrucht zur Ölherstellung oder zur Würze benutzt.
▷ **SOJA** Legumbre utilizada para condimentar o para producir aceite.

SOMMELIER *Esperto addetto alla scelta e all'assaggio dei vini in ristoranti ed alberghi.*

▶ **SOMMELIER** An expert who chooses and tastes wine, in restaurants and hotels.

▶ **SOMMELIER** Expert préposé au choix et à la dégustation des vins dans les restaurants et les hôtels.

▶ **SOMMELIER** Experte zur Wahl und Probe von Wein in Restaurants oder Hotels.

▶ **SUMILLER** Experto encargado de la elección y cata de los vinos en restaurantes y hoteles.

SONCINO o SONGINO *Nomi dati nell'Italia settentrionale alla valerianella (v.).*

▶ **VALERIAN** Names given to valerian (s. valerianella) in Northern Italy.

▶ **SONCINO** Noms donnés dans l'Italie du nord à la valérianelle (v. valerianella).

▶ **SONCINO oder SONGINO** Feldsalat. In Norditalien Bezeichnung für die "Valerianella" (s.).

▶ **SONCINO o SONGINO** Nombres dados en Italia septentrional a la milamores (ver valerianella).

SOPERZATA *Salume di maiale tipico della Basilicata (v.), aromatizzato, affumicato e conservato in olio extravergine di oliva.*

▶ **SOPERZATA** Pork product typical of Basilicata (s.), seasoned, smoked and preserved in extra virgin olive oil.

▶ **SOPERZATA** Charcuterie de porc typique de la Basilicate (v. Basilicata), aromatisée, fumée et conservée sous huile d'olive extra-vierge.

▶ **SOPERZATA** Schweinewurst aus der Basilikata (s. Basilicata), gewürzt, geräuchert und in nativem Olivenöl konserviert.

▶ **SOPERZATA** Embutido de cerdo típico de Basilicata (ver), aromatizado, ahumado y conservado en aceite extravirgen de oliva.

SOPPRESSA o SOPRESSA *Salume (v.) tipico del Veneto (v.) composto dal 65% di parti magre e per il 35% di parti grasse del maiale.*

▶ **SOPPRESSA o SOPRESSA** Pork product (s. salume) typical of Veneto (s.) composed of 65% lean and 35% fat.

▶ **SOPPRESSA o SOPRESSA** Saucisse (v. salume) typique de la Vénétie (v. Veneto) composée pour 65% de parties maigres et pour 35 % des parties grasses du porc.

▶ **SOPPRESSA oder SOPRESSA** Wurst (s. salume) aus dem Venetianischen (s. Veneto) aus 65% mageren und 35% fetten Teilen des Schweins.

▶ **SOBRASADA** Embutido (ver salume) típico del Véneto (ver) compuesto al 65% de partes magras y al 35% de partes grasas del cerdo.

SOPPRESSATA *Salume (v.) cotto, fatto pressando insieme parti di testa, cotenne (v.) e ritagli di maiale.*

▶ **SOPPRESSATA** Cooked, pressed pork product (s. salume), made from parts of the head, rind (s. cotenne) and off-cuts.

▶ **SOPPRESSATA** Saucisse (v. salume) cuite, obtenue en pressant ensemble des parties de tete, couenne (v. cotenne) et déchets de porc.

▶ **SOPPRESSATA** Gekochte Wurst (s. salume), hergestellt durch Pressen von Kopfteilen, Schwarte (s. cotenna) und Schweineresten.

▶ **SOBRASADA** Embutido (ver salume) cocido, hecho comprimiendo partes de la cabeza, cortezas (ver cotenna) y recortes de cerdo.

SORBETTO *Tipica preparazione semidensa e appena congelata, costituita da uno sciroppo (v.) mescolato con frutta, vino o liquori.*

▶ **SORBET** Semi-solid, slightly frozen syrup (s. sciroppo), made with fruit, wine or liqueur.

▶ **SORBET** Préparation typique juste congelée, constituée d'un sirop (v. sciroppo) mélangé à des fruits, à du vin ou à des liqueurs.

▶ **SORBET** Typische Zubereitung aus einem Syrup (s. sciroppo) mit Früchten, Wein oder Liqueuren, halbfest und gerade gefroren.

▶ **SORBETE** Típica preparación semidensa y un poco congelada, constituida por un jarabe (ver sciroppo) mezclado con fruta, vino o licores.

SORBO *Pianta dai frutti simili a piccole pere.*

▸ **SERVICE-TREE** Plant which produces fruit similar to small pears.

▸ **SORBIER** Plante aux fruits semblables à de petites poires.

▸ **SORBO** Pflanze mit kleinen birnenförmigen Früchten.

▸ **SERBAL** Planta con frutos parecidos a pequeñas peras.

SORRA *Termine siciliano (v. Sicilia) che indica la ventresca (v.), la parte più pregiata del tonno e del pesce spada.*

▸ **TUNNY** The most highly regarded part of the tuna and the sword fish, the belly. Sorra is the Sicilian (s. Sicilia) term for tunny (s. ventresca).

▸ **SORRA** Terme sicilien (v. Sicilia) qui définit le maigre (v. ventresca), qui est la partie la plus appréciée du thon et de l'espadon.

▸ **SORRA** sizilianischer (s. Sicilia) Ausdruck für den wertvollsten Teil des Schwertfischs oder Thunfischs, die "Ventresca" (s.), das Bauchfleisch.

▸ **SORRA** Término siciliano (ver Sicilia) que indica la ventresca (ver), la parte más apreciada del atún y del pez espada.

SOTT'OLIO *Metodo di conservazione degli alimenti con olio d'oliva o di semi.*

▸ **IN OIL** Method of preserving food with olive or seed oil.

▸ **A L'HUILE** Moyen de conservation des aliments avec de l'huile d'olive ou végétale.

▸ **SOTT'OLIO** Unter Öl. Konservierungsmethode von Lebensmitteln unter Olivenöl oder Speiseöl.

▸ **EN ACEITE** Método de conservación de los alimentos con aceite de oliva o de semillas.

SOTTACETO *Termine che indica alimenti conservati nell'aceto e aromi.*

▸ **PICKLES** Food preserved in vinegar with seasoning.

▸ **AU VINAIGRE** Terme qui désigne des aliments conservés dans le vinaigre et arômes.

▸ **SOTTACETO** Lebensmittel, gewürzt und in Essig eingelegt.

▸ **EN VINAGRE** Término que indica alimentos conservados en vinagre y especias.

SOTTO SPIRITO *Modo di conservare alcuni frutti immersi in alcol etilico o liquore.*

▸ **IN ALCOHOL** Method of conserving certain fruit immersed in ethyl alcohol or liqueur.

▸ **A L'ALCOOL** Moyen de conserver certains fruits plongés dans l'alcool éthylique ou liqueur.

▸ **SOTTO SPIRITO** Konservierungsmethode von Früchten in Alkohol oder Liqueur.

▸ **EN ESPIRITU** Modo de conservar algunos frutos sumergidos en alcohol etílico o licor.

SOTTOBOSCO, FRUTTI DI *Termine usato per indicare una preparazione a base di fragole, lamponi e mirtilli.*

▸ **FORREST FRUITS** Term indicting a mixture of strawberries, raspberries and bilberrys.

▸ **BOIS, FRUITS DES** Terme qui est utilisé pour indiquer une préparation à base de fraises, framboises et myrtilles.

▸ **WALDFRÜCHTE** Zubereitung aus Himbeeren, Walderdbeeren und Heidelbeeren.

▸ **SOTOBOSQUE, FRUTOS DE** Término usado para indicar una preparación a base de fresas, frambuesas y arándanos.

SOTTOFESA *Taglio di carne bovina corrispondente alla parte esterna della coscia, molto muscolosa.*

▸ **RUMP** Cut of beef corresponding to the external part of the thigh, very muscular.

▸ **ARRIERE-CUISSE** Morceau de viande bovine qui correspond à la partie extérieure de la cuisse, très musclée.

▸ **UNTERFESA** Fleischschnitt des Rinds aus dem äußeren Teil des Schenkels, sehr muskulös.

SOTTOFESA (FALDA INFERIROR) Corte de carne bovina correspondiente a la parte externa de la pierna, muy musculosa.

SOTTOFILETTO *Fettine di carne di vitello da cuocere in padella.*
▸ **MEDALLIONS** Thin slices of veal to be fried.
▸ **SOUSFILET** Tranches de viande de veau à cuire à la poêle.
▸ **UNTERFILET** Kalbsfleischscheiben für die Pfanne.
▸ **FILETE INFERIOR** Tajadas pequeñas de carne de ternera para cocinar en sartén.

SOTTOLOMBO *Taglio di carne di vitello.*
▸ **LOIN** A cut of veal.
▸ **SOUS-LONGE** Morceau de viande de veau.
▸ **SOTTOLOMBO** Fleischschnitt des Kalbs.
▸ **LOMO INFERIOR** Corte de carne de ternera.

SOTTOSPALLA *Taglio di carne bovina composta alla base dalle costole del bovino.*
▸ **BEST END OF NECK** Cut of beef from the base of the ribs.
▸ **SOUS-EPAULE** Morceau de viande bovine composée à la base des côtes du bovin.
▸ **UNTERSCHULTER** Fleischschnitt des Rinds aus der Basis der Rippen.
▸ **PALETILLA INFERIOR** Corte de carne bovina referida a la base de las costillas del bovino.

SOTTOVUÓTO *Tipo di confezionamento che permette l'eliminazione dell'aria all'interno del contenitore.*
▸ **VACUUM-PACKED** Type of packaging from which the air can be removed.
▸ **SOUS-VIDE** Type d'emballage qui permet l'élimination de l'air à l'intérieur du récipient.
▸ **SOTTOVUOTO** Art der Verpackung, die die Luft im Innern des Behälters ausschliesst.
▸ **AL VACIO** Tipo de confecciona-

miento que permite la eliminación del aire dentro del contenedor.

SOUFFLÉ *Preparazione salata o dolce che si gonfia durante la cottura.*
▸ **SOUFFLÉ** A sweet or savoury dish which expands during cooking.
▸ **SOUFFLE** Préparation salée ou sucrée qui se gonfle pendant la cuisson.
▸ **SOUFFLÉ** Herzhafte oder süße Zubereitung, die während der Garung aufgeht.
▸ **SOUFLE** Preparación salada o dulce que se infla durante la cocción.

SPAGHETTI *Pasta (v.) di forma allungata a sezione tonda, fatta di semola (v.) di grano duro.*
▸ **SPAGHETTI** Long round strings of durum wheat (s. semola) pasta (s.).
▸ **SPAGHETTI** Pâtes (v. pasta) à la forme allongée, à section ronde, faite de semoule (v. semola) de blé dur.
▸ **SPAGHETTI** Teigware (s. pasta) mit länglicher Form und rundem Durchschnitt aus Hartweizenauszugsmehl (s. semola).
▸ **ESPAGUETI** Pasta (ver) de forma alargada con sección redonda, hecha de sémola (ver semola) de trigo.

SPAGNOLETTE *Nome settentrionale abbinato alle arachidi (v.) tostate col guscio.*
▸ **PEANUTS** Name from Northern Italy, given to peanuts (s. arachide) which have been toasted in their shells.
▸ **SPAGNOLETTE** Nom du nord donné aux arachides (v. arachide) grillées avec la coquille.
▸ **SPAGNOLETTE** Ausdruck aus dem Norden für mit der Schale getoastete Erdnüsse (s. arachide).
▸ **ESPAÑOLETE** Nombre septentrional para los cacahuetes (ver arachide) tostados con cáscara.

SPALLA¹ *Taglio di carne ideale per umidi, lessi o brasati.*

▶ **PRIME COLLAR** Cut of meat, ideal for stews, boiled or braised.

▶ **EPAULE** Morceau de viande idéal pour des plats en sauce, bouillis ou braisés.

▶ **SCHULTER** idealer Fleischschnitt zum Braten, Kochen oder Schmoren.

▶ **PALETILLA** Corte de carne ideal para guisados, hervidos, o estofados.

SPALLA² *Prosciutto (v.) fatto con l'omonimo taglio di carne di maiale.*

▶ **SHOULDER** Ham (s. prosciutto) made with the shoulder of pork.

▶ **EPAULE** Jambon (v. prosciutto) fait avec le morceau de viande de porc du même nom.

▶ **SPALLA** Schinken (s. prosciutto) aus dem gleichnamigen Fleischschnitt des Schweins.

▶ **PALETILLA** Jamón (ver prosciutto) hecho con el corte de carne de cerdo del mismo nombre.

SPALLOTTO *Taglio di carne di vitello.*

▶ **CHUCK** A cut of veal.

▶ **SPALLOTTO** Morceau de viande de veau.

▶ **SPALLOTTO** Kalbsfleischschnitt.

▶ **SPALLOTTO** Corte de carne de ternera.

SPÄTZLI *Gnocchetti lessati e ripassati nel burro. Ottimi nell'accompagnare la cacciagione. Tipici dell'Alto Adige (v.).*

▶ **SPÄTZLI** Small boiled gnocchi, sautéed in butter. An excellent accompaniment to game. Typical of Alto Adige (s.).

▶ **SPATZLI** Petits gnocchi bouillis et repassés dans le beurre. Excellents pour accompagner le gibier. Ils sont typique de l'Haut Adige (v. Alto Adige).

▶ **SPÄTZLI** kleine "Gnocchi" in Wasser gekocht und anschliessend in Butter erhitzt. Hervorragend zu Wild. Typisch für Südtirol (s. Alto Adige).

▶ **SPÄTZLI** Ñoquis pequeños hervidos y pasados por mantequilla. Optimos para acompañar carne de caza. Típicos de Alto Adige (ver).

SPELLARE *Togliere una buccia sottile.*

▶ **PEEL** Remove a thin skin.

▶ **PELER** Oter une peau mince.

▶ **PELLEN** Eine dünne Haut entfernen.

▶ **DESPELLEJAR** Quitar una piel sutil.

SPÈZIE *Sostanze vegetali aromatiche, ricche d'essenze oleose profumate o di principi piccanti, utilizzate per i vari condimenti.*

▶ **SPICES** Aromatic vegetable substances, rich in oily fragranced essences or in hot essences, used as a seasoning.

▶ **EPICES** Substances végétales aromatiques, riches en essences huileuses parfumées ou en composants piquants, utilisées pour différents assaisonnements.

▶ **WÜRZE** Aromatische, pflanzliche Substanzen, reichhaltig an duftenden, öligen Essenzen oder mit pikanten Eigenschaften, gebraucht für unterschiedliches Anrichten.

▶ **ESPECIAS** Sustancias vetegales aromáticas, ricas de esencias oleosas perfumadas o de principios picantes, utilizadas para varios condimentos.

SPEZZATINO *Si dice di piccoli pezzi di carne destinati ad una cottura lunga in presenza di sughi (v.).*

▶ **STEW** Small pieces of meat cooked slowly in a sauce (s. sugo).

▶ **SPEZZATINO** Désigne des petits morceaux de viande destinés à une longue cuisson dans du jus (v. sugo).

▶ **RAGOUT** Kleine Fleischstücke, die lange Zeit in Soße (s. sugo) geköchelt werden.

▶ **CARNE EN TROZOS** Se dice de los trozos pequeños de carne destinados a una cocción larga con jugo (ver sugo).

SPIEDINO *Piccolo spiedo dall'asta appuntita su cui s'infilzano gli alimenti da cuocere alla griglia (v.): carne, verdura o pesce.*

▶ **SKEWER** Small pointed skewer on to which food such as meat, vegetables or fish is threaded for grilling (s. griglia).

▶ **BROCHETTE** Petit broche pointue sur laquelle on embroche les aliments à cuire à la grille (v. griglia): viande, légumes ou poisson.

▶ **SPIESSSCHEN** Kleiner Spieß mit Spitze, auf den Lebensmittel zum Grillen (s. griglia) gespießt werden: Fleisch, Gemüse oder Fisch.

▶ **PINCHO** Pequeño espetón de asta puntiaguda en el que se ensartan los alimentos para cocinar a la parrilla (ver griglia): carne, verdura o pescado.

SPÍGOLA *Pesce marino detto anche branzino (v.).*

▶ **BASS** Salt water fish (s. branzino).

▶ **BAR** Poisson de mer dit aussi loup de mer (v. branzino).

▶ **WOLFSBARSCH** Meeresfisch, der auch "Branzino" (s.) genannt wird.

▶ **LUBINA** Pescado marino (ver branzino).

SPINÀCIO *Ortaggio dal colore verde scuro intenso ricco di ferro. Si consuma preferibilmente cotto.*

▶ **SPINACH** Dark green vegetable rich in iron. Preferably eaten cooked.

▶ **EPINARDS** Légumes de couleur vert foncé intense, riche en fer. On les mange de préférence cuits.

▶ **SPINAT** Dunkelgrünes Gemüse und sehr eisenhaltig. Wird meistens gekocht verzehrt.

▶ **ESPINACA** Hortaliza de color verde oscuro intenso rica en hierro. Se consume preferiblemente cocida.

SPÍRITO *Sostanza alcolica prodotta dalla fermentazione di vari liquidi.*

▶ **SPIRIT** Alcoholic substance produced by the fermentation of various liquids.

▶ **ALCOOL** Substance alcoolique produite de la fermentation des différents liquides.

▶ **SPIRITUS** alkoholische Substanz aus der Fermentation verschiedener Flüssigkeiten.

▶ **ALCOHOL ETILICO** Sustancia alcohólica producida mediante la fermentación de varios líquidos.

SPIUMARE *L'operazione che consiste nel togliere penne e piume ai volatili.*

▶ **PLUCK** To remove quills and feathers from birds.

▶ **PLUMER** Opération qui consiste à enlever les plumes des volatiles.

▶ **ENTFEDERN** Federn und Daunen von dem Geflügel entfernen.

▶ **DESPLUMAR** Operación que consiste en quitar las plumas a las aves.

SPONGARDA *Tipico dolce della Lombardia (v.), simile alla spongata (v.).*

▶ **SPONGARDA** Cake typical of Lombardy (s. Lombardia), similar to spongata (s.).

▶ **SPONGARDA** Gâteau typique de la Lombardie (v. Lombardia), semblable à la spongata (v.).

▶ **SPONGARDA** Typische Süßware aus der Lombardei (s. Lombardia), der "Spongata" sehr ähnlich (s. spongata).

▶ **SPONGARDA** Típico dulce de Lombardía (ver), parecido a la spongata (ver).

SPONGATA *Dolce di lunga conservazione, a base di frutta secca (v.), miele e vino, tipico dell'Emilia Romagna (v.).*

▶ **SPONGATA** A cake which has a long shelf life. It is made with dried fruit (s. frutta), honey and wine, typical of Emilia Romagna (s.).

▶ **SPONGATA** Gâteau à longue conservation, à base de fruits secs (v. frutta), miel et vin, typique de l'Emilie Romagne (v. Emilia Romagna).

▶ **SPONGATA** lang haltbare Süßware aus Trockenfrüchten (s. frutta), Honig und Wein, typisch für Emilia Romagna (s.).

▶ **SPONGATA** Dulce de larga conservación, a base de fruta seca (ver frutta), miel y vino, típico de Emilia Romagna (ver).

SPREMUTA *È una bevanda costituita dal succo (v.) della frutta.*

▶ **FRESHLY SQUEEZED JUICE** Fruit juice beverage (s. succo).

▶ **JUS** C'est une boisson constituée de jus (v. succo) de fruit.

▶ **SPREMUTA** Getränk aus dem Pressen von Früchten (s. succo).

▶ **ZUMO** Es una bebida constituida por el jugo (ver succo) de la fruta.

SPUGNOLA *Fungo cavo internamente.*

▶ **MOREL MUSHROOM** Type of mushroom which is completely hollow.

▶ **MORILLE** Champignon creux à l'intérieur.

▶ **MORCHEL** Innen hohler Pilz.

▶ **COLMENILLA** Hongo hueco por dentro.

SPUMA *Nome italiano per la mousse (v.).*

▶ **MOUSSE** (s.).

▶ **SPUMA** Nom italien pour la mousse (v.).

▶ **SPUMA** italienischer Name für eine "Mousse" (s.).

▶ **SPUMA** Nombre italiano de la mousse (ver).

SPUMANTE *Prodotto ottenuto dalla prima o dalla seconda fermentazione alcolica d'uva fresca. Ha sempre una caratteristica frizzante e può essere dolce o secco.*

▶ **SPUMANTE** Product obtained from the first or second alcoholic fermentation of fresh grapes. It is always fizzy and can be sweet or dry.

▶ **MOUSSEUX** Produit obtenu de la première ou de la seconde fermentation alcoolique de raisin frais. Il a toujours une caractéristique pétillante et il peut être doux ou sec.

▶ **SCHAUMWEIN** Produkt aus erster oder zweiter alkoholischer Fermentation von Weintrauben. Ist immer perlig und kann süß oder trocken sein.

▶ **VINO ESPUMOSO (CAVA)** Producto obtenido de la primera o segunda fermentación alcohólica de la uva fresca. Tiene siempre una característica gaseosa y puede ser dulce o seco.

SPUMONE *Crema dolce al mascarpone (v.).*

▶ **SPUMONE** A sweet cream of mascarpone cheese (s. mascarpone).

▶ **SPUMONE** Crème sucrée au mascarpone (v.).

▶ **SPUMONE** Süße Creme, dem "Mascarpone" (s.) ähnlich.

▶ **SPUMONE** Crema dulce al mascarpone (ver).

SPUNTINO *Assunzione di cibo lontano dai pasti principali.*

▶ **SNACK** Food eaten in-between meals.

▶ **COLLATION** Prise d'aliments entre les repas principaux.

▶ **IMBISS** Aufnahme von Nahrung ausserhalb der Hauptessenszeiten.

▶ **TENTEMPIE** Asunción de alimentos fuera de los platos principales.

SPUNTO *Difetto del vino che avviene quando l'alcol etilico incomincia la fermentazione acetica.*

▶ **ACIDITY** Defect of a wine which arises when ethyl alcohol begins acetic fermentation.

▶ **PIQUE** Défaut du vin qui arrive quand l'alcool éthylique commence la fermentation acétique.

▶ **SPUNTO** Mostig. Defekt des Weins, der entsteht, wenn der Äthylalkohol eine essige Fermentation beginnt.

▶ **RABANILLO** Defecto del vino que tiene lugar cuando el alcohol etílico empieza la fermentación acética.

SQUACQUERONE *Formaggio molle dell'Emilia Romagna (v.), prodotto con il latte di vacca.*

▶ **SQUACQUERONE** A soft cheese from Emilia Romagna (s.) produced with cow's milk.

▶ **SQUACQUERONE** Fromage mou de la Emilie Romagne (v. Emilia Romagna), produit avec du lait de vache.

▶ **SQUACQUERONE** Weichkäse aus der Emilia Romagna (s.) aus Kuhmilch.

▶ **SQUACQUERONE** Queso fresco de Emilia Romagna (ver), producido con leche de vaca.

STAGIONATURA *Termine che indica la progressiva maturazione di prodotti conservati all'aria, come formaggi e salumi.*

▶ **SEASONING** Term which indicates continuous ageing of a product when left in contact with the air, such as cheese and salami.

▶ **AFFINAGE** Terme qui indique la maturation progressive des produits conservés à l'air, comme les fromages et les saucissons.

▶ **LAGERUNG** Ausdruck für das progressive Reifen an der Luft wie für Käse oder Wurst.

▶ **MADURACION** Término que indica la progresiva maduración de productos conservados al aire, como quesos y embutidos.

STAGNOLA *Cartina sottile di stagno.*

▶ **ALUMINIUM FOIL** Thin sheet of aluminium.

▶ **PAPIER D'ETAIN** Papier mince d'étain.

▶ **ALLUMINIUM** dünnes Blechblatt.

▶ **PAPEL DE ALUMINO** Papel fino de estaño.

STAMPO *Recipiente di materiali differenti che si usa in pasticceria e in cucina per dare una forma particolare ad un cibo.*

▶ **MOULD** Container made from various materials. It is used in confectionery and cooking to give the food a particular shape.

▶ **MOULE** Récipient des différents matériaux utilisé en pâtisserie et en cuisine pour donner une forme particulière à une nourriture.

▶ **FORM** Behälter aus unterschiedlichen Materialien in der Feinbäckerei oder in der Küche verwendet, um der Speise eine bestimmte Form zu geben.

▶ **MOLDE** Recipiente de materiales diferentes que se usa en repostería y en cocina para dar una forma particular a un alimento.

STANTÌO *Odore caratteristico d'alimenti conservati troppo a lungo, è dovuto alla degradazione dei grassi.*

▶ **STALE** Odour characteristic of food which has been kept for too long, it is due to breakdown of the fat.

▶ **RANCE** Odeur caractéristique des aliments conservés trop longtemps, du à la dégradation des gras.

▶ **RANZIG** charakteristischer Geruch von zu lange konservierten Lebensmitteln, zurückzuführen auf den Abbau der Fette.

▶ **OLOR A MOHO** Olor característico de los alimentos conservados demasiado tiempo, y es debido a la degradación de las grasas.

STAPPARE *Operazione che prevede l'apertura delle bottiglie mediante estrazione del tappo di sughero.*

▶ **UNCORK** To open a bottle by removing the cork.

▶ **DEBOUCHER** Opération qui prévoit l'ouverture des bouteilles par l'extraction du bouchon en liège.

▶ **ENTKORKEN** Öffnen der Flasche durch Entfernen des Korkens.

▶ **DESTAPAR** Operación que preve la apertura de las botelas mediante la extracción del tapón de corcho.

STEMPERARE *Diluire una sostanza pastosa o solida in una piccola quantità di liquido.*

▶ **WATER DOWN** Dilute a thick or solid substance with a small quantity of liquid.

▶ **DELAYER** Diluer une substance pâteuse ou solide dans une petite quantité de liquide.

▶ **STEMPERARE** Auflösen, verdünnen. Eine pastige oder feste Substanz in geringer Flüssigkeit lösen.

▶ **DISOLVER** Diluir una sustancia pastosa o sólida en una pequeña cantidad de líquido.

STIACCIÀTA *Focaccia sia salata sia dolce tipica della Toscana (v.).*

▶ **STIACCIÀTA** Focaccia both savoury and sweet, typical of Tuscany (s. Toscana).

▶ **STIACCIÀTA** Fougasse soit salée soit sucrée typique de la Toscane (v. Toscana).

▶ **STIACCIÀTA** Süße oder herzhafte Focaccia typisch für die Toskana (s. Toscana).

▶ **HOGAZA FINA** Focacha tanto salada como dulce típica de Toscana (ver).

STINCO *Taglio di carne di vitello e di suino.*

▶ **SHIN** Cut of meat, veal or pork.

▶ **STINCO** Morceau de viande de veau et de porc.

▶ **STINCO** Fleischschnitt von Kalb und Schwein.

▶ **BRAZUELO** Corte de carne de ternera y de cerdo.

STOCCAFISSO *Detto anche merluzzo (v.), viene conservato mediante disidratazione, ossia seccato all'aria.*

▶ **STOCKFISH** Dehydrated, air dried cod (s. merluzzo).

▶ **MORUE** Dit aussi merluche (v. merluzzo), elle est conservée par déshydratation, c'est-à-dire séchée à l'air.

▶ **STOCKFISCH** Auch Kabeljau (s. merluzzo) genannt, wird luftgetrocknet aufbewahrt.

▶ **BACALAO SECO** Llamado también merluza (ver merluzzo), viene conservado mediante deshidratación, es decir, secado al aire.

STOCCO *Nome in uso in Italia Centrale dello stoccafisso.*

▶ **STOCCO** Name given to stockfish in Central Italy.

▶ **STOCCO** Nom utilisé dans l'Italie centrale pour la morue.

▶ **STOCCO** In Zentralitalien gebräuchlicher Name für den Stockfisch.

▶ **STOCCO** Nombre usado en Italia Central del bacalao seco.

STORIÓNE *Nome di pesce marino, dalla carne grassa ma delicata. Dalle sue uova si ottiene il caviale.*

▶ **STURGEON** Salt water fish with oily but delicate meat. Caviar is obtained from sturgeon eggs.

▶ **ESTURGEON** Nom d'un poisson de mer, à la chair grasse mais délicate. Des ses œufs est obtenu le caviar.

▶ **STÖR** Meeresfisch mit fettem, aber delikatem Fleisch. Aus seinen Eiern wird Kaviar gewonnen.

▶ **ESTURION** Nombre de pescado marino, de carne grasa pero delicada. De sus huevos se obtiene el caviar.

STRACA DENT *Nome dialettale dell'Emilia Romagna (v.) di particolari biscotti (v.) secchi.*

▶ **STRACA DENT** Name in the dialect of Emilia Romagna (s.) of certain dry biscuits (s. biscotto).

▶ **STRACA DENT** Nom dialectale de l'Emilie-Romagne (v. Emilia Romagna) pour désigner des biscuits (v. biscotto) secs particuliers.

▶ **STRACA DENT** dialektalischer Ausdruck aus der Emilia Romagna (s.) für besondere trockene Kekse (s. biscotto).

▶ **STRACA DENT** Nombre dialectal de Emilia Romagna (ver) de unas galletas (ver biscotto) secas particulares.

STRACCHINO *Formaggio di pasta molle, grassa e uniforme prodotto in Lombardia (v.).*

▶ **STRACCHINO** A soft, smooth, full-fat cheese, produced in Lombardy (s. Lombardia).

▶ **STRACCHINO** Fromage à la pâte molle, grasse et uniforme produit en Lombardie (v. Lombardia).

▶ **STRACCHINO** Weichkäse, fett und homogen, in der Lombardei (s. Lombardia) produziert.

▶ **STRACCHINO** Queso de pasta tierna, grasa y uniforme producido en Lombardía (ver).

STRACCI *Tipo di pasta fatta in casa, bianca o verde, tagliata a forma di lasagna (v.), originaria della Liguria (v.).*

▶ **STRACCI** Type of home-made pasta originating from Liguria (s.). It is white or green and is cut to resemble lasagne (s. lasagna).

▶ **STRACCI** Type de pâtes faites maison, blanches ou vertes, coupées en forme de lasagne (v. lasagna), originaire de la Ligurie (v. Liguria).

▸ **STRACCI** hausgemachte Teigware, weiss oder grün, lasagnenförmig geschnitten (s. lasagna), aus Ligurien (s. Liguria).

▸ **STRACCI** Tipo de pasta hecha en casa, blanca o verde, cortada con forma de lasaña (ver lasagna), originaria de Liguria (ver).

STRACCIATELLA *Minestra fatta mescolando uovo sbattuto in brodo bollente.*

▸ **STRACCIATELLA** Soup made by mixing beaten egg into boiling stock.

▸ **STRACCIATELLA** Soupe faite en mélangeant un œuf battu dans du bouillon brûlant.

▸ **EIERSCHECKE** Suppe mit in die heisse Brühe gegebenem geschlagenem Ei.

▸ **STRACCIATELLA** Sopa hecha mezclando huevo batido en un caldo hirviendo.

STRACOTTO *Metodo di cottura particolarmente lungo di carni di manzo.*

▸ **STEW** A particularly slow method of cooking beef.

▸ **ETOUFFE** Manière de cuire particulièrement longue les viandes de bouvillon.

▸ **SCHMORBRATEN** Art der Zubereitung mit langer Garzeit für Hammelfleisch.

▸ **EXTRACOCIDO** Método de cocción particularmente largo de carne de buey.

STRANGOLAPRETI o STROZZAPRETI *Gnocchi (v.) di vario impasto tipici dell'Italia meridionale.*

▸ **STRANGOLAPRETI o STROZZAPRETI** Gnocchi (s.) made with various ingredients, typical of Southern Italy.

▸ **STRANGOLAPRETI** Gnocchi (v.) de recettes différentes typiques de l'Italie du sud.

▸ **STRANGOLAPRETI oder STROZZAPRETI** Gnocchi (s.) aus unterschiedlichem Teig aus Süditalien.

▸ **STRANGOLAPRETI o STROZZAPRETI** Ñoquis (ver gnocchi) de diversas masas típicos de Italia meridional.

STRAPAZZARE *È un modo di preparare le uova a consistenza cremosa.*

▸ **SCRAMBLE** A method of preparing eggs with a creamy consistency.

▸ **BROUILLER** C'est une manière de préparer les œufs à la consistance crémeuse.

▸ **STRAPAZZARE** Eier zu einer cremigen Konsistenz rühren/schlagen.

▸ **REVOLVER** Es un modo de preparar los huevos con consistencia cremosa.

STRASCINATI *Pasta tipica della Basilicata (v.), confezionata impastando farina, strutto (v.) e acqua.*

▸ **STRASCINATI** Pasta typical from Basilicata (s.) made with flour, suet (s. strutto) and water.

▸ **STRASCINATI** Pâtes typiques de la Basilicate (v. Basilicata), confectionnées en mélangeant de la farine, du saindoux (v. strutto) et de l'eau.

▸ **STRASCINATI** Typische Teigware aus der Basilikata (s. Basilicata) aus Schmalz (s. strutto), Mehl und Wasser.

▸ **STRASCINATI** Pasta típica de Basilicata (ver), confeccionada amalgamando harina, manteca de cerdo (ver strutto) y agua.

STRAVÈCCHIO *Indica una stagionatura prolungata di alimenti e bevande per i quali l'invecchiamento è considerato un pregio.*

▸ **STRAVÈCCHIO** Indicates prolonged seasoning of a foodstuff or beverage, the ageing is considered a sign of quality.

▸ **STRAVÈCCHIO** Le terme signifie une maturation prolongée des aliments et des boissons pour lesquels la maturation est considérée une qualité.

▸ **STRAVÈCCHIO** Uralt. Längere Lagerung/Reifung von Lebensmitteln und Getränken, für welche die Alterung ein Vorteil ist.

▸ **AÑEJO** Indica una maduración prolongada de alimentos y bebidas para los cuales el envejecimiento es considerado una virtud.

STRUCOLO Dolce tipico del Friuli Venezia Giulia (v.), simile allo strudel (v.).

▶ **STRUCOLO** Cake typical of Friuli Venezia Giulia (s.), similar to the strudel (s.).

▶ **STRUCOLO** Dessert typique du Frioul-Vénétie-Julienne (v. Friuli Venezia Giulia), semblable au strudel (v.).

▶ **STRUCOLO** Süßspeise typisch für Friuli Venezia Giulia (s.), dem Strudel (s.) ähnlich.

▶ **STRUCOLO** Dulce típico del Friuli Venezia Giulia (ver), parecido al strudel (ver).

STRUDEL Dolce di forma arrotolata, confezionato con un sottile involucro di pasta tirata a sfoglia (v.) con un ripieno di uva passa, mele, confetture o cioccolato ed altro. Tipico dell' Alto Adige (v).

▶ **STRUDEL** A rolled cake, made with puff-pastry (s. sfoglia) and a filling of raisins, apples, jam or chocolate and other ingredients. Typical of Alto Adige (s.).

▶ **STRUDEL** Gâteau à la forme enroulée, confectionné avec une mince enveloppe de pâte feuilletée (v. sfoglia) avec une farce de raisin sec, pommes, confitures, chocolat ou autre. Il est typique de l'Haut Adige (v. Alto Adige).

▶ **STRUDEL** eingerollte Süßware aus einem dünnen Blätterteig (s. sfoglia) und mit einer Füllung aus Rosinen, Äpfeln, Konfitüre oder Schokolade und anderem. Typisch für Südtirol (s. Alto Adige).

▶ **STRUDEL** Dulce de forma redonda, confeccionado con un sutil envoltorio de hojaldre (ver sfoglia) con un relleno de uva pasa, manzanas, confituras o chocolate y otras cosas. Típico de Alto Adige (ver).

STRÙFFOLI Antico e tipico dolce napoletano (v. Campania) a base di palline di pasta con aggiunta di miele.

▶ **STRÙFFOLI** Ancient and typical cake from Naples (s. Campania) made of balls of dough with honey.

▶ **STRÙFFOLI** Antique et typique gâteau napolitain (v. Campania) à base de petites boules de pâte et de miel.

▶ **STRÙFFOLI** Antike und typische Süßspeise aus Neapel (s. Campania) aus Teigkügelchen mit Honig übergossen.

▶ **STRÙFFOLI** Antiguo y típico dulce napolitano (ver Campania) a base de buñuelos y miel.

STRUTTO Grasso animale utilizzato per cucinare e per la conservazione di salumi o altri alimenti.

▶ **SUET** Animal fat used in cooking and preserving salami and other foodstuffs.

▶ **SAINDOUX** Gras animal utilisé pour la cuisine et pour la préparation des saucissons ou des aliments.

▶ **SCHMALZ** Tierisches Fett zum Kochen benutzt oder zur Konservierung von Wurst oder anderen Lebensmitteln.

▶ **MANTECA DE CERDO** Grasa animal utilizada para cocinar y para la conservación de embutidos u otros alimentos.

STRUTTURA Termine riferito ad una preparazione o un vino, indica il grado di complessità della stratificazione aromatica e il tempo necessario per la degustazione.

▶ **STRUCTURE** When referred to a recipe or wine, indicates the degree of complexity of the aromatic stratification and the time necessary in order to taste it.

▶ **STRUCTURE** Terme qui se réfère à une préparation ou à un vin, et qui indique le degré de complexité de la stratification aromatique et le temps nécessaire pour la dégustation.

▶ **STRUKTUR** Begriff für eine Zubereitung oder einen Wein, bezeichnet den Grad der Komplexität der aromatischen Schichtung und die zur Kostung notwendigen Zeit.

▶ **ESTRUCTURA** Término referido a una preparación o un vino, indica el grado de complejidad de la estratificación aromática y el tiempo necesario para la degustación.

STUFATO È il risultato di una cottura in umido (v.) della carne in tempi molto lunghi.

▶ **STEW** Meat stewed (s. umido) for an extended period of time.

▶ **VIANDE A L'ETOUFFEE** C'est le résultat d'une cuisson en sauce (v. umido) de la viande pour un temps très long.

▶ **SCHMORBRATEN** Resultat eines sehr lange in Flüssigkeit (s. umido) gegarten Fleischs.

▶ **ESTOFADO** Es el resultado de una cocción guisada (ver umido) de carne en tiempos muy largos.

STUZZICADENTI Sottile legnetto adoperato a fine pasto per togliere eventuali residui di cibo fra due denti.

▶ **TOOTHPICKS** Fine sticks of wood used at the end of a meal in order to remove any residues of food which may have become trapped between the teeth.

▶ **CURE DENT** C'est une petite pièce de bois utilisée à la fin du repas pour enlever d'éventuelles restes de nourriture entre deux dents.

▶ **ZAHNSTOCHER** Dünner Holzstab, der am Ende des Mahls zum Entfernen eventueller Speisereste zwischen den Zähnen dient.

▶ **PALILLO** Sutil maderita usada al final de la comida para quitar los eventuales residuos de alimentos entre los dientes.

STUZZICHINO Sinonimo di salatino (v.).

▶ **SALTED BISCUIT** (s. salatino).

▶ **STUZZICHINO** Synonyme d'amuse-gueule (v. salatino).

▶ **STUZZICHINO** Synonym für Salzgebäck (s. salatino).

▶ **TENTEMPIE** Sinónimo de canapé (ver salatino).

SUBRICIS Crocchette di patate tradizionali della zona di Cuneo, città del Piemonte (v.).

▶ **POTATO CROQUETTES** Traditional recipe from the zone of Cuneo, a city in Piedmont (s. Piemonte).

▶ **SUBRICIS** Croquettes des pommes de terre traditionnelles de la zone de Cuneo, ville du Piémont (v. Piemonte).

▶ **SUBRICIS** Kartoffelkroketten, traditionsgemäß aus Cuneo, Stadt im Piemont (s. Piemonte).

▶ **SUBRICIS** Croquetas de patata tradicionales de la zona de Cúneo ciudad del Piamonte (ver Piemonte).

SUCCO Liquido ottenuto per spremitura di un frutto o di un ortaggio.

▶ **JUICE** Liquid obtained from squeezed fruit and vegetables.

▶ **JUS** Liquide obtenu par la pression d'un fruit ou d'un légume.

▶ **SAFT** Flüssigkeit aus dem Pressen einer Frucht oder von Gemüse erhalten.

▶ **ZUMO** Líquido obtenido exprimiendo un fruto o una hortaliza.

SUFFRITTU Piatto tipico della Calabria (v.), a base di interiora di animale, pomodoro e peperoncino.

▶ **SUFFRITTU** Typical dish from Calabria (s.), consisting of offal, tomatoes and chilly peppers.

▶ **SUFFRITTU** Plat typique de la Calabre (v. Calabria), à base d'entrailles d'animal, tomates et piment.

▶ **SUFFRITTU** Typisches Gericht aus Kalabrien (s. Calabria) aus Tiereingeweiden, Tomaten und Pfefferschoten.

▶ **SUFFRITTU** Plato típico de Calabria (ver), a base de interiores de animal, tomate, y guindilla.

SUGO In cucina s'intende il fondo di cottura in umido dei vari alimenti e salse preparate per condire pasta, riso e polenta (v.).

▶ **SAUCE** In cooking it refers to the liquid produced when food is stewed and also to sauces prepared for pasta, rice and polenta (s.).

▶ **JUS** En cuisine le terme indique le fond de la cuisson en sauce des différents aliments et les sauces préparées pour assaisonner pâtes, riz et polenta (v.).

▶ **SUGO** Tunke oder Sosse. In der Küche der Satz einer Zubereitung

von Lebensmitteln in Flüssigkeit. Auch zubereitete Soßen zur Würze von Nudeln, Reis oder Polenta (s.).
▶ **JUGO** En cocina se entiende el fondo de cocción guisado de varios alimentos y salsas preparadas para condimentar pasta, arroz y polenta (ver).

SUÌNO *Sinonimo di maiale. (v.).*
▶ **SWINE** Synonym of pig (s. maiale).
▶ **PORCIN** Synonyme de porc (v. maiale).
▶ **SCHWEIN** (s. maiale).
▶ **CERDO** (ver maiale).

SUPERALCÓLICO *Bevande che superano la gradazione di 21°.*
▶ **HIGHLY ALCOHOLIC** Beverage with an alcohol content of over 21° proof.
▶ **ALCOOL FORT** Boissons qui ont un degré alcoolique supérieur à 21°.
▶ **STARKALKOHOLISCH** Getränke über 21°Alkohol.
▶ **SUPERALCOHOLICO** Bebidas que superan la graduación de 21°.

SUPERTUSCAN *È il nome generalmente attribuito a vini toscani (v. Toscana) di moderna concezione, spesso ottenuti dall'assemblaggio di diverse varietà di uva.*
▶ **SUPERTUSCAN** The name generally given to modern wines from Tuscany (s. Toscana), often obtained from a mixture of different varieties of grapes.
▶ **SUPERTUSCAN** C'est le nom généralement attribué aux vins toscans (v. Toscana) de conception moderne, souvent obtenu du panachage de différentes variétés de raisin.
▶ **SUPERTUSCAN** Name, der generell für toskanische (s. Toscana) Weine moderner Konzeption gedacht ist. Meistens aus der Assemblage von unterschiedlichen Traubensorten.
▶ **SUPERTUSCAN** Es el nombre generalmente atribuido a vinos toscanos (ver Toscana) de moderna concepción, a menudo obtenidos

del acoplamiento de diversas variedades de uva.

SUPPLÌ *Grossa crocchetta di riso impastata con mozzarella (v.) o provola fresca (v.), comune nell'Italia centrale.*
▶ **SUPPLÌ** Large croquette of rice and mozzarella (s.) or fresh provola cheese (s. provola), common in Central Italy.
▶ **SUPPLÌ** Grande croquette de riz réalisée avec de la mozzarella (v.) ou de la provola fraîche (v. provola), commune dans l'Italie centrale.
▶ **SUPPLÌ** grosse Reiskrokette mit mozzarella oder frischem Provolakäse (s. provola, mozzarella), in Zentralitalien verbreitet.
▶ **SUPPLÌ** Croqueta grande de arroz amalgamada con mozarela (ver mozzarella) o provola fresca (ver), común en Italia central.

SUPREME *Termine che indica il petto dei volatili cucinato ed anche i filetti della selvaggina da pelo.*
▶ **SUPREME** Term which indicates the cooked breast of poultry and also fillets of game other than birds.
▶ **SUPREME** Terme qui désigne la poitrine des volatiles cuisinés ainsi que les filets du gibier à poil.
▶ **SUPREME** Ausdruck zur Bezeichnung von gekochter Geflügelbrust oder auch für Filets von wilden Pelztieren.
▶ **SUPREMA** Término que indica la pechuga de las aves cocinada y también los filetes de la caza de pelo.

SURGELATO *Conservazione degli alimenti a basse temperature.*
▶ **DEEP-FROZEN** Preservation of food at low temperatures.
▶ **SURGELE** Conservation des aliments à basses températures.
▶ **TIEFGEFROREN** Konservation von Lebensmitteln durch tiefe Temperatur.
▶ **CONGELADO** Conservación de los alimentos a bajas temperaturas.

SURROGATO *Si dice di un alimento*

che presenta lo stesso colore e aspetto del prodotto originale.

▶ **SUBSTITUTE** Said of a food which resembles the original product, in colour and appearance.

▶ **ERSATZ** Est un aliment qui présent la même couleur et le même aspect que le produit original.

▶ **SURROGAT** Ersatz. Benennung eines Lebensmittels, das die gleiche Farbe und das gleiche Aussehen des Originals hat.

▶ **SUCEDANEO** Se dice de un alimento que presenta el mismo color y aspecto del producto original.

SUSHI *Piatto tipico della cultura giapponese a base di pesce crudo.*

▶ **SUSHI** A raw fish dish, typical of Japanese culture.

▶ **SUSHI** Plat typique de la culture japonaise à base de poisson cru.

▶ **SUSHI** Gericht aus der japanischen Tradition aus rohem Fisch.

▶ **SUSHI** Plato típico de la cultura japonesa a base de pescado crudo.

SUSHI BAR *Locale dove viene servito il pesce crudo, come accompagnamento di un aperitivo o per un vero e proprio pranzo.*

▶ **SUSHI BAR** Place where raw fish is served as an accompaniment to an aperitif or as a meal.

▶ **SUSHI BAR** Local où l'on sert le poisson cru, comme accompagnement à un apéritif ou pour un vrai repas.

▶ **SUSHI BAR** Lokal, in dem roher Fisch serviert wird als Begleitung zu einem Aperitif oder als richtige Mahlzeit.

▶ **SUSHI BAR** Local donde se sirve el pescado crudo, como acompañamiento de un aperitivo o para una auténtica comida.

SUSINA *Sinonimo di prugna (v.).*

▶ **PLUM** (s. prugna).

▶ **MIRABELLE** Synonyme de prune (v. prugna).

▶ **SUSINE** Synonym für Pflaume (s. prugna).

▶ **CIRUELA** (ver prugna).

SVÌZZERA *Termine milanese per indicare una polpa di manzo tritata in padella, simile all'hamburger (v.).*

▶ **SVÌZZERA** Term from Milan indicating a pulp of minced beef which is fried, similar to a hamburger (s.).

▶ **SUISSE** Terme de Milan pour signifier une pulpe de bouvillon hachée en poêle, semblable à l'hamburger (v.).

▶ **SCHWEIZER** Mailändischer Ausdruck für Gehacktes in runder Form, einem Hamburger (s.) ähnlich.

▶ **SVÌZZERA** Término milanés para indicar una pulpa de buey triturada en sartén, parecida a la hamburguesa (ver hamburger).

T

TACCHINO *Volatile da cortile simile al gallo, ma di maggiori dimensioni.*
▶ **TURKEY** Farmyard bird similar to the cock but not as large.
▶ **DINDON** Volatile de basse-cour semblable au coq, mais de dimensions plus grandes.
▶ **TRUTHAHN** Hofgeflügel, dem Hahn sehr ähnlich, aber größer.
▶ **PAVO** Ave de corral similar al gallo, pero de mayores dimensiones.

TAGLIÀRE *Affettare in piccole fette gli alimenti.*
▶ **CUT** Slice food in to small pieces.
▶ **TAILLER** Couper en petites tranches les aliments.
▶ **SCHNEIDEN** Lebensmittel in Scheiben schneiden.
▶ **CORTAR** Rebanar en pequeñas tajadas los alimentos.

TAGLIÀTA *Costata cotta alla griglia o in padella, servita già affettata accompagnata dal sugo (v.).*
▶ **TAGLIÀTA** Grilled or fried sliced entrecote accompanied with a sauce (s. sugo).
▶ **TAGLIATA** Entrecôte cuite à la grille ou à la poêle, servie déjà coupée en tranches avec de la sauce (v. sugo).
▶ **TAGLIATA** Rippenstück, gegrillt oder in der Pfanne gebraten und schon geschnitten mit Soße (s. sugo) serviert.
▶ **TAGLIÀTA** Chuleta cocinada a la parrilla o en sartén, servida cortada en lonchas acompañada de jugo (ver sugo).

TAGLIATELLE *Formato di pasta dalla forma lunga, stretta e schiacciata.*
▶ **TAGLIATELLE** Long, narrow, flat strips of pasta.
▶ **TAGLIATELLE** Format de pâte de forme allongée, étroite et aplatie.
▶ **TAGLIATELLE** Lange, flache und schmale Bandnudeln.
▶ **TALLARIN** Formato de pasta de forma larga, estrecha y aplanada.

TAGLI DI CARNE *Parti derivanti dalla suddivisione dei quarti degli animali macellati.*
▶ **CUT OF MEAT** Parts obtained from the subdivision of butchered animals.
▶ **MORCEAUX DE VIANDE** Parties dérivantes de la subdivision des quartiers des animaux abattus.
▶ **FLEISCHSCHNITTE** Teile aus der Unterteilung der Viertel des Schlachtviehs.
▶ **CORTES DE CARNE** Partes derivadas de la subdivisión de los cuartos de los animales.

TAGLIÈRE *Utensile di legno massiccio, duro, ben spianato e liscio, su cui si tagliano carni, verdure o altro. Nei locali italiani il termine tagliere indica anche un piatto di salumi o formaggi misti.*
▶ **CHOPPING BOARD** Thick, flat, hard, smooth piece of wood on which meat, vegetables and other food are placed while being cut in to small pieces. In Italy it also refers to a dish consisting of cold cuts of meat or cheeses.
▶ **PLANCHE A DECOUPER** Outil de bois massif, dur, bien égalisé et lisse, sur lequel on découpe viandes, légumes ou autre. Dans les restaurants italiens ce terme désigne aussi un plat de charcuterie ou de fromages mixtes.

▶ **SCHNEIDEBRETT** Massives, hartes und gut geglättetes Holzbrett, auf dem Fleisch, Gemüse oder anderes geschnitten wird. In italienischen Lokalen bezeichnet es auch eine Wurst- oder Käseplatte.

▶ **PICADOR** Utensilio de madera maciza, duro, plano y liso, sobre el que se cortan carnes, verduras, etc. En los locales italianos el término indica también un plato de embutidos o quesos mixtos.

TAGLIERINI *Altro nome dei tagliolini (v.).*

▶ **TAGLIERINI** (s. tagliolini).

▶ **TAGLIERINI** Autre nom des tagliolini (v.).

▶ **TAGLIERINI** andere Bezeichnung für "Tagliolini" (s.).

▶ **TALLARINES** (ver tagliolini).

TAGLIOLINI *Tagliatelle strette e sottili.*

▶ **TAGLIOLINI** Thin, narrow tagliatelle pasta.

▶ **TAGLIOLINI** Tagliatelles étroites et fines.

▶ **TAGLIOLINI** Schmale, dünne Tagliatelle.

▶ **TAGLIOLINI** Tallarines estrechos y delgados.

TAJARÍN *Piccole tagliatelle simili ai tagliolini, ricche di uova, tipiche del Piemonte (v.).*

▶ **TAJARÍN** Small tagliatelle similar to tagliolini, rich with egg, typical of Piedmont (s. Piemonte).

▶ **TAJARIN** Petites tagliatelles similaires aux *tagliolini*, riches en œufs, typiques du Piémont (v. Piemonte).

▶ **TAJARIN** Kleine Eierbandnudeln, den "Tagliolini" sehr ähnlich, typisch für den Piemont (v. Piemonte).

▶ **TAJARIN** Pequeños tallarines, ricos de huevos, típicos del Piamonte (ver Piemonte).

TALÉGGIO *Formaggio di latte vaccino, grasso e di pasta molle, tipico della provincia di Bergamo in Lombardia (v.).*

▶ **TALÉGGIO** A full fat soft cheese made with cow's milk, typical of the province of Bergamot in Lombardy (s. Lombardia).

▶ **TALÉGGIO** Fromage de lait de vache, gras et à pâte molle, typique de la province de Bergame en Lombardie (v. Lombardia).

▶ **TALÉGGIO** Käse aus Kuhmilch, fett und mit weicher Paste, typisch für die Provinz Bergamo in der Lombardei (s. Lombardia).

▶ **TALÉGGIO** Queso de leche de vaca, graso y tierno, típico de la provincia de Bérgamo en Lombardía (ver).

TAMARINDO *Frutto dalla polpa gelatinosa, succosa e di sapore acidulo. Fornisce soprattutto sostanze aromatizzanti che si utilizzano per gli sciroppi.*

▶ **TAMARIND** Fruit with a jelly like pulp, juicy and slightly sour. Aromatic substances obtained from it are used in syrups.

▶ **TAMARIN** Fruit à la pulpe gélatineuse, juteuse et à la saveur acidulée. Il fournit surtout des substances aromatisantes utilisée pour les sirops.

▶ **TAMARINDE** Frucht mit gelatineartigem Fruchtfleisch, saftig und mit säuerlichem Geschmack. Liefert hauptsächlich würzende Substanzen zur Syrupherstellung.

▶ **TAMARINDO** Fruto de pulpa gelatinosa, jugosa y de sabor ácido. Proporciona sobre todo sustancias aromatizadas que se utilizan para los jarabes.

TANNINO *È un elemento fondamentale del vino e proviene dalle bucce e dai vinaccioli. Ha influenza sul colore e soprattutto sul sapore, per la sua azione astringente.*

▶ **TANNIN** Basic element of wine from the skin and pips of grapes. It influences the colour and above all the flavour, due to it's astringent quality.

▶ **TANNIN** C'est un élément fondamental du vin provenant des peaux et des pépins de raisin. Cela influence la couleur et surtout la saveur, pour son action astringente.

▶ **TANNIN** Wesentlicher Bestandteil des Weins, stammt aus der Schale der Trauben. Hat Einfluss auf die Farbe und vor allem auf den Geschmack wegen seiner gerbenden Eigenschaften.

▶ **TANINO** Es un elemento fundamental del vino y proviene de las cáscaras y de las cascas. Tiene influencia sobre el color y sobre todo sobre el sabor, por su acción astringente.

TAPENADE *Condimento provenzale a base di olive nere, capperi, acciuga e tonno, stemperati nell'olio e aromatizzati con aglio ed erbe.*

▶ **TAPENADE** Dressing typical of Provence made with black olives, capers, anchovies and tuna fish seasoned with garlic and herbs, thinned with oil.

▶ **TAPENADE** Assaisonnement provençal à base d'olives noires, câpres, anchois et thon, fondus dans l'huile et aromatisés avec de l'ail et des herbes.

▶ **TAPENADE** Würze aus der Provence aus schwarzen Oliven, Kapern, Sardellen und Thunfisch, in Öl gelöst und mit Knoblauch und Kräutern gewürzt.

▶ **TAPENADE** Condimento provenzal a base de aceitunas negras, alcaparras, anchoas y atún, diluidos en aceite y aromatizados con ajo e hierbas.

TAPPO *Mezzo di chiusura delle bottiglie, tradizionalmente di sughero per ciò che concerne il vino.*

▶ **BUNG** Used to close bottles, traditionally a cork where wine is concerned.

▶ **BOUCHON** Moyen de fermer les bouteilles, traditionnellement de liège pour le vin.

▶ **TAPPO** Korken/ Deckel. Verschluss für Flaschen, traditionsgemäß aus Korken für Wein.

▶ **TAPON** Medio de cierre de las botellas, tradicionalmente de corcho en lo concerniente al vino.

TAPULONE *Umido di carne tritata d'asino o di mulo con verze, tipico della provincia di Novara in Piemonte (v.).*

▶ **TAPULONE** Stew of minced donkey or mule meat with savoy cabbage, typical of the province of Novara in Piedmont (s. Piemonte).

▶ **TAPULONE** Viande hachée d'âne ou de mule en sauce, avec des choux de Milan, typique de la province de Novare en Piémont (v. Piemonte).

▶ **TAPULONE** Geschmortes aus Eselfleisch oder Maultier mit Kohl, typisch für Novara im Piemont (s. Piemonte).

▶ **TAPULONE** Guisado de carne picada de asno o de mulo con berza, típico de la provincia de Novara en Piamonte (ver Piemonte).

TARAGNA *È una polenta (v.) condita con formaggio fuso tipica delle province di Lecco e di Sondrio in Lombardia (v.).*

▶ **TARAGNA** A polenta (s.) with melted cheese, typical of the provinces of Lecco and Sondrio in Lombardy (s. Lombardia).

▶ **TARAGNA** C'est une polenta (v.) assaisonnée avec du fromage fondu typique des provinces de Lecco et Sondrio en Lombardie (v. Lombardia).

▶ **TARAGNA** eine Polenta (s.) mit geschmolzenem Käse, für die Provinzen Lecco und Sondrio in der Lombardei (s. Lombardia) typisch.

▶ **TARAGNA** Es una polenta (ver) condimentada con queso fundido típica de las provincias de Lecco y de Sondrio en Lombardía (ver Lombardia).

TARALLO o TARALLÚCCIO *Ciambella biscottata di piccole dimensioni, aromatizzata con anice o finocchio selvatico, tipica di Puglia e Campania (v.).*

▶ **TARALLO o TARALLÚCCIO** A small doughnut biscuit flavoured with aniseed or wild fennel, typical of Puglia and Campania (s.).

▶ **TARALLO ou TARALLUCCIO** Biscuit de petites dimensions, aromatisé à l'anis ou au fenouil sauvage, typique des Pouilles et de la Campanie (v. Campania, Puglia).

▶ **TARALLO oder TARALLUCCIO** Kleines kringelförmiges Gebäck, mit Anis oder wildem Fenchel gewürzt, typisch für Puglien und Kampanien (s. Campania, Puglia).

▶ **TARALLO o TARALLUCCIO** Rosquilla de pequeñas dimensiones, aromatizada con anís o hinojo silvestre, típica de Puglia y Campania (ver).

TÀRTARA, SALSA *Salsa fredda a base di maionese, senape ed erba cipollina (v.).*

▶ **TARTAR SAUCE** Cold sauce containing mayonnaise, mustard and chives (s. erba cipollina).

▶ **SAUCE TARTARE** Sauce froide à base de mayonnaise, moutarde et de ciboulette (v. erba cipollina).

▶ **TARTARE** kalte Mayonnaise mit Senf und Schnittlauch (s. erba cipollina).

▶ **TARTARA, SALSA** Salsa fría a base de mayonesa, mostaza y cebolleta (ver erba cipollina).

TARTINA *Sottile fetta di pane, imburrata, tostata o al naturale, guarnita con vari ingredienti.*

▶ **CANAPÉ** Thin slice of bread, plain, buttered or toasted, garnished with various ingredients.

▶ **TARTINE** C'est une tranche de pain fine, beurrée, grillée ou naturelle, garnie avec différents ingrédients.

▶ **TARTINA** dünne Brotscheibe, die gebuttert und getoastet oder nicht mit unterschiedlichen Zutaten garniert wird.

▶ **CANAPE** Rebanada de pan sutil, untada con mantequilla, tostada o al natural, guarnecida con varios ingredientes.

TARTUFO[1] *Tubero pregiato e fortemente aromatico. Ne esistono diverse varietà, dall'aroma più o meno intenso, utilizzate per arricchire di profumi e sapori altre preparazioni. Il più pregiato è il tartufo bianco d'Alba e di Acqualagna.*

▶ **TRUFFLE** Valued, highly aromatic fungus. There are many varieties with a varying intensity of aroma. It is used to enhance the aroma and flavour of a dish. The most rare and expensive variety is the white truffle found in Alba and Acqualagna.

▶ **TRUFFE** Tubercule estimé et très aromatique. Il en existe différentes variétés, à l'arôme plus ou moins fort, utilisées pour enrichir de fumet et de saveur d'autres préparations. La plus appréciée est la truffe blanche d'Alba et de Acqualagna.

▶ **TRÜFFEL** Wertvolle Wurzel und stark aromatisch. Es gibt verschiedene Varianten von mehr oder weniger intensivem Aroma, zur Anreicherung des Dufts und Geschmacks anderer Zubereitungen. Der wervollste Trüffel ist der weisse Trüffel aus Alba und aus Acqualagna.

▶ **TRUFA** Tubérculo apreciado y fuertemente aromático. Existen diversas variedades, de aroma más o menos intenso, utilizadas para enriquecer con aromas y sabores otras preparaciones. La más apreciada es la trufa blanca de Alba y de Acqualagna.

TARTUFO[2] *Dolce semifreddo a base di cioccolato dall'aspetto simile a quello del fungo omonimo (v.).*

▶ **TRUFFLE** Soft chocolate icecream dessert which resembles the fungus (s.).

▶ **TRUFFE** Crème glacée à base de chocolat à l'allure identique à celle du champignon homonyme (v.).

▶ **TARTUFO** Halbgefrorene Süßspeise auf Schokoladenbasis, die dem Aussehen des Trüffels ähnelt.

▶ **TRUFA** Postre a base de chocolate de aspecto parecido al hongo del mismo nombre (ver).

TARTUFO DI MARE *Piccolo e pregiato mollusco marino, dal sapore caratteristico ed armonico, da consumare crudo condito con il limone.*

▶ **VENUS CLAM** Small marine mollusc considered a delicacy, it has a characteristic and well balanced flavour, eaten raw with lemon juice.

▶ **PRAIRE** Petit mollusque de mer apprécié, au goût caractéristique et harmonieux, à manger cru avec du jus de citron.

▶ **MEERESTRÜFFEL** Kleines und geschätztes Meeresweichtier mit charakteristischem und harmonischem Geschmack, das roh oder mit Zitronensaft verzehrt werden kann.

▶ **VERIGÜETO** Pequeño y apreciado molusco marino, de sabor característico y armónico, que se consume crudo condimentado con limón.

TATIN TARTE *Delicata torta francese a base di pasta sfoglia e mele.*

▶ **TART TATIN** Delicate French tart consisting of an open puff-pastry case with apples.

▶ **TARTE TATIN** Délicate tarte française à base de pâte feuilletée et de pommes.

▶ **TATIN TARTE** delikate französische Torte aus Blätterteig und Äpfeln.

▶ **TATIN TARTA** Delicada torta francesa a base de hojaldre y manzanas.

TÀVOLA o TÀVOLO *Mobile costituito da un piano, sostenuto per lo più da quattro gambe, utilizzato per mangiare o come banco da lavoro. Per estensione la parola tavola è sinomino di alimentazione, pasto, mangiare.*

▶ **TABLE** Piece of furniture consisting of a flat top with usually four supports (legs), used for eating or as a work surface. Table also signifies food, meal and eat.

▶ **TABLE** Meuble constitué d'un plan, soutenu en général de quatre jambes, utilisé pour manger ou comme banc de travail. Par extension le terme table est synonyme d'alimentation, repas, manger.

▶ **TISCH** Möbel aus einem Brett und mit meist vier Beinen gestützt, gebraucht zum Essen oder zum Arbeiten. Im weiteren Sinne Synonym für Nahrung, Mahlzeit, Essen.

▶ **MESA** Mueble constituido por una tabla, sostenida generalmente por cuatro patas, utilizado para comer o como banco de trabajo. Por extensión la palabra mesa es sinó-

nimo de alimentación, comida, comer.

TAZZA *Recipiente di varie forme, misure e materiali che serve per bere brodi o sostanze calde.*

▶ **CUP** Receptacle of various shapes, sizes and materials used for soups and hot beverages.

▶ **TASSE** Récipient de formes et matériaux variés, qui est utilisé pour boire des bouillons ou des substances chaudes.

▶ **TASSE** Behälter mit unterschiedlichen Formen, Grössen und Materialien, der zum Trinken von Brühe und heissen Substanzen dient.

▶ **TAZA** Recipiente de varias formas, medidas y materiales que sirve para beber caldos o sustancias calientes.

TAZZINA *Tazza (v.) più piccola, in cui si serve il caffè espresso o in moka, all'italiana.*

▶ **SMALL CUP** A smaller cup (s. tazza), in which Italian espresso coffee or moka are served.

▶ **PETITE TASSE** Tasse (v. tazza) plus petite, dans laquelle on sert l'expresso ou le moka, à l'italienne.

▶ **TÄSSCHEN** kleinere Tasse (v. tazza), in der Espressokaffee oder Mokka nach italienischer Art serviert wird.

▶ **TACITA** Taza (ver tazza) más pequeña, en la que se sirve el café expreso o moka, a la italiana.

TÈ *Bevanda dolce e aromatica, ottenuta dalle foglie della pianta omonima, da bere fredda o calda con zucchero, limone o latte.*

▶ **TEA** Sweet and aromatic beverage, obtained from the leaves of the tea plant. It can be drunk hot or cold with sugar, lemon or milk.

▶ **THE** Boisson sucrée et aromatique, obtenue des feuilles de la plante homonyme, à boire froide ou chaude avec du sucre, du citron ou du lait.

▶ **TEE** Süßes, aromatisches Getränk aus den Blättern der gleichnamigen Pflanze, das heiß oder kalt mit Zucker, Zitrone oder Milch getrunken werden kann.

▷ **TE** Bebida dulce y aromática, obtenida de las hojas de la planta del mismo nombre, que se bebe fría o caliente con azúcar, limón o leche.

TEGAME *Termine generico che indica un recipiente metallico a sponda bassa a due manici. Per estensione, la dicitura al tegame (o al tegamino) indica la maniera di come è stato cotto un alimento. Es: pizza al tegame.*

▷ **SAUCEPAN** Term indicating a metal receptacle with low sides and two handles. It also indicates the method of cooking e.g. pizza al tegame.

▷ **PLAT** Terme commun qui indique un récipient métallique à petits rebords avec deux manches. Par extension, l'expression au plat indique le moyen à travers lequel a été cuit un aliment.

▷ **TEGAME** allgemeine Bezeichnung für einen flachrandigen Behälter mit zwei Griffen. Im weiteren Sinne bedeutet die Bezeichnung "al tegame" oder "al tegamino" die Art, in der ein Lebensmittel gegart wurde. Z.B.: Pizza al tegame.

▷ **SARTEN** Término genérico que indica un recipiente metálico con borde bajo con dos mangos. Por extensión, la expresión a la sartén indica la manera en que ha sido cocinado un alimento. Por ej.: pizza a la sartén.

TEGAMINO *Tegame di dimensioni più ridotte, utilizzato sia per cucinare sia per la presentazione in tavola. Es. uova al tegamino.*

▷ **TEGAMINO** A small saucepan, used for both cooking and serving at the table e.g. fried egg.

▷ **PETITE POELE** Poêle aux dimensions plus réduites, utilisée soit pour la cuisson soit pour la présentation à table.

▷ **TEGAMINO** Pfännchen. Kleine Pfanne zur Zubereitung und Präsentation am Tisch. Z.B. Ei im Pfännchen.

▷ **TEGAMINO** Sartén de dimensiones más reducidas, utilizada tanto para cocinar como para la presentación en la mesa. Por ej.: huevos fritos.

TÉGLIA *Recipiente con fondo piatto e sponde basse che serve per cuocere in forno.*

▷ **BAKING-PAN** Receptacle which has a flat base and is used for baking in the oven.

▷ **TOURTIERE** Récipient à fond plat et aux bords bas qui sert à la cuisson au four.

▷ **BLECH** flacher Behälter mit niedrigem Rand, um im Ofen zu backen.

▷ **FUENTE** Recipiente con fondo plano y bordes bajos que sirve para cocinar en el horno.

TEIÉRA *Recipiente nel quale si versa l'acqua bollente sul tè (v.), lasciandovelo in infusione.*

▷ **TEAPOT** Receptacle in which boiling water is poured on to tea (s. tè) and left to infuse.

▷ **THEIERE** Récipient avec lequel on verse l'eau bouillante sur le thé (v. tè), en laissant le tout infuser.

▷ **TEEKANNE** Behälter, in den auf Tee (v. tè) heißes Wasser gegossen wird zur Infusion.

▷ **TETERA** Recipiente en el que se pone el agua hirviendo en el tè (ver), dejándolo en infusión.

TELLINA *Piccolo mollusco di mare. Talvolta con questo termine s'indica la vongola (v.).*

▷ **COCKLE** Small salt water mollusc. The term can occasionally indicate the clam (s. vongola).

▷ **TELLINE** Petit mollusque de mer. Parfois avec ce terme on définit la clovisse (v. vongola).

▷ **TELLINA** kleine Muschel. Manchmal wird damit auch die "Vongola" (v.) bezeichnet.

▷ **TELINA** Pequeño molusco de mar. Algunas veces con este nombre se indica la almeja (ver vongola).

TEMPERATURA *indica lo stato termico in cui si trova un cibo o una bevan-*

da. *È uno dei fattori principali nella degustazione del vino.*

▸ **TEMPERATURE** The degree of heat of food or beverages. It is one of the principal factors in wine tasting.

▸ **TEMPERATURE** Désigne l'état thermique dans lequel on trouve un aliment ou une boisson. C'est un des facteurs principaux dans la dégustation du vin.

▸ **TEMPERATUR** Gibt den termischen Zustand des Lebensmittels oder des Getränks an. Wesentlicher Faktor in der Weinprobe.

▸ **TEMPERATURA** Indica el estado térmico en el que se encuentra un alimento o una bebida. Es uno de los factores principales en la degustación del vino.

TEMPURA *È un fritto misto di crostacei, molluschi e verdure, originario del Giappone.*

▸ **TEMPURA** A mixed dish of fried shellfish and vegetables, originating from Japan.

▸ **TEMPURA** C'est une friture de crustacés, mollusques et légumes, originaire du Japon.

▸ **TEMPURA** Gemischt Frittiertes aus Krustentieren, Weichtieren und Gemüse, aus Japan.

▸ **TEMPURA** Es un frito mixto de crustáceos, moluscos y verduras, originario de Japón.

TERRINA *Recipiente di terracotta o porcellana, la cui caratteristica è di poter essere portato in tavola direttamente dal fuoco o dal forno.*

▸ **TUREEN** A terracotta or porcelain receptacle which can be taken directly from hob or oven to the table.

▸ **TERRINE** Récipient en terre-cuite ou porcelaine, dont la caractéristique est d'être porté sur la table directement du feu ou du four.

▸ **TERRINE** Behälter aus Porzellan oder Steingut, der auch direkt vom Feuer auf der Tisch gestellt werden kann.

▸ **TARRINA** Recipiente de terracota o porcelana, cuya característica

principal es poder ser llevado del fuego o del horno a la mesa directamente.

TESTA *Regione anatomica contenente il cervello e gli organi di senso. È utilizzata in modalità differenti (spolpata, a pezzi o intera) da animale ad animale e secondo le ricette regionali.*

▸ **HEAD** Anatomic region containing the brain and sensory organs. It is used in various ways (stripped of flesh, in pieces or whole) depending on the animal and the regional recipes.

▸ **TETE** Région anatomique qui contient le cerveau et les organes de sens. Elle est utilisée de différentes manières (décharnée, en morceaux ou entière) d'animal à animal et selon les recettes régionales.

▸ **KOPF** anatomischer Teil mit Hirn und Sinnesorganen. Wird in unterschiedlicher Weise verwertet: entfleischt, in Stücken oder ganz , je nach Tier und Rezept.

▸ **CABEZA** Región anatómica que contiene el cerebro y los órganos del sentido. Es utilizada en modalidades diferentes (descarnada, en trozos o entera) según el animal y según las recetas regionales.

TESTAROLI *Specialità della Lunigiana in Toscana (v.). Si tratta di losanghe ritagliate da una specie di pasta da crêpe.*

▸ **TESTAROLI** Speciality from Lunigiana in Tuscany (s. Toscana) consisting of diamonds cut from a type of pancake.

▸ **TESTAROLI** Spécialité de la Lunégiane en Toscane (v. Toscana). Il s'agit de losanges découpées d'une sorte de pâte à crêpe.

▸ **TESTAROLI** Spezialität aus der Lunigiana in der Toskana (s. Toscana). Rautenförmige Stücke aus einem Crêpeteig.

▸ **TESTAROLI** Especialidad de Lunigiana en Toscana (ver). Se trata de rombos recortados de una especie de pasta de crepe.

TESTÍCOLI *Organi genitali maschili, fanno parte delle frattaglie (v.) soprattutto nel caso di vitello, agnello, montone e toro.*

▷ **TESTICLES** Male genitals, part of the offal (s. frattaglie), especially in the case of veal, lamb, mutton and bull.

▷ **TESTICULES** Organes génitaux masculins, qui font partie des abats (v. frattaglie) surtout dans le cas du veau, agneau, mouton et taureau.

▷ **TESTIKEL** Hoden Männliche Organe, die zu dem Gekröse gehören (s. frattaglie) und hauptsächlich vom Kalb, Lamm, Hammel oder Stier sind.

▷ **TESTICULOS** Organos genitales masculinos, forman parte de los menudillos (ver frattaglie) sobre todo en el caso de la ternera, el cordero, el carnero y el toro.

TESTINA *Con questo diminutivo, nel linguaggio gastronomico, s'indicano le teste di vitello, d'agnello e di capretto.*

▷ **TESTINA** In culinary circles this refers to the head of veal, lamb and kid.

▷ **TESTINA** Avec ce diminutif, dans le langage gastronomique, on indique les têtes de veau, d'agneau et du chevreau.

▷ **KÖPFCHEN** Mit dieser Verkleinerungsform werden in der Gastronomie Kalbsköpfe, Lamm- und Ziegleinköpfe bezeichnet.

▷ **CABECITA** Con este diminutivo, en el lenguaje gastronómico, se indican las cabezas de ternera, cordero y cabrito.

TESTO *Disco in terracotta o ghisa, reso incandescente dalla fiamma o dalla brace, che serve per la preparazione della piadina (v.) e dei testaroli (v.).*

▷ **PAN** Terracotta or metal pan, which is heat resistant to fire and coals. Used in preparing piadina (s.) and testaroli (s.).

▷ **PIERRE CHAUDE** Plaque en terre-cuite ou en fonte, rendue incandescente par la flamme ou par la braise, qui sert à la préparation de la piadina (v.) et des testaroli (v.).

▷ **TESTO** Platte aus Gusseisen oder Steingut, die glühend gemacht zur Zubereitung von der "Pi-

adina" (s.) oder den "Testaroli" (s.) dienen.

▷ **TAPA** Disco de terracota o de hierro, incandescente a la llama o a las brasas, que sirve para la preparación de la piadina (ver) y de los testaroli (ver).

THE *Altra grafia per tè (v.).*

▷ **TEA** (s. tè).

▷ **THE** En italien, le mot thé s'écrit indifféremment thé ou tè (v.).

▷ **THE** andere Schreibweise für tè (s.).

▷ **THE** Otra forma de escribir tè (ver).

TIÈLLA *Termine dell'Italia meridionale, che indica una teglia o un tegame adatto per il forno.*

▷ **TIÈLLA** Term from Southern Italy indicating a baking-pan or saucepan suitable for use in the oven.

▷ **TIELLA** Terme de l'Italie du sud, qui indique une tourtière ou une poêle adaptée au four.

▷ **TIELLA** Ausdruck aus Süditalien für ein Blech oder eine Pfanne (Auflaufform), die für den Ofen geeignet sind.

▷ **TIELLA** Término de Italia meridional, que indica una fuente o una sartén adecuada para el horno.

TIGELLA *Chiamata anche crescentina, è una forma di pasta schiacciata, a base di farina, acqua, sale e latte. Tipica dell'Emilia Romagna (v.).*

▷ **TIGELLA** Also called crescentina, it is flattened dough made with flour, water, salt and milk. Typical of Emilia Romagna (s.).

▷ **TIGELLA** Dite aussi crescentina, c'est un type de pâte aplatie, à base de farine, eau, sel et lait. Typique de l'Emile-Romagne (v. Emilia Romagna).

▷ **TIGELLA** auch "crescentina" genannt. Ein kleines, flaches, rundes "Brot" aus Wasser, Mehl, Salz und Milch. Typisch für die Emilia Romagna (s.).

▷ **TIGELLA** Llamada también crescentina, es una forma de pasta aplanada, a base de harina, agua, sal y leche. Típica de Emilia Romagna (ver).

TÍGLIO *Fiore particolarmente profumato che si utilizza per infusi, otre che per aromatizzare bevande e liquori.*
▸ **LIME** Particularly highly fragranced flower which is used in infusions, as well as to flavour soft drinks and liqueurs.
▸ **TILLEUL** Fleur particulièrement parfumée utilisée pour les infusions, et aussi pour aromatiser boissons et liqueurs.
▸ **LINDENBLÜTE** Besonders duftige Blüte gebraucht für Infusionen oder zum Aromatisieren von Getränken und Liqueuren.
▸ **TILO** Flor particularmente perfumada que se utiliza para infusiones, además de para aromatizar bebidas y licores.

TIMBALLO *Il termine indica varie preparazioni, cotte nell'omonimo stampo conico, generalmente a base di pasta alimentare (v. pasta) o riso con pasta frolla o brisée.*
▸ **TIMBALE** Indicates food cooked in a conical timbale mould, generally pasta (s. pasta) or rice with short crust or tart pastry.
▸ **TIMBALE** Le terme indique différentes préparations, cuites dans le moule homonyme conique, généralement à base de pâte alimentaire (v. pasta) ou de riz avec pâte brisée.
▸ **TIMBALE** Zubereitung in der dafür vorgesehenen, kegelförmigen Form meistens aus Nudelteig oder Reis mit Mürbeteig oder Briséeteig (s. pasta).
▸ **TIMBAL** El término indica varias preparaciones, cocinadas en el molde cónico del mismo nombre, generalmente a base de pasta alimenticia (ver pasta) o arroz con pastaflora o brisée.

TINCA *Pesce d'acqua dolce.*
▸ **TENCH** Fresh water fish.
▸ **TANCHE** Poisson d'eau douce.
▸ **TINCA** Süßwasserfisch.
▸ **TENCA** Pescado de agua dulce.

TIRAMISÚ *Dessert freddo a base di caffè, zabaione (v.), savoiardi, mascarpone (v.) e panna fresca.*
▸ **TIRAMISÚ** Cold dessert consisting of coffee, zabaione (s.), savoiardi biscuits, mascarpone (s.) and fresh cream.
▸ **TIRAMISÚ** Dessert froid à base de café, sabayon (v. zabaione), savoyards, mascarpone (v.) et crème fraîche.
▸ **TIRAMISÚ** kaltes Dessert aus Kaffee, Zabaione (s.), Savoiardi (s.), Mascarpone (s.) und frischer Sahne.
▸ **TIRAMISÚ** Postre frío a base de café, sabayón (ver zabaione), galletas saboyanas, mascarpone (ver) y nata fresca.

TISANA *Infuso freddo o caldo d'erbe aromatiche medicinali.*
▸ **HERBAL-TEA** Hot or cold infusion of medicinal herbs.
▸ **TISANE** Infusion froide ou chaude d'herbes aromatiques médicinales.
▸ **TISANA** Kräutertee. Kalte oder warme Infusion aus aromatischen Heilkräutern.
▸ **TISANA** Infusión fría o caliente de hierbas aromáticas medicinales.

TOAST *Fetta di pan carré (v.) tostata, accompagnata da burro e marmellata. Il termine indica anche un sandwich ripieno di formaggio, prosciutto o altri alimenti.*
▸ **TOAST** Slice of pan carré bread (s. pan carré) toasted, accompanied with butter and jam. The term also indicates a toasted sandwich containing cheese, ham or other ingredients.
▸ **TOAST** Tranche de pain carré (v. pan carré) grillée, avec du beurre et de la confiture. Le terme définit aussi un croque-monsieur rempli avec du fromage, du jambon ou d'autres aliments.
▸ **TOAST** Brotschnitte des Carrébrots (s. pan carrè), die getoastet wird, in Begleitung von Butter und Marmellade. Oder auch ein getoastetes Sandwich mit Käse und Schinken oder anderem.

▶ **EMPAREDADO** Rebanada de pan de molde (ver pan carrè) tostada, acompañada de mantequilla y mermelada. El término indica también un sandwich relleno de queso, jamón u otros ingredientes.

TOCCO *Voce dialettale della Liguria (v.), che vuol dire sugo.*
▶ **TOCCO** Dialect from Liguria (s.) indicating sauce.
▶ **TOCCO** Mot dialectal de la Ligure (v. Liguria) qui signifie sauce.
▶ **TOCCA** dialektalischer Ausdruck für Soße (s. Liguria).
▶ **TOCCO** Voz dialectal de Liguria (ver), que quiere decir jugo.

TOFEJA *Speciale pentola di terracotta, cilindrica, nel quale si prepara una minestra di fagioli e maiale chiamata con lo stesso nome. Tipica della provincia di Torino, in Piemonte (v.).*
▶ **TOFEJA** Special cylindrical terracotta pan used for preparing a bean and pork soup of the same name. Typical of the province of Turin in Piedmont (s. Piemonte).
▶ **TOFEJA** Marmite spéciale de terre-cuite, cylindrique, dans laquelle on prépare une soupe d'haricots et de porc appelée du même nom. C'est un plat typique de la province de Turin, en Piémont (v. Piemonte).
▶ **TOFEJA** spezieller Topf aus Steingut, zylinderförmig, in dem eine Suppe aus Bohnen und Schweinefleisch zubereitet wird, die den gleichen Namen trägt. Typisch für die Provinz Turin, im Piemont (s. Piemonte).
▶ **TOFEJA** Cazuela especial de terracota, cilíndrica, en la que se prepara una sopa de alubias y cerdo llamada con el mismo nombre. Típica de la provincia de Turín, en Piamonte (ver Piemonte).

TOMA *Formaggio di latte di vacca, tipico del Piemonte (v.) e della Valle d'Aosta (v.), dalla pasta cruda, grasso o semigrasso.*
▶ **TOMA** An uncooked full-fat or reduced-fat cheese produced from cow's milk. Typical of Piedmont (s. Piemonte) and Valle d'Aosta (s.).

▶ **TOMME** Fromage de lait de vache, typique du Piémont (v. Piemonte) et de la Vallée d'Aoste (v. Valle d'Aosta), à la pâte crue, grasse ou demi-grasse.
▶ **TOMA** Kuhmilchkäse typisch für den Piemont (s. Piemonte) oder auch das Aostatal (s. Valle d'Aosta) aus roher, fetter, oder halbfetter Paste.
▶ **TOMA** Queso de leche de vaca, típico del Piamonte (ver Piemonte) y del Valle de Aosta (ver Valle d'Aosta), de pasta cruda, graso o semigraso.

TOMAXELLE *Involtini di vitello tipici della Liguria (v.).*
▶ **TOMAXELLE** Veal rolls typical of Liguria (s.).
▶ **TOMAXELLE** Paupiettes de veau typiques de la Ligure (v. Liguria).
▶ **TOMAXELLE** Kalbsröllchen typisch für Ligurien (s. Liguria).
▶ **TOMAXELLE** Rollitos de ternera típicos de Liguria (ver).

TOMINO *Toma di formaggio di piccole dimensioni, solitamente consumata fresca.*
▶ **TOMINO** A small toma cheese, usually eaten fresh.
▶ **PETITE TOMME** Tomme de fromage de petites dimensions, habituellement mangée fraîche.
▶ **TOMINO** Kleiner Toma, meistens frisch verzehrt.
▶ **TOMINO** Toma de queso de pequeñas dimensiones, frecuentemente consumida fresca.

TONDA GENTILE, NOCCIOLA *Pregiata varietà di nocciola, coltivata nelle Langhe in Piemonte (v.).*
▶ **TONDA GENTILE, NOCCIOLA** Valued variety of hazelnut, cultivated in Langhe in Piedmont (s. Piemonte).
▶ **TONDA GENTILE, NOCCIOLA** Variété appréciée de noisette, cultivée dans les Langhe au Piémont (v. Piemonte).
▶ **TONDA GENTILE, NOCCIOLA** Wertvolle Haselnußart, angebaut in den Langhen im Piemont (s. Piemonte).

▶ **TONDA GENTILE, AVELLANA** Apreciada variedad de avellana, cultivada en las Langhe en Piamonte (ver Piemonte).

TONNARELLI *Voce dialettale di Roma che sta ad indicare i maccheroni (v.) alla chitarra (v.).*
▶ **TONNARELLI** Name in dialect from Rome given to macaroni (s. maccheroni) alla chitarra (s.).
▶ **TONNARELLI** Mot du dialecte de Rome qui indique les macaronis (v. maccheroni) à la chitarra (v. chitarra).
▶ **TONNARELLI** Dialektalische Bezeichnung aus Rom für die "Makkeroni (s. maccheroni) alla chitarra" (s.).
▶ **TONNARELLI** Voz dialectal de Roma que indica los macarrones (ver maccheroni) a la guitarra (ver chitarra).

TONNO *Pesce marino le cui carni pregiate sono di colore rosso. Il consumo di tonno più diffuso anche a livello domestico è quello in scatola, conservato sott'olio.*
▶ **TUNA** Salt water fish with highly regarded red flesh. Tuna is mainly eaten tinned, preserved in oil.
▶ **THON** Poisson de mer dont la chair apprécié est de couleur rouge. La consommation de thon la plus répandue est celle du thon en conservé à l'huile.
▶ **THUNFISCH** Meeresfisch mit rotem, geschätztem Fleisch. Die verbreiteste Art des Thunfischverzehrs ist Thunfisch in der Dose.
▶ **ATUN** Pescado marino cuyas carnes apreciadas son de color rojo. El consumo de atún más extendido también a nivel doméstico es en conserva, conservado en aceite.

TOPINAMBÚR *Tubero di polpa biancastra, soda e di sapore tendenzialmente dolce.*
▶ **JERUSALEM ARTICHOKE** An off-white coloured tuber, with firm flesh and usually a sweet flavour.
▶ **TOPINAMBOUR** Tubercule à la pulpe blanchâtre, ferme et à la saveur fondamentalement sucrée.
▶ **TOPINAMBÚR** Wurzel mit weissem Fruchtfleisch, fest und leicht süßlich.
▶ **TOPINAMBÚR** Tubérculo de pulpa blanquecina, compacta y de sabor tendencialmente dulce.

TORCETTO o TORCETTINO *Biscotto secco, diffuso nel Piemonte (v.).*
▶ **TORCETTO or TORCETTINO** Dry biscuit, common in Piedmont (s. Piemonte).
▶ **TORCETTO ou TORCETTINO** Biscuit sec, répandu en Piémont (v. Piemonte).
▶ **TORCETTO oder TORCETTINO** Trockenes Gebäck, in Piemont (s. Piemonte) verbreitet.
▶ **TORCETTO o TORCETTINO** Galleta escarchada, extendida en Piamonte (ver Piemonte).

TORCINELLI o ABBUOTI *Interiora di agnello lattante ripiene e cotte alla brace. Ricetta tipica del Molise (v.).*
▶ **TORCINELLI o ABBUOTI** Offal of suckling lamb, stuffed and barbecued. Recipe typical of Molise (s.).
▶ **TORCINELLI ou ABBUOTI** Entrailles de jeune agneau farcies et cuites à la braise. Recette typique de la Molise (v.).
▶ **TORCINELLI oder ABBUOTI** Eingeweide des Milchlamms, gefüllt und auf der Glut gebraten. Rezept typisch für den Molise (s.).
▶ **TORCINELLI o ABBUOTI** Interiores de cordero de leche rellenos y cocinados a la brasa. Receta típica del Molise (ver).

TÒRCOLO *Grossa ciambella tipica di Perugia in Umbria (v.).*
▶ **TÒRCOLO** Large doughnut, typical of Perugia in Umbria (s.).
▶ **TORCOLO** Gros donut typique de Pérouse en Ombrie (v. Umbria).
▶ **TORCOLO** Grosser Kringel typisch für Perugia in Umbrien (s. Umbria).
▶ **TORCOLO** Rosca grande típica de Perugia en Umbría (ver).

TORDO *Con questo termine s'indica una specie di uccelli da cacciagione.*

▶ **THRUSH** Bird which is often hunted.

▶ **GRIVE** Avec ce terme on indique une espèce chassée d'oiseaux.

▶ **DROSSEL** gejagter Vogel.

▶ **TORDO** Con este término se indica una especie de pájaros de caza.

TORRONCINO *Classica varietà del gelato di crema, caratterizzata dalla presenza di granelli di torrone (v.).*

▶ **TORRONCINO** Classical variety of cream ice-cream, characterised by the presence of grains of nougat (s. torrone).

▶ **TORRONCINO** Classique variété de la glace à la crème, caractérisée par la présence de grains de nougat (v. torrone).

▶ **TORRONCINO** Klassische Variante des Speiseeis, das Körner von "Torrone" aufweist (s. torrone).

▶ **TORRONCINO** Clásica variedad de helado de crema, caracterizada por la presencia de granos de turrón (ver torrone).

TORRONE *Dolce a base di miele, albume d'uovo, mandorle o nocciole e vaniglia. Può essere duro o morbido ed è una specialità di quasi tutte le regioni italiane.*

▶ **NOUGAT** Sweet made with honey, egg white, almonds or hazelnuts and vanilla. It can be hard or soft and is a speciality of almost all regions of Italy.

▶ **TOURON** Dessert à base de miel, blanc d'œuf, amandes ou noisettes et vanille. Il peut être dur ou mou; c'est une spécialité de presque toutes les régions italiennes.

▶ **TORRONE** Süßware aus Honig, Eiweiss, Mandeln und Nüssen und Vanille. Kann hart oder weich sein und ist eine Spezialität fast aller Regionen Italiens.

▶ **TURRON** Dulce a base de miel, clara de huevo, almendras o avellanas y vainilla. Puede ser duro o blando y es una especialidad de casi todas las regiones italianas.

TORRONE GELATO *Impasto di pasta di mandorle e canditi, ricoperto di cioccolato, tipico della Calabria (v.).*

▶ **NOUGAT ICE-CREAM** mixture of almond paste and candied fruit, coated with chocolate, typical of Calabria (s.).

▶ **TOURON GLACE** Mélange de pâte d'amandes et fruits confits, recouvert de chocolat, typique de la Calabre (v. Calabria).

▶ **GEFRORENER TORRONE** Mischung aus Mandeln und kandierten Früchten, mit Schokolade überzogen, typisch für Kalabrien (s. Calabria).

▶ **TURRON HELADO** Masa de almendras y confitados, recubierta de chocolate, típica de Calabria (ver).

TORTA *Termine generico che indica una gran varietà di preparazioni di dolci.*

▶ **CAKE** A generic term indicating a large variety of sweet products.

▶ **TARTE** Terme générique qui indique une grande variété des préparations de gâteaux.

▶ **TORTE** ist im Italienischen eine allgemeine Bezeichnung für Kuchen oder Torten.

▶ **TARTA** Término genérico que indica una gran variedad de preparaciones de dulces.

TÒRTANO *Nome dialettale di Napoli di una torta salata, a forma di grossa ciambella.*

▶ **TÒRTANO** Name of a ring shaped pie from Naples.

▶ **TORTANO** Nom dialectal de Naples pour une tarte salée ayant la forme d'un gros donut.

▶ **TORTANO** dialektalische Bezeichnung aus Neapel für eine herzhafte Torte, ein grosser Kringel.

▶ **TÒRTANO** Nombre dialectal de Nápoles de una tarta salada, a forma de una gran rosquilla.

TORTELLINI *Pasta ripiena, dalla forma che ricorda un ombelico, tipica dell'Emilia Romagna (v.).*

▶ **TORTELLINI** Filled pasta cases with a shape which resembles the naval, typical of Emilia Romagna (s.).

▶ **TORTELLINI** Pâte farcie, à la forme qui rappelle un nombril, typique de l'Emile-Romagne (v. Emilia Romagna).

▶ **TORTELLINI** Gefüllte Nudeln mit einer nabelförmigen Form, typisch für die Emilia Romagna (s.).

▶ **TORTELLINI** Pasta rellena, de forma que recuerda un ombligo, típica de Emilia Romagna (ver).

TORTELLO *Termine che indica alcuni tipi di pasta ripiena assai più grandi dei tortellini.*

▶ **TORTELLO** Term indicating certain types of filled pasta which are much larger than tortellini.

▶ **TORTELLO** Terme qui désigne certains types de pâtes farcies, bien plus grands que les tortellini.

▶ **TORTELLO** Ausdruck für gefüllte Nudeln, die wesentlich grösser als die "Tortellini" sind.

▶ **TORTELLO** Término que indica algunos tipos de pasta rellena bastante más grandes que los tortellini.

TORTELLONI *Tortelli di grosse dimensioni.*

▶ **TORTELLONI** Large tortelli.

▶ **TORTELLONI** Tortelli de grandes dimensions.

▶ **TORTELLONI** Grosse Tortelli.

▶ **TORTELLONI** Tortelli de grandes dimensiones.

TORTINO *Preparazione a forma di piccola torta, presentata come frittata, sformata o cotta in tortiera. Può essere riferito a ricette dolci o salate.*

▶ **PIE** Open pastry case, resembling an omelette, shapeless or cooked in a baking tin. It can refer to sweet or savoury recipes.

▶ **PETITE TARTE** Préparation en forme de petite tarte, présentée comme une omelette, sans forme ou cuite dans la tourtière. Ce terme fait référence à des recettes sucrées ou salées.

▶ **TÖRTCHEN** kleine Torte, die frittiert, aus der Form oder in der Kuchenform gebacken sein kann. Kann süß oder herzhaft sein.

▶ **PASTEL** Preparación en forma de pequeña tarta, presentada como tortilla, deformada o cocinada en un molde. Puede ser referido a recetas dulces o saladas.

TOSCANA *Regione geografica situata nell'Italia centrale e bagnata dal Mar Tirreno (v. pag. 326).*

▶ **TUSCANY** Geographical region situated in Central Italy and which lies on the Tyrrhenian Sea (s. pag. 326).

▶ **TOSCANE** Région géographique située dans l'Italie centrale et baignée par la Mer Tyrrhénienne (v. pag. 326).

▶ **TOSKANA** Geografische Region in Zentralitalien und am Tirrenischen Meer (s. S. 326).

▶ **TOSCANA** Región geográfica situada en Italia central y bañada por el Mar Tirreno (ver pag. 326).

TOSTAPANE *Piccolo elettrodomestico che serve per tostare il pane.*

▶ **TOASTER** Small electrical appliance for toasting bread.

▶ **GRILLE-PAIN** Petit électroménager qui sert à griller le pain.

▶ **TOASTER** Kleines Haushaltsgerät zur Toastherstellung.

▶ **TOSTADOR** Pequeño electrodoméstico que sirve para tostar el pan.

TOSTARE *Far scaldare sostanze secche fino a colorirle. Si tosta soprattutto il pane.*

▶ **TO TOAST** To heat dry food until it browns. Bread is the most commonly toasted food.

▶ **GRILLER** Réchauffer des substances sèches jusqu'à les colorer. On grille surtout le pain.

▶ **TOASTEN** Trockene Substanzen anbräunen unter Erhitzen. Meistens Brot.

▶ **TOSTAR** Calentar sustancias secas hasta que se doran. Se tuesta sobre todo el pan.

TÒTANO È *un mollusco appartenente alla famiglia dei calamari (v.).*

▶ **SQUID** A mollusc (s. calamari).

▸ **ENCORNET** C'est un mollusque qui appartient à la famille des calmars (v. calamari).

▸ **TOTANO** ein zu den Calamari (s.) gehörendes Weichtier.

▸ **JIBIA** Es un molusco que pertenece a la familia de los calamares (ver calamari).

TOURNEDOS È una fetta di filetto (v.), spessa da 2 a 3 cm, ricavata dal "cuore".

▸ **TOURNEDOS** A slice of fillet (s. filetto), 2-3 cm thick, obtained from the "heart".

▸ **TOURNEDOS** C'est une tranche de filet (v. filetto), épaisse de 2 à 3 cm, obtenue à partir du "cœur".

▸ **TOURNEDOS** Filet (s. filetto), 2 oder 3 cm dick, aus dem "Herz" gewonnen.

▸ **TOURNEDO** Es una tajada de filete (ver filetto), gruesa de 2 a 3 cm, obtenida del "corazón".

TOVÀGLIA Telo di lino o di cotone con il quale si copre la tavola al momento dei pasti.

▸ **TABLECLOTH** A length of linen or cotton fabric used to cover the table at mealtimes.

▸ **NAPPE** Toile de lin ou de coton avec laquelle on couvre la table au moment des repas.

▸ **TISCHDECKE** Tuch aus Leinen mit dem der Tisch zur Mahlzeit überzogen wird.

▸ **MANTEL** Tela de lino o algodón con la que se cubre la mesa en el momento de las comidas.

TOVAGLIÒLO Piccolo telo abbinato alla tovaglia usato per pulirsi e proteggere i vestiti durante i pasti.

▸ **NAPKIN** Small piece of cloth which forms a set with the table cloth, used for protecting clothes and cleaning hands and lips during a meal.

▸ **SERVIETTE** Petit toile unie à la nappe, utilisée pour se nettoyer et protéger les habits pendant les repas.

▸ **SERVIETTE** kleines Tuch aus Stoff, das zur Tischdecke passt, gebraucht zum Mundabwischen und um die Kleidung vor Spritzern zu schützen.

▸ **SERVILLETA** Pequeña tela combinada con el mantel usada para limpiarse y protegerse la ropa durante las comidas.

TRAMEZZINO Termine equivalente al sandwich (v.).

▸ **SANDWICH** (s.).

▸ **TRAMEZZINO** Terme équivalent au sandwich (v.).

▸ **TRAMEZZINO** Bezeichnung für Sandwich (s.).

▸ **EMPAREDADO** Término equivalente al sandwich (ver).

TRATTORÍA Locale in cui si mangia una cucina tradizionale della zona.

▸ **RESTAURANT/INN** Place serving traditional cuisine of the area.

▸ **TRATTORIA** Local où l'on mange une cuisine traditionnelle de la zone.

▸ **TRATTORIA** Lokal, in dem die traditionelle Küche des Gebiets angeboten wird.

▸ **MESON** Local en el que se come una cocina tradicional de la zona.

TRÉCCIA Formaggio fresco di pasta filata, di latte di vacca o di bufala, chiamato così per la forma in cui è modellato. È una forma della mozzarella (v.). Col medesimo nome viene indicato un tipo di pane (v.).

▸ **TRÉCCIA** Fresh fibrous cheese, made with cow or buffalo milk, and platted. Mozzarella (s.) cheese can be found in this form. Treccia is also the name of a platted bread (s. pane).

▸ **TRESSE** Fromage frais de pâte filée, de lait de vache ou de buffle, appelé ainsi pour la forme dont il est modelé. C'est un type de mozzarella (v.). Avec le même nom est désigné un type de pain (v. pane).

▸ **ZOPF** frischer Käse aus Kuh- oder Büffelmilch mit charakteristischer Zopfform. Eine Art Mozzarella (s.). Auch Bezeichnung für eine Brotart (s. pane).

▸ **TRECCIA (TRENZA)** Queso fresco de pasta hilada, de leche de vaca o de búfalo, llamado así por la forma en la que está modelado. Es una forma de la mozarela (ver mozzarella). Con el mismo nombre viene indicado un tipo de pan (ver pane).

TRENETTE *Pasta secca, ottima condita col pesto (v.), tipica della Liguria (v.).*
▶ **TRENETTE** A dry pasta, excellent with pesto sauce (s.), typical of Liguria (s.).
▶ **TRENETTE** Pâte sèche, excellente quand elle accompagnée avec du pesto (v.), typique de la Ligure (v. Liguria).
▶ **TRENETTE** Harte Nudeln, besonders gut zu Pesto (s.), typisch für Ligurien (s. Liguria).
▶ **TRENETTE** Pasta seca, óptima condimentada con pesto (ver), típica de Liguria (ver).

TRENTINO *Regione geografica situata nel nord Italia al confine con l'Austria (v. pag. 317).*
▶ **TRENTINO** Geographical region situated in the North of Italy, bordering with Austria (s. pag. 317).
▶ **TRENTIN** Région géographique située au nord de l'Italie à la frontière avec l'Autriche (v. pag. 317).
▶ **TRENTINO** Geografische Region in Norditalien an der Grenze zu Österreich (s. S. 317).
▶ **TRENTINO** Región geográfica situada en el norte de Italia limítrofe con Austria (ver pag. 317).

TRIFOLARE *Tipo di preparazione adatta ai funghi, ai rognoni e alle verdure, che consiste nel rosolare il tutto con un fondo d'olio, aglio e prezzemolo.*
▶ **TRIFOLARE** Method of cooking suitable for mushrooms, kidneys and vegetables, which involves sautéing them with oil, garlic and parsley.
▶ **SAUTER AU PERSIL** Type de préparation adaptée aux champignons, aux rognons, qui consiste en rissoler le tout avec un fond d'huile, d'ail et de persil.
▶ **TRIFOLARE** Zubereitungsart mit Öl, Knoblauch und Petersilie, ge-

eignet für Pilze, Nierchen und Gemüse.
▶ **TRIFOLARE** Tipo de preparación adecuada para setas, riñones y verduras, que consiste en saltear todo con aceite, ajo y perejil.

TRÍGLIA *Pesce marino dalla carne delicata e magra, ottimo preparato alla griglia o al forno.*
▶ **RED MULLET** Salt water fish with delicate, non-oily flesh, delicious grilled or baked.
▶ **ROUGET** Poisson de mer à la viande délicate et maigre, excellent quand il est préparé sur la grille ou dans le four.
▶ **SEEBARBE** Meeresfisch mit delikatem, magerem Fleisch, besonders gut gegrillt oder im Ofen.
▶ **SALMONETE** Pescado marino de carne delicada y magra, óptimo preparado a la parrilla o en el horno.

TRIPPA *Termine gastronomico che indica parti animali morbide, comprese tra stomaco, esofago e intestino, preparate generalmente in umido (v.).*
▶ **TRIPE** Term used in gastronomy indicating soft parts of animals, including the stomach, oesophagus and intestines, generally stewed (s. umido).
▶ **TRIPES** Terme gastronomique qui indique des parties des animaux molles, situées entre l'estomac, l'œsophage et l'intestin, préparées généralement en sauce (v. umido).
▶ **TRIPPA** Gastronomische Bezeichnung für Pansen, bzw. Teile zwischen dem Magen, Speiseröhre und Darm. Meistens in Flüssigkeit zubereitet (s. umido).
▶ **CALLOS** Termino gastronómico que indica partes animales blandas, comprendidas entre el estómago, el esófago, y el intestino, preparadas generalmente guisadas (ver umido).

TRÒFIE *Piccoli gnocchi, solitamente conditi con pesto (v.), tipici della Liguria (v.).*
▶ **TRÒFIE** Small gnocchi, usually served in pesto sauce (s.), typical of Liguria (s.).

▶ **TROFIE** Petits gnocchi, d'habitude assaisonnés avec du pesto (v.), ils sont typiques de la Ligure (v. Liguria).

▶ **TROFIE** Kleine Gnocchi, meistens mit Pesto (s.) zubereitet, typisch für Ligurien (s. Liguria).

▶ **TRÒFIE** Pequeños ñoquis, normalmente condimentados con pesto (ver), típicos de Liguria (ver).

TROPEA, CIPOLLE DI *Pregiata varietà di cipolla, rossa e dalla polpa succosa, tipica della zona di Tropea in Calabria (v.).*

▶ **TROPEA, CIPOLLE DI** A highly regarded variety of onion, red with juicy pulp, typical of the zone of Tropea in Calabria (s.).

▶ **OIGNONS DE TROPEA** Variété appréciée d'oignon, rouge et à la pulpe juteuse, typique de la zone de Tropea en Calabre (v. Calabria).

▶ **TROPEA, CIPOLLA DI** Tropeazwiebel. Rote Gemüsezwiebel mit saftigem Fleisch, typisch für Tropea in Kalabrien (s. Calabria).

▶ **TROPEA, CEBOLLAS DE** Apreciada variedad de cebolla, roja y de pulpa jugosa, típica de la zona de Tropea en Calabria (ver).

TROTA *Pesce d'acqua dolce. Può essere lessa, grigliata o cotta al forno.*

▶ **TROUT** Fresh water fish. It can be boiled, grilled or baked.

▶ **TRUITE** Poisson d'eau douce. Elle peut être bouillie, grillée ou cuite au four.

▶ **FORELLE** Süßwasserfisch. Kann gekocht, gegrillt oder im Ofen gebraten werden.

▶ **TRUCHA** Pescado de agua dulce. Puede ser cocinada hervida, a la parrilla o en el horno.

TROTA SALMONATA *Trota che si è alimentata di gamberi rossi oppure, in allevamento, di carote o pesci rossi, tanto che la sua carne assume una colorazione simile a quella del salmone.*

▶ **SALMON-TROUT** Trout which has fed on pink prawns, or in a fishery, on carrots or goldfish, giving the flesh a colour similar to that of salmon.

▶ **TRUITE SAUMONEE** Truite qui a mangé des crevettes rouges ou bien, en élevage, de carottes ou poissons rouges, tant que sa chair prend une coloration identique à celle du saumon.

▶ **LACHSFORELLE** Forelle, die sich von Ganelen ernährt oder, in der Aufzucht, von Karotten oder Goldfischen, so daß ihr Fleisch eine rosa, lachsähnliche Farbe annimmt.

▶ **TRUCHA ASALMONADA** Trucha que se ha alimentado de gambas rojas o bien, criada en cautividad, de zanahoria o peces rojos, tanto que su carne asume una coloración parecida a la del salmón.

TUMA *Formaggio originario della Sicilia (v.), prodotto con latte di pecora.*

▶ **TUMA** Ewés milk cheese originating from Sicily (s. Sicilia).

▶ **TUMA** Fromage originaire de la Sicile (v. Sicilia), produit avec du lait de brebis.

▶ **TUMA** Käse aus Sizilien (s. Sicilia), aus Schafsmilch.

▶ **TUMA** Queso originario de Sicilia (ver), producido con leche de oveja.

TUTTIFRUTTI *Con questo termine s'indicano i desserts e i gelati composti da più qualità di frutta.*

▶ **TUTTIFRUTTI** The term indicates desserts and ice-creams made with a variety of different fruit.

▶ **TUTTIFRUTTI** Avec ce terme on indique les desserts et les glaces composés de différentes qualités de fruits.

▶ **TUTTIFRUTTI** Dessert oder Eis aus gemischten Früchten.

▶ **TUTIFRUTI** Con este término se indican los postres y helados compuestos de diversas clases de frutas.

U

UCCELLETTO, ALL' *Pietanza tipica della Toscana (v.) a base di fagioli lessati, soffritti e uniti al passato di pomodoro.*

▸ **UCCELLETTO, ALL'** A typical dish from Tuscany (s. Toscana) consisting of beans which are boiled, browned in a frying pan and mixed with tomato sauce.

▸ **OISELET, A L'** Plat typique de la Toscane (v. Toscana) à base d'haricots cuits à l'eau, sautés et ajoutés à la purée de tomates.

▸ **UCCELLETTO ALL'** Typisches Gericht aus der Toskana (s. Toscana) aus gekochten Bohnen, angebraten und zu Tomatensoße gegeben.

▸ **UCCELLETTO, A LA** Manjar típico de Toscana (ver), a base de alubias hervidas, sofritas y unidas a una salsa de tomate.

UCCELLINI *Piatto di cacciagione a base di uccelli di piccola taglia.*

▸ **UCCELLINI** Dish of game consisting of small birds.

▸ **PETITS OISEAUX** Plat de gibier à base d'oiseaux de petite taille.

▸ **VÖGELCHEN** Wildgericht aus kleinen Singvögeln.

▸ **PAJARITOS** Plato de carne de caza a base de pájaros de pequeñas dimensiones.

UMBRIA *Regione interna dell'Italia centrale (v. pag. 333).*

▸ **UMBRIA** Internal region in the centre of Italy (s. pag. 333).

▸ **OMBRIE** Région intérieure de l'Italie centrale. (v.pag. 333).

▸ **UMBRIA** Interne Region Mittelitaliens (s.S. 333).

▸ **UMBRIA** Región interna de Italia central (ver pag. 333).

ÚMIDO *Metodo di cottura che prevede l'utilizzo di un sugo aromatico.*

▸ **STEW** Method of cooking which requires the use of an aromatic sauce.

▸ **EN SAUCE** Méthode de cuisson qui prévoit l'utilisation d'une sauce aromatique.

▸ **UMIDO** Art der Zubereitng in Flüssigkeit, in einer aromatischen Soße.

▸ **ESTOFADO** Modo de cocinar que preve el uso de un jugo aromático.

ÚNGERE *Cospargere un alimento di una sostanza grassa (olio, burro, strutto).*

▸ **GREASE** Spread a food with a fatty substance (oil or butter).

▸ **OINDRE** Enduire un aliment d'une substance grasse (huile, beurre, saindoux).

▸ **EINFETTEN** ein Lebensmittel mit Fett (Öl, Butter, Schmalz) bestreichen.

▸ **ENGRASAR** Rociar un alimento con una sustancia grasa (aceite, mantequilla, manteca de cerdo).

UÒVO *Alimento ricco di sostanze nutrienti prodotto dalle femmine dei volatili. È formato da guscio, albume e tuorlo.*
Uova bazzotte: *cotte intere per 5 minuti e passate sotto acqua fredda.* **Uova in cocotte**: *mettere un uovo e panna bollente all'interno di un contenitore di terracotta riscaldato.* **Uova sode**: *uovo scaldato col guscio in acqua bollente per pochi minuti.* **Uova strapazzate**: *uova fritte in padella con albume e tuorlo mischiati.*

▸ **EGG** Food rich in nutricious substances produced by female birds. It is composed of a shell, albumen and yolk.
Medium-boiled eggs: cooked whole

for 5 minutes and then placed in cold water. **Eggs baked in oven-proof dish**: the egg is boiled with cream in a heated terracotta container. **Hard-boiled eggs**: egg still in its shell is heated in boiling water for a few minutes.
Scrambled eggs: egg fried in a pan with the white and yolk mixed together.

▶ **ŒUF** Aliment riche en substances nourrissantes produit par les femelles des volatiles. Il est formé d'une coquille, de l'albumen et d'un jaune. **Œuf mollet**: cuit entier pendant cinq minutes et passé sous l'eau froide, le jaune reste crémeux. **Œuf en cocotte**: mettre un oeuf et de la crème bouillante dans un récipient de terre cuite préchauffé. **Œuf dur**: oeuf cuit avec sa coquille dans l'eau bouillante pour quelques minutes. **Œuf brouillé**: œuf frit à la poêle avec le blanc et le jaune mélangés.

▶ **Ei** Lebensmittel, das reich an Nährstoffen ist, von den Weibchen der Vögel gezeugt. Es besteht aus Eischale, Eiweiss und Eigelb.
Uova bazzotte: ganz gekochte Eier für ca. 5 Minuten und unter kaltem Wasser abgeschreckt. **Uova in cocotte**: ein Ei und heiße Sahne in einen heißen Behälter aus Steingut geben. **Uova sode**: Harte Eier. Mit der Schale in kochendes Wasser gegebenes Ei. **Uova strapazzate**: Rührei.

▶ **HUEVO** Alimento rico en sustancias nutrientes producto de la hembra de las aves. Está formado por la cáscara, la clara y la yema.
Huevos pasados por agua: cocidos enteros durante 5 minutos y pasados por agua fría. **Huevos en cocotte**: poner un huevo y nata hirviendo dentro de un contenedor de terracota caliente. **Huevos cocidos (duros)**: huevos calentados con cáscara en agua hirviendo durante

pocos minutos. **Huevos revueltos**: huevos fritos en sartén con clara y yema mezcladas.

UVA *Frutto composto da acini dolci e succosi raccolti in grappoli, dalla cui fermentazione si ottiene il vino.*

▶ **GRAPES** Fruit composed of sweet, juicy berries, hanging in bunches. Wine is obtained from the fermentation of grapes.

▶ **RAISIN** Fruit composé de grains sucrés et juteux rassemblés en grappes et de sa fermentation on obtient le vin.

▶ **TRAUBEN** Frucht aus süßen Traubenbeeren und saftig, aus deren Fermentation Wein hergestellt wird.

▶ **UVA** Fruto compuesto de granos dulces y jugosos recogidos en racimos, de cuya fermentación se obtiene el vino.

UVA SPINA *È un tipo di ribes dal gusto leggermente acido.*

▶ **GOOSEBERRY** A type of berry with a slightly acidic taste.

▶ **MAQUEREAU** C'est un type de groseille au goût légèrement acidulé.

▶ **STACHELBEERE** eine Art Johannisbeere mit leicht säuerlichem Geschmack.

▶ **UVA ESPINA** Es un tipo de grosella de gusto ligeramente ácido.

UVETTA *Acini d'uva appassiti. Sono usati nella preparazione di dolci.*

▶ **RASINS** Over ripened grapes, used in baking.

▶ **RAISIN SEC** Grains de raisin secs. Ils sont utilisés pour préparer des gâteaux.

▶ **ROSINEN** Getrocknete Trauben. Meist zur Zubereitung von Süßwaren.

▶ **PASAS DE UVA** Granos de uva marchitados. Son usados en la preparación de dulces.

VACCINO Termine utilizzato per indicare il latte di vacca.
- **VACCINO** Cow's milk.
- **VACCINO** Terme utilisé pour indiquer le lait de vache.
- **VACCINO** Ausdruck für kuhmilch.
- **VACUNO** Término utilizado para indicar la leche de vaca.

VALERIANELLA Verdura invernale dall'aroma delicato da consumare cruda.
- **VALERIAN** Winter vegetable with a delicate aroma, eaten raw.
- **VALERIANELLE** Crudité hivernale à l'arôme délicat à consommer crue.
- **VALERIANELLA** winterliches Gemüse mit delikatem Aroma, roh verwendet.
- **MILAMORES** Verdura invernal de aroma delicado que se consume cruda.

VALLE D'AOSTA Regione montuosa italiana situata all'estremo nord-ovest della penisola ai confini con la Francia (v. pag. 308).
- **VALLE D'AOSTA** Mountainous region of Italy situated in the extreme north-west of the peninsular, bordering with France (s. pag. 308).
- **VALLEE D'AOSTE** Région montagneuse de l'Italie située à l'extrême nord-ouest de la péninsule à la frontière avec la France (v. pag. 308).
- **AOSTATAL** bergiges Gebiet in dem extremen Nordwesten der Halbinsel an der Grenze zu Frankreich (s.S. 308).
- **VALLE DE AOSTA** Región montañosa italiana situada en el extremo noroeste (ver. pag. 308).

VANIGLIA Aromatizzante vegetale ideale per la preparazione di dolci.
- **VANILLA** Aromatic vegetable ideal for use in baking.
- **VANILLE** Végétal aromatique idéal pour la préparation de dessert.
- **VANILLE** Aromatische Pflanze ideal zur Zubereitung von Süßwaren.
- **VAINILLA** Aromatizante vegetal ideal para la preparación de dulces.

VANIGLIATO Particolare sentore avvertito nel vino, dovuto principalmente all'uso della barrique.
- **VANILLA-FLAVOURED** A particular taste detected in wine, due principally to the use of the barrique.
- **VANILLE** Parfum particulier détectable du vin, principalement dû à l'utilisation de la barrique.
- **VANILLE-TON** Besonderer Geschmack nach Vanille, der aus dem Eichenholz stammt, in dem der Wein gelagert wurde. Auch Barrique-Ton genannt.
- **VANIGLIATO** Particular matiz que se advierte en el vino, debido principalmente al uso de las barricas.

VAPORE, COTTURA A Metodo di cottura in cui l'alimento assorbe aromi e umidità dal liquido in cui sta bollendo, senza perdere sostanze nutritive.
- **STEAM COOKING** A method of cooking by which the food absorbs aromas and water from the liquid in which it is boiling.
- **VAPEUR, CUISSON À LA** Méthode de cuisson pour laquelle l'aliment absorbe les arômes et l'humidité du liquide dans lequel il est en

train de bouillir, sans perdre de substances nutritives.

▷ **DAMPF, GEDÄMPFT** Art der Zubereitung, bei der das Lebensmittel Aromen und Feuchtigkeit in der es gart aufnimmt, ohne Nahrungssubstanzen zu verlieren.

▷ **VAPOR, COCINAR AL** Modo de cocinar en el que el alimento absorbe aromas y humedad del líquido en el que hierve, sin perder sustancias nutritivas.

VASSÓIO *Piatto a fondo piano, con bordo evidenziato, usato per trasportare piatti e bicchieri, vivande e bevande.*

▷ **TRAY** Plate with a flat base and a higher rim, used for carrying plates and glasses, food and beverages.

▷ **PLATEAU** Pièce de vaisselle à fond plat, au bord relevé, utilisé pour transporter plats, verres ou mets et boissons.

▷ **TABLETT** flacher Teller mit Rand zum Transport von Gläsern und Tellern oder Speisen und Getränken.

▷ **BANDEJA** Plato con fondo plano, con borde evidenciado, usado para transportar platos y vasos o alimentos y bebidas.

VEGETARIANA *Tipo di dieta (v.) caratterizzata dall'assenza di carne.*

▷ **VEGETARIAN** Type of diet (s. dieta) characterised by the absence of meet.

▷ **VEGETARIEN** Type de diète (v. dieta) caractérisée par l'absence de viande.

▷ **VEGETARISCH** Art der Diät (s. dieta) ohne Fleisch.

▷ **VEGETARIANA** Tipo de dieta (ver) caracterizada por la ausencia de carne.

VELLUTATA *Tipo di besciamella (v.) cucinata nel brodo.*

▷ **VELVET** Type of white sauce (s. besciamella) made with stock.

▷ **VELOUTEE** Type de béchamel (v. besciamella) cuisinée dans le bouillon.

▷ **VELLUTATA** Art von Besciamell (s. besciamella) in Brühe gekocht.

▷ **VELLUTATA** Tipo de besamel (ver besciamella) hecha con caldo.

VELLUTO *Termine utilizzato nell'assaggio di un vino per indicare il particolare equilibrio che si avverte al palato.*

▷ **VELVET** Term used in tasting a wine in order to identify a particular balance felt on the palate.

▷ **GOULEYANT** Terme utilisé dans la dégustation d'un vin pour indiquer l'équilibre particulier capté par le palais.

▷ **SAMTIG** Ausdruck der Weinprobe für ein besonderes Gleichgewicht, das am Gaumen wahrnehmbar ist.

▷ **TERCIOPELO** Término utilizado en la cata de un vino para indicar el particular equilibrio que se advierte en el paladar.

VENETO *Regione italiana bagnata dal Mar Adriatico, situata a nord-est della penisola (v. pag. 315).*

▷ **VENETO** Region of Italy which lies on the Adriatic Sea, situated at the north-east of the peninsular (s. pag. 315).

▷ **VENETIE** Région italienne baignée par la mer Adriatique, située au nord-est de la péninsule (v. pag. 315).

▷ **VENETIEN** Italienische Region am Adriatischen Meer im Nordosten der Halbinsel (s. S. 315).

▷ **VENETO** Región italiana bañada por el Mar Adriático, situada al noreste de la península (ver pag. 315).

VENEZIÀNA *Dolce dalla forma tonda, ricoperto di zucchero e mandorle tritate.*

▷ **VENEZIÀNA** A round cake, covered with sugar and ground almonds.

▷ **VENEZIÀNA** Gâteau à forme ronde, couvert de sucre et d'amandes hachées.

▷ **VENEZIÀNA** Runde Süßware mit Zucker und gehackten Mandeln bedeckt.

▷ **VENEZIÀNA** Dulce con forma redonda, recubierto de azúcar y almendras trituradas.

VENTRESCA *Tonno sott'olio ottenuto dalla carne bianca del ventre del pesce. In Toscana (v.) può essere usato per indicare la pancetta di suino.*

▸ **BELLY** Tunny of tuna, white flesh from the belly, preserved in oil. In Tuscany (s. Toscana) the term can be used to identify bacon.

▸ **VENTRESCA** Thon à l'huile obtenu à partir de la chair blanche du ventre du poisson. En Toscane (v. Toscana) ce terme peut être utilisé pour indiquer le lard de porc.

▸ **VENTRESCA** Bauchfleisch des Thunfischs, bzw. unter Öl gesetztes weisses Bauchfleisch des Thunfischs. In der Toskana (s. Toscana) wird damit auch der Bauchspeck des Schweins bezeichnet.

▸ **VENTRESCA** Atún en aceite obtenido de la carne blanca del vientre del pescado. En Toscana (ver) puede ser usado para indicar la panceta de cerdo.

VENTRICINA *Salume morbido tipico dell'Abruzzo e del Molise (v.), fatto con carne grassa e magra di suino insaporita con peperoncino, finocchio e scorze d'agrumi.*

▸ **VENTRICINA** Soft pork product, typical of Abruzzo and Molise (s.), made with fat and lean of pork, seasoned with chilly pepper, fennel and the rind of citrus fruit.

▸ **VENTRICINA** Saucisson mou typique des Abruzzes (v. Abruzzo) et de la Molise (v.), réalisé à partir de viande grasse et maigre de porc, relevée avec des piments, du fenouil et des écorces d'agrumes.

▸ **VENTRICINA** Weiche Wurst typisch für Abruzzen (s. Abruzzo) und Molise (s.) aus fettem und magerem Schweinefleisch, gewürzt mit Peperoncino, Fenchel und Zitrusschalen.

▸ **VENTRICINA** Embutido blanco típico de Abruzzo y de Molise (ver), hecho con carne grasa y magra de cerdo condimentada con guindilla, hinojo y cáscaras de cítricos.

VERDE, SALSA *Salsa fredda composta da erbe aromatiche tritate e aglio, ideale per accompagnare bolliti.*

▸ **GREEN SAUCE** Cold sauce made with ground aromatic herbs and garlic, an ideal accompaniment for boiled meat.

▸ **VERTE, SAUCE** Sauce froide composée d'herbes aromatiques hachées et d'ail, elle est idéale pour accompagner les pot-au-feu.

▸ **GRÜNE SOSSE** Kalte Sosse aus zerhackten Kräutern und Knoblauch, ideal zu Kochfleisch.

▸ **VERDE, SALSA** Salsa fría compuesta por hierbas aromáticas trituradas y ajo, ideal para acompañar hervidos.

VERDESCA *Tipo di squalo dalla carne dura e poco digeribile.*

▸ **BLUE SHARK** Type of shark with hard meat which is difficult to digest.

▸ **REQUIN BLEU** Type de requin à viande dure et peu digestible.

▸ **VERDESCA** Haiart mit hartem und schwer verdaubarem Fleisch.

▸ **TINTORERA** Tipo de tiburón de carne dura y poco digerible.

VERDURA *Insieme dei vegetali usati nell'alimentazione umana. Per estensione il medesimo termine indica l'insalata.*

▸ **VEGETABLES** Part of a plant that is grown for food. The term also includes salad.

▸ **VERDURE** C'est l'ensemble des végétaux utilisés dans l'alimentation humaine. Par extension le même terme indique aussi la salade.

▸ **GEMÜSE** Für die menschliche Ernährung gebrauchte Pflanzen. Im weiteren Sinne auch Salat.

▸ **VERDURA** Conjunto de vegetales usados en la alimentación humana. Por extensión el mismo nombre indica la ensalada.

VERMICELLI *Tipo di pasta di grano duro dalla forma allungata e tonda.*

▸ **VERMICELLI** Type of durum wheat pasta with a long, round shape.

▸ **VERMICELLE** Type de pâte de blé dur au format allongé et rond.

▸ **VERMICELLI** Hartweizennudel mit länglicher, runder Form.

▷ **FIDEOS** Tipo de pasta de trigo de forma alargada y redonda.

VÈRMUT *Vino aromatizzato con infuso di erbe aromatiche e aggiunta di alcol e zucchero.*
▷ **VERMOUTH** Wine with added alcohol and sugar, aromatised with aromatic herbs.
▷ **VERMOUTH** Vin aromatisé de tisane d'herbes aromatiques et d'addition d'alcool et de sucre.
▷ **VERMOUTH** Mit einer Infusion aus Kräuterpflanzen aromatisierter Wein und mit Zusatz von Alkohol und Zucker.
▷ **VÈRMUT** Vino aromatizado con infusión de hierbas aromáticas al que se le ha añadido alcohol y azúcar.

VERZA *Tipo di cavolo (v.).*
▷ **SAVOY CABBAGE** Type of cabbage (s. cavolo).
▷ **CHOU DE MILAN** Type de chou (v. cavolo).
▷ **VERZA** Art Kohl (s. cavolo).
▷ **BERZA** Tipo de col (ver cavolo).

VETRO *Materiale trasparente, indicato per contenere acqua, vini, bevande e alimenti in genere.*
▷ **GLASS** Transparent material, suitable for holding water, wine, soft-drinks and foodstuffs in general.
▷ **VERRE** Matériau transparent, indiqué pour contenir eau, vin, boisson et aliment en général.
▷ **GLAS** Transparentes Material zum Inhalt von Wasser, Weinen, Getränken und Lebensmittel im Allgemeinen.
▷ **VIDRIO** Material transparente, indicado para contener agua, vinos, bebidas y alimentos en general.

VÉZZENA *Formaggio di latte di vacca, dal gusto delicato, prodotto in Veneto e Trentino Alto Adige (v.).*
▷ **VÉZZENA** A delicate cow's milk cheese, produced in Veneto and Trentino Alto Adige (s.).

▷ **VÉZZENA** Fromage de lait de vache, au goût délicat, produit en Vénétie (v. Veneto) et en Trentin (v.).
▷ **VÉZZENA** Kuhmilchkäse mit delikatem Geschmack, in Venetien (s. Veneto) und Trentino Alto Adige (s. Trentino Alto Adige) hergestellt.
▷ **VÉZZENA** Queso de leche de vaca, de gusto delicado, producido en Véneto y Trentino Alto Adige (ver).

VIALONE NANO *Varietà pregiata di riso, tipica del Veneto (v.) e della Lombardia (v.) con cui è consigliata la preparazione di risotti.*
▷ **VIALONE NANO** A highly regarded variety of rice, advised for use in risotto, typical of Veneto (s.) and Lombardy (s. Lombardia).
▷ **VIALONE NAIN** Variété réputée de riz, typique de la Vénétie (v. Veneto) et de la Lombardie (v. Lombardia) conseillée pour la préparation du risotto.
▷ **VIALONE NANO** Wertvolle Reisvarietät aus Venetien (s. Veneto) und der Lombardei (s. Lombardia), mit dem vorzugsweise Risotto gemacht wird.
▷ **VIALONE NANO** Variedad apreciada de arroz, típica de Véneto (ver) y de Lombardía (ver) con la que se aconseja la preparación de los risotti.

VINAIGRETTE *Condimento per insalate ottenuto dallo scioglimento del sale nell'aceto con aggiunta di olio.*
▷ **VINAIGRETTE** Salad dressing prepared by dissolving salt in vinegar and adding oil.
▷ **VINAIGRETTE** Assaisonnement pour salade obtenu par la dissolution de sel dans le vinaigre avec addition d'huile.
▷ **VINAIGRETTE** Salatsoβe aus in Essig gelöstem Salz und Zusatz von Öl.
▷ **VINAGRETA** Condimento para ensaladas obtenido diluyendo sal en vinagre y añadiendo aceite.

VINCISGRASSI *Lasagne farcite con un ragù costituito da rigaglie di pollo, fun-*

ghi e animelle, tipiche delle Marche (v.).

▷ **VINCISGRASSI** Lasagne with ragù sauce containing chicken cut-offs, mushrooms and offal, typical of Marche (s.).

▷ **VINCISGRASSI** Lasagnes farcies avec une sauce constituée d'abattis de poulet, champignons et ris, typiques des Marches (v. Marche).

▷ **VINCISGRASSI** Lasagne mit Ragout gefüllt, das aus Hühnereingeweiden, Pilzen und Gekröse ist, typisch für die Marken (s. Marche).

▷ **VINCISGRASSI** Lasañas rellenas con un ragú constituido por menudillos de pollo, setas y mollejas, típicas de las Marcas (ver Marche).

VINERIA *Locale dove si effettua la mescita di vari tipi di vino, accanto all'eventuale assaggio di alcuni cibi.*

▷ **VINERIA** Place where a variety of wines are served, and food can also often be tasted.

▷ **BUVETTE** Local où s'effectue le débit de différents types de vin, avec l'éventuelle dégustation de quelques mets.

▷ **WEINKELLER** Lokal, in dem verschiedene Weine ausgeschenkt werden, eventuell mit Kosten einiger Speisen.

▷ **VINERIA** Local donde se efectúa la escancia de varios tipos de vino, junto con la eventual degustación de algunos alimentos.

VINO *Bevanda alcolica derivata dalla fermentazione dell'uva.*

▷ **WINE** Alcoholic beverage, product of the fermentation of grapes.

▷ **VIN** Boisson alcoolisée provenant de la fermentation du raisin.

▷ **WEIN** Alkoholisches Getränk aus der Fermentation von Trauben.

▷ **VINO** Bebida alcohólica derivada de la fermentación de la uva.

VINO COTTO *Sciroppo di uva dolce denso e liquoroso.*

▷ **COOKED WINE** Thick, sweet grape liqueur syrup.

▷ **VIN CUIT** Sirop de raisin sucré dense et liquoreux.

▷ **VINO COTTO** "Gekochter Wein", süßer, liqueurartiger und dicker

Traubensyrup.

▷ **VINO COCIDO** Jarabe de uva dulce, denso y licoroso.

VINO NOVELLO *Vino imbottigliato due mesi dopo la vendemmia e prodotto mediante macerazione carbonica.*

▷ **NEW WINE** Wine bottled two months after the harvest and produced by carbonic steeping.

▷ **VIN NOUVEAU** Vin mis en bouteille deux mois après la vendange et produit par macération carbonique.

▷ **VINO NOVELLO** Zwei Monate nach der Weinlese abgefüllter Wein und durch Kohlensäure - Maischung hergestellt.

▷ **VINO NUEVO** Vino embotellado dos meses después de la vendimia y producido mediante maceración carbónica.

VIÒLA *Fiore profumato da candire (v.) per preparazioni dolciarie.*

▷ **VIOLET** Fragrant flour which is candied (s. candire) for use in confectionery.

▷ **VIOLETTE** Fleur parfumée à confire (v. candire) pour des préparation en pâtisserie.

▷ **VEILCHEN** Duftende Blume, die kandiert (s. candire) werden kann zur Verwendung in der Feinbäckerei.

▷ **VIOLETA** Flor perfumada para confitar (ver candire) para preparaciones dulceras.

VISCIOLA *Tipo di ciliegia dal sapore acidulo.*

▷ **SOUR-CHERRY** Type of cherry with a sour taste.

▷ **GRIOTTE** Type de cerise au goût acidulé.

▷ **VISCIOLA** Kirschenart mit säuerlichem Geschmack.

▷ **GUINDA** Tipo de cereza de sabor ácido.

VITELLO *Bovino giovane dalla carne tenera e delicata.*

▷ **VEAL** Young bovine with tender, delicate meat.

▷ **VEAU** Jeune bovin à la viande

tendre et délicate.

▶ **KALB** Junges Rind mit zartem und delikatem Fleisch.

▶ **TERNERA** Bovino joven de carne tierna y delicada.

VITELLO TONNATO *Piatto formato da fette sottili di vitello ricoperte da una salsa a base di maionese, tonno e capperi.*

▶ **VITELLO TONNATO** Dish composed of thin slices of veal covered with a mayonnaise, tuna fish and caper sauce.

▶ **VEAU À LA SAUCE AU THON** Plat formé de tranches fines de veau recouvertes d'une sauce à base de mayonnaise, thon et câpres.

▶ **VITEL TONNÉ** Gericht aus dünnen Kalbsscheiben, die mit einer Creme aus Mayonnaise, Thunfisch und Kapern bedeckt sind.

▶ **TERNERA CON SALSA DE ATUN** Plato formado por tajadas sutiles de ternera recubiertas por una salsa de mayonesa, atún y alcaparras.

VITELLONE *Castrati e femmine giovani di bovini dalla carne compatta di colore rosaceo.*

▶ **BULLOCK** Castrated and young female bovines. They have a compact, pink coloured meat.

▶ **GENISSE** Jeunes bovines à la viande compacte de couleur rosée.

▶ **VITELLONE** Jungochse oder weibliches, junges Rind oder kastriertes Rind mit kompaktem, rosa-

rotem Fleisch.

▶ **TERNERA** Castrados y hembras jóvenes de bovinos de carne compacta de color rosáceo.

VIULIN *Raro prosciutto di montagna stagionato, tipico della Valtellina in Lombardia (v.).*

▶ **VIULIN** Rare aged mountain ham, typical of Valtellina in Lombardy (s. Lombardia).

▶ **VIULIN** Jambon affiné de montagne rare et typique de la Valteline en Lombardie (v. Lombardia)

▶ **VIULIN** Seltener gelagerter Bergschinken, typisch für die Valtellina in der Lombardei (s. Lombardia).

▶ **VIULIN** Raro jamón de montaña curado, típico de Valtellina en Lombardía (ver).

VONGOLA *Mollusco dal sapore delicato indicato per zuppe, primi piatti o cotture in umido.*

▶ **CLAM** Delicately flavoured mollusc, suitable for use in soups, pasta dishes, rice dishes and stews.

▶ **CLOVISSE** Mollusque au goût délicat indiqué pour les soupes, plats ou sauces.

▶ **VONGOLA** Muschel, Weichtier mit delikatem Geschmack geeignet für Suppen, Nudelgerichte oder in Flüssigkeit Gegartem.

▶ **ALMEJA** Molusco de sabor delicado indicado para sopas, primeros platos o guisados.

WAFER *Biscotto composto da due cial-de sottili imbottite di crema di vari tipi.*

▶ **WAFER** Biscuit composed of a cream centre of various possible flavours, sandwiched between two thin wafers.

▶ **WAFER** Biscuit composé de deux fines gaufrettes fourrées de crème de différents types.

▶ **WAFFEL** Keks aus zwei dünnen Waffelhälften mit verschiedenen Cremes gefüllt.

▶ **WAFER** Galleta compuesta de dos rosquillas sutiles rellenas de cremas de varios tipos.

WHISKY *Acquavite di cereali di origine anglosassone.*

▶ **WHISKY** Strong alcoholic drink distilled from cereals, of Anglo-Saxon origin.

▶ **WHISKY** Alcool de céréale d'origine anglo-saxonne.

▶ **WHISKY** Acquavit aus Getreide angelsächsischer Herkunft.

▶ **WHISKY** Aguardiente de cereales de origen anglosajón.

WINE BAR *Locale dove si effettua la mescita di più tipi di vino.*

▶ **WINE BAR** Place where many types of wine are served.

▶ **WINE BAR** Local où s'effectue le débit de différents vins.

▶ **WEINBAR** Lokal, in dem verschiedene Weine ausgeschenkt werden.

▶ **WINE BAR** Local donde se efectúa la escancia de todo tipo de vinos.

WÜRSTEL *Salsiccia tipica tedesca composta di carne bovina e suina tritata, variamente affumicata.*

▶ **FRANKFURTER** Sausage typical of Germany, made with minced beef and pork, often smoked.

▶ **WURSTEL** Saucisse typique allemande composée de viande hachée de bœuf et de porc, diversement fumée.

▶ **WÜRSTEL** Typisch deutsches Würstchen aus gehacktem Schweine- und Rindfleisch, unterschiedlich geräuchert.

▶ **WÜRSTEL** Salchicha típica alemana compuesta por carne bovina y porcina triturada, variadamente ahumada.

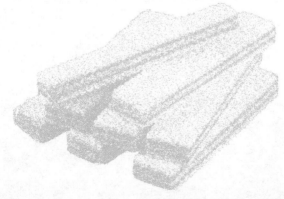

YÒGURT *Liquido cremoso ed acidulo prodotto dalla fermentazione del latte.*
▶ **YOGHURT** Creamy, slightly sour liquid, produced through the fermentation of milk.
▶ **YOGOURT** Liquide crémeux et acidulé produit de la fermentation du lait.
▶ **JOGHURT** Cremige, säuerliche Flüssigkeit aus der Fermentation der Milch.
▶ **YOGURT** Líquido cremoso y ácido producido mediante la fermentación de la leche.

Z

ZABAIONE *Crema dalla consistenza spumosa ottenuta dalla cottura di tuorli d'uovo uniti a zucchero, diluiti nel vino Marsala.*

▶ **ZABAIONE** A frothy cream obtained by cooking egg yolks with sugar, diluted in marsala.

▶ **SABAYON** Crème de consistance mousseuse obtenue par la cuisson de jaunes d'œufs et de sucre, dilués dans du vin de Marsala.

▶ **ZABAIONE** Eierliqueurcreme. Creme mit schaumiger Konsistenz aus dem Kochen von Eidottern mit Zucker, mit Marsalawein verlängert.

▶ **SABAYON** Crema de consistencia espumosa obtenida mediante la cocción de yemas de huevo con azúcar, diluidas en vino Marsala.

ZAFFERANO *Spezia costituita da una polvere gialla molto aromatica e colorante. È l'ingrediente fondamentale del risotto alla milanese.*

▶ **SAFFRON** Spice which is highly aromatic and a powerful colorant. The yellow powder is a basic ingredient of risotto alla milanese.

▶ **SAFRAN** Epice constituée d'une poudre jaune très aromatique et colorante. C'est l'ingrédient fondamental du risotto milanais.

▶ **SAFRAN** Gewürz aus gelbem Pulver, das stark färbt und sehr aromatisch ist. Hauptzutat für den Mailänder Risotto.

▶ **AZAFRAN** Especia constituida por un polvo amarillo muy aromático y colorante. Es el ingrediente fundamental del risotto a la milanesa.

ZAMPONE *Insaccato (v.) tipico dell'Emilia Romagna (v.) composto da carne trinciata magra e grassa di suino, variamente aromatizzata con spezie.*

▶ **ZAMPONE** Sausage (s. insaccato) typical of Emilia Romagna (s.). It is made with minced pork, both fat and lean and various herbs and spices.

▶ **ZAMPONE** Saucisse (v. insaccato) typique de l'Emilie-Romagne (v.) composée de viande hachée maigre et grasse de porc, diversement aromatisée à l'aide d'épices.

▶ **ZAMPONE** Gefüllter Schweinsfuß (s. insaccato). Typisch für die Emilia Romagna (s.) aus magerem und fettem Schweinefleisch, verschieden gewürzt.

▶ **ZAMPONE (BRAZUELO DE CERDO EMBUTIDO)** Embutido (ver insacco) típico de Emilia Romagna (ver) compuesto de carne magra picada y grasa de cerdo, diversamente aromatizada con especias.

ZÈNZERO *Spezia aromatica e piccante ottenuta dai fusti sotterranei di una pianta asiatica, usata per insaporire dolci e pietanze.*

▶ **GINGER** Aromatic and peppery spice, obtained from the underground stem of an Asian plant.

▶ **GINGEMBRE** Epice aromatique et piquante provenant des racines souterraines d'une plante asiatique, utilisée pour relever les desserts et les plats.

▶ **INGWER** aromatisches, scharfes Gewürz aus den unterirdischen Stengeln einer asiatischen Pflanze gewonnen, für Süßwaren oder Gerichte.

▶ **JENGIBRE** Especia aromática y picante obtenida de los troncos subterráneos de una planta asiáti-

ca, usada para condimentar dulces
y manjares.

ZÈPPOLA *Frittella dolce a forma di
ciambella preparata nei giorni di Carnevale in Italia meridionale.*

▸ **ZEPPOLA** Sweet ring shaped frit-
ters prepared at Carnival time in
Southern Italy.

▸ **ZEPPOLA** Beignet sucré à forme
de donut préparé pour Carnaval en
Italie du Sud.

▸ **ZEPPOLA** Süßer ausgebackener
Kringel, der für die Karnevalszeit in
Süditalien vorbereitet wird.

▸ **ZEPPOLA** Dulce con forma de
rosca preparado en los días de Carnaval en Italia meridional.

ZIBELLO, CULATELLO DI *Nota
e pregiata e varietà di culatello (v.), prodotto nella zona di Zibello in Emilia Romagna (v.).*

▸ **ZIBELLO, CULATELLO DI** Known
and valued variety of culatello (s.),
produced in the zone of Zibello in
Emilia Romagna (s.).

▸ **ZIBELLO, CULATELLO DE** Variété
connue et appréciée de culatello
(v.), produit dans la zone de Zibello
en Emilie (v. Emilia Romagna).

▸ **ZIBELLO, CULATELLO DI** Bekannte und wertvolle Varietät des Culatello (s.), hergestellt im Gebiet um
Zibello in Emilien (s. Emilia Romagna).

▸ **ZIBELLO, JAMON DE** Conocida y
apreciada variedad de jamón (ver
culatello), producido en la zona de
Zibello en Emilia Romagna (ver).

ZITE o ZITI *Tipo di pasta alimentare
(v. pasta) di grano duro, di grosso formato e bucata all'interno, tipica della Campania (v.).*

▸ **ZITE o ZITI** Type of durum wheat
pasta (s. pasta). It is large and has
a hollow centre, typical of Campania (s.).

▸ **ZITE ou ZITI** Type de pâte alimentaire (v. pasta) de farine de blé,
de grand format et trouée au centre, caractéristique de la Campanie
(v. Campania).

▸ **ZITE oder ZITI** Dicke, innen hohle Nudel aus Hartweizen (s. pasta),
typisch für Kampanien (s. Campania).

▸ **ZITE O ZITI** Tipo de pasta alimenticia (ver pasta) de trigo, de
gran formato y hueca en el interior,
típica de Campania (ver).

ZOLA. *Termine con il quale si identifica
il formaggio Gorgonzola.*

▸ **ZOLA** Term used to identify Gorgonzola.

▸ **ZOLA** Terme avec le quel est
identifié le fromage nommé Gorgonzola.

▸ **ZOLA** Ausdruck für Gorgonzola-
käse.

▸ **ZOLA** Término con el que se
identifica el queso Gorgonzola.

ZUCCA *Ortaggio di grosse dimensione,
dalla polpa dolce, soda e farinosa. Ingrediente fondamentale dei tortelli tipici di
Mantova, provincia della Lombardia (v.).*

▸ **PUMPKIN** Large vegetable with
sweet, firm and floury pulp. It is the
basic ingredient of tortelli, typical
of the province of Mantova in Lombardy (s. Lombardia).

▸ **COURGE OU POTIRON** Légume
de grande dimension, à la pulpe
sucrée, ferme et farineuse. C'est
l'ingrédient fondamental des tortelli typiques de Mantoue, province de la Lombardie (v. Lombardia).

▸ **KÜRBIS** Großes Gemüse mit süßem Fruchtfleisch, fest und mehlig.
Hauptzutat für die "Tortelli" aus
Mantova, Provinz in der Lombardei
(s. Lombardia).

▸ **CALABAZA** Hortaliza de grandes
dimensiones, de pulpa dulce, compacta y harinosa. Ingrediente fundamental de los tortelli típicos de
Mántova, provincia de Lombardía
(ver.).

ZUCCHERIERA *Recipiente di varie
forme e grandezze in cui si depone lo zucchero.*

▸ **SUGAR BOWL** Receptacle of various shapes and sizes, used for
holding sugar.

▶ **SUCRIER** Récipient de forme et de taille variées dans lequel est conservé le sucre.

▶ **ZUCKERDOSE** Behälter mit unterschiedlichen Formen und Größen, in den Zucker getan wird.

▶ **AZUCARERA** Recipiente de varias formas y tamaños en el que se pone el azúcar.

ZÚCCHERO *Sostanza dolcificante ottenuta dalla lavorazione delle barbabietole e della canna da zucchero.*

▶ **SUGAR** Sweetening substance obtained through the processing of sugar-beet and sugarcane.

▶ **SUCRE** Substance édulcorante provenant de la betterave ou de la canne à sucre.

▶ **ZUCKER** Süßende Substanz aus der Verarbeitung von Zuckerrüben oder Zuckerrohr.

▶ **AZUCAR** Sustancia dulcificante obtenida de las remolachas y la caña de azúcar.

ZUCCHINA *Ortaggio dalla polpa bianca e acquosa. I fiori di zucchina sono presenti nella cucina italiana proposti ripieni e fritti.*

▶ **COURGETTE** Vegetable with white watery pulp. Courgette flowers are used in Italian cuisine, they are generally stuffed or fried.

▶ **COURGETTE** Légume à pulpe blanche et pleine d'eau. Les fleurs de courgette sont présentes dans la cuisine italienne, servies farcies ou frites.

▶ **ZUCCHINA** wasserhaltiges Gemüse mit weissem Fruchtfleisch. Die Blüten werden in der italienischen Küche frittiert oder gefüllt zubereitet.

▶ **CALABACIN** Hortaliza de pulpa blanca y acuosa. Las flores de cala-

bacín están presentes en la cocina italiana en rellenos y fritos.

ZUPPA *Minestra in brodo con aggiunta di fette di pane.*

▶ **SOUP** Stock containing slices of bread.

▶ **SOUPE** Bouillon auquel sont ajoutées des tranches de pain.

▶ **SUPPE** Suppenbrühe mit einer Brotscheibe.

▶ **SOPA** Preparación con caldo a la que se añaden trozos de pan.

ZUPPA INGLESE *Dolce composto da pasta soffice inzuppata nel liquore, con aggiunta di amaretti, crema e panna montata.*

▶ **TRIFLE** Dessert consisting of soft cake saturated with liqueur. Toped with amaretto biscuits, custard and whipped cream.

▶ **PUDDING** Dessert composé de pâte molle imbibée de liqueur, à laquelle sont ajoutés des amaretti, de la crème et de la chantilly.

▶ **ENGLISCHE SUPPE** Süssspeise aus lockerem Teig in Liqueur getunkt und mit Amarettikeksen, Creme und Sahne.

▶ **ZUPPA INGLESE** Dulce compuesto de bizcocho bañado en licor, con almendras amargas, crema y nata montada.

ZUPPIERA *Recipiente adatto a portare la minestra a tavola.*

▶ **SOUP TUREEN** Receptacle from which soup is served at the table.

▶ **SOUPIERE** Récipient adapté pour porter la soupe à table.

▶ **SUPPENSCHÜSSEL** Behälter geeignet zum Auftragen der Suppe auf den Tisch.

▶ **SOPERA** Recipiente adecuado para llevar la sopa a la mesa.

L'enogastronomia nelle regioni d'Italia

▷ The food and wine connoisseurship in the Italian regions
▷ L'œnogastronomie dans les régions italiennes
▷ Die Wein- und Esskultur in den italienischen Regionen
▷ La enogastronomía de las regiones de Italia

Piemonte

▸ Piedmont
▸ Piémont
▸ Piemont
▸ Piamonte

C'è un piatto simbolo del Piemonte antico ed è la **bagna caoda**, salsa a base di acciughe, aglio e olio in cui intingere le ultime verdure dell'orto. Fa parte della tradizione e della cucina povera che si alimentava degli scambi con le regioni vicine, in particolare con la Liguria affacciata sul mare. Ma la cucina piemontese, se da un lato ha questa radice storica e popolare, dall'altro è legata alla corte dei Savoia e quindi ad una sperimentazione ed ad una cucina nobile che spesso ha ricevuto influenze francesi. Un trattato di cucina in voga nel XVIII secolo porta un titolo emblematico "Il cuoco piemontese, rivisitato a Parigi". Dal punto di vista dei prodotti tipici il Piemonte è una vera e propria miniera con varietà numericamente paragonabili a poche aree europee. Il simbolo più prezioso è il **Tartufo bianco d'Alba**, cui seguono i tanti formaggi a denominazione d'origine protetta, la **carne di razza bovina piemontese**, gli innumerevoli salumi, come il **salame d'asino** o il **cacciatorino**. Ci sono poi tanti prodotti ortofrutticoli che caratterizzano le varie zone del Piemonte: dai peperoni alle pesche; dai cardi ai piccoli frutti. La pianura tra Casale, Novara e Vercelli ha il primato col **riso** (con le varietà Carnaroli, Baldo e Arborio), mentre la collina pedemontana eccelle per le nocciole, fonte di tanti dolci a base della varietà **Tonda gentile delle Langhe**. Impossibile a questo punto dimenticare il vino, che qui vanta decine di storici prodotti doc. I simboli d'eccellenza sono davvero tanti: il **Barolo** ed il **Barbaresco** che aprono la strada alla serie di vini a base di nebbiolo (**Gattinara, Ghemme, Boca, Carema**) e poi il **Barbera**, vino popolare di straordinaria versatilità che sta entusiasmando i mercati internazionali. Ma ci sono anche vini bianchi come il **Gavi**, l'**Erbaluce** e l'**Arneis** oppure vini dolci come il **Moscato**, la **Malvasia**, il **Brachetto** o l'**Asti** che, dopo lo Champagne, è il vino più venduto nel mondo. Attenzione al vino **Dolcetto**: è un rosso secco e mai dolce. Accompagna come tutti gli altri vini piatti come **vitello tonnato, fritto misto alla piemontese, finanziera, insalata russa, agnolotti, gnocchi** di patate con la salsiccia, **brasato al Barolo, stufato d'asino, torta di nocciole** con la zabajone, **torrone** friabile, **amaretti** e gli straordinari **gianduiotti** di Torino per terminare.

▸ The symbolic dish of Piedmont is the **bagna caoda**, a sauce made with anchovies, garlic and oil in to which fresh vegetables are dipped. It is part of the tradition of a poor cuisine which was created from exchanges with the bordering regions, in particular with Liguria which is on the sea. The cuisine of Piedmont has on one side it's roots with history and the people, on the other it is related to the court of Savoia and therefore to experimentation and to a noble cuisine which has often been influenced by France. A line of cuisine which was fashionable in XVII century carries an emblematic title of "the cook from Piedmont, revised in Paris". From the point of view of typical products, Piedmont is a true and proper mine which can be compared with few areas of Europe. The most precious symbol is the **white truffle from Alba**, followed by many Protected Domination of Origin cheeses, **beef from the cattle breed of Piedmont piemontese**, the numerous meat and pork products, such as the **donkey salami** or the **cacciatorino**. There are many fruit and vegetable products which are characteristic of the zone of Piedmont: from peppers to peaches; from **thistle/cardoon** to small fruit. The plane between Casale, Novara and Vercelli has a leadership in **rice** (the

Carnaroli, Baldo and Arborio varieties), while the mountainous slopes excel in hazelnuts used in the production of many cakes of the **Tonda gentile** variety of Langhe. It is impossible at this point to forget the wine. Piedmont boasts dozens of historical doc. products. There are many important symbolic wines: the Barolo and the Barbaresco which open the way for a series of nebbiolo based wines (**Gattinara, Ghemme, Boca, Carema**) and the **Barbera**, extraordinary versatile popular wine which is arousing enthusiasm on the international market. There are also white wines such as **Gavi, Erbaluce** and **Arneis** and sweet wines such as **Moscato, Malvasia, Brachetto** or **Asti** which, after Champagne, is the most sold wine in the world. Attention must be paid to the wine **Dolcetto**: it is a dry red which is never sweet. Accompanied as all other wines with dishes such as **vitello tonnato** (veal with a mayonnaise, tuna fish and caper sauce), **fritto misto alla piemontese** (battered fried meat, vegetables, fruit and cakes served in more than one course), **finanziera** (veal cut-offs, chicken liver, vegetables and vinegar), **insalata russa** (vegetable salad with mayonnaise), **agnolotti** (filled pasta cases), potato **gnocchi** with sausage, **braised meat with Barolo, donkey stew, hazelnut cake** with zabajone, crumbly **torrone** (nougat), **amaretti** biscuits and the delicious **gianduiotti** chocolates.

▷ Il y a un plat symbolique de l'ancien Piémont, la **bagna caoda**, sauce à base d'anchois, d'ail et d'huile dans laquelle sont trempés les derniers légumes du jardin. Il fait partie de la tradition et de la cuisine pauvre qui s'alimente des échanges faits avec les régions voisines, en particulier avec la Ligurie donnant sur la mer. Mais la cuisine piémontaise, si d'un côté elle a cette racine historique et populaire, de l'autre est liée à la cour de Savoie et donc à une expérimentation et à une cuisine noble qui souvent a reçu des influences françaises. Un traité de cuisine en vogue au XVIIIème siècle porte un titre emblématique: "Le chef piémontais, revu et corrigé à Paris". Du point de vue des produits typiques, le Piémont est une véritable mine avec une variété numériquement comparable qu'à peu d'autres régions européennes. La représentation la plus appréciée de ces produits est la **truffe blanche d'Alba**, suivie de nombreux fromages à dénomination d'origine protégée, la **viande de race bovine piémontaise**, les indénombrables saucisses, comme celle d'**âne** ou le **cacciatorino**. Puis il y a de nombreux fruits et légumes qui caractérisent les différentes zones du Piémont, des piments aux pêches, des cardons aux petits fruits. La plaine comprise entre Casale, Novare et Vercelli prédomine avec la culture du riz (avec les variétés Carnaroli, Baldo et Arborio), tandis que la colline piémontaise excelle grâce aux noisettes, à la source de nombreux desserts à base de la variété **Tonda gentile** des Langhe. A ce point, il est impossible d'oublier le vin, qui se vante de dizaines de produits A.O.C. historiques. Les symboles d'excellence sont vraiment nombreux: le **Barolo** et le **Barbaresco** qui ouvrent la route à la série des vins à base de nebbiolo (**Gattinara, Ghemme, Boca, Carema**) et puis le **Barbera**, vin populaire d'extraordinaire versatilité qui est en train d'enthousiasmer les marchés internationaux. Mais il y a aussi des vins blancs comme le **Gavi**, l'**Erbaluce**, l'**Arneis** ou bien des vins doux comme le **Muscat**, la **Malvasia**, le **Brachetto** ou l'**Asti** qui, après le champagne, est le vin le plus vendu au monde. Attention au **Dolcetto**, c'est un vin rouge sec mais sucré. Il accompagne comme tous les autres vins des plats comme le **veau sauce au thon, mélanges de fritures à la piémontaise, finanziera, macédoine de fruits, agnolotti, gnocchi** de pommes de terre et saucisses, **braisé au Barolo, âne en daube, tarte aux noisettes** avec le sabayon, **tourons** friables, **amaretti** et les extraordinaires **gianduiotti** de Turin pour terminer.

▷ Symbol des antiken Piemont ist die **Bagna Caoda**, eine Soße aus Sardellen, Knoblauch und Öl, in die frisches Gemüse getunkt wird. Sie ist Teil der Tradition und der armen Küche, die sich von dem Austausch mit den nahen Regionen ernährte, insbesonders mit Ligurien, das ans Meer grenzt. Aber die Küche Piemonts hat nicht nur diesen Aspekt der volkstümlichen Verwurzelung, sondern auch die Bindung an den Hof von Savoia und also an die Experimente und eine noble Küche, die oft ne französischen Einflüssen unterlag. Eine emblematische Abhandlung und sehr in Mode im 18.Jhdt. war "Der piemontesische Koch in Paris." Typische Produkte betreffend ist der Piemont eine wahrliche Goldmine und hat zahlenmässig so viele unterschiedliche Varianten, die nur wenig andere Gebiete in Europa aufweisen können. Das wertvollste Symbol ist der **weisse Trüffel aus Alba**, dem zahlreiche Käsearten mit geschützter Herkunftsgarantie folgen, die **piemontesische Rindfleischrasse**, die unzähligen Wurstarten, wie die **Eselsalami** oder der **Cacciatorino**. Und es gibt viele Produkte aus dem Früchte- oder Gemüseanbau, die die verschiedenen Gebiete des Piemonts charakterisieren: von den Paprika bis zu den Pfirsichen, von den Disteln bis zu den kleinsten Früchten. Die Ebene zwischen Casale, Novara und Vercelli hat das Primat im **Reisanbau** (mit den Arten Carnaroli, Baldo und Arbo-

rio), wohingegen die Hügel des Pedemonts hervortreten mit der Hasel-
nußproduktion, Quelle vieler Süßspeisen ist die Varietät **Tonda gentile** aus
den Langhen. Unmöglich die Weine zu vergessen, die hier mindestens zehn
historische doc Produkte hat. Der Symbole gibt es wirklich viele: den **Barolo** und den **Barbaresco**, die den Weinen aus der Nebbiolotraube den Weg
öffnen (**Gattinara, Ghemme, Boca, Carema**) und dann den **Barbera**, viel-
seitiger, bekannter Wein, der die internationalen Märkte erobert. Aber es
gibt auch Weißweine wie den **Gavi**, den **Erbaluce** und den **Arneis** oder
auch süße Weine wie den **Moscato**, den **Malvasia**, den **Brachetto** oder den
Asti, der, nach Champagner, der meistverkaufte Schaumwein der Welt ist.
Und beachtlich auch der **Dolcetto**: keineswegs süß, sondern immer trock-
en. Er begleitet wie auch die anderen Weine Gerichte wie das **Vitel tonné,
das gemischt Frittierte aus dem Piemont, Finanziera, Insalata russa,
Agnolotti, Gnocchi aus Kartoffeln mit Bratwurst, Schmorbraten mit
Barolowein, Eselgulasch, Haselnusskuchen** mit Zabajone, brüchigen
Nougat, Amaretti und zum Abschluss Schokolade: die aussergewöhnlichen
Gianduiotti aus Turin.

▷ Existe un plato símbolo del Piamonte antiguo, o sea la **bagna caoda**,
salsa a base de anchoas, ajo y aceite donde mojar las últimas verduras del
huerto. Es parte de la tradición y de la cocina pobre que se alimentaba de
los intercambios con las regiones cercanas, especialmente con la Liguria
que se asoma sobre el mar. Pero la cocina piamontesa, si por un lado cuenta con esta raíz histórica y popular, por el otro se encuentra relacionada
con la corte de los Saboya y por tanto con una experimentación y una cocina aristocrática que con frecuencia ha recibido influencias francesas. Un
tratado de cocina en boga durante el siglo XVIII cuenta con un título emblemático, "El cocinero piamontés, revisado y corregido en París".
Desde el punto de vista de los productos típicos, el Piamonte es una verdadera mina de oro, con variedades que en cuanto a cantidad se pueden
comparar con pocas áreas europeas. El símbolo más famoso es la **Trufa
blanca de Alba**, a quien le siguen los muchos quesos con denominación
de origen controlada, la **carne de raza bovina piamontesa**, los innumerables embutidos, tales como el **salchichón de asno** o el **cacciatorino**. Existen también varios productos hortofrutícolas que caracterizan las diferentes zonas del Piamonte: desde los pimientos a los melocotones; desde
los cardos a las pequeñas frutas. La llanura entre Casale, Novara y Vercelli
cuenta con la primacía en cuanto al **arroz** (con las variedades Carnaroli,
Baldo y Arborio), mientras que la colina a los pies del monte se distingue
por las avellanas, fuente de cantidad de dulces a base de la variedad **Tonda gentile** de las Langas. En este punto es imposible olvidar el vino, que
aquí hace alarde de decenas de productos históricos de origen controlado.
Los símbolos de excelencia son realmente muchos: el **Barolo** y el **Barbaresco** abren el paso a la serie de vinos a base de nebbiolo (**Gattinara,
Ghemme, Boca, Carema**) y luego el **Barbera**, vino popular de extraordinaria versatilidad que está entusiasmando los mercados internacionales.
Pero existen también vinos blancos como el **Gavi**, el **Erbaluce** y el **Arneis**,
o bien vinos dulces como el **Moscato**, la **Malvasía**, el **Brachetto** o el **Asti**
que, después del Champagne, es el vino que más se vende en el mundo.
Cuidado con el vino **Dolcetto**: es un tinto seco pero nunca dulce. Como todos los demás vinos, acompaña platos como la **ternera en salsa de atún,
frito mixto a la piamontesa, financiera, ensaladilla, ravioles, ñoquis** de
patatas con salchichón, **estofado al Barolo, estofado de asno, pastel de
avellanas** con el sabayón, **turrón** friable, **amaretti** y los extraordinarios **gianduiotti** de Turín para terminar.

Valle d'Aosta

> ▸ Valle d'Aosta
> ▸ Vallée d'Aoste
> ▸ Aostatal
> ▸ Valle de Aosta

*Il prodotto che identifica la Valle d'Aosta è la **Fontina**, un formaggio prodotto con il latte delle mucche che si alimentano ai pascoli sotto le più alte montagne d'Italia. Ed il formaggio dà proprio l'idea di un'agricoltura povera, quasi di sussistenza. Accanto alla Fontina, tuttavia, non va dimenticato il **burro** e quindi il **Fromadzo**, un tipo di formaggio più povero perché privato delle parti grasse. Un altro simbolo di quell'agricoltura eroica cui accennavamo è poi il **lardo di Arnad**, da gustare col pane nero o con le castagne secche. Eccellenti sono poi i salumi: dal **Prosciutto crudo di Saint Marcel** alla **mocetta di cervo**, fino ai **boudin**, insaccati con il sangue del maiale e la barbabietola rossa. Da questi prodotti derivano quindi diversi piatti tipici regionali: le **fresse**, piatto invernale realizzato con le interiora del maiale, la **seupette** di Cogne, con il riso, la **seupa valpellinentze** con il formaggio fuso, la **polenta** col latte o col formaggio, detta **"alla valdostana"**, fino alla più ricca **cardonade**, che è poi uno spezzatino a base di carne a pezzetti e patate. Molto importanti, anche nella preparazione di dolci, sono poi le **mele**, le **noci** ed i piccoli frutti di sottobosco, come **mirtilli e lamponi**. Il dolce tipico è la **flantze**; i liquori della Valle d'Aosta sono la **grappa** ed il **genepì**. Per quanto concerne i vini, la Vallée vanta produzioni assolutamente originali come il **Blanc de Morgex e de La Salle**, oppure vini frutto di uve autoctone come **petit rouge, gamay e fumin**. Tra i vini da dessert è famoso il **Moscato di Chambave**.*

> The product which is generally associated with the Valle d'Aosta is **Fontina**, a cheese produced from the milk of cows which graze in the pastures below the highest mountains of Italy. The cheese itself gives the impression of poor and subsistence farming. Following fontina in importance is the **butter** and therefore the **Fromadzo** which should not be forgotten, a cheese of a lower quality as it does not contain fat. Another symbol of the agricultural produce of the Valle d'Aosta is the **lardo di Arnad**, to be eaten with bread produced from buck wheat flour or with dried chestnuts. The pork products are excellent: from the **Prosciutto crudo di Saint Marcel** (cured ham), the **mocetta di cervo**, to the **boudin**, produced from the blood of pigs and beetroot placed into a natural or artificial skin (intestine). Various typical regional dishes are prepared using these products: **fresse**, a winter dish prepared using pork offal, **seupette** from Cogne, with rice, **seupa valpellinentze** with melted cheese, **polenta** with milk or with cheese, called **"alla valdostana"** and the very rich **cardonade**, which is a stew consisting of diced meat and potatoes. Apples, walnuts and small forest fruits such as **bilberries** and **raspberries** are very important in baking. The typical confectionary is the **flantze**; the liqueurs of the region of the Valle d'Aosta are varieties of **grappa** and **genepì**. As far as wines are concerned Valle d'Aosta boasts completely original products such as the **Blanc de Morgex e de La Salle** and autochthonous wines from grapes such as the **petit rouge, gamay** and **fumin**. The **Moscato di Chambave** is famous among the dessert wines.

AOSTA

▶ La spécialité qui caractérise la Vallée d'Aoste est la **Fontina**, un fromage produit avec le lait de vaches qui se nourrissent dans les pâturages au pied des plus hautes montagnes d'Italie. Et ce fromage donne vraiment l'idée d'une agriculture pauvre, presque de subsistance. Aux côtés de la Fontina, il ne faut pas oublier le **beurre** et donc le **Fromadzo**, un type de fromage plus pauvre parce que privé de la matière grasse. Un autre symbole de cette audacieuse agriculture est le **lard de Arnad**, à déguster avec le pain noir et les châtaignes sèches. La charcuterie aussi est excellente, du **jambon cru de Saint-Marcel** à la **mocetta de cerf**, jusqu'aux **boudins**, saucissons de sang de porc et de betterave rouge. De ces spécialités dérivent divers plats typiques régionaux : les **fresses**, plat hivernal réalisé avec les abats de porc, la **seupette de Cogne** avec le riz, la **seupa valpellinentze** avec le fromage fondu, la **polenta** avec le lait ou le fromage dite **"à la valdostana"**, jusqu'à la riche **carbonade**, qui est un ragoût à base de viande et de morceaux de pommes de terre. Les **pommes**, le **miel** et les fruits des bois, comme les **myrtilles** et les **fram-**

boises sont très importants dans cette cuisine et aussi dans la préparation des desserts. Le gâteau typique est la **flantze** ; les liqueurs de la Vallée d'Aoste sont la **grappa** et le **génépi**. En ce qui concerne les vins, la vallée vante des productions absolument originales comme le **blanc de Morgex et de la Salle**, ou bien des vins fruits de cépages autochtones comme le **petit rouge, gamay** et **fumin**. Parmi les vin à dessert, le **Muscat de Chambave** est fameux.

▷ Das bezeichnendste Produkt ist der **Fontinakäse**, ein Käse aus einer Milch von Kühen, die in den höchsten bergigen Gebieten Italiens weiden. Und gerade der Käse erweckt eine arme Landwirtschaft, gerade zur Genügsamkeit reichend. Aber neben dem Fontinakäse gibt es auch die **Butter** und also auch den **Fromadzo**, einen fettarmen Käse. Ein anderes Symbol dieser "armen" Landwirtschaft ist der **Speck aus Arnad**, der mit dunklem Brot oder getrockneten Kastanien besonders zum Vorschein tritt. Hervorragend die Würste: vom rohen Schinken aus **Saint Marcel** über die **Hirschmocetta**, bis zu den **Boudin**, einer Blutwurst aus Schweinefleisch mit roter Beete. Aus diesen Produkten entstehen diverse, typische regionale Gerichte: die **Fresse**, ein Wintergericht aus den Eingeweiden des Schweins, die **Soupette aus Cogne**, mit Reis, die Suppe **"Seupa valpellinentze"** mit geschmolzenem Käse, die **Polenta** mit Milch oder mit Käse, **"alla valdostana"** genannt, bis zur sehr reichhaltigen **Cardonade**, geschmortes Fleisch mit Kartoffelstückchen. Sehr wichtig, auch zur Zubereitung der Süßspeisen sind die **Äpfel** und **Nüsse** und die kleinen **Waldfrüchte** wie Heidelbeeren und Himbeeren. Typische Süßspeise ist die **Flantze**; die Liqueure des Aostatals sind der **Grappa** und der **genepì**. Was die Weine betrifft bietet das Tal absolut originale Weine an wie z.B. den **Blanc de Morgex e de La Salle**, oder auch Weine aus autoktonen Trauben wie den Kleinen Roten, den **Petit Rouge, Gamay und Fumin**. Unter den berühmten Dessertweinen der **Moscato di Chambave**.

▷ El producto que identifica el Valle de Aosta es la **Fontina**, un queso que se produce con la leche de las vacas que se alimentan en los pastoreos, bajo las más altas montañas de Italia. Y es precisamente el queso que da la idea de una agricultura pobre, casi de subsistencia. Junto con la Fontina, no se debe de olvidar tampoco la **mantequilla** y por tanto el **Fromadzo**, un tipo de queso mayormente pobre porque se le han quitado las partes más grasosas. Otro símbolo de esa heroica agricultura a la que aludíamos, es también el tocino de Arnad, que se saborea con el pan negro o con las castañas secas. Son excelentes asimismo los embutidos: desde el **Jamón crudo de Saint Marcel** a la **mocetta' de venado**, hasta los **boudin**, embutidos con la sangre del cerdo y la remolacha roja. De estos productos, derivan pues diversos platos típicos regionales: las **fresse**, plato invernal preparado con las tripas del cerdo, la **seupette** de Cogne, con el arroz, la **seupa valpellinentze** con el queso fundido, la **polenta** con leche o queso, llamada **"a la valdostana"**, hasta la más rica **cardonade**, que viene a ser un guiso a base de trozos de carne y patatas. Muy importantes son también, incluso en la preparación de dulces, las **manzanas** y las *nueces* y los pequeños frutos de sotobosque, como **arándanos** y **frambuesas**. El dulce típico es la **flantze**; los licores del Valle de Aosta son la **grapa** y el **genepì**. Por lo que se refiere a los vinos, la Vallée ostenta producciones absolutamente originales, tal como el **Blanc de Morgex** y de **La Salle**, o bien vinos que son el resultado de uvas autóctonas, tal como el **petit rouge, gamay** y **fumin**. Entre los vinos de postres, es famoso el **Moscato de Chambave**.

Liguria

▹ Liguria
▹ Ligurie
▹ Ligurien
▹ Liguria

La Liguria offre una cucina semplice, resa gustosa dall'impiego di erbe aromatiche e dal meraviglioso **olio extravergine di olive taggiasche** *(messe anche in salamoia, sott'olio e trasformate in patè). È una delle regioni italiane simbolo della pasta: le* **trenette** *e le* **trofie** *vengono tradizionalmente condite con il* **pesto alla genovese**. *Preparazioni tipiche sono la* **focaccia all'olio**, *quella di* **Recco** *(accompagnata da un formaggio morbido) e la* **farinata di ceci**; *l'insalata più ricca è il* **cappon magro**; *le zuppe di pesce sono il* **ciuppin** *e la* **buridda**; *i ripieni di magro (o quasi) la fanno da padrone nei* **pansotti al sugo di noci**, *nelle* **verdure ripiene**, *nella* **cima alla genovese** *e nella* **torta pasqualina**. *I dolci sono il* **pandolce genovese**, *gli* **amaretti di Sassello** *e i* **canestrelli**. *Le rarità sono i* **fagioli di Conio** *e di* **Pigna** *e la* **patata Quarantina**. *I vini, freschi e beverini, sono il* **Pigato** *e il* **Vermentino**; *il rosso per antonomasia è il* **Rossese di Dolceacqua**; *da provare il mitico* **Sciacchetrà** *da uve passite delle* **Cinque Terre**.

▹ The cuisine of Liguria is relatively simple, aromatised by the use of aromatic herbs and the exquisite **extra virgin olive oil** obtained from **taggiasche** olives (also preserved in brine, oil, and as olive patè). It is one of the Italian regions which produces many types of pasta: **trenette** and **trofie** are traditionally eaten with **pesto sauce from Genoa**. Typical recipes are **focaccia all'olio** low bread made with oil, **focaccia from Recco** (accompanied with a soft cheese) and **chick pea flour pancakes**; the richest salad is the **cappon magro**; the fish soups are the **ciuppin** and the **buridda**; the light (or almost) stuffings are used in pansotti pasta served with **walnut sauce**, in **stuffed vegetables**, in **cima** from Genoa and in the **pasqualina pie**. Typical cakes are the pandolce from Genoa, **amaretti biscuits** from **Sassello** and **canestrelli** biscuits. The rarities are the **Conio** and **Pigna beans** and the **Quarantina potatoes**. The fresh and smooth wines are **Pigato** and **Vermentino**; the red by antonomasia is the **Rossese** di **Dolceacqua**; the fabulous **Sciacchetrà** produced from over ripened grapes from the **Cinque Terre** must be tried.

▷ La Ligurie propose une cuisine simple, rendue attrayante par l'utilisation d'herbes aromatiques et de la merveilleuse **huile extra-vierge d'olives "taggiasches"** (mises aussi en saumure, conservées à l'huile et transformées en tapenade). C'est une des régions emblème des pâtes : les **trenettes** et les **trofies** sont traditionnellement assaisonnées avec le **pesto génois**. Les préparations typiques sont la **fougasse à l'huile**, celle **de Recco** (faite à partir d'un fromage fondant) et la **farinata de pois chiches** ; la salade la plus riche est le **cappon maigre** ; les soupes de poissons sont appelées **ciuppin** et **buridda**; les farces de viande maigre (ou presque) sont utilisées en main de maître dans les **pansotti à la sauce au noix**, dans les **verdures farcies**, dans la **cima à la génoise** et dans la **tarte de Pâques**. Les desserts sont le **pandolce genois**, les **amaretti de Sassello** et les **canestrelli**. Les spécialités rares sont les **haricots de Conio et de Pigna** et la **pommes de terre Quarantina**. Les vins, frais, sont le **Pigato** et le **Vermentino**; le rouge par excellence est le **Rossese de Dolceacqua**; et enfin un vin à découvrir est le mythique **Sciacchetrà**, de vendanges tardives des **Cinq Terres**.

▷ Ligurien bietet eine einfache Küche an, die schmackhaft wird durch den Gebrauch von Kräutern und vor allem dem wunderbaren kaltgepressten nativen **Olivenöl** aus Taggiascaoliven (die auch in Salzlauge eingelegt werden, unter Öl gelegt oder zu Paté verarbeitet werden kann). Ligurien ist eine der Regionen, die Symbol für Nudeln sind: **Die Trenette** und die **Trofie** werden traditionsgemäß mit dem Genueser **Pesto** serviert. Typische Zubereitungen sind die **Focaccia all'olio**, die aus **Recco** (mit einem weichen Käse) und die **Farinata di ceci**; Der reichhaltigste Salat ist der **Cappon magro**; die Fischsuppen sind die **Ciuppin** und die **Buridda**; die Füllungen aus Magrokäse krönen die Pansotti mit Nußsoße, das **gefüllte Gemüse**, die **Cima alla genovese** und die **Torta pasqualina**. Die wichtigsten Süßspeisen sind hier der **Pandolce genovese**, die **Amaretti di Sassello** und die **Canestrelli**. Raritäten sind die **Bohnen aus Conio** und aus **Pigna und die Quarantinakartoffel**. Frische Weine sind der **Pigato** und der **Vermentino**; der klassische Rotwein ist der **Rossese di Dolceacqua**; und auf jeden Fall zu kosten ist der mythische **Sciacchetrà** aus trockenen Trauben aus den **Cinque Terre**.

▷ La Liguria ofrece una cocina sencilla pero al mismo tiempo sabrosa gracias al empleo de hierbas aromáticas y al maravilloso **aceite virgen de aceitunas de Taggia** (las que también se conservan en salmuera, en aceite o se transforman en paté). Se trata de una de las regiones italianas símbolo de la pasta: las **trenette** y las **trofie** se condimentan, por tradición, con el **pesto genovés** (salsa a base de albahaca). Las comidas típicas son la **focaccia all'olio**, la **de Recco** (acompañada por un queso blando) y la **harina de garbanzos**; la ensalada más sabrosa es la de **cappon magro**; los caldos de pescado son el **ciuppin** y la **buridda**; los rellenos de magro (o casi), predominan en los **pansotti con salsa de nueces**, en las **verduras rellenas**, en la **cima a la genovesa** y en la **torta pasqualina**. Los dulces son el **pan dulce genovés**, los **amaretti de Sassello** y los **canestrelli**. Entre las curiosidades, las **judías de Conio** y **de Pigna, y la patata Quarantina**. Los vinos, frescos y bebibles, son el **Pigato** y el **Vermentino**; el vino tinto por excelencia es el **Rossese de Dolceacqua**; hay que probar también el mítico **Sciacchetrà** de uvas pasas de las **Cinque Terre**.

Lombardia

▸ Lombardy
▸ Lombardie
▸ Lombardei
▸ Lombardía

La Lombardia non ha una tradizione gastronomica omogenea per via del suo territorio diversificato. Se non si pensa al **panettone**, il piatto caratteristico di Milano è **l'ossobuco in gremolada su risotto allo zafferano**; mentre metà Lombardia si riconosce senz'altro nella **casoeûla**, piatto unico a base di carne di maiale e verza. Per il resto, a Mantova trionfano gli **agnoli**, i **tortelli di zucca** e la **sbrisolona** mentre nel bergamasco e nel bresciano i **casônsèi** (pasta ripiena); a Cremona si acquista il **torrone alle mandorle** e la **mostarda senapata** mentre nel pavese il **salame di oca** e il **salame di Varzi**. Sul lago di Como si gustano i rari pesci essiccati al sole **missoltitt** e in Valtellina la **bresaola**, i **pizzoccheri**, la **polenta taragna** e il quasi introvabile **viulin (prosciutto di montagna stagionato)**. I formaggi tipici più importanti sono il **Grana padano**, il **Gorgonzola**, il **Taleggio**, il **Bagoss** e il **Bitto**. Ottimo e tra i migliori d'Italia l'**olio extravergine d'oliva del Garda**. Di ottima qualità e molto vari anche i vini che hanno almeno due punte d'eccellenza: la **Franciacorta** per gli spumanti brut e la **Valtellina** per i rossi a base di uve nebbiolo come **Inferno**, **Valgella**, **Grumello**, **Sassella** e **Sfursat**.

▸ The gastronomy of Lombardy is not similar throughout the region. This is due to the varied territory. Apart from the **panettone**, the traditional dish of Milan is **ossobuco in gremolada with saffron risotto**; while half of Lombardy is famous for the **casoeûla**, a complete dish consisting of pork and savoy cabbage. Throughout the remainder of the region, in Mantova, the agnoli (filled pasta cases), pumpkin tortelli and sbrinsolona (almond cake) are well known. While in Bergamo and in Brescia the **casônsèi** (filled pasta cases) are typical; in Cremona one can buy the **torrone with almonds** (nougat) and **mostarda senepata** (candied fruit in a mustard syrup), while in Pavia the **goose salami** and the **Varzi salami** are famous. On the lake of Como the delicious rare sun dried fish **missoltitt** is eaten and in Valtellina the **bresaola**, **pizzoccheri**, the **taragna polenta** and the almost impossible to find **viulin** (aged mountain ham). The most important typical cheeses are **Grana padano**, **Gorgonzola**, **Taleggio**, **Bagoss** and **Bitto**. **Garda extra virgin olive oil** is delicious and one of the highest quality olive oils in Italy. The many wines are also excellent especially those produced in two particular places: **Franciacorta** where the brut spumantes (very dry sparkling wines) are produced and **Valtellina** where red wines are produced from nebbiola grapes such as **Inferno**, **Valgella**, **Grumello**, **Sassella** and **Sfursat**.

▷ La Lombardie n'a pas de tradition gastronomique homogène à cause de la diversification de son territoire. Sans parler du **panettone**, le plat caractéristique de Milan est l'**os à moelle en gremolada accompagné de risotto au safran**; alors que la moitié de la Lombardie se reconnaît sans doute avec la **casoeûla**, plat unique à base de viande de porc et de chou de Milan. Pour le reste, les **agnoli**, les **tortellis de courge** et la **sbrisolona** triomphent à Mantoue alors qu'à Bergame et à Brescia ce sont les **casônèi** (pâtes farcies); le **touron aux amandes** et les **fruits confits à la moutarde** peuvent s'acheter à Crémone alors qu'à Pavie, c'est la **saucisse d'oie** et celle **de Varzi**. Aux alentours du lac de Côme, se dégustent les insolites poissons séchés au soleil **missoltitt** et en Valtellina, la **bresaola**, les **pizzoccheri**, la **polenta taragna** et le **viulin (jambon de montagne affiné)** presque introuvable. Les fromages typiques les plus importants sont le **Grana padano, le Gorgonzola, le Taleggio, le Bagoss** et le **Bitto**. L'**huile d'olive extra-vierge de Garde** est excellente et parmi les meilleures d'Italie. Les vins sont variés et de très bonne qualité, deux sont excellents, la **Franciacorta**, pour les mousseux bruts et la Valtellina pour les rouges, vin à base de cépage nebbiolo comme l'**Inferno**, la **Valgella**, le **Grumello**, la **Sassella** et le **Sfursat**.

▷ Die Lombardei hat auf Grund ihres unterschiedlichen Gebiets keine homogene Gastronomietradition. Wenn man nicht gerade an den **Panettone** denkt, ist ein charakteristisches Gericht aus Mailand z.B. der **Ossobuco in Gremolade auf Safranreis**; die Hälfte der Lombardei wird sich wohl in der **Casoeûla** erkennen, ein komplettes Gericht aus Schweinefleisch und Wirsingkohl. Was den Rest betrifft, so triumphieren in Mantova die **Agnoli**, die **Kürbistortelli** und die **Sbrisolona**, in der Gegend um Bergamo und Brescia hingegen die **Casônsèi (gefüllte Nudeln)**; in Cremona kauft man den **Torrone alle mandorle** (Mandelnougat) und den **Mostarda senapata**, um Pavia die **Gänsesalami** und die **Salami di Varzi**. Am Comer See kann man die raren an der Luft getrockneten Fische **Missoltitt** probieren und im Valtellina den **Bresaola**, die **Pizzoccheri**, die **Polenta Taragna** und den fast unauffindbaren **Viulin** (Bergschinken). Die wichtigsten typischen Käse sind der **Grana padano**, der **Gorgonzola**, der **Taleggio**, der **Bagoss** und der **Bitto**. Hervorragend und auch eines der besten Olivenöle ist das **Öl vom Gardasee**. Von bester Qualität sind auch die verschiedenen Weine, unter denen hervorstechen: der **Franciacorta** für die trockenen Schaumweine und der Valtellina, für die Rotweine aus Nebbiolotrauben wie der **Inferno**, **Valgella**, **Grumello**, **Sassella** und der **Sfursat**.

▷ Debido a su territorio diversificado, la Lombardía no cuenta con una tradición gastronómica homogénea. Dejando de un lado el **panettone**, el plato característico de Milán es el **ossobuco in gremolada** en arroz al azafrán; mientras, sin lugar a duda, la mitad de la Lombardía se identifica en la **casoeûla**, plato único a base de carne de cerdo y berza. Por lo demás, en Mantua predominan los **agnoli**, los **tortelli de calabaza** y la **sbrisolona**, mientras en las zonas de Bérgamo y Brescia, los **casônsèi** (pasta rellena); en Cremona es posible adquirir el **turrón de almendras** y la **mostarda senapata**, mientras en la zona de Pavía el **embutido de oca** y el de **Varzi**. En el lago de Como se saborean los raros pescados desecados al sol **missoltitt** y en Valtelina la **bresaola**, los **pizzoccheri** (tallarines de trigo sarraceno), la **polenta taragna** y el **viulin (jamón curado de montaña)**, casi imposible de hallarse. Los quesos típicos más importantes son el **Grana padano**, el **Gorgonzola**, el **Taleggio**, el **Bagoss** y el **Bitto**. Excelente y entre los mejores de Italia, **el aceite de oliva virgen del Garda**. De óptima calidad y muy variados también los vinos que cuentan con dos picos de excelencia por lo menos: la **Franciacorta** para los espumantes brut y la Valtellina para los tintos a base de uvas nebbiolo, tal como el **Inferno**, **Valgella**, **Grumello**, **Sassella** y **Sfursat**.

Veneto

▹ Veneto
▹ Vénétie
▹ Venetien
▹ Véneto

*Montagna, collina, pianura, lago e poi la laguna che giunge al mare: in nessun'altra zona d'Italia si può trovare un paesaggio tanto vario, come varie sono le caratteristiche gastronomiche di questa regione. Il denominatore comune è costituito, oltre che da un garbo sottile e da un civiltà raffinata, retaggio di secoli di grandezza della Serenissima, dall'uso della polenta (in montagna unita agli ottimi formaggi come l'*asiago*, il *montasio* e il *vezzena*; sulla costa accostata anche a pesci e crostacei) e dal riso, proposto in mille ricette diverse, dal riso con gli ortaggi (famosissimo il *risi e bisi*) agli splendidi risotti di mare (come quello al nero di seppia). Fra i piatti più famosi il *baccalà alla vicentina*, il *fegato alla veneziana*, i *bigoli col sugo d'anatra*, le *moleche* (granchi che nella stagione della muta perdono la corazza), la *granseola*, le *schile* (minuscoli gamberetti) e i frutti di mare in generale. Fra i dolci che hanno conquistato fama internazionale ecco il *pandoro* di Verona. Vasta e pregiata la produzione vinicola (*Bardolino, Valpolicella, Chiaretto del Garda, Prosecco di Valdobbiadene*), dove il prodotto più importante è il rosso *Amarone*.*

▹ Mountains, hills, planes, lake and lagoons which reach the sea: such a varied view can be seen in no other zone of Italy, as such a varied gastronomy would be difficult to come across elsewhere. The common denominator is, other than the subtle tact and a refined civility, heritage of centuries of grandeur of the Serenissima, the use of polenta (in the mountains eaten with excellent cheeses such as **asiago**, **montasio** and **vezzena**; on the coast eaten with fish and crustaceans) and rice, used in a thousand different recipes, from rice with vegetables (the very famous **risi e bisi**) the delicious sea food risottos (such as that with cuttlefish ink). Among the most famous dishes are the **baccalà alla vicentina**, liver **alla veneziana**, **bigoli with duck sauce**, **moleche** (crabs which in the shedding season cast off their shells), **granseola**, **schile** (very small prawns) and sea food in general. The **pandoro** from Verona is one of the cakes which have become famous worldwide. The wine production is vast and highly valued (**Bardolino, Valpolicella, Chiaretto del Garda, Prosecco di Valdobbiadene**) the most important product is the red **Amarone**.

▷ Montagne, colline, plaine, lac et puis la lagune qui arrive à la mer, dans aucune autre zone d'Italie, il est possible de trouver un paysage aussi varié, variées le sont aussi les caractéristiques gastronomiques de cette région. Le dénominateur commun est constitué, outre la politesse et la civilité raffinée, héritage des siècles de la grandeur de la Sérénissime, de l'usage de la polenta. En montagne, elle est associée à d'excellents fromages comme l'**asiago**, le **montasio** et le **vezzena**, et sur la côte elle accompagne les poissons et les crustacés). Le riz est proposé en un millier de recettes différentes, du riz aux légumes (le **risi e bisi** est fameux) aux splendides risotto de mer (comme par exemple celui au noir de sèche). Parmi les plats les plus réputés, il y a la **morue à la vicentina**, le **foie à la vénitienne**, les **bigoli au jus de canne**, les **moleche** (crabes qui perdent leur carapace lors de la mue), la **granseola**, les **schile** (minuscules crevettes) et les fruits de mer en général. Parmi les desserts qui ont conquis une réputation internationale, il y a le pandoro de Vérone. La production vinicole est importante et appréciée (**Bardolino, Valpolicella, Chiaretto del Garda, Prosecco di Valdobbiadene**) et le plus remarquable est le vin rouge **Amarone**.

▷ Berge, Hügel, Ebenen. See und Lagune am Meer: in keinem anderen Gebiet Italiens gibt es eine so vielfältige Landschaft und daher existiert hier auch eine extrem differenzierte Gastronomie. Der gemeinsame Nenner ist hier neben der subtilen Eleganz und einer raffinierten Kultur gut jahrhunderterlanger Größe der "Serenissima", der Gebrauch der Polenta (in den Bergen mit den hervorragenden Käsesorten wie den **Asiago**, den **Montasio** und den **Vezzena**; an der Küste auch zusammen mit Krustentieren und Fischen) und dem Reis, der in tausend Varianten zubereitet wird, von Reis mit Gemüse (ganz berühmt die **RisiBisi**) zu den wundervollen Meeresrisotti (wie der mit Tintenfischschwärze). Zu den bekanntesten Gerichten gehören der **vizentinische Stockfisch**, die **venetianische Leber**, die **Bigoli mit Entenragout**, die **Moleche** (Krebse, die in der Wandlungszeit die Hülle verlieren), die **Granseola**, die **Schile** (winzige Garnelen) und im allgemeinen die Meeresfrüchte. Unter den international berühmt gewordenen Süßspeisen sind zu nennen: der Pandoro aus Verona. Die Weinherstellung ist weitgefächert und wertvoll (**Bardolino, Valpolicella, Chiaretto del Garda, Prosecco di Valdobbiadene**), und das wichtigste Erzeugnis ist der Rotwein **Amarone**.

▷ Montaña, colina, llanura, lago y luego la laguna que llega hasta el mar: en ninguna otra zona de Italia es posible encontrar un paisaje tan vario, como variadas son las características gastronómicas de esta región. El común denominador está representado, no solo por una fina amabilidad y una distinguida civilización, herencia de siglos de grandeza de la Serenísima, sino también por el uso de la polenta (en la montaña acompañada de óptimos quesos, como el **asiago**, el **montasio** y el **vezzena**; sobre la costa, al lado de pescados y crustáceos) y por el arroz, que se propone en miles de diferentes recetas, desde el arroz con hortalizas (muy famoso el **risi e bisi**) hasta los espléndidos risotti de mar (como el negro de sepia). Entre los platillos más famosos el **bacalao a la vicentina**, el **hígado a la veneciana**, los **bigoli** (típico espagueti véneto) **con salsa de pato**, las **moleche** (cangrejos que en la temporada de la muda pierden la coraza), la **granseola**, las **schile** (camarones minúsculos) y los mariscos en general. Entre los dulces que han conquistado una fama internacional, he aquí el pandoro de Verona. Amplia y también famosa la producción vinícola (**Bardolino, Valpolicella, Chiaretto del Garda, Prosecco de Valdobbiadene**), donde el producto más importante es el tinto **Amarone**.

Trentino

▷ Trentino
▷ Trentin
▷ Trentin
▷ Trentino

Bolzano

TRENTO

L'enogastronomia trentina varia dalla riviera del Garda, ricca di verdure e pesci di lago conditi con ottimo olio extravergine di oliva locale, a quella delle vallate alpine con influenze venete e altoatesine ove prevalgono polenta (con **farina di mais Marano**), *formaggi (***Vezzena** *e* **Puzzone di Moena**), **salumi affumicati**, (**speck, salami** *e la rara* **mortandela**), **sanguinacci**, *patate e* **funghi**. *Piatti tipicamente trentini sono la* **carne salata con fagioli**, *lo* **stoccafisso con patate e cipolle** *e gli* **strangolapreti di bietole**. *Ma la vera ricchezza è la* **frutta**: *mele (al primo posto), pere, albicocche, susine e frutti di bosco, venduta fresca, trasformata in ottime marmellate, in torte di mele o in* **strudel**, *in frutta sciroppata o in distillati. Di qualità eccellente i vini: dai rossi come il* **Marzemino** *e il* **Teroldego Rotaliano** *ai bianchi paglierini e aromatici come il* **Müller Thurgau**, *la* **Nosiola**, *il* **Traminer**. *Interessanti anche le* **grappe**.

▷ The food and wine of Trentino varies from the riviera of Garda, rich in vegetables and fresh water lake fish dressed with the excellent local extra virgin olive oil, to that of the alpine valleys influenced by Veneto and Alto Adige where polenta prevails (with **Marano corn meal**) along with cheese (**Vezzena** and **Puzzone di Moena**), **smoked pork products**, (**speck, salami** and the rare **mortandela**), **black puddings**, potatoes and **mushrooms**. Typical dishes from Trentino are **salted meat with beans**, **stockfish with potatoes and onions** and **strangolapreti made with beet/chard**. The region is rich in **fruit**: apples (in first place), pears, apricots, plums and forest fruit, sold fresh, made into exquisite jams, apple cakes or strudel, preserved in syrup or used in distillations. The wines are of an excellent quality: from the reds such as the **Marzemino** and the **Teroldego Rotaliano** to the straw-coloured aromatic whites such as the **Müller Thurgau**, **Nosiola**, and the **Traminer**. The varieties of **grappa** produced are also interesting.

▷ L'œnogastronomie du Trentin varie des rives du lac de Garde, riche de verdure et de poissons d'eau douce assaisonnés d'une excellente huile d'olive extra-vierge d'olives locales, à celle des vallées alpines avec l'influence vénitienne et de l'Haut-Adige, où prévalent la polenta (avec **la farine de maïs Marano**), les fromages (**Vezzena** et **puzzone de Moena**), les **saucisses fumées** (**speck, salami** et la rare **mortandela**), **boudins**, pommes de terre et **champignons**. Les plats typiques du Trentin sont la **viande salée avec les haricots**, la **morue avec pommes de terre** et oignons et les **strangolapreti de blettes**. Mais la vraie richesse sont les **fruits**: pommes (au premier plan), poires, abricots, prunes et fruits des bois. Ils sont vendus frais, transformés en d'excellentes confitures, en tartes aux pommes ou en **Strudel**, en fruits au sirop ou bien distillés. Les vins sont délicieux, des vins rouges comme le **Marzemino** et le **Teroldego Rotaliano** aux vins de paille aromatisés comme le **Müller Thurgau**, la **Nosiola** et le **Traminer**. Les **grappa** sont aussi intéressantes.

▷ Die Enogastronomie des Trentin variiert von den Ufern des Gardasees, die reich an Gemüse und Fisch aus dem See ist, die mit dem hervorragenden Olivenöl der lokalen Olivensorte angemacht sind, bis zu den alpinen Tälern mit venetianischem und südtirolischem Einfluss, wo die Polenta vorherrscht (mit Maismehl **Marano**), die Käsesorten (**Vezzena** und **Puzzone aus Moena**), geräucherte Würste, (**Speck, Salami** und die seltenen **Mortandela**), **Blutwürste**, Kartoffeln und **Pilze**. Typisch trentinische Gerichte sind das **Pökelfleisch mit Bohnen**, der **Stockfisch mit Kartoffeln und Zwiebeln** und die **Strangolapreti mit Rübenblättern**. Doch der wahre Reichtum ist das Obst: Äpfel (an erster Stelle), Birnen, Aprikosen, Pflaumen und Waldfrüchte, frisch verkauft oder in wundervolle Marmelladen verwandelt, in Apfeltorten oder **Apfelstrudel**, in Früchtesyrup oder Destillate. Von ausgezeichneter Qualität sind die Weine: von den Rotweinen wie den **Marzemino** und den **Teroldego Rotaliano** bis zu den blaßblonden und aromatischen Weißweinen wie den **Müller Thurgau**, den **Nosiola**, den **Traminer**. Interessant sind auch die **Grappas**.

▷ La enogastronomía trentina varía desde la costa del Garda, rica de verduras y pescados de lago, condimentados con óptimo aceite local de oliva virgen, a la de los valles alpinos con influencias vénetas y de altoatesinas, donde prevalecen la polenta (con **harina de maíz de Marano**), quesos (**Vezzena** y **Puzzone de Moena**), embutidos ahumados, (**speck, salchichones** y la rara **mortandela**), **morcilla**, patatas y **setas**. Platos típicamente trentinos son: la **carne salada con frijoles**, el **bacalao salado con patatas y cebollas** y los **strangolapreti de acelgas**. Pero la verdadera riqueza es la **fruta**: las manzanas (en primer lugar), peras, albaricoques, ciruelas y frutos de bosque, que se vende fresca, transformada en óptimas mermeladas, en tartas de manzanas o en **strúdel**, en fruta en almíbar o en destilados. Los vinos son de excelente calidad: desde los tintos, como ser el **Marzemino** y el **Teroldego Rotaliano**, a los blancos pajizos y aromáticos como el **Müller Thurgau**, la **Nosiola** y el **Traminer**. De gran interés también las **grapas**.

Alto Adige

▶ Alto Adige
▶ Haut-Adige
▶ Südtirol
▶ Alto Adigio

Il *territorio e l'enogastronomia dell'Alto Adige hanno un sapore di Austria e di calde "stube" dove si gustano preparazioni tipiche accompagnate da ottimi vini. Il piatto più emblematico di questa regione sono i* **canederli** *(al formaggio, allo speck, al fegato) serviti in brodo o come contorno; a questi seguono i piccoli* **spätzli**, **le zuppe di orzo e di gulasch**. *Il salume tipico è lo* **speck** *cui si affiancano le* **salsicce affumicate** *da accompagnarsi con le innumerevoli varietà di pane (di segale, ai cereali, al cumino). Il dolce simbolo è lo* **strudel di mele**, *ma per le feste di fine anno si consuma lo* **zelten**. *Da provare le* **marmellate di frutti di bosco**, *il* **miele**, *le* **grappe** *e i* **distillati di frutta**. *A dominare il panorama enoico sono certamente i vini bianchi, tutti fortemente aromatici, come il* **Gewurztraminer**, *anche se non sono da meno* **Sauvignon**, **Pinot Grigio** *e* **Chardonnay**. *Tra i rossi spiccano il* **Lagrein** *e la* **Schiava**.

▶   The territory and the food and wine of Alto Adige are influenced by Austria. The "pubs" have a welcoming Austrian atmosphere where typical food is enjoyed accompanied by excellent wines.
The most typical dish of this region is **canederli** (with cheese, bacon, or liver) served in stock or as a side dish; followed by small **spätzli**, soups consisting of barley and **gulasch**. The typical cold pork product is speck, cured ham which accompanied by smoked sausages is eaten with the numerous varieties of bread (rye, cereals, and caraway). The typical cake is the honey strudel, but for the New Years celebrations the zelten is prepared. The forest fruit jams, the honey, the grappa and the fruit distillations are all to be tried. The white wines are certainly the most important, all highly aromatic, such as the **Gewurztraminer, Sauvignon**, **Pinot Grigio** and **Chardonnay**. Among the reds the **Lagrein** e la **Schiava** stand out.

▶ Le territoire et "l'œnogastronomie" de l'Haut-Adige ont un goût d'Autriche et de chauds "Stuben" où peuvent se manger des préparations typiques accompagnées de très bons vins. Le plat le plus emblématique de cette région sont les **canederli** (au fromage, au lard, au foie) servis en bouillon ou bien comme accompagnement; ensuite bien sûr les petits **spätzli**, les **soupes de gruau** et les **goulaschs**. La saucisse typique est le **speck** auquel s'ajoute les **saucisses fumées** à accompagner avec les nombreuses variétés de pain (de seigle, aux céréales, au cumin). Le dessert le plus représentatif est le **Strudel au pommes** et le **Zelten** pour les fêtes de fin d'années. Les **confitures de fruits des bois**, le **miel**, les **eaux-de-vie** et les alcools de fruits sont à découvrir. Le panorama œnologique est dominé certainement par les vins blancs, tous fortement parfumés, comme le **Gewurztraminer**, ou encore les **Sauvignon**, **Pinot Gris** et **Chardonnay**. Parmi les rouges, le **Lagrein** et la **Schiava** se font remarquer.

▶ Das Gebiet und die Weingastronomie des Südtirol haben einen österreichischen Geschmack und einen Hauch der "Stuben" in denen charakteristische Gerichte mit hervorragenden Weinen serviert werden. Das wohl emblematischste Gericht dieser Region sind die **"Knödele"** (aus Käse, Speck, oder Leber) die in Brühe serviert werden oder als Beilage. Danach wären sofort die **Spätzli**, **die Gerstensuppen oder die Gulaschsuppen** zu nennen. Die typische Wurst ist eigentlich der Speck dem sofort die **geräucherten Würste** folgen, die wiederum mit unzähligen Brotarten begleitet werden.(aus Roggen, Mehrkorn, Kümmel). Für die Süßspeisen ist der **Apfelstrudel** emblematsich, für die Festtage des Jahresendes werden die **"Zelten"** gegessen. Unbedingt sollte die **Marmellade** aus Waldfrüchten, der Honig, die Grappas und Obstschnäpse probiert werden. Das Weinpanorama wird von den stark aromatischen Weissweinen beherrscht wie der **Gewürztraminer**, aber auch der **Sauvignon**, **Pinot Grigio** und der **Chardonnay**. Unter den Rotweinen treten der **Lagrein** und der **Schiava** hervor.

▶ El territorio y la enogastronomía del Alto Adigio tienen un sabor de Austria y de calientes "stube", lugar éste donde se saborean comidas típicas acompañadas por excelentes vinos. El plato más emblemático de esta región son los **"canederli"**, (una especie de ñoquis de queso, speck o hígado) que se sirven en caldo o como guarnición; a éstos le siguen los pequeños **spätzli**, **las sopas de cebada y de gulasch**. El embutido típico es el **speck** al que se unen las **salchichas ahumadas** que se acompañan con innumerables variedades de pan (de centeno, cereales o comino). Entre los dulces, el símbolo es el **strúdel de manzana**, pero para las fiestas de fin de año se consume el **zelten**. Vale la pena probar las **mermeladas de frutos de bosque**, la **miel**, las **grapas** y los **destilados de fruta**. Por cierto que quienes dominan el panorama vitivinícola son los vinos blancos, todos fuertemente aromáticos, como por ejemplo el **Gewurztraminer**, aunque no son menos el **Sauvignon**, **Pinot Gris** y **Chardonnay**. Entre los tintos se distinguen el **Lagrein** y la **Schiava**.

Friuli Venezia Giulia

> ▷ Friuli Venezia Giulia
> ▷ Frioul Vénétie Julienne
> ▷ Friuli Venezia Giulia
> ▷ Friuli Venezia Giulia

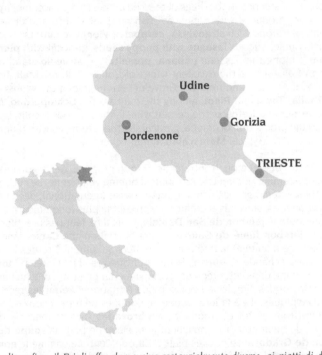

Regione di confine, il Friuli offre due cucine sostanzialmente diverse: ai piatti di derivazione veneta si sovrappongono, a Trieste, testimonianze di un importante passato internazionale (piatti austroungarici, sloveni e croati). Il prodotto più rinomato è senza dubbio il **prosciutto di San Daniele**, *ma non bisogna dimenticare il prosciutto* **affumicato di Sauris**, *i piccoli prosciutti del* **Carso**, *mentre a Trieste resiste la tradizione dei buffet che offrono a tutte le ore porcina calda e wurstel. Tra i formaggi va citato il* **Montasio**. *La polenta, qui, si accompagna un po' a tutto, dalle semplici preparazioni della montagna al pesce dell'Adriatico. Fra le ricette più tipiche ecco la* **jota** *(zuppa di patate, crauti e maiale), il* **frico** *(formaggio fritto e croccante), le* **brovade** *(rape macerate nella vinaccia) che si accompagnano al musetto del maiale, il* **brodetto di pesce di Grado**, *e poi piatti mitteleuropei come* **gulasch**, *i* **cevapcici**, **cotoletta alla viennese**, *e primi dolci come le* **lasagne con semi di papavero** *e gli* **gnocchi con prugne o marmellata**. *Fra i dolci eccellono* **gubana**, **presnitz** *e* **strucolo**. *Su tutto questo gli eccellenti vini del Collio, dei Colli orientali, della zona di Aquileia e delle Grave del Friuli:* **Ribolla**, **Tocai**, **Pinot** *tra i bianchi;* **Schiopettino**, **Merlot**, **Cabernet**, **Refosco** *tra i rossi e, al dessert, il prezioso* **Picolit**. *Ottima anche la produzione di grappe, particolare quella di acquaviti di prugne, albicocche e del tipico* **Maraschino**.

▷ A border region, Friuli offers two types of cuisine which are substantially different: dishes originating from Veneto superimposes those of Trieste, proof of an important international past (Austrian/Hungarian dishes, dishes from Slovenia and Croatia). The most renowned dish is without doubt the **ham from San Daniele**, although the s**moked ham of Sauris** must not be forgotten, nor the small **Carso** hams or the tradition in Trieste of buffets offering hot roast pork and Frankfurter sausages. Among the cheeses the **Montasio** is worthy of mention. Polenta is used as an accompaniment to most dishes, from the simple mountain recipes to fish from the Adriatic Sea. Among the typical recipes is the **jota** (potato soup, pickled boiled cabbage and pork), the **frico** (crunchy fried cheese), **brovade** (parsnips steeped in the dregs of pressed grapes) which accompany a pork product produced with pigs head, **fish soup of Grado** and dishes from Central Europe such as **goulash, cevapcici, Viennese cutlets**. Also sweet first courses such as l**asagne with poppy seeds**, **gnocchi with plums and jam**. Among the desserts **gubana**, **presnitz** and **strucolo** stand out. On top of all this are the excellent wines of Collio, Colli orientali, from the zone of Aquileia and from the Grave del Friuli: among the whites are the **Ribolla**, **Tocai** and **Pinot**; among the reds are the **Schiopettino**, **Merlot**, **Cabernet** and **Refosco**, the dessert wine is the precious Picolit. Excellent also the production of grappa, particularly that produced with plums, apricots and the typical **Maraschino** morello cherries.

▷ Etant une région frontière, le Frioul propose deux cuisines substantiellement différentes. Aux plats d'origine vénitienne, se superposent à Trieste, témoignages d'un important passé international, des plats austro-hongrois, slovènes et croates. Le produit le plus renommé est sans aucun doute le **jambon de San Daniele**, mais il ne faut pas non plus oublier le **jambon fumé de Sauris**, les petits jambons de **Carso**, tandis qu'à Trieste se maintient la tradition des buffets qui offrent à toutes les heures porchetta chaude et Würstel. Parmi les fromages, il faut citer le **Montasio**. La polenta, dans cette région, accompagne un peu tout, des préparations montagnardes simples au poisson de l'Adriatique. Parmi les recettes les plus typiques, il y a la **iota** (soupe de pommes de terre, choux et porc), le **frico** (fromage frit et croquant), les **brovades** (navets macérés dans le marc de raisin) qui accompagnent le museau de porc, la **soupe de poisson de Grado**, ainsi que les plats d'Europe Centrale comme le **goulasch**, les **cevapcici**, les **côtelettes à la viennoise**, et les plats de pâtes sucrés comme les **lasagnes aux graines de pavots** et les **gnocchi aux prunes ou à la confiture**. Les **gubana**, **presnitz**, **strucolo** sont les desserts plus connus. Pour accompagner tout cela, il y a les excellents vins du Collio, des Colli orientales, de la zone de Aquileia e des Graves du Frioul: **Ribolla**, **Tocai**, **Pinot** pour les blancs; **Schiopettino**, **Merlot**, **Cabernet**, **Refosco** pour les rouges et pour le dessert, le délicieux **Picolit**. Excellente aussi est la production de **grappa**, particulièrement celle d'eau-de-vie de prunes, abricot et du typique **Maraschino**.

▷ Als Grenzregion bietet Friaul zwei wesentlich unterschiedliche Küchen an: Gerichte venetianischen Ursprungs werden von Gerichten, die in Triest aus der wichtigen internationalen Vergangenheit stammen, überlagert. (Austroungarische, slowenische und kroatische Gerichte). Das berühmteste Produkt ist zweifelsohne der **Schinken San Daniele**, doch darf man andere wie den **Räucherschinken Sauris**, die kleinen Schinken aus dem **Karst** nicht vergessen. Und in Triest besteht weiterhin die Tradition zu allen Tageszeiten warme Porcina und Würstel im Buffet anzubieten. Unter den Käsen ist der **Montasio** erwähnenswert. Die Polenta begleitet hier so ziemlich alles, von der einfachen Zubereitung aus den Bergen bis zum Fisch aus dem Adriatischen Meer. Zu den typischen Rezepten gehört hier die **Jota** (eine Kartoffelsuppe mit Kraut und Schweinefleisch), der **Frico** (knusprig frittierter Käse), die **Brovade** (in Weintreber eingeweichte Rüben) die zu Schweineschnauze serviert werden, die **Fischbrühe** aus **Grado**, und die mitteleuropäischen Gerichte wie der **Gulasch**, die **Cevapcici**, das **Wiener Schnitzel**, und Süßspeisen wie die **Lasagne mit Mohn**, und die **Pflaumenknödel** oder die **Marmellade**. Hervorragend die **Gubana**, der **Presnitz** und der **Strucolo**. Und dazu die hervorragenden Weine aus Collio, aus den östlichen Hügeln, dem Gebiet um Aquileia und aus Grave del Friuli: **Ribolla**, **Tocai**, **Pinot** unter den Weißweinen; **Schiopettino**, **Merlot**, **Cabernet**, **Refosco** unter den Rotweinen, und der wertvolle Dessertwein **Picolit**. Optimal auch die **Grappa**produktion, etwas Besonderes ist der Pflaumen-und Aprikosenschnaps, und der typische **Maraschino**.

▷ Por ser una región de frontera, el Friuli ofrece dos tipos de cocina fundamentalmente distintas: de hecho, a los platos de origen veneciano, en Trieste se sobreponen demostraciones de un importante pasado internacional (platos austro-húngaros, eslovenos y croatos). El producto más renombrado es indudablemente el **jamón de San Daniele**, pero no se debe olvidar el **jamón ahumado de Sauris**, los pequeños jamones del **Carso**, mientras en Trieste resiste la tradición de los buffet que a todas horas ofrecen porcino caliente y würstel. Entre los quesos vale la pena citar el **Montasio**. Aquí la polenta se agrega a cualquier otra comida, desde las preparaciones más sencillas de la montaña al pescado del mar Adriático. Entre las principales recetas típicas, he aquí la **jota** (sopa de patatas, crauti y cerdo), el **frico** (queso frito y crocante), las **brovade** (nabos macerados en la casca), que se acompañan con el hocico de cerdo, el **caldito de pescado de Grado**, y luego especialidades centroeuropeas como el **gulasch**, los **cevapcici**, la **chuleta a la vienés**, y otros primeros platos dulces, como ser las **lasañas con semillas de amapola** y los **ñoquis con ciruelas o mermelada**. Entre los dulces se destacan **gubana**, **presnitz** y **strucolo**. Para acompañar todo esto los excelentes vinos del Collio, de los Colinas orientales, de la zona de Aquileia y de las Grave del Friuli: **Ribolla**, **Tocai**, **Pinot** entre los blancos; **Schiopettino**, **Merlot**, **Cabernet**, **Refosco** entre los tintos y, para el postre, el precioso **Picolit**. Óptima también la producción de **grapas**, especialmente la de aguardiente de ciruelas, albaricoques y del típico **Marrasquino**.

Emilia Romagna

▷ Emilia Romagna
▷ Emilie Romagne
▷ Emilia Romagna
▷ Emilia Romaña

*La popolazione dell'Emilia-Romagna ha un'inclinazione innata alla convivialità che ha dato vita ad una cucina saporita e sostanziosa da accompagnare con i vini **Lambrusco**, **Sangiovese**, **Trebbiano**, **Albana** e **Gutturnio**. Il vero vanto di questa regione è la pasta fresca, tirata a mano e mutata in **tagliatelle** (da condirsi con il **ragù alla bolognese**), **anolini**, **cappellacci**, **cappelletti**, **tortelli d'erbe**, **tortellini** e **garganelli**. La carne per eccellenza è quella di maiale, che si trasforma in straordinari salumi: **prosciutto di Parma e di Langhirano**, **culatello di Zibello**, **coppa piacentina**, **salame di Felino**, **mortadella di Bologna**; e i "pani" tipici per accompagnarli sono le **tigelle**, le **crescentine**, gli **gnocchi fritti** e le **piadine**. Il formaggio tipico è il **Parmigiano reggiano**; il più raro è il **Pecorino di fossa**. Il nettare più prezioso è l'**aceto Balsamico Tradizionale di Modena** e quello di **Reggio Emilia**. I dolci sono la **torta di tagliatelline** e il **pan pepato**.*

▷ The population of Emilia-Romagna has an inherent inclination towards conviviality which has brought about a tasty and substantial cuisine, to be accompanied with **Lambrusco**, **Sangiovese**, **Trebbiano**, **Albana** and **Gutturnio wines**. The real pride of this region is fresh pasta, hand made, and cut as tagliatelle (eaten with bolognese sauce), **anolini**, **cappellacci**, **cappelletti**, **tortelli with herbs**, **tortellini** and **garganelli**. The meat for which the region is famous is pork, from which extraordinary products are obtained: Parma and **Langhirano** ham, **culatello** (kind of ham) **from Zibello**, **coppa piacentina** (cured ham variegated with fat), **Felino salami**, **mortadella from Bologna**; and typical breads, to accompany them are **tigelle** (flattened sheets of bread), **crescentine** (fried bread made with flour, milk and suet), **fried gnocchi**, and **piadine** (thin sheets of bread). The typical cheese is **Parmigiano reggiano**; the most rare is **Pecorino di fossa**. The most precious nectar is the **Traditional Balsamic Vinegar from Modena** and that from **Reggio Emilia**. The cakes are **tagliatelline** and **pan pepato**.

▷ La population de l'Emile-Romagne a une tendance innée à la convivialité et cela a donné naissance à une cuisine attrayante et substantielle à accompagner avec les vins **Lambrusco**, **Sangiovese**, **Trebbiano**, **Albana** et **Gutturnio**. Le véritable mérite de cette région est la pâte fraîche, étalée à la main et transformée en **tagliatelles** (à accompagner avec la sauce bolognaise), **anolini**, **cappellacci**, **cappelletti**, **tortelli aux herbes**, **tortellini** et **garganelli**. La viande par excellence est celle de porc, qui se transforme en charcuterie extraordinaire: **jambon de Parme et de Langhirano**, **culatello de Zibello**, **coppa de Plaisance**, **saucisse de Felino**, **mortadelle de Bologne**; et les "pains" typiques pour les accompagner sont les **tigelles**, les **crescentines**, les **gnocchi frits** et les **piadines**. Le fromage caractéristique est le **parmesan** et plus recherché le **pécorino de fosse**. Le nectar le plus précieux est le **vinaigre balsamique traditionnel de Modène** et celui de **Reggio-Emilie**. Les desserts sont la **tarte aux tagliatellines** et le **pain d'épices**.

▶ Die Bevölkerung der Emilia-Romagna hat eine natürliche Neigung zum Zusammenleben und hat eine schmackhafte und reichhaltige Küche geschaffen, die mit den Weinen **Lambrusco**, **Sangiovese**, **Trebbiano**, **Albana** und **Gutturnio** begleitet werden. Der eigentliche Stolz dieser Region sind die frischen Nudeln, handgezogen und verwandelt in **Tagliatelle** (die mit dem Bologneser Ragout angemacht werden), **Anolini**, **Cappellacci**, **Cappelletti**, **Tortelli d'erbe**, **Tortellini** und **Garganelli**. Das Schweinefleisch verwandelt sich hier in den ausgezeichneten **Parmaschinken und Schinken von Langhirano**, den **Culatello di Zibello**, die **Coppa piacentina**, die **Salami di Felino**, und **natürlich die Mortadella aus Bologna**; das typische Brot zur Begleitung sind die **Tigelle**, die **Crescentine**, die **Gnocchi fritti** und die **Piadine**. Der typische Käse ist der Parmesankäse **Parmigiano reggiano**; sehr rar ist der **Pecorino di fossa**. Der wertvollste Nektar ist hier der Balsamessig **Aceto Balsamico Tradizionale di Modena** und der aus **Reggio Emilia**. Süßspeisen sind die **torta di tagliatelline** und das **pan pepato**.

▶ La población de Emilia-Romaña tiene una tendencia innata a la convivialidad que ha dado vida a una cocina sabrosa y sustanciosa, que se acompaña con los vinos **Lambrusco**, **Sangiovese**, **Trebbiano**, **Albana** y **Gutturnio**. El verdadero alarde de esta región es la pasta fresca, estirada a mano, y transformada en **tallarines** (que se condimenta con el ragù a la boloñesa), **anolini**, **cappellacci**, **cappelletti**, **tortelli d'erbe**, **tortellini** y **garganelli**. La carne por excelencia es la de cerdo, que se transforma en extraordinarios embutidos: **jamón de Parma y de Langhirano**, **culatello de Zibello**, **morrillo placentino**, **salchichón de Felino**, **mortadela de Boloña**; los "panes" típicos para acompañarlos son las **tigelle**, las **crescentine**, los **ñoquis fritos** y las **tortillas de pan**. El queso típico es el **Parmesano de Reggio**; entre los más raros, el **Pecorino di fossa**. El néctar más extraordinario es **el vinagre Balsámico, Tradicional de Módena y el de Reggio de Emilia**. Los dulces son la **torta de tagliatelline** y el **pan pepato**.

Toscana

- Tuscany
- Toscane
- Toskana
- Toscana

Sobria ed essenziale, la cucina toscana vanta qualità delle materie prime e rispetto dei loro sapori naturali. Quindi, pochi intingoli complicati, erbe aromatiche, trionfo dell'olio di oliva (di grande qualità, usato in cottura e a crudo e per le fragranti fritture), dello spiedo e della griglia. Su tutto campeggia l'immagine succulenta della **bistecca alla fiorentina**, *ottenuta da carne di razza* **Chianina**. *Fra i primi* **pappardelle**, **testaroli** (*schiacciate condite con pesto o sugo di funghi) e poi zuppe famose come la* **ribollita** (*con fagioli e cavolo nero) e la* **pappa al pomodoro**. *I* **fagioli cannellini**, *tipici della Toscana, molto versatili, sono abbinati a zuppe, maiale, vitello, pollo, gamberi o apprezzati da soli. Largo uso di carni di maiale, utilizzate sia fresche sia conservate in salumi come la* **finocchiona** (*salame a pasta fine con semi di finocchio) e il prosciutto crudo che ben si accompagna al tipico pane toscano senza sale (utilizzato al posto della pasta in molte zuppe oppure condito con olio per bruschetta e fettunta). Citazione per il* **lardo di Colonnata** *e per i vari salumi prodotti con i maiali della razza* **Cinta Senese**. *Fra i formaggi è ricercato il* **pecorino delle Crete Senesi**, *il* **pecorino di Pienza** *e il* **marzolino del Chianti**. *Ma la Toscana è anche mare, ed ecco il* **cacciucco livornese** (*saporitissima zuppa), le* **triglie alla livornese**, *le* **ceche** (*anguille neonate che si pescano alla foce dei fiumi in Versilia). Molte le specialità dolciarie, oltre ai dolci di Siena come* **panforte** *e* **ricciarelli** *ci sono* **castagnaccio**, **brigidini** *ed i* **cantucci** *di Prato da gustare col Vin Santo. Un capitolo a parte meriterebbero i vini dove a dominare è il* **Chianti**, *con diverse denominazioni, mentre l'apice qualitativo è rappresentato da* **Brunello di Montalcino** *e* **Vino Nobile di Montepulciano**, *oltre a diversi* **Supertuscan** (*vini di corpo prodotti con uve rosse diverse). Tra i bianchi ecco la* **Vernaccia di San Gimignano**; *tra i vini da dessert la Toscana offre* **Moscadello** *e* **Vin Santo**.

The cuisine of Tuscany is simple and basic. Tuscany boasts first class primary materials and a respect for their natural flavours. Therefore few complicated sauces and aromatic herbs are used while olive oil is used in abundance (excellent quality, used in many recipes, raw and for frying), typical cooking methods are roasting on a spit and under the grill. Dominating all of this is the image of the succulent **bistecca alla fiorentina**, obtained from beef of the **Chianina** breed of cattle. Among the first courses **pappardelle**, **testaroli** (flattened and served with pesto or mushroom sauce) and then famous soups such as the **ribollilta** (with beans and leaf cabbage) and **pappa al pomodoro**. **Cannellini beans** are typical of Tuscany, they are very versatile and are eaten with soups, pork, veal, chicken, prawns or unaccompanied. Pork is widely used, both fresh and preserved as pork products such as the **finocchiona** (fine grained salami containing fennel seeds), cured ham which is a good accompaniment to the typical bread of Tuscany which does not contain salt (used as an alternative to pasta in many soups or with oil for bruschetta and fettunta). The **lard from Colonnata** must be mentioned, as well as the various pork products obtained from the **Cinta Senese** breed of pig. Among the cheeses the **pecorino delle crete senesi**, **pecorino di Pienza** and the **marzolino del Chianti**. Tuscany is also on the sea therefore

fish is an important part in the gastronomy of the region. Well known recipes are the **cacciucco livornese** (very tasty soup), **triglie alla livornese**, **ceche** (new-born eels which are caught at the mouth of rivers in Versilia). There is a great variety of confectionary, other then the cakes from Siena such as the **panforte** and **ricciarelli** there are the **castagnaccio**, **brigidini** and **cantucci biscuits** from Prato to be eaten with Vin Santo. The wines would deserve a chapter all of their own. The regions most important wine is **Chianti**, which has various denominations, while the top quality wine is **Brunello di Montalcino** and **Vino Nobile di Montepulciano**, as well as various **Supertuscan** (wines with body produced from various black grapes). Among the whites is the **Vernaccia di San Gimignano**; among the dessert wines Tuscany offers **Moscadello** e **Vin Santo**.

▶ Sobre et essentielle, la cuisine toscane vante les qualités des matières premières et le respect de leurs saveurs naturelles. Donc, peu de sauces compliquées, des herbes aromatiques, le triomphe de l'huile d'olive (de grande qualité, utilisée en cuisson, pour les crudités et pour les fritures parfumées), de la cuisson à la broche à la grille. De cette cuisine, se détache l'image succulente du **bifteck florentin**, fait à partir de viande de race **Chianina**. Parmi les premiers plats, il y a les **pappardelle**, les **testaroli** (écrasés et assaisonnés avec le pesto ou la sauce aux champignons) et puis les soupes fameuses comme la **ribollita** (avec des haricots et du chou noir) et la **pappa aux tomates**. Les **haricots cannellini**, typiques de la Toscane, sont mangés avec la soupe, le porc, le veau, le poulet, les crevettes ou même seuls. En Toscane, il y a une grande utilisation de la viande de porc, soit fraîche, soit en saucisses comme la **finocchiona** (saucisse à chair fine avec des graines de fenouil) et le jambon cru qui s'accompagne bien du pain typique toscan sans sel (utilisé à la place des pâtes dans de nombreuses soupe ou bien assaisonné d'huile pour les bruschetta et les fettunta). Remarque particulière pour le **lard de Colonnata**, et pour les diverses saucisses faites à partir de porc de la race **Cinta Senese**. Parmi les fromages, le **pécorino des crêtes de Sienne**, le **pécorino de Pienza** et le **marzolino del Chianto** sont recherchés. Mais en Toscane il y aussi la mer, et donc le **cacciucco de Livourne** (soupe très savoureuse), les **rougets de Livourne**, les **ceche** (anguilles à peine nées qui viennent pêchées aux embouchures des fleuves à Versilia). Les spécialités pâtissières sont nombreuses, en plus des desserts de Sienne tels que le **panforte** et les **ricciarelli**, il y a le **castagnaccio**, les **brigidini** et les **cantucci** de Prato à déguster avec le Vin Santo. Les vins mériteraient un chapitre à part, les vins toscans où domine le **Chianti**, avec diverses dénominations, alors que le summum qualitatif est représenté du **Brunello de Montalcino** et du **Vino Nobile de Montepulciano**, en plus des divers **Supertuscan** (vins corposeux produit avec deifférents cépages rouges). Parmi les blancs, la **Vernaccia de San Gimignano** et ceux à dessert, la Toscane offre le **Moscadello** et le **Vin Santo**.

▷ Schlicht und wesentlich, weist die toskanische Küche Qualität in den Rohmaterialien auf und Respekt gegenüber dessen natürlichen Geschmack. Das bedeutet wenig komplizierte Soßen, dafür Kräuter, und viel Olivenöl (sehr hochwertig und zum Kochen, roh und für duftend Frittiertes benutzt), Spieße und Gegrilltes. Über allem steht das saftige **Florentiner Steak**, aus dem Fleisch der Rasse **Chianina**. Unter den ersten Gängen die **Pappardelle**, **Testaroli** (gepresst und mit Pesto oder Pilzsoße angerichtet), berühmte Suppen wie die **Ribollita** (mit Bohnen und dunklem Kohl) und die **Pappa al pomodoro** (Tomatensuppe). Die Bohnen **fagioli cannellini**, sind typisch für die Toskana, und lassen sich zu unterschiedlichen Gerichten kombinieren, zu Suppen, Schwein, Kalb und Huhn, Garnelen oder auch allein. Schweinefleisch wird viel verwendet, das frisch verwendet oder aber zu Wurst verarbeitet wird, wie z. B. die Salami **finocchiona** (feine Salami mit Fenchelkernen gewürzt) oder den rohen Schinken, der so gut zu dem toskanischen Brot ohne Salz passt (und statt Nudeln in vielen Suppen auftritt oder nur mit Öl zur Bruschetta oder Fettunta gemacht wird). Ein besonderes Augenmerk verdient der Speck **Lardo di Colonnata**, und die anderen Wursterzeugnisse aus der Schweinerasse **Cinta Senese**. Zu den gefragtesten Käsesorten gehören der Schafskäse Pecorino delle crete senesi und der **Pecorino di Pienza** und auch der **Marzolino del Chianti**. Aber die Toskana liegt auch am Meer und daher die würzige Suppe **Cacciucco livornese**, die Fische nach Livorneser Art, die **Ceche** (ganz kleine Aale die in den Flußmündungen der Versilia gefischt werden.). Süßspeisen gibt es sehr viele, aus Siena z.B. das **Panforte** und die **Ricciarelli**, aber es gibt auch den Castagnaccio, die **Brigidini** und die **Cantucci** aus Prato, die mit dem Vin Santo zusammen gegessen werden. Ein besonderes Kapitel verdienen die Weine mit dem **Chianti**, mit unterschiedlichen Herkunftsgarantien und Bezeichnungen, die qualitative Spitze aber gebührt dem **Brunello di Montalcino** und dem **Vino Nobile di Montepulciano**, des weiteren verschiedene **Supertuscan** (mündige Weine aus verschiedenen roten Trauben). Unter den Weißweinen sind zu nennen der **Vernaccia di San Gimignano**; und unter den Dessertweinen sind in der Toskana der **Moscadello** und der **Vin Santo**.

▷ Sobria y esencial, la cocina toscana hace alarde de la calidad de sus materias primas y del respeto a sus sabores naturales. Por tanto, pocas salsas complicadas, hierbas aromáticas, éxito del aceite de oliva (de gran calidad, empleado para cocinar y usar crudo, como así también para las fragantes frituras), del espetón y de la parrilla. En todo se destaca la imagen suculenta del **filete a la florentina**, que se obtiene de la carne de raza **Chianina**. Entre los primeros platos las **pappardelle**, los **testaroli** (tortas planas condimentadas con pesto o salsa de setas), luego sopas famosas como la **ribollita** (con frijoles y col negro) y la **pappa al pomodoro**. Los **frijoles cannellini**, típicos de Toscana, muy versátiles, se sirven con sopas, cerdo, ternera, pollo, camarones o bien se pueden apreciar sin nada. Se utiliza mucho la carne de cerdo, ya sea fresca que conservada en embutidos, como por ejemplo la **finocchiona** (salchichón de pasta fina con semillas de hinojo) y el jamón crudo que bien se acompaña con el típico pan toscano sin sal (utilizado en lugar de la pasta en muchas sopas o bien condimentado con aceite para pan tostado y fettunta). Merece citación el **tocino de Colonnata**, y los diferentes embutidos preparados con los cerdos de la raza **Cinta Senese**. Entre los quesos, el más agradable es el pecorino de las cretas seneses, el **pecorino de Pienza** y el **marzolino del Chianti**. Pero la Toscana es también mar, y por tanto he aquí el **cacciucco livornés** (una sopa muy sabrosa), los **salmonetes a la livornsa**, las **ceche** (anguilas recién nacidas que se pescan en Versilia, en las desembocaduras de los ríos). Muchas son también las especialidades pasteleras; además de los dulces de Siena, como ser el **panforte** y los **ricciarelli**, existe también el **castagnaccio**, los **brigidini** y los **cantucci** de Prato, que se saborean con el Vin Santo. Los vinos merecerían un capítulo separado; entre ellos se destaca el **Chianti**, con diversas denominaciones, mientras que el ápice de calidad está representado por el **Brunello de Montalcino** y el **Vino Nobile de Montepulciano**, además de diferentes **Supertuscan** (vinos robustos producidos con diferentes uvas rojas). Entre los blancos se cuenta con la **Vernaccia de San Gimignano**; entre los vinos de postre, la Toscana ofrece el **Moscatel** y **Vin Santo**.

Marche

- Marche
- Marches
- Marken
- Marcas

*Una terra ancora in parte poco conosciuta ma fra le più vivaci d'Italia, ricca di arte e di storia e decisamente emergente. La cucina marchigiana è cucina regionale nel senso più stretto del termine, traendo i propri pregiati prodotti dalla terra e dal mare circostante: ed ecco i **tartufi di Acqualagna**, i funghi, i salumi (il **ciauscolo** da spalmare sul pane, il **prosciutto di Carpegna**), le carni di razza bianca marchigiana, gli animali da cortile (spesso cucinati in potacchio, cioè in umido) e poi il pesce (le flotte di pescherecci marchigiani forniscono il 10% del pescato nazionale) usato con maestria e che viene, in varie maniere, a costituire il celebre **brodetto**. Altre specialità sono i **vincisgrassi** (lasagne farcite con un ricco ragù comprendente **rigaglie** di pollo, funghi, animelle) le **olive ascolane** (particolarmente grandi e morbide, vengono farcite e fritte) la **porchetta** (pare sia stata 'inventata' tra Macerata e Ascoli Piceno), mentre la pasta d'eccellenza è quella di **Campofilone**. Dolci piuttosto semplici sono le **beccute**, il **bostrengo** e i **calcioni**, singolare esempio di unione fra dolce e salato. Fra i vini marchigiani ricordiamo il notevole **Verdicchio dei castelli di Jesi** (bianco), il **rosso del Conero**, il **Lacrima di Morro d'Alba**.*

- A region which is not well known but which is one of the liveliest regions of Italy, rich in art and history and decidedly emergent. The cuisine of Marche is regional cuisine in the strongest sense of the term, obtaining it's valued produce from the land and the surrounding sea: the **truffles of Acqualagna**, the mushrooms, the cold meat and pork products (the **ciauscolo** spread, **Carpegna ham**), beef from the marchigiana breed of cattle, farm yard animals (often stewed) and the fish (the fleet of fishing boats from Marche supply 10% of the fishing produce nationally) used with expertise and which are, in various ways, used in preparing the famous fish soup **brodetto**. Other specialities are the **vincisgrassi** (lasagne filled with a rich sauce containing off-cuts of chicken, mushrooms and sweetbreads) the **ascolane olives** (particularly large and soft, are stuffed and fried), **porchetta**, whole roast pig (it seems that this was "invented" between Macerata and Ascoli Piceno), while the most famous pasta is that from **Campofilone**. The quite simple cakes are the **beccute**, **bostrengo** and the **calcioni**, unique example of a mixture between sweet and savoury. Among the wines from Marche are the notable **Verdicchio dei castelli di Jesi** (white), the **rosso del Conero** and the **Lacrima di Morro d'Alba**.

- Une terre encore en partie peu connue, mais parmi les plus vivantes de l'Italie, riches d'art et d'histoire et réellement émergente. La cuisine des Marches est une cuisine régionale au sens le plus strict, tirant ses propres produits de la terre et de la mer avoisinantes, comme les **truffes de Acqualagna**, les champignons, la charcuterie (le **ciauscolo** à tartiner sur le pain, le **jambon de Carpegna**), les viandes de race blanche des Marches, les animaux de basse-cour (souvent cuisinés en potacchio, c'est-à-dire en sauce) et puis le poisson (les barques de pêche des Marches fournissent

10% du poisson national) utilisé avec art et qui vient, de diverses manières, constituer le célèbre **brodetto**. D'autres spécialités sont les **vincisgrassi** (lasagnes farcies avec une sauce riche qui comprend des abattis de poulet, champignons, ris), les **olives de Ascoli** (particulièrement grandes et molles qui viennent farcies et frites), la **porchetta** (il semble qu'elle ait été "inventée" entre Macerata et Ascoli Piceno), tandis que les pâtes par excellence sont celles de **Campofilone**. Les desserts, assez simples, sont les **beccute**, le **bostrengo** et les **calcioni**, exemple original d'union entre le sucré et le salé. Parmi les vins, il faut rappeler le remarquable **Verdicchio dei castelli di Jesi** (blanc), le **rouge de Conero**, le **Lacrima de Morro d'Alba**.

▶ Ein noch teilweise wenig bekanntes Gebiet, aber eines der lebendigsten Italiens, reich an Kunst und Geschichte und sicherlich im Kommen. Die markische Küche ist im eigentlichen Sinn eine regionale Küche, die ihre wertvollen Produkte aus Land und Meer gewinnt. Die Trüffeln der Acqualagna, die Pilze, die Würste (der **Ciauscolo** als Brotaufstrich, der Schinken **Carpegna**), die weißen Fleischsorten der Marken, die Hoftiere, (die oft in"potacchio", d.h. geschmort zubereitet werden) und dann natürlich der Fisch (die Fischflotten aus den Marken stellen immerhin 10% der nationalen Fischproduktion), der mit viel Wissen und Kunst zubereitet wird und unter anderem die berühmte **Fischbrühe** zusammensetzt. Andere Spezialitäten sind die **Vincisgrassi** (Lasagne gefüllt mit einem reichhaltigen Ragout aus Innereien von Huhn, Pilze und Herzstücke), die **Olivenart Ascolane** (die besonders groß und weich sind und frittiert oder gefüllt werden), die **Porchetta** (die wohl "erfunden" wurde zwischen Macerata und Ascoli Piceno), und die Nudeln an sich sind die von **Campofilone**. Ziemlich simple Süßspeisen sind die Beccute, der Bostrengo und die **Calcioni**, einzigartige Mischung aus salzig und süß. Was die Weine aus den Marken betrifft, sei zu erinnern an den beachtlichen **Verdicchio dei castelli di Jesi** (Weißwein) und den **Rotwein des Conero**, und den **Lacrima di Morro d'Alba**.

▷ Se trata de un territorio que en parte es aún poco conocido pero entre los más animados de Italia, rico en arte y en historia, y sin lugar a duda emergente. La cocina de las Marcas es una cocina regional en todo el sentido de la palabra, puesto que obtiene de la tierra y del mar circundante sus propios y prestigiosos productos: he aquí las trufas de **Acqualagna**, las setas, los embutidos (el **ciauscolo** para untar sobre el pan, el **jamón de Carpegna**), las carnes de raza blanca de las Marcas, los animales de corral (con frecuencia cocinados en 'potacchio', o sea en estofado) y luego el pescado (las flotas pesqueras de tal lugar proporcionan el 10% del pescado nacional) usado con maestría y que en, diferentes formas, compone el famoso **caldito**. Otras especialidades son los **vincisgrassi** (lasañas condimentadas con un rico ragú, que comprende menudillos de pollo, setas, lechecillas), las **aceitunas de Ascoli** (particularmente grandes y suaves, se rellenan y fríen) el **cochinillo** (se considera que fue 'inventado' entre Macerata y Ascoli Piceno), mientras que la pasta de excelencia es la **Campofilone**. Los dulces, más bien sencillos, son las **beccute**, el **bostrengo** y los **calcioni**, singular ejemplo de unión entre dulce y salado. Entre los vinos de las Marcas, vale la pena recordar el notable **Verdicchio de los castillos de Jesi** (blanco), el **tinto del Conero** y el **Lágrima de Morro de Alba**.

Umbria

- Umbria
- Ombrie
- Umbrien
- Umbría

PERUGIA

Terni

La cucina umbra è genuina e poco elaborata ma tutt'altro che povera. Anzi, è elegante e sapiente come questa antica terra, mai troppo appariscente ma ricca di specialità, vista la varietà e la qualità dei prodotti della regione, primo fra tutti il **tartufo** *(il nero pregiato di Norcia, usato senza parsimonia in cottura a comporre salse, ripieni, frittate). E come dimenticare la* **porchetta** *e gli ottimi* **salumi** *(è a Norcia che nasce l'arte della macellazione del maiale, da cui il termine 'norcino'), l'olio di straordinaria finezza, i pregiatissimi vini? E poi ancora carni di pregio (cucinate soprattutto allo spiedo e alla griglia), selvaggina, l'ottima pasta. E ancora, le pregiate* **lenticchie di Castelluccio**, *le* **patate di Colfiorito**, *i formaggi e i celebri dolci (***panpepato**, **cicerchiata**, **pinoccate***). Un posto d'onore merita l'***olio extravergine di oliva** *dal colore verde intenso, che in Umbria raggiunge una sorta di acme. Non molto ampia ma di gran pregio la produzione vinicola:* **l'Orvieto**, *di antichissima fama, il rosso* **Torgiano** *e il* **Sagrantino di Montefalco**, *prodotto sia nella versione secca che in quella passita ed annoverato tra i migliori vini rossi d'Italia.*

▶ The cuisine of Umbria is authentic and simple although anything but poor. In fact it is elegant and skilful as is this ancient land. Never too ostentatious but rich in specialities, given the variety and the quality of the regions produce. The most important product is the **truffle** (the highly valued black truffle from Norcia, not used sparingly in cooking and as an ingredient in sauces, stuffings and in omelettes). How is it possible to forget the **porchetta** and the excellent **pork products** (the "Norcino" art of butchering pigs was established in Norcia), the extraordinarily delicate oil, the much appreciated wines? There is also the prestigious meat (generally roasted on a spit or grilled), game, the exquisite pasta. Also the valued **lentils from Castelluccio**, the **potatoes from Colfiorito**, the cheeses and the famous cakes (**panpepato**, **cicerchiata**, **pinoccate**). The **extra virgin olive oil** deserves a special mention, it is of an intense green colour, and in Umbria reaches a pinnacle of fame. The production of wine is not large scale but is very highly valued: the long renowned **Orvieto**, the red **Torgiano** and **Sagrantino di Montefalco**, produced dry and from over ripened grapes and placed among the best wines of Italy.

▷ La cuisine ombrienne est simple et peu élaborée mais pour rien au monde pauvre. Au contraire, elle est élégante et habile comme cette terre antique, jamais trop voyante mais riche de spécialités, vu la variété et la qualité des produits de la région, premier entre tous la **truffe** (noire de Norcia, très estimée et utilisée sans parcimonie pour la préparation de sauces, farces, fritures). Et comment ne pas citer la **porchetta** et la **charcuterie** excellente (c'est à Norcia que naquit l'art de la boucherie, d'où provient le terme italien 'norcino'), l'huile de finesse extraordinaire, les vins appréciés. Sans parler des viandes très estimées (cuisinées surtout en broche et à la grille), le gibier et les pâtes excellentes. Et encore, les **lentilles de Castellucio**, les **pommes de terre de Colfiorito**, les fromages et les desserts célèbres (**pain d'épices, cicerchiata, pinoccate**). Une place d'honneur est méritée par l'**huile d'olive extra-vierge** d'une couleur verte intense, qui atteint en Ombrie une sorte d'apogée. La production vinicole n'est pas très vaste, mais de grande valeur: l'**Orvieto**, de réputation antique, le vin rouge **Torgiano** et le **Sagrantino de Montefalco**, produit soit dans une version brute, soit dans une version de vendanges tardives fait partie des meilleurs vins rouges italiens.

▷ Die umbrische Küche ist zwar authentisch und wenig ausgearbeitet, aber alles andere als arm. Eher elegant und weise wie diese antike Erde, nie zu aufdringlich, doch voller Spezialitäten. Die Varietäten und die Qualität der Produkte sind mehrere, vorallem der **Trüffel** (der schwarze aus Norcia, der ohne Sparsamkeit bei der Zubereitung der Gerichte, Füllungen, Frittiertem und Soßen verwendet wird.) Die **Porchetta** und die hervorragenden **Würste** nicht zu vergessen (genau in Norcia entsteht die Kunst des Schweineschlachtens, daher der Ausdruck`norcino'), das sehr feine Öl und die geschätzten Weine. Dann noch das sehr wertvolle Fleisch (am Spieß gebraten oder gegrillt), Wildbret und die optimalen Nudeln. Außerdem die **Linsen aus Castelluccio**, die **Kartoffeln aus Colfiorito**, die Käsesorten und berühmten Süßspeisen (**Panpepato, Cicerchiata, Pinoccate**). Einen Ehrenplatz verdient das kaltgepresste native Olivenöl mit intensiv grüner Farbe, das in Umbrien wirklich eine Spitze erlebt. Nicht gerade sehr ausgiebig, aber wertvoll ist die Weinproduktion: der **Orvieto**, seit je gerühmt, der Rotwein **Torgiano** und der **Sagrantino di Montefalco**, hergestellt in trockener und gereifter Version und zu den besten Rotweinen Italiens gehörig.

▷ La cocina de Umbría es genuina y poco elaborada pero nada pobre. Al contrario, es elegante y conocedora como lo es esta tierra antigua, nunca demasiado vistosa pero rica de especialidades, si se considera la variedad y la calidad de los productos de la región, el primero entre todos el **tartufo** (famoso el negro de Norcia, usado sin parsimonia durante la cocción para preparar salsas, rellenos, tortillas). Pero ¿cómo olvidar el **cochinillo** y los excelentes **embutidos** (es precisamente en Norcia donde nace el arte de matar el cerdo, de donde deriva el término **norcino**, matarife de cerdos), el aceite de fineza extraordinaria y los muy prestigiosos vinos? Y todavía, las carnes de muy buena calidad (cocinadas sobre todo asadas o a la parrilla), la caza y las excelentes pastas. Y aún, las prestigiosas **lentejas de Castelluccio**, las **patatas de Colfiorito**, los quesos y los celebres dulces (**panpepato, cicerchiata, pinoccate**). Un lugar especial merece el aceite de oliva virgen, con un color verde intenso, que en Umbría alcanza algo así como el punto culminante. No muy vasta pero sí de gran prestigio es la producción vinícola: el **Orvieto**, de muy antigua fama, el tinto **Torgiano** y el **Sagrantino de Montefalco**, que se produce tanto en el tipo seco como en el de pasas, y considerado entre los mejores vinos tintos de Italia.

Lazio

▸ Lazio
▸ Latium
▸ Lazio
▸ Lacio

A Roma e nel Lazio si mangia bene e in maniera piuttosto saporita, abbondante, gioiosa. Lungi da ogni raffinatezza aristocratica, Roma si identifica con una gastronomia popolaresca che seduce proprio per queste caratteristiche. Alla base della cucina romana ci sono i prodotti di una regione di fortissima tradizione agricola, primi fra tutti il delicato **abbacchio** (agnello lattante) arrosto o allo spiedo, e i **carciofi**, che raggiungono il vertice cucinati **alla giudia**, secondo l'antica ricetta della comunità ebraica alla quale si abbinano spesso le **frittelle di baccalà in pastella**. E ancora i pecorini, le ricotte, le mozzarelle, le verdure e le fresche insalate. Vastissimo il repertorio delle paste, dai **bucatini all'amatriciana** alla **pasta alla carbonara** (entrambe arricchite dal "guanciale", ricavato da guancia e gola del maiale). Altri piatti famosi sono la **coda alla vaccinara**, i **rigatoni con la paiata** (budella di vitellino da latte) e la **porchetta**. Non particolarmente ricca la tradizione dolciaria: **panpepato**, **pangiallo**, **torta di ricotta**, **maritozzi**. Il vino più noto è il **bianco dei Castelli**, di cui celebri sono il **Marino** ed il **Frascati**. Celebre il bianco **"Est Est Est" di Montefiascone**, mentre tra i rossi sono da segnalare i vini a base di sangiovese, merlot e cabernet.

▸ In Rome and in Lazio one eats well, the food is rather tasty, abundant and the atmosphere joyous. Far from every aristocratic refinement, Rome is identified with a popular gastronomy, of the people, which charms exactly because of these characteristics. At the base of Roman cuisine are the products of a region which has a very strong agricultural tradition. Most important are the delicate **abbacchio** (suckling lamb) roasted on a spit, and **artichokes**, which are best cooked "alla giuda", according to an ancient recipe from the Jewish community, with which **battered cod** is often eaten. The pecorino, ricotta and the mozzarella cheeses, the vegetables and the fresh salads. The list of pasta dishes is vast, from the **bucatini all'amatriciana** to the **pasta alla carbonara** (both enriched with cured

pork, "guanciale" obtained from the cheek and throat of the pig). Other famous dishes are the ox-tail **coda alla vaccinara**, **rigatoni con la paiata**
(suckling veal intestines) and whole roast pork **porchetta**. The region is
not particularly rich in the tradition of confectionary: **panpepato**, **pangiallo**, **ricotta cake**, **maritozzi**. The most well known wine is the **bianco
dei Castelli**, from which the **Marino** and the **Frascati** are known. The
white **"Est Est Est" of Montefiascone** is famous, while the reds to note
are sangiovese, merlot e cabernet based

   ▷ On mange bien à Rome et dans le Latium, abondamment, joyeusement
et de manière assez délicate. Loin de tout raffinement aristocratique,
Rome s'identifie par une gastronomie populaire qui séduit justement
pour cette caractéristique. A la base de la cuisine romaine il y a des produits d'une région ayant une très forte tradition agricole et le premier
d'entre eux est le délicat **abbacchio** (jeune agneau) rôti ou en broche, il y
a aussi les **artichauts**, qui atteignent le summum préparé **à la Judas**, suivant l'antique recette de la communauté hébraïque à laquelle s'associe
souvent les **beignets de morue**. Le pécorino, la ricotta, la mozzarella, les
verdures et les salades fraîches sont aussi des produits caractéristiques de
cette région. La liste des pâtes est très longue, des **bucatini à l'amatriciana** aux **pâtes à la carbonara** (toutes deux enrichies de "guanciale",
obtenu à partir de la joue et de la gorge du porc). La **queue à la vaccinara**, les **rigatoni avec paiata** (boyaux de jeune veau) et la **porchetta**
sont d'autres plats réputés. La tradition pâtissière n'est pas particulièrement riche: **panpepato**, **pangiallo**, **tarte à la ricotta**, **maritozzi**. Le vin le
plus réputé est le **blanc dei Castelli**, duquel est connu le **Marino** et le
Frascati. Le blanc **"Est Est Est" de Montefiascone** est célèbre, tandis que
pour les rouges il faut signaler ceux à base de Sangiovese, Merlot et
Cabernet.

   ▷ In Rom und im Lazio isst man sehr gut und ziemlich würzig, reichlich
und mit frohem Sinn. Weit entfernt von aristokratischen Raffinatessen,
identifiziert sich Rom mit einer volkstümlichen Gastronomie, die gerade
deswegen so verführerisch ist. Grundlage der römischen Küche ist
zunächst das Gebiet mit einer sehr starken landwirtschaftlichen Tradition.
Das zarte Lamm **abbacchio** (ein Milchlamm), das gebraten oder am Spieß
geröstet wird, die **Artischocken**, die nach "Judenart", einem antiken
Rezept der hebräischen Gemeinde zubereitet, das Höchste sind. Dazu
passen die **Frittelle** aus Stockfisch in Teig. Der Pecorino- und Ricottakäse,
der Mozzarella, das Gemüse und die frischen Salate gehören auch dazu.
Die Nudelrezepte haben ein weites Repertoire, von den **Bucatini all'amatriciana** bis zu der **Pasta alla carbonara** (beide mit Schweineschwarte
bereichert). Andere berühmte Gerichte sind die **Coda alla vaccinara**, die
Rigatoni con la paiata (Eingeweide des Milchkalbs) und die **Porchetta**.
Nicht besonders reich sind die Süßspeisen: **Panpepato**, **Pangiallo**, **Ricot-
tatorte**, **Maritozzi**. Der bekannteste Wein ist der **Bianco dei Castelli**,
unter dem wiederum der **Marino** und der **Frascati** bekannt sind. Sehr
berühmt ist der Weißwein **"Est Est Est" aus Montefiascone**, unter den
Rotweinen hingegen sind die Weine mit Sangiovese, Merlot und Cabernet
als Basis zu erwähnen.

   ▷ En Roma, y en todo el Lacio, la comida es mas bien gustosa, abundante
y alegre. Lejos de toda finura aristocrática, Roma se identifica con una
gastronomía popular que seduce, precisamente por tales características.
La cocina romana está basada en productos de una región con muy fuerte

tradición agrícola y entre todos, el principal es el delicado **abbacchio** (cordero lechal) asado o a la parrilla, y las **alcachofas**, que cocinadas **a la judía** alcanzan el vértice, según la antigua receta de la comunidad hebrea, a las que con frecuencia se asocian los **fritos de bacalao en pasta para rebozar**. Y todavía, los quesos de oveja, los requesones, las mozarelas, las verduras y las ensaladas frescas. El repertorio de las pastas es muy amplio, desde los **bucatini all'amatriciana** a la **pasta a la carbonara** (ambos enriquecidos por el "carrillo" que se obtiene de la mejilla y garganta del cerdo). Otros platos famosos son la **coda a la vaccinara**, los **macarrones con la paiata** (tripa de ternera de leche) y el **cochinillo**. No es particularmente rica la tradición pastelera: **alajú**, **panamarillo**, **tarta de requesón**, **maritozzi**. El vino más famoso es el **blanco dei Castelli** del cual los más conocidos son el **Marino** y el **Frascati**. Célebre también el blanco **"Est Est Est" de Montefiascone**, mientras que entre los tintos vale la pena citar los vinos a base de sangiovese, merlot y cabernet.

Abruzzo

> Abruzzo
> Abbruzzes
> Abruzzen
> Abruzzo

L'Abruzzo è una delle regioni italiane che sta emergendo con la sua produzione vitivinicola di alta qualità. Assolutamente da provare è il Montepulciano d'Abruzzo, vino rosso dai toni caldi e speziati, di notevole struttura, che si affianca al Trebbiano ed al Montepulciano rosato. Il piatto simbolo di questa regione sono i **maccheroni alla chitarra**; *la pietanza più succulenta è* **l'agnello**; *il salume è la* **ventricina**, *che spicca per il piccante dei peperoncini; il prodotto tipico più importante è lo* **zafferano**, *la rarità è la* **mortadella di Campotosto**; *i dolci sono i* **confetti di Sulmona** *ma anche il* **Parrozzo** *che tanto piaceva a D'Annunzio. E infine le paste tipiche italiane, prodotte ancor oggi con la trafila di bronzo da diversi pastifici artigianali; l'olio extravergine di oliva, il farro; i formaggi (scamorze e pecorino in testa); il liquore digestivo è il Cent'erbe.*

> .Abruzzo is an Italian region standing out thanks to its wine production of high quality. We suggest absolutely to taste "Montepulciano d'Abruzzo", a red wine with warm gradation, remarkable structure and flavoured with spices. In addition to it we can't forget "Trebbiano" and "Montepulciano rosato". The representative dish of this region is **maccheroni alla chitarra**; the tastiest is **lamb**; the cured pork meat is **ventricina** with distinctive hot chilli peppers; the most important typical foodstuff is **saffron**, the most unusual foodstuff is **mortadella di Campotosto**; typical sweets are **the sugared almond of Sulmona** as well as **the Parozzo** adored by D'Annunzio. Finally there are the typical Italian pastas, still today kneaded in various pasta factories by craftsmen with a bronze plate; the extravirgin olive oil, the farro; the cheeses (first of all scamorza and ewe's milk cheese); the after-dinner liqueur is "Cent'erbe".

> Les Abbruzzes est une des régions italiennes en train de se distinguer avec sa production viticole de haute qualité. C'est à goûter absolument le Montepulciano d'Abruzzo, vin rouge avec tons chauds et épicés, d'important structure, qui se place a côté du Trebbiano et du Montepulciano Rosé. Le plat symbole de cette région sont le **maccheroni alla chitarra**; le plat le plus succulent est **l'agneau**; le saucisson est la **ventricina**, qui se distingue pour le piquant des piments; le produit du pays le plus important est le **safran**, la rareté est la **mortadelle de Campotosto**; les desserts sont les **dragées de Sulmona** mais aussi le **Parrozzo** que D'Annunzio aimait beaucoup. Et enfinles pâtes typiques italiennes, produites jusqu'à aujourd'hui avec la plaque de bronze par différentes fabriques de pâtes alimentaires; l'huile d'olive vierge extra, l'engrain; les fromages (surtout scamorza et pecorino); la liqueur digestive est le Cent'Erbe.

> Die Abruzzen sind eine der italienischen Regionen, die mit ihrer Herstellung hochwertigen Weins am Kommen sind. Unbedingt zu probieren ist der Montepulciano d'Abruzzo, ein Rotwein von warmem und würzigem Aroma und mit beachtlicher Struktur, er reiht sich ein neben den Trebbiano und den Montepulciano rosato (Rosé). Das symbolische Gericht dieser Re-

gion sind **maccheroni alla chitarra** (Makkaroni nach Gitarrenart); die saftigste Speise ist das **Agnello** (Lamm); die Salami nennt sich **ventricina** (Bäuchlein), die sich durch die Schärfe der Pfefferschoten auszeichnet; das wichtigste, typische Produkt ist der **zafferano** (Safran), die Rarität ist die **mortadella di Campotosto**; die Süßspeisen sind **confetti di Sulmona** (Konfekt) aber auch der **Parrozzo**, der D'Annunzio so sehr schmeckte. Und schließlich die typisch italienischen Paste (Nudeln), die auch heute noch von verschieden handwerklichen Nudelherstellern mit einem gelöcherten Bronzeblech hergestellt werden, das native Olivenöl, der Dinkel, die Käsesorten (allen voran Scamorza und Pecorino); der Verdauungsschnaps und der Cent'erbe (Hundert Kräuter).

▷ Abruzzo es una region italiana que está sobresaliendo con su produccion vitivinicola de elevada categoria. Hay absolutamente que probar el "Montepulciano d'Abruzzo", un vino tinto que tiene tonos caldos y especiados, una structura considerable y junto a esto está el "Trebbiano" y el "Montepulciano rosato". El plato típico de esta región son los **maccheroni alla chitarra**; la comida mas suculenta es el **cordero**; el embutido es la **ventricina**, que resalta por el chile picante; el producto más importante es el **azafrán**, la rareza es la **mortadela di Campotosto**; los dulces son los **confites de Sulmona** y también el **Parrozzo** que D'Annunzio amaba mucho. En fin las pastas típicas italianas, todavía ahora producidas por muchas fábricas artesanales de pastas alimenticias con la trefiladora de bronce; el aceite extra virgen de aceituna, el farro; los quesos (scamorza y pecorino sobretodo); el licor digestivo es el "Cent'erbe".

Molise

- ▹ Molise
- ▹ Molise
- ▹ Molise
- ▹ Molisa

Una cucina semplice ed essenziale ma anche varia, come varie sono le caratteristiche del territorio molisano che, seppur ridotto, presenta notevoli differenze ambientali, scendendo dalle cime appenniniche al mare. Un pranzo molisano inizierà con insaccati di gran sapore (da non perdere il prosciutto affumicato di **Rionero Sannitico**) *quindi robusti piatti di pasta, ma anche minestre di verdure (particolare e assai delicata la zuppa di ortiche) per continuare con carni di capretto o agnello (da provare i* **torcinelli** *o* **abbuoti**, *interiora di agnello lattante ripiene e cotte alla brace) e formaggi (scamorze, mozzarelle e pecorini). Non bisogna poi dimenticare la tradizione* **marinara** *del Molise, che a Termoli vede la sua massima espressione nel* **brodetto**, *perfetto connubio tra pesce e verdure, e nello* **scapece**, *pesce fritto marinato con aceto e colorato dallo zafferano. Elementari i dolci: i* **piccellati**, *ripieni di mosto cotto, miele e frutta secca, i* **caragnoli** *e i* **calcioni**, *grossi ravioli ripieni di frutta secca, cioccolato e spezie. Per i vini è iniziata una fase di riscoperta di antichi vitigni, che hanno dato vita a vini come il* **Ramitello** *e un antico* **moscato passito**.

▹ A simple basic cuisine which is also varied as the characteristics of the land of Molise are varied. Even though is not vast it presents noticeable environmental differences, descending from the top of the Apennines to the sea. A lunch in Molise would begin with very tasty cold cuts of meat (the smoked ham of **Rionero Sannitico** is not to be missed) followed by robust pasta dishes, and also vegetable soups (particularly the very delicate nettle soup). Followed with meat, kid or lamb (to be tried with **torcinelli** or **abbuoti**, offal of suckling lamb stuffed and barbecued) and cheese (scamorza, mozzarella and pecorino). One must not forget the traditional **Marinara** from Molise, which is at it's best in Termoli in **brodetto** soup, perfect combination between fish and vegetables and in the **scapece**, fried fish marinated in vinegar coloured with saffron. The cakes are basic: the **picellati**, stuffed cooked must, honey and dried fruit, **caragnoli** and **calcioni**, large ravioli stuffed with dried fruit, chocolate and spices. Molise is now experiencing a phase of rediscovery of ancient vines which have produced wines such as **Ramitello** and an ancient **moscato passito**.

▹ La cuisine est simple et essentielle, mais aussi variée comme les caractéristiques du territoire de la Molise, qui, bien qu'ayant une petite surface, présente des différences d'environnement notables, descendant des cimes des Apennins à la mer. Un déjeuner en Molise commencera avec des saucisses exquises (le jambon fumé de **Rionero Sannitico** est à ne surtout pas perdre), ensuite des plats abondants de pâtes, mais aussi des soupes de verdure (la soupe d'ortie est particulière et très délicate) et pour continuer avec des viandes de chevreau ou d'agneau (les **torcinelli** sont à expérimenter, ainsi que les **abbuoti**, tripes de jeunes agneaux farcis et cuites aux braises) et puis des fromages (scamorza, mozzarella et pécorini). Il ne faut pas oublier la tradition de mer de la Molise, qui voit à Termoli son expression maximale dans le **brodetto**, parfaite union entre poisson et verdure,

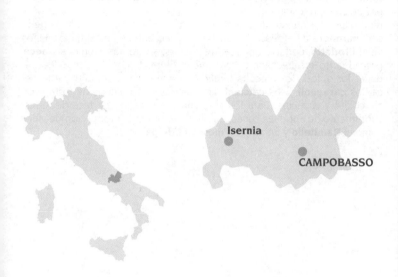

et dans le **scapece**, poisson frit mariné dans le vinaigre et coloré par le safran. Les desserts sont élémentaires: les **piccellati**, farcis de moût cuit, miel et fruits secs, les **caragnoli** et les **calcioni**, gros ravioli farci de fruits secs, chocolat et épices. Pour les vins, une phase de redécouverte recommence des antiques cépages qui ont donné la vie à des vins comme le **Ramitello** et un antique muscat passito.

▷   Eine einfache und essentielle Küche, die trotzdem Varianten bietet, genau wie das wenn auch kleine Gebiet, das von den Appeninnen bis ans Meer reicht, abwechslungsreich ist. Ein Mittagessen in der Molise beginnt mit schmackhaftem Aufschnitt (auf keinen Fall darf man sich den Räucherschinken **Rionero Sannitico** entgehen lassen), danach robuste Nudelgerichte oder auch Gemüsesuppen, (besonders delikat ist die Brennesselsuppe) um dann zu den Fleischgerichten aus Zicklein oder Lamm überzugehen (unbedingt sollten die **Torcinelli** oder **Abbuoti** probiert werden, Eingeweide des Milchlamms, die gefüllt auf Glut gebraten werden) und schließlich die Käse (Scamorze, Mozzarelle e Pecorini). Auch die Meerestradition der Molise darf nicht vergessen werden, die in Termoli ihren höchsten Ausdruck in dem **Brodetto** findet, gelungene Kombination aus Gemüse und Fisch. Oder im **Scapece**, frittierter Fisch, der in Essig eingelegt und mit Safran gefärbt ist. Die Süßspeisen sind elementar: Die **Piccellati**, mit gekochtem Most, Honig und Trockenfrüchten gefüllt, die **Caragnoli** und die **Calcioni**, große Ravioli, gefüllt mit Trockenfrüchten, Schokolade oder Gewürzen. Für die Weine hat eine Zeit der Wiederentdeckung von antiken Reben begonnen, die Weine wie den **Ramitello** und einen antiken **Moskatwein** haben entstehen lassen.

▶ Se trata de una cocina sencilla y esencial pero a la vez varia, como variadas son las características del territorio molisano que, aunque limitado, presenta notables diferencias ambientales, descendiendo de las cumbres apenínicas al mar. El almuerzo típico de tal región comienza con embutidos de gran sabor (no hay que dejar de probar el jamón ahumado de **Rionero Sannitico**), luego abundantes platos de pasta, pero también sopas de verduras (especial y muy delicada la sopa de ortigas), para seguir con carnes de cabrito o cordero (se deben probar los **torcinelli** o **abbuoti**, tripas de cordero lechal rellenas y cocidas a las brasas) y quesos (scamorze, mozarelas y los quesos de oveja). Asimismo, no se debe de olvidar la tradición **marinera** de Molisa, que en Térmoli encuentra su máxima expresión en el **brodetto**, perfecta unión entre pescado y verduras, y en el **scapece**, pescado frito escabechado con vinagre y coloreado por el azafrán. Primordiales los dulces: los **piccellati**, rellenos de mosto cocido, miel y fruta seca, los **caragnoli** y los **calcioni**, grandes ravioles rellenos de fruta seca, chocolate y especias. Para los vinos ha comenzado una fase de redescubrimiento de antiguas cepas, que han permitido la producción de vinos como el **Ramitello** y un antiguo **moscatel de pasas**.

Basilicata

- Basilicata
- Basilicate
- Basilikata
- Basilicata

POTENZA

Matera

*Compressa tra Campania, Puglia e Calabria, la Basilicata mantiene tuttavia una sua antica originalità gastronomica, fatta di sapori forti, ingredienti genuini, preparazioni essenziali. La regione, che si affaccia per brevi tratti sul mar Tirreno e sul mar Ionio, ha una vasta zona interna impervia che ha conservato le antiche tradizioni contadine. La cucina lucana, che ha visto negli ultimi anni un vero e proprio rilancio, è povera di carni - eccezion fatta per **agnello**, **capretto** (**u crapett**) e **maiale** -, ricca di pasta fatta in casa (**orecchiette**, **ferricieddi** o **frizzulli**, **lagane**) di ortaggi e legumi ed eccelle per i formaggi (**mozzarelle**, **provole**, **scamorze**, **ricotta** e **pecorino**). Originaria della Basilicata è la **salsiccia**, per i latini lucanica (da Lucania, appunto) ed anche un antico salume come la **soperzata**. Altri prodotti di pregio sono i **funghi cardoncelli** e i caratteristici **peperoni cruschi**, essiccati in estate e consumati fritti o arrostiti come accompagnamento in molte pietanze. I dolci sono a base di **miele**, **ricotta**, **vin cotto** e uova, mentre tra i vini segnaliamo il notevole **Aglianico del Vulture** (detto anche Barolo del Sud), oggi fra i più importanti vini d'Italia.*

Located between Campania, Puglia and Calabria, Basilicata nevertheless maintains it's original, ancient gastronomy, composed of intense flavours, authentic ingredients, and basic recipes. The region, which lies briefly on the Tyrrhenian Sea and the Ionian Sea, has a vast inaccessible internal zone which has conserved it's ancient traditions. The cuisine from Lucania, which in recent years has seen a real revival, is poor in meat - with the exception of lamb, kid, and pork -, rich in home made pasta (**orecchiette, ferricieddi or frizzulli, lasagne**), in vegetables and excels in cheeses (**mozzarella, provole, scamorze, ricotta and pecorino**). The sausage which in Lucania is named lucanica (from Lucanica) originates from Basilicata, and also ancient cold cuts of meat such as the **soperzata**. Other delicacies are the cardoncelli mushrooms and the "cruschi" peppers, dried in summer and eaten fried or roasted as an accompaniment to many dishes. Cakes are made with honey, ricotta, cooked wine and eggs, while among the wines we point out the noteworthy **Aglianico del Vulture** (also called Barolo del Sud), today among the most important wines in Italy.

▷ Située entre la Campanie, les Pouilles et la Calabre, la Basilicate maintient tout de même son antique originalité gastronomique, faite de saveurs relevées, d'ingrédients simples, de préparations élémentaires. La région, qui possède des côtes restreintes sur les mers Tyrrhénienne et Ionienne, a une vaste zone interne inaccessible qui a conservé les anciennes traditions campagnardes. La cuisine de la Basilicate, qui a vu ces dernières années un véritable renouveau, est pauvre en viande - exception faite pour l'**agneau**, le **chevreau (u crapett)** et le **porc** - et riche de pâtes faites maison (**orecchiette, ferricieddi ou frizzulli, lagane**), de légumes et excelle pour les fromages (**mozzarella, provola, scamorze, ricotta** et **pecorino**). La saucisse est originaire de la Basilicate, en latin lucania (de Lucania, désignant la Basilicate) ainsi qu'un antique saucisson comme la **soperzata**. Les **champignons cardoncelli** sont d'autres produits appréciés de la région, tout comme les caractéristiques **poivrons cruschi**, séchés l'été et consommés frits ou rôtis comme accompagnement de nombreux mets. Les desserts sont à base de **miel**, **ricotta**, **vin cuit** et raisin et en ce qui concerne les vins, le renommé **Aglianico del Vulture** (appelé aussi le Barolo du Sud) est aujourd'hui parmi les plus importants vins italiens.

▷ Eingebettet in Kampanien, Apulien und Kalabrien, behält die Basilikata trotzdem ihre eigene ursprüngliche Originalität in der Gastronomie: Starke Düfte, unverfälschte Zutaten und einfache Zubereitungen. Die Region, die teilweise am Ionischen und Tirrenischen Meer liegt, hat weite Gebiete im Landesinneren, die die ländlichen Traditionen bewaren. Die Küche Lukaniens, die in den letzten Jahren wieder in Auge ist, ist fleischarm - bis auf Lamm-, Ziegen- und Schweinegerichte- und hingegen reich an hausgemachten Nudeln (**Orecchiette, Ferricieddi oder Frizzulli, Lagane**), an Gemüse und Hülsenfrüchten und glänzt mit den Käsesorten. (**Mozzarelle, Provole, Scamorze, Ricotta** und **Pecorino**). Aus der Basilikata kommt auch die **Salsiccia**, die auch Lucanica heisst und eine antike Wurst wie die **Soperzata**. Andere wertvolle Produkte sind die Pilze **Funghi cardoncelli** und die charakteristischen Paprikaschoten **peperoni cruschi**, die im Sommer getrocknet und frittiert oder gebraten verzehrt werden als Beilage zu zahlreichen Gerichten. Die Süsswaren sind im Wesentlichen aus **Honig**, **Ricottakäse**, und **Vin cotto** und Eiern. Unter den Weinen sind der beachtliche **Aglianico del Vulture** (auch Barolo des Südens genannt), heute einer der wichtigsten Weine Italiens.

▷ Comprendida entre la Campania, Pulla y Calabria, la Basilicata mantiene sin embargo su antigua originalidad gastronómica, preparada con sabores fuertes, ingredientes genuinos y elaboraciones esenciales. Esta región, que por breves tramos se asoma al mar Tirreno y al mar Jonio, cuenta con una amplia zona impracticable que ha conservado las antiguas tradiciones campesinas. La cocina lucana, que en los últimos años ha podido notar un verdadero relanzamiento, es pobre de carnes - con excepción del **cordero**, **cabrito (u crapett)** y **cerdo** -, pero rica de pastas caseras, típicas del lugar (**orecchiette, ferricieddi o frizzulli, lagane**), de hortalizas y legumbres; se distingue por los quesos, como pueden ser: (**mozarelas, provolas, scamorze, requesón** y **queso de cabra**. En la Basilicata se produce la salchicha, para los latinos lucánica (precisamente de Lucania), como así también un antiguo embutido, o sea la soperzata. Otros prestigiosos productos son las **setas cardoncelli** y los característicos **pimientos cruschi**, que se hacen secar de verano y se consumen fritos o asados para acompañar varios platillos. Los dulces son a base de **miel**, **requesón**, **vin cotto** y huevo, mientras entre los vinos indicamos el notable **Aglianico del Vulture** (llamado también Barolo del Sur), actualmente entre los más importantes vinos de Italia.

Campania

> ▸ Campania
> ▸ Campanie
> ▸ Kampanien
> ▸ Campania

Pizza, spaghetti, mozzarella di bufala eccetera: resta difficile parlare di specialità regionali di fronte a tali monumenti della tavola, conosciuti nel mondo al punto da essere identificati con l'Italia tout court. E infatti, come potremmo definire regionale la gastronomia di un regno e di quella che fu una capitale europea? Quella campana, tuttavia, è una gastronomia che va ben al di là del solito binomio pizza spaghetti, affinatasi nei millenni attraverso scambi culturali e favorita da una terra prodiga di prodotti agricoli e del mare. Una gastronomia che conserva le vestigia aristocratiche del passato accanto alla cucina popolare, ricca di fantasia. Terra abbondante di ortaggi (che entrano a far parte di stuzzicanti preparazioni, come la scarola imbottita di acciughe, passi e pinoli) e di frutta, la Campania produce ottimi **formaggi** (mozzarella, fiordilatte, provola, scamorze) **pasta di grano duro** di pregio, oltre al ricavato della pesca e dell'allevamento di ostriche, molluschi, spigole e orate. Vastissima la serie dei piatti più celebri: il **sartù di riso**, il **timballo di maccheroni** la **lasagna di Carnevale**, la **minestra maritata**, la **parmigiana di melanzane**, il **ragù** (carne cotta pazientemente in salsa di pomodoro, che viene poi usata per condire i maccheroni, così come la genovese, a base di cipolle) il **coniglio all'ischitana**, i **polpi alla luciana**. Sontuosi anche i dolci, **babà**, **pastiera**, **sfogliatelle**, **struffoli**, **susamielli** e sempre ottimo il **caffè**. I vini, già lodati dai romani, sono tanti: **Lacrima Christi, Greco di Tufo, Fiano di Avellino, Solopaca, Aglianico del Taburno, Taurasi** fino ai rari **Per e Palummo, Biancolella** e **Coda di Volpe**. Da non dimenticare, infine, il liquore **limoncello**, fresco e profumato.

▷ **Pizza, spaghetti, buffalo mozzarella cheese** etc: it is difficult to discuss regional specialities when faced with these great foods, known throughout the world to the point of being identified with Italy tout court. Indeed, how can we define the cuisine of a realm and of that which was a European capital as regional. The gastronomy of Campania is much more than the usual pizza and spaghetti, refined over the millenniums through cultural exchanges and favoured by a prodigal land of agricultural and sea produce. A gastronomy which conserves the aristocratic vestige of the past along with the popular cuisine, rich in fantasy.

A land with an abundance of vegetables (which are used in tantalizing recipes, such as the prickly lettuce stuffed with anchovies, purees and pine nuts) and of fruit. Campania produces excellent cheeses (mozzarella, fiordilatte, provola, scamorze) and hard cheeses which are considered delicacies, as well as fish and oysters, molluscs, bass and gilthead from fisheries. The list of famous dishes is vast: the **sartù of rice**, the **macaroni timbale**, the **Carnival lasagne**, the **seafood soup**, **aubergine parmesan**, **ragù sauce** (meat cooked partially in tomato sauce, which is used as a condiment for macaroni like that from Genoa, made with onions) **rabbit cooked using a recipe from Ischia**, **octopus Luciana**. The cakes are also sumptuous, **babà**, **pastiera**, **mille fleur**, **struffoli**, **susamielli** and the coffee is always excellent. The many wines are sumptuous, already praised by the Romans: **Lacrima Christi**, **Greco di Tufo**, **Fiano di Avellino**, **Solopaca**, **Aglianico del Taburno**, **Taurasi** and the rare **Per e Palummo**, **Biancolella** and **Coda di Volpe**. Not to forget finally the liqueur **limoncello**, fresh and aromatic.

▷ **Pizza, spaghetti, mozzarella de buffle**, etc. Il est difficile de parler de spécialités régionales face à de tels géants de la table, connus dans le monde au point d'être associés à l'Italie. En effet, comment pourrions nous définir régionale la gastronomie d'un royaume et de ce qui fut une capitale européenne? Elle va bien au-delà de l'habituel couple pizza-spaghetti, affiné aux cours des millénaires au travers d'échanges culturels et favorisé d'une terre nantie de produits agricoles et de la mer. Une gastronomie qui conserve les vestiges aristocratiques du passé unis à la cuisine populaire, riche de fantaisies. Terre abondante de légumes (qui composent d'appétissantes préparations comme la scarole farcie d'anchois, raisins secs et pignes de pins) et de fruits. La Campanie produit d'excellents **fromages** (mozzarella, fiordilatte, provola, scamorze), **pâtes alimentaires** estimées, en plus de l'usage du fruit de la pêche et de l'élevage d'huîtres, de mollusques, bars et dorades. La série des plats les plus célèbres est longue: le **sartu de riz**, la **timbale de macaroni**, les **lasagnes de Carnaval**, la **soupe maritata**, le **gratin d'aubergines**, la **sauce bolognaise** (viande longuement cuite en sauce tomate qui est ensuite utilisée pour assaisonner les macaronis comme la sauce génoise, à base d'oignon), le **lapin à l'ischitana**, le **poulpe à la luciana**. Les desserts sont aussi somptueux, **baba**, **pastiera**, **feuilleté**, **struffoli**, **susamielli** et le café toujours excellent. Les vins, déjà vantés par les romains, sont nombreux: **Lacrima Christi**, **Greco di Tufo**, **Fiano di Avellino**, **Solopaca**, **Aglianico del Taburno**, **Taurasi** ainsi que les rares **Per e Palummo**, Biancolella et Coda di Volpe. Sans oublier, pour finir, l'alcool **limoncello**, frais et parfumé.

▷ **Pizza, Spaghetti, Mozzarella di bufala** usw.: Es ist sehr schwierig von Spezialitäten zu reden, wenn es um derartige Meisterstücke der Küche geht, die in der ganzen Welt bekannt sind und tout court mit Italien identifiziert werden.. wie kann man regional bedeutungsvoll definieren, was die Gastronomie eines Reichs war, das auch Hauptstadt Europas war? Die kampanische Küche geht weit über die üblichen Spaghetti und Pizza hinaus. In Jahrtausenden hat sie sich bereichert und verfeinert durch kulturellen Austausch und begünstigt durch eine Erde, die reichlich von Land und Meer spendet. Eine Gastronomie, die das aristokratische Gewand der Vergangenheit nicht verloren hat und die neben der fantasievollen Küche des Volks existiert. Eine Erde, die reich an Gemüse ist (die zu verführerischen Zubereitungen dienen wie z.B. die mit Sardellen, Rosinen und Pinienkernen gefüllte Scarola) und reich an Früchten. Kampanien stellt ausgezeichnete **Käse** her (Mozzarella, Fiordilatte, Provola, Scamorze), hochwertige **Hartweizen Teigwaren**, und natürlich den Fischfang und die Austernzucht, Weichtiere, Wolfsbarsch und Goldbrasse. Sehr weitgefächert sind die berühmtesten Gerichte: Der **Sartù di riso**, der **Makkeronitimbale**, die **Karnevalslasagne**, die **Minestra maritata**, die **Parmesanauberginen**, das **Ragù** (geduldig in Tomatensoße gekochtes Fleisch, das hinterher die Makkeroni anmacht, so wie das genuesische mit Zwiebeln.), das **Kaninchen nach Ischiaart**, die Tintenfische **Polpi alla luciana**. Prächtig sind auch die Süßspeisen: Die **Babà**, **Pastiera**, **Sfogliatelle**, **Struffoli**, **Susamielli** und der immer hervorragende Kaffee. Die Weine, die schon von den Römern gelobt wurden, sind zahlreich: **Lacrima Christi**, **Greco di Tufo**, **Fiano di Avellino**, **Solopaca**, **Aglianico del Taburno**, **Taurasi** bis zu den raren **Per e Palummo**, **Biancolella** und **Coda di Volpe**. Nicht zu vergessen der frische und duftende Zitronenliqueur **Limoncello**.

▸ **Piza, espaguetis, mozarela de búfala** etcétera: resulta difícil hablar de especialidades regionales ante semejantes monumentos de la mesa, conocidos en el mundo al punto de ser identificados con la Italia tout court. Y de hecho, ¿cómo podríamos definir regional la gastronomía de un reino y de aquella que fue una capital europea? Sin embargo, la gastronomía de la Campania supera considerablemente el acostumbrado binomio piza, espaguetis, la que durante los milenios se ha perfeccionado mediante cambios culturales, favorecida por una tierra generosa de productos agrícolas y del mar. Una gastronomía que conserva las huellas aristocráticas del pasado junto con la cocina popular, rica de fantasía. Tierra donde abundan las hortalizas (que entran a formar parte de sabrosos platillos, como puede ser la escarola rellena de anchoas, pasas de uva y piñones) y la fruta, la Campania produce óptimos **quesos** (mozarela, crema de leche, provola, scamorze) **pasta de trigo duro** de cierta calidad, además de lo que se obtiene de la pesca y del cultivo de ostras, moluscos, lubinas y doradas. Vastisísima también la serie de los más celebres platillos: el **pastel de arroz**, el **timbal de macarrones**, la **lasaña de Carneval**, la **sopa napolitana**, las **berenjenas a la parmesana**, el **ragù** (carne cocida lentamente en salsa di tomates, que luego se usa para condimentar los macarrones, así como la genovesa, a base de cebollas) el **conejo a la isquitana**, los **pulpos a la luciana**. Suntuosos también los dulces, **baba**, **pastiera**, **sfogliatelle**, **struffoli**, **susamielli** y siempre óptimo el café. Los vinos, ya elogiados por los romanos, son muchos: **Lacrima Christi**, **Greco de Tufo**, **Fiano de Avellino**, **Solopaca**, **Aglianico del Taburno**, **Taurasi** hasta llegar a los raros **Per e Palummo**, **Biancolella** y **Coda di Volpe**. Por último, no debe de olvidarse el licor **limoncillo**, fresco y perfumado.

Puglia

▷ Puglia
▷ Pouilles
▷ Apulien
▷ Abulia

*Favorita da una terra generosa, dalla ricchezza del mare e da una millenaria stratifi-
cazione di culture, la Puglia si è conquistata un posto di primo piano nella gastronomia
italiana. Alla base della cucina della regione ci sono le paste -* **cavatelli**, **orecchiette**
*(con le cime di rapa) - quasi sempre accompagnate alle verdure. Tra i primi merita un
cenno anche la famosissima* **capriata** *(purea di fave con cicorie bollite) testimonianza di
antichi legami con altri paesi del Mediterraneo. Protagoniste indiscusse della tavola
pugliese sono le verdure che, variamente mescolate e unite a riso, cozze, funghi o
frattaglie, vengono a comporre la* **tiella**, *altro piatto simbolo della regione. Pregiatissime
sono poi le ostriche e i frutti di mare, rinomati e squisiti i formaggi, primo fra tutti la*
burrata *di Andria (involucro di pasta filata ricolmo di crema di latte) seguito dal* **caciocavallo podolico**. *Di grande notorietà e diffusione è il pane di* **Altamura** *e delle*
Murge; *apprezzabili le* **griselle**, *i* **taralli** *e i dolci (con il miele, con le mandorle o con
la ricotta). Una citazione particolare merita l'olio, che in Puglia viene prodotto in grandi quantità, con la locale varietà* **coratina**. *Altrettanto abbondante la produzione dei vini che, utilizzati un tempo quasi esclusivamente per il taglio, hanno assunto una loro
spiccata personalità. Primo fra tutti il rosso* **Primitivo**, *oppure gli altri vini rossi a base
delle locali uve* **negroamaro** *e* **malvasia**.

▷ Favoured by a fruitful land, by the riches of the sea and by a thousand
years and layers of culture, Puglia has earned its self a first place position
in Italian gastronomy. The pastas - **cavatelli**, **orecchiette** are at the base
of the regions cuisine (with parsnip tops) - almost always accompanied
with vegetables. Among the first courses the very famous **capriata** deserves a mention (puree of beans with boiled chicory) this gives proof of
the ancient ties with other countries of the Mediterranean. Undeniable
factors of Puglian cuisine are the vegetables which are mixed with or accompany rice, mussels, mushrooms or offal in various ways and make up
the **tiella** which is another symbolic dish of the region. The oysters and
sea food are considered great delicacies. The cheeses are renowned and
exquisite, the most important is the burrata from Andria (a case of hard
cheese containing a creamy butter) followed by **caciocavallo podolico**.
The local bread from **Altamura** and **Murge** is well known and can be found
in many areas of Italy, also the **griselle**, the **taralli** and the cakes (with
honey, almonds or ricotta). The oil deserves a mention, in Puglia it is produced in large quantities from the local **coratina** variety of olives. Wines
which once were used solely in blending for the production of other wines
are now produced in abundant quantities as they have assumed a distinct
personality of their own. First among the reds is the **Primitivo** and the other red wines produced with the local grapes **negroamaro** and **malvasia**.

▷ Favorisées par une terre généreuse, par la richesse de la mer et par une
stratification millénaire de la culture, les Pouilles se sont attribuées une
place au premier plan en ce qui concerne la gastronomie italienne. Les

pâtes - **cavatelli**, **orecchiette** (avec les pousses de navets) - presque toujours accompagnées de verdure sont à la base de la cuisine de la région. Parmi les premiers plat, la fameuse **capriata** (purée de fèves avec de la chicorée bouillie) mérite une remarque, témoignage des liens antiques existants avec d'autres pays de la Méditerranéenne. La verdure est un acteur indiscuté de la table des Pouilles. Diversement mélangée et accompagnée avec du riz, des moules, des champignons ou des abats, elle est un ingrédient de la **tiella**, autre plat symbolique de la région. Les huîtres et les fruits de mer sont estimés, les fromages sont renommés et exquis, premier parmi tous, la **burrata de Andria** (enveloppe de pâte filée remplie de crème de lait) suivie par le **caciocavallo podolico**. Le pain de **Altamura** et des **Murges** possède une grande notoriété et une large distribution ; les **griselle** et les **taralli** ainsi que les desserts (avec du miel, des amandes ou de la ricotta) sont appréciables. Une considération particulière est méritée par l'huile qui est produite en grande quantité dans les Pouilles, avec une variété locale, la **coratina**. La production des vins est elle aussi abondante, les vins étaient utilisés uniquement pour en couper d'autres et assument maintenant leur personnalité prononcée. Le premier d'entre eux est le vin rouge **Primitivo** puis tous les autres à base de cépages locaux de **negroamaro** et **malvoisie**.

▶ Begünstigt durch eine großzügige Erde, durch die Reiche des Meers und einer tausendjährigen Schichtung an Kulturen, hat sich Apulien einen Platz in der ersten Reihe der italienischen Gastronomie erobert. Grundlage der regionellen Küche sind die Nudeln - **Cavatelli**, **Orecchiette** (Mit Rübenblättern und-blüten) - fast immer mit Gemüse angerichtet. Auch die sehr berühmte **Capriata** (Ackerbohnenpüree mit gekochten Zichorien) ist unter den ersten Gängen eine Erwähnung wert, ein Zeuge antiker Bündnisse mit anderen Ländern des Mittelmeers. Der wirkliche Protagonist des Tischs in Puglien ist das Gemüse, das unterschiedlich gemischt oder mit Reis, Muscheln, Pilzen oder Eingeweiden die Tiella zusammensetzt, ein anderes Symbol der Region. Sehr geschätzt sind die Meeresfrüchte und Austern, bekannt und exquisit die Käsesorten, Königin die **Burrata aus Andria** (Außen Käse, innen Rahm) gefolgt von dem **Caciocavallo podolico**. Sehr bekannt und verbreitet ist das Brot aus **Altamura** und aus den **Murge**; anerkennenswert sind die **Griselle**, die **Taralli** und die Süßspeisen (mit Honig, Mandeln oder Ricottakäse). Ein besonderes Augenmerk gilt dem Öl, das in Apulien in reichlichen Mengen hergestellt wird, mit der lokalen Variante **Coratina**. Genauso zahlreich ist die Weinherstellung, die früher nur für den Verschnitt gebraucht wurde und jetzt eine starke Persönlichkeit entwickelt hat. Erster unter den Rotweinen ist der **Primitivo** oder besser gesagt alle Rotweine, die als Basis die lokalen dunkelbitteren Trauben und den **Malvasia** haben.

▷ Favorecida por una tierra generosa, la riqueza del mar y una milenaria estratificación de culturas, la Abulia ha conquistando un primer lugar en la gastronomía italiana. La cocina regional está basada en pastas - **cavatelli**, **orecchiette** (con las nabizas) - casi siempre acompañadas de verduras. Entre los primeros platos merece especial mención la famosísima **capriata** (crema de habas con chicorias hervidas), que demuestra antiguos vínculos con otros países del Mediterráneo. Pero indiscutibles protagonistas de la mesa pullés son las verduras que, mezcladas variadamente y unidas al arroz, mejillones, setas o menudillos, pasan a formar la **tiella**, otro platillo símbolo de la región. Renombradas son también las ostras y los mariscos; famosos y exquisitos los quesos, empezando por la **burrata** de Andria (envoltura de pasta derretida, llena de crema de leche), a la que le sigue el **caciocavallo podólico**. Ampliamente conocido y difundido es el pan de **Altamura** y de las **Murge**; muy agradables también las **griselle**, los **taralli** y los dulces (de miel, almendras o requesón). En cuanto al aceite, éste merece una especial mención, puesto que en Pulla se produce en grandes cantidades, con la variedad local **coratina**. Igualmente abundante es la producción de los vinos que, mientras antes se utilizaban casi exclusivamente para la mezcla, han asumido una propia y destacada personalidad. El primero entre todos es el tinto **Primitivo** o bien los otros vinos tintos a base de uvas locales **negroamargo** y **malvasía**.

Calabria

La cucina calabrese, di origini antiche e nobilissime, segna la linea di confine tra due grandi cucine meridionali, la napoletana e la siciliana. Complessa seppur sobria, alterna piatti di origine contadina ad altri di origine marinara. Fra i piatti caratteristici il **suffrittu** (interiora, pomodoro e peperoncino), le paste fatte in casa in molti tipi e formati e arricchite da sapidi condimenti, le **sagne chine**, lasagne ripiene di carne di maiale, piselli, mozzarella, uova sode, la **tiella** di funghi silani e patate, le **focacce** (pitte) e poi la **mustica**, bianchetti salati, cosparsi di peperoncino (elemento base della cucina calabrese) e conservati sott'olio. Saporiti e piccanti i **salumi** (capocollo, soppressata) come la **'nduja**, salame fresco da spalmare a base delle parti più grasse della carne del maiale condite con peperoncino e sale. Ottimi i **formaggi**, caciocavalli e butirri. E ancora le **melanzane**, le **cipolle rosse di Tropea**. Una citazione merita la **liquirizia** ed infine i dolci, in gran quantità, molto spesso a base di miele, mandorle, fichi secchi, che risalgono alla tradizione della Magna Grecia o d'Oriente. Nelle pasticcerie si trovano quindi **mostaccioli**, **cannoli**, **pasta di mandorle**, il tipico **torrone gelato** (impasto coloratissimo di pasta di mandorle e canditi ricoperto di cioccolato), **fichi secchi** imbottiti e farciti in tutti i modi. Sapienza antica anche in cantina, dove il vino più conosciuto è il **Cirò,** che veniva offerto ai vincitori dei Giochi olimpici nell'antica Grecia; ma recentemente stanno venendo alla luce vini nuovi frutto di antichi vitigni come il greco e il magliocco.

▷   The cuisine of Calabria is of ancient and noble origin and it marks the boundary between the cuisine of two great southern areas, that of Naples and Sicily. Complex and also basic, it alternates dishes originating from the countryside with those from the sea. Among the characteristic dishes are the **suffrittu** (offal, tomatoes, and chilly peppers), many types and shapes of homemade pasta enriched with tasty condiments, **sagne chine**, lasagne filled with pork, peas, mozzarella cheese, hard boiled eggs, **tiella** consisting of salani mushrooms and potatoes, low breads (pitte) and the

mustica, salted whitebait covered with chilly pepper (basic ingredient in Calabrian cuisine) and preserved in oil. The tasty and spicy cold cuts and pork products (capocollo, soppressata) such as the **'nduja**, fresh salami spread produced with the most fatty part of pork, seasoned with chilly pepper and salt. The excellent cheeses, caciocavalli and butirri. Also the **aubergines** and the **red onions of Tropea**. The liquorish deserves to be acknowledged, as do the many cakes, often made with honey, almonds, dried figs, which date back to the traditions of Greece or the Orient. In confectionary we note the **mostaccioli**, **cannoli**, **almond paste**, the typical, **nougat ice-cream** (very colourful mixture of almond paste and candied fruit coated with chocolate), dried figs stuffed with all manner of ingredients. There is also an ancient knowledge of wine production, the most well known wine is the **Cirò**, which was offered to the contestants of the Olympic Games in ancient Greece; recently new wines are appearing from ancient species of vine such as Greco and malice.

▷ La cuisine calabraise, d'origines antiques et nobles, marque la frontière entre deux grandes cuisines méridionales, la napolitaine et la sicilienne. Compliquée, bien que frugale, elle alterne des plats d'origine campagnarde à d'autres d'origine de bord de mer. Parmi les plats caractéristiques, le **suffrittu** (tripes, tomate et piment), les pâtes faites maison de nombreux types et formats, enrichies d'assaisonnements appétissants, les **sagne chine**, lasagnes farcies de viande de porc, petits-pois, mozzarella, œufs durs, la **tiella** de champignons de la Sila et de pommes de terre, les **fougasses** et puis la **moustica**, friture salée saupoudrée de piment (élément de base de la cuisine calabraise) et conservée dans de l'huile. La charcuterie (capocollo, soppressata) est succulente et épicée comme par exemple la **nduja**, saucisse à tartiner à base des morceaux les plus gras de la viande de porc, assaisonnés avec des piments et du sel. Les **fromages** (caciocavalli et butirri) sont excellents, ainsi que les **aubergines**, les **oignons rouges de Tropea**. Le **réglisse** mérite d'être cité, comme une infinité de desserts, en grande partie à base de miel, amandes, figues sèches qui remontent à la tradition de l'Empire Grec ou d'Orient. On trouve donc en pâtisserie les **mostaccioli**, **cannoli**, **pâte d'amandes**, le typique **nougat glacé** (mélange très coloré de pâte d'amande et fruits confits recouvert de chocolat), **figues sèches** fourrées de différentes manières. Les caves bènéficient aussi d'un savoir antique, le vin le plus connu est le **Ciro**, qui était offert aux vainqueurs des Jeux Olympiques dans la Grèce Antique; et récemment des nouveaux vins sont en train de voir le jour, fruits de cépages antiques comme le grec et le magliocco.

▷ Die Küche Kalabriens, antik und nobel, ist die Grenzlinie zwischen zwei großen südlichen Küchen des Mittelmeers: die napoletanische und die sizilianische. Komplex, wenn auch schlicht, werden ländliche Gerichte mit Meeresgerichten abgewechselt. Zu den charakteristischen Gerichten zählen der **Suffrittu** (Eingeweide, Tomaten und Pfefferschoten), die hausgemachten Nudeln mit unterschiedlichen Formen, Größen und bereichert durch reiche Würze, die **Sagne chine**, mit Schweinefleisch, Erbsen, Mozzarella und gekochten Eiern gefüllte Lasagne, die Tiella aus Silanipilzen und Kartoffeln, die Focaccia (Pitte) und die **Mustica**, gesalzene Bianchetti, mit Pfefferschoten bestreut (Hauptelement der kalabrischen Küche) und unter Öl gesetzt. Würzig und pikant sind die **Würste** (Capocollo, Soppressata) wie die **'nduja´**, eine frische Streichwurst aus fettem Schweinefleisch mit Pfefferschoten und Salz. Hervorragend die Käsesorten: Caciocavalli und Butirri. Und die ganz besonderen **Auberginen** und die roten

Zwiebeln der Sorte Tropea. Nennenswert ist auch die Lakritz und letztendlich die Süßspeisen, meistens aus Honig, Mandeln und getrockneten Feigen die aus der Zeit der Magna Grecia oder aus dem Orient stammen. In der Feinbäckerei findet man so also **Mostaccioli**, **Cannoli**, **Pasta di mandorle**, das typische **Eisnougat** (farbenprächtige Mischung aus Mandeln und kandierten Früchten mit Schokolade überzogen.), getrocknete, und in tausend Varianten gefüllte **Feigen**. Auch im Weinkeller herrscht antike Tradition vor. Der bekannteste Wein ist der **Cirò**, der den Gewinnern der Olympischen Spiele im antiken Griechenland angeboten wurde. Seit Kurzem treten auch neue Weine aus antiken Reben ans Licht wie z. B. der Greco oder der Magliocco.

▷ La cocina calabresa, de antiguas y muy nobles orígenes, marca la línea límite entre dos grandes cocinas meridionales, la napolitana y la siciliana. Si bien compleja, aunque sobria, alterna platillos de origen campesino con otros de tipo marinero. Entre los platos característicos el **suffrittu** (menudos, tomate y chile), las pastas caseras en varios tipos y formatos, y enriquecidas por sabrosos condimentos, las **sagne chine**, lasañas rellenas de carne de cerdo, guisantes, mozarela, huevos duros, la **tiella** (sartén) de setas silanas y patatas, las **focacce** (pizzas) y luego la **mustica**, jaramugos salados, esparcidos de chile (elemento base de la cocina calabresa) y conservados en aceite. Los **embutidos**, sabrosos y picantes, (capocollo, sobrasada) como la **'nduja**, salchichón fresco para untar, a base de las partes más grasosas de la carne de cerdo condimentadas con chile y sal. Óptimos son los **quesos**, 'caciocavallo' (típico de ésta región) y mantequillas. Y aún más, las **berenjenas**, las **cebollas rojas de Tropea**. Merece también una citación el **regaliz** y por último los dulces, en gran cantidad, con frecuencia a base de miel, almendras, higos secos, que remontan a la tradición de la Magna Grecia o de Oriente. Por tanto en las pastelerías se pueden encontrar **mostaccioli**, **cannoli**, **pasta de almendras**, el típico **turrón helado** (masa muy colorada de pasta de almendras y confitado recubierto de chocolate), **higos secos** rellenos y mechados de diferentes gustos. La antigua sabiduría llega también a la bodega, donde el vino más conocido es el **Cirò**, que se ofrecía a los ganadores de los Juegos olímpicos en la antigua Grecia; pero recientemente han surgido nuevos vinos, resultado de antiguas cepas tal como la griega y el "magliocco".

Sicilia

▷ Sicily
▷ Sicile
▷ Sizilien
▷ Sicilia

*La Sicilia, negli ultimi anni, è emersa a pieno titolo sia a livello enologico, sia gastronomico. I piatti più caratteristici sono gli **arancini di riso**, la **caponata**, le **sarde a beccafico**, il **cuscus**, la **pasta alla Norma con le sarde** o con il **pesto alla siciliana**. E, ancora, il **maccu di fave**, le **braciole (involtini) di pesce spada e di tonno**, il **farsumagru**. I formaggi tipici sono il **Pecorino siciliano**, il **Caciocavallo**, il **Ragusano**, la **Provola** e la **ricotta**. I dolci trionfano con la **cassata**, i **cannoli ripieni**, il **torrone**, le **paste di mandorle** ed i dolci a base di **marzapane**. Prodotti tipici pregiati sono le **lenticchie di Ustica**, i **pistacchi di Bronte**, le **mandorle di Avola e di Noto**, i **capperi di Pantelleria**, il **tonno** sott'olio e la **bottarga di Favignana** e di **Lampedusa**. Inoltre, l'ottimo, eccezionale **olio extra vergine di oliva** (notevole è quello dei **Monti Iblei**), il **miele**, le arance, i limoni e i mandarini. E infine, non bisogna partire dall'Isola senza aver gustato una **granita**. Per i vini, oltre ai celebri vini da dessert, **Marsala**, **Malvasia delle Lipari** e **Passito di Pantelleria**, sono comparsi vini da pasto eccellenti con uve di origine internazionale, oppure antiche uve autoctone come nero d'Avola e il frappato di Vittoria.*

▷ In recent years Sicily has fully surfaced in both the wine industry and gastronomy. The most characteristic dishes are rice **arancini, caponata, sardines a beccafico, cuscus, pasta alla Norma with sardines** or with **Sicilian pesto**. Also the **maccu of broad beans, braciole (rolls) of sword fish** or **tuna** and **farsumagru**. The typical cheeses are **Sicilian Pecorino, Caciocavallo, Ragusano, Provola** and **ricotta**. The most important cakes are the **casata, filled cannoli, torrone** (nougat), **almond paste** and **marzipan** based cakes. Typical products which are considered delicacies are **lentils from Ustica, pistachio nuts from Bronte, almonds from Avola** and **Noto, capers from Pantelleria, tuna fish preserved in oil** and **botargo from Favignana** and **Lampedusa**. Also, the excellent **extra virgin olive oil** (the oil produced in Monti Iblei is notable), the **honey, oranges, lemons** and **mandarins** are specialities. Finally, one must not leave the island without having tried a **granita**. Other than famous dessert wines, **Marsala, Malvasia delle Lipari** and **Passito di Pantelleria**, there are wines which are an excellent accompaniments to food, produced from grapes of international origin, or ancient varieties of autochthonous grapes such as the black from Avola and the frappato from Vittoria.

▷ La Sicile, lors de ces dernières années, a émergé pleinement aussi bien au niveau œnologique que gastronomique. Les plats les plus caractéristiques sont les **arancini de riz**, la **caponata**, les **sardines a beccafico**, il **cuscus**, les **pâtes à la Norma avec les sardines** ou avec le **pesto à la sicilienne**. Et aussi, le **maccu de fèves**, les **bracioles (paupiettes) d'espadon et de thon**, le **farsumagru**. Les fromages typiques sont le **pécorino sicilien**, le **Caciocavallo**, le **Ragusano**, la **Provola** et la **Ricotta**. Les desserts l'emportent avec la **cassata**, les **cannolis farcis**, le **torrone**, les **pâtes d'amandes** et les desserts à base de **massepain**. Des produits typ-

iques appréciés sont aussi les **lentilles de Ustica**, les **pistaches de Bronte**, les **amandes de Avola** et de **Noto**, les **câpres de Pantelleria**, le **thon** à l'huile et la **poutargue de Favignana et de Lampedusa**. En outre, l'excellente **huile d'olives extra-vierge** (celle des **Monts Iblei** est très connue), le **miel**, les oranges, les citrons et les mandarines. Et enfin, il ne faut pas quitter l'île sans avoir dégusté une **granité**. Pour les vins, en plus des célèbres vins à dessert, **Marsala**, **Malvasia des Lipari** et le **Passito de Pantelleria**, sont apparus des vins de table excellents avec des raisins d'origines internationales, ou encore des anciens raisins autochtones comme le noir d'Avola et le frappato de Vittoria.

▷ Sizilien ist in den letzten Jahren im Aufstieg, was die Gastronomie und die Enologie betrifft. Die wohl charakteristischsten Gerichte sind die "Reisorangen" **Arancini di riso**, die **Caponata**, die **Sardinen beccafico**, der **Cuscus**, die **Nudeln Norma mit Sarden** oder mit dem **Pesto alla siciliana**. Und, weiter noch, die **Maccu aus Ackerbohnen**, die **Rouladen aus Schwertfisch** und **Thunfisch**, der **Farsumagru**. Typische Käsesorten sind der **sizilianische Schafskäse**, der **Caciocavallo**, der **Ragusano**, der **Provola** und der **Ricotta**. Die Süßspeisen triumphieren mit der **Cassata**, den gefüllten **Cannoli**, dem **Torrone**, den **Mandelpasten** und den Süßspeisen aus **Marzipan**. Typische und wertvolle Produkte sind die **Linsen aus Ustica**, die **Pistazien aus Bronte**, die Mandeln aus **Avola und aus Noto**, die Kapern aus **Pantelleria**, der Thunfisch unter Öl und der **Bottarga aus Favignana** und aus **Lampedusa**. Optimal außerdem das native, kaltgepresste **Olivenöl** (bemerkenswert das aus **Monti Iblei**), der Honig, die Orangen, Zitronen und Mandarinen.Und man darf die Insel auf keinen Fall verlassen ohne zuvor eine **Granita** gekostet zu haben. Was die Weine betrifft, neben den sehr berühmten Dessertweinen wie dem **Marsala**, dem **Malvasia der Lipari** und dem **Passito aus Pantelleria**, sind auch exzellente Tischweine entstanden aus internationalen Trauben oder aus antiken und autoktonen Trauben wie der Nero d'Avola und der Fappato di Vittoria.

▷ En los últimos años la Sicilia ha conquistado una relevante posición tanto a nivel enológico como gastronómico. Los platillos más característicos son: las **croquetas de arroz**, la **caponada**, las **sardinas a beccafico**, el **cuscus**, la **pasta a la Norma con las sardinas** o con **el pesto a la siciliana**. Y, todavía, **el maccu de habas**, los **pinchos** (**rollito**) **de pez espada y de atún**, el **farsumagru**. **Los quesos** típicos son: el **Pecorino siciliano**, el **Caciocavallo**, el **Ragusano**, la **Provola** y el **requesón**. Entre los dulces, los de mayor triunfo están la **cassata**, los **cannoli ripieni** (rollos rellenos de requesón), el **turrón**, las **pastas de almendras** y los dulces a base de **mazapán**. Los más famosos productos típicos son las **lentejas de Ustica**, los **pistachos de Bronte**, las **almendras de Avola y de Noto**, las **alcaparras de Pantelleria**, el **atún en aceite** y la **bottarga de Favignana** y de **Lampedusa**. Asimismo, el óptimo y excepcional **aceite de oliva virgen** (el de los **Montes Iblei** es extraordinario), la **miel**, las naranjas, los limones y las mandarinas. Por último, se sugiere no abandonar la Isla sin haber saboreado un **granizado**. En cuanto a los vinos, además de los celebres vinos de postre, **Marsala**, **Malvasía de las Lipari** y **Passito de Pantelleria**, han surgido excelentes vinos de mesa con uvas de origen internacional, o bien antiguas uvas autóctonas tal como el negro de Avola y el 'frappato' de Victoria.

Sardegna

▷ Sardinia
▷ Sardaigne
▷ Sardinien
▷ Cerdeña

Sassari

Nuoro

Oristano

CAGLIARI

Alimento presente con una sua originalità, in Sardegna, è il **pane** *nelle sue svariate forme (***carasau, guttiau, civraxiu***) che dà origine a svariate zuppe (***pane frattau, zuppa gallurese***); non da meno è la pasta di semola di grano duro, ingrediente base di* **malloreddus** *e* **fregula**. *Le preparazioni più rituali sono l'***agnello "a carraxiu"** *(sepolto nella brace); il* **porceddu allo spiedo** *che profuma di mirto, la* **pecora bollita**; *le zuppe di pesce sono la* **buridda** *e la* **cassola**; *i prodotti più preziosi che raggiungono i mercati del resto d'Italia sono lo* **zafferano**, *la* **bottarga di muggine** *e il* **mosciame di tonno di Carloforte**. *Mille sono poi le varietà di forme e sapori dei pecorini; con quelli freschissimi si preparano* **culurjones** *e dolci come le* **pardulas** *e le* **sebadas**. *Assolutamente da provare i fantastici* **mieli** (**di corbezzolo, di cardo, di asfodelo**), *le* **salsicce stagionate** *e l'***olio extravergine di oliva**. *Dolci della Sardegna sono i* **sospiri** *e i* **papasinnos**, *mentre il liquore tipico è a base di frutti rossi di* **mirto**. *L'enologia sarda negli ultimi anni ha puntato sulla qualità, migliorando soprattutto la produzione del suo vino simbolo che è il* **Cannonau**. *Altre citazioni meritano la* **Vernaccia di Oristano** *ed il* **Vermentino di Gallura**. *La grappa leggendaria dell'isola di chiama "***Filu ferru***".*

▷ The many types of bread originating from Sardinia are very different from those found in other regions of Italy (**carasau, guttiau, civraxiu**), they are used in many soups recipes (**pane frattau, zuppa gallurese**); The pasta which is produced from durum wheat flour is also very different from the pasta produced in other regions of Italy, it is the basic ingredient in the production of **malloreddus** and **fregula**. The most important food is **lamb "a carraxiu"** (roasted in hot coals); **porceddu piglet roasted on a spit** which is aromatised with myrtle, **boiled mutton**; the fish soups are the **burrida** and the **cassola**: the most precious products which reach the market of the remainder of Italy are **saffron**, **mullet botargo**, and **salted**,

air dried tuna fish from Carloforte. Thousands of varieties of **pecorino** cheese are produced in Sardinia; **culurjones** and cakes such as **pardulas** and **sebadas** are prepared using very fresh pecorino cheese. The fantastic varieties of **honey (from arbutus, thistle/cardoon and asphodel)**, the **aged sausages** and the **extra virgin olive oil** absolutely must be tried. Typical confectionery from Sardinia are the **sospiri** and **papasinnos**, while the local liqueurs are produced from the small red fruit of the **myrtle**. In recent years Sardinia has focused on improving the quality of the food and wine, above all that of the production of it's famous wine **Cannonau**. Other wines worthy of citation are the **Vernaccia di Oristano** and the **Vermentino di Gallura**. The legendary grappa of the island is "**Filu ferru**".

Un aliment présenté avec originalité en Sardaigne est le **pain** dans toutes ses formes (**carasau, guttiau, civraxiu**) qui donne naissance à diverses soupes (**pain frattau, soupe de la Gallura**). Les pâtes de semoule de blé sont aussi à tenir en compte, ingrédients de base des **malloreddus** et **fregula**. Les préparations plus familières sont l'**agneau "a carraxiu"** (sous braises), le **porceddu à la broche** qui a pour odeur la myrte, la **brebis bouillie**; les soupes de poissons sont la **buridda** et la **cassola**; les produits plus estimés qui atteignent les marchés du reste de l'Italie sont le **safran**, la **poulargue de muge** et le **mosciame de thon de Carloforte**. Les variétés de forme et de saveur des pécorini sont infinies, avec ceux très frais se préparent les **culurjones** et les desserts comme les **pardulas** et les **sebadas**. Parmi les produits à déguster absolument sont les miels fantastiques (**d'arbousier, de cardon, d'asphodèle**), les **saucisses affinées** et l'**huile d'olive extra-vierge**. Les desserts de la Sardaigne sont les **sospiri** et les **papasinnos**, tandis que la liqueur typique est à base de fruits rouges de **myrte**. L'œnologie sarde dans ces dernières années s'est orientée sur la qualité en améliorant surtout la production de son vin symbolique qui est le **Cannonau**. La **Vernaccia de Oristano** et le **Vermentino de Gallura** méritent d'être notés. La grappa légendaire de l'île s'appelle "**Filu ferru**".

Ein in Sardinien sehr originelles Lebensmittel ist das Brot in seinen unterschiedlichen Formen, (**Carasau, Guttiau, Civraxiu**) das außerdem Grundlage vieler Suppen ist (**Pane frattau, Zuppa gallurese**); aber auch die Hartweizenteigwaren sind erstaunlich, Hauptzutat des **Malloreddus** und des **Fregula**. Zubereitungen mit dem größten Ritual sind das **Lamm "a carraxiu"** (in der Glut vergraben); das Schwein am Spieß (**porceddu allo spiedo**) das nach Myrte duftet, das **gekochte Schaf**; Fischsuppen sind die **Buridda** und die **Cassola**; die wertvollsten Produkte erreichen auch die anderen Regionen Italiens und sind der **Safran**, der **Bottarga di muggine** und der **Mosciame di tonno di Carloforte**. Tausend verschiedene **Schafskäsearten**; mit den allerfrischesten werden **Culurjones** und Süßspeisen wie die **Pardulas** oder **Sebadas** zubereitet. Auf jeden Fall sollten die fantastischen **Honig**arten probiert werden (**aus Corbezzolo, aus Distelblüten, aus Asfodelo**), die gelagerten Würste und das kaltgepresste, native Olivenöl. Süßspeisen aus Sardinien sind die **Sospiri** und die **Papasinnos**, und ein typischer Liqueur aus roten Früchten ist aus **Myrte**. Enologisch gesehen hat sich Sardinien in den letzten Jahren qualitativ wesentlich verbessert, so z. B. die Produktion des als Symbol geltenden **Cannonau**. Nennenswert sind auch der **Vernaccia di Oristano** und der **Vermentino di Gallura**. Der legendäre Grappa der Insel heisst "**Filu ferru**".

El alimento presente en Cerdeña con una propia originalidad, es el **pan** con sus diferentes formas (**carasau, guttiau, civraxiu**), el cual da origen a varias sopas (**pan frattau, sopa gallurese**); no es menos prestigiosa la pasta de sémola de trigo duro, que es el ingrediente principal de **malloreddus** y **fregula**. Las comidas de mayor tradición son el **cordero "a carraxiu"** (que para ser cocinado se entierra en brasas); el **porceddu allo spiedo**, que huele a mirto, y la **oveja hervida**; las sopas de pescado son la **buridda** y la **cassola**; los productos más apreciados que llegan a los mercados de las demás partes de Italia son el **azafrán**, la **bottarga di muggine** y el **mosciame de atún de Carloforte**. Asimismo, existen miles de diferentes formas y sabores de **pecorini** (quesos de oveja); con los más frescos se preparan **culurjones** y dulces como las **pardulas** y las **sebadas**. De ninguna manera se debe dejar de probar las fantásticas **mieles** (**de corbezzolo, de cardo y de asfodelo**), las **salchichas curadas** y el aceite **de oliva virgen**. Los dulces de Cerdeña son los **sospiri** y los **papasinnos**, mientras que el licor típico es a base de frutos rojos de **mirto**. En los últimos años la enología sarda ha apostado sobre la calidad, mejorando especialmente la producción de su vino símbolo que es el **Cannonau**. También merecen citarse la **Vernaccia de Oristano** y el **Vermentino de Gallura**. La legendaria grapa de la isla se llama "**Filu ferru**".

I vini Doc (Denominazione di Origine Controllata)
e Docg (Denominazione di Origine Controllata e Garantita)

▷ The high quality Doc wines (Checked Origin Denomination)
and the Docg (Checked and Guaranteed Origin Denomination)

▷ Les vins a.o.c. (appellation d'origine controlée)
et a.o.c.g. (appellation d'origine controlee et garantie)

▷ Die Doc Weine (Wein mit Herkunftgarantie)
und die Docg (Qualitätswein) Weine

▷ Los vinos Doc (denominación de origen controlada)
y Docg (denominación de origen controlada y garantizada)

vino bianco	▷ white wine ▷ vin blanc ▷ Weisswein ▷ vino blanco	
vino rosso	▷ red wine ▷ vin rouge ▷ Rotwein ▷ vino tinto	
vino rosato	▷ rosé wine ▷ vin rose ▷ Roséwein ▷ vino rosado	
vino dolce	▷ sweet wine ▷ vin doux ▷ Süßwein ▷ vino dulce	
vino da meditazione	▷ dessert wines ▷ vin fin ▷ Wein zur Meditation ▷ vino de meditacion	
spumante	▷ sparkling wine ▷ Mousseux ▷ Schaumwein ▷ vino espumoso	

A

Aglianico del Taburno Rosato
(*Campania*)

Aglianico del Taburno Rosso
(*Campania*)

Aglianico del Vulture
(*Basilicata*)

Aglianico del Vulture Spumante
(*Basilicata*)

Albana di Romagna
(*Emilia Romagna*)

Albana di Romagna dolce
(*Emilia Romagna*)

Albugnano Rosato
(*Piemonte*)

Albugnano Rosso
(*Piemonte*)

Albugnano Superiore
(*Piemonte*)

Alcamo Ansonica o Inzolia
(*Sicilia*)

Alcamo Bianco
(*Sicilia*)

Alcamo Bianco Spumante
(*Sicilia*)

Alcamo Cabernet Sauvignon
(*Sicilia*)

Alcamo Calabrese
o Nero d'Avola
(*Sicilia*)

Alcamo Cataratto
(*Sicilia*)

Alcamo Chardonnay
(*Sicilia*)

Alcamo Classico
(*Sicilia*)

Alcamo Grecanico
(*Sicilia*)

Alcamo Grillo
(*Sicilia*)

Alcamo Merlot
(*Sicilia*)

Alcamo Müller Thurgau
(*Sicilia*)

Alcamo Novello
(*Sicilia*)

Alcamo Riserva
(*Sicilia*)

Alcamo Rosato
(*Sicilia*)

Alcamo Rosato Spumante
(*Sicilia*)

Alcamo Rosso
(*Sicilia*)

Alcamo Sauvignon
(*Sicilia*)

Alcamo Syrah
(*Sicilia*)

Alcamo Vendemmia Tardiva
(*Sicilia*)

Aleatico di Gradoli
(*Lazio*)

Aleatico di Puglia
(*Puglia*)

Alezio Rosato
(*Puglia*)

Alezio Rosso
(*Puglia*)

Alghero Bianco
(*Sardegna*)

Alghero Cabernet
(*Sardegna*)

Alghero Cagnulari o Cagniulari
(*Sardegna*)

Alghero Chardonnay
(*Sardegna*)

Alghero Chardonnay
Spumante
(*Sardegna*)

Alghero Frizzante Bianco
(*Sardegna*)

Alghero Liquoroso
(*Sardegna*)

Alghero Novello
(*Sardegna*)

Alghero Passito
(*Sardegna*)

Alghero Rosato
(*Sardegna*)

Alghero Rosso
(*Sardegna*)

Alghero Sangiovese
(*Sardegna*)

Alghero Sauvignon
(*Sardegna*)

Alghero Spumante Bianco
(*Sardegna*)

Alghero Spumante Rosso
(*Sardegna*)

Alghero Torbato
(*Sardegna*)

Alghero Torbato Spumante
(*Sardegna*)

Alghero Vermentino Spumante
(*Sardegna*)

▷ Alto Adige Cabernet
(*Trentino Alto Adige*)
▷ Alto Adige Cabernet-Lagrein
(*Trentino Alto Adige*)
▷ Alto Adige Cabernet-Merlot
(*Trentino Alto Adige*)
▷ Alto Adige Chardonnay
(*Trentino Alto Adige*)
▷ Alto Adige Chardonnay
  Spumante
(*Trentino Alto Adige*)
▷ Alto Adige Colli di Bolzano
(*Trentino Alto Adige*)
▷ Alto Adige Lagrein Rosato
(*Trentino Alto Adige*)
▷ Alto Adige Lagrein Scuro
(*Trentino Alto Adige*)
▷ Alto Adige Malvasia
(*Trentino Alto Adige*)
▷ Alto Adige Meranese
(*Trentino Alto Adige*)
▷ Alto Adige Merlot
(*Trentino Alto Adige*)
▷ Alto Adige Merlot Rosato
(*Trentino Alto Adige*)
▷ Alto Adige Merlot-Lagrein
(*Trentino Alto Adige*)
▷ Alto Adige Moscato Giallo
(*Trentino Alto Adige*)
▷ Alto Adige Moscato Rosa
(*Trentino Alto Adige*)
▷ Alto Adige Moscato Rosa
(*Trentino Alto Adige*)
▷ Alto Adige Pinot Bianco
(*Trentino Alto Adige*)
▷ Alto Adige Pinot Bianco
(*Trentino Alto Adige*)
▷ Alto Adige Pinot Grigio
(*Trentino Alto Adige*)
▷ Alto Adige Pinot Grigio
(*Trentino Alto Adige*)
▷ Alto Adige Pinot Nero
(*Trentino Alto Adige*)
▷ Alto Adige Pinot Nero
(*Trentino Alto Adige*)
▷ Alto Adige Pinot
  Nero Rosato
(*Trentino Alto Adige*)
▷ Alto Adige Riesling
(*Trentino Alto Adige*)
▷ Alto Adige Riesling Italico
(*Trentino Alto Adige*)
▷ Alto Adige Riesling
  x Sylvaner (Müller Thurgau)
(*Trentino Alto Adige*)

▷ Alto Adige Santa
  Maddalena
(*Trentino Alto Adige*)
▷ Alto Adige Sauvignon
(*Trentino Alto Adige*)
▷ Alto Adige Schiava Grigia
(*Trentino Alto Adige*)
▷ Alto Adige Schiava
  o Schiava Gentile
(*Trentino Alto Adige*)
▷ Alto Adige Spumante
(*Trentino Alto Adige*)
▷ Alto Adige Spumante Rosé
(*Trentino Alto Adige*)
▷ Alto Adige Südtirol Bianco
(*Trentino Alto Adige*)
▷ Alto Adige Sylvaner
(*Trentino Alto Adige*)
▷ Alto Adige Terlano Bianco
(*Trentino Alto Adige*)
▷ Alto Adige Terlano
  Chardonnay
(*Trentino Alto Adige*)
▷ Alto Adige Terlano
  Müller Thurgau
(*Trentino Alto Adige*)
▷ Alto Adige Terlano
  Pinot Bianco
(*Trentino Alto Adige*)
▷ Alto Adige Terlano Riesling
(*Trentino Alto Adige*)
▷ Alto Adige Terlano
  Riesling Italico
(*Trentino Alto Adige*)
▷ Alto Adige Terlano
  Sauvignon
(*Trentino Alto Adige*)
▷ Alto Adige Terlano Sylvaner
(*Trentino Alto Adige*)
▷ Alto Adige Traminer
  Aromatico
  (Gewürztraminer)
(*Trentino Alto Adige*)
▷ Alto Adige Valle Isarco
  Kerner
(*Trentino Alto Adige*)
▷ Alto Adige Valle Isarco
  Klausner Laitacher
(*Trentino Alto Adige*)
▷ Alto Adige Valle Isarco
  Müller Thurgau
(*Trentino Alto Adige*)
▷ Alto Adige Valle Isarco
  Pinot Grigio
(*Trentino Alto Adige*)

▷ Alto Adige Valle Isarco
Sylvaner
(*Trentino Alto Adige*)

▷ Alto Adige Valle Isarco
Traminer Aromatico
(*Trentino Alto Adige*)

▷ Alto Adige Valle Isarco
Veltliner
(*Trentino Alto Adige*)

▷ Alto Adige Valle Venosta
Chardonnay
(*Trentino Alto Adige*)

▷ Alto Adige Valle Venosta
Kerner
(*Trentino Alto Adige*)

▷ Alto Adige Valle Venosta
Müller Thurgau
(*Trentino Alto Adige*)

▷ Alto Adige Valle Venosta
Pinot Bianco
(*Trentino Alto Adige*)

▷ Alto Adige Valle Venosta
Pinot Grigio
(*Trentino Alto Adige*)

▷ Alto Adige Valle Venosta
Pinot Nero
(*Trentino Alto Adige*)

▷ Alto Adige Valle Venosta
Riesling
(*Trentino Alto Adige*)

▷ Alto Adige Valle Venosta
Schiava
(*Trentino Alto Adige*)

▷ Alto Adige Valle Venosta
Traminer Aromatico
(*Trentino Alto Adige*)

▷ Amarone della Valpolicella
(*Veneto*)

▷ Ansonica
Costa dell'Argentario
(*Toscana*)

▷ Aprilia Merlot
(*Lazio*)

▷ Aprilia Sangiovese
(*Lazio*)

▷ Aprilia Trebbiano
(*Lazio*)

▷ Arborea Sangiovese Rosato
(*Sardegna*)

▷ Arborea Sangiovese Rosso
(*Sardegna*)

▷ Arborea Trebbiano
(*Sardegna*)

▷ Arcole Bianco
(*Veneto*)

▷ Arcole Bianco Spumante
(*Veneto*)

▷ Arcole Cabernet
(*Veneto*)

▷ Arcole Cabernet
Sauvignon
(*Veneto*)

▷ Arcole Chardonnay
(*Veneto*)

▷ Arcole Garganega
(*Veneto*)

▷ Arcole Merlot
(*Veneto*)

▷ Arcole Pinot Bianco
(*Veneto*)

▷ Arcole Pinot Grigio
(*Veneto*)

▷ Arcole Rosso
(*Veneto*)

▷ Assisi Bianco
(*Umbria*)

▷ Assisi Grechetto
(*Umbria*)

▷ Assisi Novello
(*Umbria*)

▷ Assisi Rosato
(*Umbria*)

▷ Assisi Rosso
(*Umbria*)

▷ Asti o Asti Spumante
(*Piemonte*)

▷ Atina Cabernet
(*Lazio*)

▷ Atina Rosso
(*Lazio*)

▷ Aversa o Asprinio di Aversa
(*Campania*)

▷ Aversa o Asprinio di Aversa
Spumante
(*Campania*)

B

▷ Bagnoli di Sopra
o Bagnoli Bianco
(*Veneto*)

▷ Bagnoli di Sopra
o Bagnoli Cabernet
(*Veneto*)

▷ Bagnoli di Sopra
o Bagnoli Friularo
(*Veneto*)

▷ Bagnoli di Sopra
o Bagnoli Merlot
(*Veneto*)

▷ Bagnoli di Sopra
o Bagnoli Passito
(*Veneto*)

▷ Bagnoli di Sopra
o Bagnoli Rosato
(*Veneto*)

▷ Bagnoli di Sopra
o Bagnoli Rosso
(*Veneto*)

▷ Bagnoli di Sopra
o Bagnoli Spumante Bianco
(*Veneto*)

▷ Bagnoli di Sopra
o Bagnoli Spumante Rosato
(*Veneto*)

▷ Barbaresco
(*Piemonte*)

▷ Barbera d'Alba
(*Piemonte*)

▷ Barbera d'Asti Colli Astiani
o Astiano
(*Piemonte*)

▷ Barbera d'Asti Nizza
(*Piemonte*)

▷ Barbera d'Asti
(*Piemonte*)

▷ Barbera d'Asti Tinella
(*Piemonte*)

▷ Barco Reale di Carmignano
(*Toscana*)

▷ Bardolino
(*Veneto*)

▷ Bardolino Rosato
(*Veneto*)

▷ Bardolino Rosato Spumante
(*Veneto*)

▷ Bardolino Superiore
e Bardolino Classico Superiore
(*Veneto*)

▷ Barolo
(*Piemonte*)

▷ Barolo Chinato
(*Piemonte*)

▷ Bianchello di Metauro
(*Marche*)

▷ Bianco Capena
(*Lazio*)

▷ Bianco dell'Empolese
(*Toscana*)

▷ Bianco dell'Empolese
Vin Santo
(*Toscana*)

▷ Bianco dell'Empolese
Vin Santo
(*Toscana*)

▷ Bianco della Valdinievole
(*Toscana*)

▷ Bianco della Valdinievole
(*Toscana*)

▷ Bianco di Custoza
(*Veneto*)

▷ Bianco di Custoza
(*Veneto*)

▷ Bianco di Custoza
(*Veneto*)

▷ Bianco di Pitigliano
(*Toscana*)

▷ Bianco di Pitigliano Spumante
(*Toscana*)

▷ Bianco di Torgiano
(*Umbria*)

▷ Bianco Pisano
di San Torpè
(*Toscana*)

▷ Bianco Pisano di San Torpè
(*Toscana*)

▷ Biferno Bianco
(*Molise*)

▷ Biferno Rosato
(*Molise*)

▷ Biferno Rosso
(*Molise*)

▷ Bivongi Bianco
(*Calabria*)

▷ Bivongi Rosato
(*Calabria*)

▷ Bivongi Rosso
(*Calabria*)

▷ Bolgheri Bianco
(*Toscana*)

▷ Bolgheri Rosato
(*Toscana*)

▷ Bolgheri Rosso
(*Toscana*)

▷ Bolgheri Sassicaia
(*Toscana*)

▷ Bolgheri Sauvignon
(*Toscana*)

▷ Bolgheri Vermentino
(*Toscana*)

▷ Bolgheri Vin Santo
Occhio di Pernice
(*Toscana*)

▷ Bosco Eliceo Bianco
(*Emilia Romagna*)

▷ Bosco Eliceo Fortana
(*Emilia Romagna*)

Bosco Eliceo Merlot
(*Emilia Romagna*)

Bosco Eliceo Sauvignon
(*Emilia Romagna*)

Botticino
(*Lombardia*)

Brachetto d'Acqui o Acqui
(*Piemonte*)

Brachetto d'Acqui
o Acqui Spumante
(*Piemonte*)

Bramaterra
(*Piemonte*)

Breganze Bianco
(*Veneto*)

Breganze Cabernet
(*Veneto*)

Breganze Cabernet
Sauvignon
(*Veneto*)

Breganze Chardonnay
(*Veneto*)

Breganze Marzemino
(*Veneto*)

Breganze Pinot Bianco
(*Veneto*)

Breganze Pinot Grigio
(*Veneto*)

Breganze Pinot Nero
(*Veneto*)

Breganze Rosso
(*Veneto*)

Breganze Sauvignon
(*Veneto*)

Breganze Torcolato
(*Veneto*)

Breganze Vespaiolo
(*Veneto*)

Brindisi Rosato
(*Puglia*)

Brindisi Rosso
(*Puglia*)

Brunello di Montalcino
(*Toscana*)

C

Cabernet Sauvignon
di Torgiano
(*Umbria*)

Cacc'è Mmitte di Lucera
(*Puglia*)

Cagnina di Romagna
(*Emilia Romagna*)

Caldaro
o Lago di Caldaro
(*Trentino Alto Adige*)

Campi Flegrei Bianco
(*Campania*)

Campi Flegrei Falanghina
(*Campania*)

Campi Flegrei Falanghina
Spumante
(*Campania*)

Campi Flegrei Piedirosso
Passito
(*Campania*)

Campi Flegrei Piedirosso
(*Campania*)

Campi Flegrei Rosso
(*Campania*)

Campidano di Terralba
o Terralba
(*Sardegna*)

Canavese Barbera
(*Piemonte*)

Canavese Bianco
(*Piemonte*)

Canavese Nebbiolo
(*Piemonte*)

Canavese Rosato
(*Piemonte*)

Canavese Rosso
(*Piemonte*)

Candia dei Colli Apuani
(*Toscana*)

Candia dei Colli Apuani
(*Toscana*)

Cannonau di Sardegna
(*Sardegna*)

Capalbio Bianco
(*Toscana*)

Capalbio Cabernet
Sauvignon
(*Toscana*)

Capalbio Rosato
(*Toscana*)

Capalbio Rosso
(*Toscana*)

Capalbio Rosso Riserva
(*Toscana*)

Capalbio Sangiovese
(*Toscana*)

Capalbio Vermentino
(*Toscana*)

Capalbio Vin Santo
(*Toscana*)

Capri Bianco
(*Campania*)

▷ Capri Rosso
(*Campania*)

▷ Capriano del Colle Bianco
o Trebbiano
(*Lombardia*)

▷ Capriano del Colle Riserva
(*Lombardia*)

▷ Capriano del Colle Rosso
(*Lombardia*)

▷ Carema
(*Piemonte*)

▷ Carignano del Sulcis Novello
(*Sardegna*)

▷ Carignano del Sulcis Passito
(*Sardegna*)

▷ Carignano del Sulcis Riserva
(*Sardegna*)

▷ Carignano del Sulcis Rosato
(*Sardegna*)

▷ Carignano del Sulcis Rosso
(*Sardegna*)

▷ Carignano del Sulcis Superiore
(*Sardegna*)

▷ Carmignano
(*Toscana*)

▷ Carso Cabernet Franc
(*Friuli Venezia Giulia*)

▷ Carso Cabernet Sauvignon
(*Friuli Venezia Giulia*)

▷ Carso Chardonnay
(*Friuli Venezia Giulia*)

▷ Carso Malvasia
(*Friuli Venezia Giulia*)

▷ Carso Merlot
(*Friuli Venezia Giulia*)

▷ Carso Pinot Grigio
(*Friuli Venezia Giulia*)

▷ Carso Refosco
dal Peduncolo Rosso
(*Friuli Venezia Giulia*)

▷ Carso Rosso
(*Friuli Venezia Giulia*)

▷ Carso Sauvignon
(*Friuli Venezia Giulia*)

▷ Carso Terrano
(*Friuli Venezia Giulia*)

▷ Carso Traminer
(*Friuli Venezia Giulia*)

▷ Carso Vitovska
(*Friuli Venezia Giulia*)

▷ Castel del Monte Aglianico
(*Puglia*)

▷ Castel del Monte Aglianico
Rosato
(*Puglia*)

▷ Castel del Monte Bianco
(*Puglia*)

▷ Castel del Monte
Bombino Bianco
(*Puglia*)

▷ Castel del Monte
Bombino Nero
(*Puglia*)

▷ Castel del Monte Cabernet
(*Puglia*

▷ Castel del Monte Chardonnay
(*Puglia*)

▷ Castel del Monte
Pinot Bianco
(*Puglia*)

▷ Castel del Monte Pinot Nero
(*Puglia*)

▷ Castel del Monte Rosato
(*Puglia*)

▷ Castel del Monte Rosso
(*Puglia*)

▷ Castel del Monte Sauvignon
(*Puglia*)

▷ Castel del Monte
Uva di Troia
(*Puglia*)

▷ Castel San Lorenzo Barbera
(*Campania*)

▷ Castel San Lorenzo Bianco
(*Campania*)

▷ Castel San Lorenzo Moscato
(*Campania*)

▷ Castel San Lorenzo
Moscato Spumante
(*Campania*)

▷ Castel San Lorenzo Rosato
(*Campania*)

▷ Castel San Lorenzo Rosso
(*Campania*)

▷ Casteller
(*Trentino Alto Adige*)

▷ Castelli Romani Bianco
(*Lazio*)

▷ Castelli Romani Rosato
(*Lazio*)

▷ Castelli Romani Rosso
(*Lazio*)

▷ Cellatica
(*Lombardia*)

▷ Cerasuolo di Vittoria
(*Sicilia*)

▷ Cerveteri Bianco Amabile
(*Lazio*)

▷ Cerveteri Bianco Frizzante
(*Lazio*)

▷ Cerveteri Bianco Secco
(*Lazio*)
▷ Cerveteri Rosato
(*Lazio*)
▷ Cerveteri Rosso Amabile
(*Lazio*)
▷ Cerveteri Rosso Novello
(*Lazio*)
▷ Cerveteri Rosso Secco
(*Lazio*)
▷ Cesanese del Piglio
o Piglio
(*Lazio*)
▷ Cesanese del Piglio
o Piglio Spumante
(*Lazio*)
▷ Cesanese del Piglio o Piglio
(*Lazio*)
▷ Cesanese di Affile o Affile
(*Lazio*)
▷ Cesanese di Olevano Romano
o Olevano Romano
(*Lazio*)
▷ Chardonnay di Torgiano
(*Umbria*)
▷ Chianti Classico
(*Toscana*)
▷ Chianti
(*Toscana*)
▷ Cilento Aglianico
(*Campania*)
  Cilento Bianco
(*Campania*)
▷ Cilento Rosato
(*Campania*)
▷ Cilento Rosso
(*Campania*)
▷ Cinque Terre
(*Liguria*)
▷ Cinque Terre Sciacchetrà
(*Liguria*)
▷ Circeo Bianco
(*Lazio*)
▷ Circeo Novello
(*Lazio*)
▷ Circeo Rosato
(*Lazio*)
▷ Circeo Rosso
(*Lazio*)
▷ Circeo Sangiovese
(*Lazio*)
▷ Circeo Sangiovese
(*Lazio*)
▷ Circeo Trebbiano
(*Lazio*)

▷ Cirò Bianco
(*Calabria*)
▷ Cirò Rosato
(*Calabria*)
▷ Cirò Rosso
(*Calabria*)
▷ Colli Albani
(*Lazio*)
▷ Colli Albani Spumante
(*Lazio*)
▷ Colli Albani Dolce
(*Lazio*)
▷ Colli Altotiberini Bianco
(*Umbria*)
▷ Colli Altotiberini Rosso
(*Umbria*)
▷ Colli Altotiberini Rosato
(*Umbria*)
▷ Colli Amerini Bianco
(*Umbria*)
▷ Colli Amerini Malvasia
(*Umbria*)
▷ Colli Amerini Merlot
(*Umbria*)
▷ Colli Amerini Novello
(*Umbria*)
▷ Colli Amerini Rosato
(*Umbria*)
▷ Colli Amerini Rosso
(*Umbria*)
▷ Colli Berici Cabernet
(*Veneto*)
▷ Colli Berici Chardonnay
(*Veneto*)
▷ Colli Berici Garganega
(*Veneto*)
▷ Colli Berici Merlot
(*Veneto*)
▷ Colli Berici Pinot Bianco
(*Veneto*)
▷ Colli Berici Sauvignon
(*Veneto*)
▷ Colli Berici Spumante
(*Veneto*)
▷ Colli Berici Tocai Italico
(*Veneto*)
▷ Colli Berici Tocai Rosso
(*Veneto*)
▷ Colli Bolognesi Barbera
(*Emilia Romagna*)
▷ Colli Bolognesi Bianco
(*Emilia Romagna*)
▷ Colli Bolognesi Cabernet
Sauvignon
(*Emilia Romagna*)

▷ Colli Bolognesi Chardonnay
(*Emilia Romagna*)

▷ Colli Bolognesi Chardonnay Spumante
(*Emilia Romagna*)

▷ Colli Bolognesi Classico Pignoletto
(*Emilia Romagna*)

▷ Colli Bolognesi Merlot
(*Emilia Romagna*)

▷ Colli Bolognesi Pignoletto
(*Emilia Romagna*)

▷ Colli Bolognesi Pignoletto Spumante
(*Emilia Romagna*)

▷ Colli Bolognesi Pignoletto Superiore
(*Emilia Romagna*)

▷ Colli Bolognesi Pinot Bianco
(*Emilia Romagna*)

▷ Colli Bolognesi Pinot Bianco Spumante
(*Emilia Romagna*)

▷ Colli Bolognesi Riesling Italico
(*Emilia Romagna*)

▷ Colli Bolognesi Sauvignon
(*Emilia Romagna*)

▷ Colli Bolognesi Sauvignon Superiore
(*Emilia Romagna*)

▷ Colli del Trasimeno Bianco
(*Umbria*)

▷ Colli del Trasimeno Bianco Scelto
(*Umbria*)

▷ Colli del Trasimeno Cabernet Sauvignon
(*Umbria*)

▷ Colli del Trasimeno Gamay
(*Umbria*)

▷ Colli del Trasimeno Grechetto
(*Umbria*)

▷ Colli del Trasimeno Merlot
(*Umbria*)

▷ Colli del Trasimeno Rosato
(*Umbria*)

▷ Colli del Trasimeno Rosso
(*Umbria*)

▷ Colli del Trasimeno Rosso Scelto
(*Umbria*)

▷ Colli del Trasimeno Spumante Classico
(*Umbria*)

▷ Colli del Trasimeno Vin Santo
(*Umbria*)

▷ Colli dell'Etruria Centrale Bianco
(*Toscana*)

▷ Colli dell'Etruria Centrale Novello
(*Toscana*)

▷ Colli dell'Etruria Centrale Rosato
(*Toscana*)

▷ Colli dell'Etruria Centrale Rosso
(*Toscana*)

▷ Colli dell'Etruria Centrale Vin Santo
(*Toscana*)

▷ Colli dell'Etruria Centrale Vin Santo Occhio di Pernice
(*Toscana*)

▷ Colli della Sabina Bianco
(*Lazio*)

▷ Colli della Sabina Bianco Frizzante
(*Lazio*)

▷ Colli della Sabina Bianco Spumante
(*Lazio*)

▷ Colli della Sabina Bianco Spumante Dolce
(*Lazio*)

▷ Colli della Sabina Rosato Frizzante
(*Lazio*)

▷ Colli della Sabina Rosato
(*Lazio*)

▷ Colli della Sabina Rosso Frizzante
(*Lazio*)

▷ Colli della Sabina Rosso Novello
(*Lazio*)

▷ Colli della Sabina Rosso
(*Lazio*)

▷ Colli della Sabina Rosso Spumante
(*Lazio*)

▷ Colli della Sabina Rosso Spumante Dolce
(*Lazio*)

▷ Colli di Conegliano Bianco
(*Veneto*)

▷ Colli di Conegliano
Refrontolo Passito
(*Veneto*)

▷ Colli di Conegliano Rosso
(*Veneto*)

▷ Colli di Conegliano
Torchiato di Fregona
(*Veneto*)

▷ Colli di Faenza Bianco
(*Emilia Romagna*)

▷ Colli di Faenza
Pinot Bianco
(*Emilia Romagna*)

▷ Colli di Faenza Rosso
(*Emilia Romagna*)

▷ Colli di Faenza Sangiovese
(*Emilia Romagna*)

▷ Colli di Faenza Trebbiano
(*Emilia Romagna*)

▷ Colli di Imola Barbera
(*Emilia Romagna*)

▷ Colli di Imola Bianco
(*Emilia Romagna*)

▷ Colli di Imola
Cabernet Sauvignon
(*Emilia Romagna*)

▷ Colli di Imola
Chardonnay
(*Emilia Romagna*)

▷ Colli di Imola Pignoletto
(*Emilia Romagna*)

▷ Colli di Imola Rosso
(*Emilia Romagna*)

▷ Colli di Imola Sangiovese
(*Emilia Romagna*)

▷ Colli di Imola Trebbiano
(*Emilia Romagna*)

▷ Colli di Luni Bianco
(*Liguria*)

▷ Colli di Luni Rosso
(*Liguria*)

▷ Colli di Luni Vermentino
(*Liguria*)

▷ Colli di Parma Malvasia
(*Emilia Romagna*)

▷ Colli di Parma Malvasia Dolce
(*Emilia Romagna*)

▷ Colli di Parma Malvasia
Spumante
(*Emilia Romagna*)

▷ Colli di Parma Malvasia
Spumante Dolce
(*Emilia Romagna*)

▷ Colli di Parma Rosso
(*Emilia Romagna*)

▷ Colli di Parma Sauvignon
(*Emilia Romagna*)

▷ Colli di Parma Sauvignon
Spumante
(*Emilia Romagna*)

▷ Colli di Rimini Biancame
(*Emilia Romagna*)

▷ Colli di Rimini Bianco
(*Emilia Romagna*)

▷ Colli di Rimini Cabernet
Sauvignon
(*Emilia Romagna*)

▷ Colli di Rimini Rebola
(*Emilia Romagna*)

▷ Colli di Rimini Rebola
(*Emilia Romagna*)

▷ Colli di Rimini Rosso
(*Emilia Romagna*)

▷ Colli di Scandiano
e di Canossa Bianco
(*Emilia Romagna*)

▷ Colli di Scandiano
e di Canossa Bianco
(*Emilia Romagna*)

▷ Colli di Scandiano
e di Canossa
Cabernet Sauvignon
(*Emilia Romagna*)

▷ Colli di Scandiano
e di Canossa Chardonnay
(*Emilia Romagna*)

▷ Colli di Scandiano
e di Canossa Chardonnay
(*Emilia Romagna*)

▷ Colli di Scandiano
e di Canossa
Lambrusco Grasparossa
(*Emilia Romagna*)

▷ Colli di Scandiano
e di Canossa
Lambrusco Montericco
(*Emilia Romagna*)

▷ Colli di Scandiano
e di Canossa
Lambrusco Montericco
(*Emilia Romagna*)

▷ Colli di Scandiano
e di Canossa Malbo Gentile
(*Emilia Romagna*)

▷ Colli di Scandiano
e di Canossa Malvasia
(*Emilia Romagna*)

▷ Colli di Scandiano
e di Canossa Malvasia
(*Emilia Romagna*)

▷ Colli di Scandiano
e di Canossa Marzemino
(*Emilia Romagna*)

▷ Colli di Scandiano
e di Canossa Pinot
(*Emilia Romagna*)

▷ Colli di Scandiano
e di Canossa Pinot
(*Emilia Romagna*)

▷ Colli di Scandiano
e di Canossa Sauvignon
(*Emilia Romagna*)

▷ Colli di Scandiano
e di Canossa Sauvignon
(*Emilia Romagna*)

▷ Colli Etruschi
Viterbesi Bianco
(*Lazio*)

▷ Colli Etruschi Viterbesi
Canaiolo
o Cannaiola Amabile
(*Lazio*)

▷ Colli Etruschi Viterbesi
Grechetto
(*Lazio*)

▷ Colli Etruschi Viterbesi
Greghetto
(*Lazio*)

▷ Colli Etruschi Viterbesi
Merlot
(*Lazio*)

▷ Colli Etruschi Viterbesi
Moscatello
(*Lazio*)

▷ Colli Etruschi Viterbesi
Moscatello Passito
Lazio)

▷ Colli Etruschi Viterbesi
Procanico
(*Lazio*)

▷ Colli Etruschi Viterbesi
Rosato
(*Lazio*)

▷ Colli Etruschi Viterbesi
Rossetto
(*Lazio*)

▷ Colli Etruschi Viterbesi
Rosso Novello
(*Lazio*)

▷ Colli Etruschi Viterbesi
Rosso
(*Lazio*)

▷ Colli Etruschi Viterbesi
Sangiovese Rosato
(*Lazio*)

▷ Colli Etruschi Viterbesi
Violone
(*Lazio*)

▷ Colli Euganei Bianco
(*Veneto*)

▷ Colli Euganei Bianco
(*Veneto*)

▷ Colli Euganei Cabernet Franc
(*Veneto*)

▷ Colli Euganei Cabernet
(*Veneto*)

▷ Colli Euganei Cabernet
Sauvignon
(*Veneto*)

▷ Colli Euganei Chardonnay
(*Veneto*)

▷ Colli Euganei Chardonnay
(*Veneto*)

▷ Colli Euganei Fior
d'Arancio
(*Veneto*)

▷ Colli Euganei Fior
d'Arancio
(*Veneto*)

▷ Colli Euganei Fior d'Arancio
Passito
(*Veneto*)

▷ Colli Euganei Merlot
(*Veneto*)

▷ Colli Euganei Moscato
(*Veneto*)

▷ Colli Euganei Moscato
(*Veneto*)

▷ Colli Euganei Novello
(*Veneto*)

▷ Colli Euganei Pinello
(*Veneto*)

▷ Colli Euganei Pinot Bianco
(*Veneto*)

▷ Colli Euganei Serprino
(*Veneto*)

▷ Colli Euganei Tocai Italico
(*Veneto*)

▷ Colli Lanuvini
(*Lazio*)

▷ Colli Maceratesi Bianco
(*Marche*)

▷ Colli Maceratesi Bianco
(*Marche*)

▷ Colli Maceratesi Bianco
(*Marche*)

▷ Colli Maceratesi Ribona
(*Marche*)

▷ Colli Maceratesi Ribona
(*Marche*)

▷ Colli Maceratesi Ribona
(*Marche*)

▷ Colli Maceratesi Rosso
(*Marche*)

▷ Colli Martrani Grechetto
(*Umbria*)

▷ Colli Martrani Sangiovese
(*Umbria*)

▷ Colli Martrani Trebbiano
(*Umbria*)

▷ Colli Orientali del Friuli
Bianco
(*Friuli Venezia Giulia*)

▷ Colli Orientali del Friuli
Cabernet Franc
(*Friuli Venezia Giulia*)

▷ Colli Orientali del Friuli
Cabernet
(*Friuli Venezia Giulia*)

▷ Colli Orientali del Friuli
Cabernet Sauvignon
(*Friuli Venezia Giulia*)

▷ Colli Orientali del Friuli
Chardonnay
(*Friuli Venezia Giulia*)

▷ Colli Orientali del Friuli
Cialla Bianco
(*Friuli Venezia Giulia*)

▷ Colli Orientali del Friuli
Cialla Picolit
(*Friuli Venezia Giulia*)

▷ Colli Orientali del Friuli
Cialla Refosco dal Peduncolo
Rosso
(*Friuli Venezia Giulia*)

▷ Colli Orientali del Friuli
Cialla Ribolla Gialla
(*Friuli Venezia Giulia*)

▷ Colli Orientali del Friuli
Cialla Rosso
(*Friuli Venezia Giulia*)

▷ Colli Orientali del Friuli
Cialla Schioppettino
(*Friuli Venezia Giulia*)

▷ Colli Orientali del Friuli
Cialla Verduzzo Friulano
(*Friuli Venezia Giulia*)

▷ Colli Orientali del Friuli
Malvasia
(*Friuli Venezia Giulia*)

▷ Colli Orientali del Friuli Merlot
(*Friuli Venezia Giulia*)

▷ Colli Orientali del Friuli
Picolit
(*Friuli Venezia Giulia*)

▷ Colli Orientali del Friuli
Pignolo
(*Friuli Venezia Giulia*)

▷ Colli Orientali del Friuli
Pinot Bianco
(*Friuli Venezia Giulia*)

▷ Colli Orientali del Friuli
Pinot Grigio
(*Friuli Venezia Giulia*)

▷ Colli Orientali del Friuli
Pinot Nero
(*Friuli Venezia Giulia*)

▷ Colli Orientali del Friuli
Refosco dal Peduncolo
Rosso
(*Friuli Venezia Giulia*)

▷ Colli Orientali del Friuli
Ribolla Gialla
(*Friuli Venezia Giulia*)

▷ Colli Orientali del Friuli
Riesling
(*Friuli Venezia Giulia*)

▷ Colli Orientali del Friuli
Rosato
(*Friuli Venezia Giulia*)

▷ Colli Orientali del Friuli
Rosazzo Bianco
(*Friuli Venezia Giulia*)

▷ Colli Orientali del Friuli
Rosazzo Picolit
(*Friuli Venezia Giulia*)

▷ Colli Orientali del Friuli
Rosazzo Pignolo
(*Friuli Venezia Giulia*)

▷ Colli Orientali del Friuli
Rosazzo Ribolla Gialla
(*Friuli Venezia Giulia*)

▷ Colli Orientali del Friuli
Rosazzo Rosso
(*Friuli Venezia Giulia*)

▷ Colli Orientali
del Friuli Rosso
(*Friuli Venezia Giulia*)

▷ Colli Orientali del Friuli
Sauvignon
(*Friuli Venezia Giulia*)

▷ Colli Orientali del Friuli
Schioppettino
(*Friuli Venezia Giulia*)

▷ Colli Orientali del Friuli
Tazzelenghe
(*Friuli Venezia Giulia*)

▷ Colli Orientali del Friuli
Traminer Aromatico
(*Friuli Venezia Giulia*)

▷ Colli Orientali del Friuli
  Verduzzo Friulano
(*Friuli Venezia Giulia*)

▷ Colli Perugini Bianco
(*Umbria*)

▷ Colli Perugini Cabernet
  Sauvignon
(*Umbria*)

▷ Colli Perugini Chardonnay
(*Umbria*)

▷ Colli Perugini Grechetto
(*Umbria*)

▷ Colli Perugini Merlot
(*Umbria*)

▷ Colli Perugini Novello
(*Umbria*)

▷ Colli Perugini Pinot Grigio
(*Umbria*)

▷ Colli Perugini Rosato
(*Umbria*)

▷ Colli Perugini Rosso
(*Umbria*)

▷ Colli Perugini Sangiovese
(*Umbria*)

▷ Colli Perugini Spumante
(*Umbria*)

▷ Colli Perugini Trebbiano
(*Umbria*)

▷ Colli Perugini Vin Santo
(*Umbria*)

▷ Colli Pesaresi Biancame
(*Marche*)

▷ Colli Pesaresi Bianco
(*Marche*)

▷ Colli Pesaresi Focara
  Pinot Nero
(*Marche*)

▷ Colli Pesaresi Roncaglia
(*Marche*)

▷ Colli Pesaresi Rosato
(*Marche*)

▷ Colli Pesaresi Rosso
(*Marche*)

▷ Colli Piacentini Barbera
(*Emilia Romagna*)

▷ Colli Piacentini Bonarda
(*Emilia Romagna*)

▷ Colli Piacentini Bonarda
(*Emilia Romagna*)

▷ Colli Piacentini Cabernet
  Sauvignon
(*Emilia Romagna*)

▷ Colli Piacentini
  Chardonnay
(*Emilia Romagna*)

▷ Colli Piacentini Chardonnay
(*Emilia Romagna*)

▷ Colli Piacentini Gutturnio
  Superiore
(*Emilia Romagna*)

▷ Colli Piacentini Gutturnio
  e Gutturnio Classico
(*Emilia Romagna*)

▷ Colli Piacentini Gutturnio
  Riserva
(*Emilia Romagna*)

▷ Colli Piacentini Malvasia
(*Emilia Romagna*)

▷ Colli Piacentini Malvasia
(*Emilia Romagna*)

▷ Colli Piacentini Malvasia
  Passito
(*Emilia Romagna*)

▷ Colli Piacentini Monterosso
  Val d'Arda
(*Emilia Romagna*)

▷ Colli Piacentini Monterosso
  Val d'Arda
(*Emilia Romagna*)

▷ Colli Piacentini Novello
(*Emilia Romagna*)

▷ Colli Piacentini Ortrugo
(*Emilia Romagna*)

▷ Colli Piacentini Ortrugo
(*Emilia Romagna*)

▷ Colli Piacentini
  Pinot Grigio
(*Emilia Romagna*)

▷ Colli Piacentini Pinot Grigio
(*Emilia Romagna*)

▷ Colli Piacentini Pinot Nero
(*Emilia Romagna*)

▷ Colli Piacentini Pinot Nero
(*Emilia Romagna*)

▷ Colli Piacentini Pinot Nero
(*Emilia Romagna*)

▷ Colli Piacentini Pinot
  Spumante
(*Emilia Romagna*)

▷ Colli Piacentini
  Sauvignon
(*Emilia Romagna*)

▷ Colli Piacentini Trebbianino
  Val Trebbia
(*Emilia Romagna*)

▷ Colli Piacentini Trebbianino
  Val Trebbia
(*Emilia Romagna*)

▷ Colli Piacentini Valnure
(*Emilia Romagna*)

▶ Colli Piacentini Valnure
(*Emilia Romagna*)

▶ Colli Piacentini Vin Santo
(*Emilia Romagna*)

▶ Colli Piacentini Vin Santo
di Vigoleno
(*Emilia Romagna*)

▶ Colli Tortonesi Barbera
(*Piemonte*)

▶ Colli Tortonesi Bianco
(*Piemonte*)

▶ Colli Tortonesi Chiaretto
(*Piemonte*)

▶ Colli Tortonesi Cortese
(*Piemonte*)

▶ Colli Tortonesi Cortese
(*Piemonte*)

▶ Colli Tortonesi Dolcetto
(*Piemonte*)

▶ Colli Tortonesi Rosso
(*Piemonte*)

▶ Collina Torinese Barbera
(*Piemonte*)

▶ Collina Torinese Bonarda
(*Piemonte*)

▶ Collina Torinese Malvasia
(*Piemonte*)

▶ Collina Torinese Pelaverga
o Cari
(*Piemonte*)

▶ Collina Torinese Rosso
(*Piemonte*)

▶ Colline di Levanto Bianco
(*Liguria*)

▶ Colline di Levanto Rosso
(*Liguria*)

▶ Colline di Orvieto
Cabernet Sauvignon
(*Emilia Romagna*)

▶ Colline di Orvieto
Chardonnay Spumante
(*Emilia Romagna*)

▶ Colline di Orvieto
Pignoletto
(*Emilia Romagna*)

▶ Colline di Orvieto
Pignoletto Frizzante
(*Emilia Romagna*)

▶ Colline di Orvieto
Pignoletto Passito
(*Emilia Romagna*)

▶ Colline di Orvieto Sauvignon
(*Emilia Romagna*)

▶ Colline Lucchesi Bianco
(*Toscana*)

▶ Colline Lucchesi Merlot
(*Toscana*)

▶ Colline Lucchesi Rosso
(*Toscana*)

▶ Colline Lucchesi Sangiovese
(*Toscana*)

▶ Colline Lucchesi Sauvignon
(*Toscana*)

▶ Colline Lucchesi
Vermentino
(*Toscana*)

▶ Colline Lucchesi Vin Santo
(*Toscana*)

▶ Colline Lucchesi Vin Santo
Occhio di Pernice
(*Toscana*)

▶ Colline Marconiane
Barbera
(*Emilia Romagna*)

▶ Colline Marconiane
Cabernet Sauvignon
(*Emilia Romagna*)

▶ Colline Marconiane
Pignoletto
(*Emilia Romagna*)

▶ Colline Marconiane
Pignoletto Passito
(*Emilia Romagna*)

▶ Colline Marconiane
Pignoletto Spumante
(*Emilia Romagna*)

▶ Colline Marconiane
Sauvignon
(*Emilia Romagna*)

▶ Colline Novaresi Barbera
(*Piemonte*)

▶ Colline Novaresi Bianco
(*Piemonte*)

▶ Colline Novaresi
Nebbiolo o Spanna
(*Piemonte*)

▶ Colline Novaresi Rosso
(*Piemonte*)

▶ Colline Novaresi Uva Rara
o Bonarda
(*Piemonte*)

▶ Colline Novaresi Vespolina
(*Piemonte*)

▶ Colline Saluzzesi Pelaverga
(*Piemonte*)

▶ Colline Saluzzesi Quagliano
(*Piemonte*)

▶ Colline Saluzzesi Quagliano
Spumante
(*Piemonte*)

▷ Colline Saluzzesi
  Rosso
(*Piemonte*)
▷ Collio Goriziano
  o Collio Bianco
(*Friuli Venezia Giulia*)
▷ Collio Goriziano
  o Collio Cabernet Franc
(*Friuli Venezia Giulia*)
▷ Collio Goriziano
  o Collio Cabernet
(*Friuli Venezia Giulia*)
▷ Collio Goriziano
  o Collio Cabernet
  Sauvignon
(*Friuli Venezia Giulia*)
▷ Collio Goriziano
  o Collio Chardonnay
(*Friuli Venezia Giulia*)
▷ Collio Goriziano
  o Collio Malvasia
(*Friuli Venezia Giulia*)
▷ Collio Goriziano
  o Collio Merlot
(*Friuli Venezia Giulia*)
▷ Collio Goriziano
  o Collio Müller Thurgau
(*Friuli Venezia Giulia*)
▷ Collio Goriziano
  o Collio Picolit
(*Friuli Venezia Giulia*)
▷ Collio Goriziano
  o Collio Pinot Bianco
(*Friuli Venezia Giulia*)
▷ Collio Goriziano
  o Collio Pinot Grigio
(*Friuli Venezia Giulia*)
▷ Collio Goriziano
  o Collio Pinot Nero
(*Friuli Venezia Giulia*)
▷ Collio Goriziano
  o Collio Ribolla Gialla
(*Friuli Venezia Giulia*)
▷ Collio Goriziano
  o Collio Riesling
(*Friuli Venezia Giulia*)
▷ Collio Goriziano
  o Collio Riesling Italico
(*Friuli Venezia Giulia*)
▷ Collio Goriziano
  o Collio Rosso
(*Friuli Venezia Giulia*)
▷ Collio Goriziano
  o Collio Sauvignon
(*Friuli Venezia Giulia*)

▷ Collio Goriziano
  o Collio Tocai Friulano
(*Friuli Venezia Giulia*)
▷ Collio Goriziano
  o Collio Traminer
  Aromatico
(*Friuli Venezia Giulia*)
▷ Colline di Riosto Barbera
(*Emilia Romagna*)
▷ Colline di Riosto
  Cabernet Sauvignon
(*Emilia Romagna*)
▷ Colline di Riosto Pignoletto
(*Emilia Romagna*)
▷ Colline di Riosto
  Pignoletto Frizzante
(*Emilia Romagna*)
▷ Colline di Riosto Sauvignon
(*Emilia Romagna*)
▷ Conegliano-Valdobbiadene
  o Conegliano
  o Valdobbiadene
(*Veneto*)
▷ Conegliano-Valdobbiadene
  o Conegliano
  o Valdobbiadene
(*Veneto*)
▷ Contea di Sclafani Ansonica
  o Insolia
(*Sicilia*)
▷ Contea di Sclafani Bianco
(*Sicilia*)
▷ Contea di Sclafani
  Cabernet Sauvignon
(*Sicilia*)
▷ Contea di Sclafani Cataratto
(*Sicilia*)
▷ Contea di Sclafani
  Chardonnay
(*Sicilia*)
▷ Contea di Sclafani Grecanico
(*Sicilia*)
▷ Contea di Sclafani Grillo
(*Sicilia*)
▷ Contea di Sclafani Merlot
(*Sicilia*)
▷ Contea di Sclafani Nerello
  Mascalese
(*Sicilia*)
▷ Contea di Sclafani Nero
  d'Avola o Calabrese
(*Sicilia*)
▷ Contea di Sclafani
  Perricone
(*Sicilia*)

▷ Contea di Sclafani
Pinot Bianco
(*Sicilia*)

▷ Contea di Sclafani
Pinot Nero
(*Sicilia*)

▷ Contea di Sclafani Rosato
(*Sicilia*)

▷ Contea di Sclafani Rosso
(*Sicilia*)

▷ Contea di Sclafani
Sangiovese
(*Sicilia*)

▷ Contea di Sclafani Sauvignon
(*Sicilia*)

▷ Contea di Sclafani Syrah
(*Sicilia*)

▷ Contessa Entellina Ansonica
(*Sicilia*)

▷ Contessa Entellina Ansonica
(*Sicilia*)

▷ Contessa Entellina Bianco
(*Sicilia*)

▷ Contessa Entellina
Cabernet Sauvignon
(*Sicilia*)

▷ Contessa Entellina
Chardonnay
(*Sicilia*)

▷ Contessa Entellina
Grecanico
(*Sicilia*)

▷ Contessa Entellina Merlot
(*Sicilia*)

▷ Contessa Entellina
Pinot Nero
(*Sicilia*)

▷ Contessa Entellina Rosato
(*Sicilia*)

▷ Contessa Entellina Rosso
(*Sicilia*)

▷ Contessa Entellina
Sauvignon
(*Sicilia*)

▷ Controguerra Bianco
(*Abruzzo*)

▷ Controguerra Bianco
Frizzante
(*Abruzzo*)

▷ Controguerra Cabernet
(*Abruzzo*)

▷ Controguerra Chardonnay
(*Abruzzo*)

▷ Controguerra Ciliegiolo
(*Abruzzo*)

▷ Controguerra Malvasia
(*Abruzzo*)

▷ Controguerra Merlot
(*Abruzzo*)

▷ Controguerra Moscato
Amabile
(*Abruzzo*)

▷ Controguerra Novello
(*Abruzzo*)

▷ Controguerra Passerina
(*Abruzzo*)

▷ Controguerra Passito Bianco
(*Abruzzo*)

▷ Controguerra Passito Rosso
(*Abruzzo*)

▷ Controguerra Pinot Nero
(*Abruzzo*)

▷ Controguerra Riesling
(*Abruzzo*)

▷ Controguerra Rosso
(*Abruzzo*)

▷ Controguerra Spumante
(*Abruzzo*)

▷ Copertino Rosato
(*Puglia*)

▷ Copertino Rosso
(*Puglia*)

▷ Cori Bianco
(*Lazio*)

▷ Cori Rosso
(*Lazio*)

▷ Cortese dell'Alto Monferrato
(*Piemonte*)

▷ Cortese dell'Alto Monferrato
(*Piemonte*)

▷ Cortona Cabernet Sauvignon
(*Toscana*)

▷ Cortona Chardonnay
(*Toscana*)

▷ Cortona Gamay
(*Toscana*)

▷ Cortona Grechetto
(*Toscana*)

▷ Cortona Merlot
(*Toscana*)

▷ Cortona Pinot Bianco
(*Toscana*)

▷ Cortona Pinot Nero
(*Toscana*)

▷ Cortona Riesling Italico
(*Toscana*)

▷ Cortona Rosato
(*Toscana*)

▷ Cortona Sangiovese
(*Toscana*)

▶ Cortona Sauvignon
(*Toscana*)

▶ Cortona Syrah
(*Toscana*)

▶ Cortona Vin Santo
(*Toscana*)

▶ Cortona Vin Santo
  Occhio di Pernice
(*Toscana*)

▶ Costa d'Amalfi Bianco
(*Campania*)

▶ Costa d'Amalfi Rosato
(*Campania*)

▶ Costa d'Amalfi Rosso
(*Campania*)

▶ Coste della Sesia Bianco
(*Piemonte*)

▶ Coste della Sesia Bonarda
  o Uva Rara
(*Piemonte*)

▶ Coste della Sesia Croatina
(*Piemonte*)

▶ Coste della Sesia Nebbiolo
  o Spanna
(*Piemonte*)

▶ Coste della Sesia Rosato
(*Piemonte*)

▶ Coste della Sesia Rosso
(*Piemonte*)

▶ Coste della Sesia
  Vespolina
(*Piemonte*)

D

▶ Delia Nivolelli Bianco
(*Sicilia*)

▶ Delia Nivolelli Cabernet
  Sauvignon
(*Sicilia*)

▶ Delia Nivolelli Chardonnay
(*Sicilia*)

▶ Delia Nivolelli Damaschino
(*Sicilia*)

▶ Delia Nivolelli Grecanico
(*Sicilia*)

▶ Delia Nivolelli Grillo
(*Sicilia*)

▶ Delia Nivolelli Inzolia
(*Sicilia*)

▶ Delia Nivolelli Merlot
(*Sicilia*)

▶ Delia Nivolelli Müller Thurgau
(*Sicilia*)

▶ Delia Nivolelli Nero d'Avola
(*Sicilia*)

▶ Delia Nivolelli Pignatello
(*Sicilia*)

▶ Delia Nivolelli Rosso
(*Sicilia*)

▶ Delia Nivolelli Sangiovese
(*Sicilia*)

▶ Delia Nivolelli Sauvignon
(*Sicilia*)

▶ Delia Nivolelli Sirah
(*Sicilia*)

▶ Delia Nivolelli Spumante
(*Sicilia*)

▶ Dolcetto d'Acqui
(*Piemonte*)

▶ Dolcetto d'Alba
(*Piemonte*)

▶ Dolcetto d'Asti
(*Piemonte*)

▶ Dolcetto delle Langhe
  Monregalesi
(*Piemonte*)

▶ Dolcetto di Diano d'Alba
(*Piemonte*)

▶ Dolcetto di Dogliani
(*Piemonte*)

▶ Dolcetto di Ovada
(*Piemonte*)

▶ Donnici Bianco
(*Calabria*)

▶ Donnici Rosato
(*Calabria*)

▶ Donnici Rosso
(*Calabria*)

E

▶ Elba Aleatico
(*Toscana*)

▶ Elba Ansonica
(*Toscana*)

▶ Elba Ansonica Passito
(*Toscana*)

▶ Elba Bianco
(*Toscana*)

▶ Elba Bianco Spumante
(*Toscana*)

▶ Elba Moscato Bianco
(*Toscana*)

F

▷ Friuli Annia Rosato
(*Friuli Venezia Giulia*)

▷ Friuli Annia Rosso
(*Friuli Venezia Giulia*)

▷ Friuli Annia Sauvignon
(*Friuli Venezia Giulia*)

▷ Friuli Annia Spumante
(*Friuli Venezia Giulia*)

▷ Friuli Annia Tocai Fiulano
(*Friuli Venezia Giulia*)

▷ Friuli Annia
Verduzzo Friulano
(*Friuli Venezia Giulia*)

▷ Friuli Aquileia Bianco
(*Friuli Venezia Giulia*)

▷ Friuli Aquileia Cabernet Franc
(*Friuli Venezia Giulia*)

▷ Friuli Aquileia Cabernet
(*Friuli Venezia Giulia*)

▷ Friuli Aquileia
Cabernet Sauvignon
(*Friuli Venezia Giulia*)

▷ Friuli Aquileia Chardonnay
(*Friuli Venezia Giulia*)

▷ Friuli Aquileia Chardonnay
(*Friuli Venezia Giulia*)

▷ Friuli Aquileia
Malvasia Istriana
(*Friuli Venezia Giulia*)

▷ Friuli Aquileia Merlot
(*Friuli Venezia Giulia*)

▷ Friuli Aquileia
Müller Thurgau
(*Friuli Venezia Giulia*)

▷ Friuli Aquileia Pinot Bianco
(*Friuli Venezia Giulia*)

▷ Friuli Aquileia Pinot Grigio
(*Friuli Venezia Giulia*)

▷ Friuli Aquileia Refosco
dal Peduncolo Rosso
(*Friuli Venezia Giulia*)

▷ Friuli Aquileia Riesling
(*Friuli Venezia Giulia*)

▷ Friuli Aquileia Rosato
(*Friuli Venezia Giulia*)

▷ Friuli Aquileia Rosso
(*Friuli Venezia Giulia*)

▷ Friuli Aquileia Sauvignon
(*Friuli Venezia Giulia*)

▷ Friuli Aquileia
Traminer Aromatico
(*Friuli Venezia Giulia*)

▷ Friuli Aquileia
Verduzzo Friulano
(*Friuli Venezia Giulia*)

▷ Friuli Grave Bianco
(*Friuli Venezia Giulia*)

▷ Friuli Grave Cabernet Franc
(*Friuli Venezia Giulia*)

▷ Friuli Grave Cabernet
(*Friuli Venezia Giulia*)

▷ Friuli Grave
Cabernet Sauvignon
(*Friuli Venezia Giulia*)

▷ Friuli Grave Chardonnay
(*Friuli Venezia Giulia*)

▷ Friuli Grave Chardonnay
(*Friuli Venezia Giulia*)

▷ Friuli Grave Merlot
(*Friuli Venezia Giulia*)

▷ Friuli Grave Pinot Bianco
(*Friuli Venezia Giulia*)

▷ Friuli Grave Pinot Bianco
(*Friuli Venezia Giulia*)

▷ Friuli Grave Pinot Grigio
(*Friuli Venezia Giulia*)

▷ Friuli Grave Pinot Nero
(*Friuli Venezia Giulia*)

▷ Friuli Grave Pinot Nero
(*Friuli Venezia Giulia*)

▷ Friuli Grave Refosco
dal Peduncolo Rosso
(*Friuli Venezia Giulia*)

▷ Friuli Grave Riesling
(*Friuli Venezia Giulia*)

▷ Friuli Grave Rosato
(*Friuli Venezia Giulia*)

▷ Friuli Grave Rosso
(*Friuli Venezia Giulia*)

▷ Friuli Grave Sauvignon
(*Friuli Venezia Giulia*)

▷ Friuli Grave
Tocai Friulano
(*Friuli Venezia Giulia*)

▷ Friuli Grave
Traminer Aromatico
(*Friuli Venezia Giulia*)

▷ Friuli Grave
Verduzzo Friulano
(*Friuli Venezia Giulia*)

▷ Friuli Isonzo Bianco
(*Friuli Venezia Giulia*)

▷ Friuli Isonzo Cabernet
(*Friuli Venezia Giulia*)

▷ Friuli Isonzo Chardonnay
(*Friuli Venezia Giulia*)

▷ Friuli Isonzo Franconia
(*Friuli Venezia Giulia*)

▷ Friuli Isonzo Malvasia
(*Friuli Venezia Giulia*)

▶ Friuli Isonzo Merlot
(*Friuli Venezia Giulia*)

▶ Friuli Isonzo
Moscato Giallo
(*Friuli Venezia Giulia*)

▶ Friuli Isonzo
Moscato Giallo
(*Friuli Venezia Giulia*)

▶ Friuli Isonzo Moscato Rosa
(*Friuli Venezia Giulia*)

▶ Friuli Isonzo Moscato Rosa
(*Friuli Venezia Giulia*)

▶ Friuli Isonzo Pinot Bianco
(*Friuli Venezia Giulia*)

▶ Friuli Isonzo Pinot Bianco
(*Friuli Venezia Giulia*)

▶ Friuli Isonzo Pinot Grigio
(*Friuli Venezia Giulia*)

▶ Friuli Isonzo Pinot Nero
(*Friuli Venezia Giulia*)

▶ Friuli Isonzo Refosco
dal Peduncolo Rosso
(*Friuli Venezia Giulia*)

▶ Friuli Isonzo Riesling
(*Friuli Venezia Giulia*)

▶ Friuli Isonzo Rosato
(*Friuli Venezia Giulia*)

▶ Friuli Isonzo Rosso
(*Friuli Venezia Giulia*)

▶ Friuli Isonzo Rosso
(*Friuli Venezia Giulia*)

▶ Friuli Isonzo Sauvignon
(*Friuli Venezia Giulia*)

▶ Friuli Isonzo Schioppettino
(*Friuli Venezia Giulia*)

▶ Friuli Isonzo
Tocai Friulano
(*Friuli Venezia Giulia*)

▶ Friuli Isonzo
Traminer Aromatico
(*Friuli Venezia Giulia*)

▶ Friuli Isonzo
Vendemmia Tardiva
(*Friuli Venezia Giulia*)

▶ Friuli Isonzo
Verduzzo Friulano
(*Friuli Venezia Giulia*)

▶ Friuli Isonzo
Verduzzo Friulano
(*Friuli Venezia Giulia*)

▶ Friuli Latisana
Cabernet Franc
(*Friuli Venezia Giulia*)

▶ Friuli Latisana Cabernet
(*Friuli Venezia Giulia*)

▶ Friuli Latisana
Cabernet Sauvignon
(*Friuli Venezia Giulia*)

▶ Friuli Latisana Chardonnay
(*Friuli Venezia Giulia*)

▶ Friuli Latisana Franconia
(*Friuli Venezia Giulia*)

▶ Friuli Latisana
Malvasia Istriana
(*Friuli Venezia Giulia*)

▶ Friuli Latisana Merlot
(*Friuli Venezia Giulia*)

▶ Friuli Latisana Pinot Bianco
(*Friuli Venezia Giulia*)

▶ Friuli Latisana Pinot Grigio
(*Friuli Venezia Giulia*)

▶ Friuli Latisana Pinot Nero
(*Friuli Venezia Giulia*)

▶ Friuli Latisana Refosco
dal Peduncolo Rosso
(*Friuli Venezia Giulia*)

▶ Friuli Latisana
Riesling Renano
(*Friuli Venezia Giulia*)

▶ Friuli Latisana Rosato
(*Friuli Venezia Giulia*)

▶ Friuli Latisana Sauvignon
(*Friuli Venezia Giulia*)

▶ Friuli Latisana Spumante
(*Friuli Venezia Giulia*)

▶ Friuli Latisana
Tocai Friulano
(*Friuli Venezia Giulia*)

▶ Friuli Latisana
Traminer Aromatico
(*Friuli Venezia Giulia*)

▶ Friuli Latisana
Verduzzo Friulano
(*Friuli Venezia Giulia*)

G

▶ Gabiano
(*Piemonte*)

▶ Galatina Bianco
(*Puglia*)

▶ Galatina Chardonnay
(*Puglia*)

▶ Galatina Negroamaro
(*Puglia*)

▶ Galatina Negroamaro Riserva
(*Puglia*)

▷ Galatina Novello
(*Puglia*)

▷ Galatina Rosato
(*Puglia*)

▷ Galatina Rosso
(*Puglia*)

▷ Galluccio Bianco
(*Campania*)

▷ Galluccio Rosato
(*Campania*)

▷ Galluccio Rosso
(*Campania*)

▷ Gambellara
(*Veneto*)

▷ Gambellara Recioto
(*Veneto*)

▷ Gambellara Recioto
(*Veneto*)

▷ Gambellara Vin Santo
(*Veneto*)

▷ Garda Barbera
(*Veneto*)

▷ Garda Cabernet
(*Veneto*)

▷ Garda Cabernet Sauvignon
(*Veneto*)

▷ Garda Chardonnay
(*Veneto*)

▷ Garda Chardonnay
(*Veneto*)

▷ Garda Classico Bianco
(*Veneto*)

▷ Garda Classico
Chiaretto
(*Veneto*)

▷ Garda Classico
Groppello
(*Veneto*)

▷ Garda Classico
Groppello Riserva
(*Veneto*)

▷ Garda Classico Rosso
(*Veneto*)

▷ Garda Classico
Rosso Superiore
(*Veneto*)

▷ Garda Colli
Mantovani Bianco
(*Lombardia*)

▷ Garda Colli Mantovani
Cabernet
(*Lombardia*)

▷ Garda Colli Mantovani
Chardonnay
(*Lombardia*)

▷ Garda Colli
Mantovani Merlot
(*Lombardia*)

▷ Garda Colli Mantovani
Pinot Bianco
(*Lombardia*)

▷ Garda Colli
Mantovani Pinot Grigio
(*Lombardia*)

▷ Garda Colli Mantovani
Rosato
(*Lombardia*)

▷ Garda Colli Mantovani Rosso
(*Lombardia*)

▷ Garda Colli Mantovani
Sauvignon
(*Lombardia*)

▷ Garda Cortese
(*Veneto*)

▷ Garda Corvina
(*Veneto*)

▷ Garda Frizzante
(*Veneto*)

▷ Garda Garganega
(*Veneto*)

▷ Garda Marzemino
(*Veneto*)

▷ Garda Merlot
(*Veneto*)

▷ Garda Pinot Grigio
(*Veneto*)

▷ Garda Pinot Bianco
(*Veneto*)

▷ Garda Pinot Bianco
(*Veneto*)

▷ Garda Pinot Nero
(*Veneto*)

▷ Garda Riesling
(*Veneto*)

▷ Garda Riesling
(*Veneto*)

▷ Garda Riesling Italico
(*Veneto*)

▷ Garda Rosé
(*Veneto*)

▷ Garda Sauvignon
(*Veneto*)

▷ Garda Spumante
(*Veneto*)

▷ Garda Tocai
(*Veneto*)

▷ Gattinara
(*Piemonte*)

▷ Gavi o Cortese di Gavi
(*Piemonte*)

▷ Gavi o Cortese di Gavi
(*Piemonte*)

▷ Genazzano Bianco
(*Lazio*)

▷ Ghemme
(*Piemonte*)

▷ Gioia del Colle
Aleatico Dolce
(*Puglia*)

▷ Gioia del Colle Aleatico
Liquoroso Dolce
(*Puglia*)

▷ Gioia del Colle Bianco
(*Puglia*)

▷ Gioia del Colle Primitivo
(*Puglia*)

▷ Gioia del Colle Rosato
(*Puglia*)

▷ Gioia del Colle Rosso
(*Puglia*)

▷ Girò di Cagliari
Dolce Naturale
(*Sardegna*)

▷ Girò di Cagliari Liquoroso
(*Sardegna*)

▷ Golfo del Tigullio
Bianchetta Genovese
(*Liguria*)

▷ Golfo del Tigullio Bianco
(*Liguria*)

▷ Golfo del Tigullio
Ciliegiolo
(*Liguria*)

▷ Golfo del Tigullio Moscato
(*Liguria*)

▷ Golfo del Tigullio Passito
(*Liguria*)

▷ Golfo del Tigullio Rosato
(*Liguria*)

▷ Golfo del Tigullio
Spumante
(*Liguria*)

▷ Golfo del Tigullio
Vermentino
(*Liguria*)

▷ Gravina
(*Puglia*)

▷ Gravina
(*Puglia*)

▷ Greco di Bianco
(*Calabria*)

▷ Greco di Tufo
(*Campania*)

▷ Greco di Tufo
(*Campania*)

▷ Grignolino d'Asti
(*Piemonte*)

▷ Grignolino del Monferrato
Casalese
(*Piemonte*)

▷ Guardia Sanframondi
o Guardiolo Aglianico
(*Campania*)

▷ Guardia Sanframondi
o Guardiolo Bianco
(*Campania*)

▷ Guardia Sanframondi
o Guardiolo Falanghina
(*Campania*)

▷ Guardia Sanframondi
o Guardiolo Rosato
(*Campania*)

▷ Guardia Sanframondi
o Guardiolo Rosso
(*Campania*)

▷ Guardia Sanframondi
o Guardiolo Spumante
(*Campania*)

I

▷ Ischia Bianco
(*Campania*)

▷ Ischia Bianco Spumante
(*Campania*)

▷ Ischia Biancolella
(*Campania*)

▷ Ischia Forastera
(*Campania*)

▷ Ischia Piedirosso Passito
(*Campania*)

▷ Ischia Piedirosso
(*Campania*)

▷ Ischia Rosso
(*Campania*)

L

▷ Lacrima di Morro
d'Alba
(*Marche*)

▷ Lacrima di Morro
d'Alba
(*Marche*)

▷ Lago di Corbara
  Cabernet Sauvignon
(*Umbria*)
▷ Lago di Corbara Merlot
(*Umbria*)
▷ Lago di Corbara
  Pinot Nero
(*Umbria*)
▷ Lago di Corbara Rosso
(*Umbria*)
▷ Lambrusco di Sorbara
(*Emilia Romagna*)
▷ Lambrusco di Sorbara
(*Emilia Romagna*)
▷ Lambrusco Grasparossa
  di Castelvetro
(*Emilia Romagna*)
▷ Lambrusco Grasparossa
  di Castelvetro
(*Emilia Romagna*)
▷ Lambrusco Mantovano
  Rosato
(*Lombardia*)
▷ Lambrusco Mantovano Rosso
(*Lombardia*)
▷ Lambrusco Salamino
  di Santa Croce
(*Emilia Romagna*)
▷ Lambrusco Salamino
  di Santa Croce
(*Emilia Romagna*)
▷ Lamezia Bianco
(*Calabria*)
▷ Lamezia Greco
(*Calabria*)
▷ Lamezia Rosato
(*Calabria*)
▷ Lamezia Rosso
(*Calabria*)
▷ Langhe Arneis
(*Piemonte*)
▷ Langhe Bianco
(*Piemonte*)
▷ Langhe Chardonnay
(*Piemonte*)
▷ Langhe Dolcetto
(*Piemonte*)
▷ Langhe Favorita
(*Piemonte*)
▷ Langhe Freisa
(*Piemonte*)
▷ Langhe Nebbiolo
(*Piemonte*)
▷ Langhe Rosso
(*Piemonte*)

▷ Lessona
(*Piemonte*)
▷ Leverano Bianco
(*Puglia*)
▷ Leverano Bianco Passito
(*Puglia*)
▷ Leverano Bianco
  Vendemmia Tardiva
(*Puglia*)
▷ Leverano Malvasia Bianca
(*Puglia*)
▷ Leverano Negramaro
  o Negro Amaro Rosato
(*Puglia*)
▷ Leverano Negramaro
  o Negro Amaro Rosso
(*Puglia*)
▷ Leverano Rosato
(*Puglia*)
▷ Leverano Rosso Novello
(*Puglia*)
▷ Leverano Rosso
(*Puglia*)
▷ Leverano Rosso Riserva
(*Puglia*)
▷ Lison-Pramaggiore
  Bianco
(*Veneto*)
▷ Lison-Pramaggiore
  Cabernet Franc
(*Veneto*)
▷ Lison-Pramaggiore
  Cabernet
(*Veneto*)
▷ Lison-Pramaggiore
  Cabernet Sauvignon
(*Veneto*)
▷ Lison-Pramaggiore
  Chardonnay
(*Veneto*)
▷ Lison-Pramaggiore
  Chardonnay
(*Veneto*)
▷ Lison-Pramaggiore Lison
  o Tocai Italico o Tocai
(*Veneto*)
▷ Lison-Pramaggiore
  Malbech
(*Veneto*)
▷ Lison-Pramaggiore
  Merlot
(*Veneto*)
▷ Lison-Pramaggiore
  Pinot Bianco
(*Veneto*)

▷ Lison-Pramaggiore
Pinot Bianco
(*Veneto*)

▷ Lison-Pramaggiore
Pinot Grigio
(*Veneto*)

▷ Lison-Pramaggiore
Pinot Grigio
(*Veneto*)

▷ Lison-Pramaggiore
Refosco dal Peduncolo Rosso
(*Veneto*)

▷ Lison-Pramaggiore Riesling
(*Veneto*)

▷ Lison-Pramaggiore Riesling
(*Veneto*)

▷ Lison-Pramaggiore
Riesling Italico
(*Veneto*)

▷ Lison-Pramaggiore Rosso
(*Veneto*)

▷ Lison-Pramaggiore
Sauvignon
(*Veneto*)

▷ Lison-Pramaggiore
Verduzzo
(*Veneto*)

▷ Lison-Pramaggiore Verduzzo
(*Veneto*)

▷ Lizzano Bianco
(*Puglia*)

▷ Lizzano Bianco Spumante
(*Puglia*)

▷ Lizzano Malvasia Nera
(*Puglia*)

▷ Lizzano Negroamaro Rosato
(*Puglia*)

▷ Lizzano Negroamaro Rosso
(*Puglia*)

▷ Lizzano Rosato
(*Puglia*)

▷ Lizzano Rosato Spumante
(*Puglia*)

▷ Lizzano Rosso
(*Puglia*)

▷ Loazzolo
(*Piemonte*)

▷ Locorotondo
(*Puglia*)

▷ Locorotondo
(*Puglia*)

▷ Lugana
(*Lombardia*)

▷ Lugana
(*Lombardia*)

M

▷ Malvasia delle Lipari
(*Sicilia*)

▷ Malvasia delle Lipari
(*Sicilia*)

▷ Malvasia di Bosa
Dolce Naturale
(*Sardegna*)

▷ Malvasia di Bosa Secco
(*Sardegna*)

▷ Malvasia di Bosa Liquoroso
(*Sardegna*)

▷ Malvasia di Cagliari
Dolce Naturale
(*Sardegna*)

▷ Malvasia di Cagliari Secco
(*Sardegna*)

▷ Malvasia di Cagliari
Liquoroso
(*Sardegna*)

▷ Malvasia di Casorzo
o Casorzo
(*Piemonte*)

▷ Malvasia di Casorzo
o Casorzo
(*Piemonte*)

▷ Malvasia di Castelnuovo
Don Bosco
(*Piemonte*)

▷ Malvasia di Castelnuovo
Don Bosco
(*Piemonte*)

▷ Mandrolisai Rosato
(*Sardegna*)

▷ Mandrolisai Rosso
(*Sardegna*)

▷ Marino
(*Lazio*)

▷ Marino
(*Lazio*)

▷ Marsala
(*Sicilia*)

▷ Marsala
(*Sicilia*)

▷ Marsala
(*Sicilia*)

▷ Marsala
(*Sicilia*)

▷ Marsala (rosso)
(*Sicilia*)

▷ Marsala (rosso)
(*Sicilia*)

▷ Martina o Martina Franca
(*Puglia*)

▷ Martina o Martina Franca
(*Puglia*)

▷ Matino Rosato
(*Puglia*)

▷ Matino Rosso
(*Puglia*)

▷ Melissa Bianco
(*Calabria*)

▷ Melissa Rosso
(*Calabria*)

▷ Menfi Bianco
(*Sicilia*)

▷ Menfi Bonera
(*Sicilia*)

▷ Menfi Bonera Riserva
(*Sicilia*)

▷ Menfi Cabernet Sauvignon
(*Sicilia*)

▷ Menfi Chardonnay
(*Sicilia*)

▷ Menfi Feudo dei Fiori
(*Sicilia*)

▷ Menfi Grecanico
(*Sicilia*)

▷ Menfi Inzolia o Ansonica
(*Sicilia*)

▷ Menfi Merlot
(*Sicilia*)

▷ Menfi Nero d'Avola
(*Sicilia*)

▷ Menfi Rosso
(*Sicilia*)

▷ Menfi Rosso Riserva
(*Sicilia*)

▷ Menfi Sangiovese
(*Sicilia*)

▷ Menfi Sirah
(*Sicilia*)

▷ Menfi Vendemmia Tardiva
(*Sicilia*)

▷ Merlara Bianco
(*Veneto*)

▷ Merlara Cabernet
(*Veneto*)

▷ Merlara Cabernet Sauvignon
(*Veneto*)

▷ Merlara Malvasia
(*Veneto*)

▷ Merlara Marzemino
Frizzante
(*Veneto*)

▷ Merlara Merlot
(*Veneto*)

▷ Merlara Rosso
(*Veneto*)

▷ Merlara Tocai
(*Veneto*)

▷ Molise Aglianico
(*Molise*)

▷ Molise Cabernet Sauvignon
(*Molise*)

▷ Molise Chardonnay
(*Molise*)

▷ Molise Chardonnay
(*Molise*)

▷ Molise Falanghina
(*Molise*)

▷ Molise Greco Bianco
(*Molise*)

▷ Molise Montepulciano
(*Molise*)

▷ Molise Moscato
(*Molise*)

▷ Molise Moscato Passito
(*Molise*)

▷ Molise Moscato Spumante
(*Molise*)

▷ Molise Pinot Bianco
(*Molise*)

▷ Molise Pinot Bianco
(*Molise*)

▷ Molise Rosso
(*Molise*)

▷ Molise Sangiovese
(*Molise*)

▷ Molise Sauvignon
(*Molise*)

▷ Molise Tintilla
(*Molise*)

▷ Molise Trebbiano
(*Molise*)

▷ Monferrato Bianco
(*Piemonte*)

▷ Monferrato Casalese Cortese
(*Piemonte*)

▷ Monferrato Chiaretto o Ciaret
(*Piemonte*)

▷ Monferrato Dolcetto
(*Piemonte*)

▷ Monferrato Freisa
(*Piemonte*)

▷ Monferrato Rosso
(*Piemonte*)

▷ Monica di Cagliari
Dolce Naturale
(*Sardegna*)

▷ Monica di Cagliari Secco
(*Sardegna*)

▷ Monica di Cagliari Liquoroso
(*Sardegna*)

▷ Monica di Sardegna
(*Sardegna*)

▷ Monreale Ansonica o Inzolia
(*Sicilia*)

▷ Monreale Bianco
(*Sicilia*)

▷ Monreale Bianco Superiore
(*Sicilia*)

▷ Monreale Cabernet
Sauvignon
(*Sicilia*)

▷ Monreale Calabrese
o Nero d'Avola
(*Sicilia*)

▷ Monreale Cataratto
(*Sicilia*)

▷ Monreale Chardonnay
(*Sicilia*)

▷ Monreale Grillo
(*Sicilia*)

Monreale Merlot
(*Sicilia*)

▷ Monreale Novello
(*Sicilia*)

▷ Monreale Perricone
(*Sicilia*)

▷ Monreale Pinot Bianco
(*Sicilia*)

▷ Monreale Pinot Nero
(*Sicilia*)

▷ Monreale Riserva
(*Sicilia*)

▷ Monreale Rosato
(*Sicilia*)

▷ Monreale Rosso
(*Sicilia*)

▷ Monreale Sangiovese
(*Sicilia*)

▷ Monreale Syrah
(*Sicilia*)

▷ Monreale Vendemmia
Tardiva
(*Sicilia*)

▷ Monte San Pietro Barbera
(*Emilia Romagna*)

▷ Monte San Pietro
Cabernet Sauvignon
(*Emilia Romagna*)

▷ Monte San Pietro Pignoletto
(*Emilia Romagna*)

▷ Monte San Pietro
Pinot Bianco
(*Emilia Romagna*)

▷ Monte San Pietro
Sauvignon
(*Emilia Romagna*)

▷ Montecarlo Bianco
(*Toscana*)

▷ Montecarlo Rosso
(*Toscana*)

▷ Montecarlo Rosso Riserva
(*Toscana*)

▷ Montecarlo Vin Santo
Occhio di Pernice
(*Toscana*)

▷ Montecarlo Vin Santo
(*Toscana*)

▷ Montecompatri Colonna
(*Lazio*)

▷ Montecompatri Colonna
(*Lazio*)

▷ Montecucco Bianco
(*Toscana*)

▷ Montecucco Rosso
(*Toscana*)

▷ Montecucco Rosso
Riserva
(*Toscana*)

▷ Montecucco Sangiovese
(*Toscana*)

▷ Montecucco Sangiovese
Riserva
(*Toscana*)

▷ Montecucco Vermentino
(*Toscana*)

▷ Montefalco
(*Umbria*)

▷ Montefalco Rosso
(*Umbria*)

▷ Montefalco Sagrantino
(*Umbria*)

▷ Montefalco Sagrantino
(*Umbria*)

▷ Montello
o Colli Asolani Cabernet
(*Veneto*)

▷ Montello o Colli Asolani
Chardonnay
(*Veneto*)

▷ Montello o Colli Asolani
Chardonnay Spumante
(*Veneto*)

▷ Montello
o Colli Asolani Merlot
(*Veneto*)

▷ Montello o Colli Asolani
Pinot Bianco
(*Veneto*)

▷ Montello o Colli Asolani
Pinot Bianco Spumante
(*Veneto*)

▷ Montello o Colli Asolani
Pinot Grigio
(*Veneto*)

▷ Montello o Colli Asolani
Prosecco
(*Veneto*)

▷ Montello o Colli Asolani
Prosecco Spumante
(*Veneto*)

▷ Montello o Colli Asolani
Rosso
(*Veneto*)

▷ Montepulciano d'Abruzzo
Cerasuolo
(*Abruzzo*)

▷ Montepulciano d'Abruzzo
Colline Teramane
(*Abruzzo*)

▷ Montepulciano d'Abruzzo
Rosso
(*Abruzzo*)

▷ Monteregio
di Massa Marittima Bianco
(*Toscana*)

▷ Monteregio
di Massa Marittima Rosato
(*Toscana*)

▷ Monteregio
di Massa Marittima Rosso
(*Toscana*)

▷ Monteregio
di Massa Marittima
Vermentino
(*Toscana*)

▷ Monteregio
di Massa Marittima Vin Santo
(*Toscana*)

▷ Monteregio
di Massa Marittima Vin Santo
Occhio di Pernice
(*Toscana*)

▷ Montescudaio Bianco
(*Toscana*)

▷ Montescudaio Cabernet
(*Toscana*)

▷ Montescudaio
Chardonnay
(*Toscana*)

▷ Montescudaio Merlot
(*Toscana*)

▷ Montescudaio Rosso
(*Toscana*)

▷ Montescudaio
Sangiovese
(*Toscana*)

▷ Montescudaio
Sauvignon
(*Toscana*)

▷ Montescudaio
Vermentino
(*Toscana*)

▷ Montescudaio Vin Santo
(*Toscana*)

▷ Monti Lessini
o Lessini Bianco
(*Veneto*)

▷ Monti Lessini
o Lessini Durello
(*Veneto*)

▷ Monti Lessini
o Lessini Durello
(*Veneto*)

▷ Monti Lessini
o Lessini Durello
(*Veneto*)

▷ Monti Lessini
o Lessini Rosso
(*Veneto*)

▷ Monti Lessini
o Lessini Spumante
(*Veneto*)

▷ Monti Lessini
o Lessini Spumante
(*Veneto*)

▷ Morellino di Scansano
(*Toscana*)

▷ Moscadello di Montalcino
(*Toscana*)

▷ Moscato d'Asti
(*Piemonte*)

▷ Moscato di Cagliari
Dolce Naturale
(*Sardegna*)

▷ Moscato di Cagliari
Liquoroso
(*Sardegna*)

▷ Moscato di Noto
Liquoroso
(*Sicilia*)

▷ Moscato di Noto Naturale
(*Sicilia*)

▷ Moscato di Noto Spumante
(*Sicilia*)

▷ Moscato di Pantelleria
(*Sicilia*)

▷ Moscato di Sardegna
(*Sardegna*)

▷ Moscato di Siracusa
(*Sicilia*)
▷ Moscato di Sorso-Sennori
(*Sardegna*)
▷ Moscato di Trani
(*Puglia*)

N

▷ Nardò Rosato
(*Puglia*)
▷ Nardò Rosso
(*Puglia*)
▷ Nasco di Cagliari
Dolce Naturale
(*Sardegna*)
▷ Nasco di Cagliari Secco
(*Sardegna*)
▷ Nasco di Cagliari Liquoroso
(*Sardegna*)
▷ Nebbiolo d'Alba
(*Piemonte*)
▷ Nuragus di Cagliari
(*Sardegna*)

O

▷ Offida Passerina
(*Marche*)
▷ Offida Passerina
(*Marche*)
▷ Offida Passerina
(*Marche*)
▷ Offida Pecorino
(*Marche*)
▷ Offida Rosso
(*Marche*)
▷ Oltrepò Pavese Barbera
(*Lombardia*)
▷ Oltrepò Pavese Bonarda
(*Lombardia*)
▷ Oltrepò Pavese Buttafuoco
(*Lombardia*)
▷ Oltrepò Pavese
Cabernet Sauvignon
(*Lombardia*)
▷ Oltrepò Pavese
Chardonnay
(*Lombardia*)

▷ Oltrepò Pavese
Chardonnay
(*Lombardia*)
▷ Oltrepò Pavese Cortese
(*Lombardia*)
▷ Oltrepò Pavese Cortese
(*Lombardia*)
▷ Oltrepò Pavese Malvasia
(*Lombardia*)
▷ Oltrepò Pavese Malvasia
(*Lombardia*)
▷ Oltrepò Pavese Moscato
(*Lombardia*)
▷ Oltrepò Pavese Moscato
(*Lombardia*)
▷ Oltrepò Pavese
Moscato Liquoroso
(*Lombardia*)
▷ Oltrepò Pavese
Moscato Passito
(*Lombardia*)
▷ Oltrepò Pavese Pinot Grigio
(*Lombardia*)
▷ Oltrepò Pavese Pinot Nero
(*Lombardia*)
▷ Oltrepò Pavese Pinot Nero
(*Lombardia*)
▷ Oltrepò Pavese Pinot Nero
(*Lombardia*)
▷ Oltrepò Pavese Pinot Nero
(*Lombardia*)
▷ Oltrepò Pavese Pinot Nero
(*Lombardia*)
▷ Oltrepò Pavese
Riesling Italico
(*Lombardia*)
▷ Oltrepò Pavese
Riesling Italico
(*Lombardia*)
▷ Oltrepò Pavese
Riesling Renano
(*Lombardia*)
▷ Oltrepò Pavese
Riesling Renano
(*Lombardia*)
▷ Oltrepò Pavese Rosato
(*Lombardia*)
▷ Oltrepò Pavese Rosso
(*Lombardia*)
▷ Oltrepò Pavese Rosso
Riserva
(*Lombardia*)
▷ Oltrepò Pavese
Sangue di Giuda
(*Lombardia*)

▷ Oltrepò Pavese Sauvignon
(*Lombardia*)

▷ Oltrepò Pavese Sauvignon
(*Lombardia*)

▷ Oltrepò Pavese Spumante
(*Lombardia*)

▷ Oltrepò Pavese Spumante
(*Lombardia*)

▷ Orcia Bianco
(*Toscana*)

▷ Orcia Rosso
(*Toscana*)

▷ Orcia Vin Santo
(*Toscana*)

▷ Orta Nova Rosato
(*Puglia*)

▷ Orta Nova Rosso
(*Puglia*)

▷ Orvieto
(*Umbria*)

▷ Ostuni Bianco
(*Puglia*)

▷ Ostuni Ottavianello
(*Puglia*)

P

▷ Pagadebit di Romagna
(*Emilia Romagna*)

▷ Pagadebit di Romagna
Bertinoro
(*Emilia Romagna*)

▷ Pantelleria Bianco
(*Sicilia*)

▷ Pantelleria Moscato Dorato
(*Sicilia*)

▷ Pantelleria Moscato
Liquoroso
(*Sicilia*)

▷ Pantelleria Moscato
Spumante
(*Sicilia*)

▷ Pantelleria Passito Liquoroso
(*Sicilia*)

▷ Pantelleria Zibibbo Dolce
(*Sicilia*)

▷ Parrina Bianco
(*Toscana*)

▷ Parrina Rosato
(*Toscana*)

▷ Parrina Rosso
(*Toscana*)

▷ Parrina Rosso Riserva
(*Toscana*)

▷ Passito di Pantelleria
(*Sicilia*)

▷ Penisola Sorrentina Bianco
(*Campania*)

▷ Penisola Sorrentina Rosso
Frizzante Naturale
(*Campania*)

▷ Penisola Sorrentina Rosso
(*Campania*)

▷ Pentro di Isernia
o Pentro Bianco
(*Molise*)

▷ Pentro di Isernia
o Pentro Rosato
(*Molise*)

▷ Pentro di Isernia
o Pentro Rosso
(*Molise*)

▷ Piave Cabernet
(*Veneto*)

▷ Piave Cabernet
Sauvignon
(*Veneto*)

▷ Piave Chardonnay
(*Veneto*)

▷ Piave Merlot
(*Veneto*)

▷ Piave Pinot Bianco
(*Veneto*)

▷ Piave Pinot Grigio
(*Veneto*)

▷ Piave Pinot Nero
(*Veneto*)

▷ Piave Raboso
(*Veneto*)

▷ Piave Tocai Italico
(*Veneto*)

▷ Piave Verduzzo
(*Veneto*)

▷ Piemonte Barbera
(*Piemonte*)

▷ Piemonte Bonarda
(*Piemonte*)

▷ Piemonte Brachetto
(*Piemonte*)

▷ Piemonte Brachetto
(*Piemonte*)

▷ Piemonte Chardonnay
(*Piemonte*)

▷ Piemonte Chardonnay
(*Piemonte*)

▷ Piemonte Cortese
(*Piemonte*)

▷ Piemonte Cortese
(*Piemonte*)

▷ Piemonte Grignolino
(*Piemonte*)

▷ Piemonte Moscato
(*Piemonte*)

▷ Piemonte Moscato Passito
(*Piemonte*)

▷ Piemonte Pinot Bianco
(*Piemonte*)

▷ Piemonte Pinot Bianco
(*Piemonte*)

▷ Piemonte Pinot Grigio
(*Piemonte*)

▷ Piemonte Pinot Grigio
(*Piemonte*)

▷ Piemonte Pinot Nero
(*Piemonte*)

▷ Piemonte Pinot Nero
(*Piemonte*)

▷ Piemonte Spumante
(*Piemonte*)

▷ Pinerolese Barbera
(*Piemonte*)

▷ Pinerolese Bonarda
(*Piemonte*)

▷ Pinerolese Dolcetto
(*Piemonte*)

▷ Pinerolese Doux d'Henry
(*Piemonte*)

▷ Pinerolese Freisa
(*Piemonte*)

▷ Pinerolese Ramie
(*Piemonte*)

▷ Pinerolese Rosato
(*Piemonte*)

▷ Pinerolese Rosso
(*Piemonte*)

▷ Pinot Grigio di Torgiano
(*Umbria*)

▷ Pinot Nero di Torgiano
(*Umbria*)

▷ Pollino
(*Calabria*)

▷ Pomino Bianco
(*Toscana*)

▷ Pomino Rosso
(*Toscana*)

▷ Pomino Vin Santo
(*Toscana*)

▷ Pomino Vin Santo Rosso
(*Toscana*)

▷ Primitivo di Manduria
Dolce Naturale
(*Puglia*)

▷ Primitivo di Manduria
Liquoroso Dolce Naturale
(*Puglia*)

▷ Primitivo di Manduria
Liquoroso Secco
(*Puglia*)

▷ Primitivo di Manduria
(*Puglia*)

R

▷ Ramandolo
(*Friuli Venezia Giulia*)

▷ Recioto della Valpolicella
(*Veneto*)

▷ Recioto della Valpolicella
Spumante
(*Veneto*)

▷ Recioto di Soave
(*Veneto*)

▷ Recioto di Soave
(*Veneto*)

▷ Reggiano Bianco Spumante
(*Emilia Romagna*)

▷ Reggiano Lambrusco
(*Emilia Romagna*)

▷ Reggiano Lambrusco
(*Emilia Romagna*)

▷ Reggiano Lambrusco
Salamino
(*Emilia Romagna*)

▷ Reggiano Lambrusco
Salamino
(*Emilia Romagna*)

▷ Reggiano Rosso
(*Emilia Romagna*)

▷ Reno Bianco
(*Emilia Romagna*)

▷ Reno Montuni
(*Emilia Romagna*)

▷ Reno Pignoletto
(*Emilia Romagna*)

▷ Riesi Bianco
(*Sicilia*)

▷ Riesi Rosato
(*Sicilia*)

▷ Riesi Rosso
(*Sicilia*)

▷ Riesi Spumante
(*Sicilia*)

▷ Riesi Superiore
(*Sicilia*)

▷ Riesi Vendemmia Tardiva
(*Sicilia*)

▷ Riesling Italico di Torgiano
(*Umbria*)

▷ Riviera Ligure di Ponente
Ormeasco
(*Liguria*)

▷ Riviera Ligure di Ponente
Ormeasco Sciacchetrà
(*Liguria*)

▷ Riviera Ligure di Ponente
Pigato
(*Liguria*)

▷ Riviera Ligure di Ponente
Rossese
(*Liguria*)

▷ Riviera Ligure di Ponente
Vermentino
(*Liguria*)

▷ Roero Arneis
(*Piemonte*)

▷ Roero Arneis
(*Piemonte*)

▷ Roero
(*Piemonte*)

▷ Romagna Albana
Spumante
(*Emilia Romagna*)

▷ Rosato di Carmignano
(*Toscana*)

▷ Rosato di Torgiano
(*Umbria*)

▷ Rossese di Dolceacqua
o Dolceacqua
(*Liguria*)

▷ Rosso Canosa
(*Puglia*)

▷ Rosso Conero
(*Marche*)

▷ Rosso di Barletta
(*Puglia*)

▷ Rosso di Cerignola
(*Puglia*)

▷ Rosso di Montalcino
(*Toscana*)

▷ Rosso di Montepulciano
(*Toscana*)

▷ Rosso di Torgiano
(*Umbria*)

▷ Rosso Orvietano Aleatico
(*Umbria*)

▷ Rosso Orvietano Cabernet
(*Umbria*)

▷ Rosso Orvietano Canaiolo
(*Umbria*)

▷ Rosso Orvietano Ciliegiolo
(*Umbria*)

▷ Rosso Orvietano Merlot
(*Umbria*)

▷ Rosso Orvietano Pinot Nero
(*Umbria*)

▷ Rosso Orvietano
(*Umbria*)

▷ Rosso Orvietano
Sangiovese
(*Umbria*)

▷ Rosso Piceno
(*Marche*)

▷ Rubino di Cantavenna
(*Piemonte*)

▷ Ruché di Castagnole
Monferrato
(*Piemonte*)

S

▷ Salice Salentino Aleatico Dolce
(*Puglia*)

▷ Salice Salentino
Aleatico Liquoroso Dolce
(*Puglia*)

▷ Salice Salentino Bianco
(*Puglia*)

▷ Salice Salentino
Pinot Bianco
(*Puglia*)

▷ Salice Salentino
Pinot Bianco
(*Puglia*)

▷ Salice Salentino Rosato
(*Puglia*)

▷ Salice Salentino Rosato
(*Puglia*)

▷ Salice Salentino Rosso
(*Puglia*)

▷ Sambuca di Sicilia Bianco
(*Sicilia*)

▷ Sambuca di Sicilia
Cabernet Sauvignon
(*Sicilia*)

▷ Sambuca di Sicilia
Chardonnay
(*Sicilia*)

▷ Sambuca di Sicilia Rosato
(*Sicilia*)

▷ Sambuca di Sicilia Rosso
(*Sicilia*)

▷ Sambuca di Sicilia
  Rosso Riserva
(*Sicilia*)

▷ San Colombano al Lambro
  o San Colombano
(*Lombardia*)

▷ San Giminiano Novello
(*Toscana*)

▷ San Giminiano Rosato
(*Toscana*)

▷ San Giminiano Rosso
(*Toscana*)

▷ San Giminiano Vin Santo
(*Toscana*)

▷ San Giminiano Vin Santo
  Occhio di Pernice
(*Toscana*)

▷ San Martino della Battaglia
(*Lombardia*)

▷ San Martino della Battaglia
  Liquoroso
(*Lombardia*)

▷ San Severo Bianco
(*Puglia*)

▷ San Severo Bianco
(*Puglia*)

▷ San Severo
  Rosso
(*Puglia*)

▷ San Vito di Luzzi Bianco
(*Calabria*)

▷ San Vito di Luzzi Rosato
(*Calabria*)

▷ San Vito di Luzzi Rosso
(*Calabria*)

▷ Sangiovese di Romagna
(*Emilia Romagna*)

▷ Sannio Aglianico
(*Campania*)

▷ Sannio Aglianico
(*Campania*)

▷ Sannio Aglianico
(*Campania*)

▷ Sannio Barbera
(*Campania*)

▷ Sannio Barbera
(*Campania*)

▷ Sannio Barbera
(*Campania*)

▷ Sannio Bianco
(*Campania*)

▷ Sannio Coda di Volpe
(*Campania*)

▷ Sannio Coda di Volpe
(*Campania*)

▷ Sannio Coda di Volpe
(*Campania*)

▷ Sannio Falanghina
(*Campania*)

▷ Sannio Falanghina
(*Campania*)

▷ Sannio Falanghina
(*Campania*)

▷ Sannio Fiano
(*Campania*)

▷ Sannio Fiano
(*Campania*)

▷ Sannio Greco
(*Campania*)

▷ Sannio Greco
(*Campania*)

▷ Sannio Greco
(*Campania*)

▷ Sannio Moscato
(*Campania*)

▷ Sannio Moscato
(*Campania*)

▷ Sannio Piedirosso
(*Campania*)

▷ Sannio Piedirosso
(*Campania*)

▷ Sannio Rosato
(*Campania*)

▷ Sannio Rosso
(*Campania*)

▷ Sannio Sciascinoso
(*Campania*)

▷ Sannio Sciascinoso
(*Campania*)

▷ Sannio Sciascinoso
(*Campania*)

▷ Sannio Spumante
  Metodo Classico
(*Campania*)

▷ Sant'Agata dei Goti
  Aglianico
(*Campania*)

▷ Sant'Agata dei Goti Bianco
(*Campania*)

▷ Sant'Agata dei Goti
  Falanghina
(*Campania*)

▷ Sant'Agata dei Goti
  Falanghina Passito
(*Campania*)

▷ Sant'Agata dei Goti Greco
(*Campania*)

▷ Sant'Agata dei Goti
  Piedirosso
(*Campania*)

▷ Sant'Agata dei Goti Rosato
(*Campania*)

▷ Sant'Agata dei Goti Rosso
(*Campania*)

▷ Sant'Anna di Isola Capo Rizzuto
(*Calabria*)

▷ Sant'Antimo Bianco
(*Toscana*)

▷ Sant'Antimo Cabernet Sauvignon
(*Toscana*)

▷ Sant'Antimo Chardonnay
(*Toscana*)

▷ Sant'Antimo Merlot
(*Toscana*)

▷ Sant'Antimo Novello
(*Toscana*)

▷ Sant'Antimo Pinot Grigio
(*Toscana*)

▷ Sant'Antimo Pinot Nero
(*Toscana*)

▷ Sant'Antimo Rosso
(*Toscana*)

▷ Sant'Antimo Sauvignon
(*Toscana*)

▷ Sant'Antimo Vin Santo
(*Toscana*)

▷ Sant'Antimo Vin Santo Occhio di Pernice
(*Toscana*)

▷ Santa Margherita di Belice Ansonica
(*Sicilia*)

▷ Santa Margherita di Belice Bianco
(*Sicilia*)

▷ Santa Margherita di Belice Cataratto
(*Sicilia*)

▷ Santa Margherita di Belice Grecanico
(*Sicilia*)

▷ Santa Margherita di Belice Nero d'Avola
(*Sicilia*)

▷ Santa Margherita di Belice Rosso
(*Sicilia*)

▷ Santa Margherita di Belice Sangiovese
(*Sicilia*)

▷ Sardegna Semidano
(*Sardegna*)

▷ Sardegna Semidano
(*Sardegna*)

▷ Sardegna Semidano
(*Sardegna*)

▷ Savuto
(*Calabria*)

▷ Savuto
(*Calabria*)

▷ Scavigna Bianco
(*Calabria*)

▷ Scavigna Rosato
(*Calabria*)

▷ Scavigna Rosso
(*Calabria*)

▷ Sciacca Bianco
(*Sicilia*)

▷ Sciacca Cabernet Sauvignon
(*Sicilia*)

▷ Sciacca Chardonnay
(*Sicilia*)

▷ Sciacca Grecanico
(*Sicilia*)

▷ Sciacca Inzolia
(*Sicilia*)

▷ Sciacca Merlot
(*Sicilia*)

▷ Sciacca Nero d'Avola
(*Sicilia*)

▷ Sciacca Riserva Rayana
(*Sicilia*)

▷ Sciacca Rosato
(*Sicilia*)

▷ Sciacca Rosso
(*Sicilia*)

▷ Sciacca Rosso Riserva
(*Sicilia*)

▷ Sciacca Sangiovese
(*Sicilia*)

▷ Serravalle Barbera
(*Emilia Romagna*)

▷ Serravalle Cabernet Sauvignon
(*Emilia Romagna*)

▷ Serravalle Pignoletto
(*Emilia Romagna*)

▷ Serravalle Sauvignon
(*Emilia Romagna*)

▷ Sizzano
(*Piemonte*)

▷ Soave
(*Veneto*)

▷ Soave
(*Veneto*)

▷ Solopaca Aglianico
(*Campania*)

▸ Solopaca Bianco
(*Campania*)
▸ Solopaca Falanghina
(*Campania*)
▸ Solopaca Rosato
(*Campania*)
▸ Solopaca Rosso
(*Campania*)
▸ Solopaca Spumante
(*Campania*)
▸ Sovana Aleatico
Superiore
(*Toscana*)
▸ Sovana Cabernet
Sauvignon Superiore
(*Toscana*)
▸ Sovana Merlot Superiore
(*Toscana*)
▸ Sovana Rosato
(*Toscana*)
▸ Sovana Rosso
(*Toscana*)
▸ Sovana Rosso Superiore
(*Toscana*)
▸ Sovana Sangiovese
Superiore
(*Toscana*)
▸ Squinzano Rosato
(*Puglia*)
▸ Squinzano Rosso
(*Puglia*)

T

▸ Taburno Bianco
(*Campania*)
▸ Taburno Coda di Volpe
(*Campania*)
▸ Taburno Falanghina
(*Campania*)
▸ Taburno Greco
(*Campania*)
▸ Taburno Novello
(*Campania*)
▸ Taburno Piedirosso
(*Campania*)
▸ Taburno Rosso
(*Campania*)
▸ Taburno Spumante
(*Campania*)
▸ Tarquinia Bianco Amabile
(*Lazio*)

▸ Tarquinia Bianco Frizzante
(*Lazio*)
▸ Tarquinia Bianco Secco
(*Lazio*)
▸ Tarquinia Rosato
(*Lazio*)
▸ Tarquinia Rosso Amabile
(*Lazio*)
▸ Tarquinia Rosso Novello
(*Lazio*)
▸ Tarquinia Rosso Secco
(*Lazio*)
▸ Taurasi
(*Campania*)
▸ Teroldego Rotaliano Rosato
(*Trentino Alto Adige*)
▸ Teroldego Rotaliano Rosso
(*Trentino Alto Adige*)
▸ Teroldego Rotaliano Superiore
(*Trentino Alto Adige*)
▸ Terre di Franciacorta Bianco
(*Lombardia*)
▸ Terre di Franciacorta Rosso
(*Lombardia*)
▸ Terre di Montebudello
Barbera Riserva
(*Emilia Romagna*)
▸ Terre di Montebudello
Cabernet Sauvignon Riserva
(*Emilia Romagna*)
▸ Terre di Montebudello
Pignoletto
(*Emilia Romagna*)
▸ Terre di Montebudello
Pignoletto Spumante
(*Emilia Romagna*)
▸ Terre di Montebudello
Sauvignon
(*Emilia Romagna*)
▸ Torchiato di Fregona
(*Veneto*)
▸ Torgiano Rosso Riserva
(*Umbria*)
▸ Torgiano Spumante
(*Umbria*)
▸ Trebbiano d'Abruzzo
(*Abruzzo*)
▸ Trebbiano di Romagna
(*Emilia Romagna*)
▸ Trebbiano di Romagna
(*Emilia Romagna*)
▸ Trentino Bianco
(*Trentino Alto Adige*)
▸ Trentino Cabernet Franc
(*Trentino Alto Adige*)

▷ Trentino Cabernet
(*Trentino Alto Adige*)

▷ Trentino Cabernet Sauvignon
(*Trentino Alto Adige*)

▷ Trentino Kretzer o Rosato
(*Trentino Alto Adige*)

▷ Trentino Lagrein
(*Trentino Alto Adige*)

▷ Trentino Marzemino
(*Trentino Alto Adige*)

▷ Trentino Merlot
(*Trentino Alto Adige*)

▷ Trentino Moscato Rosa
o Moscato delle Rose
(*Trentino Alto Adige*)

▷ Trentino Pinot Grigio
(*Trentino Alto Adige*)

▷ Trentino Pinot Nero
(*Trentino Alto Adige*)

▷ Trentino Rebo
(*Trentino Alto Adige*)

▷ Trentino Riesling Italico
(*Trentino Alto Adige*)

▷ Trentino Riesling Renano
(*Trentino Alto Adige*)

▷ Trentino Rosso
(*Trentino Alto Adige*)

▷ Trentino Sauvignon
(*Trentino Alto Adige*)

▷ Trentino Sorni Bianco
(*Trentino Alto Adige*)

▷ Trentino Sorni Rosso
(*Trentino Alto Adige*)

▷ Trentino Traminer Aromatico
(*Trentino Alto Adige*)

▷ Trentino Vendemmia Tardiva
(*Trentino Alto Adige*)

▷ Trentino Vendemmia Tardiva
(*Trentino Alto Adige*)

▷ Trentino Vino Santo
(*Trentino Alto Adige*)

▷ Trento Bianco
(*Trentino Alto Adige*)

▷ Trento Rosato
(*Trentino Alto Adige*)

V

▷ Val d'Arbia
(*Toscana*)

▷ Val di Cornia Aleatico Passito
(*Toscana*)

▷ Val di Cornia Ansonica
(*Toscana*)

▷ Val di Cornia Ansonica
Passito
(*Toscana*)

▷ Val di Cornia Bianco
(*Toscana*)

▷ Val di Cornia
Cabernet Sauvignon
(*Toscana*)

▷ Val di Cornia Ciliegiolo
(*Toscana*)

▷ Val di Cornia Merlot
(*Toscana*)

▷ Val di Cornia Rosato
(*Toscana*)

▷ Val di Cornia Rosso
(*Toscana*)

▷ Val di Cornia Sangiovese
(*Toscana*)

▷ Val di Cornia Suvereto
Cabernet Sauvignon
(*Toscana*)

▷ Val di Cornia Suvereto
Merlot
(*Toscana*)

▷ Val di Cornia Suvereto
(*Toscana*)

▷ Val di Cornia Suvereto
Sangiovese
(*Toscana*)

▷ Val di Cornia Vermentino
(*Toscana*)

▷ Val Polcevera Bianchetta
Genovese
(*Liguria*)

▷ Val Polcevera Bianco
(*Liguria*)

▷ Val Polcevera Rosato
(*Liguria*)

▷ Val Polcevera Rosso
(*Liguria*)

▷ Val Polcevera Vermentino
(*Liguria*)

▷ Valcalepio Bianco
(*Lombardia*)

▷ Valcalepio Moscato
Passito
(*Lombardia*)

▷ Valcalepio Rosso
(*Lombardia*)

▷ Valdadige Bianco
(*Trentino Alto Adige*)

▷ Valdadige Chardonnay
(*Trentino Alto Adige*)

▷ Valdadige Pinot Bianco
(Trentino Alto Adige)

▷ Valdadige Pinot Grigio
(Trentino Alto Adige)

▷ Valdadige Rosso
(Trentino Alto Adige)

▷ Valdadige Schiava
(Trentino Alto Adige)

▷ Valdadige Terra dei Forti
Cabernet Franc
(Trentino Alto Adige)

▷ Valdadige Terra dei Forti
Cabernet Sauvignon
(Trentino Alto Adige)

▷ Valdadige Terra dei Forti
Chardonnay
(Trentino Alto Adige)

▷ Valdadige Terra dei Forti
Enantio
(Trentino Alto Adige)

▷ Valdadige Terra dei Forti
Pinot Bianco
(Trentino Alto Adige)

▷ Valdadige Terra dei Forti
Pinot Grigio
(Trentino Alto Adige)

▷ Valdadige Terra dei Forti
Rosso Riserva
(Trentino Alto Adige)

▷ Valdadige Terra dei Forti
Rosso Superiore
(Trentino Alto Adige)

▷ Valdadige Terra dei Forti
Sauvignon
(Trentino Alto Adige)

▷ Valdichiana Bianco
(Toscana)

▷ Valdichiana Bianco
(Toscana)

▷ Valdichiana Chardonnay
(Toscana)

▷ Valdichiana Grechetto
(Toscana)

▷ Valdichiana Rosato
(Toscana)

▷ Valdichiana Rosso
(Toscana)

▷ Valdichiana Sangiovese
(Toscana)

▷ Valdichiana Vin Santo
(Toscana)

▷ Valle d'Aosta Arnad-Montjovet
(Valle d'Aosta)

▷ Valle d'Aosta Bianco o Blanc
(Valle d'Aosta)

▷ Valle d'Aosta Blanc de Morgex
e de La Salle
(Valle d'Aosta)

▷ Valle d'Aosta Blanc de Morgex
e de La Salle
(Valle d'Aosta)

▷ Valle d'Aosta Chambave
Moscato o Muscat
(Valle d'Aosta)

▷ Valle d'Aosta Chambave
Passito o Muscat Flétri
(Valle d'Aosta)

▷ Valle d'Aosta Chambave
Rosso o Rouge
(Valle d'Aosta)

▷ Valle d'Aosta Chardonnay
(Valle d'Aosta)

▷ Valle d'Aosta Donnas
(Valle d'Aosta)

▷ Valle d'Aosta Enfer d'Arvier
(Valle d'Aosta)

▷ Valle d'Aosta Fumin
(Valle d'Aosta)

▷ Valle d'Aosta Gamay
(Valle d'Aosta)

▷ Valle d'Aosta
Müller Thurgau
(Valle d'Aosta)

▷ Valle d'Aosta Nus Malvoisie
(Valle d'Aosta)

▷ Valle d'Aosta Nus Malvoisie
Passito o Malvoisie Flétri
(Valle d'Aosta)

▷ Valle d'Aosta
Nus Rosso o Rouge
(Valle d'Aosta)

▷ Valle d'Aosta Petit Rouge
(Valle d'Aosta)

▷ Valle d'Aosta Petite Arvine
(Valle d'Aosta)

▷ Valle d'Aosta Pinot Grigio
o Pinot Gris
(Valle d'Aosta)

▷ Valle d'Aosta Pinot Nero
o Pinot Noir
(Valle d'Aosta)

▷ Valle d'Aosta Pinot Nero
o Pinot Noir
(Valle d'Aosta)

▷ Valle d'Aosta Premetta
(Valle d'Aosta)

▷ Valle d'Aosta Rosso o Rouge
(Valle d'Aosta)

▷ Valle d'Aosta Rosato o Rosè
(Valle d'Aosta)

- Valle d'Aosta Torrette
(*Valle d'Aosta*)
- Valpolicella
(*Veneto*)
- Valsusa
(*Piemonte*)
- Valtellina
(*Lombardia*)
- Valtellina Sforzaro o Sfursàt
(*Lombardia*)
- Valtellina Superiore
(*Lombardia*)
- Valtellina Superiore Sassella
(*Lombardia*)
- Valtellina Superiore Inferno
(*Lombardia*)
- Valtellina Superiore Valgella
(*Lombardia*)
- Valtellina Superiore Grumello
(*Lombardia*)
- Velletri Bianco
(*Lazio*)
- Velletri Rosso
(*Lazio*)
- Vendemmia Tardiva (bianco)
(*Trentino Alto Adige*)
- Vendemmia Tardiva (rosato)
(*Trentino Alto Adige*)
- Verbicaro Bianco
(*Calabria*)
- Verbicaro Bianco
(*Calabria*)
- Verbicaro Rosato
(*Calabria*)
- Verbicaro Rosso
(*Calabria*)
- Verdicchio
dei Castelli di Jesi
(*Marche*)
- Verdicchio
dei Castelli di Jesi
(*Marche*)
- Verdicchio
dei Castelli di Jesi
(*Marche*)
- Verdicchio di Matelica
(*Marche*)
- Verdicchio di Matelica
(*Marche*)
- Verdicchio di Matelica
(*Marche*)
- Verduno Pelaverga o Verduno
(*Piemonte*)
- Vermentino di Gallura
(*Sardegna*)

- Vermentino di Sardegna
(*Sardegna*)
- Vermentino di Sardegna
(*Sardegna*)
- Vernaccia di Oristano
(*Sardegna*)
- Vernaccia di San Giminiano
(*Toscana*)
- Vernaccia di Serrapetrona
(*Marche*)
- Vesuvio Bianco
(*Campania*)
- Vesuvio Rosato
(*Campania*)
- Vesuvio Rosato
(*Campania*)
- Vesuvio Rosso
(*Campania*)
- Vesuvio Rosso
(*Campania*)
- Vicenza Bianco
(*Veneto*)
- Vicenza Bianco
(*Veneto*)
- Vicenza Bianco
(*Veneto*)
- Vicenza Cabernet
(*Veneto*)
- Vicenza Cabernet
Sauvignon
(*Veneto*)
- Vicenza Chardonnay
(*Veneto*)
- Vicenza Chardonnay
(*Veneto*)
- Vicenza Garganego
(*Veneto*)
- Vicenza Garganego
(*Veneto*)
- Vicenza Manzoni Bianco
(*Veneto*)
- Vicenza Merlot
(*Veneto*)
- Vicenza Moscato
(*Veneto*)
- Vicenza Moscato
(*Veneto*)
- Vicenza Pinot Bianco
(*Veneto*)
- Vicenza Pinot Grigio
(*Veneto*)
- Vicenza Pinot Nero
(*Veneto*)
- Vicenza Raboso
(*Veneto*)

▶ Vicenza Riesling
(*Veneto*)
▶ Vicenza Rosso
(*Veneto*)
▶ Vicenza Sauvignon
(*Veneto*)
▶ Vignanello Bianco
(*Lazio*)
▶ Vignanello Greco
(*Lazio*)
▶ Vignanello Greco Spumante
(*Lazio*)
▶ Vignanello Rosato
(*Lazio*)
▶ Vignanello Rosso
(*Lazio*)
▶ Vin Santo
(*Toscana*)
▶ Vin Santo
(*Toscana*)
▶ Vin Santo del Chianti
(*Toscana*)
▶ Vin Santo
   del Chianti Classico
(*Toscana*)
▶ Vin Santo di Carmignano
(*Toscana*)
▶ Vin Santo di Carmignano
   Occhio di Pernice
(*Toscana*)
▶ Vin Santo di Montepulciano
(*Toscana*)
▶ Vino Nobile di Montepuciano
(*Toscana*)
▶ Vino Santo
(*Trentino Alto Adige*)

Z

▶ Zagarolo
(*Lazio*)
▶ Zola Predosa
   Cabernet Sauvignon
(*Emilia Romagna*)
▶ Zola Predosa Chardonnay
(*Emilia Romagna*)
▶ Zola Predosa Merlot
(*Emilia Romagna*)
▶ Zola Predosa Pignoletto
(*Emilia Romagna*)
▶ Zola Predosa Sauvignon
(*Emilia Romagna*)